Werder im Nationalsozialismus
Lebensgeschichten jüdischer Vereinsmitglieder

von
Lukas Bracht
Fabian Ettrich
Thomas Hafke
Dirk Harms
Carina Knapp-Kluge
Dr. Marcus Meyer
Dr. Sabine Pamperrien

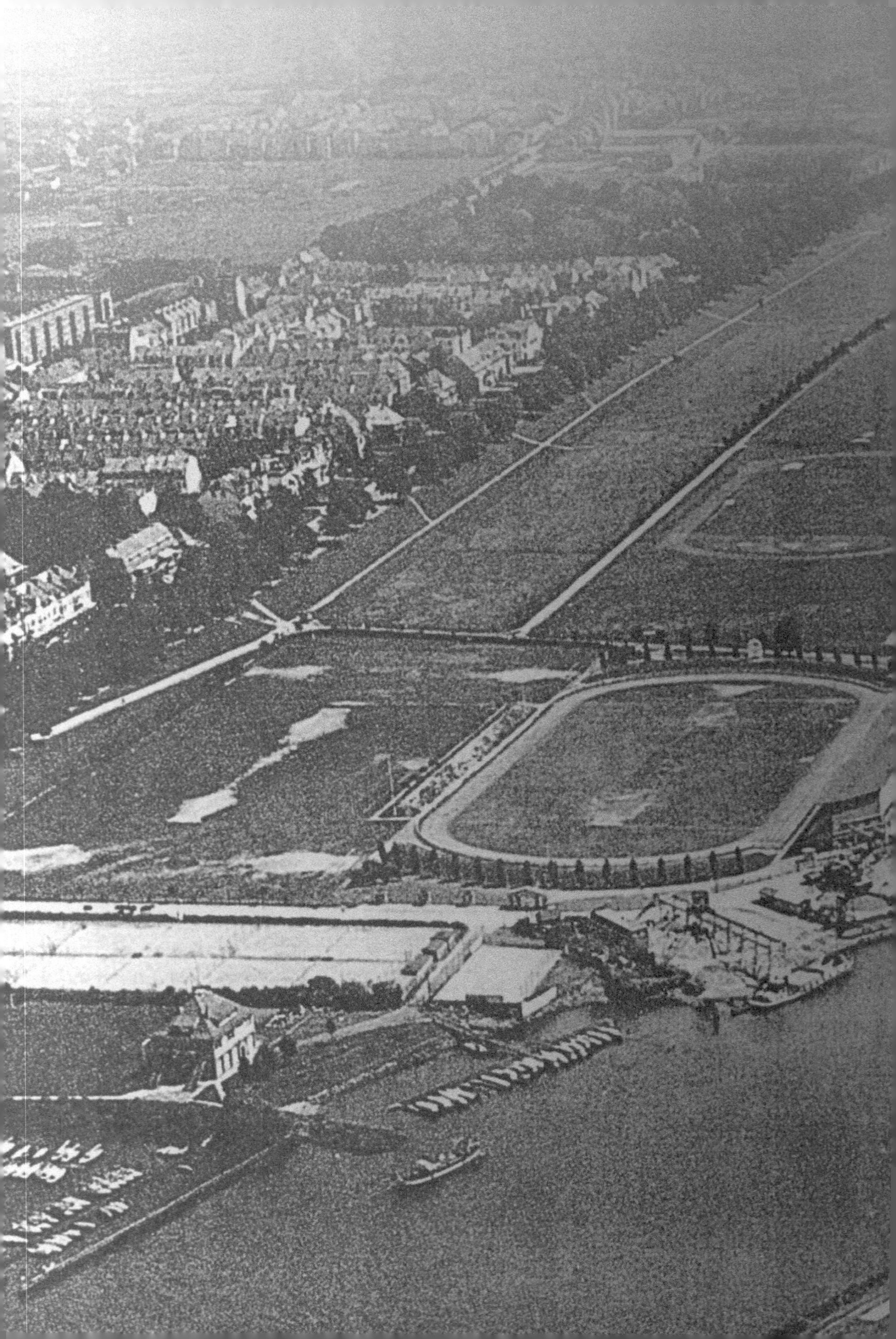

Werder im Nationalsozialismus

Lebensgeschichten jüdischer Vereinsmitglieder

VERLAG DIE WERKSTATT

Autorinnen und Autoren sowie der Verlag
danken für die Unterstützung bei der Drucklegung:

SV Werder Bremen Stiftung
Sport-Verein „Werder“ v. 1899 e. V.
Rotary Club Bremen
Deutsch-Israelische Gesellschaft Bremen

Bibliografische Information der Deutschen Nationalbibliothek

Die Deutsche Nationalbibliothek verzeichnet diese Publikation in der
Deutschen Nationalbibliografie; detaillierte bibliografische Daten
sind im Internet über http://dnb.ddb.de abrufbar.

Auch als E-Book erhältlich: ISBN 978-3-7307-0623-7

1. Auflage

Siekerwall 21, D-33602 Bielefeld
www.werkstatt-verlag.de

Satz und Gestaltung: Die Werkstatt Medien-Produktion GmbH, Göttingen
Druck und Bindung: CPI, Leck

ISBN 978-3-7307-0567-4

Inhalt

Für Hilde Ries

und alle anderen Hinterbliebenen der hier vorgestellten Werderaner sowie für all jene Menschen, denen ähnliches Leid, solche oder ähnliche Verbrechen zugefügt wurden.

Vorwort

von Hubertus Hess-Grunewald

Sehr geehrte Damen und Herren, liebe Leserinnen und Leser!

Der SV Werder Bremen kann auf mehr als 120 Jahre bewegte Vereinsgeschichte blicken. Sie ist geprägt von einer Vielzahl sportlicher Erfolge, im Fußball und auch in anderen Sportarten, geprägt von beeindruckenden Persönlichkeiten, seien es Sportlerinnen und Sportler oder Funktionäre. Sie ist geprägt von hellen und leuchtenden Zeiten, aber auch von dunklen Jahren. Es war und ist uns stets ein wichtiges Anliegen, alle Menschen, Ereignisse, Episoden und Epochen der Werder-Historie für die Nachwelt zu bewahren und die Erinnerung daran wachzuhalten.

Im Jahr 2004 haben wir unser WUSEUM eröffnet, das Museum des SV Werder Bremen im wohninvest WESERSTADION. Dort werden zwölf Jahrzehnte Vereinsgeschichte lebendig. Und dort war unter anderem im Jahr 2008 die Sonderausstellung „Juden im deutschen Fußball und bei Werder Bremen“ zu sehen – eingebettet in die Wanderausstellung „Kicker, Kämpfer, Legenden – Juden im deutschen Fußball“ der Stiftung Neue Synagoge Berlin, Centrum Judaicum. Es gibt noch zahlreiche weitere Beispiele, die das Engagement des Vereins gegen Rassismus und Gewalt im Sport unterstreichen, womit wir auch unseren Beitrag zur (sport-)politischen Diskussion in Deutschland leisten wollen. Denn uns ist bewusst, dass der Sport eine gesellschaftspolitische Verpflichtung zur Auseinandersetzung mit seiner Geschichte hat.

Wenn es um das Schicksal jüdischer Mitglieder des SV Werder Bremen geht, dann spielt immer wieder Alfred Ries eine zentrale Rolle. Als bedeutende Persönlichkeit, deren Strahlkraft weit über die Grenzen Bremens hinausreichte, nimmt er in unserer Vereinsgeschichte zweifellos einen besonderen Platz ein.

Alfred Ries trat bereits als Kind dem SV Werder bei. 1923 wurde er zum ersten Mal zum Vorsitzenden gewählt. 1931 stellte er sich für dieses Amt nicht mehr zur Wiederwahl, zwei Jahre später verließ er seine Heimatstadt Bremen nicht zuletzt infolge antisemitischer Anfeindungen. Über München und Marienbad gelangte er nach Jugoslawien, wo er die Zeit des Nationalsozialismus überlebte. Später kehrte er nach Bremen zurück, um von 1947 bis 1951 und noch einmal von 1963 bis zu seinem Tod 1967 erneut den SV Werder zu führen. In seine Zeit als Präsident fiel somit neben dem Wiederaufbau des Vereins nach dem Krieg und der Gründung der Fußball-Bundesliga

1963 mit Werder-Beteiligung sowie dem Gewinn des ersten deutschen Meistertitels 1965 auch der Bau des Vorläufers des heutigen wohninvest WESERSTADION.

Mir war es eine besondere Freude, dass wir im August 2018 auf der Westseite des Stadions den Alfred-Ries-Platz eingeweiht haben. Für alle sichtbar wird nun dort nachdrücklich und dauerhaft an sein großartiges Wirken für den SV Werder Bremen erinnert. Alfred Ries hat während seiner Amtszeiten als Präsident und auch darüber hinaus für Vielfalt, Toleranz und Respekt gekämpft. Wir sind dazu angehalten, sein Vermächtnis weiterzuführen. Auch Alfred Ries ist es zu verdanken, dass der SV Werder Bremen heute ein menschlicher und weltoffener Verein ist, der sich deutlich für Toleranz sowie kulturelle Vielfalt und gegen Diskriminierung, Homophobie und Antisemitismus positioniert.

Wir dürfen für uns in Anspruch nehmen, einst als einer der ersten Fußball-Bundesligavereine mit der Aufarbeitung unserer Vergangenheit in der Zeit von 1933 bis 1945 begonnen zu haben. Gleichwohl sind wir dankbar für jeden Beitrag, der sich noch tiefer als bisher geschehen mit der Geschichte des SV Werder Bremen und insbesondere – wie in diesem Buch – mit der Zeit von 1933 bis 1945 befasst und neue, noch detailliertere Forschungsergebnisse zutage bringt. Zu Recht nimmt dabei das Leben und Wirken von Alfred Ries einen großen Raum ein und steht im Mittelpunkt. Doch genauso berechtigt ist es, dass sich die fachkundigen Ausführungen der Autorinnen und Autoren nicht auf ihn beschränken, sondern dass auch die Geschichten weiterer jüdischer Werder-Mitglieder anschaulich erzählt werden.

Hier kommen ausgewiesene Fachleute zu Wort. Dafür sage ich Ihnen im Namen des SV Werder Bremen herzlichen Dank und wünsche allen Leserinnen und Lesern eine spannende und interessante Lektüre dieses Werkes.

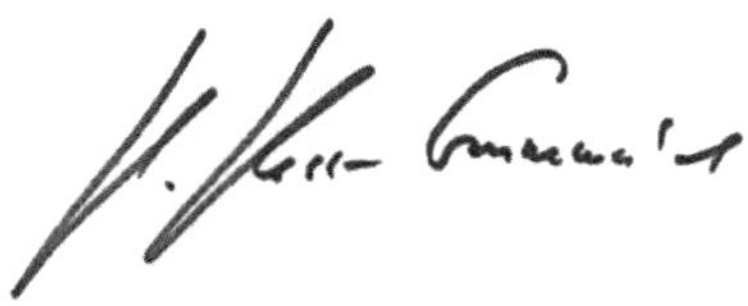

Dr. Hubertus Hess-Grunewald
Präsident des Sport-Verein „Werder“ von 1899 e. V.
Geschäftsführer Organisation & Sport der SV Werder Bremen GmbH & Co KG aA

Der SV Werder von der Gründung bis 1945

Ein Abriss der Vereinsgeschichte mit Augenmerk auf der Zeit ab 1933

von Lukas Bracht

Einleitung

„Die […] großen politischen Umwälzungen in Deutschland sind von uns besonders freudig begrüßt worden. Der S.V. Werder hat seit seiner Gründung stets den nationalen Gedanken vertreten und nicht erst jetzt nach der Umwälzung sein nationales Herz entdeckt. […] Wir brauchen daher nicht die Fahne nach dem Winde zu drehen, sondern treten aus innerer Überzeugung an die große Aufgabe, die uns durch die neue Regierung auferlegt worden ist. […] Wir erwarten von unseren Mitgliedern, daß sie sich restlos in den Dienst dieser guten Sache stellen. Wir müssen als Werderaner auch hier an der ersten Stelle stehen."[1]

Diese Äußerung des damaligen Werder-Vorsitzenden Bernhard Stake aus dem April 1933 sowie ähnliche Aussagen in der seit 1911 herausgegebenen Mitgliederzeitung, den *Vereinsnachrichten* (*VN*), erzeugen das Bild eines Vereins, der sich gegenüber den damals neuen nationalsozialistischen Machthabern äußerst anpassungswillig zeigte. Der Historiker Nils Havemann erklärte den SV Werder aus diesem Grund sogar zu einem „NS-Vorzeigeverein"[2].

In diesem Beitrag wird die Rolle des Sport-Vereins Werder von 1899 (im Folgenden: SV Werder) vor allem zu Beginn des Dritten Reichs untersucht. Im Speziellen geht es darum, wie schnell sich der Verein an die nationalsozialistischen Machthaber und deren Ideologie angepasst hat und ob diese Anpassung in vorauseilendem Gehorsam oder eher als im Sinne des Vereinserhalts unvermeidbare Reaktion auf die neuen Verhältnisse geschah. Dazu werden verschiedene Bereiche des Vereinslebens wie Versammlungen, Veranstaltungen, die Mitgliederzeitung und die Rolle des „Führerprinzips“ und der „Vereinsführer“ beleuchtet. Zudem wird auf den „Arierparagrafen“ in der Vereinssatzung und den Ausschluss jüdischer Mitglieder bei Werder eingegangen.

Der Text bietet dabei zunächst einen kurzen Abriss der Vereinsgeschichte von Werder zwischen 1899 und 1933. Im Hauptteil wird dann die Anpassung des SV Werder an die politischen Veränderungen nach der „Machtergreifung“ der Nationalsozialisten anhand von verschiedenen Quellen zur Vereinsgeschichte untersucht. Der Untersuchungszeitraum dieser Arbeit ist dabei auf die Phase zwischen 1933 und 1936 begrenzt. In jenen Jahren genossen Sportvereine im Deutschen Reich noch einen gewissen Spielraum in der Gestaltung des Vereinslebens. Nach den Olympischen Spielen 1936 in Berlin wurde diese Freiheit mehr und mehr eingegrenzt und war spätestens ab 1940 marginalisiert.

Forschungsstand und Quellenlage

Für die Beschäftigung mit der Vereinshistorie Werder Bremens findet man in der Chronik zum 90-jährigen Vereinsjubiläum eine gute Basis vor.[3] Darin bieten die Autoren Wallenhorst und Klingebiel sowie Letzterer auch mit seinen weiteren Publikationen[4] einen sehr vielschichtigen und durchaus kritischen Einblick. Im WUSEUM ist darüber hinaus eine Darstellung der mittlerweile 120-jährigen Vereinshistorie inklusive einer Dauerausstellung zu jüdischen Sportlern bei Werder Bremen zu besichtigen.

Der vorliegende Aufsatz basiert jedoch weniger auf Sekundärliteratur als vielmehr auf einer Untersuchung verschiedener Quellen zur Geschichte des SV Werder während des Dritten Reichs. Durch die Zerstörung der Geschäftsstelle des Vereins am 18./19. August 1944 ist ein großer Teil der vereinsinternen Akten allerdings leider nicht mehr verfügbar. Protokollbücher, Mitgliederverzeichnisse und Unterlagen zur internen Kommunikation hätten einen Einblick in den Vereinsalltag erleichtert. Die vorliegende Arbeit bedient sich daher im Wesentlichen an staatlichen Standorten gelagerter Akten. Das Vereinsregister (VR) am Amtsgericht Bremen (AGB) beinhaltet die Vereinssatzungen, Protokolle von Mitglieder- und Generalversammlungen sowie die Korrespondenz des Vereins mit dem Amtsgericht. Darüber hinaus liefern die Entnazifizierungsakten von Vereinsfunktionären und die Wiedergutmachungsakten von jüdischen Mitgliedern Informationen rund um verschiedene damalige Vereinsmitglieder. Die bedeutendste Quelle stellen allerdings die *Vereinsnachrichten* (*VN*) aus dem Vereinsarchiv des SV Werder Bremen (VAWB) dar, da diese sowohl Einblicke in das Vereinsleben ermöglichen als auch Rückschlüsse auf die Außendarstellung und Mitgliederbindung des Vereins zulassen.

Bei allen untersuchten Quellen (mit Ausnahme der Entnazifizierungs- und Wiedergutmachungsakten) muss bedacht werden, dass es sich hier nicht um interne Dokumente handelte, sondern auch immer mindestens ein beschränkter Kreis an Externen Einblick hatte. Bei den *Vereinsnachrichten* erscheint dies leicht nachvollziehbar. Doch auch die Protokolle von satzungsändernden Versammlungen mussten an das Amtsgericht geschickt werden, was eine Kontrollmöglichkeit der Vereine durch die Behörden deutlich macht. Es muss in der kritischen Analyse berücksichtigt werden, dass die untersuchten Dokumente in diesem Wissen verfasst wurden. Daher ist immer eine gewisse Vorsicht vor voreiligen Rückschlüssen geboten, denn es kann nicht mit absoluter Sicherheit gesagt werden, ob Versammlungen tatsächlich so abliefen wie in den Protokollen niedergeschrieben und ob der Vereinsalltag tatsächlich in der Art und Weise stattfand, wie es in den *Vereinsnachrichten* dargestellt wurde.

Neben der Auswertung der Primärquellen und Sekundärliteratur sind zudem die Ergebnisse früherer akademischer Ausarbeitungen des Autors in diese Arbeit eingegangen.[5]

Werder im Kaiserreich (1899–1918)

Nachdem der Fußball bereits in den 1870er Jahren aus England nach Deutschland gekommen war, begann das Spiel mit dem runden Leder hierzulande vor allem ab ca. der 20. Jahrhundertwende mit einer zunehmenden Zahl an Vereinsgründungen allmählich Fuß zu fassen. Der Durchbruch sollte ihm während des wilhelminischen Kaiserreichs in Deutschland allerdings noch nicht gelingen. Bis in die frühen Jahre der Weimarer Republik mussten die Kicker um Anerkennung kämpfen. Das Turnen der

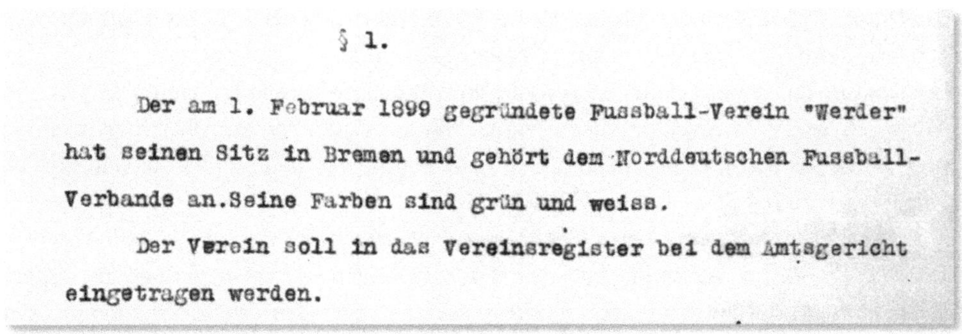

§ 1.

Der am 1. Februar 1899 gegründete Fussball-Verein "Werder" hat seinen Sitz in Bremen und gehört dem Norddeutschen Fussball-Verbande an. Seine Farben sind grün und weiss.

Der Verein soll in das Vereinsregister bei dem Amtsgericht eingetragen werden.

Ausschnitt aus der ersten schriftlich überlieferten, auf der Generalversammlung am 12. März 1912 genehmigten Satzung mit dem „heiklen“ Gründungsdatum (Quelle: Vereinsregister Amtsgericht Bremen, 173, Nr. 4)

„Turnvater Jahn"-Bewegung war die favorisierte Sportart und Fußball aus ästhetischen Gründen als „Fußlümmelei" verpönt.[6]

Der „Fußball-Verein Werder" (im Folgenden: FV Werder) wurde 1899 von Schülern der Realschule C. W. Debbe gegründet, wobei das exakte Datum ein wenig strittig ist: Einige frühere Satzungen (namentlich die von 1912, 1931, 1932 und 1933) nennen den 1. Februar, laut den meisten anderen Quellen inklusive der offiziellen Vereinsdarstellung trug sich das historische Ereignis jedoch erst drei Tage später zu, am 4. Februar.[7]

Keinen Zweifel indes gibt es daran, dass die Mitgliederzahl bereits bis Sommer 1899 auf vierzig bis fünfzig anwuchs.[8] In den ersten Jahren war man vorwiegend mit dem Aufbau von Vereinsstrukturen beschäftigt. Dies schloss bezüglich der Spielstätte mehrmalige Umzüge ein, vom „Kuhhirten" auf dem Stadtwerder ging es auf das Neuenlander Feld und weiter auf die Huckelriede. 1913 wurde mit dem Bau einer Tribüne an der Huckelriede begonnen, die allerdings im November 1916 durch starken Wind zerstört wurde. Die Werderaner durften daraufhin größere Veranstaltungen vorübergehend auf dem Tribünenplatz ihres Stadtrivalen BSC am Peterswerder durchführen.

Im FV Werder stand neben dem Sport auch die Geselligkeit und Freundschaft der Mitglieder im Vordergrund. In Rückblicken wurde oft an „feuchtfröhliche"[9] Bierabende in den Anfangsjahren des Vereins erinnert. In sportlicher Hinsicht war der FV Werder derweil seit seiner Gründung einer der besten Bremer Vereine, auch bedingt durch den Beitritt einiger spielstarker Kicker aus den Niederlanden und aus Großbritannien.[10] Die Erfolge bestanden in Bremer Stadtmeisterschaften sowie dem Aufstieg als erster Bremer Verein in die höchste Spielklasse des Norddeutschen Fußball-Verbands (NFV) im Jahr 1913.

Größter Rivale in jenen Jahren war der Bremer Sport-Club (BSC). Die Rivalität dieser beiden Mannschaften wurde in den Bremer Zeitungen mitunter zum Duell „Links der Weser" (BSC) gegen „Rechts der Weser" (FV Werder) stilisiert. Dies galt allerdings allenfalls für die jeweiligen Spielstätten, denn die Wohnorte auch der Werderaner lagen in jenen Jahren bereits zu einem erheblichen Teil in Stadtteilen „links der Weser".[11] Die Zahl der Mitglieder im FV Werder stieg bis 1912 moderat auf etwa 200, um dann bis Anfang 1914 auf 310 anzuwachsen.[12]

So nahm der Verein dann auch nicht von ungefähr bereits frühzeitig für sich in Anspruch, in der Entwicklung des Bremer Fußballs eine Vorreiterrolle eingenommen und zu dessen wachsender Akzeptanz und Beliebtheit in der Hansestadt maßgeblich beigetragen zu haben:

„Seit jenen längst vergangenen Tagen haben wir unter den Bremer Fußball-Vereinen in gesellschaftlicher Beziehung stets den ersten Platz eingenommen, und auch in sportlicher Hinsicht durchweg in dominierender Stellung gestanden. Wir dürfen für uns das Verdienst in Anspruch nehmen, den Fußballsport hier in Bremen in erster Linie gefördert zu haben, und zwar dadurch, daß wir das große Publikum durch häufige Veranstaltung von Wettspielen gegen spielstarke Vereine aus allen Gegenden des Reiches und auch des

Auslandes, auf unseren Sport aufmerksam machten, und auf diese Weise dazu beitrugen, den Sportgedanken in die breiten Schichten der bremischen Bevölkerung hineinzutragen.“[13]

Dass diese forsche Selbsteinschätzung dabei keineswegs übertriebenes Eigenlob war, sah auch der NFV so, der dem Verein mit Blick auf die Förderung des lokalen wie regionalen Fußballs ebenfalls „einen bedeutenden und hervorragenden Anteil“[14] attestierte.

Der Erste Weltkrieg wurde dann sowohl finanziell als auch personell eine herausfordernde Zeit für den FV Werder. Im August 1916 waren 158 von 300 Mitgliedern im Kriegsdienst[15], darunter auch die jüdischen Mitglieder Alfred Ries sowie Arthur und Herbert Rosenthal. 53 Werderaner fielen im Ersten Weltkrieg.[16] Mitgliedsbeiträge fielen ab 1914 zu erheblichen Teilen weg, Einnahmen von inserierenden Unternehmen in den *VN* sanken und Sportveranstaltungen wie die früher durchgeführten Stiftungsfeste waren während des Krieges keine substanzielle Einnahmequelle mehr. Der Verein finanzierte sich über außerordentliche Spenden und Stiftungen („Kriegsspenden“, „Offiziersspenden“) sowie die Tatkraft seiner Mitglieder. Viele von ihnen sandten auch Grußkarten von ihren Kriegseinsätzen, die in den *VN* abgedruckt wurden. Auf diesem Wege konnten Mitglieder und Verein sowie die Werderaner untereinander in Kontakt bleiben.

Diese Feldpostbriefe geben heute noch wertvolle Aufschlüsse über das Frontleben – auch in Bezug auf den Fußball: Vor allem die an der Ostfront kämpfenden Werder-Mitglieder berichteten von dortigen Fußballspielen zwischen verschiedenen Regimentern und Bataillonen.[17] Nach dem Ersten Weltkrieg sollten von der Front bzw. aus der Kriegsgefangenschaft zurückkehrende Soldaten einen erheblichen Multiplikator-Effekt auf die Verbreitung des Fußballs in Deutschland haben.[18]

Politische Einordnung des Vereins

Der FV Werder war seit seiner Gründung ein Sportverein im bürgerlichen Milieu. Die erste Vereinssatzung forderte von Neu-Mitgliedern „höhere Schulbildung“[19] für einen Beitritt. Mit dieser Klausel hoben sich die Gründer bewusst von einem Großteil der

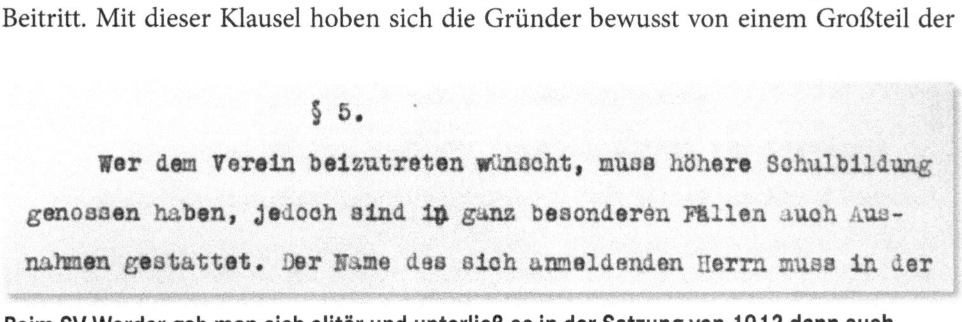
§ 5.

Wer dem Verein beizutreten wünscht, muss höhere Schulbildung genossen haben, jedoch sind in ganz besonderen Fällen auch Aus-nahmen gestattet. Der Name des sich anmeldenden Herrn muss in der

Beim SV Werder gab man sich elitär und unterließ es in der Satzung von 1912 dann auch gleich, etwas näher zu erläutern, was zu den „ganz besonderen Fällen“ einer Ausnahme hätte zählen können (Quelle: Vereinsregister Amtsgericht Bremen, 173, Nr. 4)

damaligen gesellschaftlichen Schichten ab und schufen die Grundlage für eine bürgerlich-konservative Prägung des Vereins.

Dieses Merkmal zeigte sich auch im Vereinsleben: Bierabende wurden als „Kommerse“[20] bezeichnet, und Vereinspublikationen aus jener Zeit suggerieren einen Vereinsalltag ähnlich dem einer Studentenverbindung. So wurde das alljährliche Vereinsjubiläum „nicht in Form eines Ball-Abends, wie dieses bei fast sämtlichen hiesigen Fussball-Vereinen üblich ist, sondern durch einen Kommers mit Abendtafel“[21] gefeiert. Dies kann als ein Hinweis auf das Selbstverständnis der Vereinsmitglieder als Teil der bürgerlichen Bildungsschicht gedeutet werden. Explizit politische Äußerungen konnten in den *VN* in den Jahren bis 1918 nicht nachgewiesen werden.

Werder in der Weimarer Republik (1919–1933)

Nach dem Ersten Weltkrieg setzte in Deutschland die Entwicklung des Fußballs zu einem Massenphänomen ein. Die Mitgliederzahlen in den Sportvereinen und die Zuschauerzahlen bei Sportveranstaltungen stiegen ab Beginn der Weimarer Republik rasant an.[22] Die Ursachen hierfür lagen unter anderem in der Einführung der für die Arbeiterschaft erstmals ein nennenswertes Reservoir an buchstäblicher „Freizeit“ bringenden 48-Stunden-Woche, der politischen Emanzipation der Frauen, der Etablierung neuer Sportarten und der veränderten Rolle von Sport in der Gesellschaft.

Bei Werder verdoppelte sich die Mitgliederzahl zwischen Mai 1919 und April 1921 nahezu, von 559 auf 1.065. Dazu trug auch die Gründung einer Damenabteilung im Dezember 1919 bei, in die im Verlauf des Jahres 1920 bereits 66 Mitglieder eintraten. Der Verein teilte diesbezüglich mit, dass man mit der Aufnahme von Frauen „einem vielseitigen Wunsche und dem Zuge der Zeit gefolgt“[23] sei. Zulauf von Jugendlichen bekamen Sportvereine in Deutschland derweil nicht zuletzt in Folge der sich nach dem Ersten Weltkrieg verändernden Rolle von Sport in der hiesigen Gesellschaft. Nach dem Wegfall der Wehrpflicht aufgrund des Versailler Vertrags wurde die Aufgabe der körperlichen Ertüchtigung der Jugend zunehmend von Sportvereinen in Form von Wehrsport adressiert. Sie entwickelten so ihre Rolle vom reinen Anbieter von Freizeitsport zu einem wesentlichen Bestandteil der körperlichen (Wehr-)Ausbildung in der deutschen Nachkriegsgesellschaft. Allein in den Jahren 1919 und 1920 wuchs Werder auch deshalb um insgesamt 315 jugendliche Mitglieder.

Ein weiterer Faktor für das Wachstum des Vereins war der Ausbau des allgemeinen sportlichen Angebots. Vor 1919 gab es bei Werder lediglich eine Fußballabteilung. Im Laufe der 1920er Jahre kamen immer mehr Abteilungen hinzu: Kegeln und Schach (1919), Tennis, Billard und Cricket (alle 1920) sowie Rugby (1924), Handball und

Leichtathletik (ab 1928).[24] Sinnbildlich für diese Neuausrichtung war die Umbenennung von „*Fußball*-Verein ‚Werder'" in „*Sport*-Verein ‚Werder'" im Januar 1920.[25] Die Fußballabteilung stellte jedoch ungebrochen den Großteil an Mitgliedern. Im Jahr 1921 war mit den genannten 1.065 allerdings auch bereits der Zenit der Mitgliederentwicklung bei Werder vor 1945 erreicht, bis Januar 1932 sollte der Mitgliederstand in wirtschaftlich teils schwierigen Jahren mit Hyperinflation und Weltwirtschaftskrise auf nur noch 407 sinken.

Derweil stiegen in der Weimarer Republik wie erwähnt die Zuschauerzahlen bei Sportgroßveranstaltungen deutlich an. Zum Endspiel um die Deutsche Meisterschaft 1920 kamen 35.000 Menschen auf den Germania-Platz in Frankfurt am Main, drei Jahre später waren es beim DM-Finale im Berliner Grunewaldstadion schon 64.000 Besucher.[26] Auch der SV Werder verbuchte bei Auftritten seiner 1. Mannschaft einen merklichen Zuwachs, selbst wenn die Zahlen geringer waren als beispielsweise in Hamburg.[27] Für durchschnittliche Ligaspiele der Grün-Weißen lagen die Angaben zumeist im niedrigen vierstelligen Bereich, zu wichtigen Partien oder Derbys kamen allerdings bereits im Jahr 1920 bisweilen 5.000 oder mehr Zuschauer.[28] Um dem steigenden Interesse gerecht zu werden, wurden in den 1920er Jahren in vielen Städten Stadien aus- oder neugebaut, so z. B. das Städtische Stadion in Nürnberg (später Franken-, heute Max-Morlock-Stadion) oder der Sportpark Müngersdorf in Köln. Auch Werder beschäftigte sich mit dem Ausbau seiner Sportstätte, trug letztlich jedoch erst ab 1930 seine Heimspiele im Weserstadion aus (zunächst pachtweise)[29], das bereits zu diesem Zeitpunkt 40.000 Menschen Platz bot.

Politische Einordnung des Vereins

Während der Weimarer Republik gab es in ganz Deutschland bürgerliche, konfessionelle und sozio-politische Sportverbände. Der SV Werder war Mitglied im bürgerlichen DFB, dem standen in Bremen der Arbeiter-Turn- und Sportbund (ATBS), die Kampfgemeinschaft für Rote Sporteinheit („Rotsport") und – allerdings erst nach 1933 – jüdische Vereine wie die Sportgruppe Schild und der JTSV Bar Kochba gegenüber. Dabei waren die Zugehörigkeiten nicht zwingend bzw. unweigerlich exkludierend, sondern – wie die Geschichte von Werder zeigt – beispielsweise jüdische Sportler durchaus auch Mitglieder in bürgerlichen Vereinen. Die Mitgliedschaft in einem bestimmten Sportverein konnte aber dennoch auch betonter Ausdruck sozialer, politischer oder konfessioneller Zugehörigkeit sein.

Laut der Vereinssatzung des SV Werder aus dem Jahr 1932, die zwar aufgrund eines Formfehlers nie Rechtsgültigkeit erlangte, zuvor aber von den Mitgliedern ratifiziert worden war und neben einer nahezu identischen, ebenfalls nicht offiziell in Kraft getretenen Fassung aus dem Jahr 1931 die erste von ihm bekannte aus Weimarer Zeit darstellt, war „jede politische Betätigung innerhalb des Vereins […] verboten"[30]. Ob dieses Verbot erst mit dieser Satzung eingeführt wurde oder bereits früher in Kraft war, lässt sich anhand der vorliegenden Quellen nicht beantworten. Die Geschehnisse rund um die Bremer Räterepublik im Januar 1919 sind in diesem Kontext jedoch auffallend: So vermeldete der Verein in der *VN*-Ausgabe vom März 1919, dass „bei der Säuberung Bremens von den Spartakisten […] eine Anzahl unserer Mitglieder im Freikorps Caspari" beteiligt gewesen und Werder-Mitglied Arthur Rosenthal gar verwundet worden sei[31], und in der folgenden *VN*-Ausgabe wurden die Werder-Mitglieder aufgefordert, sich der Bremer Stadtwehr anzuschließen.[32] Hier offenbart sich also eine der wenigen öffentlich präsentierten politischen Aktionen des Vereins zwischen 1919 und 1933.

Darüber hinaus war der SV Werder während der Weimarer Zeit auch Mitglied im Verband bremischer Bürgervereine, einer politisch liberal ausgerichteten Vereinigung.[33] Allerdings sind aus den untersuchten Dokumenten ab dem Jahr 1920 keine öffentlichen Eingriffe dieses Verbands ins aktuelle politische Geschehen ersichtlich.

Tretet der Stadtwehr bei!

Die Leitung der Stadtwehr ist kürzlich an die Vereine und Verbände mit der dringenden Bitte herangetreten, im Mitgliederkreise für die Stadtwehr zu werben. Wir wollen diesem Wunsche gern entsprechen und fordern unsere Mitglieder auch an dieser Stelle auf, der Stadtwehr beizutreten, soweit dieses nicht schon geschehen ist. Es erübrigt sich wohl, darauf hinzuweisen, wie eminent wichtig eine starke Stadtwehr für die Aufrechterhaltung geordneter Zustände in Bremen ist. Es liegt im Interesse jedes Einzelnen, für die weitere Stärkung der Stadtwehr einzutreten.

Bei dieser Gelegenheit weisen wir ausdrücklich darauf hin, daß unsere der Stadtwehr angehörenden Spieler sich an den Sonntagen, an welchen sie Wache haben, für einige Stunden frei machen können, um an etwaigen Wettspielen teilzunehmen. Diese Zusicherung ist von der Leitung der Stadtwehr gegeben, um den Spielbetrieb der Vereine nicht völlig zu stören. Wir bitten unsere Mitglieder, sich in vorkommenden Fällen auf diese Mitteilung zu beziehen und uns nicht, wie bisher vielfach, Absagen „wegen Stadtwehrdienst" zukommen zu lassen.

Der Vorstand.

Im Nachklang der Bremer Räterepublik war die später satzungsgemäß vorgeschriebene politische Abstinenz bei Werder noch nicht das Gebot der Stunde (Quelle: Werder-Vereinsarchiv)

Werder in der NS-Zeit (1933–1945)

Seit seiner Gründung war Werder ein Sportverein im bildungsbürgerlichen Milieu und zur Zeit der Weimarer Republik Mitglied im DFB, dem bürgerlichen deutschen Fußballverband. Innerhalb des Spektrums der verschiedenen Sportverbände lässt sich dem Verein daher, ohne viel Widerspruch zu ernten, eine bürgerlich-konservative Ausrichtung unterstellen. Dennoch scheint der politische Diskurs im Vereinsalltag bis 1933 keine allzu große Rolle gespielt zu haben. Umso überraschender erscheint die unmittelbare und eindeutige Positionierung wie Außendarstellung des Vereins in den ersten Jahren des Dritten Reichs.

In diesem Kapitel wird die Anpassung des SV Werder an die neuen politischen Gegebenheiten zwischen 1933 und 1936 untersucht. Zentrale Kriterien dabei sind die Entdemokratisierung von Vereinsstrukturen („Führerprinzip", „Vereinsführer"), die Politisierung und Ideologisierung des Vereinslebens (Versammlungen, Veranstaltungen, Sprachgebrauch in den *VN*, Wehr- und Volkssport, „Dietwesen") und der Ausschluss von jüdischen Mitgliedern aus dem Verein („Arierparagraf").

Vereinsentwicklung

Der SV Werder erlebte in den Jahren nach der „Machtergreifung" einen erheblichen sportlichen Aufschwung. Bis 1933 hatte es lediglich zu Siegen auf lokaler bis regionaler Ebene gereicht, nun konnte bereits in der Saison 1933/34 mit der Meisterschaft in der neu gebildeten Gauliga VIII (Niedersachsen) der erste überregionale Titel und damit der bis dahin größte Erfolg der Vereinsgeschichte gefeiert werden. Dadurch waren die Werderaner erstmals auch in der Endrunde um die deutsche Fußballmeisterschaft vertreten, wo man sich in der Vorrunde unter anderem gegen Schalke 04 achtbar schlug, aber letztlich als Gruppendritter vorzeitig die Segel streichen musste. In den folgenden Jahren belegten die Grün-Weißen in der Liga stets einen der vorderen Plätze und sollten letztlich mit insgesamt vier Titeln Rekordmeister der Gauliga VIII werden.[34]

In finanzieller Hinsicht bewirkte derweil ein substanzieller Schuldenerlass von 75 % im Jahr 1933[35] eine nachhaltige Entlastung der Vereinskasse, deren Stand während der Weimarer Republik analog zur wirtschaftlichen Lage in starkem Maße Schwankungen unterworfen gewesen war.

Die schlagartig verbesserte finanzielle Situation sowie die ebenso umgehend einsetzenden sportlichen Erfolge legen einen positiven Einfluss der sich zur gleichen Zeit vollziehenden politischen Veränderungen nahe. Als Mitglied des bürgerlichen Sportverbandes DFB brauchte der SV Werder zudem ein Verbot nicht zu fürchten, im

Gegensatz zu den Vereinen der Arbeitersportverbände, die bereits mit der „Reichstagsbrandverordnung" im Februar 1933 aufgelöst wurden, und den kirchlichen Sportverbänden, deren Ende im Rahmen der weiteren Gleichschaltung der Sportorganisationen 1935 kam.[36]

Trotz der Konkurrenz durch die nationalsozialistischen Jugendorganisationen und entgegen dem allgemeinen Trend in deutschen Turn- und Sportvereinen zu jener Zeit[37] stiegen die Mitgliederzahlen bei Werder zwischen Januar 1934 und Dezember 1936 erheblich an, von 391 auf 822. Dies zeugt von einer gewissen Attraktivität des Vereins für bestehende wie für neue Anhänger. Dabei ist Werders gestiegene Mitgliederzahl ab 1933 bis zu einem gewissen Punkt mit Sicherheit den sportlichen Erfolgen der Gauligamannschaft zuzuschreiben. Die positive Entwicklung legt aber zugleich nahe, dass der politische wie gesellschaftliche Kurs des Vereins auch auf Zustimmung in der Mitgliederschaft getroffen und von dieser wenigstens zu einem erheblichen Teil mitgetragen worden sein muss – aus einem Sportverein, dessen Philosophie den eigenen Grundsätzen zuwiderläuft, hätte man schließlich auch damals ohne Weiteres austreten können. Werders betont im Einklang mit der Ideologie der neuen Machthaber stehende Ausrichtung wurde also nicht nur von den maßgebenden Entscheidungsträgern im Verein beeinflusst, sondern wird die Akzeptanz der breiten Basis widergespiegelt haben.

Allerdings: Vor allem bürgerliche Vereine, die finanziell von den politischen Veränderungen profitiert hatten, wollten die angenehmen Begleiterscheinungen durch die neuen Machthaber natürlich nicht missen.[38] Es ist somit zugleich davon auszugehen, dass die Vereinsführung von Werder die finanzielle Entlastung unmittelbar nach der „Machtergreifung" der Nationalsozialisten und den damit einhergehenden sportlichen Aufschwung einfach mit allen Mitteln sichern wollte und sich auch deshalb betont „auf Linie" präsentierte.

Entdemokratisierung der Vereinsstrukturen

Das wesentlichste Element der Entdemokratisierung der Vereine war deren Selbstgleichschaltung durch die Einführung des „Führerprinzips" in der inneren Organisation. Die Strukturen, Prozesse und Befugnisse innerhalb der Verwaltung und Leitung eines Vereins wurden damit stark vereinfacht und zentralisiert – zugunsten des neuen „Vereinsführers" und zuungunsten der Mitgliederversammlung. Der Vereinsführer wurde zwar noch von den Vereinsmitgliedern gewählt, konnte dann jedoch seine Mitarbeiter im Vorstand ernennen und entlassen, ohne dabei auf weitere Zustimmung angewiesen zu sein.[39]

Die Anwendung des Führerprinzips in den Sportvereinen bündelte somit die zuvor verteilten Befugnisse in der Person eines Einzelnen, womit eine gravierende Einschränkung der Rechte der General- bzw. der Mitgliederversammlungen verbunden war. Der Historiker Klaus Vieweg bezeichnet dann auch die Ersetzung des Mehrheitsprinzips „durch den Führergrundsatz und die Besetzung der Führerposten mit nationalsozialistischen Persönlichkeiten als das vielleicht [...] wesentlichste Mittel der Gleichschaltung der Vereine und Verbände"[40].

Die Einführung des Führerprinzips bei Werder

Der SV Werder zeigte sich in der Implementierung des Führerprinzips sehr proaktiv, ja geradezu enthusiastisch. Zwar wurde es letztlich erst im Oktober 1933 offiziell in der Vereinssatzung verankert[41], doch bereits zuvor waren bis dahin im Verein geltende demokratische Prinzipien abgewickelt und die Meinungsvielfalt unterbunden worden, als im Mai 1933 Bernhard Stake ohne jegliche satzungsgemäße Grundlage zum fortan allein die Geschicke der Grün-Weißen bestimmenden Vereinsführer deklariert wurde und seinen künftigen Mitarbeiterkreis ohne Einbindung der Mitgliederversammlung selbst benannte.[42] Mit Inkrafttreten der Satzung vom 9. Oktober 1933 lag die Leitung des SV Werder dann endgültig nahezu ausschließlich in der Verantwortung des (immerhin noch jährlich zu wählenden) jeweiligen Vereinsführers.

Werders Vereinsführer von 1933 bis 1938

Deren erster war besagter **Bernhard „Peter" Stake** (Jahrgang 1893), der bereits verschiedene Ämter im Verein bekleidet hatte, bevor er im Januar 1931 zum Nachfolger von Alfred Ries als Vereinsvorsitzender gewählt worden war und schließlich in der Generalversammlung am 14. Mai 1933 spontan und „einstimmig zum neuen Vereinsführer bestellt"[43] wurde. Stake, seit 1932 mit einem Malerbetrieb selbstständig und neben dem SV Werder in einigen weiteren Bremer Sportvereinen aktiv (Rugby-Verein, Ruder-Verein), war ab 1933 Mitglied im „Stahlhelm" und wurde nach dessen Eingliederung in die SA im Jahre 1934 auch dort als Mitglied geführt. Zwar trat er in der ersten Jahreshälfte 1935 „freiwillig"[44] aus der SA-Reserve aus, war dafür dann aber ab 1937 NSDAP-Parteimitglied, da ihm „von dem Obmann meines Betriebes der Eintritt in die Partei nahegelegt wurde"[45].

In Stakes Entnazifizierungsakte finden sich mehrere Entlastungsschreiben zu seinen Gunsten – unter anderem von den jüdischen Vereinsmitgliedern Theodor Eggert und Alfred Ries. So beschreibt Eggert, wie Stake ihn und seine Familie während der NS-Zeit unterstützt habe, derweil Ries Stake als „anständigen Kerl" bezeichnet, der „seiner guten Gesinnung charaktervoll treu geblieben [sei], was man in der damaligen Zeit nur von wenigen Menschen beobachten konnte"[46]. Allzu lange währte Stakes Zeit als Vereinsführer indes nicht: Bereits auf der Mitgliederversammlung am 9. Oktober 1933 stellte er sein Amt wegen „geschäftlicher Inanspruchnahme"[47] wieder zur Verfügung.

Auf ihn folgte **Willy Stöver** (1900–1951), der nun von Oktober 1933 bis Mai 1937 das Amt des Vereinsführers bei Werder bekleidete. Stöver war jahrelang bei der Nord-

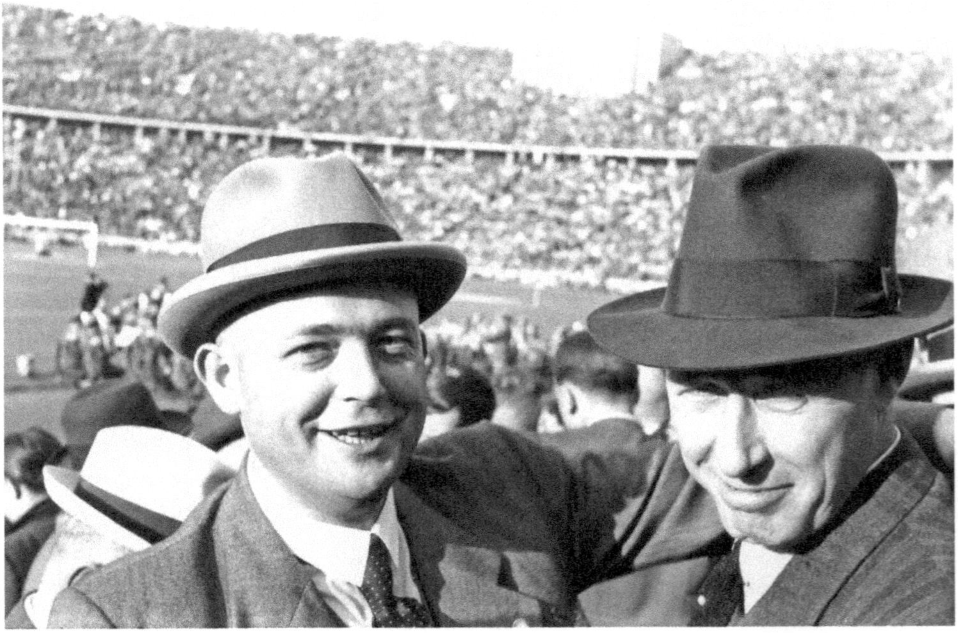

Willy Stöver (links) zusammen mit Vereinskollege Hermann Werries am 14. Mai 1938 auf der Tribüne des Berliner Olympiastadions beim 3:6 der DFB-Elf im Länderspiel gegen England (Quelle: Werder-Vereinsarchiv)

deutschen Lloyd in Bremen angestellt, bevor er 1939 als Verpflegungsoffizier in das Ersatzverpflegungsmagazin Bremen II eingezogen wurde. Mit dem Dienstantritt in der Wehrmacht ruhte fortan seine seit 1933 bestehende Mitgliedschaft im Nationalsozialistischen Fliegerkorps (NSFK) bzw. in dessen Vorgängerorganisationen (seit 1938 als Freiballon- und Obertruppführer) einstweilen ebenso wie die in der Deutschen Arbeitsfront (DAF) sowie in der NSDAP[48], wo er 1936 bzw. 1937 eingetreten war.

Nach dem Krieg gab Stöver in seinem Antrag auf Weiterführung seines Berufs zu Protokoll, dass von ihm als langjährigem Mitarbeiter des Landesverkehrsverbandes Unterweser und Jade e. V. nach dessen Übernahme durch den Reichsfremdenverkehrsverband der Eintritt in die Partei gefordert worden sei, und erklärte, er sei der NSDAP beigetreten, „um Weiterungen aus dem Wege zu gehen und keine finanziellen Ausfälle zu haben"[49]. Bekannte beschrieben Stöver als „guten Kamerad und fairen Sportsmann"[50] und attestierten ihm, dass er sich nicht politisch betätigt und „die Judenverfolgung der Nationalsozialisten stets abgelehnt"[51] habe. Seine Einstellung gegenüber den damaligen Machthabern sei stets anders gewesen, „als sie hätte als Mitglied der NSDAP sein sollen"[52]. Stövers Gesuch wurde im August 1946 zwar zunächst abgelehnt, das Entnazifizierungsverfahren gegen ihn im April 1948 aber schließlich eingestellt.

Im SV Werder war Stöver seit 1925 Mitglied und amtierte neben seiner Funktion als Vereinsführer auch noch 1937 als 2. Vorsitzender sowie 1938 als Vorsitzender der Ortsgruppe Bremen des Deutschen Reichsbundes für Leibesübungen (DRL). Als von ihm in der Vereinsarbeit übernommene Aufgaben nannte Stöver in seinem Entnazifizierungsverfahren mit Blick auf den SV Werder „schriftstellerische Betätigung und Ansprachen". Er habe in den Vereinszeitungen „kleinere sportliche Ausführungen veröffentlicht" sowie in Versammlungen des Vereins „kleine Reden über Sport und notwendige Erklärungen gehalten"[53].

Die Protokolle der Mitglieder- und Generalversammlungen sowie die untersuchten *VN*-Ausgaben sprechen indes zumindest hinsichtlich Stövers Wirkens beim SV Werder eine andere Sprache. Bereits in seiner 30-minütigen programmatischen Rede anlässlich der erstmaligen Wahl zum Vereinsführer im Oktober 1933 kündigte er mit Bezug auf die weitreichenden Befugnisse seines Amtes an, „von meinem Recht gegebenenfalls rücksichtslos Gebrauch [zu] machen"[54], um eine vollständige Unterordnung der Mitglieder unter die Richtlinien der Vereinsführung durchzusetzen. Der SV Werder sei ein Kreis von Menschen mit gleicher Gesinnung. Daher habe man – so hieß es von ihm einige Monate später – „die Pflicht und die Schuldigkeit, in unserer Gemeinschaft mit einheitlichem Willen der nationalsozialistischen Ideenrichtung zu folgen"[55]. Und zufrieden konstatierte er, dass der Parlamentarismus ein Ende habe: „Die gründliche Reinigung des deutschen Hauses von schweren Fäulniserscheinungen ist [...] in unserem Vaterlande durchgeführt. Wir sind jetzt wieder frei und brauchen uns nicht mehr von jenen liberalistischen Kreisen führen lassen, die noch vor einem Jahr glaubten, die Geschicke eines bis dahin in sich zusammengefallenen Deutschland zu lenken."[56]

In den Nachkriegsjahren war Willy Stöver weiterhin bei Werder aktiv und amtierte von Oktober 1947 bis April 1949 nochmals als 2. Vorsitzender des Vereins. Im Rahmen der Feierlichkeiten zum 50. Vereinsjubiläum am 24. Mai 1949 wurde er zum Ehrenmitglied des Vereins ernannt, im Ältestenrat und im Altherren-Konvent führte er bis zu seinem Tod am 19. Dezember 1951 den Vorsitz.[57]

Auf Stöver als Vereinsführer folgte im Mai 1937 **Adolf Hecht**, der bei Werder zuvor Leiter des Leichtathletikausschusses und Kassenprüfer gewesen war. In seiner Funktion als Vereinsführer baute Hecht auf Stövers Vorarbeit auf, trieb das Einigkeitsdogma im Verein voran und schränkte die Meinungsvielfalt weiter ein („Es muß jetzt Schluss sein mit Nörgeleien und eigenen Meinungen"[58]), um den Sport dem Wohl der „Volksgemeinschaft" unterzuordnen.[59] Da seit 1935 ein neuer Vereinsführer allerdings einer Bestätigung durch den Reichssportführer bedurfte[60], musste Hecht zunächst eine „Gesinnungsprüfung" durch die Gestapo durchlaufen, bevor er seinen Posten antreten konnte.[61] Dass dieses Verfahren dann mehrere Monate dauerte, kann dabei kaum als Indiz einer etwaigen Opposition Hechts gegen die politischen Machthaber gewertet werden. Im Gegenteil: Er war bereits im Februar 1931 in die NSDAP eingetreten und wurde in den *VN* als „alter Kämpfer der Bewegung"[62] bezeichnet. Mehrere

Belastungszeugen im Entnazifizierungsverfahren attestierten ihm zudem, ein „ganz gemeiner Nazi" gewesen zu sein[63], wobei sich dies primär auf seine berufliche Tätigkeit im Bremer Arbeitsamt bezog.

Dem gegenüber stand Hechts eigene Darstellung, dass er im Februar 1931 zwar zunächst aus Überzeugung in die NSDAP eingetreten, spätestens mit der Niederschlagung des „Röhm-Putsches" im Sommer 1934 aber ernüchtert gewesen und nur aus Angst vor Jobverlust nicht aus der Partei ausgetreten sei. Neben mehreren belastenden Zeugnissen erhielt Hecht auch ein unterstützendes Schreiben vom gemäß der nationalsozialistischen Rassenideologie als „Halbjude" geltenden Werder-Mitglied Hans Wolff: Hecht habe ihn während der NS-Zeit unterstützt und nicht aus dem Verein ausgeschlossen, obwohl er über seine Abstammung Bescheid gewusst habe.[64]

Der Historiker Arthur Heinrich schreibt, dass das „verbreitete […] Selbstverständnis der designierten Vereinsführer von ihrer Stellung im Verein"[65] in der Tendenz zur Anpassung an die neuen politischen Gegebenheiten eine wesentliche Rolle gespielt hat. Diese Beobachtung lässt sich am Beispiel SV Werder bestätigen. Willy Stöver und Adolf Hecht waren beide langjährige Vereinsmitglieder, die bis 1933 bei Werder politisch nicht in Erscheinung getreten waren, sich nach der „Machtergreifung" aber sehr linientreu äußerten und die Gleichschaltung des Vereins nach nationalsozialistischen Ideen durch ihre Art der Vereinsführung und durch ihre Äußerungen in den *VN* maßgeblich vorantrieben.

Politisierung und Ideologisierung des Vereinslebens

Nachdem Politik im Vereinsalltag des SV Werder seit seiner Gründung nur am Rande relevant gewesen war, betrieb der Verein ab 1933 eine bewusste, grundlegende Politisierung und Ideologisierung seines Vereinslebens: „So kam es, daß im ersten Viertel dieses Jahres [1933, Anm. d. Autors] auch im Werder die politische Wendung stark in den Vordergrund trat. Die großen Umwälzungen in Deutschland wurden überall freudig begrüßt."[66]

In den folgenden Abschnitten wird diese neue bzw. zunehmende politische und ideologische Färbung des Vereinslebens untersucht, die sich vor allem in den Mitgliederversammlungen, in den Rahmenerscheinungen bei Sport- wie sonstigen Vereinsveranstaltungen, im nationalsozialistischen Sprachgebrauch in den *VN*, im Wehr- und Volkssport und im „Dietwesen" zeigte.

Mitgliederversammlungen

In den Versammlungsprotokollen ab dem Jahr der nationalsozialistischen „Machtergreifung" lässt sich eine deutliche, zuvor nicht vorhandene bzw. qua Satzung ja sogar untersagte politisch-ideologische Prägung des Vereinslebens beim SV Werder erkennen. Bereits die Generalversammlung (GV) im Mai 1933 wurde vom nun als Vereinsführer amtierenden Vorsitzenden Bernhard Stake mit einem „mit großer Begeisterung aufgenommenen dreifachen ‚Sieg Heil' auf unseren Volkskanzler Adolf Hitler und unser deutsches Vaterland"[67] geschlossen.

Auf der außerordentlichen Mitgliederversammlung im Oktober 1933, auf der unter anderem das Verbot politischer Betätigung im Verein aus der Vereinssatzung gestrichen wurde, waren dann, wie im Protokoll explizit erwähnt wurde, zwei Vertreter der örtlichen Schutzstaffel (SS) anwesend.[68] Diese Politisierung der Versammlungen kann man auch an den Eröffnungsansprachen des nunmehrigen Vereinsführers Willy Stöver erkennen. So gab er in der GV 1935 zu Protokoll, dass ihm bei der Ausübung seiner Tätigkeit im Verein „unser Führer Adolf Hitler als Vorbild [diene], der durch strikte Beibehaltung seines geraden Kurses es fertig gebracht habe, Deutschland wieder da hin zu bringen, wo es heute steht"[69].

Mit Blick auf die Generalversammlungen sind zudem einige interessante Entwicklungen zu verzeichnen, so z. B. ein sprunghafter Anstieg der Teilnehmerzahlen: Obwohl der SV Werder am 31. Dezember 1933 mit 391 deutlich weniger Mitglieder aufwies als noch 1931 (765) oder 1932 (407), waren zur GV am 9. Oktober 1933 deren 165 erschienen[70] (also etwa 40 % der gesamten Mitgliederschaft), im Gegensatz zu beispielsweise lediglich 65 Anwesenden bei der GV am 27. Januar 1931.

Ein ebenso interessantes Phänomen ist die verkürzte Dauer der Veranstaltungen: Während sich die GV 1931 noch zwei Stunden und 40 Minuten hingezogen hatte und die Versammlung vom 1. Februar 1932 wegen Eintritts der Polizeistunde gegen Ende gar vertagt werden musste, wurden die Versammlungen der folgenden Jahre trotz größerer Teilnehmerzahl durchweg in weniger als zwei Stunden durchgeführt.

Vereinsveranstaltungen

Auch die vom Verein organisierten Veranstaltungen standen ab 1933 voll und ganz im Zeichen der nationalsozialistischen Politik und verfolgten sogar ganz explizit nicht mehr nur ihren Selbstzweck, sondern sollten in erster Linie die Unterordnung des Vereins gegenüber der „Volksgemeinschaft" veranschaulichen und zur Stärkung des nationalen Bewusstseins beitragen.[71]

Ganz in diesem Sinne veränderte sich bereits der äußere Rahmen von Sportveranstaltungen, die nun von Fahnengruppen, Aufmärschen und dem obligatorischen Hitlergruß vor einem Spiel begleitet wurden.

Vereinsführer Willy Stöver bezeichnete dies als „neuzeitliche Sport-Propaganda" und schrieb außerdem begeistert davon, „welch ein Fortschritt […] allein schon die symbolische Handlung [sei], wenn vor einem sportlichen Wettkampf Aktive wie Zuschauer ihre Verbundenheit durch den deutschen Gruß zum Ausdruck bringen".[72] Laut Stöver waren Sportveranstaltungen „wieder mehr als eine bloße Schaustellung, da sie jetzt in erster Linie ihrer nationalen Aufgabe"[73] dienten, indem sie vaterländi-

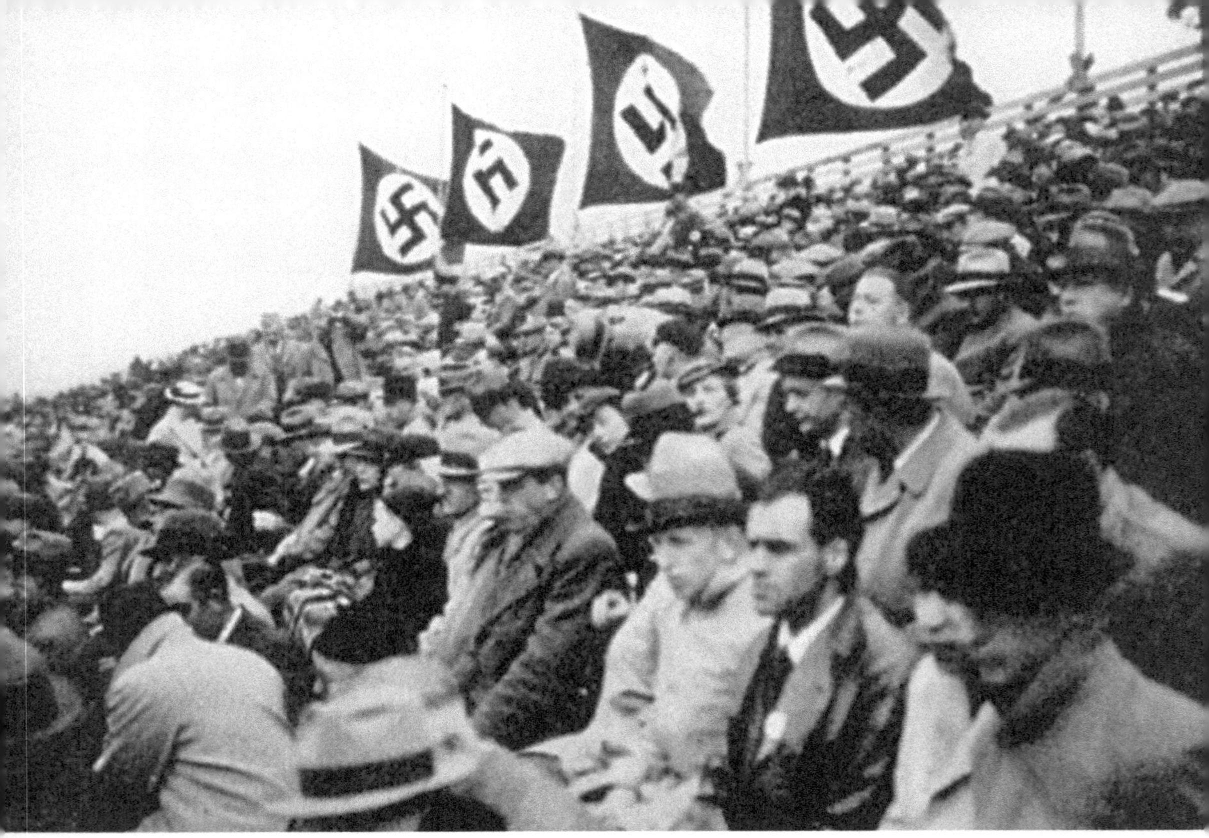

Hakenkreuzfahnen auf den Tribünen des Weserstadions – ab 1933 ein gewohntes Bild bei Werder-Spielen (Quelle: Werder-Vereinsarchiv)

sches Empfinden stärkten und Volksbewusstsein erweckten. Aus Freizeitsportveranstaltungen waren politische Events geworden.

Die in ihrer Bedeutung ebenfalls gestiegenen Gedenkveranstaltungen förderten derweil eine Rückbesinnung auf die Vergangenheit Deutschlands. Dies äußerte sich z. B. in den Vereinsfeierlichkeiten zum Totensonntag, die ab 1933 in größerem Format abgehalten wurden. Stöver führte in seiner Einladung zum Gedenktag 1933 aus, dass man „in unserem neuen Deutschland den Glauben an einen lebendigen Gott wiedergefunden" habe und „aus diesem Glauben heraus […] auch die Achtung vor unseren gefallenen Kameraden wieder wachgerufen"[74] worden sei. Bei der Enthüllung eines Ehrenmals am Weserstadion am 13. August 1934 wies er zudem ganz im Sinne der nationalsozialistischen Ideologie auf die Bedeutung der „Machtergreifung" für die Rückbesinnung auf die deutsche Vergangenheit hin:

„Wenn wir an dieser Stätte heute ehrfurchtsvoll der großen Kämpfer gedenken, so tun wir dieses mit einem berechtigten Stolz […]; denn erst nach der nationalsozialistischen Revolution im vorigen Jahr sind wir alle voll davon beseelt, daß unsere Kameraden Wegbereiter für die deutsche Zukunft gewesen sind."[75]

Darüber hinaus ließ sich der Verein mit der „Saar-Kundgebung" am 30. April 1934 auch ganz bewusst und vermutlich sogar maßgeblich auf eigene Initiative hin vor den politischen Karren der Nationalsozialisten spannen. Das „Saargebiet“ war im Versailler Vertrag ab 1920 für 15 Jahre unter das Mandat des Völkerbunds bei gleichzeitiger wirtschaftlicher Abhängigkeit von Frankreich gestellt und für das Jahr 1935 eine Volksabstimmung über seinen künftigen Status festgelegt worden. Laut „Kreis-Propagandaleiter“ Hoffmann waren alle Kreisstellen „vom Reichsministerium für Volksaufklärung und Propaganda verpflichtet […], jede Möglichkeit, für das Saargebiet Propaganda zu machen, wahrzunehmen“[76]. Unter dem Motto „Deutsch ist die Saar“[77] wurde nun also vor einem Freundschaftsspiel gegen die Sportfreunde 05 Saarbrücken im Weserstadion eine Kundgebung abgehalten, an der mit der Hitlerjugend und einer Standarte der Sturmabteilung (SA) auch NS-Organisationen beteiligt waren.[78]

Die Initiative für diese Veranstaltung und die Beteiligung des Vereins dürfte nicht unwesentlich von Seiten des SV Werder ausgegangen sein.[79] In seinem Jahresbericht für das Jahr 1934 nahm Willy Stöver für sich und den Verein jedenfalls in Anspruch,

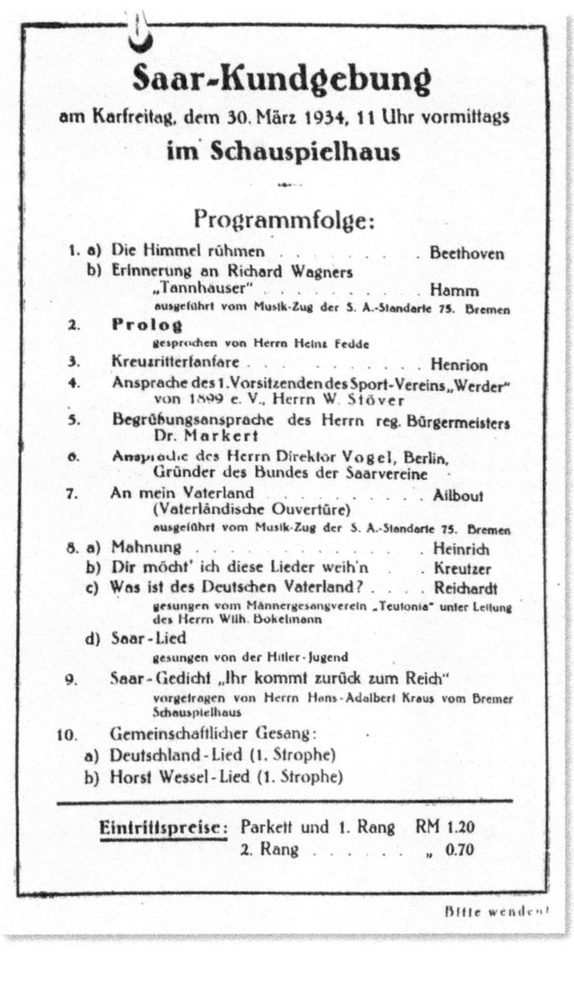

Saar-Kundgebung

am Karfreitag, dem 30. März 1934, 11 Uhr vormittags

im Schauspielhaus

Programmfolge:

1. a) Die Himmel rühmen . . . . Beethoven
   b) Erinnerung an Richard Wagners „Tannhauser“ . . . . Hamm
   ausgeführt vom Musik-Zug der S. A.-Standarte 75. Bremen
2. **Prolog**
   gesprochen von Herrn Heinz Fedde
3. Kreuzritterfanfare . . . . Henrion
4. Ansprache des 1. Vorsitzenden des Sport-Vereins „Werder“ von 1899 e. V., Herrn W. Stöver
5. Begrüßungsansprache des Herrn reg. Bürgermeisters Dr. Markert
6. Ansprache des Herrn Direktor Vogel, Berlin, Gründer des Bundes der Saarvereine
7. An mein Vaterland . . . . Ailbout
   (Vaterländische Ouvertüre)
   ausgeführt vom Musik-Zug der S. A.-Standarte 75. Bremen
8. a) Mahnung . . . . Heinrich
   b) Dir möcht' ich diese Lieder weih'n . . Kreutzer
   c) Was ist des Deutschen Vaterland? . . . . Reichardt
   gesungen vom Männergesangverein „Teutonia“ unter Leitung des Herrn Wilh. Bokelmann
   d) Saar-Lied
   gesungen von der Hitler-Jugend
9. Saar-Gedicht „Ihr kommt zurück zum Reich“
   vorgetragen von Herrn Hans-Adalbert Kraus vom Bremer Schauspielhaus
10. Gemeinschaftlicher Gesang:
   a) Deutschland-Lied (1. Strophe)
   b) Horst Wessel-Lied (1. Strophe)

Eintrittspreise: Parkett und 1. Rang RM 1.20
2. Rang . . . . . . „ 0.70

Bitte wenden!

Bei der „Saar-Kundgebung“ im Schauspielhaus eröffnete Willy Stöver noch vor Bremens regierendem Bürgermeister Richard Markert den Redeteil des offiziellen Programms (Quelle: Werder-Vereinsarchiv)

„unseren kleinen Teil dazu beigetragen zu haben, daß unsere deutschen Volksgenossen an der Saar wieder frei von jeglicher Fremdherrschaft sind“[80].

Für den Bereich der Vereinsveranstaltungen lässt sich festhalten, dass ab der „Machtergreifung“ eine zunehmende Verbindung von Sport und Politik zu beobachten ist, die auch vonseiten Werders aktiv betrieben wurde. Man begrüßte nicht nur den politischen Rahmen sportlicher Veranstaltungen, sondern ließ sich bewusst und teils auf eigene Initiative hin für nationalsozialistische Propaganda instrumentalisieren.

Vereinsnachrichten

Besonders deutlich wurde die neue politisch-ideologische Prägung des Vereinslebens im nunmehr klar nationalsozialistischen Schreibstil in den Ausgaben der *Vereinsnachrichten* ab 1933. Die *VN* dienten nicht mehr ausschließlich als Bindeglied zwischen

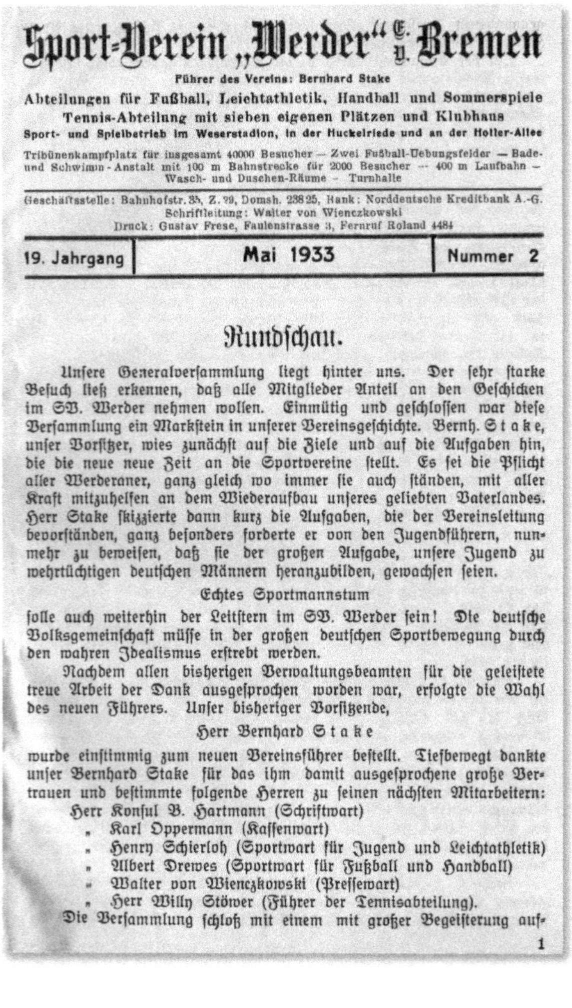

Sport-Verein „Werder“ E. V. Bremen

Führer des Vereins: Bernhard Stake

Abteilungen für Fußball, Leichtathletik, Handball und Sommerspiele

Tennis-Abteilung mit sieben eigenen Plätzen und Klubhaus

Sport- und Spielbetrieb im Weserstadion, in der Huckelriede und an der Holler-Allee

Tribünenkampfplatz für insgesamt 40000 Besucher — Zwei Fußball-Uebungsfelder — Bade- und Schwimm-Anstalt mit 100 m Bahnstrecke für 2000 Besucher — 400 m Laufbahn — Wasch- und Duschen-Räume — Turnhalle

Geschäftsstelle: Bahnhofstr. 35, Z. 29, Domsh. 23825, Bank: Norddeutsche Kreditbank A.-G.
Schriftleitung: Walter von Wienczkowski
Druck: Gustav Frese, Faulenstrasse 3, Fernruf Roland 4484

19. Jahrgang | Mai 1933 | Nummer 2

Rundschau.

Unsere Generalversammlung liegt hinter uns. Der sehr starke Besuch ließ erkennen, daß alle Mitglieder Anteil an den Geschicken im SV. Werder nehmen wollen. Einmütig und geschlossen war diese Versammlung ein Markstein in unserer Vereinsgeschichte. Bernh. Stake, unser Vorsitzer, wies zunächst auf die Ziele und auf die Aufgaben hin, die die neue neue Zeit an die Sportvereine stellt. Es sei die Pflicht aller Werderaner, ganz gleich wo immer sie auch ständen, mit aller Kraft mitzuhelfen an dem Wiederaufbau unseres geliebten Vaterlandes. Herr Stake skizzierte dann kurz die Aufgaben, die der Vereinsleitung bevorständen, ganz besonders forderte er von den Jugendführern, nunmehr zu beweisen, daß sie der großen Aufgabe, unsere Jugend zu wehrtüchtigen deutschen Männern heranzubilden, gewachsen seien.

Echtes Sportmannstum

solle auch weiterhin der Leitstern im SV. Werder sein! Die deutsche Volksgemeinschaft müsse in der großen deutschen Sportbewegung durch den wahren Idealismus erstrebt werden.

Nachdem allen bisherigen Verwaltungsbeamten für die geleistete treue Arbeit der Dank ausgesprochen worden war, erfolgte die Wahl des neuen Führers. Unser bisheriger Vorsitzende,

Herr Bernhard Stake

wurde einstimmig zum neuen Vereinsführer bestellt. Tiefbewegt dankte unser Bernhard Stake für das ihm damit ausgesprochene große Vertrauen und bestimmte folgende Herren zu seinen nächsten Mitarbeitern:

Herr Konsul B. Hartmann (Schriftwart)
„ Karl Oppermann (Kassenwart)
„ Henry Schierloh (Sportwart für Jugend und Leichtathletik)
„ Albert Drewes (Sportwart für Fußball und Handball)
„ Walter von Wienczkowski (Pressewart)
„ Herr Willy Störwer (Führer der Tennisabteilung).

Die Versammlung schloß mit einem mit großer Begeisterung auf-

1

Die Titelseite der *VN*-Ausgabe von Mai 1933, in deren „Rundschau“ keine Fragen offengelassen wurden, welcher Wind nun auch bei Werder wehte (Quelle: Werder-Vereinsarchiv)

den Mitgliedern und dem Vorstand bzw. der Verwaltung des Vereins, sondern als Medium zur Proklamation einer ideologischen Programmatik, also auch zur Öffentlichkeitsarbeit.

Die zentrale Forderung an alle Werder-Mitglieder wurde bereits in der „Rundschau" der *VN*-Ausgabe vom Mai 1933 deutlich: „Wie in Deutschland sich das ganze Volk zu Adolf Hitler bekennt, so steht in unserer großen grünweißen Schar ein geschlossener Kreis von Menschen, der im völkischen Sinne mit Stolz aufblickend auf seine ruhmreiche Tradition und in steter Dankbarkeit an unsere Helden des großen Weltkrieges alles einsetzen will für unser höchstes Ziel – Deutschland!"[81] Von den Mitgliedern wurde nicht nur eine Unterordnung unter die Vereinsinteressen erwartet und Einmütigkeit und Geschlossenheit in den eigenen Reihen gefordert, sondern zudem ihre Einordnung in die deutsche „Volksgemeinschaft" propagiert. Die Pflichterfüllung „nicht

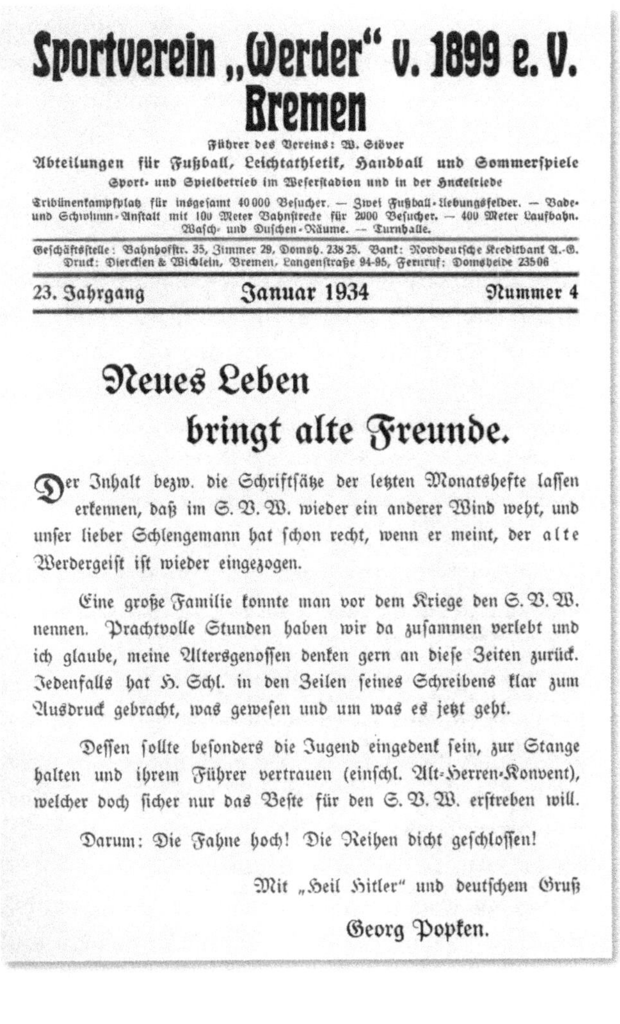

Sportverein „Werder" v. 1899 e. V. Bremen

Führer des Vereins: W. Stöver

Abteilungen für Fußball, Leichtathletik, Handball und Sommerspiele

Sport- und Spielbetrieb im Weserstadion und in der Huckelriede

Tribünenkampfplatz für insgesamt 40 000 Besucher. – Zwei Fußball-Uebungsfelder. – Bade- und Schwimm-Anstalt mit 100 Meter Bahnstrecke für 2000 Besucher. – 400 Meter Laufbahn. Wasch- und Duschen-Räume. – Turnhalle.

Geschäftsstelle: Bahnhofstr. 35, Zimmer 29, Domsh. 238 25. Bank: Norddeutsche Kreditbank A.-G. Druck: Dierckfen & Wichlein, Bremen, Langenstraße 94-95, Fernruf: Domsheide 23506

23. Jahrgang — Januar 1934 — Nummer 4

Neues Leben bringt alte Freunde.

Der Inhalt bezw. die Schriftsätze der letzten Monatshefte lassen erkennen, daß im S. V. W. wieder ein anderer Wind weht, und unser lieber Schlengemann hat schon recht, wenn er meint, der alte Werdergeist ist wieder eingezogen.

Eine große Familie konnte man vor dem Kriege den S. V. W. nennen. Prachtvolle Stunden haben wir da zusammen verlebt und ich glaube, meine Altersgenossen denken gern an diese Zeiten zurück. Jedenfalls hat H. Schl. in den Zeilen seines Schreibens klar zum Ausdruck gebracht, was gewesen und um was es jetzt geht.

Dessen sollte besonders die Jugend eingedenk sein, zur Stange halten und ihrem Führer vertrauen (einschl. Alt-Herren-Konvent), welcher doch sicher nur das Beste für den S. V. W. erstreben will.

Darum: Die Fahne hoch! Die Reihen dicht geschlossen!

Mit „Heil Hitler" und deutschem Gruß

Georg Popken.

Ein nahezu beliebig ersetzbares Beispiel: Auch in den *VN* von Januar 1934 konnte sich der Leitartikler einen Mangel an NS-Enthusiasmus nicht vorwerfen lassen (Quelle: Werder-Vereinsarchiv)

nur auf dem grünen Rasen, sondern als deutschbewusster Volksgenosse […] gegenüber dem Vaterlande" und der „Wiederaufbau unseres geliebten Vaterlandes" wurden als fortan dringlich zu leistende Aufgaben der Werder-Mitglieder angemahnt.[82]

Als Konsequenz aus der Betonung der „Volksgemeinschaft" und einem verstärkten Nationalismus und Patriotismus wurde zugleich Abweichlern gegenüber ein härterer Kurs eingeschlagen. Vereinsführer Stöver unterstrich seine Bereitschaft, Mitglieder, die sich nicht der Vereinsführung unterordneten, aus dem Verein auszuschließen.[83] Meinungsvielfalt war dabei schon in den Jugendmannschaften nicht erwünscht. So betonte Jugendführer Henry Schierloh bei der Einweihung des neuen Jugendheims in Borgfeld die Bedeutung der Gemeinschaftspflege in Sportvereinen als Teil der Gemeinschaft im „erwachten Deutschland"[84]. Damit verband er einen „Zusammenschluss an gleichgesinnten Individuen" und kündigte an, Mitglieder, die sich nicht bedingungslos dem Gemeinwohl unterordneten, aus der Gemeinschaft auszuschließen: Derjenige, der „sich nicht eingliedern kann, für den ist bei uns kein Platz"[85].

Der SV Werder stellte sich durch die ideologische Anpassung und die Politisierung der Artikel in den *Vereinsnachrichten* also klar in den Dienst der nationalsozialistischen Propaganda und verankerte die NS-Politik über die mediale Vermittlung nicht nur im Alltag und in der Freizeitgestaltung, sondern auch in den Köpfen seiner Mitglieder.

Wehr- und Volkssport

Im April 1933 forderte der DFB seine Mitgliedsvereine auf, durch einen Ausbau der Jugendarbeit „mit allen Kräften an der nationalen Erneuerung mitzuarbeiten"[86]. Der Sportler müsse seinen Sport primär in dem Sinne betreiben, „den der Nationalsozialismus ‚politisch' nennt, d. h. er muß sich bewußt bleiben, daß er seinen Körper stählt, um dem Vaterlande zu dienen, sich für den Fall eines Falles voll einsatzbereit zu machen"[87].

Schon zuvor hatten Turn- und Sportvereine, so auch der SV Werder, Wehrsport für jugendliche Mitglieder angeboten. Die Werderaner beanspruchten dabei für sich, sie seien sogar „die ersten [gewesen], die den Wehrsportgedanken offen aufgenommen haben"[88]. Wie im Abschnitt zur Weimarer Republik angedeutet, wurde bei Werder tatsächlich bereits ab 1919 Wehrsport im Verein praktiziert – dies war seinerzeit allerdings kein Alleinstellungsmerkmal. Nun jedoch wurde seitens des Vereins die Arbeit zur jugendlichen (Wehr-)Ertüchtigung noch einmal deutlich forciert: Bereits im Mai 1933 sprach der damalige Vorsitzende Bernhard Stake von „der großen Aufgabe, unsere Jugend zu wehrtüchtigen deutschen Männern heranzubilden"[89]. Dabei könne man in den eigenen Reihen auf „viele Jugendliche, die seit Jahren in treuer Pflichterfüllung in der Bewegung der nationalen Revolution stehen"[90], bauen.

In der Praxis beinhaltete die Wehrsportausbildung im Verein eine Kombination von Leichtathletik, Gymnastik sowie Geländeübungen und -läufen. Der Jugend- und

Wehrsport in den Sportvereinen war dabei seit 1933 massiver Konkurrenz durch die SA und vor allem durch die Hitlerjugend (HJ) ausgesetzt.[91] Dennoch konnte der SV Werder allem Anschein nach den Jugendlichen ein attraktives Programm bieten. Ein Indikator hierfür ist der Anstieg der Zahlen an jugendlichen Mitgliedern ab 1933: Im Dezember 1934 verzeichnete der Verein deren 95 – ein Anstieg von mehr als 50 % im Vergleich zum Vorjahr (63). In den Jahren 1936 und 1937 wurden dann sogar 105 bzw. 113 Eintritte von Jugendlichen notiert, und das obwohl ab August 1936 die Jugendabteilungen der 10- bis 14-Jährigen in Sportvereinen gänzlich aufgelöst und der HJ zugeführt wurden.[92]

Neben dem Wehrsport für Jugendliche bot der SV Werder auf Verfügung der Gauleitung seit Oktober 1933 für seine erwachsenen Sportler den sogenannten Volkssport an.[93] Dieser beinhaltete sowohl praktische als auch theoretische Aspekte einer Wehrausbildung. Zum Repertoire gehörten Pistolen- und Gewehrschießen, Geländeübungen und Keulenwerfen genauso wie Kartenlesen, Umgang mit einem Kompass und Vermittlung von Wissen bezüglich der Gliederung und Ausrüstung von Armeen.[94]

Der Verein fühlte sich also ganz offensichtlich nicht mehr nur der sportlichen Betätigung, sondern verstärkt auch der militärischen (Vor-)Ausbildung seiner Mitglieder verpflichtet. Besonders im Jugendbereich stieß dies auf Resonanz. Laut dem Historiker Horst Weder wurde der Sport durch die Einführung von Wehrsport „mit faschistischer Wehrhaftigkeit gleichgesetzt“[95].

Dietwesen

Analog zum Wehrsport, der wie erwähnt bereits in den 1920er Jahren auch in allenfalls bürgerlich-konservativen, aber im Wesentlichen unpolitischen Sportvereinen praktiziert worden war, handelte es sich beim Dietwesen um keine genuin nationalsozialistische Erfindung. Vielmehr ging es zurück auf die völkisch ausgerichtete deutsche Turnbewegung, hatte sich ob der geistigen Nähe jedoch problemlos in die NS-Ideologie integrieren lassen: „Im sog. Dietwesen – ‚Diet‘ bedeutet zugleich ‚Volk‘ und ‚deutsch‘ – ging es um die Pflege des deutschen Volkstums, um die Erhaltung und Wahrung seiner rassisch-bedingten Eigenart.“[96] Ganz in diesem Sinne war der „Dietwart“ für die Aufrechterhaltung des völkischen Geistes im Vereinsleben und bei Veranstaltungen sowie für die entsprechende Schulung der Vereinsmitglieder verantwortlich.

Mit der „Dietordnung“ des DRL vom 27. April 1937 wurde es für Vereine verpflichtend, einen Dietwart zu ernennen.[97] Der SV Werder indes schuf dieses Amt bereits in der Vereinssatzung von 1935[98], und spätestens ab dem 6. August 1936 gab es mit Werner von Wienczkowski einen Dietwart im Verein. Dieser dürfte den Anforderungen des Reichssportführers an jenes Amt zur vollsten Zufriedenheit entsprochen haben, schließlich hatte er seine Linientreue schon Jahre zuvor unter Beweis gestellt, so in der *VN*-Ausgabe vom Mai 1933, für die er als Schriftleiter verantwortlich gewesen war. Ganz im nationalsozialistischen Stil schrieb von Wienczkowski hier von „der

Wesensart und der Rasse“ als „einenden Linien aller Deutschen“ und betonte, dass Deutschland erst dann wieder einen Aufstieg erleben könne, „wenn in völkischer Art das ganze deutsche Volk endgültig auf seine abertausend Jahre alte Geschichte und seine große Kultur“ zurückfinde.[99]

Neben der körperlichen Ausbildung ging es beim SV Werder also augenscheinlich auch um eine geistige Erziehung seiner Mitglieder im Sinne der nationalsozialistischen Ideologie, und das abermals bereits frühzeitig, wie die Installierung eines Dietwarts noch weit vor der offiziellen Anordnung dazu verdeutlicht.

—

Ausschluss jüdischer Mitglieder

Auf die individuellen Schicksale einiger spezifischer jüdischer Vereinsmitglieder des SV Werder nach der nationalsozialistischen „Machtergreifung“ und die Repressionen, denen sie fortan ausgesetzt waren, wird in den einzelnen Beiträgen dieses Buches ausführlicher eingegangen. Hier kann es daher bei einer kurzen Einführungsdarstellung belassen werden, die neben einem Blick auf die Umsetzung des „Arierparagrafen“ auch eine erste Kurzzusammenfassung der später ausführlich beschriebenen Biografien liefert.

Der „Arierparagraf“

Der DFB gab im April 1933 gemeinsam mit dem Deutschen Sportbund (DSB) eine Mitteilung heraus, wonach fortan „Angehörige der jüdischen Rasse ebenso wie Personen, die sich in der marxistischen Bewegung herausgestellt haben […], in führenden Stellungen der Landesverbände und Vereine für nicht tragbar“ erachtet würden.[100] Gleichwohl stand es Sportvereinen im DFB anschließend aber noch bis 1940 frei, in ihren Satzungen eigene Voraussetzungen für eine Vereinsmitgliedschaft zu definieren und somit auch individuelle Regelungen bezüglich des Umgangs mit jüdischen Mitgliedern zu treffen. Erst die Einheitssatzung des Nationalsozialistischen Reichsbundes für Leibesübungen (NSRL, Nachfolger des DRL) erzwang die Implementierung eines „Arierparagrafen“, der Juden eine Vereinsmitgliedschaft untersagte.[101]

Ab diesem Zeitpunkt schloss auch der SV Werder „Personen, die nicht deutschen oder artverwandten Blutes oder solchen gleichgestellt sind“[102], qua Satzung kategorisch aus dem Verein aus, nachdem man bereits spätestens ab August 1939 im Anmel-

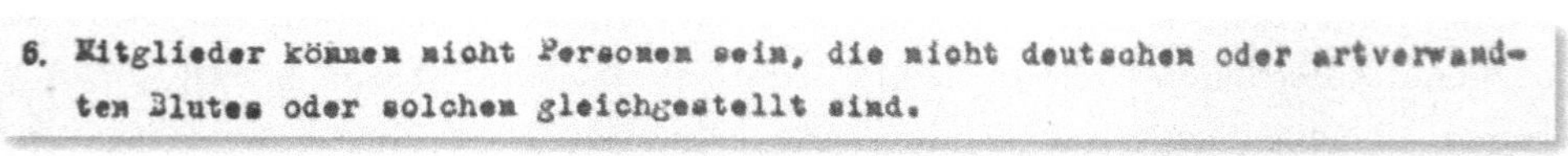
6. Mitglieder können nicht Personen sein, die nicht deutschen oder artverwandten Blutes oder solchen gleichgestellt sind.

Mit §4, Abs. 6 der Satzung vom 29. April 1940 hatte nun auch der SV Werder einen „Arierparagrafen“ (Quelle: Vereinsregister Amtsgericht Bremen, 173, Nr. 231)

deformular für Neumitglieder auch die „Abstammung“ abgefragt hatte.[103] Schon lange zuvor waren derweil manch andere Vereine in Eigeninitiative tätig geworden und hatten sich auf gemeinsame Mitgliedskriterien verständigt, so beispielsweise in der „Stuttgarter Erklärung“ vom 9. April 1933, in der sich 14 Vereine aus dem süddeutschen Raum – darunter der VfB Stuttgart, der 1. FC Nürnberg und der FC Bayern München – zur Implementierung eines „Arierparagrafen“ in der Vereinssatzung verpflichteten.[104]

Allem Anschein nach gab es eine solche Erklärung im norddeutschen Raum nicht, jedenfalls ist in allen gesichteten Quellen nichts Dementsprechendes zu finden. Viel schwieriger festzustellen ist ohnehin, ob die „Stuttgarter Erklärung“ von den unterzeichnenden Vereinen tatsächlich konsequent umgesetzt wurde. Darüber hinaus ist angesichts der mit der nationalsozialistischen Machtübernahme einsetzenden allgemeinen Entrechtung von gemäß der NS-Ideologie „nicht-arischen“ Menschen natürlich ebenfalls denkbar, dass Vereine jüdische Sportler einfach ohne satzungsgemäße Grundlage aus ihren Reihen ausschlossen. Einen Hinweis darauf, dass dies auch beim SV Werder praktiziert wurde, liefert der weiter unten sowie im entsprechenden Beitrag dieses Buches näher thematisierte Vereinsausschluss des jungen Leo Weinstein. Für weitere Fälle gibt es allerdings keine konkreten Anhaltspunkte.

Jüdische Vereinsmitglieder

Die *Central-Verein-Zeitung*, das von 1922 bis 1938 erschienene, den Untertitel „Blätter für Deutschtum und Judentum“ tragende Organ des „Central-Vereins deutscher Staatsbürger jüdischen Glaubens“, schrieb im April 1927 in einem Artikel, dass „alle jüdischen Sportler Bremens […] fast ausschließlich im A.B.T.S. (Allgemeiner Bremer Turn- und Sportverein)“ Mitglied seien.[105] Dies lässt im Umkehrschluss die Vermutung zu, dass es im SV Werder nur vergleichsweise wenige Mitglieder jüdischer Konfession gab. Eine endgültige Aussage darüber, welchen Anteil jüdische Mitglieder im Verein ausmachten, kann allerdings nicht getroffen werden, da durch die Zerstörung der Geschäftsstelle des SV Werder in der Bahnhofstraße 35 im August 1944 keinerlei Mitgliederlisten aus jener Zeit erhalten geblieben sind. Allerdings lassen sich in den 1910er, 1920er und 1930er Jahren durchaus einzelne jüdische Werder-Mitglieder finden, die auf den weiteren Seiten dieses Buches porträtiert werden.

Zunächst taucht die **Familie Rosenthal** auf. Bereits vor dem Ersten Weltkrieg waren Vater Albert sowie die Söhne Arthur, Herbert und Hermann Mitglieder bei Werder.[106] Arthur, zeitweise Werbe- und Pressewart des Vereins, wurde bereits weiter oben wegen seiner Beteiligung an der Niederschlagung der Bremer Räterepublik erwähnt. Anscheinend waren jedoch alle vier Rosenthals bereits vor 1933 nicht mehr im Verein aktiv.

Alfred Ries ist eine der einflussreichsten Persönlichkeiten in Werders Vereinshistorie. Bereits als 26-Jähriger wurde er 1923 zum ersten Mal zum Vereinsvorsitzenden gewählt. 1933 verließ er Bremen und später Deutschland wegen antisemitischer Verfolgung, war allerdings noch bis zu seiner selbst-initiierten Abmeldung im Sommer 1935[107] Vereinsmitglied. Der SV Werder organisierte am 7. Januar 1933 eine Verabschiedung für Ries und ernannte ihn bei dieser Gelegenheit zum Ehrenmitglied.[108] Nach dem Zweiten Weltkrieg kehrte er nach Bremen zurück, wurde erneut Vereinsvorsitzender (1947–51 und 1963–67) und bekleidete zudem wichtige Ämter im DFB und im diplomatischen Dienst der Bundesrepublik Deutschland.[109]

Ein weiteres jüdisches Mitglied im SV Werder war **Theodor Eggert**, der nach den Nürnberger Rassengesetzen als „Mischling 1. Grades" (zwei jüdische Großelternteile) galt. Bereits 1919 als Jugend-Mitglied bei Werder eingetreten, musste Eggert ab 1942 im Arbeitserziehungslager Bremen-Farge bzw. dem dortigen U-Boot-Bunker „Valentin" Zwangsarbeit leisten. Dass er zu einem bestimmten Zeitpunkt aus dem Verein ausgeschlossen worden wäre, kann nicht belegt werden.

Auch **Hans-Egon „Hansi" Wolff** wurde nach den Nürnberger Rassengesetzen als „Mischling" eingestuft, war aber dennoch zwischen 1933 und 1945 durchgehend Vereinsmitglied und auch als Amtsträger im Verein aktiv. Nach 1945 bekleidete er ebenfalls noch jahrzehntelang unterschiedliche Vereinsämter und war bei den Grün-Weißen eine so prägende Figur, dass mitunter gar von „Hansi Werder im Sport-Verein Wolff" die Rede war.[110]

Des Weiteren taucht in Werders Mitgliederlisten der Name **Leo Weinstein** auf, später Professor für Romanistik an der Stanford University. Lührs und Marßolek berichten, dass es für den damals erst 12-Jährigen ein sehr einschneidendes Erlebnis gewesen sei, „als ihm Anfang 1934 sein Trainer mit sichtlichem Bedauern mitteilen mußte, daß Juden nicht mehr Mitglieder beim SV Werder sein durften"[111]. Weinstein ist somit der einzige anhand der untersuchten Akten nachvollziehbare Fall des tatsächlichen Ausschlusses eines jüdischen Mitglieds aus dem SV Werder vor 1940.

Mit **Hugo Grünberg** schließlich trat im Sommer 1920 ein weiteres jüdisches Mitglied bei Werder ein.[112] Ein Austritts- oder Ausschlussdatum des ebenfalls in diesem Buch porträtierten, für den Verein vornehmlich als Schiedsrichter aktiven Grünberg ist nicht bekannt – wohl aber, dass er die nationalsozialistische Verfolgung nicht überlebte: Im November 1941 nach Minsk deportiert, wurde er am 28. Juli 1942 im Zuge einer Massenexekution im dortigen jüdischen Ghetto ermordet, ebenso wie Arthur Rosenthal.

Zusammenfassung

Mit Blick auf seitens des Vereins vollzogene direkte Repressions- und/oder Exklusionsmaßnahmen gegenüber seinen jüdischen Mitgliedern lässt sich sagen, dass Leo Weinstein das einzige bekannte Beispiel für einen proaktiven Ausschluss durch den SV Werder vor 1940 ist. Dieser Vorgang wurde allerdings in den *VN*, die für das Jahr 1934 fast vollständig in Werders Vereinsarchiv vorliegen, nicht dokumentiert. Das deckt sich mit der allgemein auf die Situation in norddeutschen Sportvereinen vor 1940 bezogenen Beobachtung der Sporthistoriker Lorenz Peiffer und Henry Wahlig, dass „sich der Ausschluss jüdischer Mitglieder eher im Verborgenen abspielte“[113].

Aus diesem Grund ist es schwierig, eine konsequente Ausschlusspraxis des Vereins gegenüber jüdischen Mitgliedern festzustellen, aber auch, sie vollkommen auszuschließen. Warum Weinstein, nicht jedoch Wolff oder Eggert, aus dem Verein ausgeschlossen wurde, bleibt unklar. Peiffer und Wahlig kommen in ihrer Untersuchung zu dem Schluss, dass der SV Werder lediglich „volljüdische“ Mitglieder ausschloss, während „Halbjuden“ im Verein verbleiben durften.[114] Angesichts des kaum existierenden Quellenmaterials und der ohnehin offenbar nur geringen Zahl jüdischer Werder-Mitglieder kann diese Aussage nicht mit letzter Sicherheit unterstützt werden.

Schlussbetrachtung

Eine eindeutige Beurteilung, ob der SV Werder tatsächlich – was seinerzeit im Übrigen auch andere Fußballvereine wie der Hamburger SV[115] und der FC Bayern München[116] von sich behaupteten – „seit seiner Gründung stets den nationalen Gedanken vertreten hat“ und somit 1933 „die Fahne nicht nach dem Winde“ drehen musste[117], ist anhand der gegenwärtigen Aktenlage nicht zulässig. Grundsätzlich ist davon auszugehen, dass Werder ein Verein im bürgerlichen Milieu war, doch auf eine völkische oder gar nationalsozialistische Vorprägung deutet in den untersuchten Akten nichts hin.

Nachdem die politische Betätigung im Verein noch 1932 per Satzung verboten war, förderte Werder ab 1933 eine Verbindung von Sport und Politik im Vereinsleben und verankerte dadurch die nationalsozialistische Ideologie auch im Alltag, in der Freizeitgestaltung und in den Köpfen seiner Mitglieder. Dabei passte sich der Verein teils proaktiv, teils reaktiv den Vorstellungen der neuen politischen Machthaber an.

Einige Aspekte sprechen dafür, dass Werder eine eher passive Rolle in der Anpassung eingenommen hat. Man wollte bei den übergeordneten Instanzen nicht in Ungnade fallen, wehrte sich daher nicht gegen die Politisierung der Rahmenbedingungen bei Sportveranstaltungen sowie generell im Vereinsalltag, führte aber erst im Zuge der 1940 verordneten NSRL-Einheitssatzung einen „Arierparagrafen“ ein und verfügte mit Hansi Wolff sogar über einen „halbjüdischen“ Geschäftsstellenmitarbeiter.

Die Eigeninitiative bzw. Bereitwilligkeit, sich für politische Propagandazwecke zur Verfügung zu stellen, spricht dagegen für eine aktive Anpassung des SV Werder an die neuen Gegebenheiten. Dies gilt auch mit Blick auf den frühen Vereinsausschluss von Leo Weinstein. Ein „vorauseilender Gehorsam“ zeigte sich zudem in der frühzeitigen Übernahme des Führerprinzips und der Einsetzung eines Dietwarts. Begleitet wurde dies von einer öffentlichkeitswirksamen und betonten Darstellung des „gleichgeschalteten“ Vereinslebens.

Insgesamt ordnete sich der SV Werder vollständig der nationalsozialistischen Sportauffassung wie Ideologie unter und hat sich speziell im Jahre 1933 über ein hinreichendes Mindestmaß an bloßer Anpassung hinaus mit den neuen Gegebenheiten arrangiert. Durch präventive „Selbst-Gleichschaltung“ wollte man sicherstellen, dass „wir [...] als Werderaner auch hier an der ersten Stelle stehen“[118]. In der Konsequenz spricht dies mehr für ein aktives, mindestens bereitwilliges Handeln des Vereins als für eine von reinem Nutznießer-Gedankengut gelenkte passiv-reaktive Vereinspolitik. Ob das dargestellte Ausmaß des Phänomens der Anpassung den SV Werder nun aber tatsächlich zu einem „NS-Vorzeigeverein“[119] macht, kann anhand des untersuchten Materials in dieser Deutlichkeit nicht unterstützt werden.

Ausblick

Nach Kriegsende verbot die Militärregierung in Bremen zunächst den Sportbetrieb in allen vormals dem NSRL angehörenden Sportvereinen – so auch im SV Werder.[120] Der im November 1945 neu gegründete „Turn- und Sportverein Werder von 1945“, auf dessen Gründungsversammlung die beiden langjährigen „halbjüdischen“ Vereinsmitglieder Theodor Eggert und Hansi Wolff zu „Obleuten“ gemacht wurden[121], musste sich aufgrund der namentlichen Nähe zum Vorgängerverein kurzfristig in „Grün-Weiß von 1899“ umbenennen.[122] Von der Wiederzulassung der Sportvereine unter altem Namen durch die Militärregierung machte der Verein dann bereits am 25. März 1946 Gebrauch, zwei Tage nach Veröffentlichung der entsprechenden Anordnung im *Weser-Kurier*.[123]

In der Satzung des neu gegründeten Vereins vom April 1946 hieß es dabei in Bezug auf die künftige Rolle der Politik im Vereinsleben: „Die Politik zu Gunsten einer Partei wird abgelehnt. Dagegen wird ausdrücklich anerkannt, dass eine Anti-Nazi-Politik als staatstragendes Mittel gefördert werden soll und jede Handlung auf demokratischer Grundlage zu erfolgen hat.“[124]

Im Vorstand des SV Werder saß weiterhin Theodor Eggert. Hansi Wolff war ab 1945 dreißig Jahre lang als Geschäftsführer des Vereins engagiert. Alfred Ries kehrte Ende 1946 nach Bremen zurück und übernahm ab Oktober 1947 erneut den Vorsitz des Vereins.[125] Gleichzeitig wurde Willy Stöver 2. Vorsitzender[126] und sollte dies bis April 1949 bleiben. Auf der Generalversammlung im Februar 1948 wurde ein Festausschuss zur Organisation der Feierlichkeiten zum 50-jährigen Vereinsjubiläum gebildet: Neben Stöver waren sowohl sein Vorgänger als auch sein Nachfolger im Amt des „Vereinsführers“, Bernhard Stake und Adolf Hecht, Teil dieses Teams.[127] Aus Anlass des Jubiläums gab der SV Werder 1949 zudem eine Vereinschronik heraus. Mitherausgeber neben dem Vereinsvorsitzenden Alfred Ries war ebenfalls Stöver, der nun ausgerechnet das Kapitel zur Vereinsgeschichte zwischen 1932 und 1939 beitrug.

Der jüdische Vorsitzende der 1920er Jahre und der linientreue Vereinsführer der frühen NS-Zeit bildeten angesichts ihrer Vorgeschichte ein nicht zu erwartendes Duett. Allerdings schienen die beiden Männer auch während Ries' Abwesenheit aus Bremen Verbindung gehalten zu haben. Laut der Aussage von Stövers langjährigem Bekannten August Heyer im Entnazifizierungsverfahren führte Stöver „bis in die jüngste Zeit" eine „briefliche Verbindung mit dem jüdischen Freund Alfred Ries, Zagreb"[128]. Dies mag zum Teil erklären, warum die beiden Männer bereits 1949 wieder zusammenarbeiteten. Eine Unbedenklichkeitserklärung von Ries ist in Stövers Entnazifizierungsakte allerdings nicht zu finden.

Dass Alfred Ries überhaupt nach Bremen und zum SV Werder zurückkehrte, war in erster Linie seiner Verbundenheit zu seiner Geburtsstadt und zu seinem Herzensverein sowie in besonderem Maße seinem Willen zur Versöhnung und zum Verzeihen zu verdanken.

Lebenslang grün-weiß

Das bewegte Leben des Alfred Ries

von Fabian Ettrich

Schon als Schüler trat Alfred Ries (1897–1967) dem damaligen „Fußballverein Werder“ bei. Als Pensionär verstarb er, während er das Präsidentenamt „seines“ Vereins innehatte. Etliche Jahre hatte er sich zuvor bei Werder in verschiedenen Funktionen engagiert, unterbrochen stets nur unfreiwillig, von den beiden Weltkriegen und beruflichen Stationen im Ausland.

Alfred Ries engagierte sich beruflich und im Ehrenamt auf vielfältige Weise: Er war Werbeleiter und Prokurist bei der Kaffee-Handels-Aktiengesellschaft (Kaffee HAG), Direktor der berühmten Böttcherstraße, Frontsoldat im Ersten Weltkrieg, in vier ver-

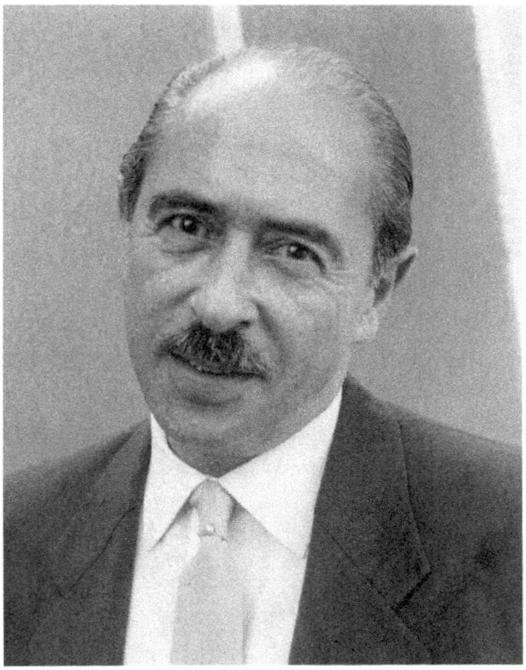

Alfred Ries, wie man ihn nicht nur beim SV Werder, sondern weit darüber hinaus kannte und schätzte (Quelle: Nachlass Hilde Ries)

schiedenen Jahrzehnten Werder-Präsident (so auch zur Zeit der ersten Meisterschaft Werders in der Fußball-Bundesliga), dazu Ehrenmitglied und Ehrenvorsitzender des Klubs[1], Leiter des Staatlichen Außenhandelskontors in Bremen, ehrenamtlicher Funktionsträger bei Rotary, in der Jüdischen Gemeinde sowie in der Deutschen Olympischen Gesellschaft, Vizepräsident des Deutschen Fußball- und des Deutschen Sportbundes, Diplomat und am Ende seiner beruflichen Laufbahn Botschafter der Bundesrepublik Deutschland, Bundestagskandidat, Unterstützer der deutschen Bewerbung um die olympischen Sommerspiele 1972 sowie Träger des Bundesverdienstkreuzes. Viele Stationen für ein Menschenleben.

Geprägt wurde Ries dabei von der Gemeinschaft und Offenheit im Sport und in der Kultur, von der liberalen Bremer Kaufmannstradition – und von der Schreckensherrschaft der Nationalsozialisten, vor der er Bremen verließ. Während er mehrere Jahre in Jugoslawien verbrachte – was später immer wieder Gegenstand von Diskussionen war –, verlor er seine Eltern Eduard und Rosa, die im Ghetto Theresienstadt ermordet wurden.

Trotz seiner Leistungen für Sport, Kultur, Wirtschaft und Diplomatie ist Alfred Ries vielen Menschen in Bremen, auch vielen Anhängern des SV Werder, heute unbekannt. Zwar findet er in Veröffentlichungen zur Geschichte des Vereins und zur Situation von Juden im Sport bzw. in Bremen Erwähnung – die Autoren Harald Klingebiel, Hans-Jürgen Wallenhorst, Lorenz Peiffer und Henry Wahlig sowie Barbara Johr vom Projekt Stolpersteine haben hier Pionierarbeit geleistet.[2] Allerdings sind diese biografischen Arbeiten bislang nicht von einer breiten (Fan-)Öffentlichkeit beachtet worden. Etwas geändert hat sich daran erst in den letzten Jahren durch verschiedene Beiträge in regionalen und überregionalen Medien, etwa dem *Weser-Kurier*, Radio Bremen, der *Jüdischen Allgemeinen*, dem Deutschlandfunk oder der *taz*.

Das Vereinsmuseum des SV Werder Bremen, das WUSEUM, hat kurze Biografien jüdischer Sportler und Funktionäre in seine Ausstellung aufgenommen. Alfred Ries ist dort außerdem in einer Bildergalerie der ehemaligen Werder-Präsidenten zu sehen – vom Bremer Künstler Jub Mönster in grauem Anzug und grüner Krawatte gemalt. Im Hintergrund sieht der Betrachter das „Selbstbildnis mit Judenpass", ein 1943 vom Osnabrücker Maler Felix Nussbaum mit Öl auf Leinwand gemaltes Selbstporträt, welches dessen Angst vor der Verfolgung durch die Nationalsozialisten bedrückend eindrucksvoll darstellt. Nussbaum wurde 1944 in Auschwitz ermordet, sein berühmtes Selbstbildnis ist bis heute im Museumsquartier in der Friedensstadt Osnabrück zu sehen. Verfolgung und Holocaust prägten die Leben des Werder-Präsidenten und des Malers in grausamer Weise. Und das nur, weil beide Juden waren.

Während zu Nussbaums Wirken heute ein eigenes Museum existiert, geriet die Lebensleistung von Alfred Ries lange in Vergessenheit. Erst die genannten Veröffentlichungen brachten wieder etwas mehr Beachtung für sein Leben. Seit 2016 dann haben Werder-Fans unter dem Dach des Fanprojektes Bremen e. V. die Geschichte des ehemaligen Vereinspräsidenten noch einmal recherchiert. Es wurden Archivbestände ausgewertet, Publikationen gesichtet, Zeitzeugen befragt und zusätzliche Quellen erschlossen. Daraus entstanden im Dezember 2016 eine Fotoausstellung im Ostkurvensaal des Bremer Weserstadions mit Bildern aus dem Privatbestand der Familie Ries, eine von Fans verfasste und gestaltete Broschüre über das Wirken von Alfred Ries und eine Ehrung anlässlich seines 50. Todestages mit Ansprachen des Landesrabbiners Netanel Teitelbaum sowie des inzwischen leider verstorbenen Präsidenten der Bremer Bürgerschaft, Christian Weber.

Es folgten die Anbringung einer Gedenktafel zu den Lebensstationen von Alfred Ries auf dem jüdischen Friedhof in Bremen-Hastedt, eine Podiumsdiskussion in der Bremer Bürgerschaft im Januar 2018 (unter anderem mit Werders damaligem Aufsichtsratsvorsitzenden Marco Bode und dem Sachbuchautor Dietrich Schulze-Marmeling) sowie die Einweihung des Alfred-Ries-Platzes vor der Westkurve des Weserstadions am „Tag der Fans", der offiziellen Saisoneröffnung des SV Werder Bremen, am 11. August 2018. Die Platzbenennung blieb besonders in Erinnerung, war sie doch ein Zusammenspiel aus der Projektarbeit von Werder-Fans, dem Sportverein Werder und der Politik, nämlich dem Beirat Östliche Vorstadt, der die „grüne Promenade" vor der Westkurve am 8. Mai 2018 einstimmig nach Werders langjährigem Präsidenten zu benennen beschlossen hatte. Bremens Senatspräsident und Bürgermeister Carsten Sieling, Werder-Präsident Dr. Hubertus Hess-Grunewald und Daniel de Olano (SPD) vom Beirat Östliche Vorstadt hoben in ihren Reden die Bedeutung von Alfred Ries für Werder und die Hansestadt Bremen hervor.

Im Folgenden soll der Lebensweg von Alfred Ries ausführlich chronologisch dargelegt werden. Dies erscheint insbesondere deshalb sinnvoll, weil es in den letzten Jahren neuere, jedoch nur mit äußerster Vorsicht zu genießende kritische Veröffentlichungen zu seiner Person gab, während gleichzeitig durch die Erschließung und Digitalisierung von Archivbeständen weitere hilfreiche Quellen zugänglich wurden. Diese Informationen erlauben es nun, die Vita von Ries ebenso wie im Rahmen des Wiedergutmachungsverfahrens nach dem Krieg erhobene und in jüngster Zeit wiederholte Zweifel an seiner Integrität besser einzuordnen.

Von den Anfängen bis zum Abschied aus Bremen

Alfred Louis Ries kam am 5. Dezember 1897 – und somit fast genau 14 Monate vor der Gründung des „Fußball-Vereins Werder" – als deutscher Staatsbürger in Bremen als Sohn von Rosa Frieda und Eduard Ries zur Welt.[3] Vater Eduard war am 2. Februar 1860 als Sohn von Levy Ries und Elise Leeser in einer jüdischen Großfamilie in Schwanewede geboren worden[4], seine Frau Rosa Ries, gebürtige Stern, am 4. Juli 1868 als Tochter von Mathilde Philippson und Mendel Stern in Bremen.[5] Alfred war der dritte von vier Söhnen der Ries: Walter Dagobert hatte bereits am 11. Dezember 1892 das Licht der Welt erblickt, Hugo Bernhard war noch in seinem Geburtsjahr 1895 gestorben und Adolf wurde am 4. März 1899 geboren.[6]

Bereits als Schüler der Oberrealschule am Doventor – in den *Bremer Nachrichten* war 1952 die Rede von 1909, Ries berichtete 1947 allerdings vom Jahr 1911[7] – wurde Alfred Ries Mitglied beim „Fußballverein Werder", dem am 4. Februar 1899 gegründeten Vorläufer des heutigen SV Werder Bremen. Der Klub hatte damals gerade einmal etwas mehr als 100 Mitglieder, vornehmlich Jugendliche und Männer mit höherer Schulbildung – Frauen wurde die Mitgliedschaft im Verein erst ab 1919 ermöglicht.[8] Ries, der damals auch einige Schüler als Mitglieder für Werders Jugendfußballabteilung gewann[9], probierte sich in mehreren Sportarten, unter anderem in der Leichtathletik[10], im Tennis, im Schwimmen, im Schach, Jahrzehnte später auch im Skifahren – vor allem aber im Fußball.[11] Sein „schönstes persönliches Sporterlebnis" erfuhr er 1914, als er aufgrund des Kriegseinsatzes vieler Fußballer in der 1. Herrenmannschaft von Werder zum Einsatz kam und im Punktspiel gegen den Bremer Ballspiel-Verein das Führungstor für die Grün-Weißen erzielte.[12] Zu dieser Zeit übernahm der Schüler Ries auch bereits die Position des 2. Schriftführers seines Vereins.[13]

Wie sein Vater Eduard, der sein Geld viele Jahre lang als Geschäftsführer der Viehmarktsbank GmbH im Bremer Schlachthof verdiente[14], dann kurze Zeit selbstständig und schließlich trotz seines fortgeschrittenen Alters ab 1926 bis zu seiner Deportation als „Vieh-Verkäufer"[15] und „Partner bei der Viehkommissionsfirma Anton Köhler & Co., Bremen-Schlachthof"[16] tätig war, schlug Alfred Ries eine berufliche Laufbahn als Kaufmann ein. Er begann 1914 eine zweijährige Ausbildung bei der Bremer Import-Export-Firma G. F. Overbeck, die mit Lackrohstoffen, Tees sowie getrockneten Pflanzenteilen für Arzneien und Gewürzen handelte.[17] Anschließend wurde er in das Infanterie-Regiment 75 einberufen[18], das 1919 (unter Beteiligung der Werderaner Arthur und Herbert Rosenthal) eine wichtige Rolle bei der Niederschlagung der Bremer Räterepublik spielen sollte. Ries stand, wie mehr als die Hälfte der damals rund 300 Werder-Mitglieder, als Soldat im Kriegseinsatz[19], war zwischen 1916 und 1918 Vizefeldwebel und Zugführer der Maschinengewehrkompanie im deutschen Asien-Korps an der Palästina-Front.[20] Nach dem Krieg beteiligte er sich an einer Sammlung unter den Werder-Mitgliedern für eine Gedenkstein-Spende zu Ehren der gefallenen Vereinsmitglieder[21], darunter sieben Spieler der 1. Herren-Fußballmannschaft.[22]

Beruflich war Alfred Ries von 1919 bis 1920 Abteilungsleiter und erster Korrespondent bei der Deutschen Tabakhandelsgesellschaft in Bremen, eine Tätigkeit, die viele Auslandsreisen erforderte.[23] In den Folgejahren arbeitete er dann als Abteilungsleiter und Einkäufer für Südwestafrika bei der Bremer Export-Import-Firma Köper, Docke & Co.[24] Im Sport übernahm er Anfang der 1920er Jahre das Amt des Schriftführers beim inzwischen in SV Werder umbenannten Verein sowie im Bremer Bezirk des Norddeutschen Fußballverbandes[25], für den er zentral Schulungen der Übungsleiter organisierte.[26] Im Verein spielte er für die Liga-Reserve[27] und kümmerte sich ehrenamtlich vor allem um die interne, aber auch die externe Kommunikation, fungierte unter anderem 1920 für Werder als Delegierter bei den Bezirksbehörden.[28] Die bereits erwähnten, an anderer Stelle in diesem Buch eingehender vorgestellten jüdischen Mitglieder Arthur Rosenthal (als Obmann des Werbe- und Presseausschusses) und dessen Bruder Herbert (als Obmann des Tennis-Ausschusses) waren damals ebenfalls im Vereinsvorstand aktiv.

Die Mitglieder wurden zu jener Zeit regelmäßig auf die Vereinswerte und auf eine erwünschte aktive Teilnahme an Wettkämpfen und Treffen hingewiesen, nicht zuletzt durch die seit 1911 erscheinenden *Vereinsnachrichten*. Mit hohem moralischem Anspruch wurde darin auch das (Fehl-)Verhalten von aktiven bzw. ehemaligen Mitgliedern angeprangert. Von Alfred Ries beispielsweise sind kritische Worte auf der Weihnachtsfeier 1919 überliefert – etwa zur „nicht so großen Beteiligung“[29] der Mitglieder an den Vereinsveranstaltungen – sowie aus dem Mai 1922, als es um den Vereinsausschluss eines wechselwilligen Spielers ging, dem von seinem künftigen Klub Geld angeboten worden sein soll.[30] Die verdeckte Bezahlung von Fußballern stand im Gegensatz zum damals hochgehaltenen Amateurstatut, welches in der Praxis allerdings regelmäßig unterlaufen wurde – wohl auch in Bremen. Dabei waren bereits in der Frühzeit des Fußballs in England fußballerisch talentierte Industriearbeiter von anderen Vereinen mit besser bezahlten Arbeitsplätzen abgeworben worden. Dieses Vorgehen war trotz des offiziellen Verbots auch in Deutschland weitverbreitet, ehe das Verbandsregelwerk langsam gelockert und schließlich mit der Einführung des Vertragsspielerstatuts 1949 bzw. der Bundesliga 1963 der Realität im deutschen Fußball angepasst wurde.

Mit nur 25 Jahren wurde Alfred Ries 1923 als Nachfolger von Fritz Schlotte Präsident von Werder Bremen. Im selben Jahr heiratete er im Standesamt an der Tiefer in Bremen seine 23-jährige Freundin Marie Catharine Heuer.[31] Zu dieser Zeit engagierte sich Ries auch bereits in der Jüdischen Gemeinde seiner Heimatstadt und übernahm ab 1926 zusätzlich zum Präsidentenamt die Leitung der Fußballabteilung seines Klubs[32], der zu Beginn der 1920er Jahre schon über 1.000 Mitglieder gehabt hatte.[33] Auch aufgrund interner Streitereien konnte diese Zahl in den weiteren 1920er bis 1930er Jahren zwar nicht gehalten werden – der Verein wies zumeist eine mittlere bis hohe dreistellige Zahl an Mitgliedern auf[34] –, doch dafür entwickelte sich Werder in den 1920er Jahren zu einer der besten Fußballmannschaften der Stadt.

Von den Mitgliedern erwartete die Klubführung weiterhin eine aktive Teilnahme am Vereinsleben. So schrieb Alfred Ries in seiner Funktion als Vereinsvorsitzender – er wurde neben 1923 und 1926 auch 1927, 1929 und 1930 in dieser Funktion wiedergewählt[35] – in den *Vereinsnachrichten* zum Weihnachtsfest 1926 an die passiven Mitglieder des Vereins gewandt:

„Zugleich aber richten wir an alle diejenigen, welche bisher abseits von den inneren Geschehnissen des Vereins standen, die ernste Mahnung und die dringende Bitte, im kommenden Jahr fest und treu zum ‚Werder‘ zu stehen. In Einigkeit und ehrlichem Glauben an die Zukunft unseres Volkes muss unsere gesamte Mitgliedschaft mithelfen an der Erstarkung und inneren Kräftigung des Vereins.“[36]

Dieser Aufruf war vor dem Hintergrund der Vita von Alfred Ries wahrscheinlich eher als Ausdruck der Sorge um die Fortentwicklung einer aktiven Mitgliedschaft und wachen Gesellschaft zu verstehen als Zeichen einer nationalistischen Denkweise.

Nicht nur um die Beteiligung, auch um das Miteinander im Verein war es offenbar nicht gut bestellt. Daher warb Ries im Jahresbericht der Fußballabteilung von 1926 für mehr Ehrlichkeit im Umgang der Vereinsmitglieder untereinander und forderte die Werderaner auf, künftig müsse „jede Gehässigkeit verschwinden“[37]. Wenige Monate später forderte er mehr Vertrauen der Mitglieder ein und fragte rhetorisch, ob jedes Mitglied seinen Pflichten im Verein tatsächlich vollumfänglich nachkäme. Dies sollte in der nächsten Versammlung gründlich besprochen werden.[38]

Ein positiver Meilenstein wurde derweil ebenfalls während dieser ersten Präsidentschaft von Alfred Ries gesetzt: Der Verein wechselte Anfang der 1930er Jahre in sein heutiges Domizil, das Weserstadion, nachdem sich der Allgemeine Bremer Turn- und Sportverein von 1860 (ABTS) finanziell mit dem Sportplatz am Osterdeich übernommen hatte.[39] Zuvor nutzte Werder – neben dem alten Platz auf dem Kuhhirten und der Huckelriede am Buntentorsteinweg – weitere Sportstätten auf dem Kuhhirten, dem Neuenlander Feld und dem Krähenberg.[40]

Auch für Ries selbst ging es unterdessen voran. Bereits Mitte der 1920er Jahre lernte er den Bremer Unternehmer und Kunstmäzen Ludwig Roselius kennen[41] – aus heutiger Sicht aufgrund dessen politischer Ansichten eine durchaus umstrittene Persönlichkeit. Roselius war als Schirmherr verschiedener Sportveranstaltungen, etwa der „Niederdeutschen Woche“ oder der „Sport-Heimat-Woche“[42], auf das Organisationstalent des jungen Ries aufmerksam geworden und holte ihn schließlich zum 1. August 1925 als „Gruppenleiter [...] großer Verkaufsbezirke“ in die Kaffee-Handels-Aktien-Gesellschaft – besser bekannt als Kaffee HAG.[43] Beim namhaften Produzenten von entkoffeiniertem Kaffee stieg Ries bald zum Werbeleiter und ab 1928 zum Handelsbevollmächtigten auf.[44] Dabei arbeitete er „eng und freundschaftlich“[45] mit Dr. Alfred Lörner zusammen, der von 1926 bis 1929 bei Kaffee HAG als „Bevollmächtigter und Werbeleiter“[46] tätig war. Diese Verbindung sollte später noch sehr wichtig werden.

Die Interessen des Unternehmens vertrat Ries unter anderem im Vorstand des Reklame-Schutzverbandes und des Deutschen Werbe-Fachverbandes.[47] Dass zudem der Norddeutsche Sport-Verband (NSV) 1928 bei HAG tagte und das Unternehmen den einstweilen unter diesem Namen firmierenden „Nachfolgeverband“ des Norddeutschen Fußball-Verbands (NFV) finanziell unterstützte[48], wird ebenfalls mit der Person Alfred Ries zu tun gehabt haben. Parallel engagierte sich Ries weiter beim SV Werder und organisierte unter anderem auf dem Sportplatz im Bürgerpark ein Spiel seines Vereins gegen die Olympiaauswahl der USA[49], die nach ihrem 2:11-Achtelfinal-Aus bei den Sommerspielen 1928 in Amsterdam für einige Tage in Bremen zu Gast war. Rund um die Partie von Werder gegen das US-Team, das am Ende mit 3:2 gewann, gab es für die amerikanischen Gäste ein Festprogramm mit politischer

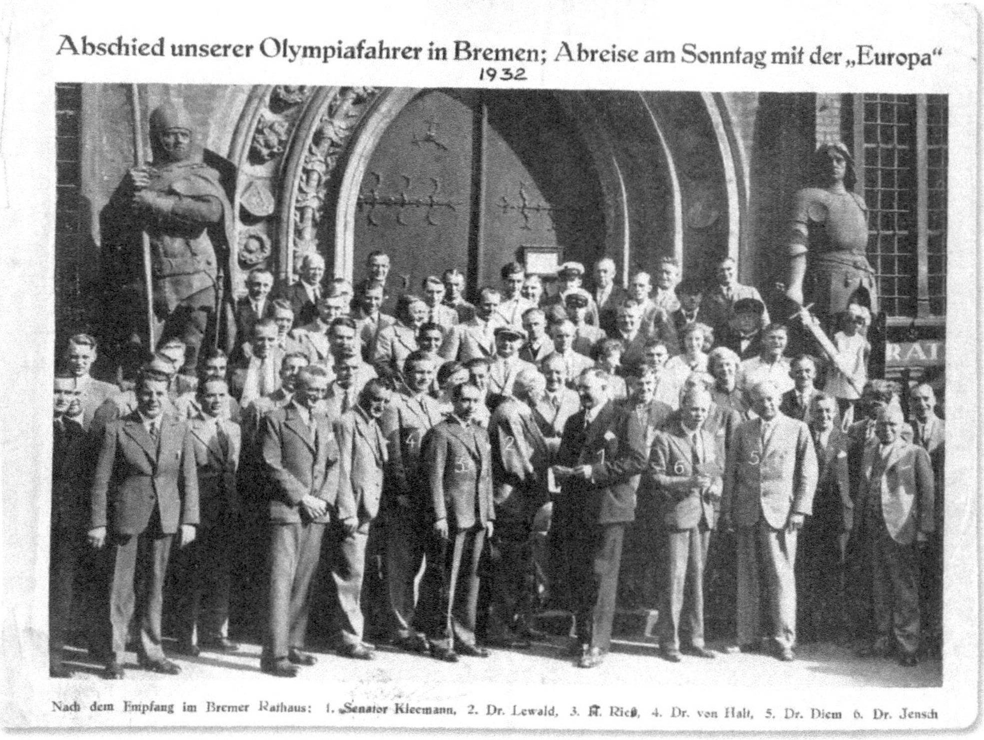

Alfred Ries (vorderste Reihe, Mitte, Nummer 3) als Mitglied der Verabschiedungsdelegation für Bremens Teilnehmer an den Olympischen Spielen 1932 in Los Angeles (Quelle: Nachlass Hilde Ries)

Prominenz und Betriebsbesuchen bei Kaffee HAG und der Schokoladenfabrik „Goldinawerke“ in Sebaldsbrück.[50]

Ries' Freund Alfred Lörner hatte Kaffee HAG inzwischen verlassen: Er leitete ab dem 1. August 1929 bis Jahresbeginn 1938 die Außenhandelsstelle des Auswärtigen Amtes für das Weser-Ems-Gebiet, für die er schon zwischen dem 1. Dezember 1922 und dem 31. März 1924 als Attaché tätig gewesen war.[51] Trotzdem blieben die beiden in Kontakt und engagierten sich ehrenamtlich in denselben Organisationen, so etwa 1931 bei der Gründung des Bremer Rotary-Chapters:

„Durch Vermittlung des Altpräsidenten Schumacher übernahm Friedrich Roselius, Teilhaber des altangesehenen Bremer Kaffee-Import-Hauses Roselius & Co., die Aufgaben des Gründungsbeauftragten. Als Mitarbeiter stellten sich ihm der Direktor der Böttcherstraße, Alfred Ries, und der Leiter der Außenhandelsstelle für das Weser Ems-Gebiet, Alfred Lörner, zur Verfügung.“[52]

Die Gründungsversammlung der Bremer Rotarier fand am 27. November 1931 im Bildersaal der Böttcherstraße statt. Die 27 anwesenden Mitglieder wählten dabei

Friedrich Roselius, den Bruder des Böttcherstraßen-Mäzens Ludwig Roselius, zu ihrem Präsidenten und Alfred Ries zu ihrem „Clubmeister". In dieser Funktion war Ries für die Öffentlichkeitsarbeit und Veranstaltungsorganisation des Chapters verantwortlich.[53]

Außerdem waren Lörner und Ries Mitglieder des Gesellschaftsvereins „Der Club zu Bremen"[54], der 1931 aus der „Bremer Gesellschaft von 1914 e. V."[55] und der 1783 gegründeten „Gesellschaft Museum" entstand und noch heute existiert. Dieser Zusammenschluss wiederum kam auf Betreiben von Ludwig Roselius zustande[56], dessen Bruder Friedrich 1932 Vorsitzender des „Club zu Bremen" wurde, 1934 stellvertretender Vorsitzender und danach Beiratsmitglied.[57] Alfred Lörner war derweil 1932 Mitglied des Vortragsausschusses und von 1931 bis zu seinem beruflichen Weggang im Jahre 1938 Mitglied des Vorstands bzw. Beirats.[58] Treffpunkt des Gesprächskreises wurde ebenfalls die Böttcherstraße: Die Mitglieder kamen im Robinson- und im Atlantishaus zusammen, in Letzterem war auch das Sekretariat der Vereinigung angesiedelt.[59]

Bereits zu Beginn des Jahres 1931 übertrug Ludwig Roselius Ries zusätzlich zur Position bei HAG die Stelle als Geschäftsführer der Bremer Werkschau GmbH, der Betreibergesellschaft der Böttcherstraße.[60] In einem Rundfunkbeitrag aus dem Jahr 1932 stellte der Journalist Alfred Faust seinem Kollegen Julius Jacobi die Galerien, Handwerksbetriebe und Geschäfte dieser bekannten Kunst- und Kulturstraße vor.[61] Der ehrenamtlich in der SPD aktive Faust war als „Werbeleiter und Leiter der literarischen Abteilung"[62] bei Kaffee HAG wohl auch verantwortlich für die Herausgabe der Zeitschrift *Die Böttcherstraße*, die extrem aufwendig gemacht und bis zu ihrer Einstellung nach 14 Ausgaben im Jahre 1930 in hoher Auflage erschienen war.[63] In dem genannten Rundfunkbeitrag kam in ausgeprägtem „Bremer Schnack" auch Alfred Ries zu Wort. Das Tondokument vermittelt somit einen guten persönlichen Eindruck von ihm. Für die zwischen Marktplatz und Weser gelegene Böttcherstraße, die noch heute zu den kulturellen Attraktionen Bremens gehört, betrieb Ries intensive Öffentlichkeitsarbeit. So verfasste er unter anderem für die später von den Nationalsozialisten verbotene Zeitschrift *Revue des Monats* einen Artikel über die „interessanteste Straße der Welt" und „Hauptsehenswürdigkeit Bremens"[64].

Das Verhältnis des Ries-Förderers Ludwig Roselius zu den Nationalsozialisten war eng und trotzdem widersprüchlich. Einerseits richtete Roselius Veranstaltungen wie das „Erste nordische Thing" aus[65], die ideologisch zur Denkweise der Nationalsozialisten passten, er rief seine Mitarbeiter am 28. Oktober 1933 in einem Schreiben zur Wahl der NSDAP bei der Reichstagswahl am 12. November 1933 auf und versuchte mehrmals, Mitglied der Partei zu werden.[66] Andererseits pflegte er enge Bindungen zum kommunistischen Künstler Heinrich Vogeler und zum Sozialdemokraten Alfred Faust, den er 1934 sogar aus dem Konzentrationslager Ochtumsand freibekam und ihm einen Arbeitsplatz im firmeneigenen Angelsachsenverlag in Berlin verschaffte.[67]

Außerdem zu dem Juristen Wilhelm Nolting-Hauff, den er als sogenannten „Halbjuden" trotz dessen Ausschlusses aus der Bremer Anwaltschaft zum Direktor der HAG-Tochter Seehandel AG ernannte[68], sowie zum Juden Alfred Ries, der in der Weimarer Republik Mitglied der linksliberalen Deutschen Demokratischen Partei (DDP) war[69]. Die Nationalsozialisten ihrerseits waren auf Roselius und dessen Geld bzw. wirtschaftliche Kontakte angewiesen, zumal er Mitbegründer der für die Kriegswirtschaft wichtigen Focke-Wulf-Flugzeugbau AG war.[70]

Ähnlich verhielt es sich bei seinem Bruder Friedrich Roselius. Dieser hatte sich nach seiner Zeit als Leiter der Londoner Filiale des väterlichen Unternehmens und deren Umfirmierung in Kaffee HAG bereits 1906 aus dem aktiven Geschäft zurückgezogen und dessen Leitung Ludwig allein überlassen. Von 1932 bis 1941 stand Friedrich Roselius dem Aufsichtsrat der Focke-Wulf-Flugzeugbau AG vor, an deren Aufbau er mitgewirkt hatte, und wurde trotz seines langjährigen Engagements für den Rotary Club und dessen Ziele 1937 Mitglied der NSDAP.[71]

Aus den Reihen der Nationalsozialisten gab es zu Beginn durchaus Zustimmung zur Böttcherstraße, ehe sie sich öffentlich mehr und mehr von dem Projekt abwandten. Die *Bremer Nationalsozialistische Zeitung* kritisierte am 23. Mai 1931 die Kultur der Böttcherstraße scharf, insbesondere das geplante Haus Atlantis als Stätte „kommunistischer Gottlosenpropaganda in Bremen", und griff Ludwig Roselius an, der als „unüberlegter Mittler von dem Kommunisten Bernhard Hoetger missbraucht"[72] worden sei. Der expressionistische Maler und Bildhauer schuf mit seinen Werken in der Böttcherstraße sein wohl bedeutendstes Werk.

Spätestens ab 1932 sah sich auch Böttcherstraßen-Geschäftsführer Alfred Ries nach eigenen Angaben persönlich öffentlichen Angriffen aus dem nationalsozialistischen Lager ausgesetzt[73] – in seinem Arbeitszeugnis von Kaffee HAG vom Oktober 1933 sollte von einer „Zuspitzung der politischen Verhältnisse in Bremen" die Rede sein.[74] Bereits Ende 1932 kündigte Ries dann seinen Abschied aus seiner Heimatstadt an[75], nach eigenen Aussagen aufgrund der politischen und gesellschaftlichen Veränderungen vor Ort. Bei Werder hatte er zuvor nach dem Ende seiner Präsidentschaft durch den überraschenden, aber nicht weiter erklärten Verzicht auf Wiederwahl auf der Generalversammlung am 27. Januar 1931 und einem Jahr ohne Vorstandsfunktion im Frühjahr 1932 für einige Monate noch das Amt eines Beisitzers übernommen.[76]

In den *Vereinsnachrichten* vom Dezember 1932 wurden allerdings berufliche und keine politischen Gründe für den Abschied von Alfred Ries angeführt:

„Der bestbewährteste, langjährige Führer unseres ‚Werder' muss uns leider zum Januar verlassen, sein Beruf verpflichtet ihn nach München, um dort für die Kaffee HAG tätig zu sein. Wir hatten bis zur letzten Stunde immer noch gewünscht, dass es ihm vergönnt sein möge, bei uns zu bleiben, aber wie so oft, [sic!] *mussten wir auch hier die Hoffnung begraben und als Gewissheit hinnehmen, dass an sein Hierbleiben nicht mehr zu denken ist. Der ‚Werder' verliert in Alfred Ries einen Menschen, der sich immer, wo es nur*

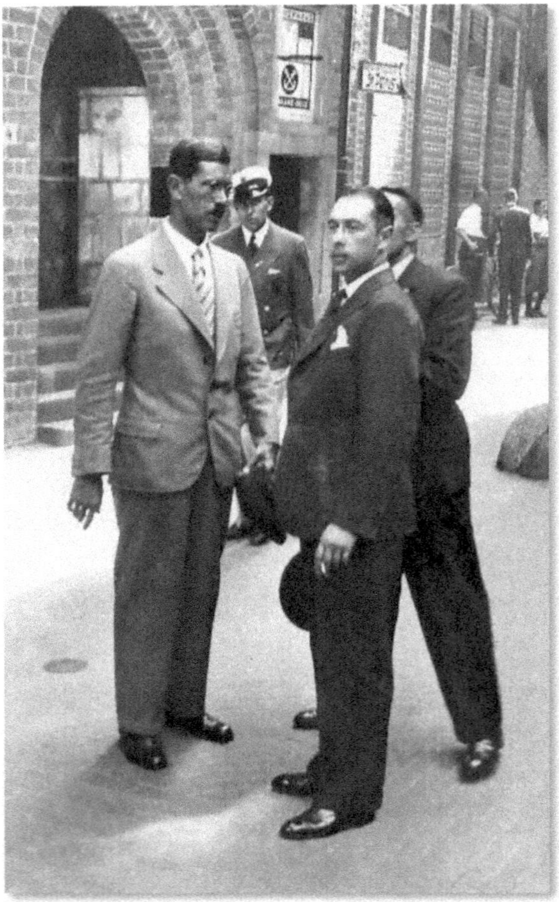

Alfred Ries (rechts) in der Böttcherstraße am 2. Weihnachtstag 1932, wenige Wochen vor seinem Fortgang aus Bremen (Quelle: Nachlass Hilde Ries)

sein konnte, für seinen Verein eingesetzt hat. Darüber hinaus hat er sich einen Namen gemacht, der in der Sportgeschichte nicht nur unseres norddeutschen Sportgebietes, sondern auch der gesamten deutschen Sportbewegung nie auszulöschen sein wird. Nur ungern sehen wir ihn von uns scheiden, aber so wie wir ihn nicht vergessen, wird auch er seinen ‚Werder' nicht vergessen, und Gott möge es geben, dass die Zeit nicht allzu fern, wo wir ihn wieder in unseren Reihen haben. Am 7. Januar 1933 werden wir unserem Alfred Ries eine würdige Abschiedsfeier geben, [sic!] *und werden seine Verdienste an dieser Stelle noch besonders gewürdigt werden. Vorerst, lieber Alfred Ries, ein treues und herzliches Lebewohl.*"[77]

Wenige Wochen vor seinem Fortgang aus Bremen wurde Ries vom Deutschen Fußball-Bund aufgrund seiner Verdienste um den Sport mit der DFB-Ehrennadel ausgezeichnet und zum Ehrenmitglied des Bremer Fußballkreises und des Jade-Weser-Bezirks ernannt.[78] Der SV Werder verabschiedete seinen mehrmaligen Vorsitzenden dann wie angekündigt am 7. Januar 1933 mit der Verleihung der Vereinsehrennadel und der Ehrenmitgliedschaft im Goldenen Saal der Böttcherstraße.[79] Ries sah diesen Tag rückblickend als das einstweilige Ende seiner Vereinsmitgliedschaft an.[80] Wie er nach dem Krieg erklärte, habe die „nationalsozialistische Führung in Bremen" von seinem Nachfolger als Vereinspräsident, Bernhard Stake, später verlangt, auch seine „Ausmerzung aus dem Verein" vorzunehmen. Sein „Freund und Kamerad" Stake habe diesen formalen Ausschluss jedoch „strikt abgelehnt und auch nicht durchgeführt".[81]

Mit dem Weggang aus Bremen im Januar 1933 endete auch Alfred Ries' Tätigkeit für die Böttcherstraße.[82] Im „Club zu Bremen" wurde er im Jahrbuch vom Oktober 1933 ebenfalls nicht mehr als Mitglied geführt[83], und auch den Rotary Club verließ er 1933 mit dem Umzug nach München.[84] Vier Jahre darauf lösten sich dann sowohl das Bremer Chapter als auch die deutsche Gruppe von Rotary International auf[85], und ein weiteres Jahr später verabschiedete sich der Rotarier Alfred Lörner, aus dessen Haushalt 1937 eine Hannchen Lörner Mitglied bei Werder wurde, ebenfalls aus Bremen. Er erhielt einen Ruf als Konsul in das von deutschen Truppen besetzte Galatz (Galaţi) im heutigen Rumänien.[86]

Das Schicksal der Brüder und Eltern zur NS-Zeit

Auch Ries' Brüder blieben nicht in Bremen. Der ältere, Walter Dagobert, hatte vor Ort längere Zeit als Schauspieler, Theater- und Konzertdirektor gearbeitet[87], etwa im Neuen Operetten-Theater an der Waller Heerstraße oder im Bremer Schauspielhaus, aber auch als „Intendant des Kurtheaters auf Helgoland"[88]. Danach muss er nach Stuttgart gezogen sein – sein letzter Wohnsitz vor der Auswanderung[89] –, ehe es für ihn 1933 „ins Ausland [ging]. Die Schweiz, Elsaß-Lothringen, Luxemburg, Wien, Brüssel, Rom, Monte Carlo und Haifa waren seine Stationen. Als Theaterleiter, Festspielleiter und später als Inhaber einer Konzertdirektion suchte der Vielgewandte neue Wege. Er fand sie und erzielte unter dem Künstlernamen Walter Ries-Eberhard bemerkenswerte Auslandserfolge."[90]

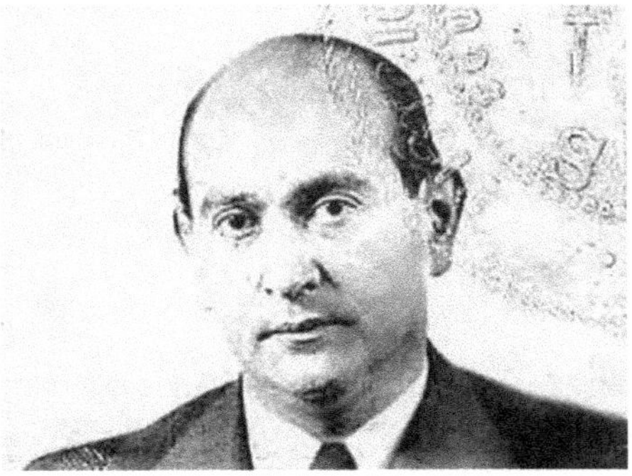

Adolf Ries 1939 auf einer seinem US-Einbürgerungsformular beigefügten Aufnahme – die Ähnlichkeit zu seinen Brüdern Alfred und Walter Dagobert ist unverkennbar (Quelle: Ancestry.com)

Alfreds jüngerer Bruder Adolf soll als „Kursmakler"[91] tätig gewesen sein. Am 19. August 1926 hatte er seine Freundin Anna geheiratet, die aus Syke stammte, wo sie am 29. Juli 1898 geboren worden war. Das Paar blieb kinderlos und ließ sich später scheiden.[92] Das *Jüdische Gemeindeblatt* führte Adolf Ries im August 1930 – wohnhaft in Augustusburg – unter Angabe seines Geburtsdatums in der

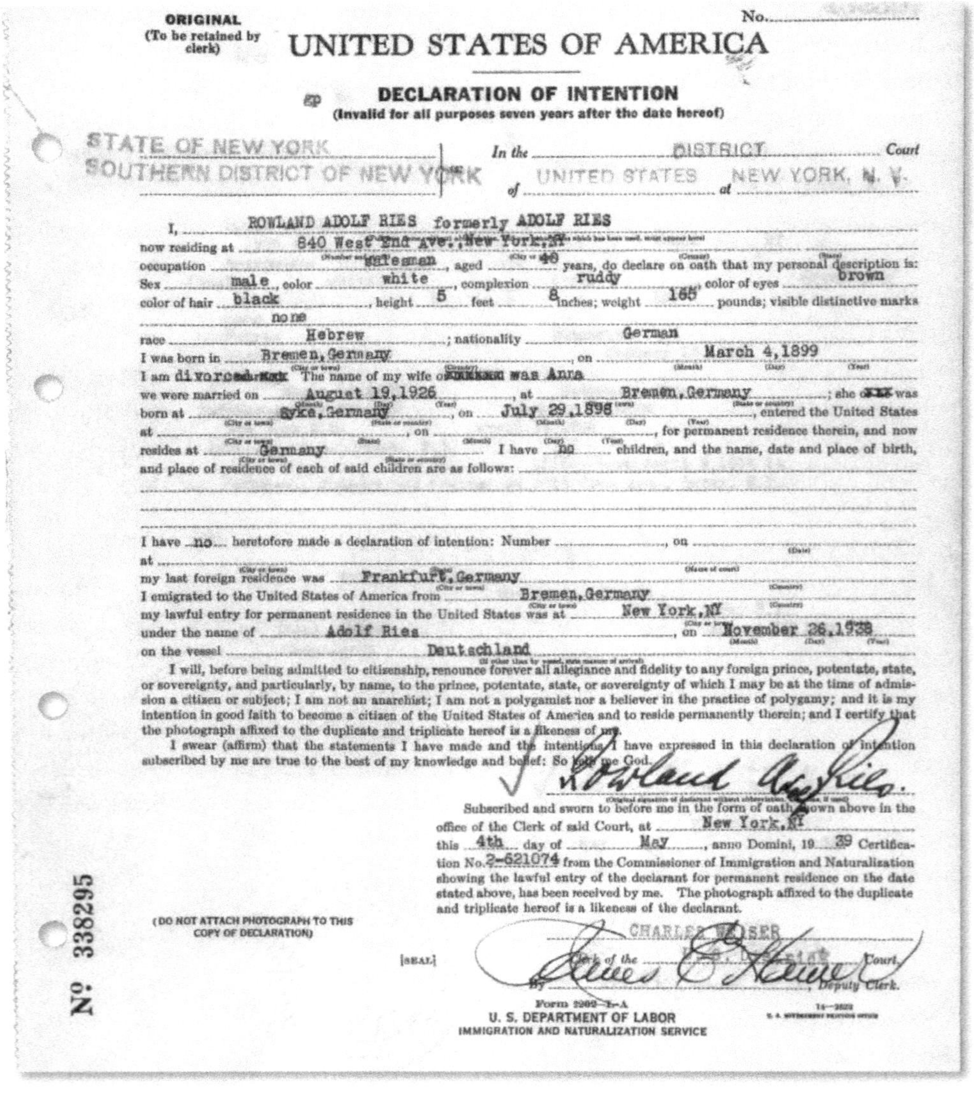

ORIGINAL (To be retained by clerk)

No.

UNITED STATES OF AMERICA

DECLARATION OF INTENTION

(Invalid for all purposes seven years after the date hereof)

STATE OF NEW YORK
SOUTHERN DISTRICT OF NEW YORK

In the DISTRICT Court of UNITED STATES at NEW YORK, N. Y.

I, ROWLAND ADOLF RIES formerly ADOLF RIES
now residing at 840 West End Ave., New York, NY
occupation salesman, aged 40 years, do declare on oath that my personal description is:
Sex male, color white, complexion ruddy, color of eyes brown
color of hair black, height 5 feet 8 inches; weight 165 pounds; visible distinctive marks none
race Hebrew; nationality German
I was born in Bremen, Germany, on March 4, 1899
I am divorced. The name of my wife was Anna
we were married on August 19, 1926, at Bremen, Germany; she was born at Syke, Germany, on July 29, 1898, entered the United States at ..., on ..., for permanent residence therein, and now resides at Germany. I have no children, and the name, date and place of birth, and place of residence of each of said children are as follows:

I have no heretofore made a declaration of intention: Number ..., on ... at ...
my last foreign residence was Frankfurt, Germany
I emigrated to the United States of America from Bremen, Germany
my lawful entry for permanent residence in the United States was at New York, NY
under the name of Adolf Ries, on November 26, 1938
on the vessel Deutschland

I will, before being admitted to citizenship, renounce forever all allegiance and fidelity to any foreign prince, potentate, state, or sovereignty, and particularly, by name, to the prince, potentate, state, or sovereignty of which I may be at the time of admission a citizen or subject; I am not an anarchist; I am not a polygamist nor a believer in the practice of polygamy; and it is my intention in good faith to become a citizen of the United States of America and to reside permanently therein; and I certify that the photograph affixed to the duplicate and triplicate hereof is a likeness of me.

I swear (affirm) that the statements I have made and the intentions I have expressed in this declaration of intention subscribed by me are true to the best of my knowledge and belief: So help me God.

Rowland Adolf Ries

Subscribed and sworn to before me in the form of oath shown above in the office of the Clerk of said Court, at New York, NY this 4th day of May, anno Domini, 1939. Certification No. 2-621074 from the Commissioner of Immigration and Naturalization showing the lawful entry of the declarant for permanent residence on the date stated above, has been received by me. The photograph affixed to the duplicate and triplicate hereof is a likeness of the declarant.

(DO NOT ATTACH PHOTOGRAPH TO THIS COPY OF DECLARATION)

[SEAL]

CHARLES WEISER, Clerk of the U.S. District Court.
By ..., Deputy Clerk.

Nº 338295

Form 2202-L-A
U. S. DEPARTMENT OF LABOR
IMMIGRATION AND NATURALIZATION SERVICE

Das am 4. Mai 1939 in New York ausgefüllte Einbürgerungsformular von Adolf Ries, nunmehr offiziell mit „Rowland Adolf Ries“ unterschrieben (Quelle: Ancestry.com)

Rubrik „Austritt aus dem Judentum“[93] auf. Sein letzter Wohnsitz in Deutschland war Frankfurt am Main[94], ehe er sich laut Passagierliste vom 17. November 1937 an Bord des Schiffs „Manhattan“ der amerikanischen Reederei „United States Lines“ befand.[95]

Ebenfalls wird sein Name am 9. März[96] und am 17. November 1938[97] jeweils auf der Passagierliste der „Manhattan“ bzw. der „Deutschland“ genannt – wiederum auf dem Weg von Hamburg nach New York. Ob er zwischendurch noch zweimal in Deutschland gewesen war oder sich bei den beiden früheren Fahrten letztlich doch nicht an Bord befunden hatte, ist offen. Dauerhaft blieb Adolf Ries jedenfalls seit der Ankunft am 26. November 1938 in den USA. Dort nannte er sich nunmehr Rowland A. Ries. Am 10. August 1942 heiratete er in Chicago seine Freundin Lena, die am 27. Juli 1907 in Greencastle im Bundesstaat Missouri geboren worden war.

Die Eltern wiederum, Eduard und Rosa Ries, blieben nach dem Weggang ihrer drei Söhne in Bremen. Sie engagierten sich in der Jüdischen Gemeinde[98] und lebten ab 1939 im „Judenhaus“ in der Legion-Condor-Straße 1 (vor 1939 und auch heute wieder: Schwachhauser Heerstraße 18 / Ecke Parkstraße). In solchen Einrichtungen wurden jüdische Familien ab Ende der 1930er Jahre zwangsweise kollektiv untergebracht. Zuletzt waren die beiden im jüdischen Altersheim in der Gröpelinger Heerstraße 167 gemeldet.[99] Zu ihrem Sohn Alfred hatten sie nach dessen Weggang seinen Angaben zufolge zunächst offenbar nur losen und später keinen Kontakt mehr.[100]

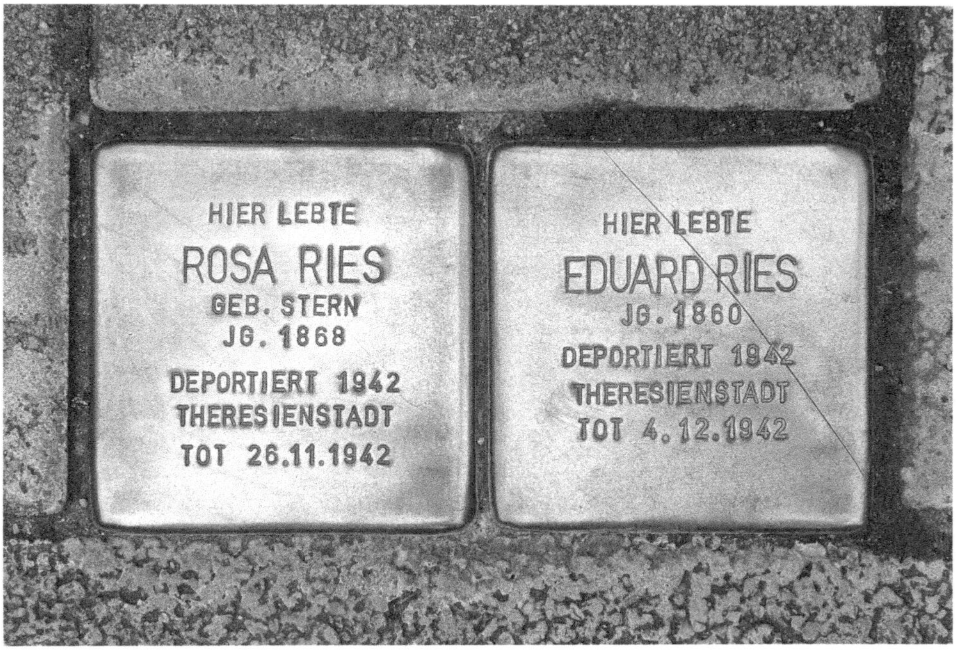

Die Stolpersteine für Rosa und Eduard Ries in der Schwachhauser Heerstraße (Quelle: Fabian Ettrich)

Rosa Ries wurde mehrfach wegen Diebstahls bzw. Unterschlagung verurteilt, am 1. August 1940 dann schließlich wegen des „Versuchs der gewerbsmäßigen Abtreibung in sechs Fällen" zu einer Freiheitsstrafe von vier Jahren „Zuchthaus" sowie fünf Jahren „Ehrverlust".[101] Genaue Hintergründe zu den Vorgängen sind nicht bekannt. Allerdings ist es naheliegend, dass Rosa Ries illegal als Hebamme bzw. „Engelmacherin" gearbeitet hatte. Sie war bis Juli 1942 in der Frauenhaftanstalt Lübeck-Lauerhof inhaftiert.[102]

Am 23. Juli 1942 wurden Eduard und Rosa Ries – einen Tag vor Werders jüdischem Ex-Vorstandsmitglied Albert Rosenthal und dessen Ehefrau Carolina – über Hannover mit Transport VIII/1 im Zug „Da 75" in das Ghetto Theresienstadt deportiert.[103] Organisiert wurde der Transport, der einen Tag später seinen Zielort erreichte[104], von den „Judenreferenten" der Bremer Gestapo, die im Wiedergutmachungsverfahren von Alfred Ries nach Kriegsende noch eine wichtige Rolle spielen sollten. Eduard und Rosa Ries wurden Ende 1942 in Theresienstadt ermordet: Rosa Ries starb am 26. November[105], ihr Mann Eduard am 4. Dezember 1942.[106] An sie erinnern heute an der Kreuzung Schwachhauser Heerstraße / Parkstraße, wenige Meter von der Bahnlinie zwischen Bremen und Diepholz bzw. Osnabrück entfernt, zwei Stolpersteine. Vom Zug aus können so jedes zweite Wochenende Tausende Werder-Fans bei der Fahrt zu den Heimspielen ihres Vereins auf den Erinnerungsort für die Eltern von Alfred Ries schauen. Zumindest, wenn ihnen dieser bewusst wäre.

Die Zeit in Jugoslawien: Gegenstand einer Kontroverse

Wahrscheinlich ging Alfred Ries, den das *Bremer Adressbuch* bei seinem Weggang aus Bremen als wohnhaft in der Böttcherstraße 5, also an seinem bisherigen Dienstsitz, ausgewiesen hatte[107], nachdem er zuvor zwei Jahre lang in der Aßmannshauserstraße 16 in der Neustadt gemeldet gewesen war[108], nach seiner offiziellen Verabschiedung aus Bremen am 7. Januar 1933 zunächst wie angekündigt direkt in die bayerische Landeshauptstadt.[109]

Nach Auskunft seines dortigen Arbeitgebers blieb er von Januar bis Oktober 1933 in München, wo er als Generalrepräsentant für Süddeutschland bei der HAG-Niederlassung und der Plantagen-Gesellschaft mbH arbeitete. Warum sich Ries für den Standort München (zu diesem Zeitpunkt eine Hochburg der nationalsozialistischen Bewegung) entschied – ob aufgrund der Empfehlung seines Förderers Roselius als Durchgangsstation in das südosteuropäische Ausland oder aus anderen Beweggründen –, ist nicht bekannt. Zu seinem Weggang aus München schrieb Kaffee HAG in seinem Arbeitszeugnis vom 10. Oktober jenes Jahres jedenfalls: „Am 1. Oktober 1933 musste Herr Ries auf Verlangen der politischen Gauleitung in Bayern den Posten in München wieder aufgeben."[110] Gemeint war hier wohl der damalige Gau München-Oberbayern[111].

An anderer Stelle sagte Ries hingegen aus, dass er sich dem Druck Julius Streichers ausgesetzt sah.[112] Streicher (1885–1945) war Gauleiter in Mittelfranken bzw. Franken, aber als NSDAP-Reichstagsmitglied, SA-Obergruppenführer und Herausgeber des Hetzblattes *Der Stürmer* überregional propagandistisch engagiert. Da sich Ries im Sport und auch beruflich bereits einen Namen gemacht hatte und nach Auskunft seines Arbeitgebers von München aus für ganz Bayern zuständig war – somit auch für Mittelfranken –, wäre eine Einflussnahme Streichers zum Nachteil von Ries durchaus denkbar gewesen. Kaffee HAG schrieb dazu am 4. September 1952 im späteren Entschädigungsverfahren an die Bremer Wiedergutmachungsbehörde: „Bekanntlich waren wir gezwungen, Herrn Ries auf Verlangen der politischen Gauleitung in Bayern zum 01.10.1933 zu entlassen.“[113] Diesen Hergang der Geschehnisse bestätigten nach dem Krieg auch zwei Zeugen an Eides statt, darunter der ehemalige HAG-Kollege Alfred Faust.[114]

Von München aus machten sich Alfred Ries und seine Frau Marie Catharine – mit Wissen und Unterstützung von Kaffee-HAG-Inhaber Ludwig Roselius – auf den Weg in die damalige Tschechoslowakei, wo Ries wenige Wochen für die Niederlassung der schweizerischen Kaffee HAG A.G. in Marienbad tätig war.[115] Zu Beginn des Jahres 1934 wurde er dann von der „schweizerische[n] HAG A.G.“[116] nach Zagreb in das Königreich Jugoslawien versetzt, wo er nun als Direktor mit Prokura der Niederlassung „Kava Hag D.D.“ vorstand.[117] Das Unternehmen wurde nach Angaben von Ries neun Monate später liquidiert.[118] Es ist allerdings eher plausibel, dass Ries zwar ab 1935 nicht mehr bei HAG beschäftigt war, das Unternehmen aber zumindest formal fortbestand. Jedenfalls wird die Niederlassung in Zagreb in Publikationen zumindest noch bis 1941 genannt, auch wenn das Geschäft inzwischen kriegsbedingt stark eingeschränkt und der Einfluss der Bremer HAG-Konzernmutter reduziert war.[119]

Obwohl Ries nach seinem Weggang aus Bremen nicht mehr in den *Bremer Adressbüchern* der Jahre 1934 und 1935 eingetragen war, blieb er nach Angaben des örtlichen Stadt- und Polizeiamtes offiziell noch bis zum 12. Januar 1935 in der Manteuffelstraße 31 gemeldet, wo er dann erneut zwischen dem 2. Februar und dem 15. Oktober 1935 geführt wurde.[120] Diese Meldebewegungen des Jahres 1935 hatten laut Ries mit dem erwähnten Ende seiner beruflichen Anstellung bei Kaffee HAG zu tun.[121] Erst danach blieb er dauerhaft und nicht nur übergangsweise in Jugoslawien. Eine mehr als bloß sporadische Rückkehr nach Deutschland wäre mit der Zeit auch immer riskanter für ihn und seine Familie geworden. Die zeitweilige Wiederanmeldung in Bremen im Laufe des Jahres 1935 erfolgte offenbar im Zusammenhang mit der erstmaligen Ausstellung einer sogenannten „Gewerbelegitimationskarte für Jugoslawien“[122] am 15. Juni 1935, die später noch relevant werden sollte. In der Jahresmitte wurde Ries schließlich auch formal aus der Mitgliederliste des SV Werder Bremen gestrichen.[123]

Nach seinem Ausscheiden bei HAG ging es für Alfred Ries nun darum, sich in dem für ihn noch relativ fremden Land eine wirtschaftliche Existenz aufzubauen. Irgendwann in dieser Umbruchphase trennte er sich zudem von seiner Frau und ging eine Beziehung zu Hilde Baur ein. Beruflich gelang es Ries nach eigenen Angaben, die

Generalvertretungen einiger deutscher und ausländischer Firmen für Jugoslawien und Osteuropa zu übernehmen, unter anderem für die Pharmazie- und Oberflächenveredelungsfirma Gehe & Co. AG aus Dresden, die Fritz Schulz jun. AG aus Leipzig, die Moystad, Müller & Co A/S aus Oslo, die Pharma AG aus Zürich und die Trans-Ocean Export-Import Company aus New York.[124] Zudem wurde er Direktor und Aufsichtsratsmitglied der neu gegründeten Optima A.G. in Zagreb.[125] Diese Vertretungen hatte er wohl bis zum Jahr 1940 inne.[126]

Nach dem Zweiten Weltkrieg gab Ries zu seiner beruflichen Situation in jenen Jahren in einem Antrag vom 29. Juni 1950 und in einer eidesstattlichen Erklärung vom 21. Dezember 1951 zunächst an, zwischen 1934 und seiner Inhaftierung 1940 bzw. der Ausreise 1946 kein Einkommen generiert zu haben und auf die Unterstützung durch seinen Bruder – also Rowland A. Ries in den USA – sowie aus der israelitischen Gemeinde in Jugoslawien und von Freunden angewiesen gewesen zu sein.[127] Auf diesen – 1952 wiederholten[128] – Widerspruch hingewiesen, revidierte Ries am 3. August 1953 seine Erklärung, nachdem sich inzwischen bereits die Staatsanwaltschaft eingeschaltet hatte. Er gab nun an, dass er 1934 bei HAG in Zagreb etwa 350 Reichsmark im Monat – also deutlich weniger als vorher in Bremen (zuletzt ca. 1.200 RM) und München (ca. 1.500 RM) – und danach bis 1937 monatlich umgerechnet etwa 50 bis 100 Reichsmark an Provisionen durch Gelegenheitsgeschäfte als Vertreter verdient habe.[129]

Seine Verdienstangaben bei der Bremer Werkschau GmbH und bei HAG stimmen mit den abgefragten Angaben bei den Unternehmen überein.[130] Diese unzweifelhaft negative Einkommensentwicklung infolge der Auswanderung spricht ebenfalls gegen einen freiwilligen Wohnortwechsel. Im Oktober 1940 wurde zudem die Berufsfreiheit für Juden in Jugoslawien, wo zu dieser Zeit die wirtschaftliche Situation insgesamt schlecht war, durch den Erlass antijüdischer Verordnungen untersagt.[131] Für Ries, der sich nach seiner Zeit bei HAG beruflich neu orientiert hatte, fiel nun sein gesamtes berufliches Einkommen weg, weshalb er fortan in der Tat auf externe Unterstützung angewiesen war.

Ries gab später an, abweichende Angaben hierzu habe er seinerzeit in Eile gemacht, um ein Weihnachtssonderdarlehen zu erhalten, welches ihm aufgrund seiner Ansprüche vermeintlich ohnehin zugestanden hätte.[132] Diesen Anspruch sah das Landesamt für Wiedergutmachung indes erst nicht als gegeben an[133], gestand aber später zu, dass Ries tatsächlich anspruchsberechtigt gewesen sei und seine Erklärungen „in gutem Glauben“[134] abgegeben habe. Auch die Oberstaatsanwaltschaft stellte fest, Ries habe sich damit keinen wirtschaftlichen Vorteil zulasten Dritter verschafft.[135] Ein entsprechend eingeleitetes Verfahren wegen falscher Aussage an Eides statt[136] wurde im August 1954 eingestellt.[137]

Wahrscheinlich war Alfred Ries ab Mai 1940 für jeweils knapp sechs Monate in den auf kroatisch-jugoslawischem Gebiet gelegenen Sammellagern Stubica und Lipik interniert[138], wo sich die Lokalpolitik 1941 dann auch für eine Verbringung örtlicher Juden in Arbeitslager bzw. die Abschiebung aus dem Land aussprach[139]. Die Internierung von Ries ist allerdings nicht mit einer zwangsweisen Inhaftierung gleichzusetzen. Zwar hat sich mit Blick auf das damalige Jugoslawien für Orte der Konzentration von Kriegsgefangenen sowie vor und zu Kriegsbeginn insbesondere auch von Juden der Begriff „Lager“ etabliert, doch handelte es sich dabei um ganz unterschiedliche Formen von Lagern, etwa um zentrale Sammelunterkünfte mit freiem Ein- und Ausgang, Arbeitslager, Speziallager oder Konzentrationspunkte für Transporte.[140]

Die Sammellager schützten die Juden vor einer Abschiebung, isolierten sie aber zugleich auch von der restlichen Bevölkerung und ghettoisierten sie an ausgewiesenen Orten. Die Existenz dieser Lager wurde im Wiedergutmachungsverfahren[141] und sogar jüngst erneut infrage gestellt[142], obwohl sie inzwischen hinreichend belegt ist.[143] So gab es zwischen jugoslawischer Polizei und Gestapo bereits 1938 ein Abkommen über die Beobachtung und Rückführung deutscher Juden in Jugoslawien.[144] Anstelle von Ausweisungen wurden Juden in Jugoslawien ab 1939 dann jedoch interniert – unter anderem in Appartements an Kurstandorten, wo Kapazitäten frei und Ausgangsbeschränkungen leichter zu kontrollieren waren.[145] Das deckt sich mit den Aussagen von Alfred Ries, denen im Wiedergutmachungsverfahren aber kein Glauben geschenkt wurde.

Ebenso wenig zweifelhaft wie die Existenz der Lager ist die Verfolgung, die Juden auch abseits davon auf dem Gebiet des damaligen Jugoslawiens erlebten, nicht zuletzt dort, wo Alfred Ries sich aufhielt. So ging die bereits 1930 im Wiener Exil gegründete kroatisch-nationalistische Ustaša insbesondere nach dem Einmarsch der Deutschen ab 1941 umfassend und vehement gegen Juden vor, kennzeichnete, entrechtete, enteignete, separierte sie[146] und wollte sie aussiedeln.[147] Im nunmehrigen Unabhängigen Staat Kroatien (USK) galten Juden fortan als Staatsfeinde.[148]

Bereits wenige Tage vor der Kapitulation Rest-Jugoslawiens Mitte April 1941 waren auch in den schon besetzten Gebieten alle einheimischen Juden unter Androhung des Erschießens bei Zuwiderhandlung aufgefordert worden, sich bei der örtlichen Schutzpolizei registrieren zu lassen. Allein in Belgrad kamen dieser Aufforderung mehr als 9.000 von 12.000 dort lebenden Juden nach.[149] Dabei wurden unter anderem ihre Vermögensverhältnisse dokumentiert, es folgte eine weitere Separierung, etwa beim Einkauf von Lebensmitteln. Außerdem mussten sie einen „Judenstern“ tragen, wurden wenig später durch die „Feldgendarmerie“ systematisch enteignet und fortan zur Zwangsarbeit eingesetzt. Im Herbst 1941 folgten systematische Hinrichtungen.[150]

Das kroatische Innenministerium sah nach dem Krieg eine Verfolgung von Alfred Ries durch die Ustaša als gegeben an.[151] Er selbst berichtete indes von einer „Inhaftierung auf Veranlassung der Gestapo bzw. eine[r] Kooperation von deutschem Geheimdienst und den Jugoslawen“[152]. Diese Zusammenarbeit ist inzwischen belegt, Sabine Pamperrien stellt sie in ihrem Beitrag zu diesem Buch genauer dar.

Infolge der Wirren rund um den Einmarsch der Wehrmacht in Jugoslawien im April 1941 konnte Ries vermutlich aus dem Lager Lipik entkommen bzw. befreit werden.[153] Wenige Wochen später wurde er jedoch erneut inhaftiert und anschließend für dreieinhalb Monate in Belgrad festgehalten.[154] Er selbst gab dafür den Zeitraum vom 2. Juni bis 15. September 1941 an.[155] Im Antrag auf Haftentschädigung von 1949 ist zwar als Ende der Haftzeit der 15. September 1942 genannt[156], doch dieses um genau ein Jahr abweichende Datum deutet auf ein Versehen hin[157], zumal kurz darauf in einer eidesstattlichen Versicherung wieder vom 15. September 1941 die Rede ist.[158]

In dem nach dem Krieg von Ries beantragten Verfahren auf Haftentschädigung, dem sich Dirk Harms in diesem Buch eingehend widmet, wurden zunächst nur jene Haftzeiten berücksichtigt, für die die Wehrmacht direkte Verantwortung trug, also allein die in Belgrad. Als Haftzeitraum wurde dabei vom Bremer Landesamt für Wiedergutmachung zwar der korrekte Haftbeginn, aber ausgerechnet das einmalig von Ries falsch genannte Haftende in Belgrad – nämlich 1942 – verwendet.[159] Auf dieser irrtümlichen Berechnungsbasis wurden Ries am 28. Juli 1949 genau 2.595 DM Entschädigung ausbezahlt[160], was die Behörde später zu Recht monierte.[161]

Warum Ries den zu hohen Entschädigungsbetrag nicht direkt deklarierte und erstattete, kann vor allem drei Gründe haben. Erstens: Es ist ihm nicht aufgefallen. Zweitens: Er hat dies in Kauf genommen, da die für zwölf Monate zu viel gezahlte Entschädigung genau dem Haftzeitraum entsprach, für den das Wiedergutmachungsamt aufgrund der Nicht-Verantwortung der Wehrmacht vor April 1941 keine Entschädigung übernehmen wollte. Drittens: Er gab eine vorsätzlich falsche Angabe ab, um alle tatsächlichen Haftzeiten entschädigt zu bekommen. Die Tatsache, dass Ries das Datum des Haftendes in Belgrad sonst durchlaufend richtig angab, wurde ihm 1954 in einem Verfahren wegen falscher Versicherung an Eides statt positiv ausgelegt. Ein Betrugsvorwurf wurde daher verneint.[162]

Unabhängig von den widersprüchlichen Angaben bezüglich der Haftzeit: Vor und nach der Haft in Belgrad hielt sich Ries „illegal in Serbien, Dalmatien und Kroatien" auf[163], unter anderem unangemeldet in Zagreb[164], wie er selbst später angab. Dalmatien wiederum befand sich seinerzeit unter italienischer Kontrolle, nachdem Italien und der Unabhängige Staat Kroatien im September 1941 miteinander gebrochen hatten. Italien kooperierte daher nicht mehr auf dem „Gebiet der Verfolgungspolitik"[165], was Juden in Dalmatien vor der Auslieferung in kroatische Lager schützte. In Serbien und im USK hingegen lebten 1942 kaum noch Juden, die nicht interniert waren, und im gesamten Königreich Jugoslawien wurden während der deutschen Besatzung letztlich rund 80 Prozent der 70.000 bis 75.000 jüdischen Bewohner ermordet.[166] In dieser Situation der permanenten Unsicherheit, des Schwankens zwischen zeitweiliger relativer, gleichwohl keineswegs verlässlicher Sicherheit und ständiger Furcht vor Inhaftierung und Abschiebung verbrachte Alfred Ries seine Jahre in Jugoslawien ab Ende 1941.

Die Leidenszeit von Ries war aber auch dann noch nicht beendet, als Partisanen unter Marschall Josip Tito das Land ab 1943 zunehmend unter ihren Einfluss brachten: Bereits Ende 1944 wurden nunmehr alle Deutschen in Jugoslawien vom durch Tito-Truppen eroberten Belgrad aus zu „Volksfeinden" erklärt, denen ihre Rechte und ihr Vermögen aberkannt bzw. entzogen wurden.[167] Nach der endgültigen Machtübernahme Titos im Juni 1945 wurde Ries im Stadtviertel Jankomir in Zagreb festgesetzt und kam wiederum für sechs Monate in Haft.[168] Er verlor dabei, wie er später angab, sein letztes Hab und Gut, das ihm geblieben war.[169]

Nachdem sich geklärt hatte, dass Ries kein Mitglied oder Anhänger der Nationalsozialisten war, wurde er „auf Beschluss des kroatischen Innenministeriums"[170] vom 20. November 1945 Anfang Dezember aus dem aus einem Lazarett und vier Lagern bzw. Arbeitsbataillonen bestehenden Sammellager Brčko (bzw. „Pretschki"[171]) freigelassen.[172] Die Haftzeiten aller vier genannten Inhaftierungen von Ries – also in Stubica, Lipik, Belgrad und Brčko – wurden 1949 von drei Zagreber Zeugen an Eides statt bestätigt.[173]

Die Rückkehr nach Deutschland – und der zähe Kampf um Entschädigung

Nach seiner Freilassung aus Brčko gelangte Alfred Ries über Ungarn und Österreich nach Deutschland, wo er am 15. Oktober 1946 in Lindau am Bodensee eintraf[174] und anschließend in seine Heimatstadt weiterzog. Dort wohnte er im November 1946 für fast drei Wochen bei seinem Freund (und Werder-Mitglied) Albert „Abbi" Drewes, ehe er aus unbekannten Gründen vorübergehend nach Baden-Württemberg zurück-

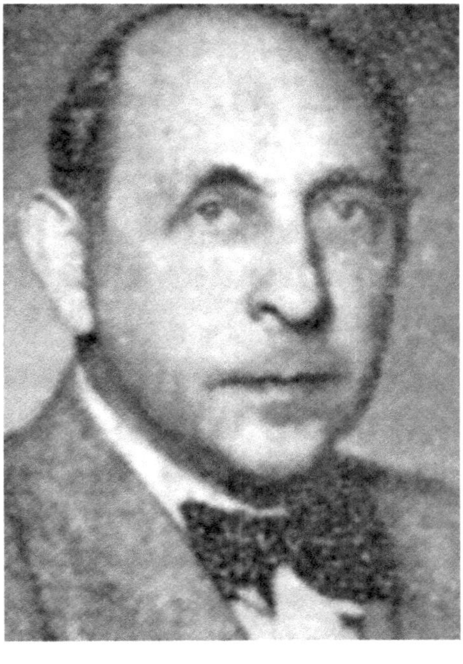

Walter Ries-Eberhard, hier 1950 auf einem Bild, mit dem ein Zeitungsartikel über eine „Wiederbegegnung mit Direktor Walter Ries" illustriert war (Quelle: Bremer Nachrichten)

kehrte und sich für kurze Zeit in Sigmaringen aufhielt. Als er zum Jahreswechsel 1947 wieder in Bremen eintraf, kam er zunächst erneut bei Drewes unter.[175] Beim Stadt- und Polizeiamt war Ries dann offiziell ab dem 13. Januar 1947 gemeldet, als registrierter Rückkehrer in einer ihm zugewiesenen, möblierten Wohnung in der Tettenbornstraße 7 in Schwachhausen (in der übrigens zuvor ein inzwischen verstorbener Gestapo-Beamter gewohnt hatte).[176]

Während Alfreds jüngerer Bruder Adolf nach dem Zweiten Weltkrieg als nunmehriger Rowland A. Ries in den USA blieb, kehrte der ältere Bruder Walter ebenfalls nach Bremen zurück. Er arbeitete nach 1945 unter anderem als Konzertagent[177], das *Bremer Adressbuch* wies ihn ab 1951 mit Wohnsitz in der Parkstraße 30, Mitte der 1950er in der Bismarckstraße 52 und von 1956 bis 1958 in der Rückertstraße 9–11 aus.[178]

In seiner Bremer Zeit war er mit „Berta Ries-Eberhard, verwitwete Kander, geborene Grötzinger“[179] verheiratet. Später zog er in die Hirschbergstraße 15 in Marburg/Lahn und schließlich nach Frankfurt am Main, wo er in der Gartenstraße 74 wohnhaft war.[180] Für seine eigenen Schäden durch die Herrschaft der Nationalsozialisten erhielt Walter Ries vom Amt für Wiedergutmachung Stuttgart am 9. August 1952 die Summe von 4.000 DM zugesprochen.[181] Außerdem hatte er in München Ansprüche geltend gemacht.[182]

Zu seinem in die USA ausgewanderten Bruder Adolf/Rowland hatte Alfred Ries zumindest bis Ende 1945 keinen Kontakt.[183] Dieser hatte dort 1943 einen Antrag auf Einbürgerung gestellt, als Berufsstand war „Verkäufer“ vermerkt.[184] Aus dem Geburtsort seiner zweiten Ehefrau Lena Mae Williams Ries in Sullivan County im US-Bundesstaat Missouri ist ein Grabstein mit Rowlands Geburts-, aber ohne sein Sterbedatum bekannt, derweil für seine Frau Lena beide Daten vermerkt sind: Sie starb mit nur 33 Jahren bereits am 16. Mai 1943.[185] In den folgenden Jahren reiste Rowland Ries mehrfach nach Europa – gemeinsam mit einer Frau namens Annamaria.[186] Er arbeitete nun als Büroangestellter und wohnte Mitte der 1950er Jahre im New Yorker Stadtviertel Elmhurst in Queens.[187] Rowland A. Ries verstarb im Gründungsjahr der Bundesliga und wurde am 25. Mai 1963 im Bryn Mawr Park in Westchester im Norden von New York beigesetzt.[188]

Stellvertretend für seine Brüder machte zunächst Rowland Ries nach dem Krieg Wiedergutmachungsansprüche für das Unrecht geltend, welches seinen Eltern widerfahren war. Für das Tragen des „Judensterns“ und die Haft in Theresienstadt erhielt jeder der drei zu gleichen Teilen erbberechtigten Söhne im Februar 1958 pro Elternteil jeweils 700 DM Entschädigung zugesprochen.[189] Für den Schaden im beruflichen Fortkommen des Vaters durch die Deportation erhielten seine Söhne insgesamt 173 DM.[190] Entschädigungen für Möbel und sonstiges Eigentum, welches Eduard und Rosa Ries vor dem zwangsweisen Umzug in das Bremer „Judenhaus“ bzw. das jüdische Altenheim sowie vor der Deportation zurücklassen mussten[191], gab es nicht. Vielmehr wurde dem später im Wiedergutmachungsverfahren als Antragsteller aktiven Alfred

Ries auferlegt, „die Beschlagnahme der Vermögensgegenstände seiner Eltern glaubhaft zu machen“[192] – obwohl eine Beschlagnahmung des Eigentums der Bewohner des jüdischen Altenheims durch die Gestapo tatsächlich stattgefunden hatte, „von der Vermögensstelle des Bremer Oberfinanzpräsidenten abgewickelt“[193] worden war und die Gegenstände von Bremer Gerichtsvollziehern versteigert wurden.

Da Ries die Eigentumsnachweise nicht vorlegen konnte – er war ja zum Zeitpunkt der erzwungenen Wohnungswechsel bzw. der Deportation seiner Eltern im Ausland gewesen –, zog er den aussichtslosen Antrag auf Entschädigung am 7. April 1951 zurück.[194] Als ihm dieser Antrag auf Entschädigung mit einer Auflistung des Inventars der Eltern dann mangels Nachweises der Enteignung als falsche eidesstaatliche Versicherung vorgeworfen wurde, stellte die Oberstaatsanwaltschaft das Verfahren letztlich ein, da Ries seinerzeit bei der Beantragung von Entschädigung das ihm bekannte Inventar der Eltern vor seinem Weggang ins Ausland zugrunde gelegt hatte. Die „Arisierung“ des Besitzes vor dem Umzug in das Altenheim und bei der Deportation ließ sich laut Justiz nicht mehr rekonstruieren, was aber nicht Ries zur Last gelegt werden konnte.[195]

Juristisch behandelt wurde auch das Wiedergutmachungsverfahren von Alfred Ries selbst. Dabei ging es neben den genannten Haftzeiten und beruflichen Stationen insbesondere um vier sogenannte Gewerbelegitimationskarten, die zwischen 1935 und 1944 in Bremen auf ihn ausgestellt worden waren, die erste davon am 15. Juni 1935 „auf besondere Anordnung des Reg. Rats Dr. (Wedemeyer[196]) für Geheime Staatspolizei (Frischmuth)“[197]. Diese Karte zur Erlaubnis gewerblicher Tätigkeiten

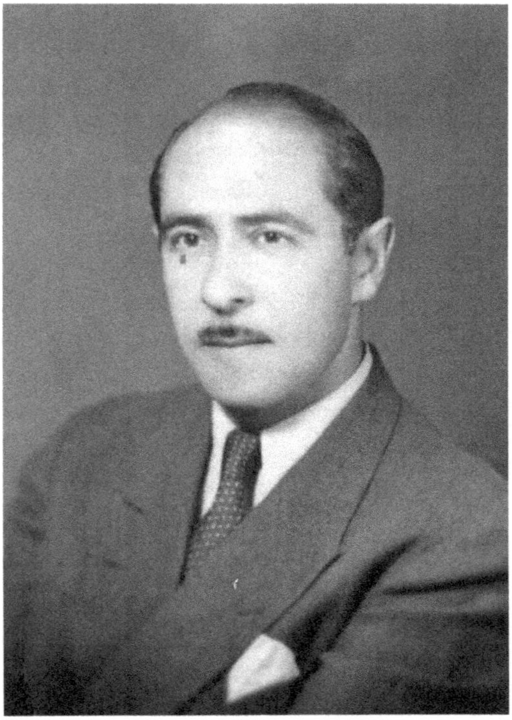

Alfred Ries auf einem undatierten Foto, das seiner Wiedergutmachungsakte beigefügt war (Quelle: Staatsarchiv Bremen)

im Ausland galt zwölf Monate und wurde aufgrund fehlender „Versagensgründe“[198] am 18. Juni 1936 verlängert, des Weiteren am 21. Oktober 1942 sowie am 30. April oder (wahrscheinlicher) am 31. Juli 1944[199], nunmehr explizit „für alle vertragsschließenden Staaten, insbesondere für Kroatien, Ungarn, Rumänien, Bulgarien, Italien“[200] geltend. Die neueren Verlängerungen erfolgten, weil sie „im Reichsinteresse erforderlich“[201] gewesen seien. Sie erhielten keine Hinweise auf den jüdischen Hintergrund von Ries.[202] Juden hätten entsprechende Dokumente nach 1938 auch gar nicht mehr erhalten können.

Ob Ries 1935 persönlich im Bremer Gewerbeamt war, um die Gewerbelegitimationskarte abzuholen, ist dem damaligen Sachbearbeiter des Stadt- und Polizeiamtes im Verfahren nach dem Krieg nicht mehr in Erinnerung gewesen.[203] Ries selbst gab zunächst an, nie im Besitz der ersten sowie der beiden jüngeren Karten gewesen zu sein.[204] Nur den Besitz der Karte von 1936, die den Behörden vorlag, bestätigte er direkt. In der Wiedergutmachungsakte findet sich dieses Original der dreisprachigen (deutsch, englisch, französisch) Gewerbelegitimationskarte vom 18. Juni 1936, mit Passfoto und ausgestellt von der Polizeidirektion Bremen auf Alfred Ries, welche offiziell eine Gültigkeit von zwölf Monaten besaß und für „Handelsvertretungen in Bremen“ sowie in allen „vertragsschließenden Staaten insbesondere auch für Jugoslawien“ galt.[205] Erst in einer Anhörung am 10. Oktober 1953 widersprach Ries der behördlichen Feststellung nicht mehr, alle vier Gewerbelegitimationskarten erhalten zu haben.[206]

Die Entgegennahme deren erster in Bremen – gegebenenfalls über Dritte – wäre dabei durchaus plausibel: Erstens war Ries im Ausstellungszeitraum noch einmal in Bremen gemeldet, zweitens wies ihn auch das für das Folgejahr ausgestellte *Bremer Adressbuch* nun wieder aus – mit Wohnsitz in der Manteuffelstraße 37[207] – und drittens berichtete der SV Werder in seinen *Vereinsnachrichten* vom Juli 1935 von einem Pfingstbesuch seines früheren Präsidenten sowie schließlich von dessen endgültiger Abmeldung nach Jugoslawien.[208] Dieser Besuchszeitraum wiederum passt zum Ausstellungsdatum der Gewerbekarte.

Ries selbst erklärte nun gegenüber dem Amt für Wiedergutmachung, er habe die Gewerbelegitimationskarte durch einen Mittelsmann beim Außenhandelskontor erhalten. Die Beamten notierten dazu in einem Aktenvermerk einen „Dr. Döning oder ähnlich“[209] als Übermittler der Karten. Gemeint war hiermit zweifelsfrei der mit Ries befreundete Dr. Alfred Lörner, der – 1933 in die NSDAP eingetreten und später im Rahmen der Entnazifizierung auch aufgrund einer Erklärung von Alfred Ries als unbelastet eingestuft[210] – vor 1938 nicht nur Leiter der regionalen Außenhandelsstelle des Auswärtigen Amtes, sondern von 1934 bis 1938 auch bei der damaligen Abwehrabteilung in Bremen, also dem militärischen Nachrichtendienst, beschäftigt[211] und „im Auftrage des Reichskriegsministeriums“ in „ganz Europa und Russland“ unterwegs war.[212] Auch später in Rumänien war er noch für die Abwehr tätig[213], ehe er 1944 in russische Kriegsgefangenschaft geriet, aus der er erst 1956 zurückkehrte.[214]

Eine Einflussnahme von Lörner auf die Ausstellung von Gewerbelegitimationskarten in Bremen ist daher bis 1938 sehr wahrscheinlich, anschließend allerdings eher unwahrscheinlich, wenngleich er zumindest durch Urlaube und den Schulbesuch seines Sohnes in der Hansestadt bis mindestens 1943 weiter Kontakt nach Bremen hielt.[215] Ries selbst beschrieb als Zeuge im Entnazifizierungsverfahren gegen Lörner am 21. Dezember 1948 sein Verhältnis zu ihm, äußerte sich dabei durchweg positiv und hob unter anderem hervor, aus Lörners Verhalten ihm gegenüber habe „stets eine wohltuende Gesinnung gesprochen, die ich ihm nie vergessen werde".[216]

Für die „I Wi"-Sonderstelle „Bremen" bzw. „Roland", also den Geheimen Meldedienst Wirtschaft der für Nachrichtenbeschaffung zuständigen Abwehr-Abteilung I,

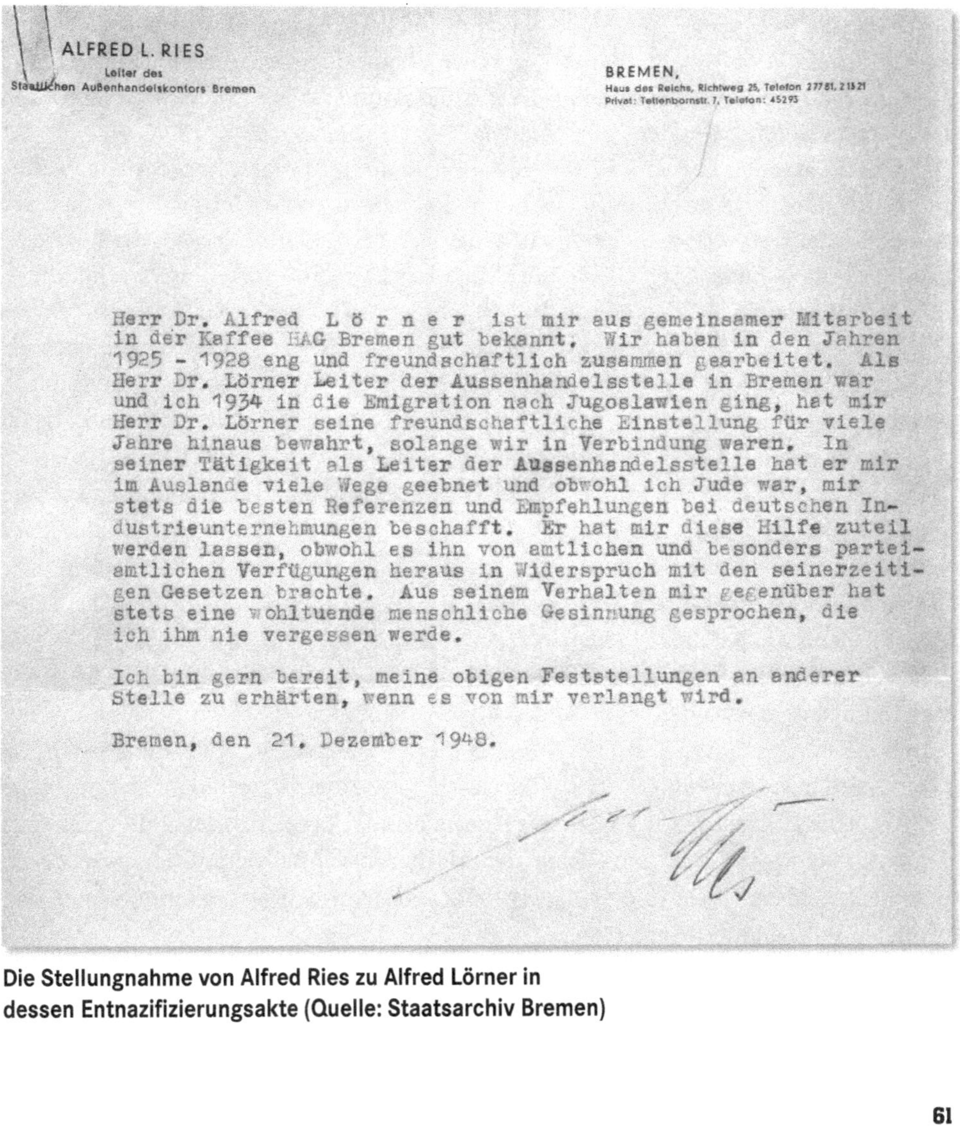

ALFRED L. RIES
Leiter des
Staatlichen Außenhandelskontors Bremen

BREMEN,
Haus des Reichs, Richtweg 25, Telefon 27781, 21321
Privat: Tettenbornstr. 7, Telefon: 45293

Herr Dr. Alfred L ö r n e r ist mir aus gemeinsamer Mitarbeit in der Kaffee HAG Bremen gut bekannt. Wir haben in den Jahren 1925 - 1928 eng und freundschaftlich zusammen gearbeitet. Als Herr Dr. Lörner Leiter der Aussenhandelsstelle in Bremen war und ich 1934 in die Emigration nach Jugoslawien ging, hat mir Herr Dr. Lörner seine freundschaftliche Einstellung für viele Jahre hinaus bewahrt, solange wir in Verbindung waren. In seiner Tätigkeit als Leiter der Aussenhandelsstelle hat er mir im Auslande viele Wege geebnet und obwohl ich Jude war, mir stets die besten Referenzen und Empfehlungen bei deutschen Industrieunternehmungen beschafft. Er hat mir diese Hilfe zuteil werden lassen, obwohl es ihn von amtlichen und besonders parteiamtlichen Verfügungen heraus in Widerspruch mit den seinerzeitigen Gesetzen brachte. Aus seinem Verhalten mir gegenüber hat stets eine wohltuende menschliche Gesinnung gesprochen, die ich ihm nie vergessen werde.

Ich bin gern bereit, meine obigen Feststellungen an anderer Stelle zu erhärten, wenn es von mir verlangt wird.

Bremen, den 21. Dezember 1948.

Die Stellungnahme von Alfred Ries zu Alfred Lörner in dessen Entnazifizierungsakte (Quelle: Staatsarchiv Bremen)

war wiederum, das belegen Geheimdienstunterlagen aus dem britischen Nationalarchiv, Walter Frischmuth tätig.[217] Dieser „Untergruppe Wirtschaft der Abwehr I"[218] oblag dabei die Observierung der Rüstungsindustrien anderer Länder. Frischmuth erhielt bei seiner Tätigkeit einen ungewöhnlichen Grad an Freiheiten[219] und unterstand mit seinem „umfangreichen Agentennetz"[220] direkt der entsprechenden Abteilung der Abwehrzentrale in Berlin.[221]

Im Jahre 1934 hatte Frischmuth im Zuge einer Nachforschung für die Gestapo die Kontakte der „Weser-Aussenhandelsstelle (Foreign Trade Office) directed by one Dr. Lörner"[222] zum ersten Mal genutzt und diese Schnittstelle seither strukturell zur Informationsbeschaffung ausgebaut.[223] Dabei band er offenbar auch große Im- und Export-Unternehmen im Ausland ein.[224] Tatsächlich hat die Abwehrabteilung I, so schrieb es jedenfalls 1977 der ebenso kundige wie streitbare DDR-Propagandist Thomas Bergner unter dem Pseudonym Julius Mader, auch im Ausland lebende Juden und insbesondere jüdische Vertriebsmitarbeiter deutscher Firmen bzw. Kaufleute bevorzugt für V-Mann-Tätigkeiten angeworben.[225] Ein Grund dafür war, dass diese bei Tätigkeiten im Ausland weniger verdächtig erschienen.[226]

Jedenfalls standen Lörner und Frischmuth laufend in Kontakt, Lörner hatte Frischmuth der Berliner Abwehr einst sogar überhaupt erst empfohlen.[227] Der Leiter der Außenhandelsstelle war es offenbar auch, der sich bei Frischmuth nach der Möglichkeit der Ausstellung einer Gewerbelegitimationskarte für Alfred Ries erkundigte, obwohl der sich nach Frischmuths Erinnerung zum Zeitpunkt der Anfrage Lörners gar nicht mehr in Bremen befand.[228] Frischmuth organisierte schließlich die entsprechende Karte für Ries bei der Bremer Gestapo, da er den zuständigen Mitarbeitern bekannt und ohnehin aufgrund der Struktur der Sicherheitsbehörden grundsätzlich zur Beantragung und Abholung entsprechender Ausweise und Pässe berechtigt war.[229] Dabei konnte es sich auch um falsche Dokumente handeln.[230] Die Abholung erfolgte im konkreten Fall mit einem Passbild von Ries, welches Frischmuth nach eigener Erinnerung über Lörner erhielt.[231] Gut möglich also, dass Lörner die Karte bei der Gestapo abholte oder direkt von Frischmuth entgegennahm und sie Ries nach den Pfingsttagen 1935 bei dessen Heimatbesuch übergab.

Durch britische, US-amerikanische und deutsche Militäraktenbestände ist mittlerweile belegt, dass Juden mithilfe der Abwehr Schutz gewährt wurde, nicht zuletzt durch die Beschäftigung jüdischer V-Männer oder Unterstützung bei der Ausreise.[232] Mit offiziell besorgten oder falschen Pässen – teilweise, wie im Fall Ries[233], ohne das ab 1938 übliche eingedruckte „J"[234] – bzw. Passersatzdokumenten konnten die solcherart Unterstützten noch viele Jahre nach der Machtübernahme der Nationalsozialisten unbehelligt reisen.[235] Dafür war die Abwehr wiederum auf Kooperationen mit den örtlichen Polizeiämtern angewiesen.[236]

Für die Abwehrstelle Bremen ist diese Dokumentenbeschaffung inzwischen nachgewiesen – ohne dass dabei die Papiere letztlich zwingend persönlich von den Empfängern hätten abgeholt werden müssen.[237] Die Bremer Abwehr soll außerdem – aus welchen Motiven auch immer – auf den Einsatz jüdischer V-Leute spezialisiert gewesen sein, denen fortan ein gewisser Schutz vor den Nationalsozialisten geboten wurde. Entsprechende Anwerbungen jüdischer oder halbjüdischer Agenten bzw. Mitarbeiter sind belegt[238], genauer führt dies auch Sabine Pamperrien in diesem Buch aus. Sogar Rückstellungen von Deportationen konnte die Bremer Abwehr in Einzelfällen erwirken.[239] Gleichwohl war die Institution „Amt Ausland/Abwehr" nun auch kein genereller Hort des Widerstands und nicht per se kritisch gegenüber den Nationalsozialisten eingestellt, sondern blieb insgesamt Teil der NS-Organisationsstruktur und Zuarbeiter für deren politische Ziele.[240]

Walter Frischmuth jedenfalls kannte Alfred Ries schon aus seiner Zeit als Polizeibeamter in Bremen vor 1933 und gab schließlich bei einer Befragung im Rahmen des Wiedergutmachungsverfahrens von Ries sogar an, ihn 1941 in Jugoslawien aus dem Gefängnis befreit zu haben.[241] Die beiden sollen nach Angaben des Zeugen Eduard König, einst Mitarbeiter Frischmuths[242], in Briefkontakt gestanden und sich unter anderem über Treffpunkte ausgetauscht, des Weiteren Ries dem Sachbearbeiter des Wiedergutmachungsverfahrens von einer „Freundschaft" zu Frischmuth berichtet haben.[243]

Dass Frischmuth, der auch unter den Alias-Namen „Henry Briggemann", „Alfons Steffens" und „Walter Freymann" aktiv war[244], tatsächlich bereits im April 1940 nach Jugoslawien reiste, um Agenten zu besuchen und einen Austausch politischer Gefangener umzusetzen, wurde zumindest von einem Zeugen behauptet.[245] Nachweislich hat sich Frischmuth in den Jahren 1940 und 1941 jedenfalls mehrfach in Belgrad aufgehalten und geriet dort auch selbst in Haft.[246] 1941 kam er offenbar als Nachhut beim Einmarsch der Wehrmacht mit der Abwehr nach Jugoslawien, der Balkan soll zu seinen Zuständigkeitsgebieten gehört haben.[247] Die Aussage Frischmuths, er habe Ries in Jugoslawien aus dem Gefängnis befreit, ist daher durchaus plausibel.

Ries gab in seinem Entschädigungsverfahren an, Gewerbelegitimationskarten benötigt zu haben, da er „in der Emigration keinerlei Ausweise besessen"[248] habe. Wahrscheinlich brauchte er tatsächlich vor allem ein Dokument, das ihn als deutschen Staatsbürger, nicht aber als Juden auswies – im Gegensatz zu einem von ihm 1952 offenbar der Wiedergutmachungsbehörde vorgelegten deutschen Reisepass mit einem „J". Das Ausstellungsdatum dieses Dokuments ist unbekannt[249], entsprechende Ausweise gab es ab 1938. Spätestens mit dem Einmarsch der Deutschen in Jugoslawien wird Ries kein entsprechendes Dokument mehr erhalten haben können. Ein solcher Ausweis könnte also höchstens zuvor vom deutschen Konsulat in Kroatien ausgestellt worden sein.

Tatsächlich verlor Ries erst 1941 seine deutsche Staatsbürgerschaft.[250] Zumindest ab diesem Zeitpunkt waren die Gewerbelegitimationskarten daher besonders relevant, denn in der Illegalität hätte er sich angesichts der ständigen Gefahr von Kontrollen kaum ohne Ausweis bzw. mit einem seinen jüdischen Hintergrund offenlegenden

Passdokument bewegen können. Der Sachbearbeiter des Bremer Stadt- und Polizeiamtes war sich im Entschädigungsverfahren aber sicher, dass insbesondere die ausgestellten Karten der Jahre 1942 und 1944 „von Beamten der Geheimen Staatspolizei unter Vorlage der Ersuchen beantragt und in Empfang genommen worden" sein mussten.[251] Diese beiden Beamten wiederum, Burkhardt und Heitmann, gaben an, die Karten lediglich zugestellt zu haben.[252] Eine persönliche Anwesenheit von Ries sei nicht unbedingt erforderlich gewesen. Möglich ist also, dass Ries die beiden jüngeren Karten ebenfalls über Dritte erhalten hat.

Einer der Sachbearbeiter der Wiedergutmachungsbehörde notierte diesbezüglich in einer Aktennotiz, Frischmuth habe Ries auch die Karte von 1944 besorgt[253], und bezog sich auf die eidesstattliche Erklärung des Abwehrmanns, der darin aber gar keine entsprechende Aussage getätigt hatte – er war sich nicht mehr sicher gewesen und hielt es angesichts der politisch zugespitzten Lage nach dem Stauffenberg-Attentat auf Hitler im Juli 1944 eher für unwahrscheinlich: Obwohl sicherlich noch Passbilder hierfür beim Polizeiamt vorgelegen hätten, wäre es auch aufgrund der politischen Situation nicht mehr ohne Weiteres möglich gewesen, entsprechende Gewerbelegitimationskarten zu erhalten, da „jeder einzelne Fall schärfstens überprüft und nur in den dringendsten Fällen ein Ausweis erteilt" worden sei.[254]

Und selbst wenn die später aufgeworfene und bis heute unbelegte These zuträfe, Ries habe die Gewerbekarten nicht durch persönliche Beziehungen und zum Schutz seiner Person, sondern aufgrund einer tatsächlichen V-Mann-Tätigkeit für die Gestapo erhalten, so wäre eine Dokumentenbeschaffung nicht erst seit dem Attentat auf Hitler, sondern bereits nach dem 1941 erlassenen Auswanderungsverbot für Juden und der Untersagung des Einsatzes „volljüdischer" V-Leute im Juli 1943 immer schwieriger bis fast unmöglich geworden.[255] Sämtliche bis 1943 als V-Leute eingesetzten Personen mussten schließlich in jenem Jahr an die Abwehrzentrale in Berlin gemeldet werden, wobei es allerdings auch hier in der Praxis Ausnahmen gab.[256] Der Sachbearbeiter des Stadt- und Polizeiamtes vertrat nach dem Krieg jedenfalls die Auffassung, dass die Karten von 1942 und 1944 nicht einmal vom zuständigen Abteilungsleiter oder dem Polizeipräsidenten hätten „abgelehnt" werden können.[257]

Bei der Bearbeitung dieser komplexen und verworrenen Gesamtthematik durch die Sachbearbeiter der Bremer Wiedergutmachungsbehörde kam diesen angesichts der ihnen vorliegenden Gewerbelegitimationskarte, ihres Wissens um die Existenz der weiteren Karten, der damit verbundenen Unklarheiten hinsichtlich deren Herkunft und Zweck sowie zweier (allerdings tatsächlich höchst fragwürdiger) Zeugenaussagen letztlich der Verdacht, Ries sei „keinesfalls […] wegen seiner Rasse verfolgt worden", sondern „im Gegenteil sogar für die Gestapo oder wenigstens doch für deutsche Stellen im Ausland tätig gewesen" bzw. habe „in den Diensten der Wehrmacht-Abwehrstelle Bremen unter Leitung des damaligen Hauptmanns Frischmuth" gestanden.[258] Ries bestritt dies umgehend.[259]

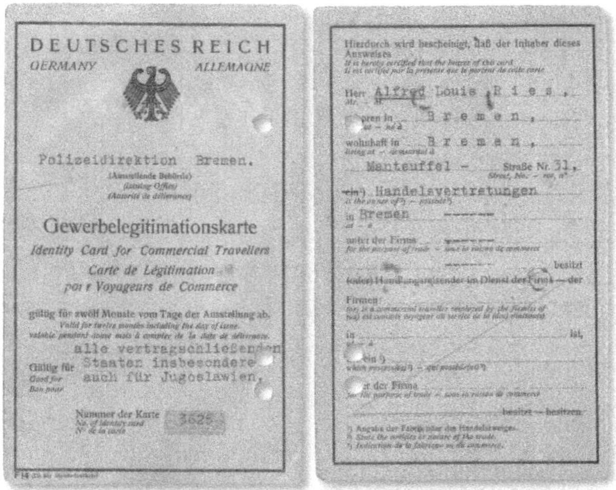

DEUTSCHES REICH
GERMANY ALLEMAGNE

Polizeidirektion Bremen.
(Ausstellende Behörde)
(Issuing Office)
(Autorité de délivrance)

Gewerbelegitimationskarte
Identity Card for Commercial Travellers
Carte de Légitimation pour Voyageurs de Commerce

gültig für zwölf Monate vom Tage der Ausstellung ab.

Gültig für alle vertragschließenden Staaten insbesondere auch für Jugoslawien.

Nummer der Karte 3625

Hierdurch wird bescheinigt, daß der Inhaber dieses Ausweises

Herr Alfred Louis Ries,
geboren in Bremen,
wohnhaft in Bremen,
Manteuffel - Straße Nr. 31,
Handelsvertretungen
in Bremen

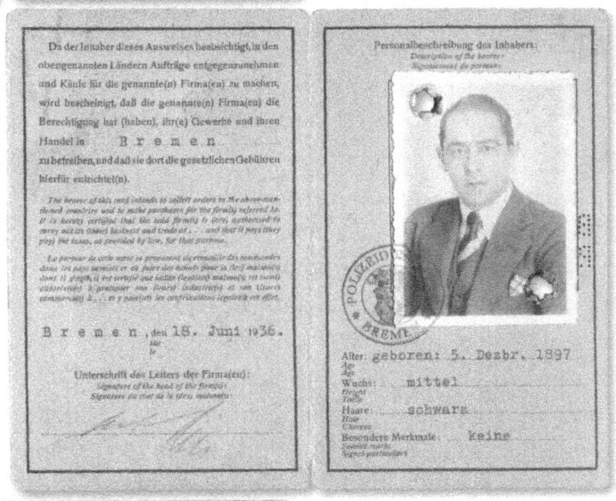

Da der Inhaber dieses Ausweises beabsichtigt, in den obengenannten Ländern Aufträge entgegenzunehmen und Käufe für die genannte(n) Firma(en) zu machen, wird bescheinigt, daß die genannte(n) Firma(en) die Berechtigung hat (haben), ihr(e) Gewerbe und ihren Handel in Bremen zu betreiben, und daß sie dort die gesetzlichen Gebühren hierfür entrichtet(n).

Bremen, den 18. Juni 1936.

Unterschrift des Leiters der Firma(en):

Personalbeschreibung des Inhabers:

Alter: geboren: 5. Dezbr. 1897
Wuchs: mittel
Haare: schwarz
Besondere Merkmale: keine

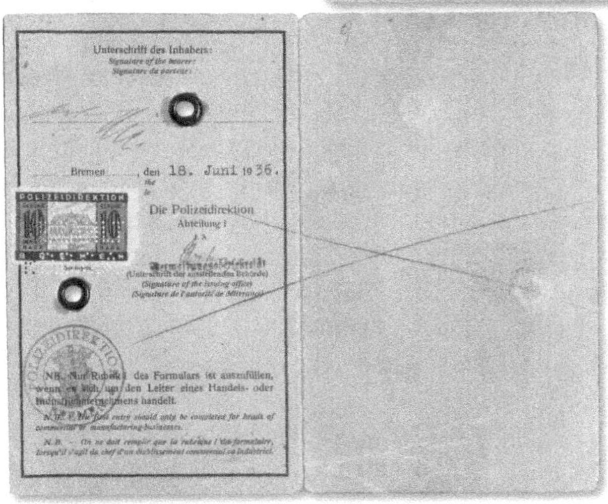

Unterschrift des Inhabers:

Bremen, den 18. Juni 1936.

Die Polizeidirektion
Abteilung I

NB. Nur Rubrik I des Formulars ist auszufüllen, wenn es sich um den Leiter eines Handels- oder Industrieunternehmens handelt.

Der Stein des Anstoßes: die in den Akten der Wiedergutmachungsbehörde erhalten gebliebene Gewerbelegitimationskarte von 1936 (Quelle: Staatsarchiv Bremen)

Die Sachbearbeiter stützten sich mit ihrer Vermutung vornehmlich auf Andeutungen der beiden Bremer Polizeibeamten Bruno Nette und Friedrich Linnemann.[260] Diese waren zeitweise als sogenannte Judenreferenten für die Gestapo aktiv gewesen und hatten sich maßgeblich an Deportationen von Juden aus Bremen bzw. Athen in die nationalsozialistischen Konzentrationslager beteiligt.[261] Nette, der seit 1937 der NSDAP angehörte und 1940 für ein Jahr für die „Spionageabwehr" der Gestapo tätig gewesen war[262], hatte als „einer der Leiter des Bremer Judenreferats"[263] unter anderem sogar just jene Deportation organisiert, der die Eltern von Alfred Ries zum Opfer fielen.[264] Auch andere in diesem Buch erwähnte Werderaner und ihre Familien waren unter der Leitung bzw. Begleitung Nettes und Linnemanns aus Bremen weggebracht und enteignet worden.[265]

Es war strukturell nicht untypisch, dass Nette nach dem Krieg im Rahmen des Entnazifizierungsverfahrens schlussendlich als minderbelastet angesehen wurde und als „Mitläufer" lediglich eine dreijährige Bewährungsstrafe erhielt.[266] Das Urteil muss insbesondere mit Blick auf die belastenden Zeugenaussagen gegen ihn und seine bewusst-naive Darstellung der Deportationen in den Ohren der Opfer der Shoah wie Hohn geklungen haben.[267] Sein Kollege Linnemann kam derweil nach 1945 sogar beim Fürsorgeamt unter.[268] Dieser Hintergrund der beiden mithin zumindest befangenen „Zeugen" wurde weder im Wiedergutmachungsverfahren noch in einer Veröffentlichung des Politikwissenschaftlers Arthur Heinrich erwähnt, der sich 2017 in der Zeitschrift *SportZeiten* genauer mit dem Verfahren auseinandergesetzt und dabei Ries nicht zuletzt basierend auf ihrer beider Aussagen erneut in den Dunstkreis der Kollaboration gerückt hat.[269] Diesen Umstand beleuchtet Dirk Harms in seinem Beitrag zum vorliegenden Buch eingehend.

Ausgerechnet der vormalige Judenreferent der Gestapo, Friedrich Linnemann, deutete nun also in seiner Aussage gegenüber der Wiedergutmachungsbehörde an, Ries sei möglicherweise in „Listen der Agenten" der „Kriegsmarinedienststelle Bremen"[270] erwähnt worden. Der damit in die Welt gesetzte Verdacht der verdeckten Arbeit Ries' für die deutsche Auslandsspionage und darauf basierende scheinbar „berechtigte Annahmen" auf „Mitglied[schaft in] der NSDAP ab 1933" oder einer anderen NS-Organisation[271] lassen sich jedoch nach der vorliegenden Quellenlage nicht bestätigen: In den beim Militärarchiv des Bundesarchivs gesammelten „Personalbögen von V-Männern und R-Männern" der Abwehrnebenstelle bzw. Marinenebenstelle Bremen werden Dutzende V-Leute aufgeführt, auf Hunderten von Seiten sind deren Vitae, Verpflichtungserklärungen sowie teilweise Spionageberichte und Auslagenerstattungen dokumentiert, ebenso Listen von anonymisierten V-Leuten und Berichte über vernichtete Personalbögen[272] – der Name Alfred Ries taucht im Aktenbestand des Militärarchivs nicht auf.

Zwar ist der gesamte Aktenbestand nicht vollständig vorhanden, doch wird Ries auch in keiner Liste der Mitarbeiter und Agenten Frischmuths geführt, die dem britischen

Geheimdienst vorlag.[273] Für eine „Spionage-Tätigkeit“[274] – ob auf freiwilliger Basis, für materielle Gegenleistungen oder (und das war offenbar in der Mehrzahl der tatsächlichen Fälle ausschlaggebend[275]) als Gegenleistung für den Schutz der Betroffenen und ihrer Familien – gibt es im Fall Ries keinerlei Beweise. Ob die Eltern von Alfred Ries vor ihrer Deportation besonderen Schutz vonseiten der Abwehr bzw. seiner dortigen Freunde genossen haben, ist nicht überliefert. Es mag insofern reiner Zufall sein, dass Rosa und Eduard Ries vor ihrem Umzug in die Parkstraße Ende 1937 zunächst in direkte Nachbarschaft von Walter Frischmuth in der Mathildenstraße zogen.[276] Ries hatte zu seinen Eltern zuletzt keinen Kontakt mehr[277], was aber dem Schutzbedürfnis des Sohnes für die Eltern nicht widersprechen muss.

Die Gewerbekarten hatte Ries offenbar tatsächlich für die genannten Generalvertretungen verschiedener Handelsunternehmen sowie – auch vor dem Hintergrund der späteren Ausbürgerung[278] – als Passersatz zum legalen Aufenthalt und zum Reisen auf dem Balkan benötigt. Auffällig dabei ist, dass die Karten, zumindest das bekannte Exemplar von 1936, für *Bremer* Handelsvertretungen galten. Auch im Antrag von 1942 hieß es: „R. hat *hier* das Gewerbe gemeldet“ [Hervorhebung vom Autor] und „beabsichtige für seine Handelsvertretungen Waren aufzukaufen und Bestellungen auf Waren zu suchen“[279]. 1944 war ebenfalls von „Handelsvertretungen in Bremen“[280] die Rede. Die in der Personalakte von Alfred Ries beim Auswärtigen Amt aufgeführten Firmen, für die er Generalvertretungen übernommen haben soll, stammen hingegen aus aller Welt – aber keine hatte ihren Sitz in Bremen.[281] Möglicherweise unterhielten sie jedoch Geschäftsbeziehungen in die Hansestadt.

Walter Frischmuth selbst gab später an, Ries sei kein Agent gewesen, sondern habe die Gewerbelegitimationskarten nur erhalten, um im Ausland „unbehelligt“ bleiben zu können.[282] Vielleicht wurde Ries für die als „geheim“[283] deklarierte Beschaffung der Karten sogar intern als V-Mann geführt. Dazu würde die von einem Sachbearbeiter des Wiedergutmachungsverfahrens zitierte Aussage Frischmuths passen, es könne sein, dass der Name Ries in den Akten der Abwehr mit „fremdem Material“[284] zur Situation auf dem Balkan auftauche. Dieses bisher nicht aufgefundene Material könnte im Falle seiner tatsächlichen Existenz deshalb angelegt worden sein, um es bei Nachfragen anderer NS-Organisationen als vermeintliche Belege für das angebliche Dienstverhältnis von Ries präsentieren zu können und sich so argumentativ abzusichern.

Der Historiker Winfried Meyer konstatiert zu der Thematik grundsätzlich:

„Einzelne oppositionell eingestellte Abwehroffiziere scheinen ohne Wissen ihrer Vorgesetzten ihre dienstlichen Möglichkeiten genutzt zu haben, um persönlichen Bekannten und Freunden oder Kriegskameraden jüdischen Glaubens oder jüdischer Herkunft mit dem Status eines V-Mannes der Abwehr eine gewisse Protektion zu verschaffen, ohne dass die auf diese Weise zumindest einigermaßen und vorübergehend Geschützten tatsächlich für die Abwehr aktiv werden mussten.“[285]

Frischmuth bestätigte dies für Ries:

„Ich möchte ausdrücklich betonen, dass es für mich vollkommen klar war in diesem Falle, dass es sich nicht um Ausstellung eines echten Agentenausweises handelte, sondern nur um eine Bescheinigung, die es dem Antragsteller ermöglichen sollte, unbehelligt im Ausland verweilen zu können. Ich bemerke hierzu, dass es sich bei dem Antragsteller Ries nicht um den einzigen Fall dieser Art handelte, dass Nicht- oder Halbariern solche Ausweise ausgestellt wurden.“[286]

Und er ergänzte:

„Ich möchte abschließend mit aller Sicherheit und Bestimmtheit erklären, dass mir, [sic!] *sowohl wie dem Antragsteller Ries von Anfang an klar war, dass es sich bei der Erteilung der Legitimationskarte nur um eine Tarnung und Sicherung des Antragsstellers Ries handeln sollte, und dass ein Gebrauchmachen in irgendeiner Weise für die Zwecke der Gestapo nicht in Betracht kam.“*[287]

Diese Aussagen erfuhren allerdings im Laufe des Wiedergutmachungsverfahrens für Ries nur wenig Berücksichtigung. Dabei hatte sich Frischmuth mit ähnlichen Aktionen nachweisbar auch für weitere Juden eingesetzt, so nach eigener Aussage für den (in den Beiträgen von Sabine Pamperrien und Marcus Meyer erwähnten) Kinderarzt Professor Rudolf Hess sowie für Herbert Rosenthal[288], dessen Schicksal in diesem Buch eingehend dargestellt wird. Über sein Vorgehen sei sein Vorgesetzter, Admiral Canaris, informiert gewesen und habe es gedeckt. In anderen Fällen habe Canaris ihn sogar direkt beauftragt, Juden über die Grenze zu bringen, wofür Frischmuth beispielhaft die „Namen Cahn und Löwenstein“[289] nennt.

Und selbst wenn es doch anders gewesen wäre: Aufgrund der Organisation der Abwehr in Bremen und der Aufgabenbereiche von Alfred Lörner und Walter Frischmuth wäre sogar bei einer tatsächlichen V-Mann-Tätigkeit von Alfred Ries in erster Linie eine Rolle im Bereich der genannten Abteilung I Wi denkbar gewesen[290] – also die Zulieferung von Informationen zur (Rüstungs-)Wirtschaft, in diesem Fall aus Jugoslawien.[291] Wie betont, fehlen jedoch für diese These, bei deren Zutreffen dann auch die Nebenstellen Belgrad und/oder Zagreb des Amtes Ausland/Abwehr eingebunden gewesen sein müssten[292], jegliche Belege. Bereits 1948 wurde Alfred Ries auf Basis der damaligen Erkenntnislage durch den Bremer Senator für politische Befreiung als „unbelastet“[293] eingestuft. Und Frischmuth selbst hielt es für ausgeschlossen, dass Ries in solche Aktivitäten eingebunden gewesen sein könnte.[294]

Im weiteren Verfahren konstatierte dann auch der Mitarbeiter des Wiedergutmachungsamtes Ende 1952, dass es keine Beweise für die These einer Gestapo-Tätigkeit von Alfred Ries gebe.[295] Der Vorwurf der Kollaboration oder Mitgliedschaft in NS-Organisationen – welchen das kroatische Innenministerium 1945 und das Berlin Document Center 1952 ebenfalls negierten[296] – wurde mit dem durch Vermittlung von SPD-Senator Gerhard van Heukelum forcierten Abschluss des Verfahrens im Januar 1954 fallen gelassen.[297] Ries wurde in dem Verfahren übrigens durch den jüdischen

Rechtsanwalt Dr. Alexander Lifschütz vertreten. Dieser hatte 1918 zusammen mit Ludwig Roselius den Bremer Ableger der „Deutschen Vaterlandspartei" gegründet und war später Mitglied der „Deutschen Volkspartei" geworden. Lifschütz verlor nach der Machtübernahme der NSDAP seine Zulassung als Anwalt, wanderte über die Schweiz in die Niederlande aus und amtierte nach dem Krieg von 1947 bis 1949 als Bremer Senator für politische Befreiung.[298] Das Gerichtsverfahren gegen Alfred Ries wegen falscher Angaben im Rahmen seiner Wiedergutmachungsanträge wurde schließlich eingestellt.[299]

Die Sporthistoriker Peiffer und Wahlig schrieben noch 2012 angesichts der geschilderten Ereignisse und Verfahren über diese Phase zusammenfassend: „Diesem Lebensabschnitt von Alfred Ries haftet etwas sehr Nebulöses an, das durch widersprüchliche Aussagen und Darstellungen noch verstärkt wird."[300] Der Nebel lichtet sich etwas, wenn man den besagten Lebensabschnitt von Ries mit Flucht, Haft und Internierung unter Zuhilfenahme weiterer Quellen und Literatur einmal wirklich detailliert betrachtet, wie es im Vorangegangenen geschehen ist.

Aufbauhelfer für Sport, Wirtschaft und Politik

Bereits unmittelbar nach seiner Rückkehr aus Jugoslawien wurde Ries im Frühjahr 1947 mit der Einrichtung und Leitung des Staatlichen Außenhandelskontors der Freien Hansestadt Bremen betraut, also jener Institution, die vor dem Krieg der Ries-Vertraute Dr. Alfred Lörner geleitet hatte.[301] Auf Wunsch der Alliierten sollte der Außenhandel unter staatlicher Kontrolle wieder aufgebaut werden.[302] Vier Jahre später wurde Ries durch Ernennung von Senatspräsident Wilhelm Kaisen (SPD) in das Beamtenverhältnis übernommen und leitete das Kontor nunmehr als Oberregierungsrat.[303] In dieser Funktion vertrat er Bremen als Mitglied im Arbeitskreis „Außenhandel" der Verwaltung für Wirtschaft in der britischen Zone bzw. in der Bizone[304], im Länderfachausschuss für Außenhandel und von 1950 bis 1953 im Unterausschuss Außen- und Interzonenhandel des Wirtschaftsausschusses des Bundesrates.[305]

Einen zentralen Baustein bei der Reaktivierung alter bzw. dem Aufbau neuer Wirtschaftskontakte stellten Messen und Delegationsreisen dar. Bereits am 25. August 1948 nahmen Wirtschaftsvertreter aus allen vier Besatzungszonen an der sechsten St.-Eriks-Messe in Stockholm teil, bei der 1.400 Aussteller aus 20 Ländern den 220.000 Besuchern ihre Produkte vorstellten. Für die Bizone bzw. die Bremer Wirtschaft war Alfred Ries an der Koordinierung der Teilnahme an der bis heute als „Messe Stockholm" fortbestehenden Veranstaltung beteiligt.[306] Durch die Beteiligung an der Messe sollte das Handelsvolumen mit Schweden, welches 1939 noch im dreistelligen Millionenbetrag gelegen hatte und sechs Jahre später drastisch eingebrochen war, reanimiert werden.[307]

Um Kontakte ins Ausland anzubahnen und dadurch den Aufbau der durch den Krieg darniederliegenden Bremer Wirtschaft zu fördern, brachte das Außenhandelskontor ein *Bremer Export-Import-Handbuch* in vier Sprachen heraus.[308] Alfred Ries beschrieb darin die Vorzüge der Wirtschaftsstandorte Bremen und Bremerhaven, Handelsvolumina, bevorzugte Märkte und einheimische Leitbranchen. Zudem enthielt das Handbuch die Kontaktdaten von Handelskammern, Konsulaten, Wirtschaftsverbänden und im Außenhandel tätigen Unternehmen samt einem Firmenverzeichnis, sortiert nach Wirtschaftszweigen, Warengruppen und Zielmärkten. Die Publikation trug nach Auskunft des Generalkonsuls Gustav Wilhelm Harmssen wesentlich zur Ankurbelung der Bremer Wirtschaftsbeziehungen nach Übersee bei. Auch vonseiten der Bremer Unternehmen wurde das Engagement von Alfred Ries beim Wiederaufbau der Wirtschaft positiv hervorgehoben.[309] Inhaltlich stand das Handbuch in der Tradition der Publikation *Bremen im Welthandel*, die 1926 von der Zweigstelle des Auswärtigen Amtes für Außenhandel Bremen veröffentlicht worden war und 1927 in zweiter Auflage mit 10.000 Exemplaren verlegt wurde.[310]

Gesellschaftlich brachte sich Ries in Bremen ebenfalls wieder ein: Er wurde erneut Mitglied in der nach der Shoah im Wiederaufbau befindlichen Jüdischen Gemeinde Bremens und Vorsitzender der Bremer Gesellschaft für christlich-jüdische Zusammenarbeit („Gesellschaft für Brüderlichkeit" / „World Brotherhood"[311]). Und auch privat standen für ihn Veränderungen an: Vier Wochen nach der rechtmäßigen Scheidung seiner ersten Ehe heiratete er am 1. August 1949 Hilde Anna Vlajcic (geborene Baur)[312], die er während seiner Zeit in Jugoslawien kennengelernt hatte. Seine zweite Ehefrau brachte die am 2. Juni 1940 in Freilassing im Berchtesgadener Land als Kind von Franjo Vlajcic geborene Tochter Anka mit in die Ehe.[313] Zu seiner Stieftochter baute Alfred Ries ein sehr enges Verhältnis auf und adoptierte sie schließlich. Seine Frau betätigte sich derweil auch unternehmerisch: Im Jahre 1951 wurde sie Gesellschafterin der „‚Vienna' – Feine Strickwarenerzeugungsgesellschaft mit beschränkter Haftung"[314]. Der geschiedene Mann von Hilde Ries wiederum wollte einige Jahre später als Flüchtling nach Deutschland einreisen und führte hierzu einen Prozess gegen die Bundesrepublik, bei dem er Ries als Zeugen benannte.[315]

Im Sport machte sich Alfred Ries nach seiner Rückkehr nach Bremen als „Pionier" um das „Wiederingangkommen des Spielverkehrs und die Schaffung einer der Stellung des Fußballsports gerecht werdenden Organisation" in „besonders starker Weise" verdient.[316] Schon am 3. Oktober 1947 übernahm er wieder das Präsidentenamt bei Werder Bremen, wobei bemerkenswert ist, dass ihn sein Nachfolger in den 1930er Jahren, Willy Stöver, hierfür vorschlug.[317] Der Verein hatte in den Jahren 1945 und 1946 bis zur Freigabe des alten Vereinsnamens durch die Militärregierung übergangsweise die Namen „Sportgemeinschaft Mitte", „Turn- und Sportverein ‚Werder' von 1945" und „Sport-Verein Grün-Weiß von 1899" getragen.[318] Hintergrund war, dass alle Sportvereine, die vor 1945 im Nationalsozialistischen Reichsbund für Leibesübungen organisiert gewesen waren, nach Kriegsende zunächst verboten wurden und bei Neugründungen den alten Namen nicht nutzen duften.[319] Diese strikte Vorgabe wurde in den folgenden Monaten schrittweise gelockert.

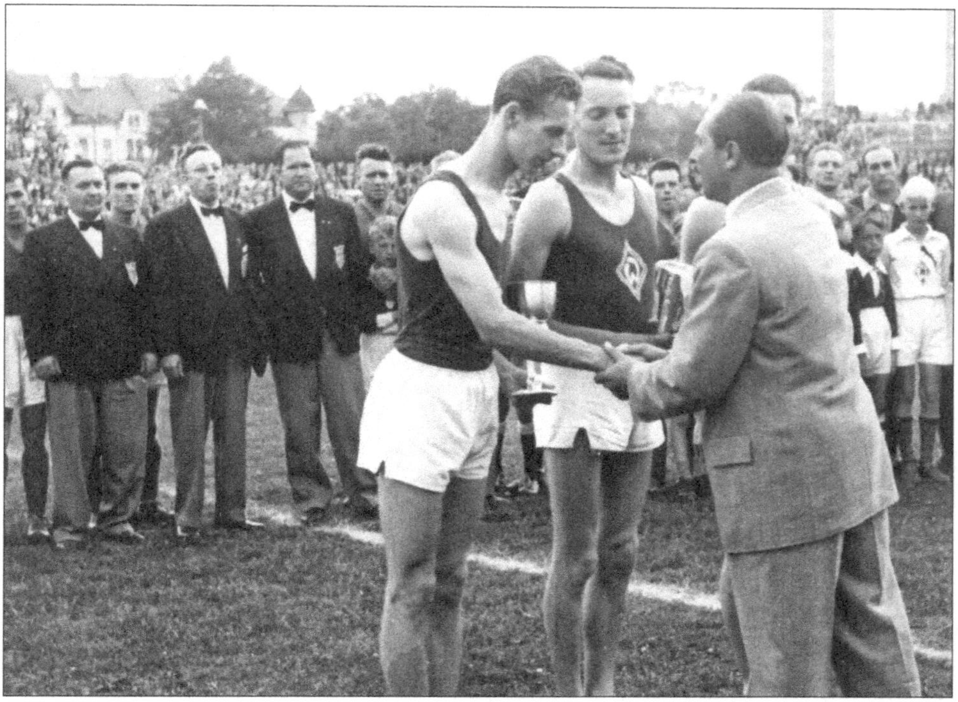

Vor dem Anstoß eines Werder-Spiels ehrt Alfred Ries die drei Medaillengewinner des Vereins bei den 1949 im Weserstadion ausgetragenen Deutschen Leichtathletikmeisterschaften: Ernst Becker (110 m Hürden, Silber), Karl Kluge (1.500 m, Gold) und Walter Janßen (Diskus, Bronze) (Quelle: Nachlass Hilde Ries)

Ries sorgte schon 1948 mit der Einladung schwedischer Leichtathleten für einen internationalen Sportwettkampf im Weserstadion[320], und auch für Werder ging es rasch bergauf: Der Verein hatte jetzt wieder knapp 1.000 Mitglieder.[321] Als Geschäftsführer fungierte der von den Nationalsozialisten im Sinne ihrer Rassenideologie als sogenannter „Halbjude“ eingestufte Hans „Hansi“ Wolff, dem sich Carina Knapp-Kluge in diesem Buch näher widmet.

Im Jahr 1949 erschien die Vereinschronik *50 Jahre Sport-Verein „Werder“*, in der – in historischem Abstand schwer verständlich – Alfred Ries als Vorsitzender und Willy Stöver, im Dritten Reich „Vereinsführer“ des SVW, NSDAP-Mitglied[322] und Fürsprecher einer „Säuberung in Sport und Gesellschaft“[323], die Vereinsgeschichte gemeinsam Revue passieren ließen. Stöver, der laut eigener Aussage in seiner Entnazifizierungsakte nie bekennender Anhänger des Nationalsozialismus, sondern nur Opportunist gewesen sei, um keine Schwierigkeiten mit den Machthabern zu bekommen, schilderte die NS-Zeit nun zwar selektiv und bewusst unpolitisch, aber zumindest weniger euphorisch im Sinne der Ideologie der Nationalsozialisten als noch in der Chronik zehn Jahre zuvor (wo Ries und dessen Wirken übrigens keine Erwähnung gefunden

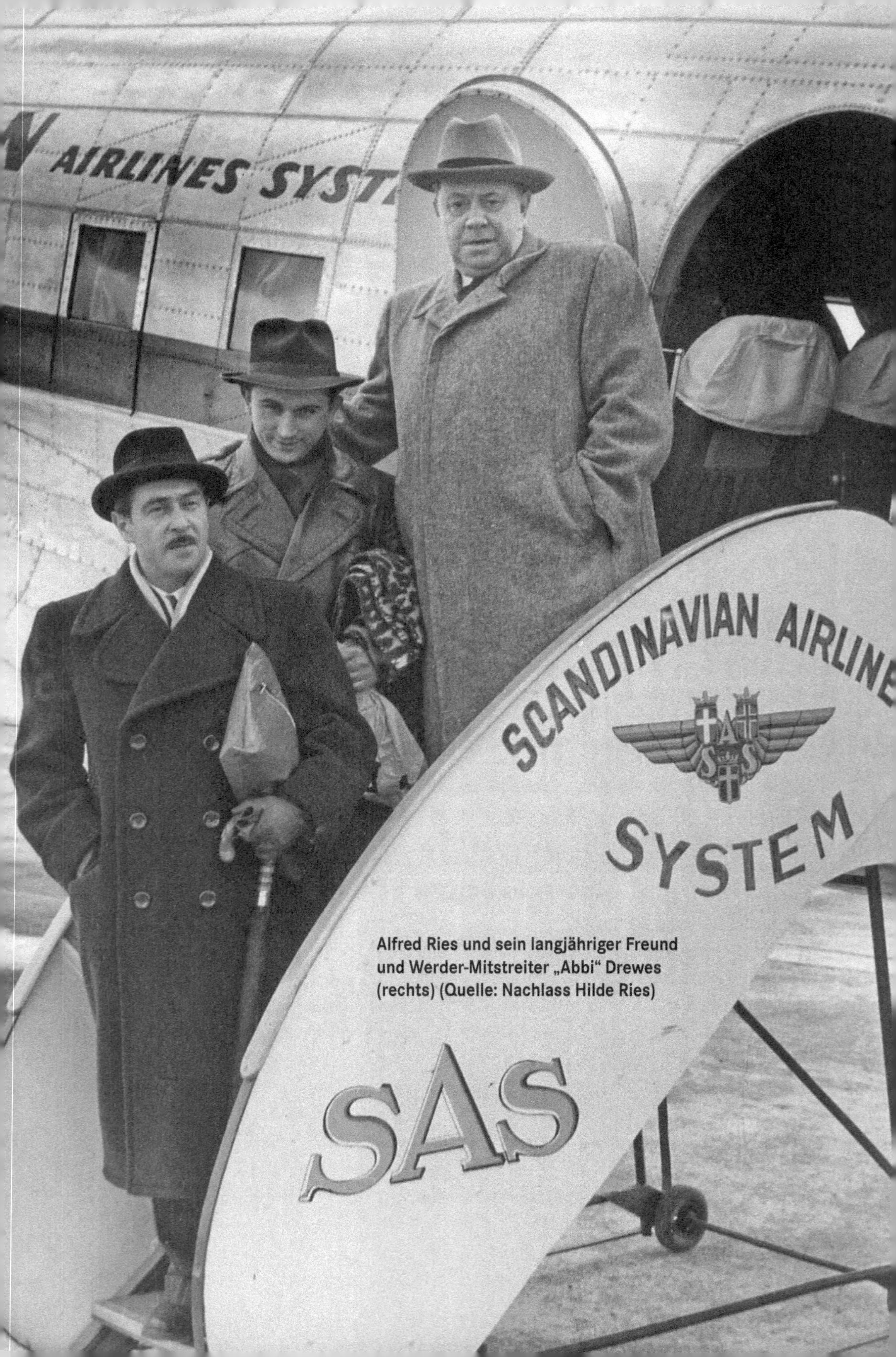

Alfred Ries und sein langjähriger Freund und Werder-Mitstreiter „Abbi“ Drewes (rechts) (Quelle: Nachlass Hilde Ries)

hatten) oder insbesondere in den *Vereinsnachrichten* von 1934. Darin hatte Stöver die politischen Veränderungen des Jahres 1933 als in Erfüllung gegangenen „Wunschtraum“ beschrieben, die „gründliche Reinigung des deutschen Hauses von schweren Fäulniserscheinungen“ sowie das Ende des parlamentarischen Systems begrüßt und die „Bewunderung“ der Werderaner für Adolf Hitler bekundet.[324] Dass Stöver nach dem Krieg wieder im Werder-Vorstand aktiv wurde und den Juden Alfred Ries als neuen Vereinsvorsitzenden vorschlug, erscheint für Außenstehende nur schwer nachvollziehbar. Allerdings waren die beiden in den 1920er Jahren nicht nur gemeinsam im Werder-Vorstand aktiv gewesen[325], es hatte sich darüber hinaus eine Freundschaft entwickelt, die zu einem Briefkontakt führte, selbst als sich Ries bereits in Kroatien aufhielt[326]. Stöver bezeichnete Ries 1949 als „unseren Freund Alfred“[327], auch wurde in der Jubiläumsschrift das Zusammenwirken des Dreigespanns Alfred Ries, Willy Stöver und Albert „Abbi“ Drewes wiederholt genannt, wenn es um Werders Wiederaufbau nach dem Krieg ging[328].

Am 8. Oktober 1949 wählte der Verbandstag des fortan für die Durchführung des Spielbetriebs in der Oberliga Nord und die Betreuung bzw. Überwachung des dortigen Vertragsspielerwesens zuständigen Norddeutschen Fußball-Verbandes (NFV) in Bad

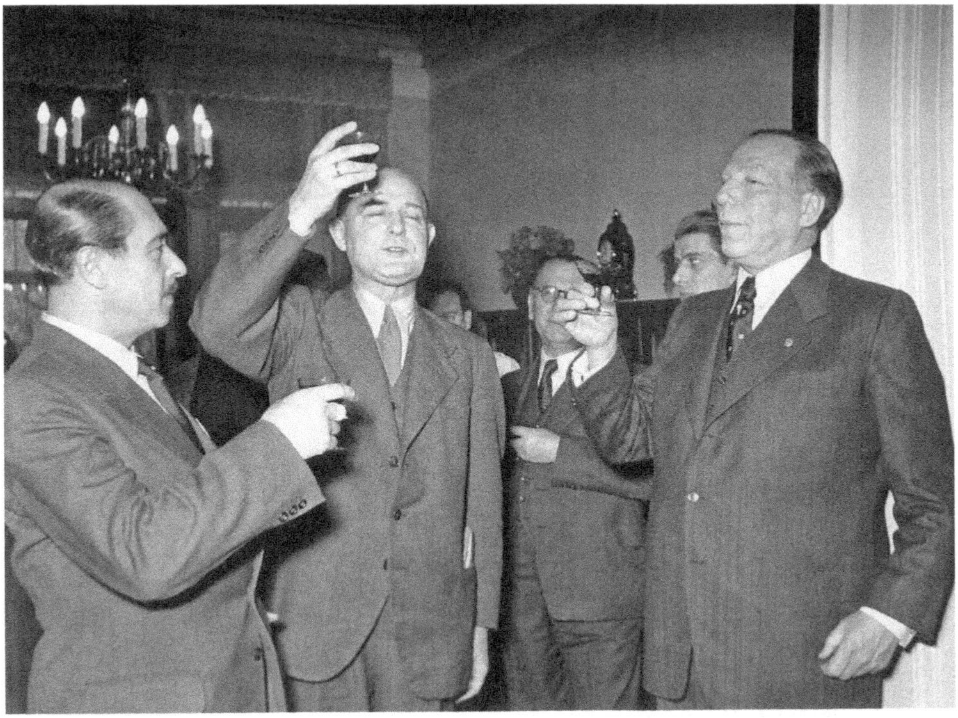

Der Referent für Presse- und Werbefragen bei einem gemeinsamen Toast mit seinem Vorgesetzten, DFB-Präsident Peco Bauwens (rechts) (Quelle: Nachlass Hilde Ries)

Harzburg Alfred Ries zu seinem stellvertretenden Vorsitzenden. Nur zwei Jahre danach legte Ries auf dem Verbandstag in Kiel sein Amt beim NFV zugunsten eines verstärkten Engagements auf höherer Ebene allerdings schon wieder nieder: Der 39. Bundestag des Deutschen Fußball-Bundes (DFB) in Hennef hatte bereits im Oktober 1950 mehrheitlich für ihn als „Referent für Presse- und Werbefragen"[329] im DFB-Bundesvorstand gestimmt. Ries, der dadurch zugleich als neuer DFB-Vizepräsident auf den Düsseldorfer Hans Körfer folgte, professionalisierte von nun an die Öffentlichkeitsarbeit des Verbands, etwa durch die Einführung neuer Publikationen, um den Informationsfluss zu den Vereinen zu verbessern, durch den verstärkten Einsatz für mehr Rundfunk- und TV-Übertragungen der Nationalmannschafts- und Bundesligaspiele und durch einen regelmäßigen, institutionalisierten Austausch mit Sportjournalisten.[330]

Und auch abseits des Fußballs blieb er umtriebig: Als der Rotary Club Bremen am 25. Januar 1950 wiedergegründet wurde, zählte Ries bei der Auftaktversammlung im

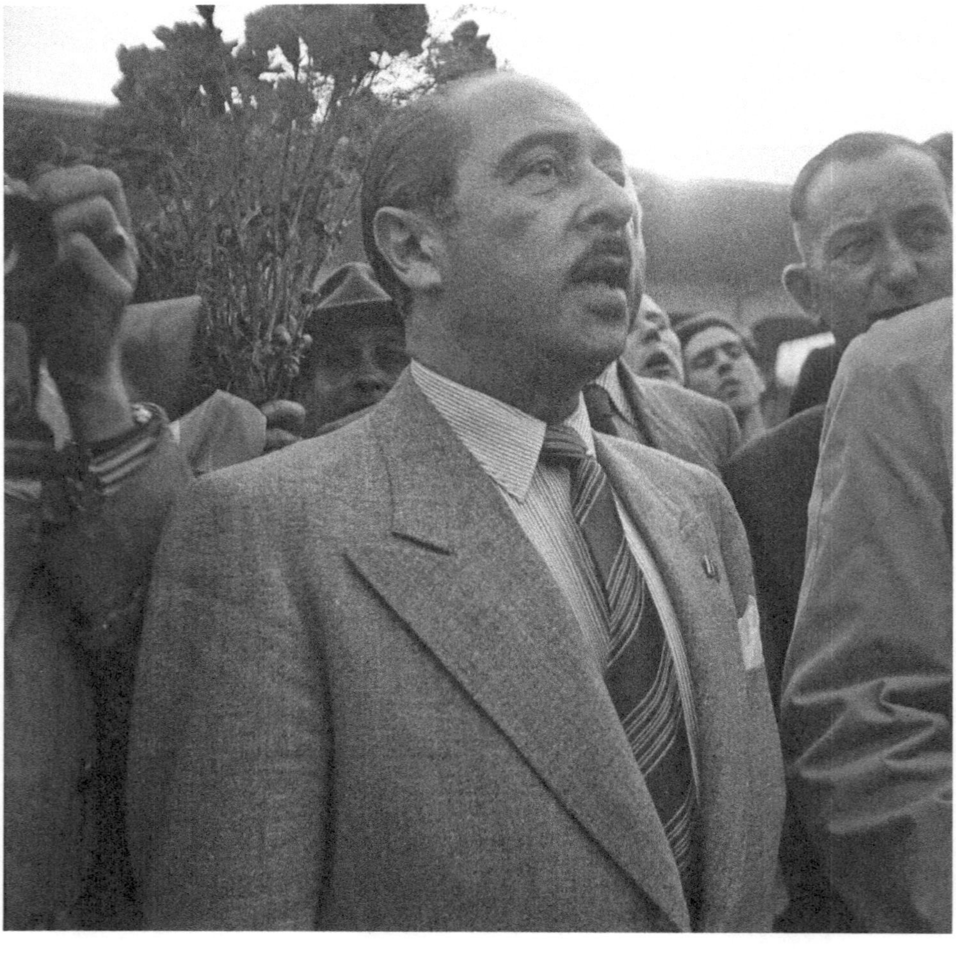

Bremer Ratskeller erneut zu den Gründungsmitgliedern[331], und zwischen 1950 und 1952 informierte er nebenberuflich als Dozent der Bremer Volkshochschule interessierte Teilnehmer zum Thema Außenhandel.[332] Sein ehrenamtliches Hauptengagement galt indes weiter der Funktionärsarbeit: Am 10. Dezember 1950 nahm Ries als Delegierter des DFB an der Gründung des Deutschen Sportbundes (DSB) im Neuen Rathaus in Hannover teil[333], und als sich am 27. November 1951 in Bremen die örtliche Gruppe der Deutschen Olympischen Gesellschaft gründete, wählten die Mitglieder ihn zu ihrem Vorsitzenden.[334] Ziel der Gründung war die Rückkehr der deutschen und insbesondere der Bremer Athleten auf die internationale Sportbühne.

Am 12. Dezember 1952 gehörte der elf Monate zuvor in München zum DSB-Vizepräsidenten gewählte Ries als Besprechungsteilnehmer neben unter anderem Willi Daume zu den Unterzeichnern des „Berliner Abkommens“ zwischen dem DSB und dem Deutschen Sportausschuss der DDR. Mit dieser Vereinbarung wurden die

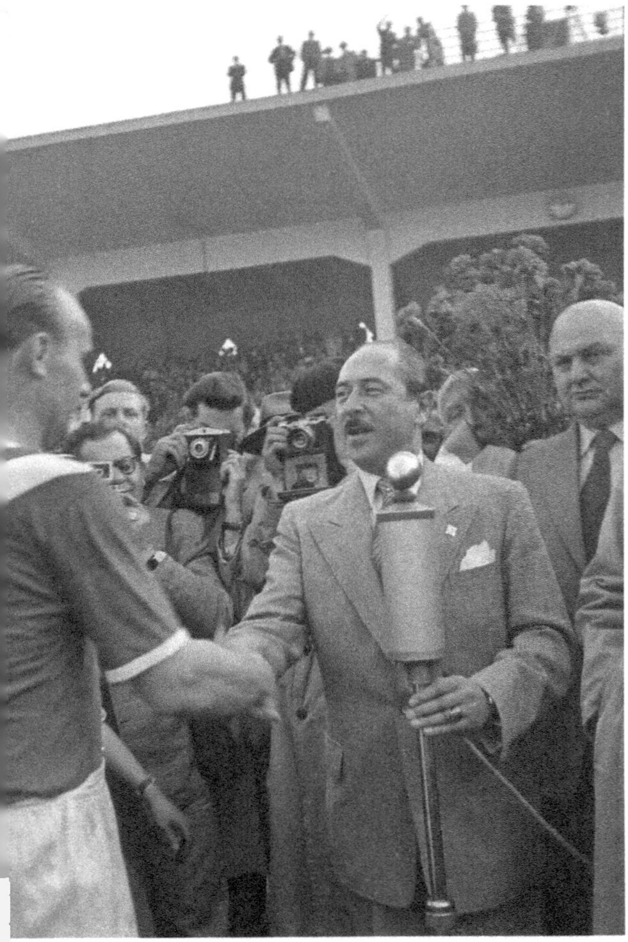

Alfred Ries nach dem DFB-Pokalfinale 1953 zunächst in gespannter Erwartung der Siegerelf und alsdann bei der Übergabe des vormaligen „Tschammer-Pokals“ an RWE-Kapitän August Gottschalk (Quelle jeweils: Vereinsarchiv Rot-Weiss Essen)

„Oberweseler Beschlüsse“ vom 21. September 1952[335] aufgehoben und die Wiederaufnahme des innerdeutschen Sportverkehrs beschlossen.[336] Damit verpflichteten sich die Sportverbände zum Verzicht auf politische Agitation bei Sportveranstaltungen und auf die politische Einflussnahme auf Sportler aus dem jeweils anderen Staat. Außerdem vereinbarten beide Länder eine bessere organisatorische Zusammenarbeit im Sport.

In seiner Funktion als Repräsentant des DFB begleitete Alfred Ries dann am 1. Mai 1953 das erste Finale des nach dem Krieg neu geschaffenen DFB-Pokalwettbewerbs.[337] Er vertrat dabei Verbandspräsident Peco Bauwens, der nach London gereist war, um am Folgetag im Wembley-Stadion das englische Pokalfinale zwischen Blackpool und den Bolton Wanderers zu besuchen.[338] Im DFB-Endspiel im Düsseldorfer Rheinstadion trafen derweil Rot-Weiss Essen und Alemannia Aachen aufeinander. Die beiden Teams hatten sich zuvor in vier K.-o.-Runden aus ursprünglich 32 Mannschaften durchgesetzt, die sich über die regionalen Pokalwettbewerbe für den Vereinspokal qualifiziert hatten – Werder Bremen war übrigens nicht darunter gewesen. Essen, mit Torhüter Fritz Herkenrath und Rechtsaußen Helmut Rahn, dem späteren WM-Torschützen von 1954, gewann an diesem warmen Freitagabend vor 37.000 Zuschauern gegen die Alemannia mit 2:1. Rahn hatte das vorentscheidende 2:0 kurz nach der Pause erzielt, für Aachen reichte der Anschlusstreffer von Josef „Jupp“ Derwall, der von 1978 bis 1984 Trainer der deutschen Fußballnationalmannschaft werden sollte, nicht mehr, um RWE den Pokalsieg noch streitig zu machen.

Die Siegermannschaft aus Essen um Kapitän August Gottschalk wurde nach dem Schlusspfiff von Alfred Ries mit der DFB-Pokaltrophäe geehrt. Dabei handelte es sich allerdings noch nicht um den „Pott“, wie er seit 1964 und bis heute an die jeweilige Siegermannschaft des Pokalendspiels vergeben wird. Vielmehr wurde zwischen 1953 und 1964 noch der sogenannte Tschammer-Pokal überreicht, benannt nach dem einstigen NS-Reichssportführer Hans von Tschammer und Osten. Dieser silberne Kelch war 1935 eingeführt und trotz des Krieges noch bis zum Jahr 1943 ausgespielt worden, was zu Kuriositäten wie zwei Wiener Vereinen als deutsche Pokalsieger führte. Das in die Trophäe eingravierte Hakenkreuz wurde in den Nachkriegsjahren lediglich durch eine Plakette mit dem DFB-Logo überdeckt. Somit überreichte acht Jahre nach Kriegsende ein Jude in Deutschland eine Sporttrophäe, die ausgerechnet jenem Nationalsozialisten gewidmet war, der als Vorsitzender des Deutschen Reichsbundes für Leibesübungen (DRL) und des Nationalsozialistischen Reichsbundes für Leibesübungen (NSRL) das Führerprinzip in den Sportvereinen etabliert und den Ausschluss jüdischer Sportler insbesondere nach den Olympischen Spielen von 1936 maßgeblich vorangetrieben hatte.

Nachdem er 1951 ein Angebot des seinerzeit für Auswärtige Politik zuständigen Kanzleramts bezüglich einer Beförderung auf seiner Bremer Position abgelehnt hatte[339], bewarb sich Ries 1953 aktiv beim Auswärtigen Amt in Bonn für eine diplomatische Laufbahn und insbesondere auf eine Stelle an der deutschen Botschaft in Zagreb.[340] Im Mai 1953 kündigte er dann tatsächlich seinen Wechsel in den Auswärtigen Dienst an und bat den Bremer Senator für Wirtschaftsfragen und Außenhandel, FDP-Politiker Gustav Wilhelm Harmssen, um seine Beurlaubung.[341] Harmssen schrieb im Zeugnis über Ries' Tätigkeit beim staatlichen Außenhandelskontor, dieser sei „von allen Kreisen der bremischen Verwaltung und der bremischen Wirtschaft außerordentlich geschätzt" worden und „mehr als [ein] lauterer Charakter".[342] Ungeachtet solcher ihm vor Ort entgegengebrachter Wertschätzung gaben für Ries die höhere Bezahlung und die besseren Aufstiegsmöglichkeiten den Ausschlag für seine Entscheidung zum Wechsel ins Auswärtige Amt.

Durch seine neue berufliche Tätigkeit war Ries fortan nur noch selten in Deutschland und legte daher seine Ehrenämter im Sport nieder. Werder hatte derweil bereits die Generalversammlung vom 28. April 1952 zum Anlass genommen, Ries zum Ehrenvorsitzenden des Vereins zu machen[343], und noch vor seinem Abschied aus der Hansestadt wurde er wieder Mitglied im „Club zu Bremen", wo 1955 auch Alfred Faust eintrat.[344] Ab September 1953 übernahm Ries dann die Leitung der Wirtschaftsabteilung der deutschen Botschaft in Belgrad unter Botschafter Dr. Hans Kroll.[345] Dafür wurde er zunächst bis 1955 aus Bremen abgeordnet.[346]

Für die dauerhafte Übernahme in den Auswärtigen Dienst war allerdings das Ablegen einer Prüfung nötig, vor der Alfred Ries eine „gewisse Scheu"[347] hatte und bei der auch das Auswärtige Amt, welches Ries für die Übernahme selbst vorgeschlagen hatte, die Gefahr sah, dass er diese gegebenenfalls nicht bestehen würde, da Ries kein Hochschulstudium vorweisen konnte und die Prüfungsinhalte „sich auch auf gründliche Kenntnisse des bürgerlichen sowie des Staatsrechts und den Bereich der Volkswirtschaft erstreckten"[348]. Die Behörde machte sich gegenüber dem Bundespersonalausschuss folglich dafür stark, dass Ries – in Bremen bereits seit 1951 Landesbeamter – trotz fehlender akademischer Voraussetzungen direkt zum Gesandtschaftsrat unter dem neuen Botschafter und früheren FDP-Bundestagsabgeordneten Karl Georg Pfleiderer aufsteigen konnte, und begründete dies mit seiner Berufserfahrung als Leiter des Außenhandelskontors in Bremen und seiner bisherigen Tätigkeit an der deutschen Botschaft in Belgrad.[349]

Zur Förderung von Ries gab es zu dieser Frage einen Austausch zwischen dem Staatsrat Dr. Heinrich Barth, Bevollmächtigter Bremens beim Bund, dem Bremer Außenhandelssenator Ludwig Helmken (FDP) sowie dem Staatsrat in der Senatskanzlei, Dr. Karlheinz Arendt, ob man Ries nicht im Zuge „eine[r] Wiedergutmachung"[350] – wie ein Jahr zuvor auch im Rahmen des Wiedergutmachungsverfahrens von Ries thematisiert – von der Prüfung gemäß Bundesbeamtengesetz befreien könnte. Allerdings wurde diese Idee wieder verworfen: Helmken und Barth kamen bei einem Gespräch überein, dass man sich im Fall Ries nicht für eine Ausnahme von der Prüfung einsetzen werde, da man dies für „untunlich"[351] halte.

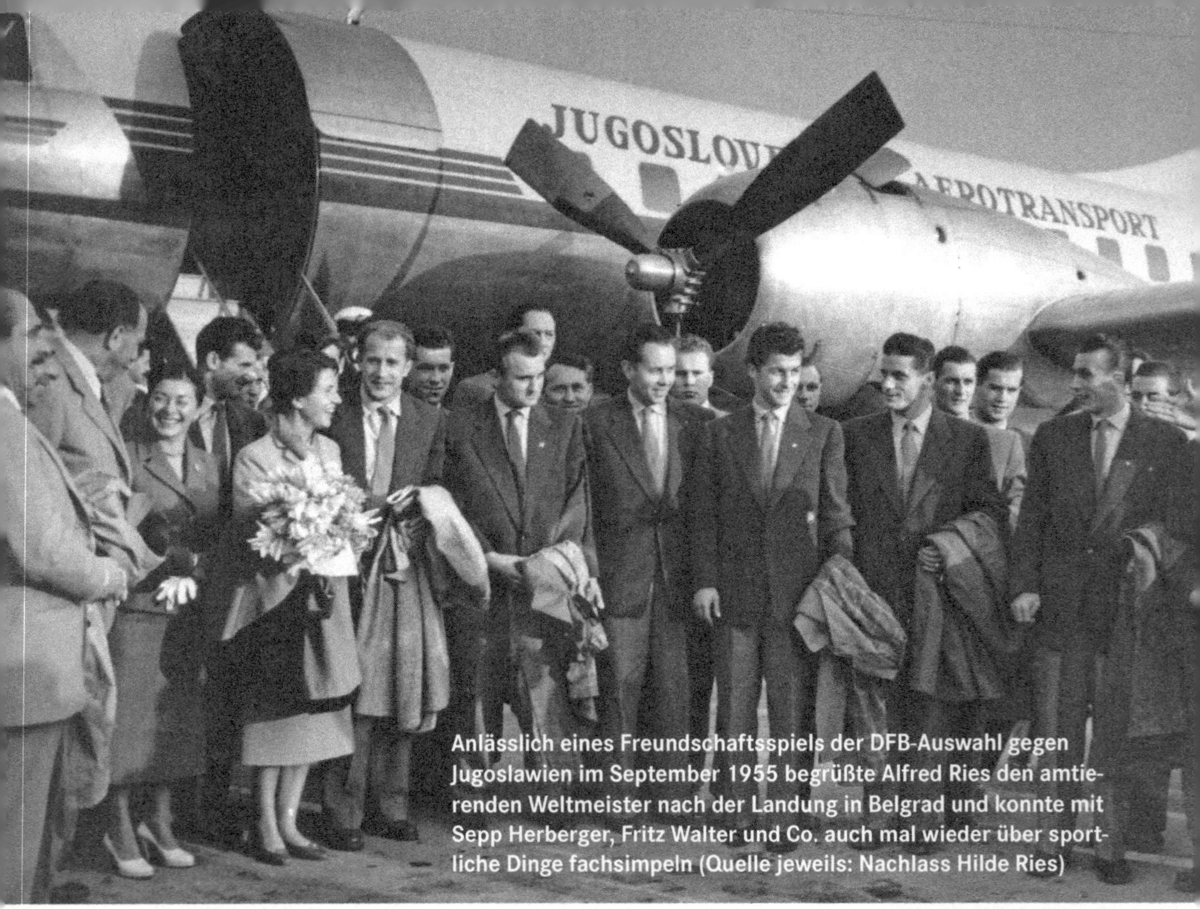

Anlässlich eines Freundschaftsspiels der DFB-Auswahl gegen Jugoslawien im September 1955 begrüßte Alfred Ries den amtierenden Weltmeister nach der Landung in Belgrad und konnte mit Sepp Herberger, Fritz Walter und Co. auch mal wieder über sportliche Dinge fachsimpeln (Quelle jeweils: Nachlass Hilde Ries)

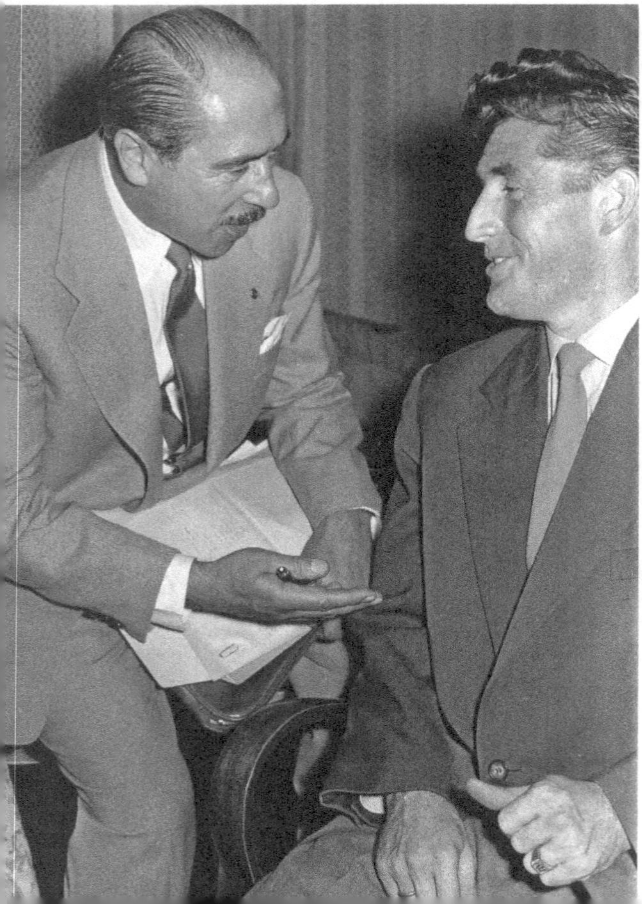

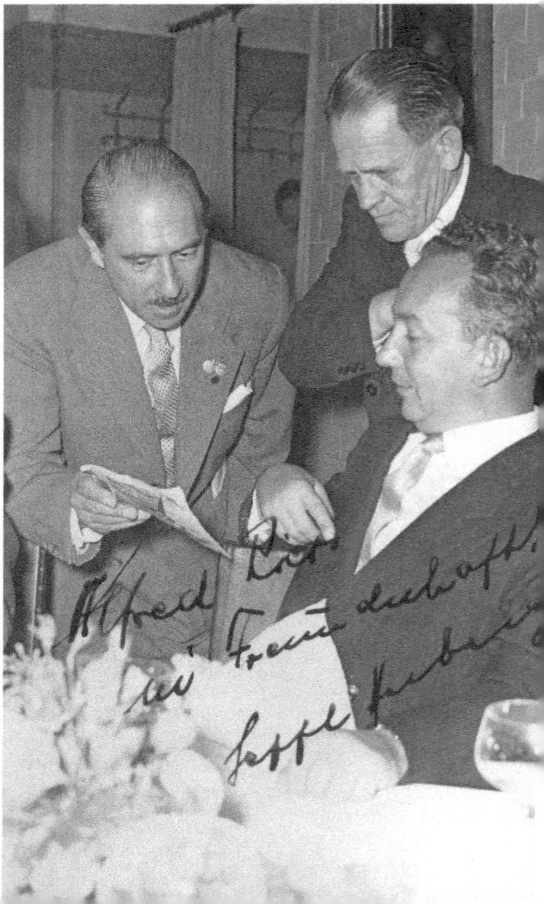

So musste sich Ries also am 13. September 1955 im Alter von 57 Jahren einer Prüfung durch den Unterausschuss des Bundespersonalausschusses unterziehen – der anstandslos seine Eignung für das Bundesbeamtenverhältnis feststellte.[352] Am 13. Dezember 1955 berichtete Ries dann in einem Brief aus Belgrad an Bremens Senatspräsident Wilhelm Kaisen, dass er am 3. November des Jahres von Bundespräsident Heuss in das Bundesbeamtenverhältnis berufen worden und nun als Gesandtschaftsrat Erster Klasse tätig sei.[353] In dieser Funktion reiste er unter anderem bereits 1955 zu einer Vortragsreise nach Deutschland, um den jugoslawischen Markt vor den Unternehmern verschiedener Industrie- und Handelskammern deutschlandweit zu präsentieren.[354]

Mit Beginn des Jahres 1958 wurde Ries, der kurz zuvor für sein Engagement für den Sport bereits mit dem Bundesverdienstkreuz Erster Klasse ausgezeichnet worden war[355], als Handelsattaché und Konsul Erster Klasse die Leitung des Wirtschaftsdienstes am deutschen Generalkonsulat im indischen Kalkutta übertragen.[356] Seine diplomatische Laufbahn krönte schließlich ab 1959 die Position des deutschen Botschafters in Liberia, in der er Dr. Richard Bottler folgte und zugleich die Bundesrepublik Deutschland in Guinea vertrat.[357] Der deutsche Botschafter in Neu-Delhi, der gebürtige Bremer Dr. Wilhelm Melchers, hatte Ries wegen „hoher beruflicher und gesellschaftlicher Qualifikation" für diesen Posten empfohlen.[358]

Als Botschafter in Liberia traf Ries, das zeigen Fotos aus dem Archivbestand seiner Witwe Mathilde „Hilde" Ries, unter anderem 1961 Jugoslawiens kommunistischen Diktator Josip Broz Tito und Queen Elizabeth II. sowie ein Jahr später den deutschen Bundespräsidenten Heinrich Lübke bei deren Staatsbesuchen in Westafrika.[359] Auch zur deutschen Politik hielt er weiter Kontakt: So gratulierte er nach der Bundestagswahl 1961 dem liberalen Bundestagsvizepräsidenten Thomas Dehler zum Wahlausgang. Der persönliche Ton – etwa die Ausrichtung „herzlicher Grüße" von Ries und seiner Frau an Dehler und dessen „Gattin" sowie das Gedenken an „unseren gemeinsamen Freund Dr. Pfleiderer" – und die Antwort Dehlers in ähnlicher Tonalität legen nahe, dass Ries politisch bekannt war.[360]

Die Zeit als Botschafter endete für Alfred Ries durch das Erreichen der Altersgrenze im Dezember 1962 mit der Verleihung des Großen Bundesverdienstkreuzes für seine diplomatische Arbeit[361] sowie im Januar 1963 mit einer Audienz bei Liberias Präsident William Tubman. Den Rückzug ins Privatleben bedeutete das jedoch keineswegs: Mit dem Eintritt in den beruflichen Ruhestand widmete er sich nun – nach einem ausgiebigen Urlaub auf den Kanarischen Inseln – wieder stärker seinem ehrenamtlichen Engagement. So übernahm Ries am 30. März 1963, wenige Wochen nach seiner Rückkehr nach Deutschland, erneut das Präsidentenamt des SV Werder Bremen und erlebte in dieser Funktion den Auftakt der neuen eingleisigen Bundesliga, die die Oberligen als höchste Spielklasse ablöste.

Die Premierensaison begann dann am 24. August 1963 gleich mit einer Kuriosität, bei der Werder beteiligt war: Das erste Bundesligator fiel aufgrund des vorgezogenen

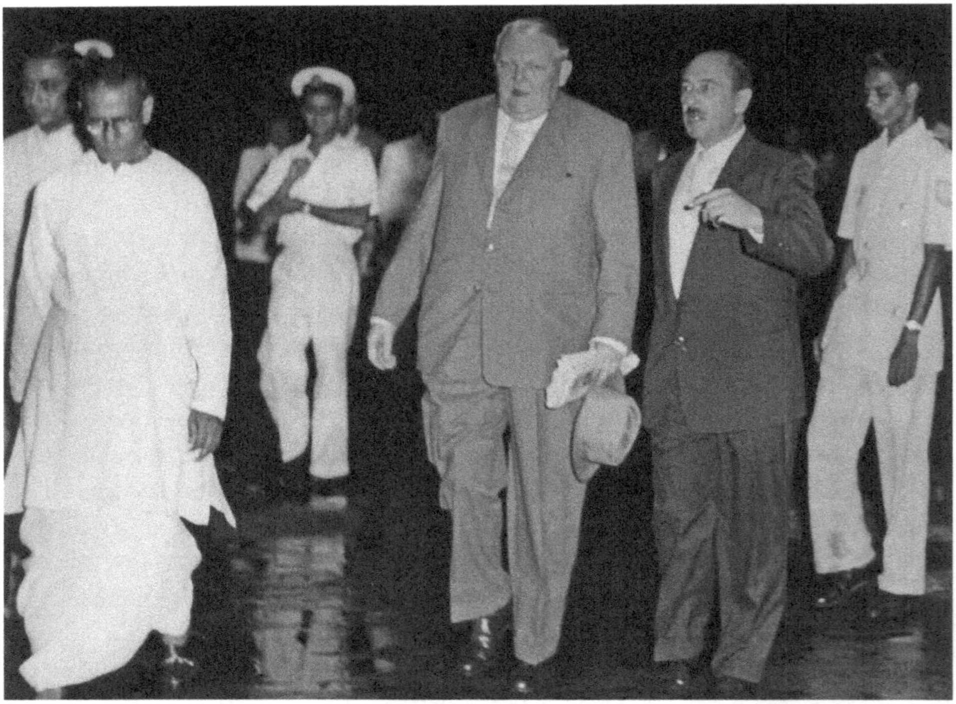

Nur zwei von zahllosen hochrangigen Begegnungen für Alfred Ries im Rahmen seiner diplomatischen Tätigkeit: oben 1958 in Neu-Delhi mit Bundeswirtschaftsminister Ludwig Erhard, unten 1961 in Monrovia beim Handkuss für Queen Elizabeth II., während Liberias Präsident William Tubman interessiert zuschaut (Quelle jeweils: Nachlass Hilde Ries)

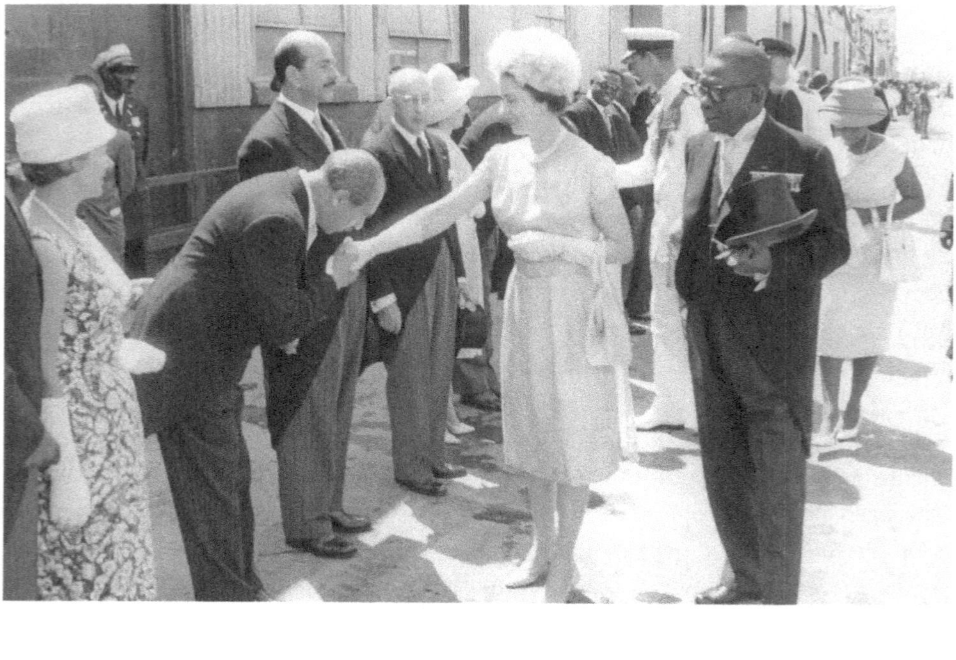

Anstoßes um kurz vor 17:00 Uhr unbeobachtet von Fernseh- und Fotokameras – im Weserstadion. Friedhelm „Timo" Konietzka erzielte es für Borussia Dortmund nach nicht einmal einer Minute auf Vorarbeit von Lothar Emmerich. Die Partie gewann Werder letztlich jedoch noch mit 3:2.

Am Ende dieser ersten Bundesliga-Saison wurde der 1. FC Köln mit seinem Mittelfeldlenker Wolfgang Overath souverän Meister und Hamburgs Uwe Seeler mit 30 Toren Torschützenkönig. Werder beendete die Spielzeit unter Trainer Willi „Fischken" Multhaup auf dem zehnten Tabellenplatz. Die 15 Partien im Weserstadion – seinerzeit gab es nur 16 Bundesligisten und dementsprechend lediglich 30 Spieltage – besuchten im Schnitt nicht einmal 20.000 Zuschauer, was zumindest in dieser Rangliste einen Abstiegsplatz bedeutet hätte. Nur die Spiele des realen ersten Absteigers 1. FC Saarbrücken sahen weniger Zuschauer.

Bewegtes Jahr 1965: Meisterschaft und Bundestagswahl

Auch in die zweite Bundesliga-Spielzeit startete Werder – trotz Neuzugängen wie Horst-Dieter Höttges, Heinz Steinmann und Klaus „Zick-Zack" Matischak – als Außenseiter. Nach einer Auftaktniederlage gegen den 1. FC Kaiserslautern kamen die Grün-Weißen aber immer besser in Fahrt und übernahmen am 17. Spieltag erstmals die Tabellenführung. Die sportliche Leistung wirkte wie ein Magnet: Der Besucherschnitt stieg in der Rückrunde auf knapp 27.000 pro Heimspiel. In der Zuschauertabelle der Gesamtsaison reichte es damit trotzdem nur für Platz 14.

Als Werders Prunkstück entpuppte sich die Defensive: Offensiv schossen drei Mannschaften mehr Tore, aber mit nur 29 Gegentreffern in 30 Spielen stand in der Abwehr kein Team besser als der SVW. Als am vorletzten Spieltag Borussia Dortmund vor 40.000 Zuschauern im Weserstadion mit 3:0 besiegt wurde, war den Bremern an diesem 8. Mai 1965 durch das parallele Unentschieden des Meisterschaftskonkurrenten 1. FC Köln gegen den 1. FC Nürnberg der erste Meistertitel – die zweite nationale Trophäe nach dem Pokalsieg 1961 (2:0 gegen den 1. Kaiserslautern in der Gelsenkirchener Glückauf-Kampfbahn) – nicht mehr zu nehmen.

Gefeiert wurde nach der Partie zwar auch schon, offiziell allerdings noch nicht. Alfred Ries kommentierte die Situation nach dem Schlusspfiff in der Stadion-Gaststätte so: „Wir haben ein schweres Spiel in Nürnberg auszutragen, und wenn wir das hinter uns gebracht haben, erst dann sind wir berechtigt, vom DFB-Vorstand die Würde der Deutschen Meisterschaft entgegenzunehmen."[362] Der Vereinsvorsitzende ließ es sich aber nicht nehmen, der Mannschaft, dem Trainer, dem Vorstand, Geschäftsführer Hans Wolff und dem Ärzteteam für ihre Leistungen zu danken.

Der schlussendliche 3:2-Sieg am letzten Spieltag in Nürnberg war nicht mehr titelrelevant, zumal der 1. FC Köln parallel wieder nur remis spielte – 2:2 bei Borussia Dortmund. Am Folgetag wurde noch ein bereits lange Zeit vorher vereinbartes Freundschaftsspiel im bayerischen Lichtenfels ausgetragen, ehe das Team sich mit dem Zug gen Bremen aufmachte und dort am Montagabend, dem 17. Mai 1965, auf Gleis 5 des Hauptbahnhofs eintraf, wo Angehörige, Freunde und Fans die Mannschaft empfingen, derweil auf dem Vorplatz Zentausende Menschen warteten.

Die Spieler um Präsident Alfred Ries und Trainer Willi Multhaup wurden anschließend mit Pferdekutschen durch die Stadt bis zum Rathaus gebracht, um mit den

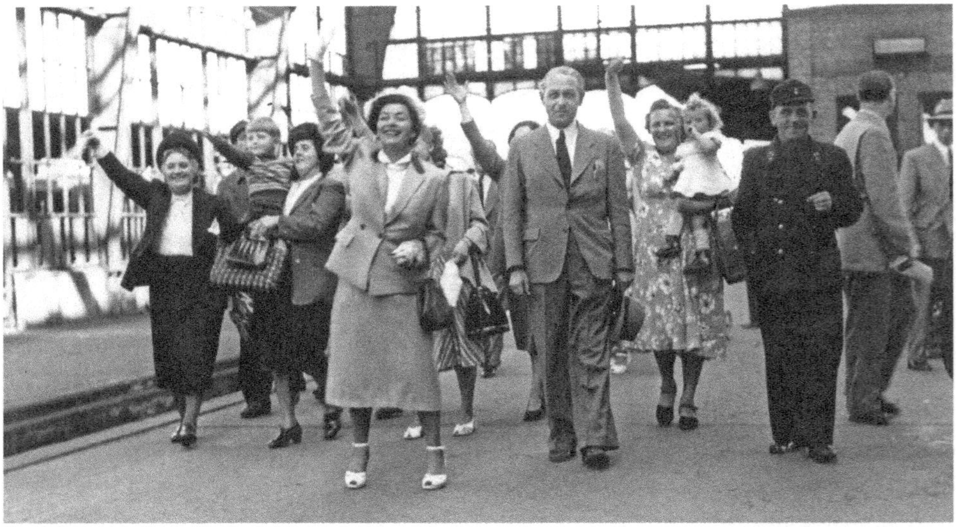

Das Empfangskomitee in freudiger Erwartung der alsdann euphorisch umjubelten Ankunft des Werder-Meisterzugs auf dem Bremer Hauptbahnhof (Quelle jeweils: Nachlass Hilde Ries)

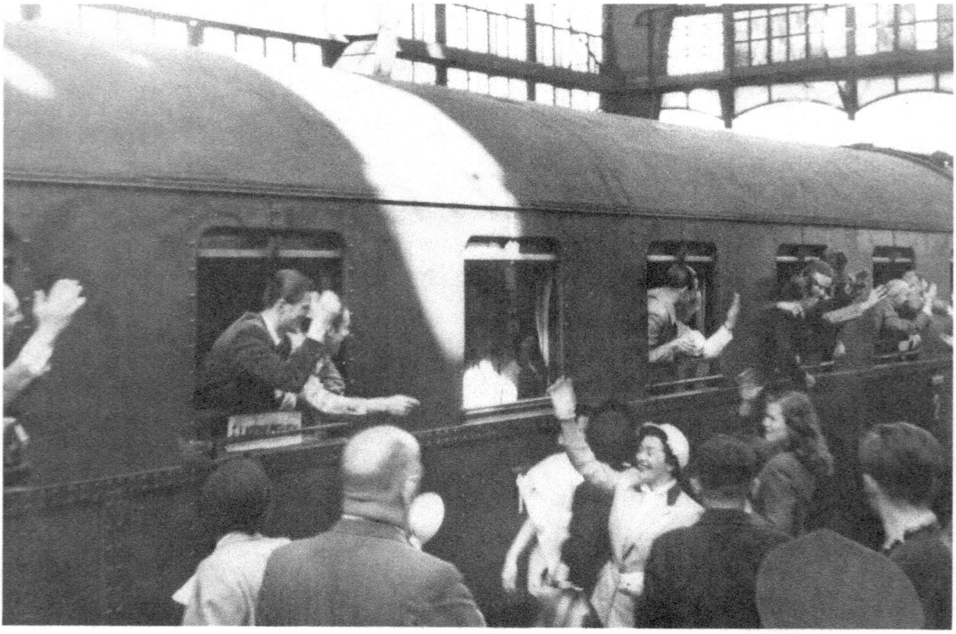

Anhängern den Meistertitel der Saison 1964/65 zu bejubeln.[363] Dort gingen die Feierlichkeiten bei einem offiziellen Empfang weiter, auf dem Alfred Ries zusagte: „Wir versprechen, dass wir auch in den kommenden Spielen um den Europacup die Bundesrepublik und Bremen würdig vertreten werden."[364] Die Mannschaft, der Trainer und der Vereinsvorsitzende erhielten an diesem Abend von Annemarie Mevissen (SPD), der Bremer Senatorin für Jugendpflege, Wohlfahrt und Sport und späteren Bürgermeisterin, Bremen-Goldmünzen überreicht.[365]

Am nächsten Tag folgte in der Bremer Stadthalle vor 7.000 Gästen die offizielle Meisterschalen-Übergabe, bei der Werder-Präsident Ries die Anwesenden begrüßte und Senatorin Mevissen bereits zur neuen Saison eine kurzfristige Erweiterung des Weserstadions auf eine Kapazität von 50.000 Plätzen in Aussicht stellte, die durch Errichtung eines Oberrangs für die Kurventribünen möglich werden sollte.[366] Durch spätere Umbauten und Modernisierungen nahm das Fassungsvermögen des Weserstadions dann allerdings wieder ab.

Der Meistertitel verhalf Werder einige Monate später dann auch zum Debüt auf der höchsten Ebene des europäischen Vereinsfußballs: In der Vorrunde des Landesmeisterpokals trat man gegen den zypriotischen Meister Apoel Nikosia an. Nach einem

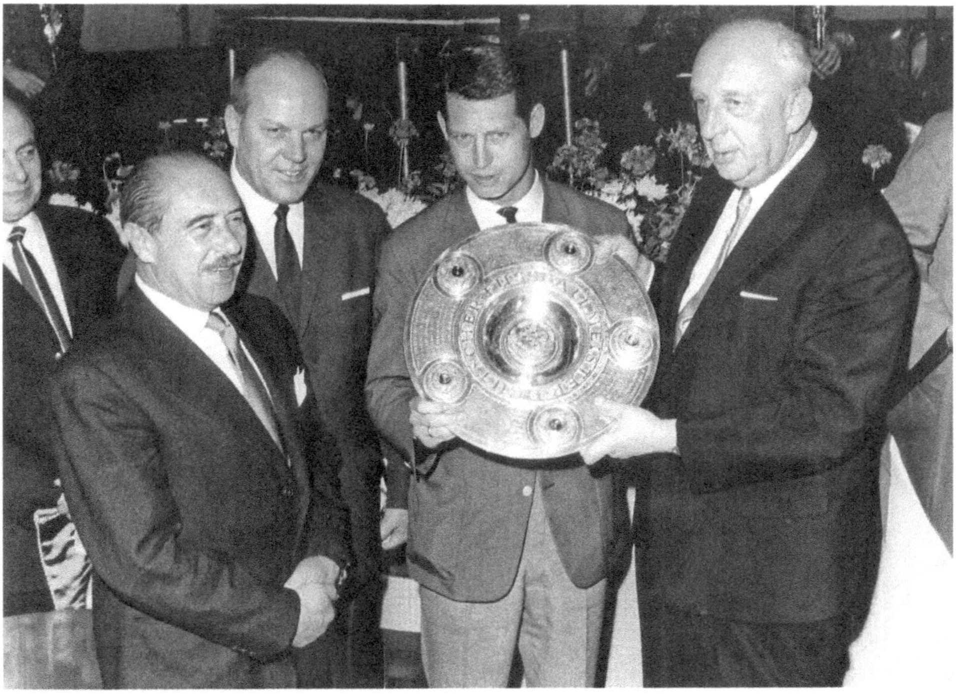

DFB-Präsident Hermann Gösmann überreicht im Beisein von DFB-Generalsekretär Hans Paßlack die Meisterschale an Mannschaftskapitän „Pico" Schütz, während Alfred Ries den historischen Moment sichtlich beglückt genießt (Quelle: Nachlass Hilde Ries)

5:0-Auswärtssieg im Hinspiel, das aus finanziellen Gründen im Hamburger Volksparkstadion ausgetragen wurde, entschied Werder auch das Rückspiel in Bremen mit 5:0 für sich. In der anschließenden 1. Runde (man könnte sie angesichts des seinerzeit überschaubaren Teilnehmerfelds auch bereits als Achtelfinale bezeichnen) schied Werder nach einer 0:3-Niederlage bei Partizan Belgrad – also in jener Stadt, in der Alfred Ries einst inhaftiert gewesen war und einige Jahre später als Diplomat gearbeitet hatte – und einem nicht mehr zum Weiterkommen reichenden 1:0-Sieg im Rückspiel aus. Der jugoslawische Meister erreichte später das Endspiel, unterlag im Heysel-Stadion von Brüssel jedoch Real Madrid mit 1:2.

Auf der politischen Bühne hieß es derweil: „Für Bremen in den Bundestag" – unter diesem Plakatslogan kandidierte FDP-Mitglied Alfred Ries zur Bundestagswahl am 19. September 1965 im Wahlkreis Bremen-Ost als Direktkandidat seiner Partei. Insbesondere im Umfeld der Werder-Meisterschaft war er als Vereinspräsident regelmäßig in den Bremer Medien abgebildet oder zitiert worden.[367] Eine gewisse Popularität für den „Botschafter a. D.", wie er in den Zeitungen gern bezeichnet wurde[368], war somit vorhanden, als ihn die Bremer FDP Ende Mai 1965 mit 44 von 46 Stimmen zum Wahlkreiskandidaten im Bremer Osten und Spitzenkandidaten des Landes für die Bundestagswahl kürte. Der Jurist Karl Löbe, für die Bremer Liberalen von 1961 bis 1965 im Bundestag, war zu der parteiinternen Abstimmung nicht angetreten.

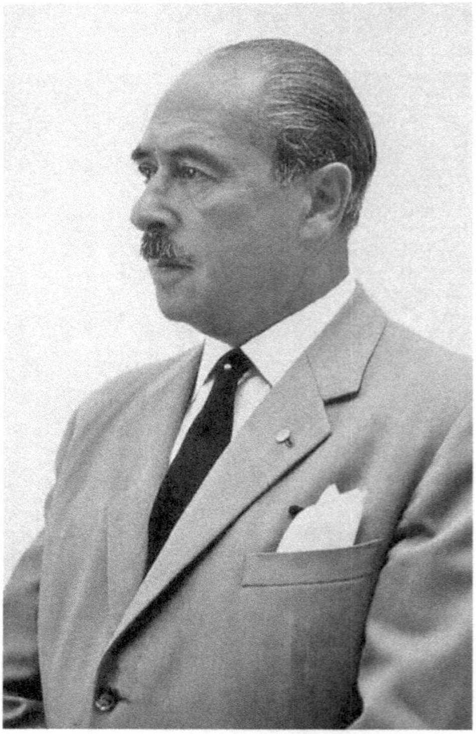

Auch wenn es am Ende nicht zum Einzug in den Bundestag reichte: An mangelnder Seriosität des FDP-Kandidaten Ries lag das sicher nicht (Quelle: Jüdische Gemeinde Bremen)

In seiner Parteitagsrede warb Ries mit seinen außenpolitischen Erfahrungen für sich und nannte die Interessen Bremens als Motivation für seine Kandidatur.[369] Um Außen- und Entwicklungshilfepolitik ging es dann auch bei der zentralen Wahlkampfveranstaltung der Bremer Freidemokraten, bei der Walter Scheel, Bundesminister für wirtschaftliche Zusammenarbeit und Entwicklungshilfe, zu den Besuchern sprach.[370] Dazu passend warb Ries auf einer Diskussion im September 1965 für mehr wirtschaftliche, kulturelle und darauf aufbauend diplomatische Kontakte

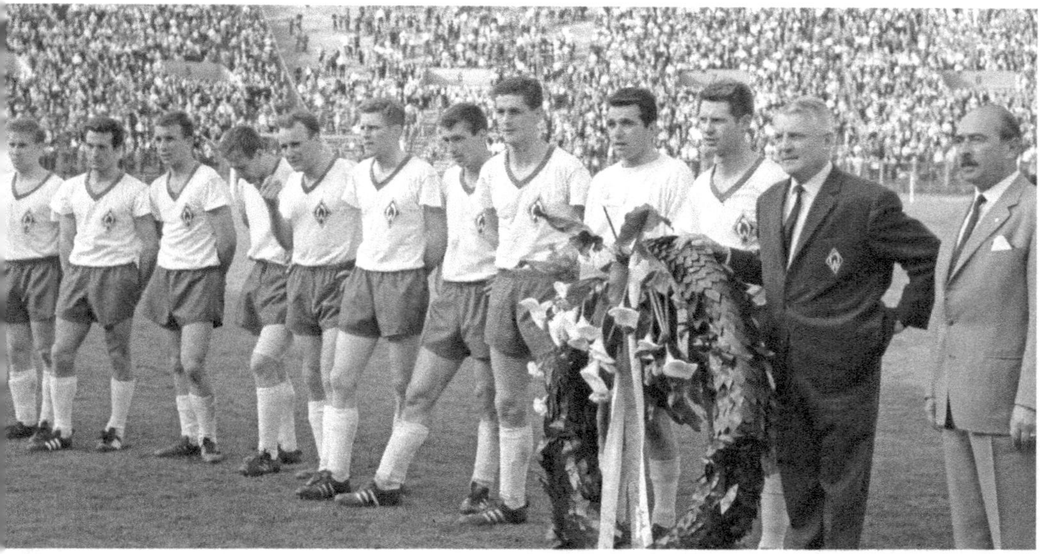

Werders Meisterelf am letzten Spieltag 1964/65 vor der Partie beim 1. FC Nürnberg – samt Trainer Willi „Fischken" Multhaup und Präsident Alfred Ries (Quelle: dpa Picture-Alliance)

mit den Ländern Osteuropas und insbesondere mit der Sowjetunion. Der Bundesregierung (pikanterweise seinerzeit von einer CDU/CSU-FDP-Koalition gebildet) warf er in diesem Zusammenhang „schwere Versäumnisse in der Wiedervereinigungspolitik"[371] vor. Der ehemalige Diplomat brachte dabei immer wieder Beispiele aus seiner Tätigkeit für das Auswärtige Amt, etwa als enger Mitarbeiter Karl Georg Pfleiderers in der deutschen Botschaft in Belgrad, in seine Argumentation ein.

Bei der Vorstellung seiner Wahlpositionen in den *Bremer Nachrichten* nannte Ries neben der Finanz- und Mittelstandspolitik auch die Deutschlandpolitik mit dem „gesamtdeutsche[n] Sportverkehr"[372] als Schwerpunkt. Im Mittelpunkt stand aber auch hier die Außen(handels-)politik als wichtige Säule der Volkswirtschaft. Dabei sprach sich Ries für eine Stärkung der Häfen und mehr „Ausfuhrgarantien und Bundesbürgschaften" aus. Ein funktionierender Außenhandel sei für ihn „erstes Gebot". Er kandidiere aus „Pflichtgefühl" und mit „vieljähriger Auslandserfahrung", da der Bundestag „Fachleute der Wirtschaft und des Außenhandels" benötige.[373]

Bei der Wahl am 19. September erreichte Ries dann in seinem Wahlkreis 13,3 Prozent der Erst- und 14,7 Prozent der Zweitstimmen – ein vergleichsweise gutes FDP-Ergebnis in der Geschichte des Wahlkreises Bremen-Ost. Selbst der erste Platz der Bremer FDP-Landesliste reichte für ein Mandat im Deutschen Bundestag jedoch nicht, obwohl die Liberalen im gesamten Bundesland 11,7 Prozent der Zweitstimmen erhielten. Bei den 20 Bundestagswahlen von 1949 bis einschließlich 2021 erreichte die Bremer FDP nur fünfmal ein besseres Resultat.

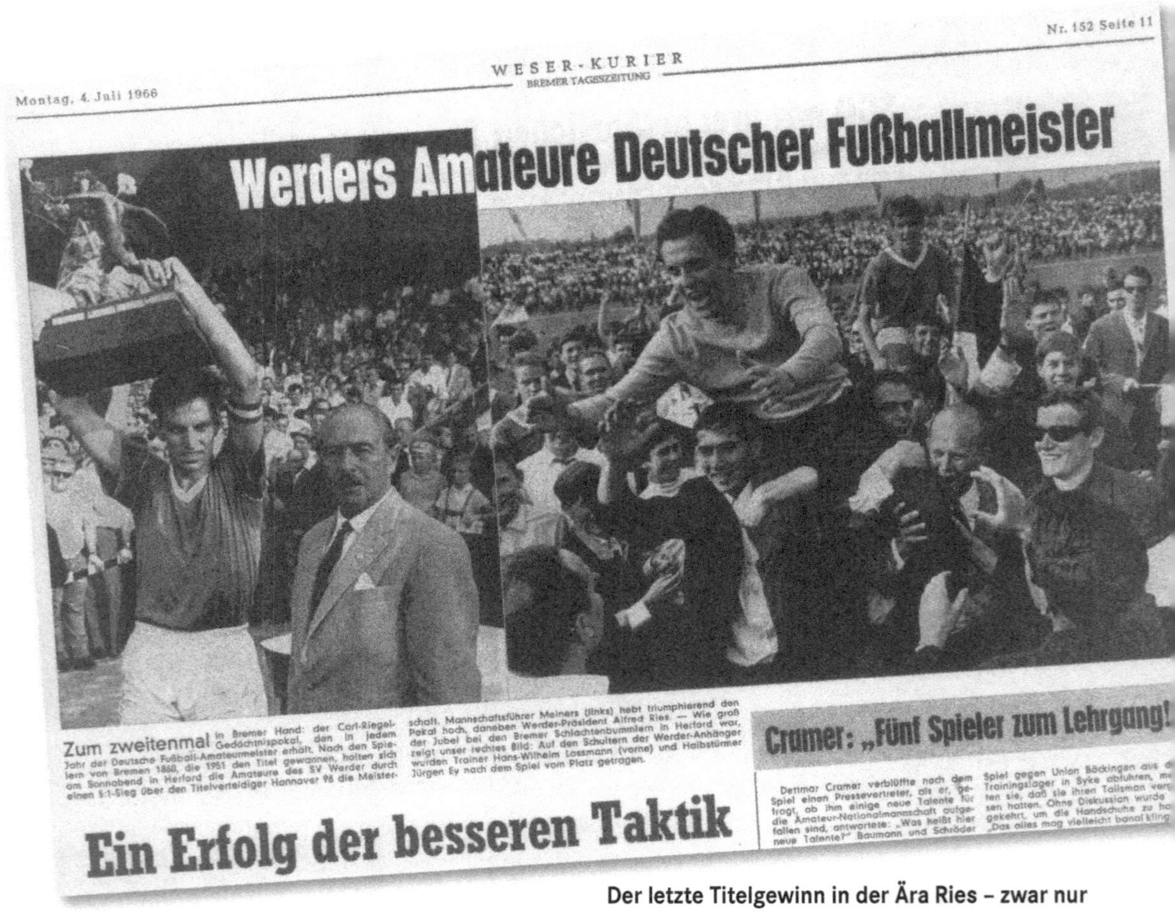

Montag, 4. Juli 1966 — WESER-KURIER BREMER TAGESZEITUNG — Nr. 152 Seite 11

Werders Amateure Deutscher Fußballmeister

Zum zweitenmal in Bremer Hand: der Carl-Riegel-Gedächtnispokal, den in jedem Jahr der Deutsche Fußball-Amateurmeister erhält. Nach den Spielern von Bremen 1860, die 1951 den Titel gewannen, holten sich am Sonnabend in Herford die Amateure des SV Werder durch einen 5:1-Sieg über den Titelverteidiger Hannover 96 die Meisterschaft. Mannschaftsführer Meiners (links) hebt triumphierend den Pokal hoch, daneben Werder-Präsident Alfred Ries. — Wie groß der Jubel bei den Bremer Schlachtenbummlern in Herford war, zeigt unser rechtes Bild: Auf den Schultern der Werder-Anhänger wurden Trainer Hans-Wilhelm Lossmann (vorne) und Halbstürmer Jürgen Ey nach dem Spiel vom Platz getragen.

Ein Erfolg der besseren Taktik

Cramer: „Fünf Spieler zum Lehrgang!

Dettmar Cramer verblüffte nach dem Spiel einen Pressevertreter, als er, gefragt, ob ihm einige neue Talente für die Amateur-Nationalmannschaft aufgefallen sind, antwortete: „Was heißt hier neue Talente?" Baumann und Schröder

Spiel gegen Union Böckingen aus d
Trainingslager in Syke abfuhren, m
ten sie, daß sie ihren Talisman verg
sen hatten. Ohne Diskussion wurde
gekehrt, um die Handschuhe zu ho
„Das alles mag vielleicht banal kling

Der letzte Titelgewinn in der Ära Ries – zwar nur die Amateurmeisterschaft, aber immerhin! (Quelle: Weser-Kurier)

Nach dem verpassten Sprung in den Bundestag kam für Ries in der Saison 1965/66 immerhin als Werder-Präsident noch ein sportlicher Titel dazu: Die Amateurmannschaft der Grün-Weißen errang am 2. Juli 1966 durch einen 5:1-Sieg im Finale vor 10.000 Zuschauern im Ludwig-Jahn-Stadion in Herford gegen ihr Pendant von Hannover 96 den Titel des Deutschen Amateurmeisters. In Abgrenzung zu den „Vertragsspielern" war dieser Wettbewerb 1950 eingeführt worden und richtete sich an die landesbesten Teams der Bundesländer unterhalb der obersten, (halb-)professionellen Ebene.[374] Mit der seinerzeit vorgenommenen Aufteilung in Amateure und Leistungssport – als Zwischenschritt zum Vollprofitum und zur Einführung der Bundesliga – war nach Jahrzehnten illegaler Zahlungen das bezahlte Fußballspielen in Deutschland endlich grundsätzlich und offiziell erlaubt worden. Die 1966 überreichte Carl-Riegel-Trophäe kann heute im Deutschen Fußball-Museum in Dortmund besichtigt werden. Den Titel des Deutschen Amateurmeisters konnte Werder nach der Ära von Präsident Ries derweil noch zwei weitere Mal erringen, 1985 und 1991.

Internationaler Sportaustausch: Ries' Beitrag zur Olympia-Bewerbung Münchens

In seinen letzten Lebensjahren unterstützte Alfred Ries mit großem Einsatz die deutsche Bewerbung um die Ausrichtung der olympischen Sommerspiele 1972.[375] Durch seine Zeit als Botschafter in Liberia war er auf dem afrikanischen Kontinent gut vernetzt und leitete nun unter anderem im Sommer 1965 gemeinsam mit dem Generalsekretär des deutschen Nationalen Olympischen Komitees, Walther Tröger, die deutsche Ehrendelegation zu den Panafrikanischen Spielen in der kongolesischen Hauptstadt Brazzaville, die von Staatspräsident Alphonse Massemba-Débat empfangen wurde.[376] Deutschland sagte bei dieser Gelegenheit mehreren afrikanischen Ländern Unterstützung des Sports durch die Entsendung von Trainern oder Hilfe beim Bau von Sportstätten zu. Am 26. April 1966 war Ries dann auch als Teil der deutschen Delegation in Rom dabei, als das Internationale Olympische Komitee die Vergabe der Sommerspiele 1972 nach München beschloss. Sein Einsatz beim Werben um afrikanische Stimmen für die Münchner Bewerbung war auch vom Ministerium für Staatssicherheit der DDR registriert worden.[377]

Die Ausrichtung der Spiele von 1972 erlebte Alfred Ries nicht mehr. Er starb nach schwerer Krankheit am 25. August 1967 und wurde auf dem jüdischen Friedhof in Bremen-Hastedt, ganz in der Nähe des Weserstadions, beigesetzt. Seine Frau Hilde

Parteifreunde unter sich – Alfred Ries und Theodor Heuss, von 1949 bis 1959 erster Bundespräsident der Bundesrepublik Deutschland (Quelle: Nachlass Hilde Ries)

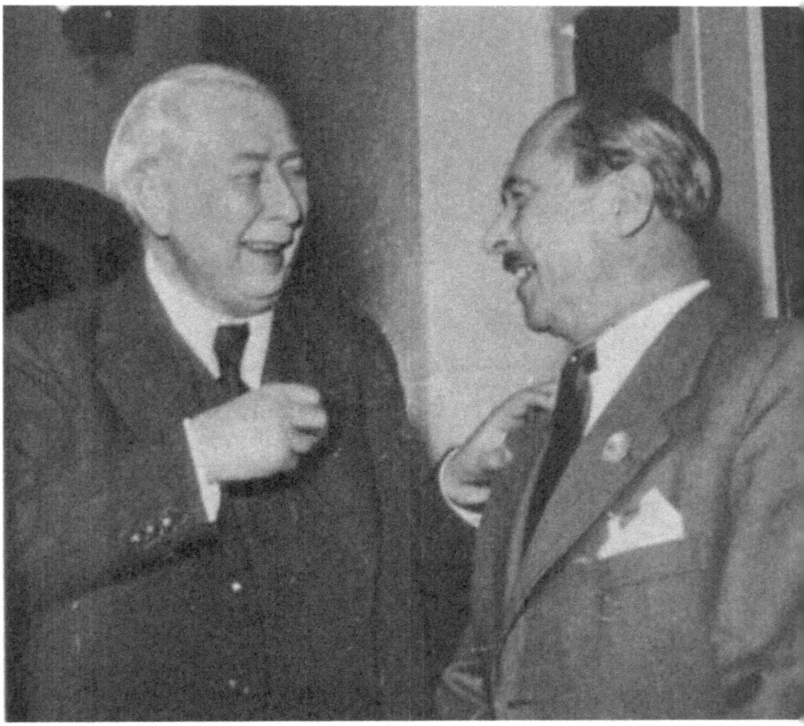

und seine Tochter Anka blieben nach seinem Tod noch viele Jahre am letzten Wohnsitz des Botschafters a. D. an der Contrescarpe 65[378] gemeldet, ehe beide die Stadt verließen. Hilde Ries, die bis 1979 einen Antiquitätenhandel am Dobbenweg 2 betrieb[379], lebte zuletzt in Wiesbaden, ehe sie am 11. Dezember 2020 starb. Sie verfolgte bis zum Schluss die Diskussion um das Lebenswerk ihres Mannes. Ihre Tochter Anka hat zumindest zeitweise in der ungarischen Hauptstadt Budapest gewohnt.

Nachfolger von Alfred Ries als Werder-Präsident wurde Fritz Düring, der bereits 1946 kurz dem Verein vorgestanden und dessen Vater Fritz Düring senior von 1906 bis 1908 sowie von 1916 bis 1918 als Werder-Präsident amtiert hatte (und dabei zumindest in seiner zweiten Amtszeit auch mit Alfred Ries in Kontakt stand[380]).

Fazit: „Wer Versöhnung will, muss sie praktizieren" – Diplomatie als roter Faden

Ein ausgeprägtes Interesse an Kunst, Kultur und Sport, der empathische Umgang mit Menschen jedweder Herkunft, viele (kriegsbedingte und berufliche) Stationen im Ausland, großer Einsatz für Versöhnung und internationale Begegnungen sowie ein kontinuierliches ehrenamtliches Engagement – all das charakterisierte Alfred Ries und sein Wertegerüst, von ersten Schriftführertätigkeiten als Schüler bis zur Bundestagskandidatur und schließlich dem Werben um olympische Sommerspiele in Deutschland, als er bereits im Ruhestand war.

Ries verstand es, persönliche Netzwerke aufzubauen und zu

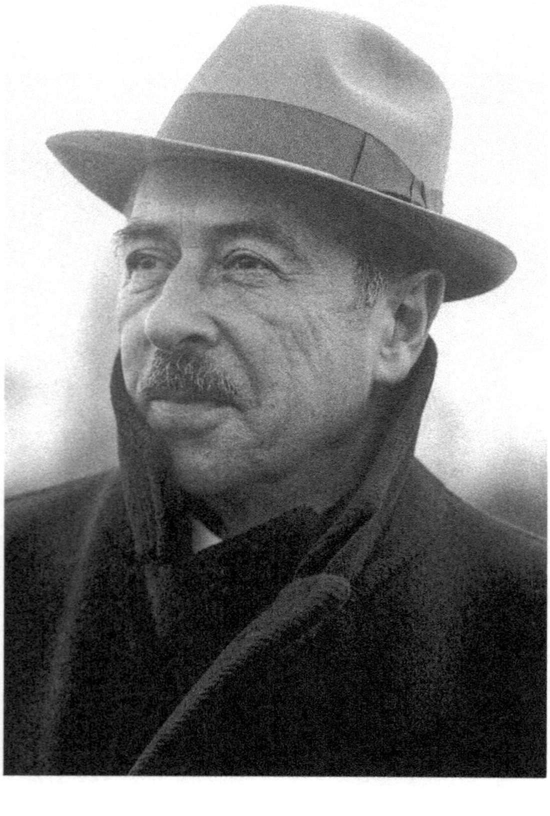

Lebenslang grün-weiß – Alfred Ries knapp zwei Jahre vor seinem Tod (Quelle: IMAGO / Schumann)

pflegen. Kaffee HAG bzw. die Bremer Werkschau GmbH attestierten ihm „Tüchtigkeit und Vielseitigkeit", hoben „sein sympathisches und ausgleichendes Wesen" hervor und konstatierten, er sei unter Kollegen und Kunden „sehr beliebt" gewesen.[381] Ähnlich hatte ihn der Bremer Wirtschaftssenator beschrieben, als Ries das Außenhandelskontor der Hansestadt leitete. Diese umgängliche und gewinnende Art, seine internationalen Erfahrungen, seine kaufmännische Ausbildung, seine Vertriebserfahrungen und seine Kenntnisse in der Öffentlichkeitsarbeit sowie im Marketing kamen ihm als Sportfunktionär und im beruflichen Leben zugute.

Vor dem Hintergrund seiner Biografie muss sein stetes Bemühen um Ausgleich und Versöhnung besonders in den Mittelpunkt gerückt werden. Alfred Ries kämpfte als Frontsoldat im Ersten Weltkrieg und kehrte später selbst nach der nationalsozialistischen Schreckensherrschaft in seine Heimat zurück, obwohl ihm dort als Jude viel Leid und Ausgrenzung widerfahren waren. Vor dem Hintergrund seiner persönlichen Erfahrungen hatte Ries seine Rückkehr nach Bremen nach dem Zweiten Weltkrieg mit dem Satz „Wer Versöhnung will, muss sie praktizieren"[382] begründet. Dem lag die Überzeugung zugrunde, dass es keinen nachhaltigen Frieden geben würde, wenn Menschen wie er nicht verzeihen könnten. Daher entschied er sich wohl gerade wegen der Kriegserfahrungen und des tragischen Schicksals seiner Familie für eine berufliche Laufbahn als Diplomat. Alfred Ries setzte darauf, Menschen zusammenzubringen, um Vorurteilen, Ausgrenzung und Gewalt den Boden zu entziehen. Er vertraute auf Begegnung und Austausch, im Sport wie in der Ökonomie. Auch die Mitgliedschaft bei Rotary passte zu seinem Einsatz für internationale Kooperation.

Die Kandidatur zum Deutschen Bundestag im Jahr 1965 begründete Ries mit seiner Identifikation mit der Heimatstadt Bremen. Doch auch seine thematischen Schwerpunkte im Bundestagswahlkampf – Einsatz für mehr internationalen wirtschaftlichen, kulturellen und politischen Austausch, insbesondere mit den Ländern Osteuropas und Afrikas – zogen sich wie ein roter Faden durch sein Leben und standen durchaus in einer Linie mit der späteren Ostpolitik der sozialliberalen Koalition.

Alfred Ries verstand es, sich zu vernetzen. Dies wurde ihm gelegentlich auch zum Vorwurf gemacht – etwa bei der Diskussion nach 1945 über den Bezug der vier Gewerbelegitimationskarten zwischen 1935 und 1944, die verbunden wurde mit der Frage, wie er als Jude in Jugoslawien hatte überleben können. Da in der Beantwortung dieser Fragestellung auch dem militärischen Nachrichtendienst, der Abwehr, eine Rolle zukam, ist die kritische Haltung der Bremer Wiedergutmachungsbehörde damals zumindest teilweise durchaus nachvollziehbar gewesen.

Durch neuere Forschungen und nunmehr zugängliche Militär- und Geheimdienstarchivbestände lässt sich inzwischen jedoch nachvollziehen, dass die von Ries und Walter Frischmuth im Rahmen des Wiedergutmachungsverfahrens getätigten Aussagen insgesamt – trotz einiger unklarer bzw. falscher Aussagen im Detail – korrekt gewesen sind. Dies gilt etwa für die Kooperation von Gestapo und jugoslawischer

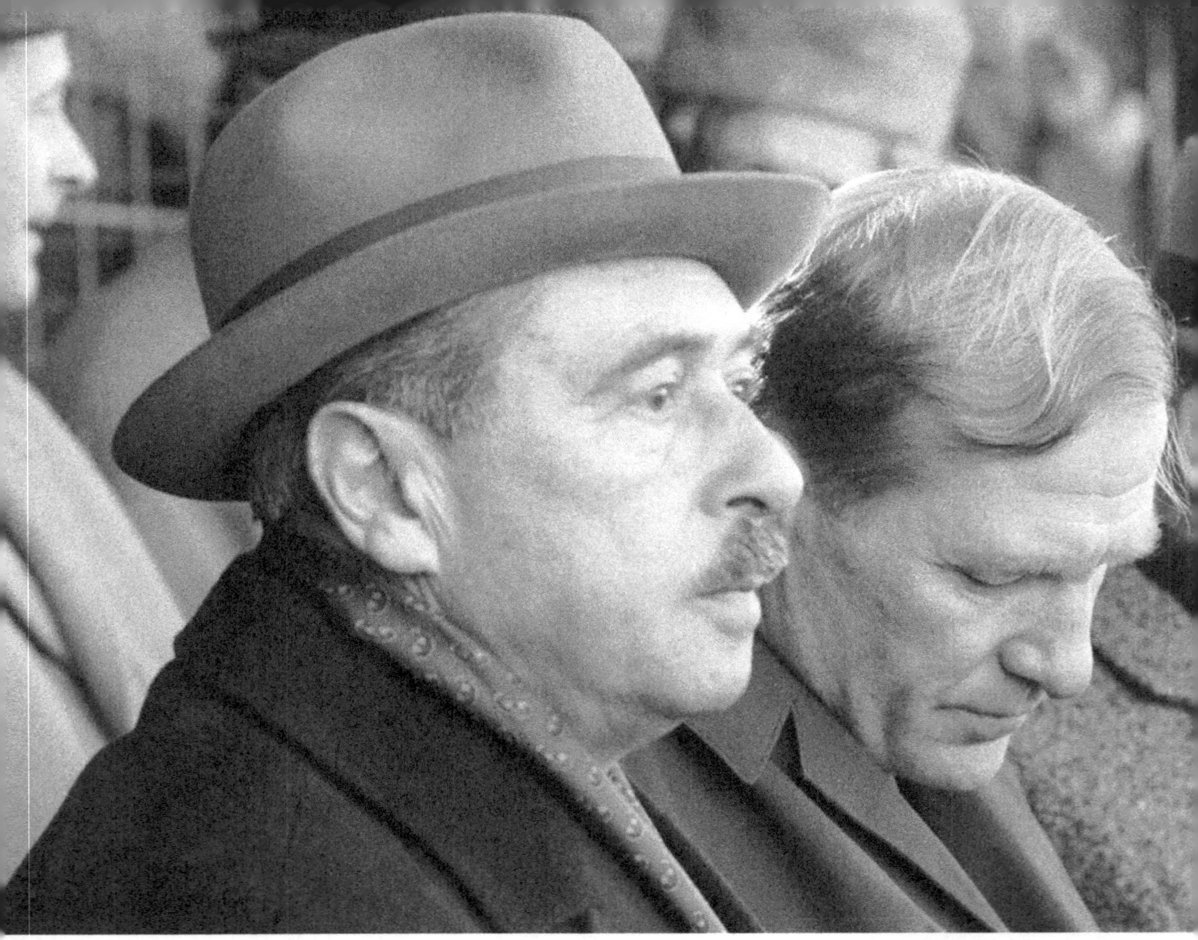

Zwei Bremer, die es zunächst unfreiwillig aus ihrer Heimatstadt verschlug, ehe sie sich auf jeweils eigene Weise um Aussöhnung verdient machten: Alfred Ries und Bert Trautmann im November 1965 auf der Tribüne des Weserstadions (Quelle: IMAGO / Schumann)

Polizei bereits Ende der 1930er Jahre, die lange kaum Beachtung in der Forschung fand, wo von Lagern für oder Repressionen gegenüber Juden im damaligen Jugoslawien häufig erst mit dem Einmarsch der Wehrmacht im Balkanstaat im April 1941 ausgegangen wurde.

Insbesondere der aus der Kriegsgefangenschaft zurückgekehrte Alfred Lörner sowie eine direkte Vernehmung Frischmuths durch die Wiedergutmachungsbehörde hätten hier frühzeitig für mehr Klarheit sorgen können. Ries hatte damals zuerst nur den Besitz jener der vier Gewerbelegitimationskarten bestätigt, die der Behörde ohnehin vorlag. Es scheint, als habe er den Komplex Abwehr/Frischmuth im Wiedergutmachungsverfahren von sich aus gar nicht erst ansprechen wollen, um sich nicht Vorwürfen und Unterstellungen ausgesetzt zu sehen. So wie seinerzeit von den Mitarbeitern der Wiedergutmachungsbehörde mit Entlastungsaussagen Dritter bisweilen umgegangen wurde, nämlich mit einer Mischung aus Skepsis und Ignoranz, wie dann ja beispielsweise auch im Falle Walter Frischmuths, war diese Haltung nachvollziehbar.

Die Beiträge in diesem Buch haben nicht den Anspruch, die komplexe Situation im Jugoslawien der späten 1930er bis mittleren 1940er Jahre sowie die Arbeit, Struktur und Protektionsmaßnahmen der Bremer Abwehrstelle erschöpfend zu behandeln. Sofern sie Ries' Vita betreffen, sollen die Nachforschungen allerdings einen Beitrag zur Versachlichung der Debatte leisten, um das Leben und Wirken von Alfred Ries besser einzuordnen: Ohne Glorifizierung, aber auch ohne beweislose bzw. moralische Verurteilung seiner Person.

Theodor Eggert

Zwischen den Stühlen

von Marcus Meyer

Theo Eggert hieß eigentlich Theodor. Er wurde am 19. Februar 1905 in Bremen als Sohn von Friedrich und Julie Eggert geboren. Weil seine Mutter jüdischen Glaubens war, galt Theo nach dem Erlass der „Nürnberger Rassengesetze“ ab September 1935 als „Halbjude“.

Theo Eggert besuchte zunächst die Realschule in der Neustadt und begann dann eine Lehre auf der Bremer Großwerft A.G. „Weser“. Es folgte ein Ingenieursstudium an den Technischen Staatslehranstalten in der Langemarckstraße in Bremen, aus denen später die Hochschule Bremen hervorging. Eggert machte dort 1924 seinen Abschluss, besuchte danach verschiedene Universitäten im In- und Ausland und arbeitete auf verschiedenen Werften.[1] 1929 machte er sich als Prüfingenieur mit einem Büro für Technik, Verkehr, Aufbau und Konstruktion, genannt „TEVAK“,

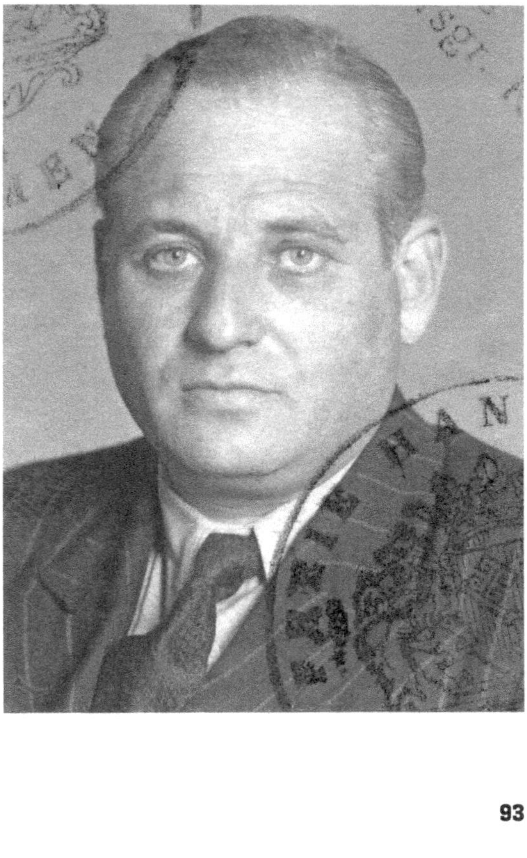

Theodor Eggert, 1946 (Quelle: Staatsarchiv Bremen)

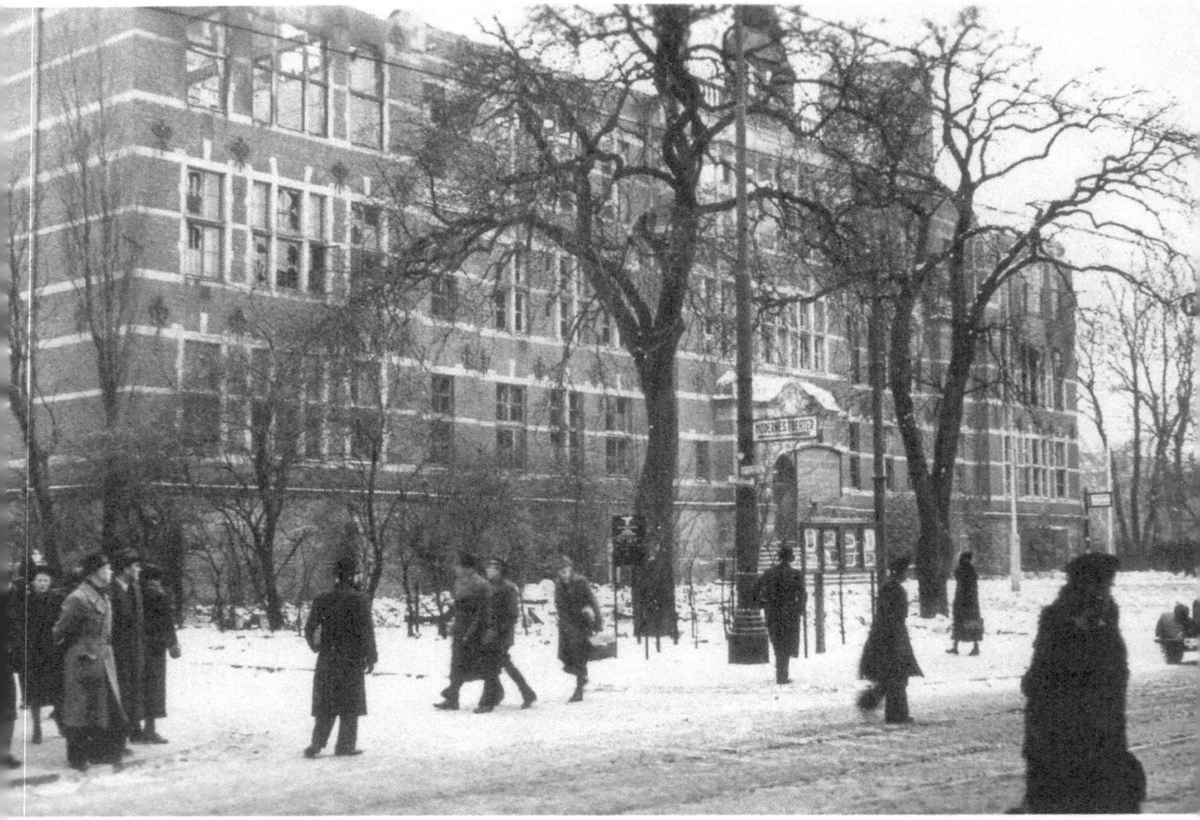

Die Technischen Staatslehranstalten in der Langemarckstraße, um 1940 (Quelle: Staatsarchiv Bremen)

selbstständig. Ende der 1920er oder Anfang der 1930er Jahre heiratete Eggert. Seine Söhne Günther und Peter wurden 1931 und 1936 geboren.[2]

Schon als Jugendlicher war er dem SV Werder beigetreten, wobei die Abteilung allerdings unbekannt ist.[3] Werder gehörte damals zu den eher bürgerlich ausgerichteten Sportvereinen der Stadt und hatte nur wenige jüdische Mitglieder.[4] Die meisten Jüdinnen und Juden gehörten dem „Allgemeinen Bremer Turn- und Sportverein" (ATSB) an.[5] Aber Eggert und seine Familie scheinen sich nicht viel aus Religion gemacht zu haben, auch nicht bei der Wahl des Sportvereins.

Nach dem Wahlsieg der Nationalsozialisten und Nationalkonservativen im Januar 1933 und der Ernennung Adolf Hitlers zum Reichskanzler war die tatsächliche persönliche Einstellung zur Religion allerdings nicht mehr wichtig. Jüdinnen und Juden, egal ob sie sich ihrer Religion zugehörig fühlten, wurden aus der Gesellschaft gedrängt. Auch der SV Werder vollzog die Anpassung an die politischen Veränderungen wie fast alle bürgerlichen Vereine in rasanter Geschwindigkeit. Hatte der Verein bis 1931 mit

Alfred Ries noch einen jüdischen Präsidenten gehabt, wurde im Oktober 1933 mit Willy Stöver ein willfähriger Nazi ins Amt des nunmehrigen „Vereinsführers" gewählt. Die nationalsozialistische „Volksgemeinschaft" wurde nun auch bei Werder als Ideal herausgestellt. Die Mitglieder sollten sich dem unterordnen. Der Verein wurde nach dem Führerprinzip organisiert, demokratische Strukturen und Prozesse wurden abgeschafft. Der vermeintlich notwendige „Wiederaufbau des Vaterlandes" gehörte jetzt zu den Aufgaben der Mitglieder. Einen „Arier-Paragrafen", durch den jüdische Mitglieder formal ausgeschlossen wurden, führte Werder allerdings erst 1940 ein, als die Einheitssatzung des Nationalsozialistischen Reichsbundes für Leibesübungen (NSRL) diesen Schritt erzwang.[6]

„Jüdischer Mischling 1. Grades"

Im Gegensatz zu den als „Volljuden" definierten Mitgliedern war Theo Eggert davon vermutlich nicht betroffen und wurde nie aus seinem Verein ausgeschlossen.[7] Denn nach den Nürnberger Gesetzen galt er, wie sein Vereinskamerad Hansi Wolff, als sogenannter Halbjude oder auch „jüdischer Mischling 1. Grades". Entsprechend der Rassengesetzgebung der Nationalsozialisten wurden so Menschen bezeichnet, die zwei als jüdisch definierte Großeltern hatten. „Jüdische Mischlinge 2. Grades" waren in dieser Logik jene, die nur einen als jüdisch definierten Großelternteil hatten.[8] Die im Grunde mathematische Definition von „Volljuden", „Halbjuden" und weiteren Kategorien verweist auf die dahinterstehende Vorstellung, dass es sich bei Jüdinnen und Juden nicht um eine Glaubensgemeinschaft, sondern um eine „Rasse" handele, deren Angehörige angeblich damit verbundene biologische Eigenschaften vererbten. Es spielte für die Nationalsozialisten keine Rolle, ob Jüdinnen und Juden ihren Glauben aktiv lebten oder lediglich auf dem Papier ihrer Religion angehörten. Selbst zum Christentum konvertierte Jüdinnen und Juden galten deshalb weiter als jüdisch. Allerdings, und hier wird die pseudobiologische Logik der Nürnberger Gesetze eigentlich ausgehebelt, galten „jüdische Mischlinge 1. Grades" dann doch als Juden, wenn sie einer jüdischen Gemeinde angehörten oder mit einer Jüdin oder einem Juden verheiratet waren. Dann wurden aus den „Mischlingen" sogenannte Geltungsjuden.

Eine „Volkszählung" von 1939 nach diesen rassistischen und antisemitischen Kriterien ergab, dass zu jenem Zeitpunkt etwa 72.700 als „halbjüdisch" definierte Menschen im Deutschen Reich lebten. Zu 90 Prozent gehörten sie einer christlichen Konfession an, 8.000 besuchten jüdische Gemeinden und zählten damit zu den „Geltungsjuden".[9] Mit dem jüdischen Selbstverständnis hatte das im Übrigen nichts zu tun. Das Judentum kennt weder „Halb-", „Viertel"- noch „Achteljuden". Jüdisch ist, wer eine jüdische Mutter hat oder zum Judentum konvertiert ist.

Die „IMIS", so die spätere, durchaus selbstbewusst gewählte Selbstbezeichnung der „jüdischen Mischlinge 1. Grades"[10], fanden sich nach dem Erlass der Nürnberger Gesetze in einer widersprüchlichen Lage wieder. Persönlich fühlte sich die große Mehrheit weder dem Judentum als Religion noch den jüdischen Gemeinden als sozialen Organisationen zugehörig. Außerdem blieben sie zunächst von Verfolgungsmaßnahmen, Verhaftungen und Deportationen verschont. Sie mussten keinen Judenstern tragen und nach der Pogromnacht vom November 1938 keine „Judenvermögensabgabe" zahlen. Bis Oktober 1941 durften sie sogar in die Hitlerjugend (HJ) aufgenommen werden. Sie unterlagen der Wehrpflicht, weshalb viele IMIS als Wehrmachtssoldaten am Frankreichfeldzug teilnehmen mussten.[11]

Zu diesen gehörte Eggerts Klubkamerad Hansi Wolff, der nach seiner Rückkehr aus dem Krieg dafür zuständig war, die *Vereinsnachrichten* an die Werder-Mitglieder zu verschicken, die an der Front waren.[12] Viele IMIS arbeiteten noch bis Ende 1944 relativ unbehelligt weiter, teilweise in gehobenen und kriegswichtigen Stellungen, darunter bisweilen sogar trotz Verbotes in Rüstungsbetrieben. Vor allem technische und kaufmännische Berufe standen ihnen weiter offen. Der Arbeits- und Fachkräftemangel machte solche Ausnahmen notwendig.[13]

Diese vermeintliche Schonung war aber trügerisch, denn sie war in den Partei- und Regierungsstellen nicht unumstritten. Die radikalen Teile der NS-Führung, der Parteikanzlei und anderer bedeutender Parteiorganisationen wie zum Beispiel der Reichsärztekammer forderten die Gleichstellung der IMIS mit den „Volljuden" und damit deren Verfolgung, Deportation und Ermordung.[14] Der Alltag der IMIS war so einerseits von der Hoffnung geprägt, von Ausgrenzung, Entrechtung und Verfolgung verschont zu bleiben. Andererseits wurden sie regelmäßig mit neuen Verordnungen konfrontiert, die ihre Lage immer wieder verschärften.[15]

Dass sie trotz der Schonung allenfalls noch Menschen zweiter Klasse waren, hatten die Nationalsozialisten zudem bereits früh deutlich gemacht. So wurden die IMIS nach Erlass des Deutschen Beamtengesetzes von 1937 aus Beamtenverhältnissen und aus dem öffentlichen Dienst verdrängt. Die Mitgliedschaft in der Reichskulturkammer und damit eine künstlerische Tätigkeit war nur mit einer Sondergenehmigung möglich. Es gab Beschränkungen für Ärzte und Anwälte. Die Zuteilung einer Lehrstelle und die damit verbundene Tätigkeit im kaufmännischen oder handwerklichen Bereich oder als Hilfsarbeiter hing von den Sachbearbeiterinnen und Sachbearbeitern der Arbeitsämter ab und war damit letztlich willkürlich.[16]

1940 sollten die IMIS aufgrund eines Führerbefehls aus der Wehrmacht ausgeschlossen werden. Ausnahmen sollten nur für einige Offiziere und verdiente Soldaten des Ersten Weltkriegs gelten. Das Vorhaben wurde allerdings erst nach Ende des Frankreich-Feldzuges im Oktober 1940 umgesetzt, um vor allem die „halbjüdischen" Offiziere während der laufenden Kampfhandlungen nicht zu verlieren.[17] Auf der Wannsee-Konferenz im Januar 1942 forderte schließlich der Chef des Reichssicherheitshauptamtes und SS-Sicherheitsdienstes (SD), Reinhard Heydrich, die Gleichstellung der sogenannten Mischlinge mit den „Volljuden", ohne sich allerdings durchsetzen zu können. Erst das Attentat auf ihn im Sommer 1942 brachte den radikalen

Gegnern eines pragmatischen Umgangs mit den IMIS den entscheidenden Vorwand für die Verschärfung der Maßnahmen. Nun wurde jugendlichen IMIS verboten, Haupt- oder weiterführende Schulen zu besuchen, ab 1943 galt dies auch für Berufsschulen.[18] Gleichzeitig begannen Planungen, die IMIS kollektiv zum militärisch organisierten Arbeitseinsatz heranzuziehen.[19] Sie sollten in Sonderkommandos der Organisation Todt (OT), der staatlichen Bauverwaltung, überstellt und bei kriegswichtigen Baumaßnahmen eingesetzt werden. Der endgültige Beschluss dazu wurde schließlich im November 1943 gefällt[20], allerdings erst Ende 1944 umgesetzt.

Zwischen Anpassung und Verfolgung

Die Ungewissheit, inwieweit auch die IMIS von der unübersehbaren Ausgrenzung und Verfolgung der Jüdinnen und Juden betroffen sein würden, und die sich ständig verändernde rechtliche Lage zwischen dem Erlass der Nürnberger Gesetze 1935 und den einschneidenden Maßnahmen gegen die IMIS Ende 1944 führte bei den Betroffenen zu der trügerischen, aber verständlichen Hoffnung, wenigstens als Arbeits- und Fachkräfte weiterhin gebraucht und geduldet zu werden. Die meisten zeigten deshalb eine hohe Anpassungsbereitschaft, waren hilfsbereit, fleißig und arbeitswillig, um den vermeintlichen Makel der ihnen zugeschriebenen Herkunft ausgleichen zu können.[21]

Theo Eggerts Schicksal ist typisch für diese Situation zwischen Anpassung und Verfolgung. Nichts deutet darauf hin, dass er oder seine Familie der jüdischen Gemeinde Bremens nahegestanden hätten. Dass er dennoch offiziell als „jüdischer Mischling“ galt und damit ein lediglich geduldeter Teil der „Volksgemeinschaft“ war, dass die vermeintliche Schonung jederzeit in Verfolgung umzuschlagen drohte, die auch seine Kinder hätte betreffen können, konnte ihm nicht verborgen geblieben sein.

Und so lässt sich auch bei Eggert die erwähnte Anpassungsbereitschaft beobachten. Er wurde Mitglied der Deutschen Arbeitsfront (DAF), also der nationalsozialistischen Einheitsgewerkschaft, sowie der NS-Volkswohlfahrt (NSV), die nach der sogenannten Gleichschaltung die Arbeiterwohlfahrt ersetzt hatte.[22] Sein Sachverständigenbüro lief zunächst weiter, auch durchaus erfolgreich. Eggert scheint einerseits ein ausgesprochen fähiger Ingenieur gewesen zu sein und andererseits über ein ausgedehntes Netzwerk in der Stadt verfügt zu haben, das ihm Aufträge sicherte. Dass die IMIS in einigen wichtigen Wirtschaftsbereichen verblieben, war vom Reichswirtschaftsministerium durchaus gewollt.[23] Nur öffentliche Aufträge blieben ihnen und damit auch Eggert verwehrt. Er hatte sich vermutlich bemüht, bei der Bremer Handelskammer als offizieller Sachverständiger für Kraftfahr- und Straßenverkehrsangelegenheiten benannt zu werden, um Aufträge der senatorischen Behörde erhalten zu können. Dies wurde aus „rassischen Gründen“ nicht gestattet, wie die Handelskammer im Januar 1946 bestätigte.[24]

Ab 1940 nahm der Druck zu. Zunächst wurde Eggert wie alle IMIS aus der DAF und der NSV ausgeschlossen[25], 1942 dann seine Firma auf Drängen der Geheimen

Staatspolizei (Gestapo) dichtgemacht. Dennoch gelang es ihm, neue Einnahmequellen zu erschließen. Im März 1944 unterschrieb er einen angemessen dotierten Vertrag mit dem Dornier-Werk in Lübeck über die technische Betreuung des dortigen Fahrzeugparks sowie die Beratung bei Bomben- und Versicherungsschäden.[26] Vermutlich konnte Eggert diesen Vertrag aber nicht erfüllen, denn nun begann die Zeit der Dienstverpflichtungen.

Er kam zunächst zur Luftwaffeninspektion 11 nach Hamburg, eine Position, um die er sich offenbar selbst bemüht hatte. Allerdings blieb dies den Behörden nicht verborgen: Ende April wurde Eggert vom Arbeitsamt für Anfang Mai zu einer ärztlichen Untersuchung vorgeladen.[27] Gestapo und SD sorgten nun dafür, dass er zum 8. Mai 1944 bis auf Abruf als Ingenieur und technischer Sachbearbeiter zur Yacht- und Bootswerft Lürssen verpflichtet wurde. Einem Schreiben des Arbeitsamtes zufolge erschien er dort „ordnungsgemäß"[28], wurde jedoch bereits am 2. Juni ohne die Angabe von Gründen aus dieser Dienstpflicht wieder entlassen.[29] Sein nächster Arbeitgeber war Friedrich Bohne, Inhaber einer Spedition in Berlin-Spandau, die für das Rüstungsministerium arbeitete.[30] Diese Stelle hatte Eggert vermutlich wiederum durch eigene Kontakte antreten können[31], aber auch hier blieb er nur kurz: Trotz des Protests der Firma Bohne unter Hinweis auf die dringend benötigten Dienste Eggerts setzte das Arbeitsamt Ende September 1944 eine Dienstverpflichtung für die Organisation Todt durch.[32]

Diese erneute Versetzung war eindeutig gegen Eggert gerichtet, der, so das Bremer Arbeitsamt in einem Schreiben an den Chef des Rüstungslieferungsamtes beim Reichsministerium für Rüstung und Kriegsproduktion in Berlin, „wie Ihnen bekannt sein dürfte – jüdischer Mischling"[33] sei. Er habe es bisher „meisterhaft" verstanden, sich jedem Arbeitseinsatz, der vom Wehrkreisbeauftragten angeordnet worden sei, zu entziehen, um seine „undurchsichtigen Geschäfte zu halten".[34] Einer Aufforderung zur Dienstverpflichtung zum 8. Mai 1944 sei er nicht nachgekommen. Der Wehrkreisbeauftragte, das Rüstungskommando und die Geheime Staatspolizei würden deshalb dringend den Einsatz bei der Organisation Todt verlangen.

Die Behauptung, Eggert sei der Dienstverpflichtung zum 8. Mai nicht nachgekommen, war zwar nachweislich falsch, wie die Lürssen-Werft dem Arbeitsamt offiziell bestätigt hatte. Dennoch war er den Behörden offenbar ein Dorn im Auge, vermutlich weil seine Eigeninitiative, seine guten Beziehungen und auch sein Auftreten nicht der von den Behörden erwarteten Unterwürfigkeit entsprachen. Obwohl Friedrich Bohne Eggert über das Ende seiner Beschäftigung in der Firma unterrichtet hatte und obwohl Eggert klar war, dass er nun nach Bremen zurückkehren würde, ließ es sich die Gestapo nicht nehmen, ihn im Berliner Hotel Adlon zu verhaften und über die Sachlage aufzuklären. Der Gestapo muss es als dreiste Provokation vorgekommen sein, dass der „Bremer Jude" es wagte, in Berlin im arisierten Luxushotel Adlon aufzukreuzen. Eggert wurde gezwungen, nach Bremen zurückzukehren und sich bei der dortigen Gestapo zu melden.[35]

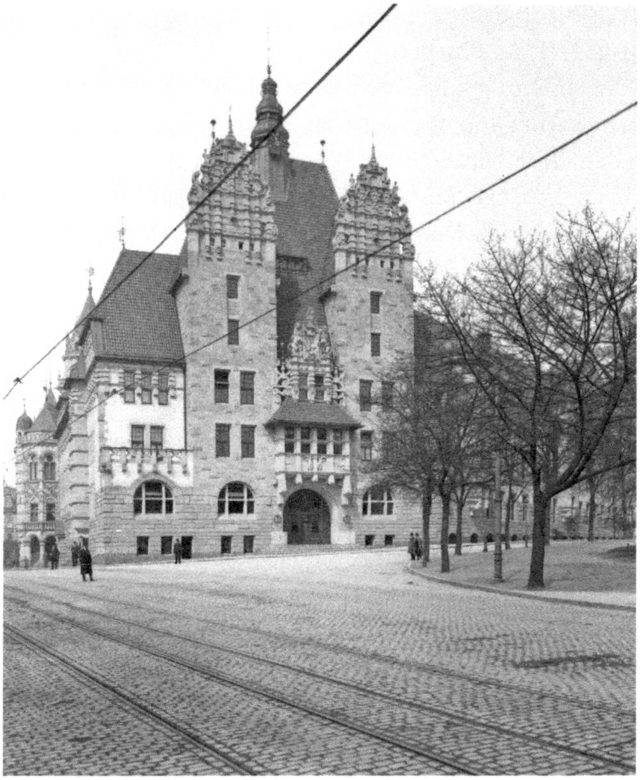

Das Bremer Polizeihaus, in dessen von den Bäumen etwas verdecktem Gebäudeteil ab 1934 die örtliche Gestapo-Zentrale ihren Sitz hatte – aus dem Haupthaus erreichbar über die im unteren Bild zu sehende „Seufzerbrücke“ (Quellen: Staatsarchiv Bremen [l.], John Gerardu [u.])

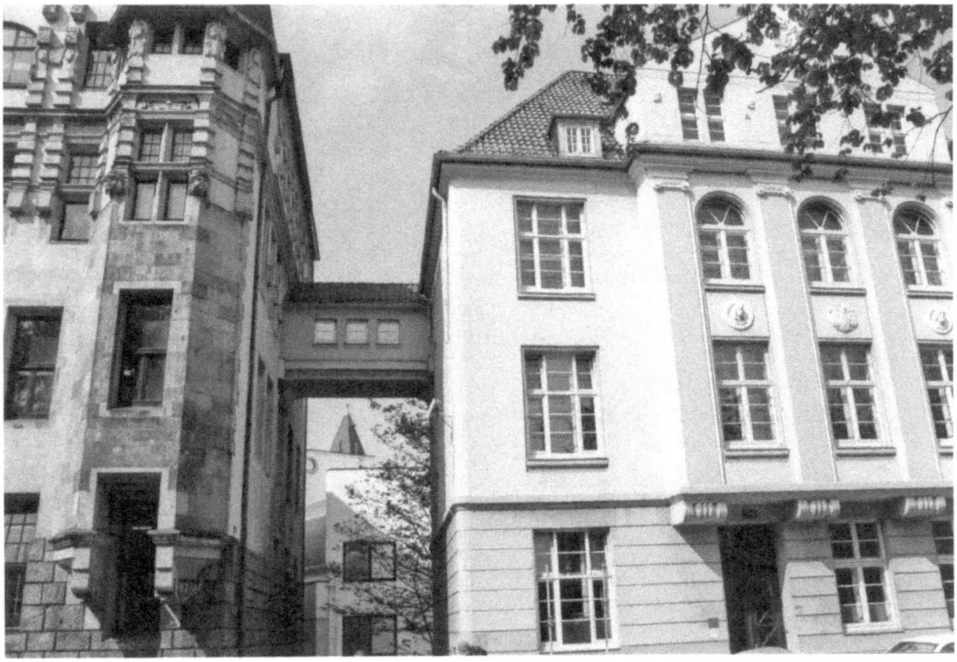

Inhaftierung im „Arbeitserziehungslager“ Farge

Theo Eggert war nicht der einzige IMI, der nun in die Hände der Gestapo fiel. Die IMIS wurden reichsweit Opfer der nach dem gescheiterten Attentat auf Adolf Hitler am 20. Juli 1944 jetzt ungebremsten Verfolgung. Das Attentat hatte alle Bedenken in der Ministerialbürokratie und in den Großbetrieben hinweggefegt. Das Argument, man könne auf die IMIS als qualifizierte Arbeitskräfte nicht verzichten, galt nicht mehr. Auf Befehl des Reichsführers SS, Heinrich Himmler, wurden alle Sonderregelungen für ihre Beschäftigung beendet. Die lokalen Arbeitsämter hatten bereits im März mit der Erfassung der IMIS begonnen.[36] Eggert hatte vermutlich deshalb am 25. April 1944 vom Arbeitsamt Bremen die Aufforderung erhalten, sich am 4. Mai zu einer vertrauensärztlichen Untersuchung einzufinden.[37] Auf die entsprechenden Listen konnten sich nun die lokalen Gestapo-Stellen stützen, die nach dem 8. Oktober auf Befehl des Reichssicherheitshauptamtes mit der Verhaftung der IMIS begannen. Alle arbeitsfähigen IMIS sollten innerhalb von drei Tagen aus ihren Betrieben geholt und der Organisation Todt übergeben werden.[38] Die entsprechende Anordnung des Generalbevollmächtigten für den Arbeitseinsatz, Fritz Sauckel, an die Arbeitsämter erging am 14. Oktober. Von den Razzien waren reichsweit über 10.000 Personen betroffen.[39]

Baracken des ehemaligen Arbeitserziehungslagers Farge, 1965
(Quelle: Heimatverein Farge-Rekum)

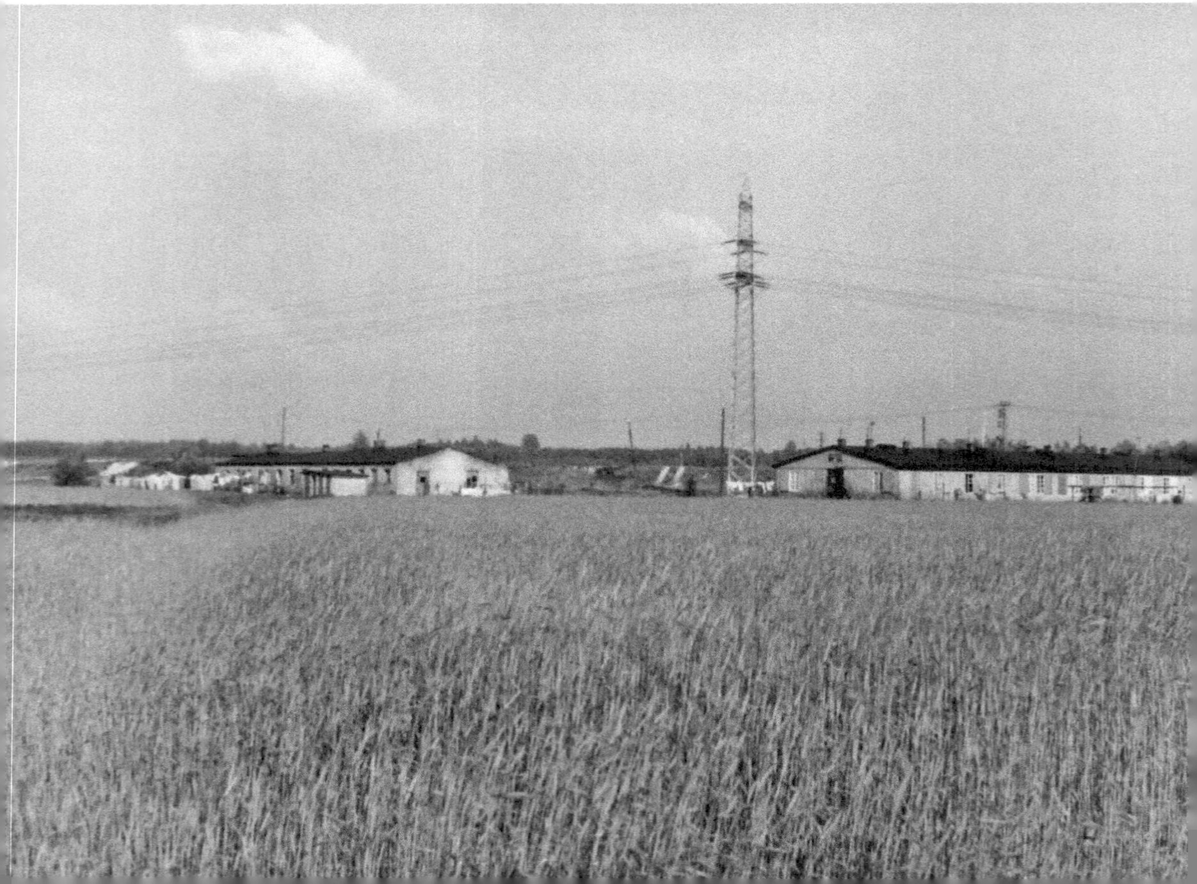

Die Verhaftung der IMIS aus Bremen und Bremerhaven erfolgte in zwei Wellen. Alle Betroffenen hatten kurz zuvor ein Schreiben von Karl Bruck erhalten, Bauunternehmer und Vertrauensmann der Bremer Abteilung der „Reichsvereinigung der Juden in Deutschland“:

„Sämtliche männlichen deutsch/jüdischen Mischlinge 1. Grades und sämtliche jüdischversippten Männer (deutsch-blütig) haben sich [...] bei der Geheimen Staatspolizei, Staatspolizeistelle Bremen, Am Wall 199 (Eingang) zu melden. Mitzubringen sind: Arbeitskleidung, festes Schuhzeug, Mundvorrat für einen Tag, 2 Wolldecken, Schippe, Spaten, Axt, Beile, Harke, Sägen, Vorschlaghämmer, Drahtscheren und sonstiges Werkzeug. [...] Ausnahmen, wie UK-Stellungen, dringende Beschäftigungen und sonstige Gründe gibt es nicht.“[40]

Von dieser Vorladung, die Bruck nicht freiwillig, sondern unter Zwang durch das Judenreferat der Bremer Gestapo verschickt hatte, waren alle noch in Bremen lebenden IMIS betroffen, egal in welcher Stellung sie sich befunden haben mochten. Die Weisung des Reichssicherheitshauptamtes in Berlin an die lokalen Gestapo-Stellen war hier eindeutig.[41] 200 Männer wurden nach der Meldung bei der Gestapo ins „Arbeitserziehungslager“ (AEL) Bremen-Farge gebracht und zehn Tage später in das Lager Lenne im südniedersächsischen Landkreis Holzminden weitertransportiert. Allerdings waren nicht alle Angeschriebenen der Aufforderung gefolgt. Wilhelm Nolting-Hauff, ebenfalls Empfänger eines solchen Schreibens, bemerkte dazu:

„Da die Adressaten dieses Zirkulars nicht zu der betreffenden Reichsvereinigung gehörten und auch weder tatsächlich noch gesetzlich Juden waren, haben sie diese eigenartige Anfrage, die von einem arisch verheirateten Volljuden [Karl Bruck, Anm. d. V.] *‚im Auftrage der Aufsichtsbehörde‘ ausging, wohl ganz im allgemeinen* [sic!] *nicht beantwortet.“*[42]

Deshalb gab es eine weitere Verhaftungswelle, die 41 noch verbliebene IMIS betraf und bei der die Gestapo nichts dem Zufall überließ. Eggert gehörte zu dieser zweiten Gruppe, da er Brucks Schreiben wegen seiner Tätigkeit in Berlin vermutlich nie gesehen hatte.

Die Bremer IMIS wurden zunächst in das Arbeitserziehungslager in Bremen-Farge gebracht, das in der Rekumer Feldmark lag, etwa zwei Kilometer entfernt von der Baustelle des Bunkers „Valentin“.[43] Zu dieser Gruppe stieß Theo Eggert Anfang November 1944, nachdem er sich bei der Bremer Gestapo gemeldet hatte. SS-Unterführer Adolf und einige Gestapo-Beamte überführten ihn gemeinsam mit gefangenen sowjetischen Zwangsarbeitern nach Farge.[44] Dort traf Eggert unter anderem auf den Künstler Friedrich Neumark, den früheren Chef der Kinderklinik, Prof. Dr. Rudolf Hess, und den schon zitierten Rechtsanwalt und späteren Finanzsenator Wilhelm Nolting-Hauff.

Das Arbeitserziehungslager Farge existierte seit Juni 1940. Es wurde durch die Geheime Staatspolizeistelle in Bremen errichtet und verwaltet. Anfangs waren es auch Bremer Polizisten, die die Häftlinge bewachten. Und es waren bremische Großbetriebe, die auf die Einrichtung dieses Lagers gedrängt hatten. Die Haft dort – oder allein schon die Aussicht darauf – sollte deutsche, vor allem aber ausländische Arbeitskräfte disziplinieren. Es traf Arbeiter, die angeblich zu langsam waren, die sogenannten Bummelanten. Es traf Arbeiter, die angeblich Sabotage betrieben hatten, wobei der Tatbestand der Sabotage nicht näher definiert war und der Willkür Tür und Tor öffnete. Es traf auch ausländische Arbeitskräfte, die unter falschen Versprechungen für die Arbeit in deutschen Betrieben angeworben worden waren und angesichts der realen Bedingungen in Deutschland wieder weggewollt hatten oder nicht aus dem Urlaub zurückgekehrt waren. Wer ins Lager kam, entschieden die Verantwortlichen in den Betrieben. Sie erstellten Listen mit den Namen der Arbeiter, die aus ihrer Sicht zu disziplinieren waren. Die Gestapo war ihr ausführendes Organ. Rechtsmittel gegen die Inhaftierung gab es nicht.

Weil die Haft im Lager nicht bloß den Einzelnen bestrafen, sondern alle anderen abschrecken sollte, war es auch kein geheimes Lager. Bekanntmachungen in den Betrieben drohten mit der Haft in Farge, sollten die Anforderungen der Betriebsleitung nicht zufriedenstellend erfüllt werden. Gerüchte machten die Runde, vom „Männervernichtungslager" in Farge war in der Stadt die Rede. Tatsächlich war die Situation im Arbeitserziehungslager spätestens ab Ende 1943 mit der des nahe gelegenen KZ-Außenlagers durchaus vergleichbar. Die Bedingungen waren brutal, die Todesraten hoch, gerade in der letzten Phase des Kriegs, in der die Insassen auch auf der Bunkerbaustelle arbeiten mussten – bewacht im Übrigen auch von Mitarbeitern der dort tätigen Baufirmen, die per Handschlag zu bewaffneten Hilfspolizisten gemacht wurden.[45]

Die bremische Wirtschaft und die Bremer Gestapo nahmen mit dem Lager in Farge ab Sommer 1940 vorweg, was der Reichsführer SS, Heinrich Himmler, erst im Mai 1941 per offiziellem Runderlass anordnete.[46] Inwieweit das Bremer Lager Vorbild für die nun reichsweit gültige Errichtung von Arbeitserziehungslagern war, lässt sich nicht sicher sagen. Die Ähnlichkeit der Regelungen ist jedoch auffällig. Das AEL Farge wuchs in den folgenden Jahren nicht nur hinsichtlich seiner Kapazitäten, sondern auch seiner Bedeutung. Ohne dass sich noch genau rekonstruieren ließe, warum, wurden weitere Lager von Farge aus verwaltet: das AEL Ohrbeck bei Osnabrück, ein Frauenlager in Oldenburg ab etwa 1944 und die Lager der Organisation Todt auf den Inseln vor der Nordseeküste.[47]

Zur gleichen Zeit begann die Bremer Gestapo, das AEL auch für andere Häftlingsgruppen zu nutzen: Nach dem gescheiterten Attentat auf Adolf Hitler wurden im August 1944 unter dem Decknamen „Aktion Gewitter" vor allem ehemalige Funktionäre der Kommunistischen Partei (KPD) und der Sozialdemokratischen Partei (SPD) verhaftet und in Farge inhaftiert. Im Oktober folgten schließlich die IMIS, die in Farge vor allem innerhalb des Lagers arbeiten mussten, zeitweise aber auch auf der Bunkerbaustelle oder zu sinnlosen Arbeiten in der Umgebung herangezogen wurden. Wie alle anderen Gefangenen auch, litten sie vor allem unter Mangelernährung. Eggerts Mithäftling Wilhelm Nolting-Hauff schilderte die Situation in Farge so:

„Ein zweiter [...] finsterer Schatten, der niemals von Farge wich, war der Tod. Er wechselte jeden Tag, ja jede Stunde proteusartig seine grauenhafte Gestalt: Die Kugel, der Galgen, der Stock, der Hunger, die Kälte und nicht zuletzt der Flecktyphus, der zwar schon vor unserem Erscheinen erloschen war, aber noch wenige Monate früher die Lagerinsassenschaft auf 50 % ihres damaligen Bestandes dezimiert hatte.“[48]

Das „Glück“ der IMIS war, dass sie nur für relativ kurze Zeit in Farge inhaftiert waren. Die erste Gruppe blieb rund zwei, die zweite Gruppe drei Wochen. Danach wurden sie entweder in das Lager Lenne bei Stadtoldendorf oder in das knapp 20 Kilometer nördlich davon gelegene Lager Duingen in der Nähe von Alfeld gebracht. Dies entsprach der allgemeinen Praxis der SS im Umgang mit den IMIS. Sie sollten auf keinen Fall in der Nähe ihrer Herkunftsorte untergebracht werden, vor allem, um Flucht zu verhindern.[49] Eggert kam nach Duingen und musste dort für die Deutsche Eisenbahnvertriebsgesellschaft arbeiten. Offenbar fürchteten Gestapo und SD dabei, dass er erneut seine Fähigkeiten als Ingenieur zur Geltung bringen würde. Der Sicherheitsdienst des Reichsführers SS, Abschnitt Bremen, wies nämlich vorsorglich darauf hin, dass Eggert auf keinen Fall in leitender Position eingesetzt werden dürfe.[50] Vermutlich wurde er deshalb zu körperlichen Arbeiten herangezogen, jedoch gibt es keine konkreten Informationen über seine Zeit in Duingen. Bekannt ist lediglich, dass er während seines Aufenthaltes erkrankte und im März 1945 in ein Hospital nach Bad Schwartau bei Lübeck verlegt wurde. Das war keineswegs ungewöhnlich, medizinische Behandlung war auf Antrag offiziell möglich.[51] Eggert kehrte nicht mehr ins Lager Duingen zurück. Im Hospital erlebte er Anfang Mai die Befreiung durch britische Truppen.

Kriegsende und Nachkriegszeit

In den ersten Wochen und Monaten nach Kriegsende betrieb Eggert zunächst eine Reparaturwerkstatt für Autos und Motorboote in Timmendorfer Strand.[52] Dort hatte er bereits 1940 eine kleine Wohnung für sich und seine Familie gemietet. Erst im September 1945 kehrte er nach Bremen zurück.[53] Drei Aspekte bestimmten in den folgenden Monaten und Jahren sein Leben: der Kampf um Entschädigung, der Wiederaufbau seiner Firma und seine ehrenamtliche Tätigkeit als Vorsitzer einer Spruchkammer, die Entnazifizierungsverfahren durchführte.

Zu Eggerts Arbeit beim Senator für politische Befreiung liegen nur wenige Informationen vor: Ende 1947 bewarb er sich um den ehrenamtlichen Vorsitz einer Spruchkammer.[54] Ab Dezember hospitierte er, im Januar 1948 wurde er vereidigt und saß mindestens 13 Verfahren der IX. Spruchkammer vor.[55] Im Mai 1948 wurden die ehrenamtlichen Spruchkammern wieder aufgelöst – ein Großteil der Verfahren war durchgeführt worden, die Behörde wollte sich auf die hauptamtlichen Kammern reduzieren.[56] Eggert scheint aber noch bis Ende November als externer Gutachter für die Behörde für politische Befreiung gearbeitet zu haben.[57]

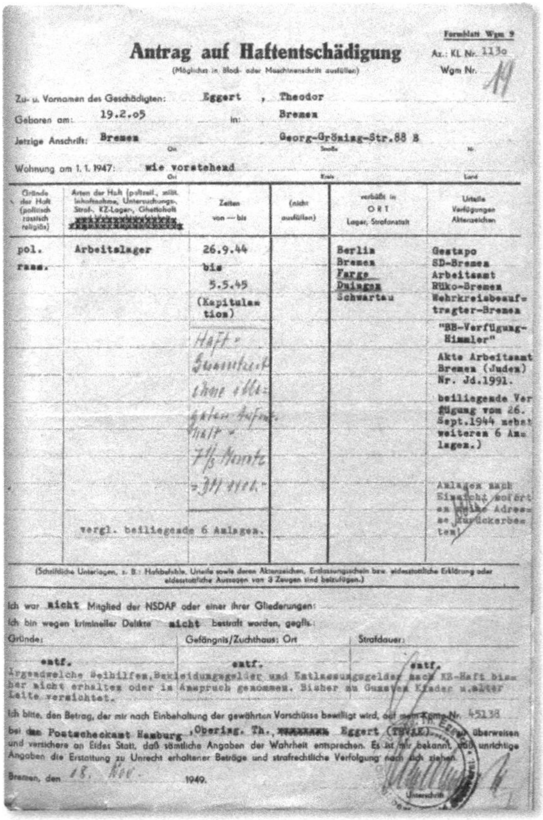

Formblatt Wgm 9

Az.: KL Nr. 1130

Wgm Nr. 11

Antrag auf Haftentschädigung

(Möglichst in Block- oder Maschinenschrift ausfüllen)

Zu- u. Vornamen des Geschädigten: Eggert, Theodor

Geboren am: 19.2.05 in: Bremen

Jetzige Anschrift: Bremen (Ort) Georg-Gröning-Str.88 B (Straße, Nr.)

Wohnung am 1. 1. 1947: wie vorstehend (Ort, Kreis, Land)

Gründe der Haft (politisch rassisch religiös)	Arten der Haft (polizeil., milit. Inhaftnahme, Untersuchungs-, Straf-, KZ-Lager-, Ghettohaft)	Zeiten von — bis	(nicht ausfüllen)	verbüßt in ORT Lager, Strafanstalt	Urteile Verfügungen Aktenzeichen
pol. rass.	Arbeitslager	26.9.44 bis 5.5.45 (Kapitulation)		Berlin Bremen Farge Duingen Schwartau	Gestapo SD-Bremen Arbeitsamt Rüko-Bremen Wehrkreisbeauftragter-Bremen "SS-Verfügung-Himmler" Akte Arbeitsamt Bremen (Juden) Nr. Jd.1991. beiliegende Verfügung vom 26. Sept.1944 nebst weiteren 6 Anlagen.) Anlagen nach Einsicht sofort an meine Adresse zurückerbeten!
	vergl. beiliegende 6 Anlagen.				

(Schriftliche Unterlagen, z. B.: Haftbefehle, Urteile sowie deren Aktenzeichen, Entlassungsschein bzw. eidesstattliche Erklärung oder eidesstattliche Aussagen von 3 Zeugen sind beizufügen.)

Ich war nicht Mitglied der NSDAP oder einer ihrer Gliederungen:

Ich bin wegen krimineller Delikte nicht bestraft worden, gegfls.:

Gründe:	Gefängnis/Zuchthaus: Ort	Strafdauer:
entf.	entf.	entf.

Irgendwelche Beihilfen, Bekleidungsgelder und Entlassungsgelder nach KZ-Haft bisher nicht erhalten oder in Anspruch genommen. Bisher zu Gunsten Kinder u. alter Leute verzichtet.

Ich bitte, den Betrag, der mir nach Einbehaltung der gewährten Vorschüsse bewilligt wird, auf mein Konto-Nr. 45138 bei dem Postscheckamt Hamburg, Obering. Th. Eggert (TEVIE) zu überweisen und versichere an Eides Statt, daß sämtliche Angaben der Wahrheit entsprechen. Es ist mir bekannt, daß unrichtige Angaben die Erstattung zu Unrecht erhaltener Beträge und strafrechtliche Verfolgung nach sich ziehen.

Bremen, den 18. Nov. 1949.

Unterschrift

Theo Eggerts Antrag auf Haftentschädigung, November 1949 (Quelle: Staatsarchiv Bremen)

Kampf um Entschädigung

Noch während seiner Zeit bei der Spruchkammer stellte Theo Eggert Anträge auf Entschädigung bei den zuständigen Behörden. Diese Verfahren wurden für ihn wie für alle Betroffenen zu einer emotionalen und bürokratischen Herausforderung. Zwar gab es schon früh die Bereitschaft offizieller Stellen, die während der nationalsozialistischen Herrschaft erlittene Ausgrenzung, Diskriminierung, Verfolgung und Gewalt anzuerkennen und zu entschädigen. Allerdings musste die Höhe der Entschädigung berechnet und somit das Leid in eine Zahl umgewandelt werden. Das war ein ausgesprochen bürokratischer Prozess. Die Betroffenen waren gezwungen, Beweise für die eigene Verfolgung und das Ausmaß der wirtschaftlichen Verluste vorzulegen. Viele, vor allem die Überlebenden der Konzentrationslager, hatten im wahrsten Sinne des Wortes nur ihre Haut retten können. Gerade für sie, die fast alles außer ihrem Leben verloren hatten, war es nahezu unmöglich, etwa Dokumente vorzulegen, die einen in diesem Fall finanziellen Anspruch untermauern konnten. Die seelische Belastung ließ sich natürlich noch viel weniger messen und wurde daher vor allem in der Frühphase der Entschädigung von den Behörden kaum berücksichtigt.[58]

Für Eggert und die übrigen Überlebenden, die nach Bremen zurückkehrten, ging es also zunächst darum, ihren Anspruch auf Entschädigung anzumelden und nachzuweisen. Zuständig waren zunächst zwei Stellen: Die „Hilfsstelle für KL-Entlassene" wurde 1945 von vormals politisch Verfolgten betrieben. Sie war die Anlaufstelle für Menschen, die aus Konzentrationslagern, Gefängnissen oder Arbeitslagern befreit worden waren. Zwar begann die Hilfsstelle mehr oder weniger als Selbsthilfeorganisation, wurde aber bereits im Sommer 1945 dem Senator für Wohlfahrt unterstellt und erhielt damit einen offiziellen Charakter. Sie sollte anfangs eine Grundversorgung sicherstellen. Anspruchsberechtigt waren die Inhaberinnen und Inhaber von „KL-Ausweisen", die seit dem 1. Juli 1945 ausgestellt wurden. Die so ausgewiesenen ehemaligen Häftlinge konnten nun erste Hilfen erhalten. Abhängig von der Dauer der Haft waren das Beträge zwischen 100 und 400 Reichsmark, dazu Ernährungs- und Kleidungshilfen sowie Darlehen bis zu 2.000 Reichsmark.[59] Die zweite Anlaufstelle war die im August 1945 neu gegründete israelitische Gemeinde. Sie sollte sich um alle als „jüdisch" Verfolgten kümmern, auch um die IMIS.[60]

Theo Eggert reichte seinen Antrag auf Entschädigung wegen dauernder Verfolgung seit 1934 im Januar 1946 ein. Im gleichen Monat erhielt er den „Ausweis für KL-Entlassene", ausgestellt wegen „rassischer" Verfolgung und Haft im Konzentrationslager zwischen Oktober 1944 und April 1945.[61] In den Dokumenten der folgenden Wochen, Monate und Jahre spiegelt sich wider, was die Entschädigungsverfahren insgesamt prägte: der Versuch, das erlittene Leid nachzuweisen, der Ärger über die Behörden, die die Fakten anders interpretierten als die Verfolgten, und, daraus resultierend, verzweifelte und meist vergebliche Versuche, die eigenen Erfahrungen immer eindringlicher zu schildern, wobei die Fakten oft neu interpretiert wurden.

Anerkannt als KZ-Entlassener, beantragte Eggert im Juli 1946 nach einer Änderung der entsprechenden Richtlinien erneut einen Ausweis für „politisch, rassisch und religiös durch den Nazismus Verfolgte".[62] Dessen Bewilligung erwies sich als schwierig. Die „Hilfsstelle für KL-Entlassene" war einerseits bemüht, den Forderungen der Verfolgten gerecht zu werden, wollte aber andererseits um jeden Preis Missbrauch vermeiden. Deshalb zog jeder Antrag umfangreiche Recherchen nach sich, auch der von Eggert.

Den Anfang machte eine Regelanfrage bei der Kriminalpolizei. Dazu bediente sich die Hilfsstelle der Akten ausgerechnet jener Behörde, die gerade noch die Verfolgung organisiert hatte, und setzte so Teile der nationalsozialistischen Ausgrenzungspraxis fort.[63] Die Hilfsstelle unterschied zwischen politisch oder „rassisch" Verfolgten und denjenigen NS-Opfern, die von der Polizei zum Beispiel als Kriminelle oder „Asoziale" verfolgt worden waren. Hier ging die Nachkriegsgesellschaft davon aus, dass deren Verfolgung und Verhaftung nicht aufgrund des NS-Unrechts erfolgt war, sondern legal nach allgemeinen Rechtsgrundlagen. Folglich wurden Zugehörige dieser Gruppen nicht entschädigt. Das ignorierte allerdings, dass Zuschreibungen wie „asozial" oder „Berufsverbrecher" zu den willkürlichsten Verfolgungskategorien der gesamten NS-Justiz gehörten. Sie hatten nicht nur einen strafrechtlichen, sondern wiederum auch einen biologistischen Charakter, galten sie doch als Ergebnis vererbter Eigenschaften. Die Ansicht, dass es sich bei „Asozialen" und „Berufsverbrechern" um durchaus zu Recht Verfolgte handelte, hielt sich lange. Beide Gruppen wurden erst 2020 als Opfer des NS-Systems anerkannt und rehabilitiert, aber nie regulär entschädigt.

Eggert hatte, das ergab die Anfrage bei der Kripo, zwischen 1927 und 1935 einige Verfahren gehabt, die jedoch eingestellt worden waren oder mit Freispruch geendet hatten.[64] Von dieser Seite aus drohte also keine Verzögerung des Verfahrens. Allerdings enthält der Antrag auch einen handschriftlichen Vermerk der Hilfsstelle, der auf weitere Recherchen seitens der Behörde verweist: Carl Katz, der Vorsteher der Jüdischen Gemeinde Bremens, war zu Eggert befragt worden. Auch das war Standard, fiel doch die Anerkennung „rassisch" Verfolgter nach einer Vereinbarung zwischen dem Wohlfahrtsressort des Senats und der Jüdischen Gemeinde in der unmittelbaren Nachkriegszeit in deren Zuständigkeit.[65] Die IMIS waren damit zwar nicht einverstanden, konnten ihre Interessen aber nicht durchsetzen.

Wie schon beschrieben, verstanden sie sich mehrheitlich nicht als Jüdinnen oder Juden und waren auch nie Mitglieder der Jüdischen Gemeinde gewesen, sondern

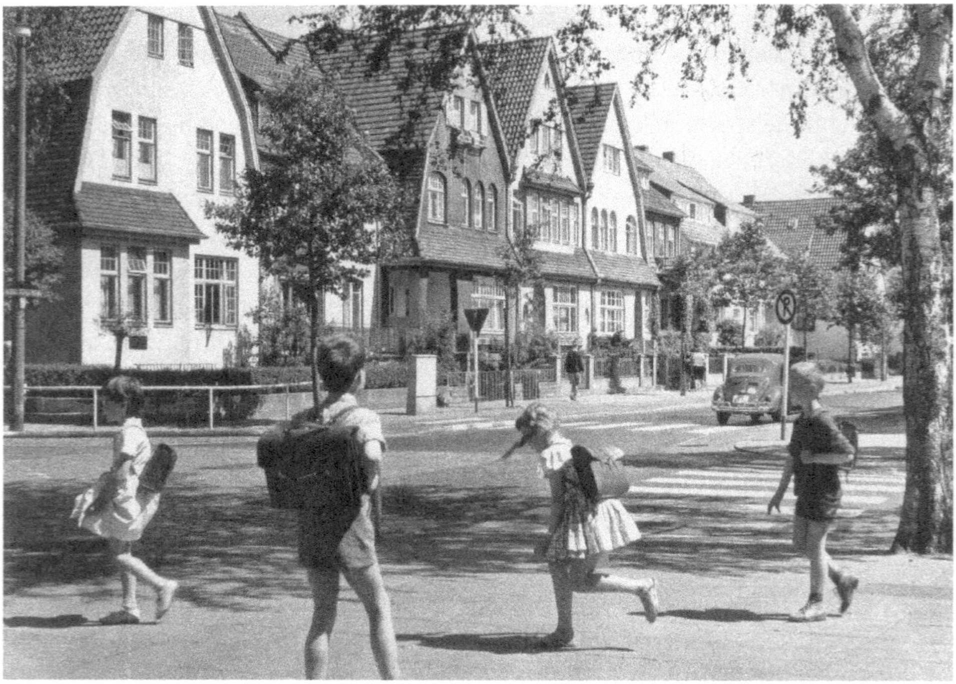

Nach seiner Rückkehr lebte Theo Eggert in der Georg-Gröning-Straße in Schwachhausen, hier zu sehen die Hausnummern 96–110, aufgenommen im Juli 1963 (Quelle: Staatsarchiv Bremen)

vom NS-Rassenwahn zu Juden gemacht worden. Ausgerechnet dieser Aspekt der Diskriminierung wirkte in den Zuständigkeiten nun fort, denn damit saßen die IMIS in der Frühphase der Entschädigung gewissermaßen wieder zwischen den Stühlen. Sie waren als „Halbjuden" verfolgt worden, weshalb die „Hilfsstelle für KL-Entlassene" die Entscheidung über die Anerkennung anfangs an die Jüdische Gemeinde abgab. Die Jüdische Gemeinde wiederum erschien ihnen jedoch gleichzeitig nicht als eigene Interessenvertretung. In diese Lücke stieß später Wilhelm Nolting-Hauff, der einstige Mitgefangene von Theo Eggert, der nun als Finanzsenator amtierte und als eine Art Interessenvertreter der IMIS auftrat. Er selbst hatte sich nach eigener Auskunft nur mit Unbehagen von der Jüdischen Gemeinde als Verfolgter anerkennen lassen. Gleichzeitig entstammte er dem nationalkonservativen bürgerlichen Milieu Bremens, das traditionell Abstand zu sozialdemokratischen und kommunistischen Kreisen hielt. Er blickte deshalb auch mit einiger Skepsis auf die „Hilfsstelle", die von ebenjenen politisch Verfolgten der Bremer Linken geführt wurde.[66]

Dennoch wurde die Jüdische Gemeinde zumindest in der Frühphase auch zu den IMIS befragt, in diesem Fall zu Theo Eggert. Und Carl Katz äußerte sich alles andere als positiv: Er wollte erfahren haben, dass Eggert zu offiziellen Anlässen „die größte Naziflagge in der Gegend gehißt"[67] habe. Katz bemerkte weiter, dass Eggert vor seiner Verhaftung ein gutes Einkommen gehabt habe, und erwähnte auch dessen Mitgliedschaft in der Deutschen Arbeitsfront und der NS-Volkswohlfahrt. Eggert könne daher kein Gegner des Regimes gewesen sein.[68]

Katz' ablehnende Haltung gegenüber den Entschädigungsforderungen von Eggert erklärt sich vermutlich nicht zuletzt aus der anfänglich eher stiefmütterlichen Anerkennung der als „jüdisch" verfolgten Bremerinnen und Bremer vor allem durch den Senat. Die Jüdische Gemeinde fand sich direkt nach Kriegsende in der Rolle der Bittstellerin wieder, während politisch Verfolgte in Bremen mehr Aufmerksamkeit und gesellschaftliche Anerkennung erfuhren. Selbst „Kriegsversehrte und Ausgebombte", so Katz, würden als Opfer des Faschismus angesehen, die jüdischen Opfer dagegen nicht wahrgenommen.[69] Nun musste er Stellung nehmen zu dem Antrag des als „Mischling" verfolgten Eggert, der nicht Teil der Jüdischen Gemeinde gewesen war und die Zeit der Verfolgung im Vergleich zur Mehrheit der Bremer Jüdinnen und Juden abgesehen von der kurzen Haftzeit am Ende des Krieges relativ gut überstanden hatte. Noch dazu war Eggert aufgrund seiner Fähigkeiten als Ingenieur und seines Netzwerkes ökonomisch sehr erfolgreich gewesen. Vermutlich waren Anträge wie der von Eggert eine Provokation für Katz als Vertreter der enteigneten und ermordeten Bremer Jüdinnen und Juden und der wenigen Überlebenden. Die Entscheidung über Eggerts Anerkennung als NS-Verfolgter überließ er dennoch der Hilfsstelle, deren Beschluss sich nicht in den Akten findet. Eggerts weiteres Entschädigungsverfahren legt allerdings nahe, dass die Hilfsstelle der Bewertung der Jüdischen Gemeinde nicht folgte.

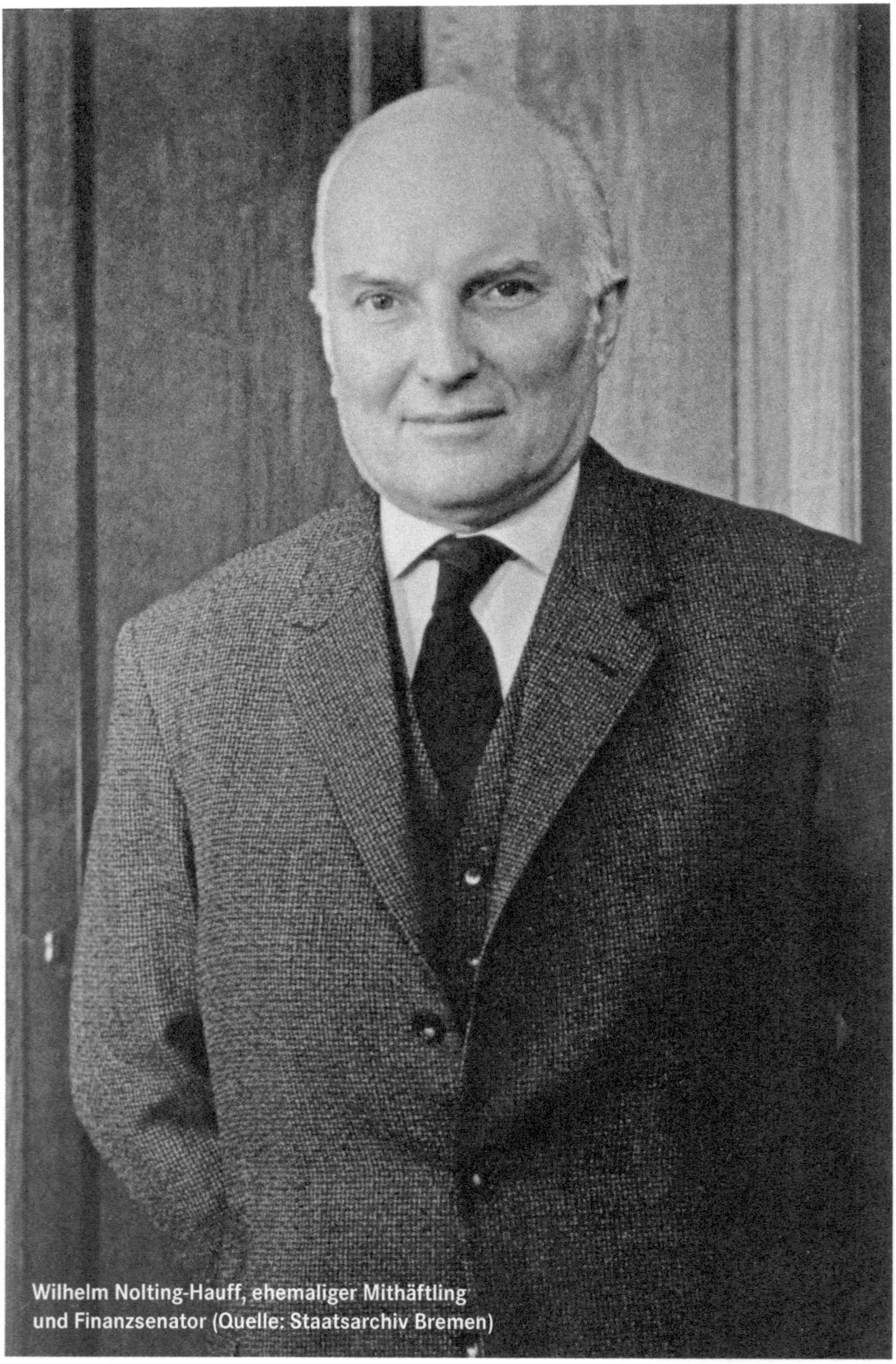

Wilhelm Nolting-Hauff, ehemaliger Mithäftling
und Finanzsenator (Quelle: Staatsarchiv Bremen)

Dementsprechend stellte Eggert im September 1950 seinen ersten Antrag auf reguläre Entschädigung nach dem inzwischen erlassenen Entschädigungsgesetz für die US-amerikanische Besatzungszone, diesmal auf Haftentschädigung, beginnend mit seiner Verhaftung im September 1944 und endend mit dem Tag seiner Befreiung am 5. Mai 1945. Das entsprach insgesamt einer Haftzeit von knapp über sieben Monaten. Gegenüber den Angaben in früheren Anträgen hatte er nun eine längere Haftdauer angegeben. Eingeschlossen war jetzt die Zeit zwischen der Begegnung mit der Gestapo im Berliner Hotel Adlon und dem Aufenthalt im Krankenhaus in den Monaten vor Kriegsende.

Das war nicht unbedeutend, weil sich die Höhe der Entschädigung auch nach der Dauer der Haft richtete. Die Wiedergutmachungsbehörde beschied den Antrag zunächst positiv.[70] Eggerts Angaben zu Haft und Verfolgung wurden anerkannt, vor allem weil er Unterlagen unter anderem der Gestapo vorlegen konnte.[71] Außerdem konnte er einen prominenten Zeugen benennen: Finanzsenator Wilhelm Nolting-Hauff. Dessen Behörde widersprach dann allerdings Eggerts Antrag. Die Begründung war keine inhaltliche, sondern eine juristische: Sie bewertete Eggerts Haft als „Freiheitsentzug durch Zwangsarbeit"[72]. Diese aber sei in den Bremer Richtlinien zur Entschädigung noch nicht der politischen Haft im Sinne des Entschädigungsgesetzes gleichgestellt und damit auch nicht entschädigungsfähig:

„Da die hier vorgesehene Bestimmung über die Gleichstellung von Freiheitsentziehung durch Zwangsarbeit auch in Bremen noch nicht erlassen ist, kann der Antragsteller in dieser Hinsicht im Augenblick noch keine Ansprüche geltend machen."[73]

Im weiteren Verlauf des Verfahrens gab es außerdem Uneinigkeit bei der Bewertung der Lager, in denen Eggert gewesen war. Eggert schrieb, er habe über Dritte erfahren, dass sich im Landesamt für Wiedergutmachung die Ansicht durchgesetzt hätte, das Lager Farge nicht als Lager im Sinne des Wiedergutmachungsgesetzes anzusehen. Es habe keinen Stacheldrahtzaun gegeben, keine SS-Bewachung gehabt, die Häftlinge hätten sich frei bewegen können und es sei auch Arbeitslohn bezahlt worden.[74] Diese Information stellte sich als falsch heraus, den bremischen Behörden war der Charakter des Lagers in Farge durchaus bewusst. Man hatte sich eine Ausgabe des Buches von Wilhelm Nolting-Hauff über dessen eigene Hafterfahrung schicken lassen.[75] Nur über die Lager in Lenne und in Duingen gab es offenbar zu wenige Informationen.[76] Von der Anerkennung des Arbeitslagers in Duingen als Lager im Sinne des Entschädigungsgesetzes hing aber nicht zuletzt die Höhe der Entschädigung ab, die nach Haftmonaten in anerkannten Lagern berechnet wurde. Ohne diese Anerkennung wiederum wurden weder Eggerts Antrag auf Haftentschädigung noch seine Anträge auf wirtschaftliche Unterstützung weiterbearbeitet.

Es brauchte offenbar tatsächlich eine erneute Klarstellung durch Wilhelm Nolting-Hauff gegenüber dem bremischen Rechnungshof und eidesstattliche Erklärungen von Eggert und einigen ehemaligen Mitgefangenen, um den Charakter der Lager Lenne und Duingen nachzuweisen.[77] Endgültig anerkannt wurde dies in einer Sitzung der Deputation für Wiedergutmachung im Januar 1952. Erst jetzt, fast sieben Jahre nach seiner Haftentlassung, wurde Eggert die abschließende Bearbeitung seiner Anträge in Aussicht gestellt. Um die Zeit bis zum Bescheid zu überbrücken, gewährte das Amt ihm ein nachträgliches Weihnachtsdarlehen von 560 DM.[78]

Die geänderten Angaben zur Haftdauer sorgten allerdings für neue Probleme. Eggert erhielt ein weiteres Schreiben von der Wiedergutmachungsbehörde. Zwar wurde er erneut als Verfolgter des NS-Regimes anerkannt. Aber die Behörde bezweifelte, dass er bereits Ende September in Berlin von der Gestapo verhaftet worden sei. Außerdem wurde der Aufenthalt in der Klinik in Bad Schwartau ab März 1945 nun nicht mehr als Haftzeit anerkannt. Eggert hatte diesen Zeitraum immer als Teil seiner Haft angegeben, weil er nach seiner Gesundung wieder zurück in das Lager in Duingen gekommen wäre. Das geschah nur nicht, weil der Krieg inzwischen zu Ende gegangen war. Allerdings hatte er zwischenzeitlich alternativ angegeben, im März 1945 nicht in ein Krankenhaus überwiesen worden, sondern bis Ende März 1945 in Haft gewesen und danach desertiert zu sein.[79] In den nachfolgenden Anträgen gab er als Ende der Haftzeit immer den 8. Mai 1945 an.[80] Das machte die Behörde zwar misstrauisch, aber letztlich war die eigentliche Haft nicht zu widerlegen. Am Ende erkannte sie vier Monate an und gewährte dafür eine Haftentschädigung von 600 DM.[81] Diese wurde mit dem Weihnachtsdarlehen verrechnet, sodass ein Auszahlungsbetrag von 40 DM blieb. Alle weiteren Ansprüche wegen wirtschaftlicher und gesundheitlicher Schäden wurden zunächst abgelehnt.[82]

Im Verlauf der nächsten Jahre wurden Eggert auch Entschädigungen für den Haftzeitraum vom 1. bis zum 19. März 1945 zugestanden, die Kosten für einen Kuraufenthalt wurden ebenfalls anerkannt.[83] Seine weiteren Anträge auf Entschädigung blieben indes weitgehend erfolglos, weil vor allem seinen Angaben zum wirtschaftlichen Schaden vor seiner Verhaftung nicht viel Glauben geschenkt wurde.[84] Formal war das sicherlich berechtigt, denn Eggerts beim Finanzamt angemeldete Einkünfte zwischen 1941 und 1945 waren tatsächlich mit dem Durchschnittseinkommen von Bundesbeamten im höheren Dienst vergleichbar und entsprachen auch in diesen Jahren seiner Qualifikation als Ingenieur.[85] Auch das 1948 für den Wiederaufbau seiner Firma in der Großen Annenstraße in der Neustadt beantragte Darlehen von 5.000 DM scheint nie geflossen zu sein.[86]

Der Streit zwischen Eggert und dem Landesamt für Wiedergutmachung wegen der gesundheitlichen Schäden durch die Haft zog sich bis zu seinem Tod im Dezember 1959. Im Laufe des Verfahrens kamen die Gutachter zu dem Schluss, dass Eggerts Gesundheitszustand nur zu geringen Teilen seiner Haft geschuldet, sondern vor allem auf Gallensteine zurückzuführen sei. Allerdings wurde ihm eine psychische Belastung als Folge der Haft attestiert und eine haftbedingte Erwerbsminderung von zehn Prozent zugestanden.[87] Eggert aber ließ nicht nach und forderte eine höhere Entschädigung, vor allem die Übernahme von Kosten für Behandlungen.

Im Gutachterstreit wäre es dabei fast zu einer pikanten Begegnung gekommen. Die Bremer Wiedergutmachungsbehörde ordnete ein Gutachten zu Eggerts Gesundheitszustand an und beauftragte damit das Universitätsklinikum in Hamburg-Eppendorf. Der zuständige Gutachter sollte Prof. Dr. Hans Heinrich Berg sein. Berg, Experte für Ernährungsfragen und bereits während des Krieges Leiter der Abteilung für Innere Medizin in Eppendorf, hatte eine Vorgeschichte. Im März 1944 war der Oberfeldarzt der Reserve für ein Gutachten verantwortlich gewesen, in dem der Ernährungszustand der Häftlinge im Arbeitserziehungslager Farge, im nahe gelegenen KZ-Außenlager und im sogenannten Russenlager der Kriegsmarine in Bremen-Blumenthal überprüft wurde.[88] Beinahe wäre Berg also auf einen ehemaligen Häftling eines der Lager gestoßen, das der Hamburger Professor nur zu gut aus eigener Ansicht kannte. Eggert verweigerte die Untersuchung mit dem Hinweis auf die in Hamburg zu erwartenden Umstände: „Ich bin nicht bereit, mich auch nur für diese Untersuchung in ein Badezimmer mit Fliesen zu legen."[89] Außerdem sollte offenbar ein Assistent von Berg die Untersuchung durchführen, nicht der Professor selbst, womit Eggert ebenfalls nicht einverstanden war.[90] Ein zweiter Termin kam nicht zustande, woraufhin das Klinikum die Akte nach Bremen zurückschickte.[91] Damit war das Verfahren beendet, es blieb bei der ursprünglichen Bewertung. Als Theo Eggert im Dezember 1959 starb, lief nur noch ein Verfahren auf Rückerstattung von Vermögen nach dem Bundesrückerstattungsgesetz in einem Wert von insgesamt 7.000 DM, das durch seinen Tod endete.[92]

Nach dem Krieg: Wieder bei Werder

Trotz der Belastung während dieser jahrelangen Verfahren, trotz seiner ehrenamtlichen Tätigkeit bei der Spruchkammer und trotz seiner beruflichen Verpflichtungen fand Theo Eggert noch die Zeit, eine aktive Rolle bei der Wiedergründung des SV Werder zu spielen. Am 10. November 1945 wurde er zunächst Schriftführer der „Sportgemeinschaft Mitte" und 2. Vorsitzender der TuS Werder, die der Historiker Harald Klingebiel als notwendige Zwischenschritte vor der Wiedergründung des eigentlichen SV Werder Bremen Ende März 1946 ansieht.[93] Am 20. Februar 1947 wurde Theo Eggert dann nach eigenen Angaben von der Militärregierung zum „Obmann einer Sportorganisation" bestellt.[94] Ob damit der SV Werder gemeint ist, geht aus dem Dokument nicht hervor, es ist aber anzunehmen.

Bei Werder erhielt Eggert jedenfalls die Mitgliedsnummer 4, übernahm bis Sommer 1947 auch den 2. Vorsitz, später wurde er noch einmal Schriftführer. Schon im Mai 1949 erhielt Theo Eggert die Silberne Ehrennadel für hervorragende Vereinsarbeit[95], doch über seinen Einfluss auf die Geschicke des SV Werder in diesen und den kommenden Jahren, sein Verhältnis beispielsweise zu Alfred Ries oder seinen Umgang mit den vormaligen Nationalsozialisten im Verein ist leider nichts bekannt. Auf jeden Fall blieb er Grün-Weiß auch in den folgenden Jahren treu und nahm noch im

Dezember 1959 an einem Weihnachts-Skatturnier des Vereins teil. Kurz danach starb er, seit seiner Erkrankung während der Zeit im Lager Duingen nie wieder ganz gesund geworden, im Alter von 55 Jahren an einem Herzinfarkt.

Zwischen den Stühlen

Die Lektüre der Akten zu Theodor Eggert hinterlässt ein komplexes Bild. Er war zweifellos ein Verfolgter des NS-Regimes, der daran gehindert worden war, sein Leben so zu leben, wie er es selbst wollte. Zugleich suchte er während der NS-Herrschaft nicht zuletzt angesichts der jederzeit drohenden Intensivierung der Verfolgung nach Lücken, nach Ausnahmeregelungen. Sollte er tatsächlich, wie es Carl Katz behauptete, des Öfteren eine Hakenkreuzfahne gehisst haben, so dürfte dies Teil des Versuchs gewesen sein, sich und seiner Familie das vor allem wirtschaftliche Überleben zu retten. Letztlich bedeutete es im zeithistorischen Kontext auch, in der Masse zwischen all den anderen Deutschen, die Hakenkreuzfahnen hissten, nicht aufzufallen. Mit dieser Anpassung war er nicht allein, sie kennzeichnete das Verhalten der meisten IMIS.[96]

Nach dem Krieg wurde ihm dieses Verhalten vorgeworfen, seine Verfolgung in Zweifel gezogen, Entschädigung nur unter Vorbehalt gewährt. Gleichzeitig wusste Eggert durch seine Tätigkeit bei der Spruchkammer, wie leicht es den Täterinnen und Tätern gemacht wurde, sich ihrer Verantwortung zu entziehen. Er scheint deshalb bereit gewesen zu sein, zumindest widersprüchliche Angaben zu seiner Haft zu machen, den Aufenthalt im Krankenhaus zu Kriegsende als Teil von ihr zu schildern und seine gesundheitlichen Probleme mehr auf die Haft zurückzuführen, als tatsächlich angemessen war. Ohne Kenntnis der besonderen Lage, in der sich die IMIS während der NS-Herrschaft und teilweise auch danach befanden, würde Eggerts Verhalten viele Fragezeichen hinterlassen. Aber letztlich spiegelt sich hier ein Kampf um Anerkennung als Zugehöriger einer Gruppe, die nicht so offensichtlich verfolgt wurde, die aber auch keinesfalls unbehelligt geblieben ist. In einem seiner Briefe an das Wiedergutmachungsamt schrieb Eggert:

„Hierzu ist zunächst zu sagen, daß Sie scheinbar ‚menschenunwürdig‘ überfordern. Ich war als Häftling […] in das Elisabethstift nach Bad Schwartau bei Lübeck unter ständiger Aufsicht der SS und des SD befohlen, um nach Ablauf von 4 bis 6 Wochen Behandlungszeit in das Lager wieder eingeliefert zu werden. Allein diese Tatsache und die seelischen Belastungen dieserhalb sind mehr als ‚menschenunwürdig‘ und ich möchte sie keinem Dritten zumuten.“[97]

Jahrelang litt er unter Konzentrationsschwäche, Schlaflosigkeit und Depressionen, die laut Gesundheitsamt vor allem auf seine Haftzeit zurückzuführen waren.[98] Dass er versuchte, so viel Entschädigung wie möglich zu erhalten, und dabei zum Teil widersprüchliche und auch falsche Angaben machte, kann man ihm angesichts seines Schicksals nicht vorwerfen. Warum sollte er sich abfinden mit der bürokratischen

Handhabung der Wiedergutmachung, die sich nur nach Haftzeiten bemaß? Der Druck, unter den alle geraten waren, die von den Nationalsozialisten nicht als Teil der „Volksgemeinschaft" anerkannt wurden, die Angst vor der Verfolgung, die jederzeit hätte auch in Vernichtung umschlagen können – sie waren ständige Begleiter auch der IMIS gewesen, die zwar durch den Pragmatismus vieler NS-Ämter geschützt wurden, aber dieser Schutz war keine Garantie, wie die Pläne Heydrichs zeigen. Für diesen Druck und diese Ängste gab es keine Entschädigung, er und sie waren nicht messbar.

Obwohl Eggert gegen viele Widrigkeiten um seine Anerkennung als Verfolgter des NS-Regimes kämpfen musste und letztlich eigentlich verlor, engagierte er sich für die gleiche Gesellschaft, die ihm diese Anerkennung versagte. Er übernahm den ehrenamtlichen Vorsitz einer Spruchkammer und prangerte die tatsächlich ausgesprochen milde Praxis der Entnazifizierung in Bremen zu Recht an. Er ließ auch hier kein Mittel aus, um Täter einer angemessenen Strafe zuzuführen. Und dann ist da noch der Theo Eggert, der aktiv und mit großem Engagement am Wiederaufbau des SV Werder mitgearbeitet hat. Nichts deutet hier auf Ressentiments hin oder auf einen Groll gegenüber der Stadt und einem ihrer Vereine.

Niemand kann in einen Menschen hineinsehen. Von außen betrachtet scheint Theo Eggert jemand mit einem einerseits ausgesprochen ausgeprägten Empfinden für Gerechtigkeit gewesen zu sein, die er auch für sich in Anspruch nahm. Andererseits verfügte er vermutlich über ein starkes Selbstvertrauen, das mit einer gewissen Unduldsamkeit einherging. Am Ende zeigt seine Biografie, dass die Geschichte selten eindeutig ist, dass Widersprüche und Ungereimtheiten sich manchmal nicht auflösen lassen. Jenseits aller Fragezeichen war Theo Eggert ein Verfolgter des NS-Regimes, der nach dem Krieg trotz allem bereit war, sich am Neuaufbau zu beteiligen, obwohl er in der Verwaltung, in seiner Nachbarschaft und auch bei Werder immer wieder auf diejenigen stieß, die seine Ausgrenzung und Verfolgung aktiv betrieben oder geschehen lassen hatten.

Leo Weinstein

Vom ausgeschlossenen Werderaner zum Fußballpionier und Universitätsprofessor

von Lukas Bracht

In einem Nachruf der Universität Stanford auf Leo Weinstein heißt es: „Leo Weinstein war vieles zugleich – Gelehrter, Autor, Linguist und Lebemann. Er war weltoffen, sprach vier Sprachen fließend und war ein Liebhaber der klassischen Musik. Aber vor allem war er fußballverrückt und trug in bemerkenswerter Weise dazu bei, den Fußballsport in den USA nachhaltig bekannt und beliebt zu machen."[1]

Der Name Leo Weinstein ist einigen in Bremen ein Begriff. Dennoch ist wenig über die gleichermaßen bemerkenswerte wie wechselhafte Biografie dieses außergewöhnlichen Mannes bekannt – seine Jugend in Bremen und bei Werder, seine Flucht in die Vereinigten Staaten, seine Rückkehr nach Europa mit der US-Armee, sein Wirken als Professor in Stanford und als Pionier des Fußballs in den USA.

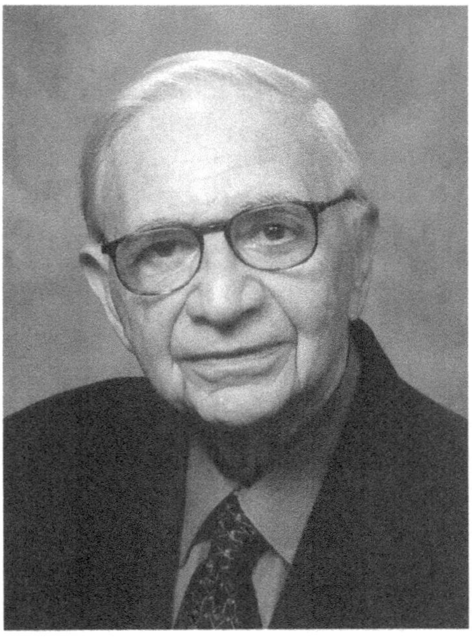

Porträt von Leo Weinstein, mit dem seiner im Nachruf der Universität Stanford gedacht wurde (Quelle: Stanford News)

Der vorliegende Beitrag basiert im Wesentlichen auf Recherchen in Präsenz- und Onlinebeständen verschiedener Archive und Datenbanken sowie auf Leo Weinsteins bisher unveröffentlichter Autobiografie „The Decoy“[2]. Diese ist dem Autor von einer engen Freundin Leos, Doris Flom, zum Zwecke dieses Aufsatzes dankenswerterweise zur Verfügung gestellt worden. Einige Details und Fotos entstammen zudem einer Korrespondenz des Autors mit Derek Liecty, einem Freund und einstigen „Soccer Buddy“ von Leo.

Leo Weinstein wurde am 15. Mai 1921 in Rüstringen bei Wilhelmshaven als zweiter Sohn des Schneiders Hermann Weinstein (*1888) und dessen Frau Anna geb. Greissmann (*1890) geboren. Beide Elternteile waren jüdischer Konfession. Sein acht Jahre älterer Bruder Rudolf Rubin war am 25. März 1913 in Ulanov geboren worden. Ulanov gehörte zum damaligen Zeitpunkt zum Österreichischen Kaiserreich, nach dem Ersten Weltkrieg fiel es an Polen. Noch im selben Jahr zog die Familie nach Rüstringen. Vater Hermann führte dort, mit Ausnahme seines Kriegsdienstes 1917 bis 1918, durchgehend eine eigene Schneiderei. Hauptkunden waren Angehörige der Kaiserlichen Marine. Aufgrund des Abbaus der Marine und Industrie in Wilhelmshaven als Folge des Versailler Vertrags verlor Hermann Weinstein seine wichtigste Kundschaft. Er zog mit seiner Schneiderei 1925 nach Bremen, richtete Am Haferkamp 77/78 seine Werkstatt ein und arbeitete als Zuschneider für die Firma Nissenfeld (Am Brill 11). Noch im Jahr 1925 beschäftigte er bereits zwei Arbeiterinnen und stellte Zivilanzüge für Polizeiangehörige her.

Spätestens 1927 kam seine Frau Anna samt Rudolf und Leo ebenfalls nach Bremen, und die Familie zog in die Rüdesheimerstraße 41 in der Bremer Neustadt. Die Wohnung lag in direkter Nachbarschaft von Moses und Frieda Cohen (Nr. 37), deren Bruder Hugo Grünberg bei Werder als Schiedsrichter aktiv war.[3] Hermann hatte zwei Etagen des Hauses gemietet. Dort betrieb er auch seine Maßschneiderei zur „Anfertigung feiner Herrengarderoben“[4]. Die Familie lebte in bürgerlichen Verhältnissen, darauf deuten auch die nicht unerhebliche jährliche Miete von 1.500 RM sowie die Aufstellung an Vermögenswerten im Zuge des Entschädigungs-/Wiedergutmachungsverfahrens nach dem Zweiten Weltkrieg hin. Während Hermann Weinsteins Vermögenswerte im November 1926 noch auf 4.000–5.000 RM[5] taxiert wurden, beliefen sich allein die Einrichtungsgegenstände in der Wohnung und Werkstatt 1938 auf geschätzte 11.500 RM[6].

Die Familie war in der Jüdischen Gemeinde Bremens engagiert und pflegte einen orthodoxen Lebensstil mit koscherem Essen, Beachtung des Sabbats und samstäglichen Besuchen in der Synagoge.[7] Es ist wahrscheinlich, dass die Weinsteins dadurch auch mit den Familien Rosenthal, Ries und Grünberg bekannt waren, zumal es sich um eine relativ kleine Gemeinde handelte.[8] Hermann Weinstein betreute unter anderem die Jahrzeit zur Erinnerung an die Verstorbenen.[9] Über Leo findet sich zudem eine Anzeige zu seiner Bar-Mitzwa-Feier aus dem April 1934.[10] In Vorbereitung dafür hatte er zwei Jahre lang den Hebräisch-Unterricht besucht.[11]

Leo ging von 1928 bis 1932 in Bremen auf die Volksschule. Zu dieser Zeit trat er auch bereits als 7-Jähriger dem SV Werder bei.[12] Die *Vereinsnachrichten*, in denen Vereinseintritte dokumentiert wurden, liegen dem Autor für die zweite Hälfte der 1920er Jahre leider nicht vollständig vor. Wann genau Leo Weinstein Werder-Mitglied wurde, lässt sich daher nicht exakt beantworten. Ebenso ist unklar, wie er überhaupt zum Fußball und auf den SVW als Verein seiner Wahl gekommen war. Ein möglicher Grund ist, dass sein Vater Hermann eben wie Alfred Ries in der Jüdischen Gemeinde Bremens engagiert war. Allerdings ist auch eine soziale Dynamik in seinem Freundeskreis oder in der Schule nicht unwahrscheinlich. Der SV Werder warb schließlich seit der Ägide von Arthur Rosenthal als Obmann des Werbe- und Presseausschusses (ab Anfang 1919)[13] gezielt an Schulen um neue jugendliche Mitglieder.[14] Ob allerdings in jenen Jahren auch an Leos Schule geworben wurde, lässt sich auf Basis der *Vereinsnachrichten* nicht nachweisen. Was auch immer der ausschlaggebende Grund war: Die Entscheidung für Fußball sollte prägend für das Leben von Leo Weinstein sein, der bei Werder „Halbrechter“ war – nicht besonders schnell, „aber ganz gewitzter Dribbler, schwer vom Ball zu trennen“, wie ihm damalige Mitspieler später attestierten.[15]

Die Familie zog 1932 in die Kaiserstraße 12 (die heutige Bürgermeister-Smidt-Straße) um, wo Hermann Weinstein weiterhin als selbstständiger Schneider tätig war. Der mittlerweile 18-jährige Rudolf war in die Fußstapfen seines Vaters getreten, hatte das Gymnasium frühzeitig verlassen und eine Lehre beim Schneidermeister Wedekind in der Bremer Neustadt (Mainstraße 69) begonnen.

Leos Interesse lag bereits in jungen Jahren auf den modernen Sprachen. Sein Wechsel auf die Oberrealschule Neustadt im Jahr 1932 kam dann auch nicht von ungefähr (auf einem Gymnasium hätte er die klassischen Sprachen Latein und Griechisch lernen müssen, wohingegen an der Realschule Englisch und Französisch unterrichtet wurde) und war zudem ein weiteres Indiz für sein bürgerliches Elternhaus: Höhere Schulbildung war zu jener Zeit im Allgemeinen dem Mittelstand vorbehalten und mit dem Entrichten von Schulgeld verbunden, wobei dessen Höhe von den schulischen Leistungen im Klassenschnitt abhing. Für Leo, einer der drei besten Schüler seiner Klasse, musste seine Familie dementsprechend nicht das volle Schulgeld aufbringen.[16]

Die „Machtergreifung“ der Nationalsozialisten im Januar 1933 bezeichnete Leo rückblickend als „Flutwelle“, die das bis dato „friedliche Deutschland in ein brutales Monster verwandelte“.[17] Aus Mitschülern und Freunden wurden „hässliche, feindliche Soldaten“[18], die in Militäruniform in die Schule kamen. Der Schultag startete mit dem Hitlergruß, Propagandafilme waren an der Tagesordnung.

Die jüdische Familie Weinstein war fortan vielfachen Repressionen und Benachteiligungen in ihrem Alltag ausgesetzt, das Geschäft von Hermann Weinstein vom Boykott jüdischer Geschäfte betroffen. Leo selbst schreibt in seiner Autobiografie, dass sein Vater „nahezu aller Stammkunden beraubt“ wurde und lediglich einige in Bremen ansässige ausländische Diplomaten noch ins Geschäft der Weinsteins kamen.[19] Als

Grundlage für Wiedergutmachungszahlungen nach dem Krieg wurde später ein Rückgang des Umsatzes von Weinsteins Schneiderei um 50 % für die Zeit ab April 1933 angenommen.[20] Seit jenem Jahr lebte die Familie Weinstein in der Brückenstraße 32.[21] Ob dieser Umzug im Zusammenhang mit den neuen Machthabern stand, ist unklar.

Für einen 12-jährigen Jungen wie Leo muss schwer nachvollziehbar gewesen sein, was mit seinen Mitschülern, Lehrern und seinem gesamten Umfeld passierte. Dieses Unverständnis greift er in seiner Autobiografie auf: „Hatte jemand etwas in ihr Trinkwasser getan, das sie plötzlich in Frankensteins verwandelte?“[22]

Im September 1934 traf die Familie mit dem Tod von Anna Weinstein, Leos Mutter, ein weiterer Schicksalsschlag. Sie war nach kurzer, schwerer Krankheit an Leukämie gestorben. Leo bezeichnete dies als den „traurigsten Tag in meinem Leben“[23]. Der Grabstein von Anna Weinstein steht auf dem jüdischen Friedhof in Bremen-Hastedt.

Im Jahr 1934 oder 1935[24] musste der junge Leo den SV Werder verlassen. Sein Trainer teilte ihm „mit sichtlichem Bedauern“ mit, „daß Juden nicht mehr Mitglieder beim SV Werder sein durften“[25]. Die genauen Umstände dieses Vorgangs sowie die allgemeine Ausschlusspraxis des Vereins gegenüber jüdischen Mitgliedern sind aus den vorliegenden Akten nicht exakt ersichtlich.[26] Weinsteins Ausschluss wurde in den *Vereinsnachrichten* der Jahre 1934/35, die vollständig im Werder-Archiv liegen, nicht offiziell dokumentiert. Er selbst schrieb dazu, dass ihn sein Trainer nach einem Training im Jahr 1935 beiseitegenommen und ihm mitgeteilt habe, dass er wegen der neuen „Rassengesetze“ nicht mehr Mitglied des Vereins sein könne.[27] Für Leo brach damit eine Welt zusammen, es war nicht nur ein Ausschluss aus einem Verein, sondern vielmehr wie ein Ausschluss aus einer Familie: vom Klubhaus, in dem er sich mit Mannschaftskameraden getroffen und Filme geschaut hatte, bis zur Vereinsgemeinschaft insgesamt. Der Fußballplatz war der einzige Ort gewesen, an dem er noch ein Gefühl von Freiheit und Kameradschaft hatte genießen können.[28]

Sein späterer jahrelanger Freund Derek Liecty bestätigte in der Korrespondenz mit dem Autor, dass Leos Anfangsjahre als Fußballer laut seinen eigenen Schilderungen das Highlight seiner Jugend gewesen seien und er über all die Jahre treu zu Werder gestanden habe. Auch Leo selbst schrieb in seinen Memoiren, er sei an nahezu jedem Wochenende, bei Sonnenschein und bei Regen, mit seinem Bruder Rudolf im Stadion gewesen. Nach seinem Ausschluss trat er dann zwar bald einem der noch erlaubten jüdischen Sportvereine in Bremen bei, doch fand dort kein organisiertes Training mit einem Trainer statt, geschweige denn Wettbewerbsspiele gegen andere Vereine.[29]

Im Jahr 1936 musste Leo Weinstein zudem seine Schulausbildung auf der Oberrealschule abbrechen. Seit Juni 1936 hatten jüdische Schüler unabhängig von ihren schulischen Leistungen das volle Schulgeld zu bezahlen. Wegen der wirtschaftlichen Situation der Schneiderei durch den Boykott war dies seinem Vater nicht möglich. Leo war bis dahin einer der Klassenbesten gewesen – in einigen Jahren sogar der Primus, wie sich ehemalige Mitschüler bei einem Klassentreffen erinnerten.[30] Darauf deuten auch Auszeichnungen für besondere schulische Leistungen im jüdischen *Gemeindeblatt* hin.[31] Die Absicht seiner Eltern, er solle Jura studieren, hatte sich mit dem Abbruch der Schullaufbahn zerschlagen. Leo fing eine Stelle als „Volontär" in einer Ankerwicklerei an, wohl über ein Freiwilligenprogramm für Juden, ein Handwerk zu erlernen.[32] Laut seiner Angabe im späteren Wiedergutmachungsverfahren reichte sein Gehalt dort aber nicht einmal aus, um seine Fahrtkosten zu decken.[33]

Nach seiner Entlassung 1937 war Leo dann – wie viele andere Juden zu dieser Zeit auch – erwerbslos, zudem bereits seit dem erzwungenen Schulabbruch mehr und mehr isoliert und einsam. Selbst seine alten Schulfreunde grüßten ihn lediglich noch flüchtig auf der Straße und gingen sogleich schnell weiter – sie wollten oder durften sich nicht mit ihm gemeinsam sehen lassen. Leo las in dieser Zeit sehr viel, vor allem klassische Literatur von Tolstoi, Dostojewski und Voltaire. Lediglich zwei seiner alten Teamkameraden und Mitschüler trafen sich noch heimlich mit ihm in seiner Wohnung.[34]

Das Jahr 1938 wurde dann ein weiteres Schicksalsjahr für die Familie Weinstein und riss diese endgültig auseinander: Vater Hermann Weinstein wurde im Oktober 1938 aus Bremen ausgewiesen und nach Polen abgeschoben.[35] Dies geschah im Rahmen der frühen Deportation von polnischen Juden aus dem Deutschen Reich im Oktober 1938. Insgesamt wurden am 27./28. Oktober 1938 reichsweit etwa 17.000 Menschen innerhalb von wenigen Stunden verhaftet und in Güterwaggons an die polnische Grenze deportiert.[36] Da sein Geburtsort Ulanov mittlerweile polnisches Staatsgebiet war, galt Hermann Weinstein als polnischer Staatsbürger. Im Juli 1939 kehrte er nochmals für kurze Zeit nach Bremen zurück, „um seine Angelegenheiten regeln zu können"[37]. Weinstein kam in dieser Zeit in der Westerstraße 28 – einem sogenannten „Judenhaus" – unter. Diese Adresse wurde auch in seiner Sterbeurkunde als letzter fester Wohnsitz angegeben.[38] Was mit seiner Wohnung und Werkstatt sowie der Einrichtung in der Brückenstraße geschah, lässt sich anhand der gesichteten Akten nicht mehr nachvollziehen. Gleichwohl ist bekannt, wie die „Arisierung" des jüdischen Besitzes durch den NS-Apparat strukturell funktionierte. Beispielhaft sei an dieser Stelle auf die Enteignungen der Familien Grünberg und Rosenthal verwiesen, die an anderer Stelle in diesem Buch geschildert werden.

Weniger als zwei Monate später, am 8. September 1939, wurde Hermann Weinstein in das Konzentrationslager Buchenwald deportiert. Nach dem deutschen Überfall auf Polen galten polnische Staatsbürger im Deutschen Reich als „feindliche Ausländer".[39] Hermann Weinstein kehrte nicht wieder aus Buchenwald zurück. Sein Tod wurde auf den 8. April 1942 datiert.[40] Ob dies das wirkliche Todesdatum war, ist ebenso ungeklärt wie die genauen Umstände seines Todes. Als offizielle Todesursache wurde Herzversagen angegeben.[41] Sein Grabstein steht neben dem seiner Frau Anna auf dem jüdischen Friedhof in Hastedt, auf dem auch Alfred Ries begraben liegt. Einen Stolperstein für Hermann Weinstein gibt es in Bremen nicht.[42]

Bereits seit 1936 hatte derweil Leo seine Pläne verstärkt, aus Deutschland zu emigrieren. Er war auf einen Briefwechsel seiner Mutter in Hebräisch und Jiddisch (er beherrschte keine dieser Sprachen wirklich fließend) mit ihrem älteren Bruder Nathan Greisman[43] in New York gestoßen. Leo sandte einen Brief an die Absenderadresse in den USA und bekam positive Rückmeldung. „Glückselig tanzten wir durch das ganze Haus. New York, New York, Wolkenkratzer, Jazz, Broadway – und Freiheit!", schrieb er in seiner Autobiografie.[44]

Leo und sein Bruder mussten aber noch einige Hürden überspringen, bis sie die ersehnten Überfahrtstickets in den Händen hielten: Zu besorgen waren eine finanzielle Bürgschaft der Verwandten in Amerika, ein amerikanisches Visum und wiederum dafür ein polnischer Pass sowie schließlich die Erlaubnis der Gestapo zur Ausreise und das Geld für die Schiffspassage.[45] Da sein Bruder und sein Vater weiterhin arbeiteten und zudem kein Englisch sprachen, hing der Großteil der Planung am anfangs erst 15-jährigen Leo. Mit Schmiergeld und Hartnäckigkeit verschaffte er sich und seinem Bruder die benötigten Dokumente. Für den Vater indes hatte die Bürgschaft der amerikanischen Verwandten nicht mehr ausgereicht.

Im Juli 1938, also drei Monate vor der Abschiebung von Hermann Weinstein nach Polen, flohen der mittlerweile 17-jährige Leo und sein älterer Bruder Rudolf mit Unterstützung der Hebrew Immigration Aid Society (HIAS)[46] über Antwerpen in die USA. Beide gaben bei ihrer Einreise als Kontaktperson vor Ort ihren Onkel Nathan Greisman an.[47] Mit der S.S. „Gerolstein" erreichten noch weitere Juden aus ganz Europa die Vereinigten Staaten[48] – ein glückliches Schicksal, das nur einem Bruchteil der jüdischen Menschen in Europa zu jener Zeit vergönnt war.

Am 14. Juli 1938 betraten Leo und Rudolf in New York amerikanischen Boden.[49] Während Rudolf zunächst bei den Greismans unterkam, zog Leo bei weiterer amerikanischer Verwandtschaft ein: Mollie Leff[50], eine Schwester von Leos Vater Hermann, lebte mit ihrem Mann Julius und Sohn Max in der Bronx (Fairmont Place) in New York City.[51] Ein weiterer Cousin, Carl Leff, war zu diesem Zeitpunkt nicht mehr an der Adresse seiner Eltern gemeldet.[52]

Da Leo und Rudolf beide ihr Hab und Gut in Bremen hatten zurücklassen müssen, waren sie in New York ohne eigene Geldmittel angekommen.[53] Von 1938 bis 1940 arbeitete Leo als Laufbursche und Lehrling für einen Zahnmechaniker und von 1940 bis 1941 als Gehilfe in einem Krämerladen. Dadurch konnte er sich seine höhere Schulbildung finanzieren. Neben der Arbeit besuchte er die Abendklasse der James Monroe High School und erhielt dort im Januar 1940 seinen Abschluss. Ab jenem Zeitpunkt ging er auf die Abendschule des College of the City of New York, bevor er im Januar 1941 zum Studium am Florida Southern College nach Lakeland umzog. Dieses konnte er sich über ein Stipendium und einen Nebenjob in einem Kaufhaus finanzieren.

Am 18. Dezember 1942 wurde Leo Weinstein in die US-Armee einberufen, war zunächst in Camp Blanding (Florida) stationiert und wurde im Army Specialized Trai-

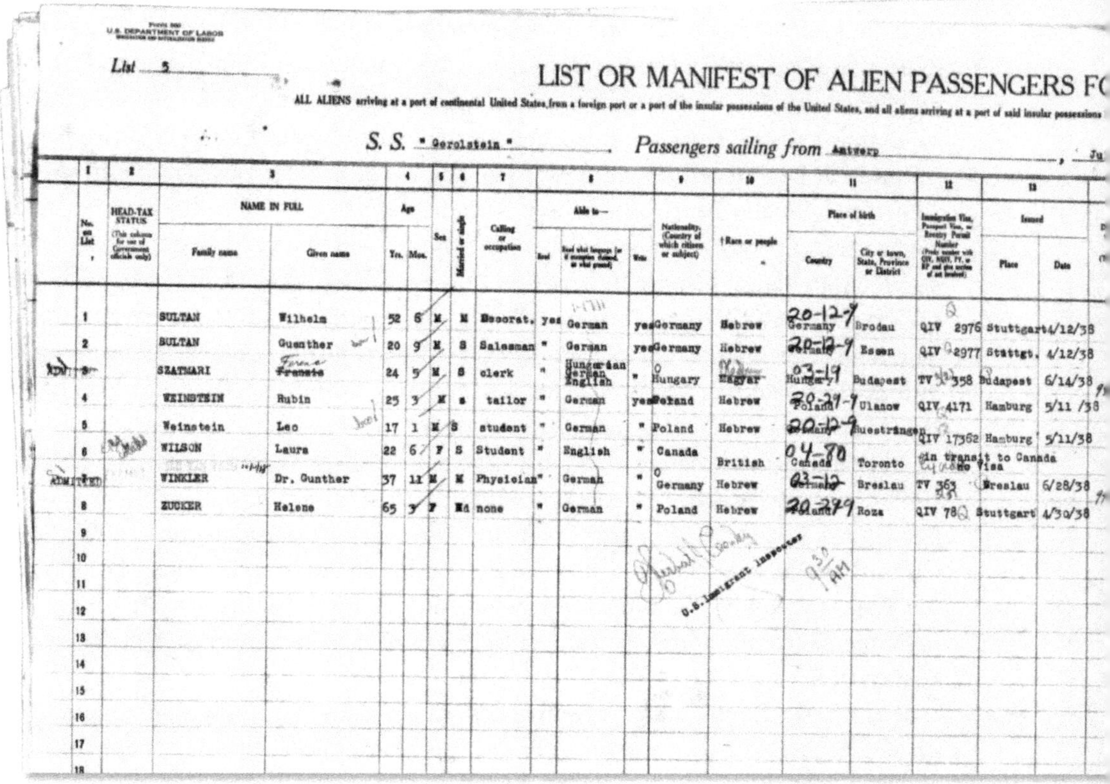

U.S. DEPARTMENT OF LABOR

List 5

LIST OR MANIFEST OF ALIEN PASSENGERS F

ALL ALIENS arriving at a port of continental United States from a foreign port or a port of the insular possessions of the United States, and all aliens arriving at a port of said insular possessions

S. S. "Gerolstein" Passengers sailing from Antwerp

No. on List	Head-tax status	Family name	Given name	Age Yrs.	Age Mos.	Sex	Married or single	Calling or occupation	Read	Read what language	Write	Nationality	Race or people	Country of birth	City or town	Immigration Visa No.	Issued Place	Issued Date
1		SULTAN	Wilhelm	52	6	M	M	Decorat.	yes	German	yes	Germany	Hebrew	Germany	Brodau	QIV 2976	Stuttgart	4/12/38
2		SULTAN	Guenther	20	9	M	S	Salesman	"	German	yes	Germany	Hebrew	Germany	Essen	QIV 2977	Stuttgt.	4/12/38
3		SZATMARI	Francis	24	5	M	S	clerk	"	Hungarian German English	"	Hungary	Magyar	Hungary	Budapest	TV 358	Budapest	6/14/38
4		WEINSTEIN	Rubin	25	3	M	S	tailor	"	German	yes	Poland	Hebrew	Poland	Ulanow	QIV 4171	Hamburg	5/11/38
5		Weinstein	Leo	17	1	M	S	student	"	German	"	Poland	Hebrew	Germany	Ruestringen	QIV 17362	Hamburg	5/11/38
6		WILSON	Laura	22	6	F	S	Student	"	English	"	Canada	British	Canada	Toronto	in transit to Canada no Visa		
7		WINKLER	Dr. Gunther	37	11	M	M	Physician	"	German	"	Germany	Hebrew	Germany	Breslau	TV 363	Breslau	6/28/38
8		ZUCKER	Helene	65	3	F	Wd	none	"	German	"	Poland	Hebrew	Poland	Roza	QIV 78	Stuttgart	4/30/38

U.S. Immigrant Inspector

Leo und Rubin (Rudolf) Weinsteins Namen auf der Passagierliste der S.S. „Gerolstein“, mit der die beiden Brüder im Juli 1938 in die USA gelangten (Quelle: Ancestry.com)

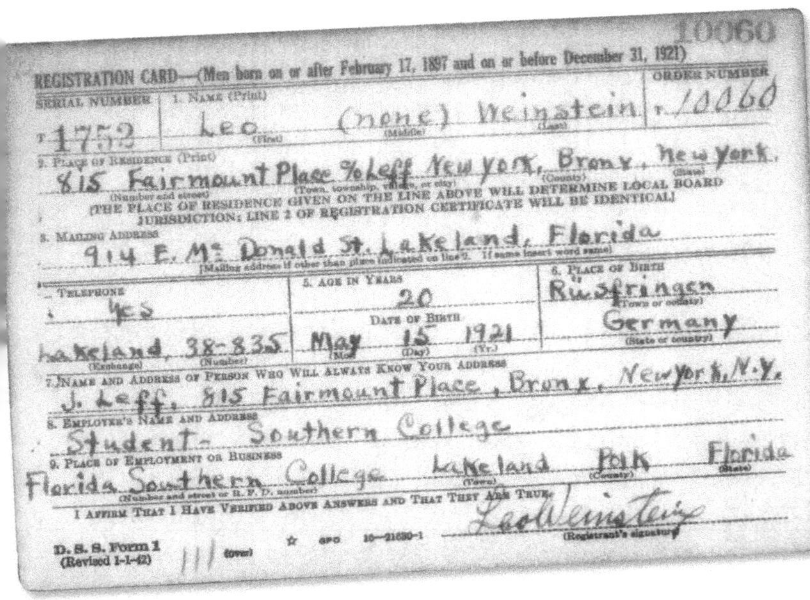

REGISTRATION CARD—(Men born on or after February 17, 1897 and on or before December 31, 1921) 10060

SERIAL NUMBER T 1752 | 1. NAME (Print) Leo (none) Weinstein | ORDER NUMBER T 10060

2. PLACE OF RESIDENCE (Print) 815 Fairmount Place % Leff New York, Bronx, New York

[THE PLACE OF RESIDENCE GIVEN ON THE LINE ABOVE WILL DETERMINE LOCAL BOARD JURISDICTION; LINE 2 OF REGISTRATION CERTIFICATE WILL BE IDENTICAL]

3. MAILING ADDRESS 914 E. Mc Donald St. Lakeland, Florida

4. TELEPHONE yes Lakeland 38-835 | 5. AGE IN YEARS 20 DATE OF BIRTH May 15 1921 | 6. PLACE OF BIRTH Rustringen Germany

7. NAME AND ADDRESS OF PERSON WHO WILL ALWAYS KNOW YOUR ADDRESS J. Leff, 815 Fairmount Place, Bronx, New York, N.Y.

8. EMPLOYER'S NAME AND ADDRESS Student - Southern College

9. PLACE OF EMPLOYMENT OR BUSINESS Florida Southern College Lakeland Polk Florida

I AFFIRM THAT I HAVE VERIFIED ABOVE ANSWERS AND THAT THEY ARE TRUE. Leo Weinstein (Registrant's signature)

D. S. S. Form 1 (Revised 1-1-42) (over) 10—21630-1

Leo Weinsteins Einzugsregistrierungskarte für die US-Armee, mit seinem Onkel Julius Leff als angegebener Kontaktperson (Quelle: Ancestry.com)

ning Program für Soldaten mit Fremdsprachenkenntnissen ausgebildet. Sein Onkel Julius und Cousin Max wurden im gleichen Jahr eingezogen.[54] Im Herbst 1943 war es schließlich endlich so weit: Nachdem er bereits im Dezember 1939 einen Einbürgerungsantrag gestellt hatte[55], wurde Leo Weinstein offiziell amerikanischer Staatsbürger.[56]

Rund ein Jahr später, im Oktober 1944, landete er mit der US-Armee am von den Alliierten „Omaha Beach" genannten Küstenabschnitt bei Colleville-sur-Mer in der Normandie. Er war zunächst als Übersetzer und Stenotypist von General Eisenhower im alliierten Hauptquartier in der Nähe von Paris eingesetzt, wurde aber noch 1944 zur Psychological Warfare Division (PWD) transferiert.[57] Die PWD war eine britisch-amerikanische Einheit der psychologischen Kriegsführung, die deutsche Truppen und Zivilbevölkerung demoralisieren und zur Aufgabe bringen sollte sowie in bereits eroberten Gebieten die Kommunikation mit der Zivilbevölkerung übernahm.

Leo Weinstein wurde ab 1944 auch hinter feindlichen Linien eingesetzt. Im April 1945 war er an der Befreiung des Konzentrationslagers Buchenwald bei Weimar beteiligt – jenes Lagers, in dem sein Vater drei Jahre zuvor ermordet worden war.[58] „Als ich ihn 1945 dort suchte und nur den Totenschein fand, musste man mir hinterher die Waffe abnehmen. Ich brauchte Wochen, um die furchtbaren Erlebnisse im gerade befreiten Konzentrationslager zu verarbeiten"[59], berichtete Weinstein 1987 bei einem Besuch in Bremen.

Leos Bruder Rudolf hatte derweil erst 1945 ein Einbürgerungsgesuch in den USA gestellt. Er ließ seinen Namen von Rudolf Rubin Weinstein in Rudy Ralph Winston ändern[60], lebte lange Zeit in New York und arbeitete dort als Versicherungsvertreter.[61] Nach seiner Pensionierung im Jahr 1975 zog er nach Florida. Er war seit 1948 mit Bernice verheiratet und hatte mindestens eine Tochter (Anne). Nachdem seine Frau bereits 1980 verstorben war, starb im März 1997 im Alter von 84 Jahren nach längerer Krankheit auch Rudy Winston, der einem kongestiven Herzversagen erlag. Als letzter Wohnsitz ist Deerfield Beach in Florida dokumentiert.[62]

Leo Weinstein wiederum blieb nach Kriegsende zunächst noch ein knappes Jahr im besetzten Deutschland. In München war er Teil der Information Control Unit und betreute das Programm von „Radio München", einem der größten Radiosender im zerstörten Deutschland.[63] Am 14. März 1946 wurde er aus der US-Armee entlassen („Es ist ein Tag, den ich nach wie vor jedes Jahr zelebriere"[64]), kehrte daraufhin nach Florida zurück und erlangte dort im Mai 1947 seinen Bachelor-Abschluss. Im Juni 1947 zog es ihn an die Stanford-Universität nach Kalifornien, wo er ein Jahr später seinen Master of Arts in französischer Sprache und Literatur erlangte. Bei der Finanzierung des Studiums half Weinstein die sogenannte „G.I. Bill" – ein US-Gesetz, das jedem US-Kriegsteilnehmer den Universitätszugang ermöglichen sollte.

Im Sommer 1948 besuchte Leo Weinstein einen Kurs für französische Literatur des 19. Jahrhunderts an der Columbia-Universität in New York. Dieses Thema begleitete ihn während seiner gesamten akademischen Laufbahn. 1948/49 begann er in Stanford

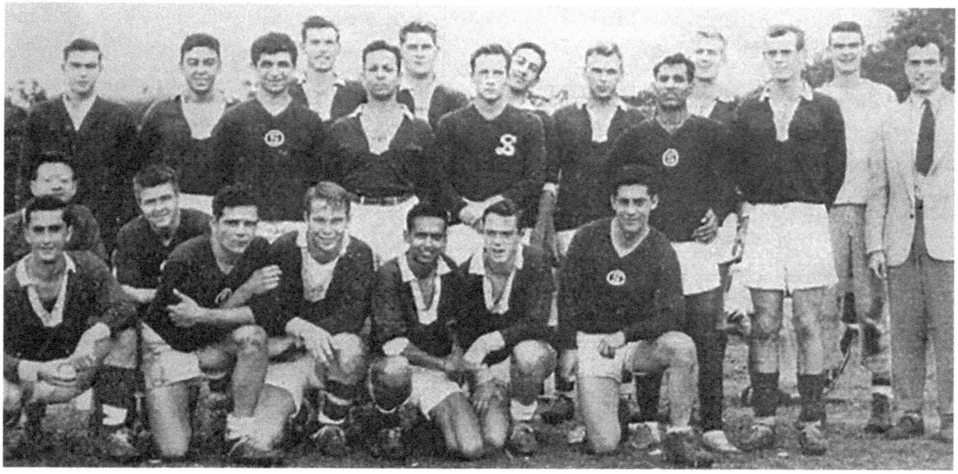

Stanfords Fußballteam 1951 – Leo Weinstein ganz links, mit halb verdecktem Gesicht in der zweiten Reihe hockend (Quelle: Derek Liecty)

seine Doktorarbeit in Romanischen Sprachen, unterbrach diese von Oktober 1949 bis August 1950, um mit dem ersten Nachkriegs-Fullbright-Stipendium Frankreich zu besuchen[65], und wurde schließlich 1951 mit einer Arbeit über die Legende von Don Juan (Don Giovanni) promoviert.

Ab 1952 arbeitete er ununterbrochen an der Fakultät für Romanistik der Stanford-Universität: zunächst mit einem reinen Lehrauftrag (bis 1954), anschließend als Assistenz- und Hilfsprofessor (bis 1965) und schließlich mit einer Vollprofessur. Seine Tätigkeit als Direktor von „Übersee-Campus" führte ihn häufig nach Frankreich und Österreich. Diese Arbeit bezeichnete er als „Oase des Vergnügens"[66]. Zuletzt lehrte er bis 1991 weiterhin Französisch als Professor Emeritus. Seine akademischen Schwerpunkte waren die post-revolutionäre französische Literatur, der Komponist Chausson sowie die Werke Franz Kafkas. Zu Weinsteins bekanntesten Büchern zählen die beiden Biografien *Ernest Chausson: The Composer's Life and Works* (1955) und *Hippolyte Taine* (1972) sowie *The Metamorphoses of Don Juan* (1959). Außerdem schrieb er das zweibändige Überblickswerk *The Subversive Tradition in French Literature: 1721–1971* (1989), das sozialkritische Werke von französischen Literaten des 18. bis 20. Jahrhunderts thematisiert.[67] Sein letztes Buch, *The Great American Debate* (2003), sollte sein „intellektuelles und politisches Erbe" werden und greift Diskussionen zu Ökonomie, Verfassung und sozialen Problemen auf.[68]

Aber nicht nur auf seinem Forschungsgebiet war Leo Weinstein ein anerkannter Experte. Er sprach zudem mit Deutsch, Englisch, Französisch, Italienisch und Spanisch fünf Sprachen fließend und war darüber hinaus als Fußball-Pionier eine der wichtigsten Personen im Fußball in den Nachkriegs-USA. Seine Leidenschaft für das Spiel mit dem runden Leder hatte ja bereits in Bremen begonnen und zog sich durch sein gesamtes

Leben. Natalie Dunn, seine letzte Lebensgefährtin, erzählte einmal, dass er erst nach mehreren Jahren Beziehung ein Foto von ihr in seinem Portemonnaie bei sich trug. Er habe jedoch stets eines vom brasilianischen Fußballstar Pelé dabeigehabt.[69]

Bereits im Jahr seiner Immatrikulation als Masterstudent in Stanford 1948 war Leo Weinstein dem Fußballteam der Universität beigetreten und unmittelbar zum Kapitän ernannt worden. Der Fußball sollte fortan auch im akademischen Betrieb sein treuer Begleiter sein: Leo blieb in Stanford ebenso wie während seiner Auslandsaufenthalte stets am Ball und hängte die Fußballschuhe letztlich erst im Alter von 73 Jahren endgültig an den Nagel.[70] 1952 und 1953 fungierte er zudem als Trainer des Uni-Teams. Sein Kapitän Derek Liecty erinnerte sich, dass beide zusammen am Beginn des Semesters Austauschstudenten für ihr Team rekrutierten und überlegten, wie sie die unterschiedlichen Spielweisen integrieren könnten.[71]

Ab den späten 1950er Jahren wurde Leo Weinstein schließlich auch zu einem überregionalen Fußball-Experten und damit Pionier eines Sports, über den in den USA zu jener Zeit wenig berichtet wurde. Beginnend mit der Weltmeisterschaft 1958 in Schweden reiste er als Korrespondent und Berater für Zeitungen, Radio- und Fernseh-

Stanfords Fußballteam 1953, Trainer Leo Weinstein ganz rechts (Quelle: Derek Liecty)

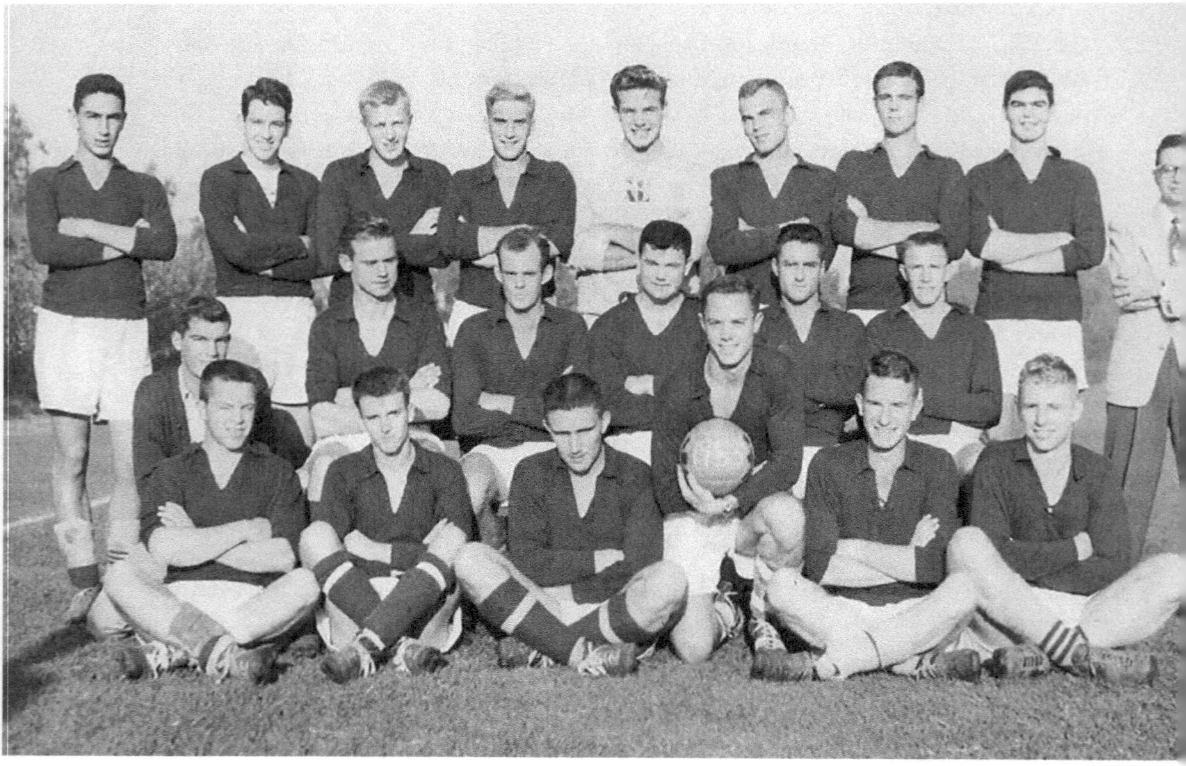

stationen zu insgesamt acht Fußball-Weltmeisterschaften und besuchte unter anderem das historische WM-Finale 1966 zwischen der BRD und England. In seinen Memoiren bekannte er allerdings, dass ihn der Hype rund um die Turniere zunehmend ermüdete und selbst die WM 2006 in Deutschland keinen Reiz mehr auf ihn ausübte, sodass er diese lediglich vor dem Fernseher verfolgte.

Keine Abnutzungserscheinungen zeigte er dafür beim Voranbringen des heimischen US-Fußballs: Als 1967 die Oakland Clippers das erste Profi-Fußballteam der Bay Area wurden, fungierte Weinstein als dessen „Publicity Director". Während Pressekonferenzen brachte er dabei den Journalisten der Lokalpresse und dem Publikum Fußballregeln und Spielweisen bzw. taktiken bei, wie sich sein lebenslanger Freund, der damalige General Team Manager Derek Liecty, erinnerte: „Er hielt buchstäblich Fußball-Lehrstunden im Presseraum."[72] Weinsteins Arbeit sei dabei „eine integrale Voraussetzung für den Erfolg gewesen, die lokale Presse zu überzeugen, Fußball ernst zu nehmen", so Liecty im schriftlichen Austausch mit dem Autor.

Weinstein war zudem US-Korrespondent für mehrere französische Sportzeitungen, darunter der *Miroir du Football*, und er überzeugte KQED, einen Sender des öffentlichen, nichtkommerziellen US-TV-Netzwerks PBS, die wöchentliche Serie „Soccer made in Germany" aufzusetzen – eine der ersten TV-Shows in den USA, die ausschließlich dem Fußball gewidmet war. Zwischen 1967 und 1988 wurden Bundesliga-Spiele auf 256 PBS-Stationen in Amerika gezeigt.[73] Hier war Weinstein als Produktionsberater aktiv, darüber hinaus schrieb er als Redakteur für den *Globe Kicker*, er publizierte Radiosendungen, Zeitungsartikel und Bücher über Fußball – nicht nur über Spiele und Vereine in den USA, sondern auch über Fußball in Europa und Lateinamerika. Zudem übersetzte er 1976 die Pelé-Biografie von François Thébaud vom Französischen ins Englische.[74]

Seine Tätigkeit als Journalist und seine vielen Reisen brachten ihn in Kontakt mit einigen berühmten Persönlichkeiten, so unter anderem Michel Platini, Pelé, George Best, Alfredo Di Stéfano, Franz Beckenbauer, Eusébio und Ferenc Puskás. Aber auch jenseits der Welt des Fußballs bewegte sich Leo Weinstein teils in illustren Kreisen: Bei mehreren Gelegenheiten traf er den langjährigen französischen Staatspräsidenten François Mitterand, und aus Stanford war er gut bekannt mit Condoleezza Rice, von 2005 bis 2009 amtierende US-Außenministerin.[75]

Neben dem Fußball und der Literatur war die klassische Musik eine von Weinsteins großen Leidenschaften. Aus seiner Autobiografie geht zwar nicht hervor, dass er selbst ein Instrument spielte, allerdings besuchte er auf allen seinen Stationen regelmäßig Opern und Konzerte von Sinfonieorchestern. Zudem war er ein passionierter Tänzer.

Trotz der räumlichen Distanz und seiner schlechten Erfahrungen blieb Leo Weinstein zeit seines Lebens auch der Stadt Bremen und dem SV Werder verbunden. 1965 besuchte er in New York ein Gastspiel der Werderaner, und im August 1987 kehrte er zu einem Klassentreffen nach fast 50 Jahren erstmals wieder nach Bremen zurück. Er schrieb, er sei „verblüfft" gewesen, dass ehemalige Mitschüler seine Adresse in Kalifornien hatten herausfinden können.[76] Während des Treffens registrierte er dann anfangs eine eigentümlich unbehagliche Stimmung ihm gegenüber, die ihn jedoch nicht verwunderte: Über was spricht man mit jemandem, der vor dem NS-Rassenwahn aus dem gemeinsamen Heimatland fliehen musste und dessen Vater in einem Konzentrationslager umgekommen ist? In seinen Memoiren zitierte Leo dazu aus einer als Reaktion auf die befangene Atmosphäre gehaltenen Rede an seine einstigen Mitschüler, von denen etwa die Hälfte im Krieg gestorben war: „Ihr und ich sind die Glücklichen und sollten unser Überleben feiern und unserer toten Freunde gedenken. Und noch etwas. Ich kann nicht garantieren, dass ich mit zwölf oder 13 Jahren dem Druck hätte widerstehen können, ins Jungvolk oder in die Hitlerjugend einzutreten. Ihr und ich, wir haben uns nicht schuldig gemacht. Wir alle sind Opfer, die einige ihrer besten Lebensjahre verloren haben, und ich bin froh, mit euch hier zu sein."[77]

Bei seinem Besuch in Bremen verfolgte Weinstein am 8. August 1987 auch das Werder-Spiel gegen Karlsruhe von der Ehrenloge aus. Mit Willi Lemke, damals Manager von Werder, verstand er sich dabei so gut, dass er letztlich sogar dessen Sohn Christoph bei sich aufnahm, damit dieser in Stanford Medizin studieren konnte.[78] Auch Willi Lemke nutzte dann seinerseits einen USA-Urlaub im Juli 1988, um bei Weinstein in Kalifornien vorbeizuschauen und sich dort das Stanford Stadium zeigen zu lassen.[79] 1995 war Weinstein auf Einladung der Stadt ein weiteres Mal in Bremen.[80]

Leo Weinstein lebte im Lauf der Zeit in verschiedenen Städten und Orten in Kalifornien, darunter Menlo Park[81], Palo Alto[82] und Lafayette[83]. Er heiratete zweimal und ließ sich beide Male wieder scheiden. Beide seiner Ehefrauen waren Französinnen, und beide hatte er durch den Fußball getroffen. Die erste Hochzeit, mit Claire, einer

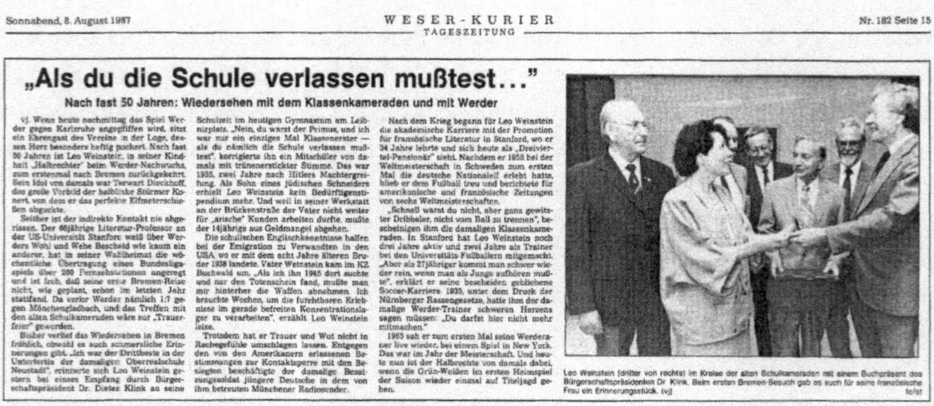

Sonnabend, 8. August 1987 — WESER-KURIER TAGESZEITUNG — Nr. 182 Seite 15

„Als du die Schule verlassen mußtest..."

Nach fast 50 Jahren: Wiedersehen mit dem Klassenkameraden und mit Werder

vj. Wenn heute nachmittag das Spiel Werder gegen Karlsruhe angepfiffen wird, sitzt ein Ehrengast des Vereins in der Loge, dessen Herz besonders heftig puckert. Nach fast 50 Jahren ist Leo Weinstein, in seiner Kindheit „Halbrechter" beim Werder-Nachwuchs, zum erstenmal nach Bremen zurückgekehrt. Sein Idol von damals war Torwart Dieckhoff, das große Vorbild der halblinke Stürmer Konert, von dem er das perfekte Elfmeterschießen abguckte.

Seither ist der indirekte Kontakt nie abgerissen. Der 66jährige Literatur-Professor an der US-Universität Stanford weiß über Werders Wohl und Wehe Bescheid wie kaum ein anderer, hat in seiner Wahlheimat die wöchentliche Übertragung eines Bundesligaspiels über 200 Fernsehstationen angeregt und ist froh, daß seine erste Bremen-Reise nicht, wie geplant, schon im letzten Jahr stattfand. Da verlor Werder nämlich 1:7 gegen Mönchengladbach, und das Treffen mit den alten Schulkameraden wäre zur „Trauerfeier" geworden.

Bisher verlief das Wiedersehen in Bremen fröhlich, obwohl es auch schmerzliche Erinnerungen gibt. „Ich war der Drittbeste in der Untertertia der damaligen Oberrealschule Neustadt", erinnerte sich Leo Weinstein gestern bei einem Empfang durch Bürgerschaftspräsident Dr. Dieter Klink an seine Schulzeit im heutigen Gymnasium am Leibnizplatz. „Nein, du warst der Primus, und ich war nur ein einziges Mal Klassenerster — als du nämlich die Schule verlassen mußtest", korrigierte ihn ein Mitschüler von damals mit tränenerstickter Stimme. Das war 1935, zwei Jahre nach Hitlers Machtergreifung. Als Sohn eines jüdischen Schneiders erhielt Leo Weinstein kein Bedürftigenstipendium mehr. Und weil in seiner Werkstatt an der Brückenstraße der Vater nicht weiter für „arische" Kunden arbeiten durfte, mußte der 14jährige aus Geldmangel abgehen.

Die schulischen Englischkenntnisse halfen bei der Emigration zu Verwandten in den USA, wo er mit dem acht Jahre älteren Bruder 1938 landete. Vater Weinstein kam im KZ Buchwald um. „Als ich ihn 1945 dort suchte und nur den Totenschein fand, mußte man mir hinterher die Waffen abnehmen. Ich brauchte Wochen, um die furchtbaren Erlebnisse im gerade befreiten Konzentrationslager zu verarbeiten", erzählt Leo Weinstein leise.

Trotzdem hat er Trauer und Wut nicht in Rachegefühle umschlagen lassen. Entgegen den von den Amerikanern erlassenen Bestimmungen zur Kontaktsperre mit den Besiegten beschäftigte der damalige Besatzungssoldat jüngere Deutsche in dem von ihm betreuten Münchener Radiosender.

Nach dem Krieg begann für Leo Weinstein die akademische Karriere mit der Promotion für französische Literatur in Stanford, wo er 34 Jahre lehrte und sich heute als „Dreiviertel-Pensionär" sieht. Nachdem er 1958 bei der Weltmeisterschaft in Schweden zum ersten Mal die deutsche Nationalelf erlebt hatte, blieb er dem Fußball treu und berichtete für amerikanische und französische Zeitungen von sechs Weltmeisterschaften.

„Schnell warst du nicht, aber ganz gewitzter Dribbeler, nicht vom Ball zu trennen", bescheinigen ihm die damaligen Klassenkameraden. In Stanford hat Leo Weinstein noch drei Jahre aktiv und zwei Jahre als Trainer bei den Universitäts-Fußballern mitgemacht. „Aber als 27jähriger kommt man schwer wieder rein, wenn man als Junge aufhören mußte", erklärt er seine bescheiden gebliebene Soccer-Karriere. 1935, unter dem Druck der Nürnberger Rassengesetze, hatte ihm der damalige Werder-Trainer schweren Herzens sagen müssen: „Du darfst hier nicht mehr mitmachen."

1965 sah er zum ersten Mal seine Werderaner live wieder, bei einem Spiel in New York. Das war im Jahr der Meisterschaft. Und heute nun ist der Halbrechte von damals dabei, wenn die Grün-Weißen im ersten Heimspiel der Saison wieder einmal auf Titeljagd gehen.

Leo Weinstein (dritter von rechts) im Kreise der alten Schulkameraden mit einem Buchpräsent des Bürgerschaftspräsidenten Dr. Klink. Beim ersten Bremen-Besuch gab es auch für seine französische Frau ein Erinnerungsstück. (vj) fc/st

Zeitungsbericht anlässlich Leo Weinsteins Rückkehr nach Bremen im Jahr 1987, bei der er von seiner zweiten Ehefrau Nicole (mit im Bild) begleitet wurde (Quelle: Weser-Kurier)

Filmkritikerin und Regisseurin, fand im Januar 1963 statt – Weinstein war zu diesem Zeitpunkt 42, seine Frau 30 Jahre alt. Acht Jahre später ließen sich die beiden scheiden, doch nur weitere zwei Jahre darauf heiratete Leo, nun 52-jährig, erneut, diesmal die 17 Jahre jüngere Nicole Boulanger. Diese zweite Ehe hielt dann immerhin sechzehn Jahre. Im Alter von 75 Jahren lernte Leo Weinstein schließlich Natalie Dunn kennen, die er als die „Liebe meines Lebens" bezeichnete[84] und die ihn nun noch über ein Jahrzehnt als Lebensgefährtin begleiten sollte. Sie war Jüdin, in London geboren und unterrichtete englische Literatur und Schauspiel.

Leo Weinstein starb am 4. Mai 2009 im Alter von 87 Jahren in Walnut Creek (Kalifornien) an Krebs und wurde auf dem US-Veteranenfriedhof „San Joaquin Valley National Cemetery" in Santa Nella (Kalifornien) beerdigt.[85] Trotz seines bewegten Lebens, trotz der Erlebnisse in Deutschland ab 1933 und trotz seiner Erfahrungen im Krieg bezeichnete er sich in seinen Memoiren als „glücklichen Menschen". Tatsächlich ist das gesamte letzte Kapitel seiner Autobiografie „A Lucky Man" betitelt, und sie endet mit den Sätzen: „Am I a lucky man? You bet!"[86] („Bin ich ein glücklicher Mann? Und ob!")

Heute erinnert noch eine Plakette am Laird Q. Cagan Stadium der Universität Stanford an das Leben und Wirken Leo Weinsteins und damit auch an seinen Jugendverein Werder Bremen.

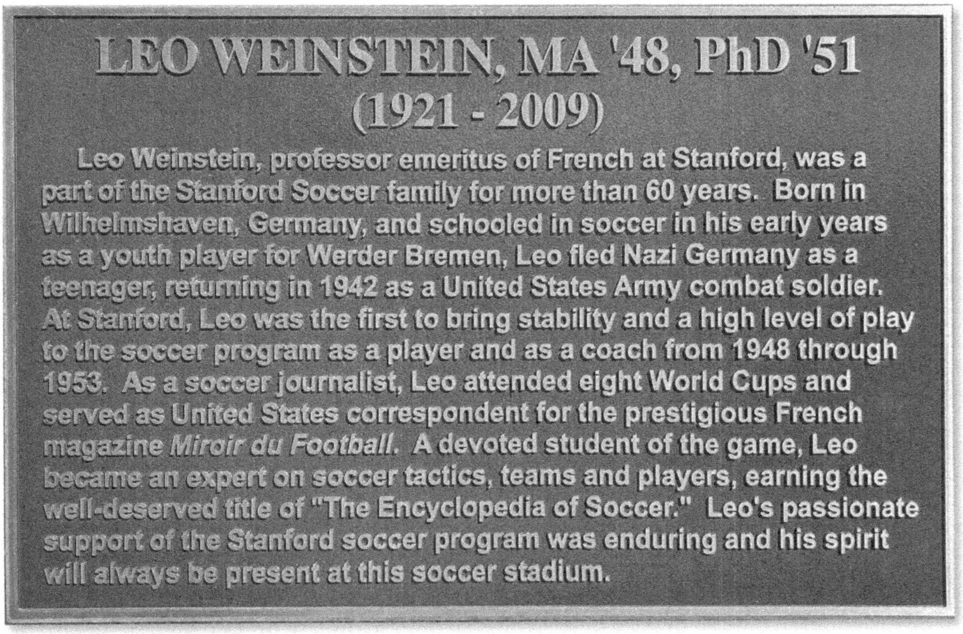

Die Plakette am Fußballstadion der Universität Stanford zu Ehren von Leo Weinstein (Quelle: David Kiefer, Executive Editorial Producer for Stanford University Athletics)

Die Rosenthals

Die jüdische Werder-Familie vom Osterdeich

von Fabian Ettrich

Jeden zweiten Samstag in einer Fußballsaison – zumindest wenn nicht gerade „Geisterspiele“ ohne Zuschauer in einer Pandemie stattfinden – pilgern Tausende Fußballfans über den Bremer Osterdeich zum Weserstadion. Die wenigsten von ihnen wissen, dass sie dabei am früheren Wohnhaus der jüdischen Familie Rosenthal vorbeikommen, deren Mitglieder sich viele Jahre im Vorstand und in den Abteilungen des FV bzw. SV Werder engagierten. Heute erinnern nur noch zwei Stolpersteine auf dem Bürgersteig vor dem Haus am Osterdeich 107e – ganz in der Nähe der Einmündung zur Verdener Straße – daran, dass zwei Mitglieder der Familie Rosenthal von den Nationalsozialisten ermordet wurden.

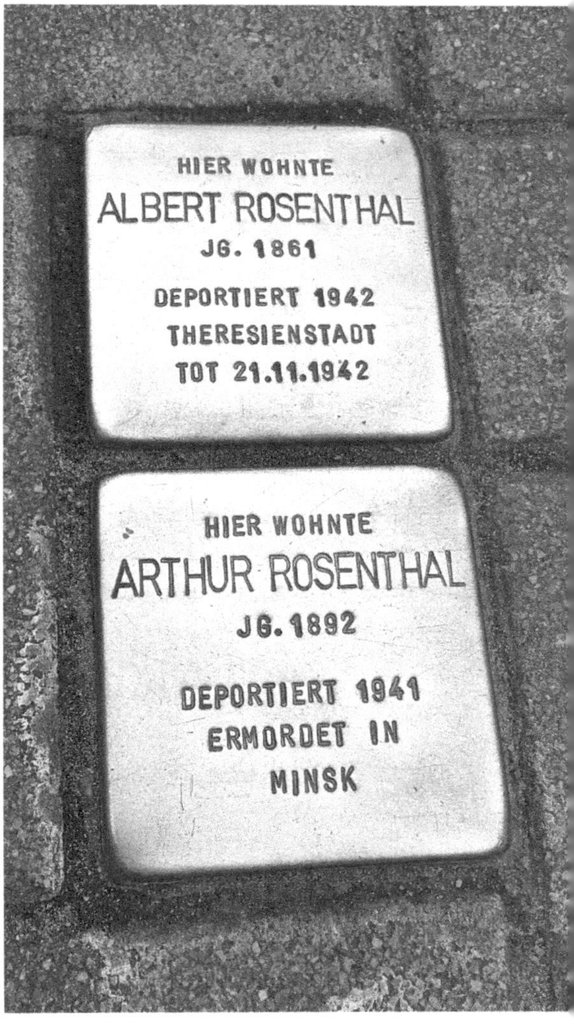

Die beiden Stolpersteine vor dem Haus am Osterdeich 107e zum Gedenken an Albert und Arthur Rosenthal (Quelle: Fabian Ettrich)

Die Anfänge der Rosenthals in Bremen

Albert Rosenthal kam am 1. November 1861 in der Kleinstadt Zbąszyń (Bentschen) im damaligen südpreußischen Landkreis Meseritz zur Welt.[1] In der Kleinstadt zwischen Frankfurt an der Oder und Posen lebten seit dem 17. Jahrhundert viele Deutsche. Nach der Teilung Polens 1793 und vor der neuen Grenzziehung infolge des Versailler Vertrages gehörte Bentschen zu Preußen. Daher wurde in der Stadt, in der Juden wie Albert und seine Eltern Moritz und Rosa Rosenthal[2] rund zehn Prozent der Bevölkerung ausmachten, mehrheitlich Deutsch gesprochen.

Wann Albert Rosenthal seine Geburtsstadt verließ, ist nicht bekannt, wohl aber, dass er sich nach ersten Berufserfahrungen als angestellter Vertreter in der Papierwirtschaft schließlich selbstständig machte und das Bremer Einwohnermeldeamt seit 1890 ein Gewerbe auf seinen Namen auswies.[3] In den *Bremer Adressbüchern* wurde er zum ersten Mal 1891 im Alter von fast 30 Jahren als selbstständiger Papierhändler erwähnt.[4] Wohn- und Geschäftssitz war zunächst die Düsternstraße 6 zwischen Uthbremen, also dem heutigen Walle, und dem Bremer Hauptbahnhof[5], doch nach nur einem Jahr trennte er Firmen- und Wohnsitz: Sein Betrieb befand sich nun in der Hutfilterstraße 39 in Bremen-Mitte, unweit des Brills – einer ehemaligen Pforte der Bremer Stadtmauer.[6]

Privat richtete sich Albert Rosenthal mit seiner Frau Caroline, die am 3. Oktober 1866 unter dem Nachnamen Samuel in Bremen geboren worden war[7], Ende 1892 oder Anfang 1893 nur wenige Hundert Meter entfernt in der Ansgaritorstraße 6 ein.[8] Das Paar hatte am 10. August 1890 geheiratet[9], am 24. April 1892 kam der erste Sohn Arthur zur Welt.[10] Fast genau drei Jahre später, am 18. April 1895, folgte mit Herbert ein zweiter Sohn.[11]

Nachdem Familie Rosenthal ab 1897 zwei Jahre lang in der Ellhornstraße 31 in der Nähe des Hauptbahnhofes gewohnt hatte[12], wurde sie 1899 – im Gründungsjahr des Fußballvereins Werder – in der Charlottenstraße 28 sesshaft.[13] Dorthin verlegten die Rosenthals auch ihren Firmensitz. An der neuen Adresse zwischen Ostertor und Viertel wurde am 10. November 1904 der jüngste Sohn, Hermann Ernst, geboren.[14]

Auch geschäftlich lief es bei Albert Rosenthal in dieser Zeit gut: Sein mittlerweile auf den Verkauf besonders hochwertiger Artikel setzender Papierhandel entwickelte sich hervorragend, da vor allem Postkarten um die Jahrhundertwende als Kommunikationsmittel und Sammlerobjekte stärker nachgefragt wurden. Rosenthal spezialisierte sich auf diesen Geschäftszweig und wurde selbst zum Verleger, ließ seinen Verlag nach einigen Jahren unter dem Dach des Luxuspapierhandels schließlich am 20. Februar 1906 offiziell in das Handelsregister eintragen.[15] Am 12. Oktober 1906 erwarb er dann auch Grundstück und Immobilie in der Charlottenstraße.[16]

Wer heute antiquarisch nach Bremer Postkartenmotiven aus dem frühen 20. Jahrhundert sucht, der wird an denen Rosenthals kaum vorbeikommen. Sie zeigen vor allem Sehenswürdigkeiten wie den Marktplatz oder die Schlachte sowie Landschaften aus dem Umland der Hansestadt bis hoch zur Nordsee. Durch den Ersten Weltkrieg veränderte sich die Situation auf dem Postkartenmarkt jedoch: Die Menge der produzierten Karten nahm zwar nicht ab, aber aus Mangel an Material und qualifizierten Arbeitskräften verfiel deren Qualität und Vielfalt. Die Massenware verlor bei Sammlern an Attraktivität.[17]

Gegen Ende des Ersten Weltkriegs verlegte Familie Rosenthal ihren privaten Lebensmittelpunkt an den Osterdeich 107e.[18]

Die im Jahr 1900 erbaute Immobilie – genau gegenüber der Ostkurve des heutigen Weserstadions gelegen, in das Werder zu Beginn der 1930er Jahre zog – hatte die Familie bereits am 7. Oktober 1914 gekauft.[19] Der „Großhandel in Luxuspapierwaren, Glückwunschkarten und Andenkenartikeln (hauptsächlich für die Nordseebäder)“ [20] mit „Ansichtskartenverlag“[21] verblieb in der Charlottenstraße.

Albert Rosenthal und seine drei Söhne waren engagierte Mitglieder beim Fußballverein Werder. Sie brachten sich auf verschiedenen Ebenen in das Vereinsleben ein – etwa durch Ehrenämter oder Spenden für die von Werder genutzten Sportanlagen.[22]

Albert war dabei bereits mindestens seit 1906 Mitglied im Verein und später dessen 2. Schriftführer.[23] Wohl 1909 verließ er Werder, wurde drei Jahre später aber wieder als

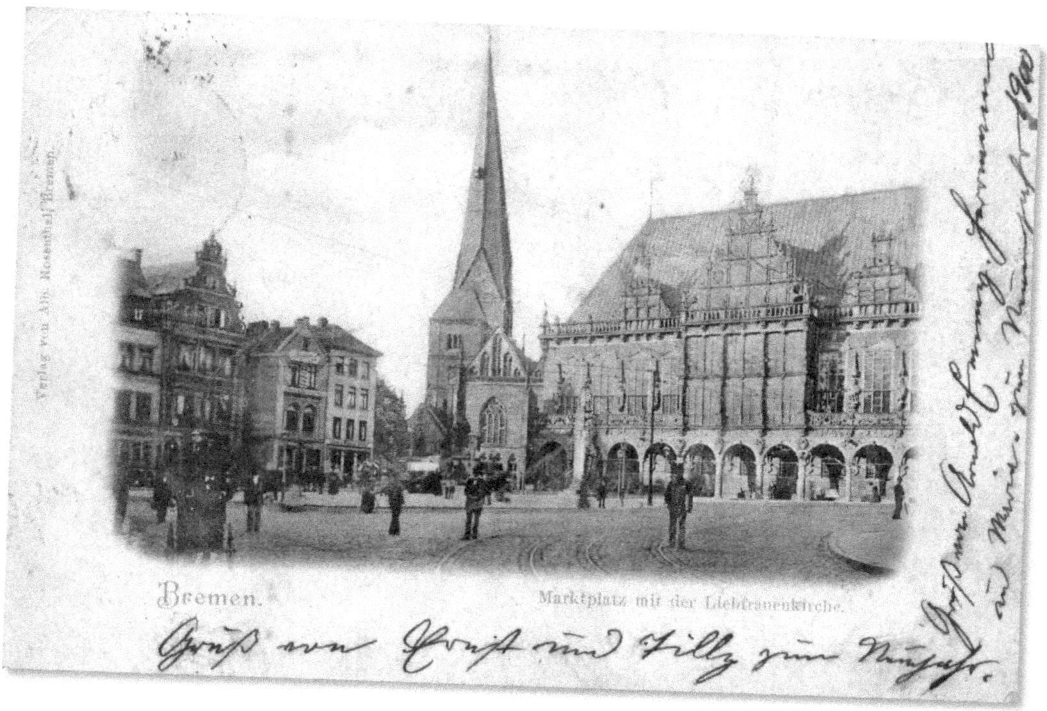

Wohl eine der ersten Ansichtskarten aus dem Hause Albert Rosenthal, gestempelt am 31. Dezember 1899 (Quelle: Zeno.org)

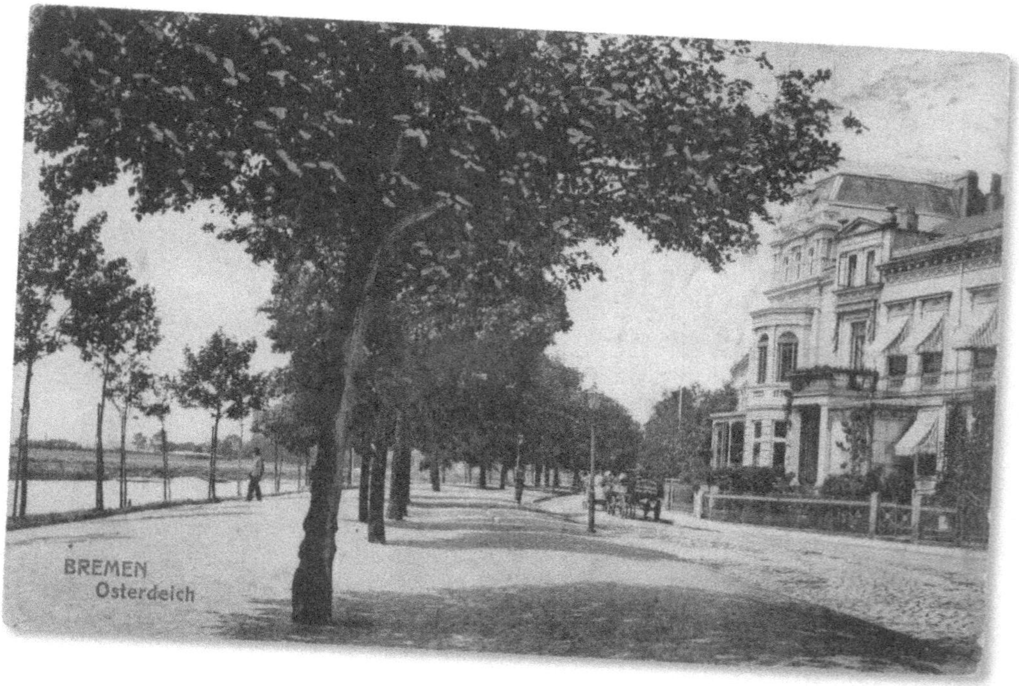

So sah es aus am Osterdeich im frühen 20. Jahrhundert, als Familie Rosenthal hier ihr Domizil bezog (Quelle: Sammlung F. Ettrich [o.], IMAGO / Arkivi [u.])

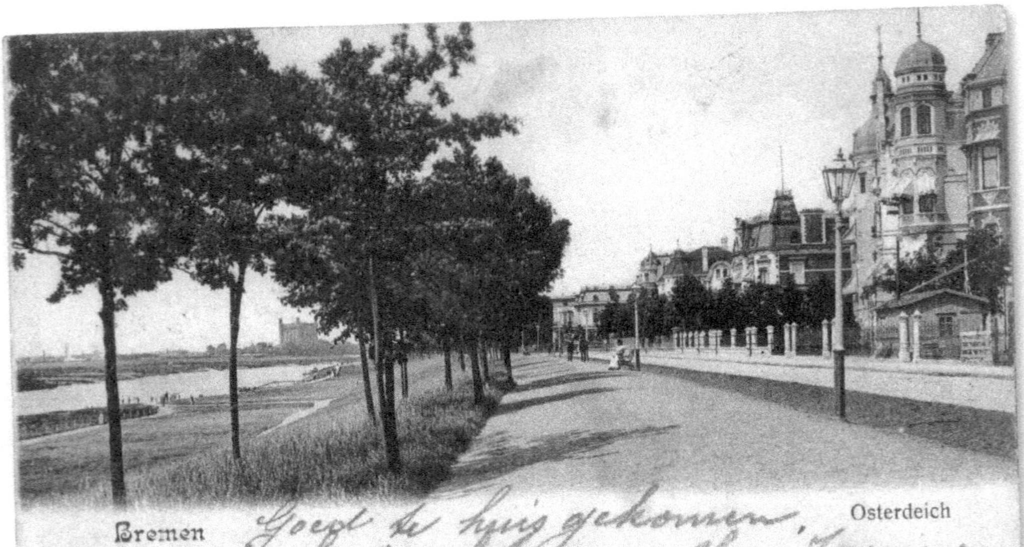

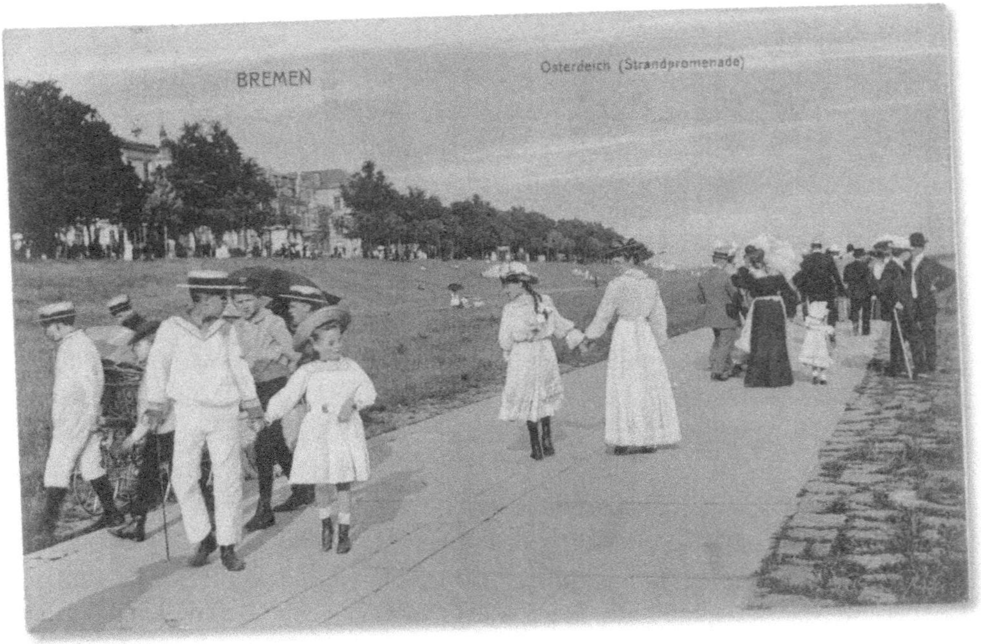

Eine weitere Ansicht vom Osterdeich auf einer Postkarte aus dem Verlag Albert Rosenthal, hier zu sehen eine gut besuchte Weserpromenade anno 1907 (Quelle: Sammlung F. Ettrich)

Neueintritt geführt.[24] Nach einem erneuten Austritt, wahrscheinlich aufgrund eines Einsatzes im Ersten Weltkrieg, tauchte er 1919 abermals als Neumitglied in den Unterlagen auf.[25] Albert Rosenthal war zu dieser Zeit aktiver Kegler im Verein.[26] Daneben engagierte er sich in der Jüdischen Gemeinde. In deren *Gemeindeblatt* wird er wiederholt genannt, unter anderem 1929 als Mitglied im „Gemeinderat“[27], der die Geschicke der Gemeinde lenkte und den Vorstand wählte, 1930 und 1932 in der „Steuer-Einschätzungs-Kommission“[28], 1931 zu Ehren seines 70. Geburtstags[29], 1934 als Spender von Lebensmitteln für Bedürftige[30] sowie mehrfach als Betreuer der sogenannten „Jahrzeit[en]“[31] in der Synagoge, an denen der verstorbenen Gemeindemitglieder gedacht wurde.[32]

Der älteste Sohn Rosenthals, Arthur, besuchte die Realschule in der Altstadt und anschließend die Handelsschule von Wernicke.[33] Er trat am 1. Juli 1914 dem Fußballverein Werder bei.[34] Nach seiner Schulzeit ging Arthur Rosenthal zur Armee. Dort wurde er Leutnant.[35] Im Ersten Weltkrieg erhielt er die militärischen Auszeichnungen Hanseatenkreuz und Eisernes Kreuz.[36] Außerdem spendete Arthur Rosenthal, wie andere Werder-Mitglieder und -Vorstände auch, für die Kriegsopfer.[37] Der im Krieg gefallenen Werderaner wurde in der Vereinszeitschrift vom Januar/März 1919 gedacht.[38]

Die Bremer Räterepublik

Bei einer kurzen, aber folgenreichen Phase der deutschen bzw. Bremer Geschichte war Arthur Rosenthal gemeinsam mit seinem jüngeren Bruder Herbert direkt beteiligt.

Bereits Ende des Kriegsjahres 1918 wurden die Stimmen in der Arbeiterschaft und im Militär lauter, die sich gegen Lebensmittelknappheit und weitverbreitete Kriegsrhetorik wandten. Sie wollten Monarchie, Klassenwahlrecht und Militärdiktatur eine Alternative entgegenstellen. So entstand eine Bewegung, die ihren Ursprung Ende Oktober in Wilhelmshaven fand.[39] Daraufhin kam es in den folgenden Wochen in weiteren Städten zur Bildung von Arbeiter- und Soldatenräten[40], die eine Räterepublik anstelle einer Nationalversammlung auf Basis allgemeiner Wahlen errichten wollten.[41] Die Mitglieder des Militärs kamen aus allen gesellschaftlichen Schichten – auch aus dem Bürgertum. Die Kommunisten bzw. die Mitglieder der Unabhängigen Sozialdemokratischen Partei Deutschlands (USPD), die die Arbeiterräte dominierten, wussten derweil insbesondere die Werftarbeiterschaft der A.G. Weser hinter sich.[42] Die Mehrheitssozialdemokraten (MSPD) wiederum wollten das demokratische System lieber reformieren, als eine Revolution zu beginnen. Gleichwohl dominierten die radikaleren Kräfte die Bewegung und riefen Mitte November die Machtübernahme der Arbeiter- und Soldatenräte sowie die Entmachtung von Senat und Bürgerschaft aus.[43]

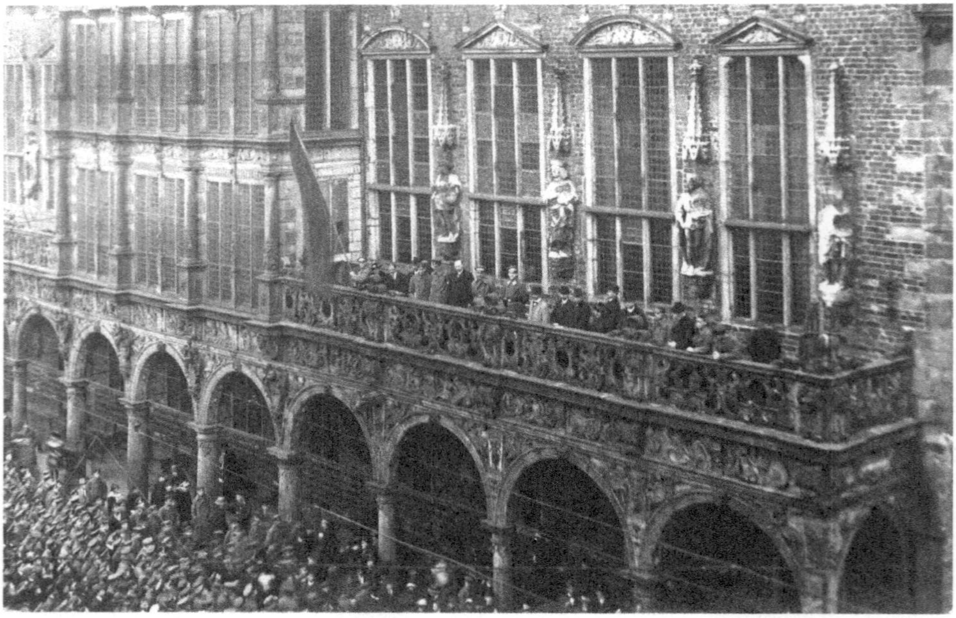

Die Ausrufung der Bremer Räterepublik am 15. November 1918 vom Balkon des Bremer Rathauses – ein Ereignis, das bei Arthur und Herbert Rosenthal auf aktive Ablehnung stieß (Quelle: Staatsarchiv Bremen)

Für den Übergang wurde eine Kommission aus je sechs Vertretern der Arbeiter- und Soldatenräte einerseits und sechs Senatoren andererseits gebildet.[44] Da es den Revolutionären an Personal mit Verwaltungserfahrung mangelte, blieben die Mitarbeiter der Senatsverwaltung in ihren Ämtern.

Nach der Rückkehr des Infanterieregiments 75 nach Bremen kam es Anfang 1919 zu Verhandlungen zwischen Offizieren wie Walter Caspari und Vertretern der Räte.[45] Senat und Bürgerschaft sollten wieder eingesetzt werden, der Arbeiter- und Soldatenrat aber ein Veto-Recht erhalten. Zudem erhielten die Arbeiter das Recht, sich zu bewaffnen. Vor den Wahlen zum Arbeiter- und Soldatenrat am 6. Januar 1919 öffneten sich dann die Mehrheitssozialdemokraten für das Bürger- und Beamtentum. Sie schnitten bei den Wahlen in den Betrieben als stärkste Kraft vor den in Bremen traditionell starken Kommunisten und der USPD ab. Die linken Mitbewerber der MSPD akzeptierten aufgrund der Öffnung der Mehrheitssozialdemokraten deren Wahlergebnis nicht und wollten diese aus dem neuen Rat drängen.[46] Gleichzeitig stellten die Banken aufgrund der Haushaltslage Bremens viele Projekte des Arbeiter- und Soldatenrates infrage.

Am 10. Januar 1919 erklärten Kommunisten und USPD daraufhin Senat und Bürgerschaft für endgültig abgesetzt und schlossen die Vertreter der MSPD aus dem Arbeiterrat aus. Die Arbeiterschaft sollte weiter bewaffnet bleiben und ein „Rat der Volkskommissare" als Verwaltung der Räterepublik eingesetzt werden. An die Stelle des Senats trat ein „Rat der Volksbeauftragten"[47]. Die Bremer Räterepublik war geboren. Ihr Programm: Partizipation bisher unterrepräsentierter Teile der Gesellschaft. Das Bürgertum sollte entwaffnet, bürgerliche Zeitungen sollten zensiert werden. Einer der Volkskommissare der USPD wurde der Kaffee-HAG-Mitarbeiter und spätere Vertraute von Alfred Ries, Alfred Faust. Die neuen Gremien der Räterepublik waren allerdings von starken internen Auseinandersetzungen geprägt, so etwa über die Durchführung der Wahl zur Weimarer Nationalversammlung am 19. Januar 1919, bei der auch Frauen erstmals abstimmen durften.[48] Die Einführung des Frauenwahlrechts stellte zugleich eine Blaupause für die Mitgliedschaft von Frauen in Sportvereinen dar, wie sie ab Dezember 1919 auch bei Werder möglich wurde.[49]

Die Bremer Räterepublik war reichsweit zunehmend isoliert. In der Stadt selbst kam es zwischen Soldaten und Kommunisten zu offenen Konflikten mit Schusswechseln. Es gab Verletzte und sogar Tote. Hinzu kam, dass sich die Haushaltslage der öffentlichen Hand in Bremen weiter zuspitzte. Insofern konnten die Banken Kredite an politische Forderungen wie allgemeine Wahlen oder den Verzicht auf Zensur knüpfen.[50] Es folgten Rücktrittsdrohungen von KPD und USPD, die sich aus dem Arbeiter- und Soldatenrat zurückziehen wollten.

Obwohl die Bremer Räterepublik nach nur wenigen Wochen also politisch bereits erledigt war, kam es dennoch zu einem gewaltsamen Ende des Projekts. Schon frühzeitig hatten sich Bremer Unternehmer, darunter der Industrielle und spätere Ries-

Förderer Ludwig Roselius, bei der Reichsregierung für eine militärische Intervention an der Weser eingesetzt. Damit sollte die Vorherrschaft des Arbeiter- und Soldatenrates beendet werden. Nachdem sich die Reichsregierung zunächst nicht in der Lage gesehen hatte, in Bremen gegen die revolutionäre Bewegung vorzugehen, änderte sich dies nach der Niederschlagung des Spartakusaufstandes in Berlin im Januar 1919. Die nun nach Bremen entsandte Division von Oberst Wilhelm Gerstenberg bekam vor Ort Unterstützung von 600 Freiwilligen, die sich unter der Leitung von Major Walter Caspari zum nach ihm benannten „Freikorps Caspari" zusammengeschlossen hatten. Unter ihnen waren auch Arthur und Herbert Rosenthal.[51]

Verhandlungen zwischen Militärs und Räterepublik scheiterten. Daraufhin kam es am 4. Februar 1919 zur blutigen Niederschlagung der Bremer Räterepublik mit 75 Toten und 170 Verletzten.[52] Zu den Verwundeten gehörte Arthur Rosenthal. In Werders *Vereinsnachrichten* vom Januar/März 1919 hieß es dazu:

„Bei der Säuberung Bremens von den Spartakisten beteiligte sich eine Anzahl unserer Mitglieder im Freikorps Caspari. Dabei wurde Lt. Arthur Rosenthal durch Beinschuß verwundet, doch er ist erfreulicher Weise [sic!] *inzwischen wiederhergestellt."*[53]

Viele Protagonisten der Räterepublik wurden verhaftet, darunter der Maler und Roselius-Freund Heinrich Vogeler, der in den ersten Arbeiter- und Soldatenrat gewählt worden war.[54] Senat und Deputationen konnten bereits am 6. Februar wieder eingesetzt werden. Zur Unterstützung der Bremer Polizei wurde nun eine sogenannte „Stadtwehr" gegründet, die schnell rund 5.000 Mann umfasste.[55] Sie hatte das Ziel, die

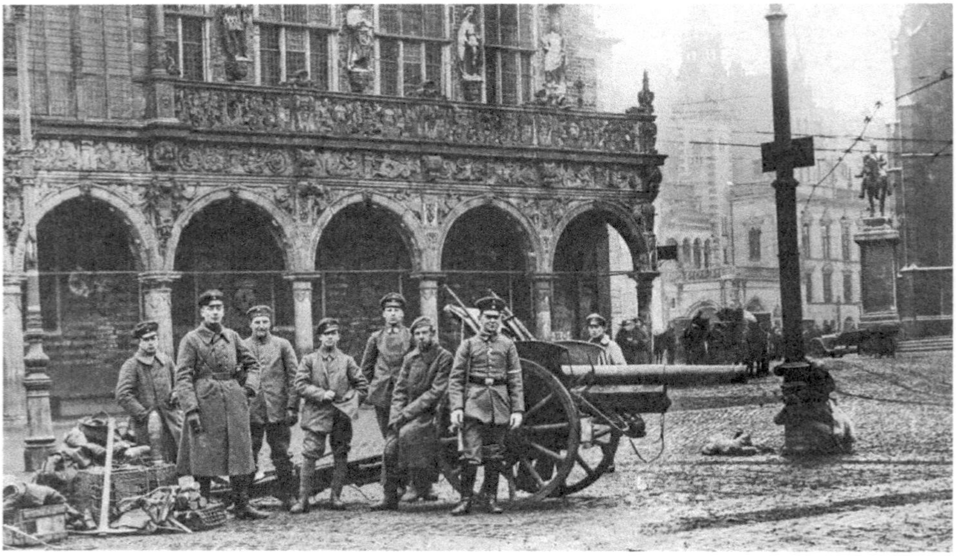

Kämpfer der Division Gerstenberg am 4. Februar 1919 vor dem Bremer Rathaus (Quelle: Staatsarchiv Bremen)

öffentliche Ordnung aufrechtzuerhalten[56], und die politische Unterstützung nicht nur der provisorischen Bremer SPD/DDP/DVP-Regierung, sondern auch des FV Werder: In der April/Mai-Ausgabe der *Vereinsnachrichten* gab es einen Aufruf zur Beteiligung an der Gruppe, deren Mitinitiator wiederum Major Caspari war und die letztlich bis Anfang 1921 bestehen sollte.[57]

Arthur Rosenthal

Parallel zu seinem Einsatz für das Freikorps Caspari war der „Offizier bei der Bahnhofskommandantur in Bremen"[58], Arthur Rosenthal, ab 1919 bei Werder ehrenamtlich unter anderem als „Obmann des Werbe- und Presseausschusses" aktiv.[59] Das Aufgabengebiet dieses Gremiums wurde in den *Vereinsnachrichten* vom Frühjahr 1919 mit vier Schwerpunkten beschrieben: Mitgliederwerbung, Bekanntmachung der Sportangebote des FV Werder bei den Behörden und an Schulen, Pressearbeit und Marketing. Dazu wurden konkrete Maßnahmen vorgestellt, etwa Anreize zur Mitgliederwerbung für Bestandsmitglieder, Informationsveranstaltungen, Flugblattverteilungen an Schulen, persönliche Kontakte zu den Sportredaktionen der Bremer Tageszeitungen sowie – durch Mithilfe eines Neumitglieds – sogar Kinowerbung.[60] Bei sogenannten Gesellschaftsabenden mit Schauspiel- und Musikeinlagen wurde das vereinsinterne Miteinander gepflegt. „Stimmung ist mitzubringen"[61], kommentierte Arthur Rosenthal launig in den *Vereinsnachrichten*. Die Anwesenheit der Vereinsmitglieder wurde dabei – so wurde es in dieser Zeit häufiger in der Mitgliederzeitung formuliert – erwartet.

An jedem Wochenende nahm Arthur Rosenthal außerdem die Ergebnisse der Werder-Mannschaften entgegen: „Die Resultate der Spiele sind von den Spielführern sofort telefonisch an den Obmann unseres Presse- und Werbeausschusses, Herrn Arthur Rosenthal, Tel. Hansa 2784 aufzugeben."[62] Maßgeblich brachte er sich außerdem in die Organisation rund um das zwanzigjährige Gründungsjubiläum ein. So bat Arthur Rosenthal die Werder-Mitglieder im April/Mai 1919 um Ideen und Unterstützung für die Feierlichkeiten und kündigte die Durchführung einer „Jubiläums-Sportwoche" an.[63]

Um gängige Fragen und Kritik der Mitglieder gegenüber der Vereinsspitze zentral zu beantworten, wurde in den *Vereinsnachrichten* vom November 1919 ein fiktives Telefonat Arthur Rosenthals mit einem passiven Werderaner abgedruckt – eine neue Form der vereinsinternen Kommunikation. Der ehrenamtliche Obmann des Werbe- und Presseausschusses des FV Werder verwies dabei auf die Notwendigkeit der Beschäftigung eines hauptamtlichen Geschäftsführers in Person von Hans Jaburg, um die Organisation des Vereinslebens mit steigender Mitgliederzahl – von mehr als 700 Werderanern ist die Rede – und die neuen Sparten aufrechtzuerhalten. Nur mit den ehrenamtlichen Kräften des Vorstands und der Ausschüsse sei dies nicht mehr zu leisten.[64] Im Januar 1920 wurde Arthur Rosenthal in seiner Funktion wiedergewählt.[65]

Vier Monate darauf informierte er die Mitglieder unter anderem über den nächsten Termin für den „2. Bierabend“ des SVW und die Planungen für den „Sport-Werbe-Tag“[66], für dessen Umsetzung sich in späteren Jahren auch der jüdische Werder-Präsident Alfred Ries engagieren sollte.

Arthur Rosenthal setzte sich darüber hinaus für eine Ausweitung der Sparten des Vereins ein, etwa für eine Tennis- und eine Schachabteilung.[67] Außerdem engagierte er sich bei der Einwerbung von Spenden der Mitglieder für die Sportanlagen des Klubs[68] und spendete auch immer wieder selbst Geld an seinen Verein, etwa 1920 einen „Sonder-Beitrag“[69]. Als Mitglied der neuen Tennisabteilung wurde er im Mitteilungsblatt des Klubs vom April/Mai 1920 genannt.[70]

In der Festschrift zum 50-jährigen Vereinsjubiläum würdigte Alfred Ries die Verdienste Arthur Rosenthals ausführlich:

„Von ganz besonderer Wichtigkeit war in dieser Zeit die Gründung eines Werbe- und Presseausschusses unter der Führung unseres unvergeßlichen Arthur Rosenthal †. Was dieser tatkräftige und überall Begeisterung erweckende Werderaner für viele Jahre geleistet hat, kann nie vergessen werden. Die Werbung für neue Mitglieder, die Bearbeitung der Öffentlichkeit durch die Presse, Aufklärung in allen bremischen Schulen durch Vorträge und Verteilung von Flugblättern in den Schulklassen, die Abhaltung von sportlichen und gesellschaftlichen Großveranstaltungen waren die Hauptpunkte seines Programms, die in gemeinsamer Arbeit mit der Gesamtverwaltung erfolgreiche Auswirkungen für uns hatten. Unser Mitgliederbestand und insbesondere der unserer Jugendabteilung vergrößerte sich von Monat zu Monat, so daß wir schon bald an die Zahl 1000 herankamen. Der Sportwerbetag am 16. März 1919 war die erste organisatorische Großtat, die wir in Bremen unter dem Motto ‚Treibt Sport‘ durchführten. Unsere Jugendlichen verteilten damals in allen Stadtteilen 15000 Werbeschriften und weitere 5000 an alle bremischen Schulen. Erstmalig hatten wir es als Sportverein unternommen, das Stadttheater für den Vormittag zu mieten. […] *Das volle Haus nahm die für den Sport und die Hebung der Volksgesundheit werbenden Ausführungen mit großem Beifall entgegen. Nachmittags waren 5000 Menschen auf dem festlich geschmückten Tribünenplatz am Peterswerder unter den Klängen einer Militärkapelle versammelt, um dem sportlichen Programm beizuwohnen. Hockey, Leichtathletik und Fußball wurden demonstriert, abends fand die Schlußfeier in beiden Sälen des Rathauses statt. Diese Veranstaltung war ein glänzender Auftakt für unsere Jubiläumswoche, die wir anläßlich unseres 20. Geburtstages in Bremen durchführten.“*[71]

Die Anmietung des Stadttheaters für besondere Vereinsveranstaltungen war zu jener Zeit mehrfach durch Arthur Rosenthal beantragt worden.[72]

Beruflich unterstützte Arthur Rosenthal zunächst seinen Vater als Mitarbeiter des Familienunternehmens im Außendienst. Ab etwa 1921 arbeitete er dann in Berlin als Handelsvertreter bei verschiedenen Firmen sowie gleichzeitig Sportredakteur.[73] Vielleicht war er deshalb auch bereits Mitte 1920 aus dem Vorstand des SV Werder ausgeschieden. In den *Vereinsnachrichten* vom Juni/Juli jenes Jahres hieß es dazu: „Den aus geschäftlichen Rücksichten von ihren Aemtern [sic!] zurückgetretenen Herren Schlotte und Rosenthal gebührt für ihre im Interesse des Vereins stets geleistete aufopfernde Arbeit unser Dank.“[74] Dass es sich dabei um Arthur Rosenthal und nicht um seinen Vater oder einen seiner Brüder handelte, erscheint auch deshalb plausibel, da ab Oktober 1920 andere Mitglieder im Auftrag des Werbe- und Presseausschusses Beiträge in den *Vereinsnachrichten* publizierten.

Bis Anfang der 1930er Jahre – Arthur Rosenthal war zwischen 1922 und 1934 immer mal wieder für einige Monate und danach durchgängig bis zu seiner Deportation in Bremen gemeldet[75] – gab er „dann eine Sportzeitung heraus, die [...] eine Art Eildienst für die neuesten Fußball- und Sportergebnisse darstellte“[76]. Sein „vierseitiges Nachrichtenblatt mit Sportinformationen“[77], welches bis 1929 bei der Druckerei Geffken in der Sedanstraße 87–89 in der Bremer Neustadt gedruckt wurde, durfte der „Sportredakteur“[78] wahrscheinlich ab 1933 nicht mehr produzieren. Außerdem soll er bis dahin „Inhaber einer Werbeagentur“ [79] gewesen sein. In der Folge verrichtete Rosenthal, der nach finanziellen Engpässen Anfang der 1920er Jahre[80] mittlerweile über ein „gutes Einkommen“[81] verfügt haben soll, im väterlichen Papierwarenhandel nunmehr Hilfsarbeiten.[82]

Herbert und Hermann Rosenthal

Der zweitälteste Sohn von Albert und Caroline Rosenthal, Herbert, trat Werder Bremen 1913 bei[83] und engagierte sich – wie schon der Vater und der ältere Bruder – im Vereinsvorstand. Herbert meldete sich als Freiwilliger für den Ersten Weltkrieg und stieg, wie sein älterer Bruder, zum Leutnant auf. Im Krieg erlitt er „Rippenbrüche, [einen] Durchschuss durch den linken Oberarm und einen Durchschuss durch die linke Hüfte“[84]. Herberts Verletzungen wurden unter anderem in einem Lazarett in Frankreich behandelt. Für seine Leistungen bekam er, abermals wie sein Bruder Arthur, das Hanseaten- und das Eiserne Kreuz verliehen.[85]

Nach Kriegsende wurde Herbert Rosenthal auf Werders Generalversammlung vom Januar 1920 zum „Obmann des Tennis-Aussch[usses]“[86] gewählt. Dieser neuen Abteilung trat er – eine weitere Parallele zu Bruder Arthur – direkt bei und war dort ab Mai 1922 als aktives Mitglied gemeldet.[87] 1925 wurde er erneut Obmann der Tennisabteilung, ehe er den Posten ein Jahr später wieder abgab.[88] Im Hauptberuf arbeitete Herbert Rosenthal mit seinen Brüdern im Schreibwarenhandel des Vaters. Zeitweise war er als reisender Warenvertreter[89] und zwischendurch – wahrscheinlich von 1924 bis 1933 – als Prokurist tätig.[90]

Hermann war der jüngste der drei Rosenthal-Söhne. Im Frühjahr 1918 wurde er Mitglied der Jugendabteilung des Klubs[91] und spielte bereits mit 13 Jahren bei Werder Fußball – später zusammen mit Alfred Ries in der Liga-Reserve.[92] Im Frühjahr 1919 meldeten die *Vereinsnachrichten* die Gründung eines neuen Ausschusses für die

Jugendabteilung von Werder. Unterzeichnet war dieser Hinweis von Vorstandsbeisitzer „H. Rosenthal".[93] Dabei handelte es sich wahrscheinlich um Hermann Rosenthal, schließlich war er es, der als Vertrauensmann in der Realschule Altstadt aktiv um Mitglieder für Werder warb.[94] Sein Bruder Herbert wird mit der Notiz nicht gemeint gewesen sein, da er zu diesem Zeitpunkt bereits dem Schulalter entwachsen war.

Wann und unter welchen Umständen die vier Rosenthals den SV Werder endgültig verlassen haben, ist nicht dokumentiert.[95] Über tatsächlich erfolgte Ausschlüsse jüdischer Mitglieder aus dem Verein sind jedenfalls bislang keine Dokumente gefunden worden. Gleichwohl wurden Juden formal spätestens zum 29. April 1940 aus dem SV Werder ausgeschlossen, wie es Lukas Bracht in diesem Buch darlegt.

Hermann Rosenthal besuchte nach der Regelschulzeit ein Jahr lang eine Kaufmannsschule, ehe er erste Berufserfahrung in einem Getreidehandel sammelte.[96] 1928 trat er in den väterlichen Betrieb ein. Er wohnte mit seinem Bruder Herbert – nach dem Auszug der Eltern an den Osterdeich – weiter am Firmensitz in der Charlottenstraße. Dort erhielten beide Söhne freie Kost und Logis, dazu kamen ein Festgehalt sowie eine Verkaufsprovision für ihre Vertretertätigkeit.[97] Hermann war außerdem ab 1935 nebenberuflich als Handelsvertreter für die Bremer Kunstmalerin Liesel Lauterborn tätig.[98]

Die Zeit unter dem NS-Regime

Wirtschaftlich befand sich Familie Rosenthal zu dieser Zeit bereits in einer prekären Lage. Schon 1931 wurde die Bremer Bevölkerung von der örtlichen NS-Presse „unablässig auf die Juden hingewiesen, deren Anteil an der Bevölkerung nur 0,4 Prozent ausmachte, um den Eindruck zu erwecken, als ob die wenigen jüdischen Kaufleute führend im Bremischen Einzelhandel wären. Die Folge war, daß die Warenumsätze zurückgingen und daß beim jüdischen Mittelstand eine wirtschaftliche Not und Erwerbslosigkeit einsetzte."[99] Besondere Propaganda ging in den folgenden Jahren von der *Bremer Nationalsozialistischen Zeitung* aus. Diese veröffentlichte beispielsweise am 1. April 1933 eine Liste jüdischer Geschäfte und Dienstleister, die es durch einen Kaufboykott zu meiden gelte.[100] An diesem Tag kam es in Bremen tatsächlich zu Boykotten und Belagerungen jüdischer Geschäfte.[101] Auch auf dem Freimarkt durften jüdische Händler in jenem Jahr ihre Waren nicht mehr anbieten.[102] Zu diesem Zeitpunkt lebten in Bremen nur noch etwa 1.500 Menschen jüdischen Glaubens unter den über 300.000 Bürgern der Hansestadt.[103] Zwar wurde die Bremer Polizei noch 1935 aus Furcht vor „Kritik aus dem Ausland" angewiesen, die Boykotte und andere Aktionen gegen „nicht-arische" Geschäfte und Selbstständige in den freien Berufen zu ahnden. Dennoch nahmen die gesellschaftlichen Repressionen gegen Juden zu.[104] Rosenthals ehemalige Mitarbeiterin Lina Schröder berichtete nach dem Zweiten Weltkrieg, wie sich das damalige Gesellschaftsklima auf das Vertretergeschäft des Unternehmens ausgewirkt habe: „Die Kunden, die wohl gern bei der Firma Rosenthal kaufen wollten, hatten aber Angst und mochten nicht einen jüdischen Herrn im Laden sitzen haben."[105]

In dieser Situation mussten Albert und Caroline Rosenthal 1937 unter dem Druck der Nationalsozialisten ihr Wohnhaus am Osterdeich unter Wert verkaufen.[106] Formal vollzogen wurde die Transaktion am 1. April 1938. Das Paar zog daraufhin mit seinem Sohn Arthur zurück in das Wohn- und Geschäftshaus an der Charlottenstraße.[107] Bereits im Bremer Adressbuch von 1939 wird die Witwe eines Rolf Torges als Besitzerin des Reihenhauses am Osterdeich ausgewiesen.[108]

Im nächsten Schritt staatlicher Gängelung wurde jüdischen Händlern und Vertretern ein Berufsverbot auferlegt und mit der „Verordnung über die Anmeldung des Vermögens von Juden vom 26.4.1938"[109] sowie einer Direktive des Reichswirtschaftsministers alsdann die Basis dafür gelegt, jüdische Unternehmer zu enteignen. Am 12. Juli 1938 kam es tatsächlich zur zwangsweisen „Arisierung" von 52 Geschäften in der Hansestadt.[110] Ihren Handel für Luxuspapierwaren[111] mit Verlag, welcher in den ersten zweieinhalb Jahrzehnten nach der Gründung anno 1906 gut gelaufen war, durfte die Familie Rosenthal ab dem 28. Oktober 1938[112] nicht mehr weiterführen.

In dieser Phase wurden Albert Rosenthal und seine drei Söhne von den Nationalsozialisten zudem verhaftet[113], als sich in der Pogromnacht vom 9. auf den 10. November 1938 auch in Bremen schlimme Szenen zutrugen: „Die Scheiben aller jüdischen Geschäfte waren zertrümmert und die in Bremen lebenden männlichen Juden größtenteils in Schutzhaft genommen."[114] Außerdem kamen in dieser Nacht fünf Bremer Juden ums Leben, die Bremer Synagoge wurde angezündet und der jüdische Friedhof verwüstet.[115] Die Nationalsozialisten trieben die jüdischen Einwohner in der Gartenstraße zusammen. Frauen, Kinder und Senioren wurden letztlich zwar wieder freigelassen, rund 160 männliche Juden jedoch mussten zu Fuß zum Gefängnis in Bremen-Oslebshausen marschieren, von wo aus sie – wie Arthur, Herbert und Hermann Rosenthal – am 11. November in das Konzentrationslager Sachsenhausen nördlich von Berlin gebracht wurden.[116] Albert Rosenthal wurde in der Pogromnacht ebenfalls im „Zuchthaus Bremen-Oslebshausen"[117] für kurze Zeit inhaftiert. Entgegen mancher Erzählung brachte man ihn allerdings aufgrund seines fortgeschrittenen Alters nicht nach Sachsenhausen.[118]

Wenige Wochen später, am 10. Januar 1939, musste die Familie ihr Geschäft unter Wert zwangsweise an den Kaufmann Diedrich Röper verkaufen.[119] Das Übernahmeangebot des Kaufmanns Paul Meyer hingegen wurde „aus persönlichen Gründen" abgelehnt bzw. zurückgezogen.[120] Was genau gegen Meyer sprach, ist nicht überliefert. Bei der zwangsweisen Übertragung der Firma samt Lagerbeständen kam der damaligen Industrie- und Handelskammer (IHK) Bremen eine wichtige Rolle zu. Sie wurde – ebenso wie die Bremer Vertretung der Gauwirtschaftskammer der NSDAP – in den Vorgang der „Entjudung der Firma Albert Rosenthal"[121] einbezogen. Reichsweit ergab sich vielerorts eine ähnliche Situation: „Die Industrie- und Handelskammern hatten als Gutachter dazu Stellung zu nehmen, ob ein Betrieb im Interesse der NS-Wirtschaftspolitik ganz stillzulegen oder von neuen Eigentümern fortzuführen sei."[122] In Bremen standen die Zeichen auf Fortführung: So wurde Diedrich Röper am 6. Mai 1939 als neuer Firmeninhaber in das Handelsregister eingetragen.[123]

Röper, zum Zeitpunkt des Erwerbs 34 Jahre alt und „arische[r] Abstammung"[124], war zuvor in gehobener Position bei der Bremer Landesbank tätig gewesen und betrat mit dem Kauf der Firma Rosenthal berufliches Neuland. Vielerorts nutzten aber auch „arische" Konkurrenzunternehmen die staatlich vorangetriebene Möglichkeit, jüdische Mitbewerber zu übernehmen.[125] Röper war bestrebt, das Geschäft mit dessen Warenangebot „unverändert weiterzuführen"[126]. Die IHK sah darin ein gesamtwirtschaftliches Interesse gegeben und sprach sich für eine Übernahme aus.[127] Die Belange jüdischer Unternehmer spielten offenkundig keine oder zumindest nur noch eine untergeordnete Rolle. Positiv zum Kauf äußerten sich auch der in Oldenburg ansässige Gauwirtschaftsberater der NSDAP Weser-Ems[128] sowie der Bremer Polizeipräsident, der gegen den Kauf durch Röper „auch in politischer Beziehung"[129] nichts einzuwenden hatte. Die Innere Verwaltung billigte den Verkauf ebenfalls, allerdings unter Auflagen: Eine Inventur durch einen Sachverständigen sei erforderlich, ebenso die Erstellung einer Inventarliste und die Änderung des bestehenden Firmennamens.[130] Der alte Unternehmensname wurde daher am 25. Januar 1939 aus dem Handelsregister gelöscht.[131] Somit war es amtlich: „Die bisherige Firma Albert Rosenthal ist damit ein arisches Unternehmen geworden."[132]

Gleichwohl gab es einen über mehrere Wochen andauernden Schriftwechsel der Inneren Verwaltung mit der IHK, da deren Sachverständiger Rosenthal bezichtigte, Teile der verkauften „Verlagsrechte, Negative und Diapositive" hätten überhaupt nicht ihm gehört. Zudem habe er vor dem Unternehmensverkauf viele Artikel besonders günstig veräußert und Röper damit die Preise bei der Weiterführung der Firma kaputtgemacht.[133] Dennoch sollten die Umsätze des Luxuspapierhandels, die im Zuge der Boykotte jüdischer Geschäfte in den Jahren zuvor eingebrochen waren, nun bald wieder anwachsen. Lag der Gewinn 1939 nur noch bei 5.600 Reichsmark, so betrug er zumindest zwischen 1940 und 1944 jährlich zwischen 10.000 und 17.000 Reichsmark.[134]

Der neue Geschäftsinhaber entließ nach der Übernahme der Firma auf Druck der Gestapo Alberts Sohn Arthur Rosenthal[135], da Röper gemäß der behördlich zu genehmigenden Vereinbarung im Kaufvertrag „nur das arische Personal"[136] übernehmen durfte. Arthur Rosenthal musste sich seither mit Gelegenheitsarbeiten durchschlagen, etwa als Kellner im „jüdischen Restaurant Wolff[137] in der Falkenstraße" in der Nähe des Hauptbahnhofs sowie als „Treppen- und Hausreiniger" im „Reinigungsinstitut von Bock".[138] Gemeint ist in diesem Fall wohl die „Bürgersteig- u. Treppenhausreinigung" von Bernhard Bock, welche ihren Sitz an der Tiefer 8 an der Weser hatte.[139]

Arthurs jüngere Brüder Herbert und Hermann, die zumindest bis 1938 ebenfalls im elterlichen Unternehmen arbeiteten, wurden nach ihrer Festnahme in der Pogromnacht und der Zwischenstation in Bremen-Oslebshausen nach einigen Wochen aus dem Lager Sachsenhausen entlassen.[140] Herbert, der bereits am 10. August 1938 bis zur Enteignung der Firma wieder Prokura in der väterlichen Firma erhielt[141], schlug sich nach seinem Ausscheiden aus dem Unternehmen als Handlungsgehilfe, Arbeiter und Vertreter durch.[142] Er wurde wohl nur aufgrund eines für ihn aus nicht mehr eruierbaren Gründen vorliegenden Visums für Ecuador am 23. November 1938 aus Sachsenhausen entlassen und konnte schließlich beginnend mit der am 23. April 1940 erfolgten behördlichen Abmeldung nach Quito fliehen.[143] Rund elf Monate zuvor, am 16. Mai 1939, hatte bereits Hermann Rosenthal seiner Heimat gezwungenermaßen Lebewohl gesagt und sich über die Niederlande auf den Weg in die USA gemacht.[144] Dabei soll ihm Walter Frischmuth, der hochrangige Mitarbeiter der Abwehrstelle Bremen und Helfer von Alfred Ries, nach eigener Aus-

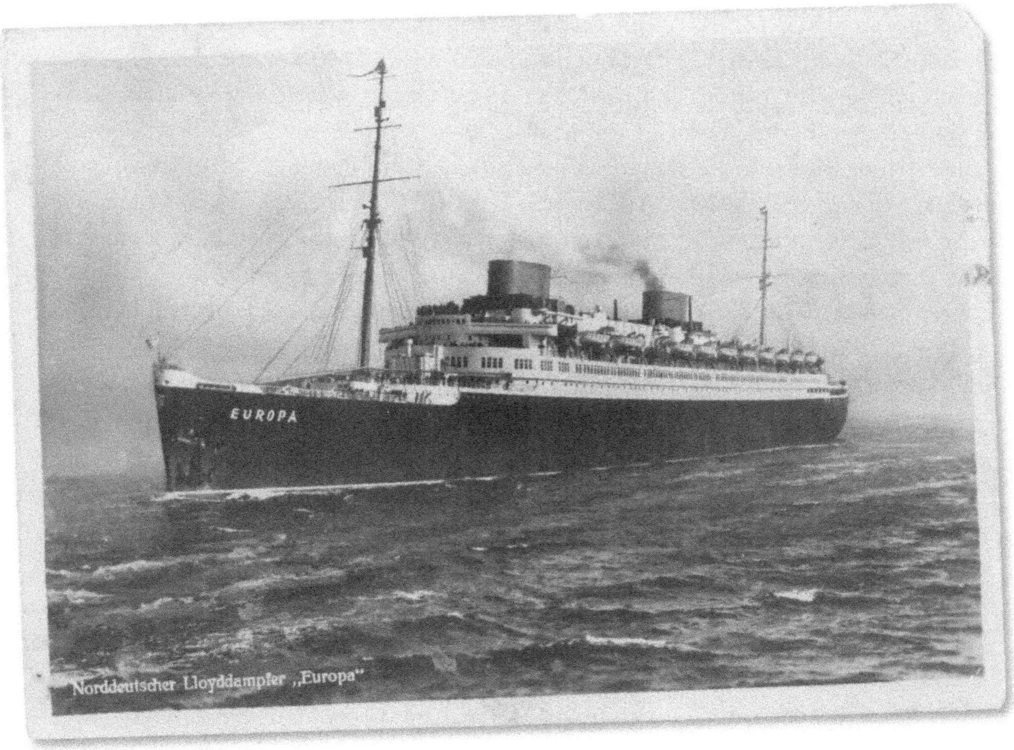

Auf den ersten Blick unspektakulär, tatsächlich ein Bild mit Symbolcharakter: Der Dampfer „Europa" auf einer 1935 gelaufenen Postkarte aus dem Verlag Albert Rosenthal – nur Herbert und Hermann sollte die Flucht über den Atlantik gelingen (Quelle: Sammlung F. Ettrich)

sage geholfen haben auszureisen.[145] Insgesamt war die Zahl der jüdischen Auswanderer aus Bremen schon 1938 sprunghaft angestiegen. Sie mussten eine sogenannte „Reichsfluchtsteuer" zahlen, in vielen Fällen wurde zudem das Auswanderergepäck beschlagnahmt.[146]

Arthur Rosenthal blieb, da er als Soldat im Ersten Weltkrieg gewesen war[147], nur bis zum 5. Dezember 1938 in Sachsenhausen inhaftiert.[148] Er kehrte nach Bremen zurück, doch seine Möglichkeiten, beruflich wieder Fuß zu fassen, waren – wie bei vielen Rückkehrern der Deportation – sehr eingeschränkt. Die Teilnahme am gesellschaftlichen Leben wurde für Jüdinnen und Juden insgesamt immer weiter begrenzt: Sie durften keine kulturellen und sportlichen Veranstaltungen mehr besuchen[149] und wurden von öffentlichen Einrichtungen ausgeschlossen. Ab September 1941 mussten sie zudem – wie dementsprechend auch Arthur Rosenthal und seine Eltern – zur Zwangskennzeichnung im Sinne der Nürnberger Gesetze von 1935 einen „Judenstern" tragen.[150]

Am 17. November 1941 wurde Arthur Rosenthal in Bremen erneut verhaftet. Einen Tag später startete für ihn und Hunderte weiterer Bremer Juden und Jüdinnen die Deportation nach Minsk[151], die der damalige Judenreferent der Bremer Gestapo, Bruno Nette, organisierte.[152] Arthur Rosenthal blieb – wie der ebenfalls in diesem Buch porträtierte Werder-Schiedsrichter Hugo Grünberg und ein Großteil dessen Familie – den harten Winter 1941/42 über in Minsk interniert. Und wie sie wurde auch Arthur Rosenthal bei den Massenexekutionen am 28. Juli 1942[153] erschossen und am 8. September 1948 vom Amtsgericht Bremen[154], datiert auf das Kriegsende am 8. Mai 1945[155], für tot erklärt.[156] Im sogenannten „Arbeitslager" von Minsk wurden fast alle dorthin deportierten 440 Bremer Jüdinnen und Juden ermordet.[157]

Die Immobilie in der Charlottenstraße blieb unterdessen noch bis zur Beschlagnahmung durch die Reichsfinanzverwaltung am 28. Oktober 1942 offiziell im Besitz der Rosenthals[158] und Albert Rosenthal solange im Bremer Adressbuch als Eigentümer des Hauses eingetragen.[159] Dabei hatte Diedrich Röper es bereits 1939 zusammen mit dem Erwerb des Familienbetriebs kaufen wollen. Dafür setzte sich im März 1939 auch die Industrie- und Handelskammer Bremen mit einem Schreiben an den Senator für die Innere Verwaltung ein. Die Kammer begründete ihre Intervention damit, dass das Wohn- und Geschäftshaus als „wirtschaftliche Einheit" zusammengehöre und die Rosenthals darüber hinaus beabsichtigten, weiter im Haus zu wohnen und außerdem Räume an jüdische „Glaubensgenossen abzuvermieten"[160]. Dies sei für Röper nicht zumutbar. Daher forderte die Kammer explizit: „Wir bitten daher zu erwägen, ob nicht die Möglichkeit besteht, die Arisierung des Grundstücks noch mit der des Geschäfts zu verbinden."[161] Solche Interventionen der Kammern sind auch aus anderen Regionen überliefert: Die IHKs waren eng in den „Arisierungsapparat" einbezogen und kooperierten mit den lokalen Verwaltungen und Dienststellen der NSDAP.[162] Da eine Enteignung des Grundbesitzes bis zu den Deportationen trotz zunehmender Restriktionen nicht zwangsläufig war und ein Gespräch mit Rosenthal in der Innenbehörde ergebnislos endete, blieb die Immobilie jedoch zumindest eine Zeit lang noch im Besitz der jüdischen Familie.[163]

Am 24. Juli 1942 wurden Albert Rosenthal und seine Frau Caroline mit Transport VIII/1 von Bremen-Varel nach Theresienstadt gebracht.[164] Auch diese Deportation, der am Ende auch die Eltern von Alfred Ries, Eduard und Rosa[165], zum Opfer fielen, organisierte Bruno Nette. Die Schlüssel für das Wohnhaus in der Charlottenstraße 28 musste Rosenthal der Polizei übergeben. Das Mobiliar wurde wenige Tage später im Auftrag der Gestapo beschlagnahmt.[166] Nach der Deportation in der Charlottenstraße abgeholte und angeblich für den Versand nach Theresienstadt vorgesehene Kleidungsstücke und Bettwäsche der Eheleute kamen dort niemals an.[167] Albert Rosenthal wurde am 21. November 1942 mit 81 Jahren in Theresienstadt ermordet.[168]

Am 5. Mai 1945 traf das Internationale Komitee des Roten Kreuzes in dem Lager ein und begann die Insassen zu versorgen. Wenige Tage später, am 8. Mai, erreichte die Rote Armee Theresienstadt und stellte es unter ihren Schutz.[169] Caroline Rosenthal überlebte dadurch die Internierung.

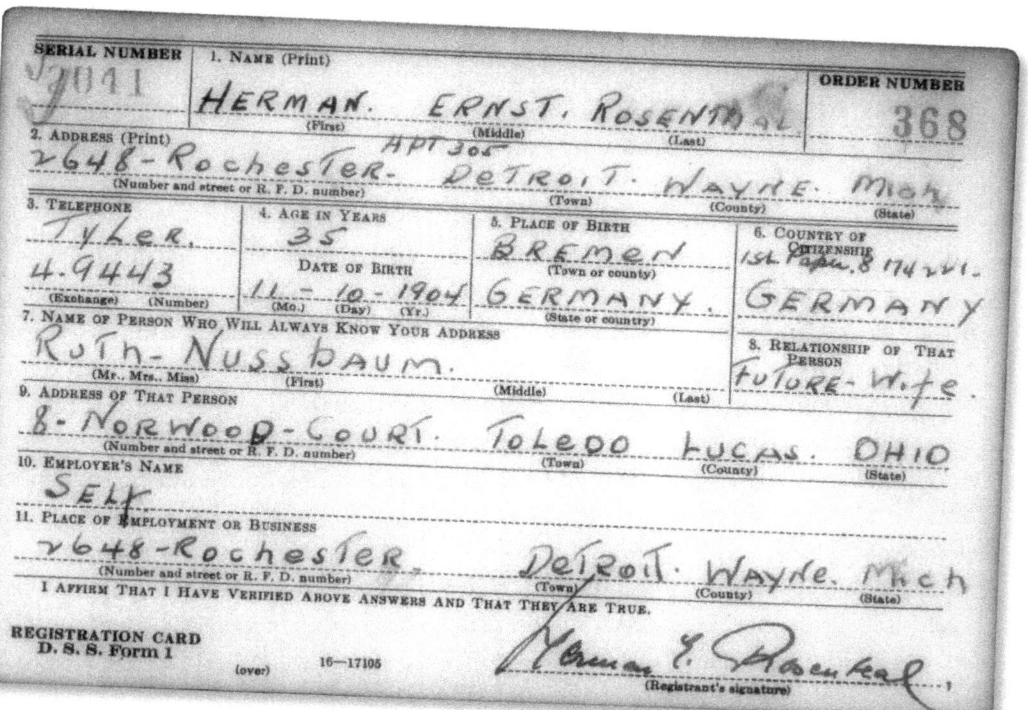
SERIAL NUMBER 3041
1. NAME (Print) HERMAN. ERNST. ROSENTHAL (First) (Middle) (Last)
ORDER NUMBER 368
2. ADDRESS (Print) 2648-Rochester- APT 305 DETROIT. WAYNE. Mich (Number and street or R. F. D. number) (Town) (County) (State)
3. TELEPHONE Tyler. 4-9443 (Exchange) (Number)
4. AGE IN YEARS 35
DATE OF BIRTH 11 - 10 - 1904 (Mo.) (Day) (Yr.)
5. PLACE OF BIRTH BREMEN (Town or county) GERMANY. (State or country)
6. COUNTRY OF CITIZENSHIP 1st Papers 8 Nov 41. GERMANY
7. NAME OF PERSON WHO WILL ALWAYS KNOW YOUR ADDRESS Ruth- Nussbaum. (Mr., Mrs., Miss) (First) (Middle) (Last)
8. RELATIONSHIP OF THAT PERSON Future- Wife.
9. ADDRESS OF THAT PERSON 8- NORWOOD- COURT. TOLEDO LUCAS. OHIO (Number and street or R. F. D. number) (Town) (County) (State)
10. EMPLOYER'S NAME SELF
11. PLACE OF EMPLOYMENT OR BUSINESS 2648-Rochester. DETROIT. WAYNE. Mich (Number and street or R. F. D. number) (Town) (County) (State)
I AFFIRM THAT I HAVE VERIFIED ABOVE ANSWERS AND THAT THEY ARE TRUE.
REGISTRATION CARD D. S. S. Form 1 (over) 16—17105
Herman E. Rosenthal (Registrant's signature)

Die Einzugsregistrierungskarte der US-Armee für Herman(n) Rosenthal (Quelle: Ancestry.com)

Ihr jüngster Sohn Hermann, der ebenso wie sein Bruder Herbert im Ausland nun den Nachnamen „Reeves“ trug, hatte sich nach seiner Ausreise in die USA zunächst in Toledo im Bundesstaat Ohio niedergelassen.[170] Bereits kurze Zeit später wurde er vom US-Militär für die amerikanischen Streitkräfte registriert und, da er nicht mehr schwer heben durfte, am 24. März 1941 für zwei Jahre für Bürotätigkeiten in die Armee einberufen.[171]

Später arbeitete er als selbstständiger Vertreter für Geschenk- und danach für Industrieartikel in Wantagh im Bundesstaat New York.[172] Sein Bruder Herbert war 1946 von Ecuador ebenfalls nach New York umgesiedelt.[173] Die USA und Ecuador waren seinerzeit favorisierte Ziele der zur Auswanderung gezwungenen Bremer Juden.[174]

Das lange Ringen um Wiedergutmachung – Teil I

Nach dem Ende des Zweiten Weltkriegs und ihrer Rückkehr nach Bremen begann Caroline Rosenthal gemeinsam mit ihren überlebenden Söhnen Herbert und Hermann um Wiedergutmachung zu kämpfen.[175] Herbert, der bis zur formalen Übertragung 1939 noch als Mitbesitzer der väterlichen Firma ausgewiesen gewesen war[176], kam 1950 aus den USA einstweilen nach Deutschland zurück[177], um insbesondere die Rückerstattung des Familienunternehmens zu begleiten. Dieses befand sich zu jenem Zeitpunkt weiter im Besitz der Röpers und wurde von der treuhänderisch agierenden Angestellten Lina Schröder notdürftig aufrechterhalten[178], bis der aus der Kriegsgefangenschaft zurückkehrende Mitarbeiter Heinz Mönnich wieder im Betrieb mithalf.[179] Die Gewinne lagen von 1945 bis 1947 gerade einmal zwischen 2.800 und 4.200 Reichsmark. Im ersten Halbjahr 1948 wurde sogar ein Verlust von über 2.400 Reichsmark verbucht, ehe nach der Währungsreform Ende 1948 sowie im Folgejahr zumindest marginale Gewinne im dreistelligen Bereich zu Buche standen.[180]

Caroline Rosenthal hatte stellvertretend für die Erbengemeinschaft die „Rückübereignung“ der Immobilie und des Luxuspapierwarenhandels an der Charlottenstraße nebst Entschädigung für die Lagerbestände des Geschäftes, die Möbel und entgangene Mieterlöse sowie eine Erstattung der Bankguthaben zum Zeitpunkt der Deportation beantragt. Ebenso forderte sie die Herausgabe der Immobilie am Osterdeich 107e mitsamt einem finanziellen Ausgleich für die damals zurückgelassene Möblierung.[181] Auch Hermann, der in den USA zusammen mit seiner Freundin Ruth Nussbaum lebte[182], machte seine Ansprüche aus New York heraus geltend.[183] Die fristwahrend eingereichten Ansprüche der Söhne wurden durch den übergeordneten Wiedergutmachungsantrag Caroline Rosenthals hinfällig[184], die im Sinne des Bremer Samtgutrechts als sogenannte „Beisitzerwitwe“ für die drei gleichberechtigten Erben auftrat.[185]

Das Grundstück in der Charlottenstraße 28 erhielt Caroline Rosenthal vorbehaltlich des Nachweises der Erbberechtigung im Rahmen einer Güteverhandlung bei der Wiedergutmachungsbehörde am 27. Oktober 1949 zurück.[186] Formal erging dieser Beschluss am 24. Februar 1950.[187] Das Grundbuch wurde am 7. Juni 1950 entsprechend korrigiert.[188] Caroline Rosenthal bekam zudem im September 1950 im Rahmen der laufenden Verfahren einen Rentenvorschuss in Höhe von 2.000 DM zugesprochen.[189] Den Wert der in der Charlottenstraße zurückgelassenen Möbel taxierte ein von der Handelskammer berufener Sachverständiger auf einen Neuwert von 6.359 DM.[190] Da die Möbel zwischen Anschaffung und Deportation genutzt worden waren, erkannte der Bremer Senator für Finanzen einen anteiligen Schaden von etwas über 5.000 DM an. Weil sich dieser Anspruch jedoch gegen das Deutsche Reich richtete, fehlte für eine Auszahlung durch die Bundesrepublik noch die rechtliche Grundlage seitens des Gesetzgebers.[191]

Außerdem wurde von der Familie die Auszahlung der Bankguthaben zweier Konten von 1942 eingefordert. Ein Guthaben wurde von der Norddeutschen Kreditbank Bremen bestätigt. Dieses war von der Bank im Januar 1943 an die „Vermögensverwertungsstelle" des Oberfinanzpräsidenten Weser-Ems ausbezahlt worden.[192] Ein anderes Konto beim Postscheckamt Hamburg, das auf Albert Rosenthal lief und zuletzt 585 Reichsmark ausgewiesen haben soll, war zwei Tage vor der Deportation aufgelöst worden. Wie hoch das Guthaben zuvor tatsächlich gewesen war, wer das Konto auflöste und das Restguthaben erhielt, war nach Auskunft der Bank wegen im Krieg vernichteter Unterlagen nicht mehr zu rekonstruieren.[193] Familie Rosenthal verzichtete daher auf Anraten des Bremer Senators für Finanzen auf diesen Anspruch ebenso wie auf eine Entschädigung für die angeblich für den Transport nach Theresienstadt abgeholten „Ausrüstungsgegenstände".[194] Zumindest die Ansprüche auf Erstattung für den Verkehrswert der Möbel in der Charlottenstraße 28 sowie für das entzogene Guthaben bei der Norddeutschen Kreditbank, abgewertet im Kurs zehn zu eins von Reichs- zu Deutscher Mark, wurden durch den Bremer Finanzsenator anerkannt, entsprechende Auszahlungen aber auf die Zeit nach hierfür erst noch zu schaffenden Rechtsgrundlagen verschoben. Dieser Argumentation folgte auch die Wiedergutmachungsbehörde mit ihren Beschlüssen vom 28. November 1951.[195]

Durch die außergerichtliche Einigung mit den Erben von Diedrich Röper am 29. März 1950 (und nach einer gemeinsam beschlossenen Änderung dieser Vereinbarung vom 22. September 1950) erhielten die Rosenthals auch ihr Papierwarengeschäft zurück. Die Witwe des Käufers von 1939, Elsbeth Röper, musste dabei jedoch abgefunden werden.[196] Sie machte geltend, dass ihr Mann seinerzeit einen höheren Kaufpreis für die Firma bezahlt und für den Warenbestand mehr Geld an Rosenthal übergeben habe als der Wert, den der von der Industrie- und Handelskammer bestellte Sachverständige ermittelt hatte. Eine weitere Teilzahlung für den Warenbestand sei durch die Deportation Albert Rosenthals nicht mehr möglich gewesen.[197] Dieser Umstand wurde in der Einigung berücksichtigt.

Die Vereinbarung räumte den Erben Röpers bis Mitte 1951 Zeit ein, eine vollständige Rückübertragung der Firma an die Rosenthals inklusive der Wiedereintragung in das Handelsregister umzusetzen. Da seinerzeit Kaufpreise für Geschäft und Inventar gezahlt worden waren, erklärte sich Caroline Rosenthal zu einer Rückzahlung von 6.000 DM an die Erben Röpers bereit, zahlbar in Raten zu je 150 DM plus Zinsen. Des Weiteren wurde Caroline Rosenthal ab dem 1. Mai 1950 das Recht zur Geschäftsführung eingeräumt. Elsbeth Röper sollte noch bis zur vollständigen Rückübertragung in dem Unternehmen als Angestellte zu einem vereinbarten Lohn von monatlich 150 DM weiterarbeiten dürfen.[198]

Da die vereinbarte gestreckte Ratenzahlung an die Erben Röpers für diese einen kurzfristigen Liquiditätsengpass bedeutete – zumal sie das Unternehmen ja auch noch wieder verloren –, wurde die Einigung vom März am 22. September 1950 einmütig geändert: Die Rosenthals sagten für September 1950 und Januar 1951 zwei Sonderzahlungen von jeweils 1.000 DM zu, um den vereinbarten Rückzahlungsbetrag an die Erben Röpers schneller zu begleichen. Im Gegenzug wurden die monatlichen Raten der Rosenthals an die Erben Röpers auf 100 DM reduziert.[199]

Damit war der Weg frei für die Rückübertragung: Die am 25. Januar 1939[200] erfolgte Löschung des Unternehmens aus dem Handelsregister wurde am 28. Juli 1950 wiederum gelöscht – also zurückgenommen. Das Unternehmen war damit fünf Jahre nach Kriegsende wieder unter dem Namen „Albert Rosenthal" im Handelsregister eingetragen. Die Leitung der Geschäfte ging zum 1. Juli 1950 auf Herbert Rosenthal über.[201]

Zur Fortführung des Unternehmens benötigte dieser allerdings schnell liquide Mittel. Er bat die Stadt Bremen daher um einen Kredit, dessen Rückzahlung er mit seinen vermuteten Wiedergutmachungsansprüchen verrechnen wollte. In einem internen Vermerk der Wiedergutmachungsbehörde von Mitte 1950 hieß es zu dem Kreditantrag:

„Grundsätzlich bleibt auch zu dieser Sache zu bemerken, dass es für die Verwaltung nicht annehmbar ist, wenn die Leute, ohne sich vorher entsprechend zu informieren, aus Amerika zurückkommen und dann Hilfe in einem Umfange verlangen, wie sie nach der derzeitigen Gesetzgebung überhaupt nicht möglich ist. [...] Es muss damit gerechnet werden, dass diese Methode Schule macht."[202]

Die Behörde verharrte in einem ersten Impuls also trotz Kompromissbereitschaft an anderer Stelle zunächst durchaus in einer Abwehrhaltung gegenüber entsprechenden Forderungen. Immerhin aber konnte Herbert Rosenthal bei der Sparkasse Bremen eine Hypothek über 5.000 DM zur Aufrechterhaltung des Geschäftsbetriebs aufnehmen. Damit wurde das Firmengrundstück im Grundbuch belastet.[203] Mit dem Geld konnten offene Forderungen von Lieferanten bedient und die fünf Angestellten der Firma entlohnt werden.[204] Des Weiteren kam Herbert zum Jahresende 1950 in den Genuss eines sogenannten Weihnachtsdarlehens über 500 DM.[205] Nachdem schließlich auch der erbetene Kredit über 15.000 DM bei der Stadt nach längerem Schriftwechsel genehmigt worden war, nahm der Geschäftsbetrieb ab 1951 langsam wieder Fahrt auf.[206]

Ehe Herbert Rosenthal im Frühjahr 1953 zurück in die Vereinigten Staaten ging[207], wo er aufgrund seines schlechten Gesundheitszustandes fortan dauerhaft blieb, am 8. März 1955 die amerikanische Staatsbürgerschaft erhielt und seither Herbert Christian Reeves hieß[208], verlieh er der vormaligen Angestellten Lina Schröder am 21. November 1950 den Status der Prokuristin des Unternehmens.[209] Am 15. April 1955 kaufte dann der aus Oranienburg stammende Herbert von Bültzingslöwen die Firma Albert Rosenthal für 3.000 DM.[210] Er wohnte in der Bachstraße 145 in der Bremer Neustadt[211] und war bereits vor Beginn des Jahres 1954 als Prokurist in die Firma eingestiegen.[212] Von Bültzingslöwen, der schon ab Juli 1954 auf dem Briefkopf als Firmeninhaber auftauchte[213], übernahm die Bürgschaft über das Darlehen, welches Herbert Rosenthal zur Fortführung der Firma von der Stadt erhalten hatte und später mit seinen Wiedergutmachungsansprüchen verrechnete, sowie den erwähnten Kredit bei der Sparkasse Bremen.[214] Dafür erhielt der neue Inhaber einen Existenzgründungskredit in Höhe von 6.500 DM.[215]

Herbert von Bültzingslöwen wandelte den Verlag in der Folgezeit „in eine erfolgreiche Großhandlung um"[216]. Firmensitz blieb bis 1961 oder Anfang 1962 die Charlottenstraße 28.[217] Bis dahin war auch Lina Schröder, die seit dem 1. April 1919 als Buchhalterin im Schreibwarenhandel Albert Rosenthal beschäftigt war[218], unter dieser Anschrift als „Kontoristin" gelistet.[219] Auch in einem Vermerk der Wiedergutmachungsbehörde wurde Lina Schröder zumindest noch Anfang Oktober 1961 – hier sogar als Prokuristin – genannt.[220] Im *Bremer Adressbuch* war die Firma Albert Rosenthal mit Inhaber Herbert von Bültzingslöwen von 1962 bis 1967 mit Sitz in der Schierker Str. 39[221], von 1968 bis 1974 als „Kunst- und Glückwunschkartengroßhand." am Osterdeich 108e[222] (also neben dem alten Wohnhaus der Rosenthals) und ab 1975 in der Insterburger Straße 18 ausgewiesen.[223]

Bereits 1974 hatten die Unternehmen Traga-Garbrecht & Co., Albert Rosenthal und Norbert Muddemann in der Insterburger Straße 18 eine Einkaufs- und Lagerkooperation geschlossen: Die Papeterie Einkaufsgesellschaft mbH war geboren.[224] Später fusionierten die Unternehmen zur Papeterie GmbH, die 2002 ihr operatives Geschäft an die AvanCarte GmbH übertrug. Dieses Unternehmen besteht im Stadtteil Hemelingen noch heute.

Das lange Ringen um Wiedergutmachung – Teil 2

Das Wiedergutmachungsverfahren der Familie Rosenthal umfasste indes mehr als nur das Ringen um die Eigentumsrechte an der Firma und dem Haus in der Charlottenstraße. Vielmehr ging es nach dem Ende des Zweiten Weltkriegs auch und nicht zuletzt um Entschädigungen für die Ermordungen von Albert und Arthur, die erlittenen Haftzeiten und Einkommensschäden sowie um den Zwangsverkauf des Wohnhauses am Osterdeich 107e.

Allein der Rechtsstreit um die Osterdeich-Immobilie zog sich über viele Monate hin und muss für alle Beteiligten enorm belastend gewesen sein. Hermann Rosenthal machte die Rückerstattung des Grundstücks noch im Dezember 1948 fristwahrend geltend. Dieser Anspruch wurde im Grundbuch vermerkt.[225] Am 22. Juni 1949 wurde die Besitzerin Meta Sophie Torges, geborene Credner[226], über den Anspruch der Rosenthals auf Rückerstattung informiert. Dabei stellte das Landesamt für Wiedergutmachung klar, dass der Antrag Hermann Rosenthals, wie auch beim Verfahren um das Areal in der Charlottenstraße, zugunsten des Anspruches von Mutter Caroline hinfällig würde.[227]

In einer ersten schriftlichen Reaktion wies Torges den Antrag auf Rückerstattung der Immobilie am Osterdeich aus formalen Gründen und wegen angeblich „falsche[r] Angaben" der Rosenthals zurück.[228] Die Gründe, die Torges angab, akzeptierte das Landesamt für Wiedergutmachung jedoch nicht und bat um eine inhaltliche Stellungnahme.[229] Torges kam dieser Bitte nach. Sie wiederholte dabei den Vorwurf der „wissentlich falschen Angabe" Caroline Rosenthals, kündigte rechtliche Schritte an und bat um Zuweisung eines Rechtsbeistands in Gestalt eines „Armenanwalt[s]", da sie „völlig verarmt" sei.[230] Das Grundstück sei regulär erworben und nicht entzogen worden.[231] Tatsächlich erstattete Torges alsbald Strafanzeige gegen Caroline Rosenthal.[232]

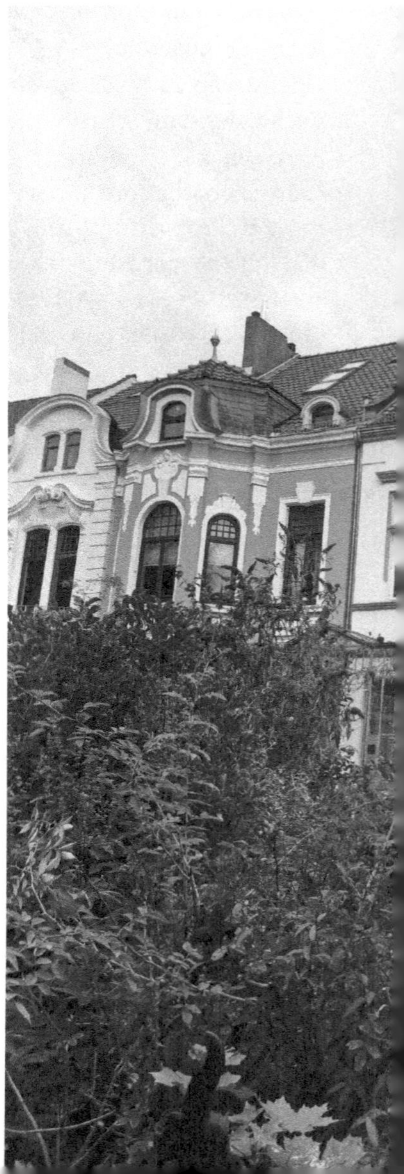

Bis 1938 Eigentum und Wohnsitz der Familie Rosenthal: das Haus am Osterdeich 107e, direkt gegenüber der Ostkurve des Weserstadions (Quelle jeweils: Fabian Ettrich)

Deren Anwalt schloss einen Vorsatz seitens seiner Mandantin aus, räumte aber ein, dass Irrtümer im Antrag aufgrund der zeitlichen Distanz zum Geschehen sowie des Alters und der Strapazen infolge der Internierung Caroline Rosenthals durchaus denkbar wären.[233]

Ende November 1949 reichte Torges eine umfassende Begründung ihres Widerspruchs gegen die Rückerstattung der Immobilie am Osterdeich ein. Darin erläuterte sie, dass sie 1902 in Bremen geboren, seit 1932 verwitwet und Mutter von drei Kindern sei.[234] Der älteste Sohn sei seit 1945 vermisst.[235] Sie selbst habe bis 1928 in jüdischen Unternehmen in Amsterdam gearbeitet, diese sogar noch 1934 mit Geldbeträgen unterstützt und sei zudem „Antifaschistin".[236] Das Haus am Osterdeich sei finanziell „überbelastet" und das Einzige, was ihr geblieben sei. Außerdem habe eine Spedition beim Auszug der Rosenthals alle Möbel mitgenommen. Dafür benannte sie drei Nach-

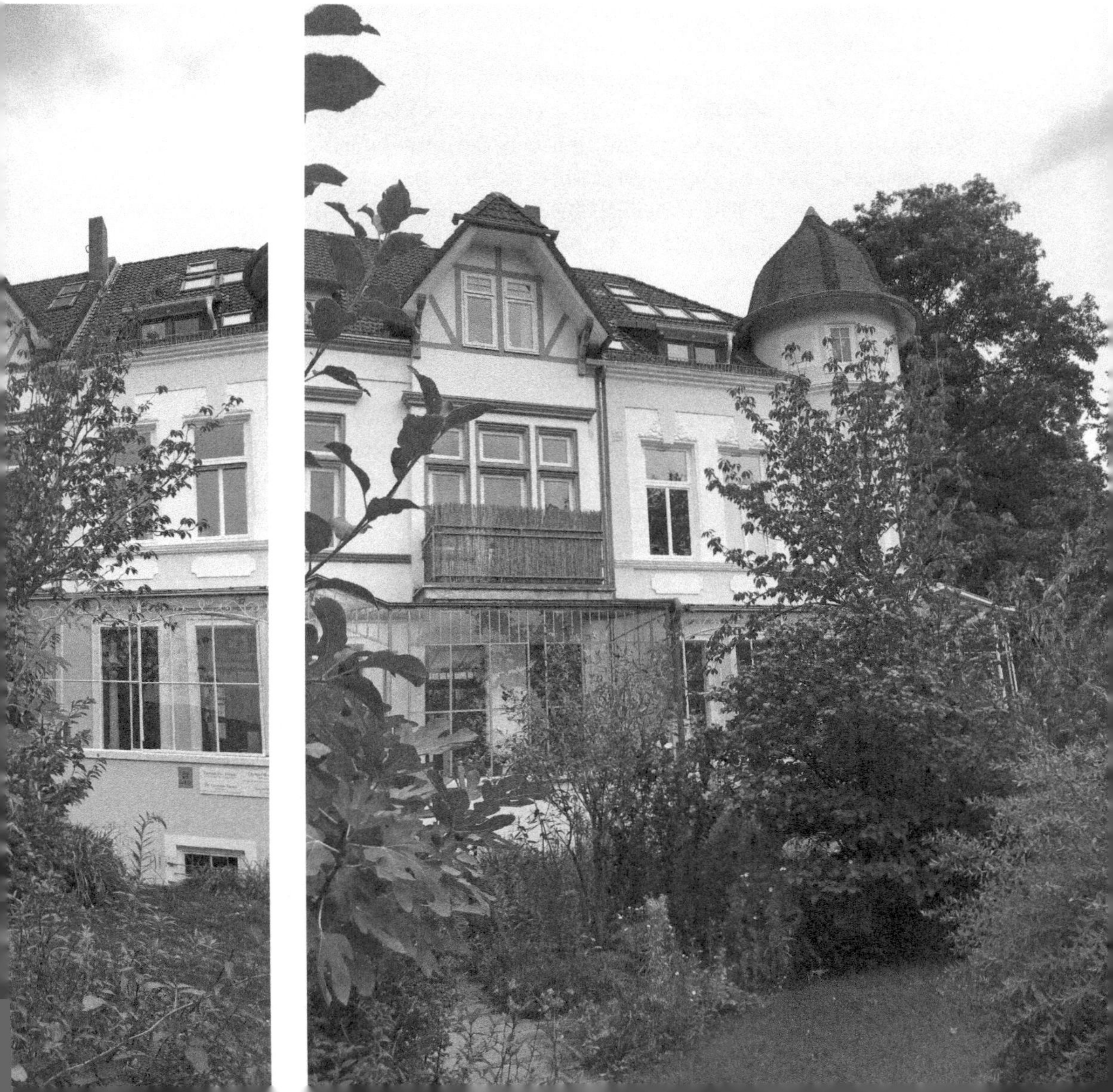

barn am Osterdeich als Zeugen. Zudem sei das Grundstück beim Erwerb durch Albert Rosenthal im Jahr 1914 geringer belastet gewesen als angegeben. Beim Kauf durch Torges wiederum sei es im Grundbuch höher belastet und weniger wert gewesen als von Familie Rosenthal behauptet. Torges nannte hierfür jeweils die konkreten Summen.[237] Das Haus sei freiwillig veräußert worden, da es für die Rosenthals zu groß gewesen sei und die Familie finanzielle Mittel für den Umbau ihres Geschäftshauses und die Auswanderung der beiden jüngsten Söhne nach Übersee benötigt habe. Außerdem habe das Haus „viele Mängel" aufgewiesen, sei schon „im Jahre 1924 durch bremische Makler zum Verkauf angeboten"[238] und darüber hinaus das Grundstück im Krieg beschädigt worden. Auch für diese Aussagen benannte Torges Nachbarn aus dem Wohnhaus am Osterdeich 107e als Zeugen. Mit dem Erwerb der schon damals – etwa gegenüber dem baugleichen Haus am Osterdeich 107b – überteuerten Immobilie habe sie sich „völlig ruiniert"[239]. Durch den Kauf habe sie Familie Rosenthal also vielmehr geholfen und sei nach der Transaktion sogar mit ihnen befreundet gewesen.[240]

Das Landesamt für Wiedergutmachung befragte daraufhin die Kinder von Sophie Torges sowie die Banken zu den Grundbuchschulden und lud die Beteiligten für den 4. Mai 1950 zu einer Güteverhandlung ein.[241] Dort wurde seitens der Besitzerfamilie Torges der Kompromiss vorgeschlagen, dass die Immobilie im Besitz von Frau Torges bleiben solle, die Erben von Albert Rosenthal jedoch im Grundbuch mit einer Hypothek über 2.000 DM bei einer jährlichen Verzinsung von vier Prozent eingetragen und im Gegenzug auf weitere Ansprüche verzichten würden.[242] Herbert und Hermann Rosenthal waren mit diesem Kompromiss nicht zufrieden und wollten eine Einigung zurückstellen, damit sich Herbert erst einmal in Ruhe um das wiedererlangte Schreibwarengeschäft kümmern könne.[243] Da eine Aussetzung der Einigung nicht möglich war[244], berieten sich Caroline, Herbert und Hermann Rosenthal über mehrere Monate, ehe sie dem Kompromiss vom Mai 1950 am 30. März 1951 schließlich zustimmten. Der Rückerstattungsanspruch der Rosenthals wurde durch den Vergleich aus dem Grundbuch gelöscht.[245] Das Haus an der Weser verblieb damit im Besitz von Sophie Torges, die im *Bremer Adressbuch* noch bis 1964 als seine Bewohnerin genannt wurde.[246]

Das lange Ringen um Wiedergutmachung – Teil 3

Weitere Teile des Wiedergutmachungsverfahrens waren noch nicht abgeschlossen, als Caroline Rosenthal am 2. November 1956 mit 90 Jahren in ihrer Geburtsstadt Bremen verstarb.[247] Sie war zu diesem Zeitpunkt, wie seit 1950 ununterbrochen, im jüdischen Altersheim in der Gröpelinger Heerstraße 156 gemeldet.[248] Ihre überlebenden Söhne rangen derweil weiter auf verschiedenen Ebenen um Wiedergutmachung.[249]

Für die Inhaftierung des Vaters in Theresienstadt – im Sinne des Bundesentschädigungsgesetzes „wegen Schadens an Freiheit" – wurden Herbert und Hermann Rosenthal durch den Teilbescheid vom 17. März 1959 jeweils 1.050 DM als „Haftentschädigung“ zugesprochen. Dabei wurde auch das zwangsweise Tragen des „Judensterns“ in den Monaten vor der Deportation berücksichtigt.[250] Da beide Söhne inzwischen den Nachnamen „Reeves“ angenommen hatten, kam es im weiteren Wiedergutmachungsverfahren, das auf den Namen „Rosenthal“ lief, zu einigen bürokratischen Verzögerungen.[251] Die beiden überlebenden Rosenthals wurden dabei jeweils an ihren amerikanischen Wohnsitzen angeschrieben: Hermann in 1245, Tulip Lane, in Wantagh auf Long Island im Bundesstaat New York und Herbert mit Hausnummer 31–33 in der 33. Straße im Stadtteil Astoria im New Yorker Bezirk Queens.[252] In Deutschland ließen sich die beiden seit 1958 durch den Bremer Rechtsanwalt Walter Oliver vertreten, der das Mandat von den Rechtsanwälten Dr. Peter Bote bzw. Georg Lemke übernommen hatte.[253]

Herbert und Hermann Rosenthal versuchten auch, für das Tragen des „Judensterns“, Vermögens- und Berufsschäden sowie Haft und Ermordung ihres ältesten Bruders Arthur Entschädigung zu erhalten. Dazu waren sie nach dem Tod ihrer Mutter – und da Arthur unverheiratet geblieben war – in gleichen Teilen erbberechtigt.[254] Für das Tragen des „Judensterns“ seit dem 19. September 1941 sowie seine Inhaftierung vom November 1941 bis zu seinem Tod in Minsk am 28. Juli 1942 erhielten Arthurs Erben im März 1959 insgesamt 6.450 DM zugesprochen. Da die im Antrag der Brüder genannten Inhaftierungen Arthurs in Sachsenhausen vom 9. November bis 12. Dezember 1938[255] (bis zum 23. November war auch Herbert dort interniert gewesen[256]) sowie – ihrerseits vermutet – von 1939 bis 1940 in Bremen-Farge (was nicht stimmen kann, da das dortige Arbeitserziehungslager erst 1940 eingerichtet wurde) im Verfahren nicht belegt werden konnten, wurde für diese Zeiträume vorerst keine Entschädigung gezahlt.[257] Das Internationale Komitee des Roten Kreuzes bestätigte jedoch 1963 – Herbert war inzwischen verstorben –, dass Arthur Rosenthal im November 1938 von Bremen-Oslebshausen an einen unbekannten „Bestimmungsort überstellt“ worden war – „vermutlich zum KL-Sachsenhausen“.[258] Unterlagen der einstigen Lagerverwaltung Sachsenhausens aus dem russischen Militärarchiv sowie aus den Arolsen Archives bestätigen dies.[259]

Beim Ausgleich für den Berufsschaden schlug der Rechtsanwalt Herberts nach dessen Tod der erbberechtigten Witwe Melba Ana Maria Reeves und dem Bruder Hermann vor, Arthurs ab 1933 durch die Maßnahmen der NS-Diktatur entgangene Einnahmen vergleichbar zum Sold im gehobenen Dienst einzustufen und einen entsprechenden Antrag zu stellen. Das Landesamt für Wiedergutmachung folgte diesem Antrag im Wesentlichen und zahlte den Erben für die Zeit vom 1. September 1934, also der letzten Ummeldung nach Bremen, bis zum erklärten Todestag am 8. Mai 1945 umgerechnet 11.500 DM an Kapitalentschädigung aus.[260] Die Anträge auf Entschädigung wegen Schadens „an Eigentum und Vermögen“ sowie über weitergehende Ansprüche wegen Schadens „im wirtschaftlichen Fortkommen“ wurden im Gegenzug zurückgenommen.[261]

Herbert Rosenthal hatte 1950 neben den Anträgen auf Entschädigung für das erlittene Leid seines Vaters und seines älteren Bruders auch seine eigenen Nachteile geltend gemacht, die er seit 1933 insbesondere mit der Verhaftung in der Reichspogromnacht, seiner anschließenden Internierung im Konzentrationslager Sachsenhausen bis „Mitte Dezember" 1938[262], seiner gehemmten beruflichen Laufbahn und der Flucht nach Ecuador erlitten hatte. Er war nach der Internierung nur noch zu 60 Prozent erwerbsfähig, wobei ein Gutachten des Landesgesundheitsamtes Bremen 30 Prozent dieser Erwerbsminderung direkt der Haftzeit zuschrieb.[263] Herbert Rosenthal hatte starke Probleme mit dem Hörvermögen[264] (eine „beiderseitige Schwerhoerigkeit"[265]) und der Blase (ihm wurde in diesem Zusammenhang später eine Niere entfernt[266]) sowie mit dem Gebiss – er hatte nach seiner Auswanderung nach Südamerika sämtliche Zähne verloren. Von seiner schlechten gesundheitlichen Verfassung berichtete auch seine ehemalige Mitarbeiterin Lina Schröder 1954 in einem Schreiben an die Wiedergutmachungsbehörde, in dem sie schilderte, Herbert sei „fast immer krank"[267].

Da diese gesundheitlichen Probleme, attestiert durch die amtsärztliche Untersuchung und den Befund eines New Yorker Arztes, der gemeinsam mit ihm in Sachsenhausen interniert gewesen war[268], zumindest anteilig auf seine Lagerhaft unter den Nationalsozialisten zurückgeführt wurden, machte Herbert Rosenthal letztlich einen Schadensersatz von 25.000 DM geltend.[269] Die ersten Zähne sollen ihm zwar bereits im Ersten Weltkrieg, verstärkt dann aber während des Lageraufenthalts in Sachsenhausen ausgefallen sein.[270]

Zunächst übernahm das Landesamt für Wiedergutmachung im Februar 1951 die Kosten für ein neues Gebiss Herbert Rosenthals.[271] Die dafür gewählte kostengünstige Lösung führte jedoch dazu, dass er schließlich kaum noch kauen konnte und der Vertrauensarzt des Deutschen Generalkonsulats 1957 die Anfertigung eines abermals komplett neuen Gebisses empfahl.[272] Für die grundsätzliche Entschädigung für gesundheitliche Beeinträchtigungen wiederum wurde eine erneute Untersuchung anberaumt, da das Landesamt in der Sache bisher nicht entschieden hatte. Diese erneute amtsärztliche Untersuchung wurde bei Herbert, der durch die Erlebnisse „früh gealtert" aussah und sich in den USA unter anderem als Fahrstuhlführer verdingte[273], 1957 im Rahmen der Amtshilfe von einem amerikanischen Mediziner, einem Vertrauensarzt der deutschen Auslandsvertretung, durchgeführt. Dieser stufte die Erwerbsminderung sogar auf 50 Prozent ein, den Anteil der „Erwerbsminderung als Verfolgungsschaden" auf 28 Prozent.[274]

Das Bremer Hauptgesundheitsamt schloss sich dieser Einschätzung zunächst an.[275] Die Bremer Wiedergutmachungsbehörde hingegen äußerte im Mai 1958 Zweifel, ob die Schädigung der Ohren Herbert Rosenthals wirklich von der Lagerhaft herrührte oder nicht doch von der Rettung eines Jungen aus einem Fluss im Sommer 1938, die Rosenthal gegenüber einem Arzt in den USA angeführt hatte.[276] Zur Klärung dieser Frage sollten weitere medizinische Gutachten und eine Versicherung Herbert Rosenthals an Eides statt vorgelegt werden. Eine etwaige Entschädigung wiederum sollte auf das bereits erwähnte Darlehen in Höhe von 15.000 DM zur Fortführung des Geschäftsbetriebes in der Charlottenstraße 28 angerechnet werden.[277]

In seiner Erklärung an Eides statt legte Herbert Rosenthal dann unter anderem dar, dass seine Ohrenbeschwerden von einer Malariaerkrankung nach der zwangsweisen Ausreise aus Deutschland herrührten.[278] Aufgrund der fortwährenden Skepsis der Wiedergutmachungsbehörde und des Hauptgesundheitsamtes wurde daraufhin eine weitere vertrauensärztliche Einschätzung beauftragt, um die Gründe der einzelnen Erkrankungen im Gespräch mit Herbert Rosenthal noch einmal zu überprüfen.[279] Der Vertrauensarzt Dr. Paul Prausnitz bestätigte schließlich die Sichtweise, die Rosenthal in seiner eidesstattlichen Versicherung erklärt hatte.[280]

Das Hauptgesundheitsamt Bremen führte nun alle Erklärungen der letzten acht Jahre und die neuere Einschätzung von Dr. Prausnitz noch einmal zusammen und kam, wie schon in seiner Einschätzung von 1950, auf eine verfolgungsbedingte Erwerbsminderung Rosenthals in Höhe von 30 Prozent.[281] Nach Beschluss des Landesamtes für Wiedergutmachung Bremen erhielt Herbert Rosenthal daraufhin Mitte 1959, ein halbes Jahr vor seinem Tod, über 16.000 DM für erlittenen Schaden „an Körper und Gesundheit“ durch „Misshandlungen während der Lagerhaft“ zugesprochen. Dazu kamen eine Kapitalentschädigung bzw. für die Zeit nach dem Renteneintritt am 1. November 1953 Rentennachzahlungen auf Basis des Einkommens vor der Machtübernahme der Nationalsozialisten in Höhe von über 19.000 DM. Diese wurden mit dem Restdarlehen aus dem Jahr 1950 zur Fortführung des Unternehmens seines Vaters – das inzwischen ja verkauft war – sowie mit Beihilfezahlungen und dem erwähnten Weihnachtsdarlehen verrechnet. Nach der Tilgung des genannten Darlehens konnten die restlichen 24.000 DM ausbezahlt werden.[282]

Außerdem war Herbert Rosenthal vor dem Krieg seine „Reisevertreterkarte“ durch die Nationalsozialisten entzogen worden. Deshalb hatte er nur noch eingeschränkt in der Firma seines Vaters, in der er Prokura besaß, beruflich aktiv sein können, bis ihm dies im Zuge der Enteignung des Unternehmens und seiner folgenden Entlassung völlig verwehrt worden war.[283] Die entsprechende Entschädigung für Nachteile im beruflichen Fortkommen wurde allerdings so spät zugestanden, dass Herbert Rosenthal sie nicht mehr persönlich erhalten sollte.

Seine Entschädigung für die Haftzeit in Sachsenhausen in Höhe von 150 DM sollte derweil ebenfalls mit dem Betriebsdarlehen bei der Stadt verrechnet werden, das von Herbert erst kaum und später zunächst unregelmäßig, ab 1956 vom neuen Inhaber des Schreibwarenhandels und Bürgen des Kredits, Herbert von Bültzingslöwen, dann kontinuierlicher mit Rückzahlungen bedient wurde.[284] Es lief jedoch weiterhin auf Herbert Rosenthal.[285] Am Ende überwies die Wiedergutmachungsbehörde die Haftentschädigung doch direkt an Rosenthal.[286]

Daneben stellte das Bremer Landesamt für Wiedergutmachung Herbert eine „Soforthilfe für Rückwanderer“ in Aussicht, da er Deutschland 1940 hatte verlassen müssen und nach dem Krieg für einige Zeit wieder in Bremen gelebt hatte, ehe er seinen Lebensmittelpunkt vollständig in die USA verlegte.[287] Herbert, mittlerweile an Lungenkrebs erkrankt, verstarb jedoch am 2. Januar 1960 und damit vor Klärung dieser Frage sowie vor weiteren Gesundheitsuntersuchungen zur Feststellung von zusätzlichen Ansprüchen aufgrund von Erwerbsminderung durch seine Inhaftierung während der NS-Zeit.[288] Nach seinem Tod machte seine Witwe Melba Reeves Herberts offene Ansprüche geltend[289], nachdem das Paar kinderlos geblieben war[290]. Die „Anträge auf Entschädigung wegen Schadens an Eigentum und Vermögen“ zog Melba Reeves schließlich 1962 zurück.[291] Ebenfalls erst nach dem Tod Herbert Rosenthals bestätigte das Internationale Rote Kreuz mit Schreiben von 1963, dass dieser 1938 tatsächlich nach Sachsenhausen deportiert worden war.[292] Damit war auch die Spekulation um eine längere Inhaftierung innerhalb des Bremer Stadtgebietes abgeschlossen.

Das lange Ringen um Wiedergutmachung – Teil 4

Der jüngste der drei Rosenthal-Söhne, Hermann, verfolgte derweil seine eigenen Wiedergutmachungsansprüche. Er machte unter anderem eine Entschädigung für seine Inhaftierung im Konzentrationslager Sachsenhausen geltend, wo er nach eigenen Angaben von der Reichspogromnacht bis zum 15. März 1939 inhaftiert gewesen war.[293] Seine Entlassung war jedoch nachweislich bereits am 23. Januar 1939 erfolgt[294], wobei es allerdings möglich ist, dass er erst später wieder in Bremen eintraf.

Während der Lagerhaft hatte er sich nach eigener Aussage durch stundenlanges Stehen, durch einen Sturz infolge eines Stoßes sowie durch Schläge auf den Rücken eine Muskel- und Nervenverletzung an der Lendenwirbelsäule, eine gebrochene Kniescheibe sowie langwierige Probleme mit Knie und Unterschenkel zugezogen. Diese gesundheitlichen Schädigungen wurden nach dem Krieg auch ärztlich attestiert.[295] Dennoch hegte das Landesamt für Wiedergutmachung Zweifel an der Darstellung der Ereignisse, die zu ihnen geführt haben sollten.[296] Rechtsanwalt Walter Oliver benannte daraufhin mehrere Zeugen, welche über die Verletzungen Hermann Rosenthals in Sachsenhausen eidesstattliche Versicherungen abgaben.[297]

Nach Konsultation der Musterungsbehörden der US-Armee kam das involvierte Hauptgesundheitsamt Bremen schließlich zu dem Ergebnis, dass die Verletzungen aus der KZ-Haft gut verheilt seien, aber durch das zunehmende Körpergewicht Hermann Rosenthals nach der Auswanderung nun wieder Probleme bereiteten.[298] Dieser Umstand wurde bei der Bemessung der Wiedergutmachung für Schäden an Körper und Gesundheit berücksichtigt. Hermann Rosenthal sollte 855 DM Kapitalentschädigung erhalten, erhob gegen den Bescheid jedoch Klage, da er die Ursache der Probleme in der Misshandlung während der Lagerhaft sah, und erhielt daraufhin nach einem Vergleich weitere 270 DM zugesprochen.[299]

Die von Hermann angegebene Datierung der Internierung in Sachsenhausen wurde, wie im Fall seines Bruders Herbert, durch eine Zeugenaussage von Lina Schröder gestützt, der langjährigen Mitarbeiterin des Familienunternehmens.[300] Das Landesamt für Wiedergutmachung versuchte darüber hinaus – beispielsweise durch den International Tracing Service und das Rote Kreuz –, Haftlisten oder ähnliche Dokumente als Belege für die Zeit der Internierung zu finden, und konsultierte hinsichtlich der Plausibilität auch die Jüdische Gemeinde Bremens. Aufgrund seiner eigenen eidesstattlichen Versicherung und der Lina Schröders erhielt Hermann Rosenthal 1957 schließlich genau 600 DM Haftentschädigung.[301]

Die Anträge auf Entschädigung für Schäden an Eigentum und Vermögen sowie auf Versicherungsschäden aufgrund von Beschränkungen im beruflichen Fortkommen zog Hermann Ende 1962 gegen Erstattung seiner entstandenen Kosten zurück.[302] Da sein berufliches Fortkommen selbst allerdings, wie auch das seines Bruders Herbert, 1933 mit dem Entzug der „Reisevertreterkarte“ sowie der späteren Inhaftierung und Misshandlung sehr wohl stark eingeschränkt worden war, machte Hermann auch dies als langjährigen Schaden geltend.[303] Nachdem er seine Einkommenseinbrüche durch die Restriktionen der Nationalsozialisten konkret hatte darlegen können, sprach ihm das Landesamt für Wiedergutmachung zum Ausgleich 8.862 DM Entschädigung zu.[304]

Auch nach dem Tod seines Bruders Herbert Anfang 1960 rang Hermann weiter um Entschädigung für den Einkommensschaden des Vaters, da dessen Geschäftsbetrieb aufgrund der Restriktionen ab 1933 immer mehr eingeschränkt worden war und er die Firma schließlich zwangsweise hatte veräußern müssen.[305] Als Zeugen für den Vermögensschaden des bis ins hohe Alter rüstigen und beruflich aktiven Albert Rosenthal traten der frühere Buchprüfer der Firma Rosenthal, Wilhelm Koch, und die damalige Mitarbeiterin und spätere Unternehmensprokuristin Lina Schröder auf.[306] Koch bezeugte in einer eidesstattlichen Versicherung einen jährlichen Reingewinn Albert Rosenthals vor den Restriktionen von etwa 20.000 Reichsmark bei einem Jahresumsatz von 120.000 bis 150.000 Reichsmark.[307] Ab 1933 sei der Umsatz aufgrund der „Rassenverhetzung“[308] eingebrochen, sechs Jahre später dann kaum noch in nennenswerter Höhe vorhanden gewesen.

Da die Wiedergutmachungsbehörde die Aussagen des Buchprüfers rechnerisch und mit dem Verweis auf eine angebliche Alkoholabhängigkeit Kochs anzweifelte, wurde Hermann Rosenthals Anwalt Walter Oliver vorgeschlagen, seinem Mandanten 50 Prozent der auf Basis von Kochs Erinnerungen hochgerechneten Schadenssumme als Entschädigung auszuzahlen.[309] Dies entsprach für die Zeit vom 1. April 1933, dem erstmaligen konzertierten Boykott jüdischer Geschäfte, bis zur Ermordung Albert Rosenthals im Jahre 1942 genau 15.515 Reichsmark für den „Beschränkungsschaden“ bis 1938 und den „Verdrängungsschaden“ nach der Enteignung bis zum Tode.[310] Darüber hinaus wurden noch Schäden an Eigentum, Vermögen und wirtschaftlichem Fortkommen („Versicherungsschaden“[311]) Albert Rosenthals geltend gemacht, die aber zumindest in Bezug auf Eigentum und Vermögen auf Vorschlag von Anwalt Oliver im Rahmen einer „Good-will"-Einigung[312] – einer Einmalzahlung von 6.500 DM – fallen gelassen werden sollten.

Dieser Idee wurde vom Landesamt für Wiedergutmachung in einem ersten Aktenvermerk auch zugestimmt. Die zuständige Abteilung im Landesamt empfahl der Hausleitung dann jedoch, den Vergleich abzulehnen, da die Erben Albert Rosenthals bereits beim Rückkauf seines Geschäftes kulant entschädigt worden seien.[313] Höchstens für die Zeit zwischen 1933 und 1938 sei eine Entschädigung in dieser Sache überhaupt möglich, jedoch schon durch die Gewährung einer „Berufsschadensrente"[314] abgegolten. Rechtsanwalt Oliver zog daraufhin den Antrag auf „Good-will"-Erstattung nach einer Besprechung in der Behörde schließlich zurück.[315]

Bereits 1956 hatten Herbert und Hermann Rosenthal „Schaden in ihrem beruflichen Fortkommen" durch Boykotte und Enteignung des väterlichen Geschäfts sowie an „Körper und Gesundheit" geltend gemacht.[316] Hermann erhielt hierfür letztlich 1962 eine Entschädigung von rund 10.500 DM, wovon der Großteil auf den Berufswegschaden entfiel.[317] Herbert wurden im gleichen Jahr, also zwei Jahre nach seinem Tod, posthum 40.000 DM Entschädigung zugesprochen, wobei er zur Wiedergutmachung für gesundheitliche Schäden bereits knapp 18.000 DM erhalten hatte. Der verbleibende Betrag wurde wegen nicht vorliegender Einzelnachweise pauschal auf 20.000 DM gekürzt und den Erben Hermann Rosenthal und Melba Reeves ausbezahlt.[318]

Den Antrag auf Wiedergutmachung für erlittene Versicherungsschäden des Vaters erhielten die Erben derweil aufrecht[319], bis er – nach ergebnisloser Recherche entsprechender Policen[320] – am 28. September 1964 abgelehnt wurde.[321] Damit endete das letzte von seiner Familie angestrengte Verfahren rund 22 Jahre nach Alberts Tod.[322]

Epilog

Den endgültigen Ausgang des ebenso langen wie zähen Entschädigungsringens erlebten aus der Familie Rosenthal nur Hermann, der mit Ruth Reeves verheiratet war[323] und zumindest noch im September 1974 an seiner langjährigen Adresse in Wantagh/New York gelebt hatte[324], sowie Herberts Witwe Melba Ana Maria Reeves, die einst in der ecuadorianischen Hafenstadt Guayaquil unter dem Nachnamen Pazminuo zur Welt gekommen[325] und durch den Erbschein vom 10. Juli 1961 ebenso wie Hermann zur Hälfte an Herbert Rosenthals Nachlass erbberechtigt war. Zusätzlich hatte sie allerdings auch noch ein alleiniges Anrecht auf 10.000 US-Dollar aus dem Erbe ihres Mannes.[326]

Zumindest noch bis September 1982 liefern die Unterlagen des Staatsarchives Bremen Hinweise auf den Wohnort von Melba Reeves, denn zu diesem Zeitpunkt bezog sie noch „Hinterbliebenenrente". Sie hatte die USA nach dem Tod ihres Mannes wieder verlassen und war zurück nach Ecuador gezogen, wo sie sich in ihrer Geburtsstadt niederließ.[327] Dort verstarb sie im Dezember 1992[328] – jenem Jahr, in dem der einstige Verein ihres Mannes mit dem Gewinn des Europapokals der Pokalsieger einen der größten Erfolge der Vereinsgeschichte errang.

Nur wenige Monate später verstarb dann auch Hermann Rosenthal. Da er und seine Frau kinderlos geblieben waren, fand die Geschichte der Rosenthals vom Osterdeich somit am 24. Juni 1993 ihr Ende.[329] Ob und wie Hermann Rosenthal den wenige Tage zuvor errungenen Meistertitel des SV Werder noch verfolgt hat, ist nicht überliefert.

„Hansi Werder vom Sport-Verein Wolff"

Erst beruflich ausgebremst, dann der große Macher

von Carina Knapp-Kluge

„Liebe Werderanerinnen, liebe Werderaner, beim Schreiben dieser Zeilen bewegen mich zwei gegensätzliche Gefühle. Auf der einen Seite Trauer, auf der anderen Seite Vorfreude und Spannung.[1] *Trauer deswegen, weil ein großer Werderaner, Hansi Wolff, von uns gegangen ist.* […] [Lassen] *Sie mich* […] *noch zwei persönliche Sätze über Hans Wolff sagen. Jeder weiß, daß die Tätigkeit von Hans Wolff für den Sport-Verein ‚Werder' auch am Generationskonflikt zuende* [sic!] *gegangen ist. Aber gerade deshalb glaube ich, kann ich sagen, daß das simple Wort „Hansi hat sich um den Sport-Verein Werder verdient gemacht" sicherlich kaum bei einem anderen*

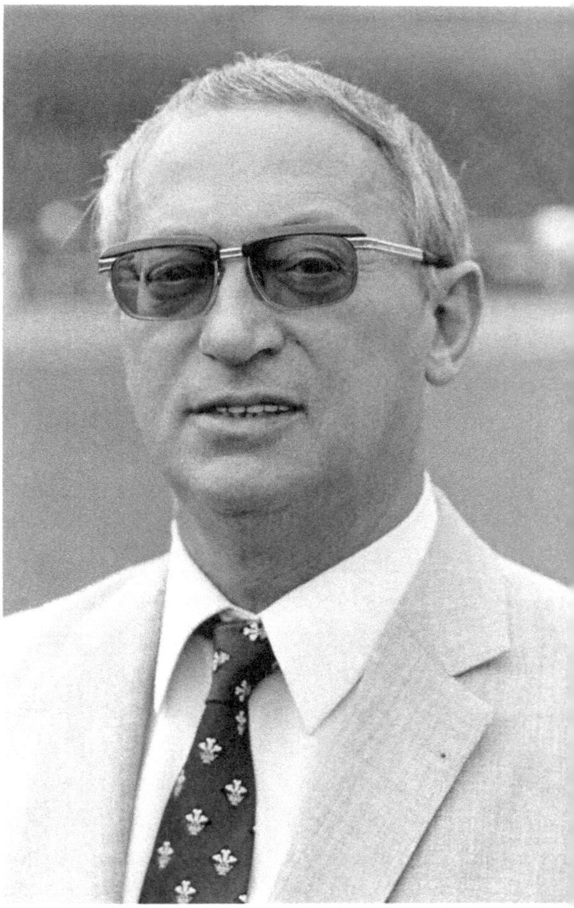

Als Geschäftsstellenleiter führte lange Zeit an ihm kein Weg vorbei: Hansi Wolff, Werders großer Zampano der 1950er bis 1970er Jahre (Quelle: IMAGO / Schumann)

Mann im Sport-Verein Werder solche Berechtigung besitzt. Sei es nun der Neuaufbau des Vereins nach dem zweiten Weltkrieg bis hin in die Phase der Vorbereitung zum Pokalsieg, zur ersten Bundesliga, oder auch zur Deutschen Meisterschaft. Hansi Wolff war es auch mit, der sowohl Dr. Böhmert als auch mich in unserer ‚Funktionärslaufbahn' forciert und gefördert hat. Viele Einstellungen, Gedanken und Tricks haben wir von ihm übernommen. Umsomehr [sic!] *hat uns alle der damalige Konflikt getroffen, der einfach daraus entstand, daß hier zwei Generationen waren, die beide das beste* [sic!] für den Sport-Verein Werder wollten."[2]

Mit diesen Worten leitete der damalige Vizepräsident des SV Werder, Klaus-Dieter Fischer, das Vorwort zur *Werder-Revue Nr. 55* vom August 1982 ein, jene Ausgabe, die im Heftinneren auch einen Nachruf auf Hansi Wolff enthielt, den ehemaligen langjährigen Geschäftsführer des Vereins.

„Einstellungen", „Gedanken", „Tricks", „Konflikt" – vier Begriffe, die viele Werderaner damals mit Wolff in Verbindung gebracht haben, jenem Mann, der über dreißig Jahre als Geschäftsführer des SV Werder dessen Geschichte maßgeblich mitgestaltet hatte, bevor er aus diesem Amt gedrängt wurde. Wer war dieser Hansi Wolff, der so bedeutsam für seinen Verein war, dass landauf, landab von „Hansi Werder vom Sport-Verein Wolff" die Rede war, wenn über ihn gesprochen wurde?

Und es wurde oft über ihn gesprochen, über ihn und seine Leistungen für den Verein. Als Hans Wolff am 26. Juli 1982 auf dem Huckelrieder Friedhof beigesetzt wurde, wurde deutlich, „welche außergewöhnliche Persönlichkeit dieser Mann war, welche große Zahl von Freunden er auch außerhalb des Fußballgeschäfts hatte". Und so hieß es in der Trauerrede unter anderem auch: „Werder hat mit Hans Wolff eines seiner bedeutendsten Mitglieder verloren."[3] Und ein langjähriges dazu: 53 Jahre hatte er dem SV Werder die Treue gehalten, zunächst aktiv, dann zusätzlich in der Geschäftsstelle, schließlich als Geschäftsführer. Und erst als solcher trat er so richtig ins Licht der Öffentlichkeit. Deshalb stammen die allermeisten Informationen, die sich über ihn finden lassen, auch erst aus der Zeit nach dem Zweiten Weltkrieg.

Dass Hans Wolff, der überall nur „Hansi" gerufen wurde, Eingang in dieses Buch gefunden hat, hat seine Ursache in der bizarren sogenannten „Rassenlehre" des Naziregimes. Denn Hans-Egon Conrad Wolff, am 19. März 1913 als Sohn eines Pferdehändlers in Syke geboren, war zwar evangelisch getauft[4], doch galt er nach Nazigrundsätzen als sogenannter „Halbjude" oder im juristischen Nazisprech ab 1935 als „Jüdischer Mischling ersten Grades". Die heute gängige (Sport-)Literatur klammert diesen Aspekt im Zusammenhang mit Wolff zumeist ganz aus oder sie verwendet allein den ungenauen Begriff „Halbjude" und lässt es dabei bewenden. Beim SV Werder spielte Wolffs Hintergrund seinerzeit offenbar tatsächlich höchstens eine untergeordnete Rolle, denn im Gegensatz etwa zu Leo Weinstein oder Alfred Ries blieb Wolff bis zum Kriegsende Werder-Mitglied. Schon zu diesem Zeitpunkt hatte er sich anscheinend unverzichtbar gemacht.

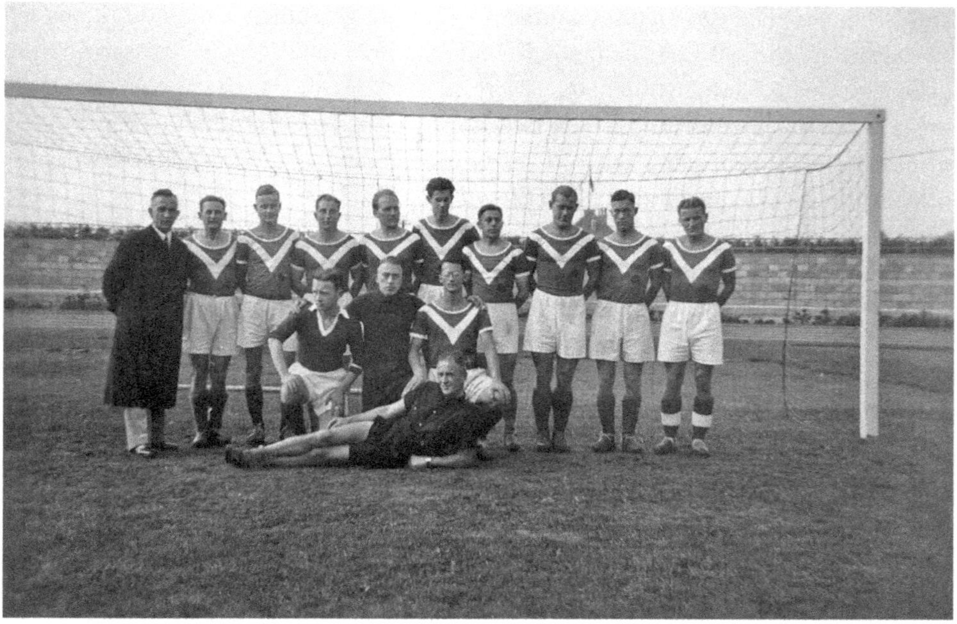

Hansi Wolff mal im Sportdress, hier auf einem Mannschaftsbild der „Zweiten" von 1937, kniend, 1. v. r., mit Brille (Quelle: Werder-Vereinsarchiv)

Ab April 1923 war Wolff in Bremen gemeldet.[5] Er war mit seinen Eltern in die Bollmannstraße 15 II gezogen[6] und hatte sich – sportbegeistert, wie er war – zunächst in der Bremer Turngemeinde und bei den Pfadfindern verdingt, bevor er am 6. Juni (nach anderen Quellen: 1. Juli) 1929 den Weg zum SV Werder fand.[7] Hier war er in nahezu allen Sportarten aktiv, die der Verein anbot: ob beim Handball, beim Faustball, beim Schlagball, beim Tischtennis oder in der Leichtathletik, vor allem aber beim Fußball. So kickte er in der 2. und in der 3. Mannschaft durchaus erfolgreich, meist als Verteidiger, aber auch als Mittelstürmer oder Linksaußen. Für die „Dritte" erzielte er als Mittelstürmer in einer Saison 44 Tore, was die Mannschaft zum Staffelmeister machte. So wurde Wolff auch gelegentlich als Ersatzmann in die „Erste" geholt. Hier war er unter anderem Teil der Mannschaft, die am letzten Spieltag der Saison 1936/37, bereits als niedersächsischer Gaumeister feststehend, in Göttingen 10:2 gewann. Wo immer Wolff gebraucht wurde, Hansi war schon da! Bereitschaft und stets brennender Ehrgeiz, so hieß es, trieben ihn an. Und sei es nur, um Bälle zu säubern und einzufetten.

Auch außerhalb der Spielfelder zeigte er Ehrgeiz und Engagement. So wurde er bei Werder bald Gehilfe der Geschäftsstelle, Leiter der Fußballabteilung und Schiedsrichterobmann.[8] Er schrieb Artikel für die *Vereinsnachrichten* und wurde alsbald zum 2. Kassierer berufen. Von 1928 bis 1932 oder 1933 war er nach eigenen Angaben außerdem Mitglied des Deutschnationalen Handlungsgehilfen-Verbands[9], einer seit 1893 existierenden Angestelltengewerkschaft, die 1933 in der Deutschen Arbeitsfront „gleichgeschaltet“ aufging. Bemerkenswert ist, dass die Gewerkschaft bereits sehr früh keine Juden unter ihren Mitgliedern akzeptierte. Hans Wolffs „halbjüdischer“ Hintergrund spielte also entweder keine Rolle, da „nur Volljuden“ ausgeschlossen wurden – oder er verschwieg der Gewerkschaft diesen Umstand.

Als 2. Kassierer bei Werder war es Wolff, der auch unangenehme Themen anpackte. Seit frühesten Pioniertagen beklagte sich die Vereinsführung in den *Vereinsnachrichten* über mangelnde Mitarbeit vieler Mitglieder und säumige Beitragszahler. Im Jahre 1938 zeigte sich Wolff schließlich unerbittlich und warf kurzerhand knapp 200 von ihnen aus dem Verein. Bei einem Klub, der im November 1937 noch 960 Mitglieder zählte, war die Anzahl der Ausschlüsse also eine durchaus stattliche Größe. Im März 1939 lag die Mitgliederzahl nur noch bei 746.[10]

Zu diesem Zeitpunkt war der in der Bremer Hohentorstraße 71 wohnhafte[11] Wolff beruflich infolge der Repressionen und Restriktionen auch gegenüber „halbjüdischen“ Menschen bereits weitgehend kaltgestellt, sodass ihm die Tätigkeit in Werders Geschäftsstelle mehr als gerufen kam. Ausweislich der Dokumente in seiner Wiedergutmachungsakte im Staatsarchiv Bremen hatte er im Sommer 1934 bei der Büroartikelfirma Willi Pleuss, spezialisiert auf „Büro-Neuheiten“ und „WIPSON-Löschblocks“, im thüringischen Sonneberg als Vertreter angeheuert.[12] Sein „Reisegebiet“ umfasste zunächst Thüringen und Bayern, wobei er ein durchschnittliches Provisionseinkommen von monatlich ca. 250 Reichsmark erzielte. Schon ab dem 1. Januar 1935 stieg er zum Generalvertreter „mit festem Einsatz-Bezirk Pommern rechts der Oder und Thüringen“ auf, wodurch sein Einkommen auf 500 Reichsmark erhöht worden sei. Der Kundenkreis habe zu 95 Prozent aus „Justizverwaltungen, Stadtverwaltungen, Arbeitsämter[n], Wehrmachtsdienststellen, Landesregierungsverwaltungsdienststellen usw.“ bestanden. Zunehmend hätten diese Behörden von ihren Lieferanten den „Nachweis der Parteizugehörigkeit“ verlangt. Wolff ordnete dies so ein: „Da mein Familienname Wolff zudem mich wiederholt von den betreffenden Einkäufern als Nichtarier erkennen ließ, litt ich mehr und mehr unter Hemmungen und seelischen Depressionen.“[13]

Beispielhaft erwähnt Wolff hierzu einen „diesbezüglichen Zwischenfall“ auf dem Rathaus zu Stolp (Pommern), bei dem er „nur mit Mühe einer Verhaftung entging“, was bei ihm zu einem „seelischen Zusammenbruch“ führte, der ihn „sofort“ zur Aufgabe seiner Tätigkeit und zur Rückkehr nach Bremen verleitete.[14] Wolff gab im September 1950 – mittlerweile seit dem 1. Oktober 1949 in der Straße Geeren 29/31 im Bremer Zentrum wohnhaft[15] – in seinem „Antrag auf Anerkennung der Voraussetzungen als politisch, rassisch oder religiös durch den Nationalsozialismus Verfolgter“ an, er habe im Nachhinein erfahren, Beschwerden von einer oder mehrerer dieser Behörden („Beschäftigung eines Halbjuden“[16]) hätten dazu geführt, dass ihm sein

Arbeitgeber eine Konventionalstrafe auferlegt und sein Provisionsguthaben in Höhe von 3.000 Reichsmark einbehalten habe.[17]

Im Nachgang zur Beendigung des Arbeitsverhältnisses (und angesichts einer Beschwerde Wolffs bezüglich noch ausstehender Provisionen) wurde ihm seitens seines ehemaligen Arbeitgebers am 27. Januar 1936 unverblümt auf dem offiziellen Firmenbriefbogen, jedoch statt Unterschrift nur mit Firmenstempel, geantwortet:

„Ich lehne es ab, mit Leuten Ihres Schlages zu korrespondieren, es sei denn, Sie teilen mir mit, wie Sie Ihre Mk. 1000,— Vorschuss schnellstens abdecken wollen. Vielleicht haben Sie auch das Glück, meinen Herrn Pleuss einmal in Bremen zu treffen; mit ihm würden Sie sich mündlich sehr schnell über Anerkennen oder Nichtanerkennen irgendwelcher Posten einigen."[18]

Hans Wolff schrieb in seinem Antrag vom September 1950, er habe nach dem Ausscheiden bei der Firma Pleuss bis 1945 aufgrund seiner „Abstammung" ausschließlich „schlechtbezahlte untergeordnete Anstellungen annehmen müssen". Zudem verwies er darauf, dass trotz der „fraglos sehr grossen Ausbaufaehigkeit" seiner „damaligen Position", die er bereits im Alter von 22 Jahren innegehabt habe, seine berufliche Entwicklung dadurch schweren Schaden genommen habe.[19] So sei ihm auch ein nicht zu beziffernder finanzieller Ausfall entstanden, und er habe nach seinem Ausscheiden Monate gebraucht, um „schließlich ab 23.10.35 [...] monatlich DM 115,- zu erhalten"[20]. So sei es bis zum Kriegsende 1945 weitergegangen. An anderer Stelle des Antrages gibt er allerdings an, dass sein Jahreseinkommen auch nach dem Ausscheiden bei Pleuss zwar langsam, doch kontinuierlich und ab 1942 deutlich über diese Summen gestiegen sei.[21] Wer Hans Wolff die 115 Reichsmark gezahlt hatte, also sein neuer Arbeitgeber war, ist nicht überliefert, ebenso wenig die Höhe des Entgelts, das er für seine Tätigkeit für den SV Werder bis 1945 erhalten hat.

Glauben wir den Zahlen aus Wolffs Antrag auf Ansprüche für „Schaden im wirtschaftlichen Fortkommen" vom 30. September 1950[22], so lässt sich anhand seiner Beschreibung gut ablesen, wie die „Nürnberger Rassengesetze" sich allein wirtschaftlich auf ihn ausgewirkt haben. Doch selbstverständlich hatten diese im September 1935 eingeführten Bestimmungen, die die antisemitische Diskriminierung und Verfolgung legislativ verankerten, Einfluss auf sämtliche Lebensbereiche der jüdischen Bevölkerung, auch für sogenannte „Halbjuden". Wolff beschreibt seine damalige Situation in seinem Fragebogen zum Antrag auf Wiedergutmachung und nennt als Grund seiner Verfolgung: „da Halbjude, auf Grund der Nürnberger Gesetze und ihren Folgen"[23].

Auf einem weiteren Blatt seines Antrags gibt er bei der Frage nach im Zuge seiner Verfolgung erfahrenen Misshandlungen an: „ja, körperlich nicht aber seelisch"[24], und führt aus, konkret so „bei häufigen Vernehmungen durch die Gestapo" und „Untersuchungen beim Gesundheitsamt" misshandelt worden zu sein.[25] Als Zeugen „(jedoch keine Augenzeugen)" benennt Wolff einen Conrad Weise und dessen Frau, dazu seine am 4. Mai 1914 in Syke geborene und wie Wolff in der Bollmannstraße 15 II wohnhafte Schwester Wilma Wolff, „gen. Münte“[26], und Werder-Vorstandsmitglied Werner Daugs.[27] Außerdem habe er „Nervosität und Herzbeschwerden“[28] zurückbehalten. Durch die Nazis sei er mit „Polizei- bezw. Gestapo-Aufsicht, Heiratsverbot, Verkehrsverbot mit Arierinnen, Beeinträchtigungen der berufl. Entwicklung u.s.w.“ belegt worden.[29] Inhaftierungen oder gar Deportationen konnte Hansi Wolff entgehen.[30]

In seinem handschriftlich verfassten Lebenslauf fügte er hinzu:

„Seit 1933, besonders ab 1935, als die Nürnberger Gesetze erlassen wurden und mir bereits einige Monate vorher die berufliche Entwicklung durch den Druck der Verhältnisse abgeschnitten war, habe ich unter der Belastung der Auswirkungen des Hitler-Regimes gestanden. Neben der beruflich-finanziellen Seite habe ich schweren seelischen Erschütterungen standhalten müssen. Heiratsverbot, Verkehrsverbot mit Arierinnen, Gestapo-Aufsicht, Verhöre, schändliche Behandlung meiner einzigen Schwester durch das Gesundheitsamt und die Gestapo, Demütigungen und nicht zuletzt – K.Z.-Haft der Angehörigen väterlicherseits mit späterer Emigration dieser Verwandten ins Ausland haben mich ausserordentlich im Wesen und in der Gesundheit beeinflusst. Diesen gesundheitlichen und seelischen Schaden wird mir niemand wiedergutmachen können.“[31]

Während Wolff als Vertreter hauptsächlich in Pommern und Thüringen unterwegs war, blieb er dennoch in Bremen gemeldet. Das änderte sich erst, als er – gerade „rechtzeitig“ zum Kriegsbeginn – am 25. August 1939 als Soldat zur Wehrmacht in das Infanterieregiment (I.R.) 154 eingezogen wurde, wo er bis Herbst 1941 Dienst tat, ehe er mit einer Armverletzung nach Bremen zurückkehrte. Diesen Zeitraum belegen auch die Meldebewegungen beim Stadt- und Polizeiamt Bremen.[32] Das überrascht zumindest insofern, als dass nach einem Erlass des Oberkommandos der Wehrmacht vom 8. April 1940 die sogenannten „Mischlinge ersten Grades“, zu denen Hans Wolff gerechnet wurde, aus der Wehrmacht entlassen werden sollten. Ausnahmen zu diesem Erlass waren jedoch bis 1942 möglich. Davor verblieben etliche sogenannte „Mischlinge“ mit stillschweigender Unterstützung in der Wehrmacht, in seltenen Fällen sogar noch danach.

Nach seiner Rückkehr versorgte Wolff die im Kriegseinsatz stehenden Werderaner nun regelmäßig mit den jeweils aktuellen Ausgaben der *Vereinsnachrichten*, die er in Feldpostbriefen verschickte.[33] Damit nahm er einen Service wieder auf, den schon im Ersten Weltkrieg Werders damaliger Schriftführer Hans Jaburg den Mitgliedern „im Felde“ geleistet hatte.

Doch nicht nur als Funktionär war Hansi Wolff bis zum Kriegsende tätig, sondern auch immer noch als aktiver Spieler, und das, obwohl er sicherheitshalber im September 1943[34] nach Drentwede bei Barnstorf im Kreis Diepholz übergesiedelt war, „um den Nachstellungen der Gestapo zu entgehen“[35], wie er später angab.

So stand er, längst wegen seiner Armverletzung mit dem Silbernen Verwundetenabzeichen ausgestattet, auch in jener Werder-Mannschaft, die im März 1945 das vermutlich letzte Gauligaspiel – ein Nachholspiel am Hohweg beim TuS Walle – bestritt, das dann jedoch wegen eines Fliegeralarms abgebrochen werden musste.[36] Auch seine Schwester hatte Bremen inzwischen verlassen und war am 1. Februar 1943 nach Oppitzsch in Sachsen gezogen.

Damit – so ließe sich vermuten – sei das Kapitel „Hansi Wolff bis 1945“ hinreichend auserzählt. Doch weit gefehlt! Den wohl verwirrendsten Teil in der Vita des an Ungewöhnlichkeiten und Widersprüchen gewiss nicht armen Hansi Wolff bezeugte er in seinem hier bereits mehrfach erwähnten „Antrag auf Anerkennung der Voraussetzungen als politisch, rassisch oder religiös durch den Nationalsozialismus Verfolgter“ bzw. dem „Antrag auf Grund des Gesetzes der Wiedergutmachung nationalsozialistischen Unrechts (Entschädigungsgesetz)“ selbst, indem er am 30. September 1950 ordnungsgemäß zu Protokoll gab, dass er von 1931 bis 1932 Mitglied der NSDAP und 1932 für „wenige Wochen“ bei der SS gewesen sei[37] – und das, obwohl er doch ein „Halbjude“ war. Wie konnte es dazu kommen? Wolff beschrieb diesen Sachverhalt so:

„Ich habe mich niemals politisch aktiv betätigt. Nachdem ich als 11-15jähriger Schüler bereits dem V.d.A.[38] und dem Deutschen Pfadfinderbund angehört habe und mich auch sonst nur in sportlichen Vereinen betätigt hatte (B.T.G.[39], S.V. Werder), wurde ich etwa 1931 oder 1932 als 18jähriger durch Kollegen veranlasst, der NSDAP und SS beizutreten. Ich nahm an, dass dieses Organisationen in der Art des V.d.A. oder des Pfadfinderbundes waren. Nach sehr kurzer Zeit bemerkte ich meinen Irrtum und schied sofort bei NSDAP und SS wieder aus.[40]

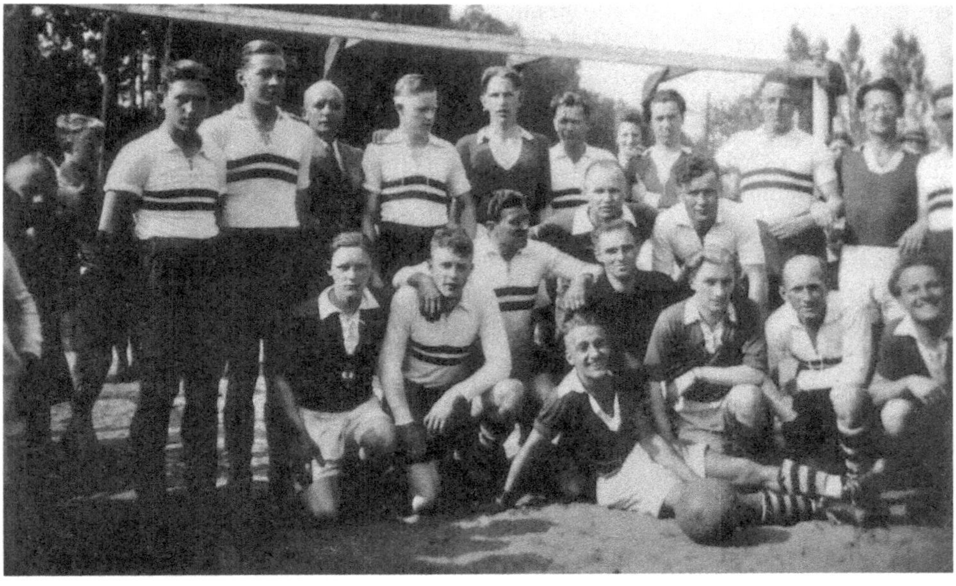

Trotz Krieg und Einstufung als „Halbjude“ weiter am Ball: Hansi Wolff (stehend, 1. v. r., mit Brille) 1942 im Kreise von Mit- und Gegenspielern nach einem 3:4 von Werders „Zweiter“ bei RW Visbek (Quelle: Werder-Vereinsarchiv)

An anderer Stelle führte er aus:

„Im Alter von ca. 18 oder 19 Jahren wurde ich durch Freunde veranlasst, der NSDAP und SS beizutreten. Schon bei Teilnahme an einigen Veranstaltungen dieser Organisationen musste ich als Halbjude erkennen, dass ich mich ‚verlaufen' hatte. Ich bin dann zu keiner weiteren Veranstaltung mehr gegangen, habe keine Beitraege entrichtet und bin wahrscheinlich aus diesem Grunde ‚gestrichen' worden. Habe demzufolge auch keine Aemter oder Raenge innegehabt, sondern war nur Anwaerter sowohl bei der NSDAP wie auch SS."[41]

In Bearbeitung seines Antrages auf Wiedergutmachung erging alsdann eine behördliche Anfrage über den Verfassungsschutz an das Berlin Document Center der U.S. Army zur Überprüfung von Wolffs Angaben zur Mitgliedschaft in NSDAP und SS. Die Anfrage trägt den Bearbeitungsstempel beim Verfassungsschutz vom 11. März 1958.[42] Das Berlin Document Center der U.S. Army präzisierte in seiner Antwort vom 20. März 1958, dass Hans Wolff – inzwischen wohnhaft in der Graf-Moltke-Straße 18 in Bremen – tatsächlich zeitweise sowohl Mitglied der NSDAP als auch der SS gewesen war. Als damalige Wohnadressen zum Zeitpunkt der Eintritte wurden die Große Allee 4 bzw. Lützower Straße 95 in Bremen genannt. In den Unterlagen waren tatsächlich Eintritts- und Austrittsdaten und der SS-Dienstgrad eingetragen (NSDAP: Mitgliedsnummer 496 377, Eintritt 1.4.1931). Zu seinem Austritt ist vermerkt: „Die Karteikarte traegt einen Vermerk, wonach sein Name lt. Bericht des Gaues Weser-Ems vom Januar 1934 wegen unbekannten Aufenthaltes von der Mitgliedsliste gestrichen wurde." Zur Mitgliedschaft in der SS gibt das Berlin Document Center an, dass Hans Wolff Mitglied der „Allg. SS" war. Ein Eintrittsdatum war laut Aktenlage „nicht angegeben", wohl aber der „Dienstgrad: SS-Mann (per 12.1.1933)" und seine SS-Einheit „1/II/27". Weiterhin heißt es: „Am 28.2.1933 trat er auf eigenen Antrag aus der Allg. SS aus."[43] Insofern erscheinen Wolffs Angaben zu seinen Mitgliedschaften in NSDAP und SS durchaus glaubhaft, wenn auch die Dauer der NSDAP-Mitgliedschaft offenbar fast drei Jahre, die in der SS hingegen einen guten Monat betrug. Die Episode war zwar kurz, dennoch ist sie belegt.

In den Wiedergutmachungsverfahren mussten zur Bestätigung der eigenen Aussagen meist Zeugen oder gar Bürgen benannt werden. Als Zeugen für diesen Antrag benannte Hansi Wolff ausschließlich Werderaner: Richard Oßenkop, langjähriges Mitglied und Mitbegründer des Klubs nach 1945, später Stadionsprecher, Ehrenmitglied und -präsident, das schon erwähnte Werder-Vorstandsmitglied Werner Daugs und Christian Luperti, bereits seit 1916 Werder-Mitglied[44], bürgten mit ihren Unterschriften für Hansi Wolff und versicherten, dass er ihnen „aus der Zeit bekannt" gewesen sei.[45] Wolff selbst wiederum bescheinigte Adolf Hecht, NSDAP-Mitglied und Werders „Vereinsführer" vom 24. Mai 1937 bis November 1939, bei dessen Entnazifizierungsverfahren an Eides statt, dass dieser ihn als „Halbjuden" beim SV Werder beschützt habe:

„Ich bestätige hiermit Herrn Adolf Hecht, Bremen, Biebricherstr.21, dass er mich während seiner Tätigkeit als Vereinsführer des Sportvereins Werder von 1899 e.V., Bremen, davor geschützt hat, aus dem Verein ausgeschlossen zu werden. Als Halbjuden war es mir während der Herrschaft des Nazi-Regimes nicht gestattet, einem Sportverein anzugehören. Herr Hecht wusste von meiner Abstammung, hat mich aber nicht, wie es eigentlich seine Aufgabe war, aus dem Verein ausgeschlossen, sondern mich sogar zú einem seiner engsten Mitarbeiter bestellt.

Auch in seiner Stellung beim Arbeitsamt Bremen hat Herr Hecht mich wiederholt unterstützt und mir mehrfach zu Anstellungen verholfen, wenn ich Schwierigkeiten hatte, wegen meiner Abstammung einen neuen Arbeitsplatz zu bekommen.

Aus der Kenntnis seines persönlichen Wesens und seiner Hilfeleistung mir gegenüber kann ich Herrn Hecht bescheinigen, daß er keineswegs ein besonders fanatischer Nazi war. Ich habe auch niemals festgestellt, dass Herr Hecht sich irgendwie politisch besonders aktiv betätigte, da er meines Wissens vornehmlich seinem Sportverein diente und hierauf seine ganze freie Zeit verwendete."[46]

Inwieweit derartige Zeugenaussagen und Bescheinigungen einer genaueren Überprüfung standhalten können, muss an dieser Stelle dahingestellt bleiben.

Mit Entscheidung vom 13. Februar 1962 schließlich wies das Landesamt für Wiedergutmachung in Bremen Wolffs Antrag auf Entschädigung für Schäden im beruflichen Fortkommen zurück. Die Ablehnung wurde damit begründet, dass Mitglieder von NSDAP und SS (oder anderer NS-Organisationen) von einer Entschädigung ausgeschlossen waren. Nur wenn Hans Wolff während und/oder nach seinen Mitgliedschaften in NSDAP und SS als aktiver Widerstandskämpfer aufgefallen wäre oder dies zumindest hätte nachweisen können, hätte er noch eine Chance auf Anerkennung im Sinne seiner Anträge gehabt. Da dies nicht der Fall war, wurde sein Antrag abgelehnt.[47]

Obwohl er in der Tat ab 1935 berufliche Einkommensverluste hatte hinnehmen müssen, wurden ihm seine NSDAP- und SS-Mitgliedschaft bei der Anerkennung von Wiedergutmachungsansprüchen zum Verhängnis. Der ablehnende Bescheid wurde Wolff, inzwischen wohnhaft in der Julius-Leber-Straße 153 in der Vahr, am 23. Februar 1962 zugeschickt.[48] Seinen Antrag auf Wiedergutmachung erhielt er aufgrund seiner Einschränkungen im beruflichen Fortkommen ab 1935 dennoch weiter aufrecht und beteuerte, seine Partei- und SS-Mitgliedschaften hätten „überhaupt keine Bedeutung gehabt"[49]. Das Bremer Landesamt für Wiedergutmachung ließ sich allerdings entsprechend der Rechtslage nicht beirren, wies den Antrag auf Schaden im beruflichen Fortkommen am 8. Oktober 1962 ab[50] und schloss die Wiedergutmachungsakte Wolff am 16. Januar 1963.[51]

Zu diesem Zeitpunkt hatte Hansi Wolffs Funktionärskarriere beim SV Werder aber schon längst richtig Fahrt aufgenommen, und das bereits während des Krieges. Als die Werder-Geschäftsstelle in der Bahnhofstraße bei dem Großangriff vom 18./19. August 1944[52] völlig zerstört wurde, war der bisherige Geschäftsstellenleiter Hermann Behrens schon seit Monaten im Krankenstand gewesen. Und so lag die Verantwortung vor allem auf den Mitarbeitern der Geschäftsstelle – und zwar bei Werner Daugs, Joseph Credo und eben Hansi Wolff, die zusammen mit Abbi Drewes, der im April 1944 nach dem Ableben von Karl-Heinz Schulz die kommissarische Vereinsführung übernommen hatte, den Spiel- und Geschäftsbetrieb bis zum endgültigen Zusammenbruch aufrechterhielten. Schon in den Wochen zuvor hatten sie überlegt, wie es denn nach dem Krieg weitergehen könne.

Am 26. April 1945 besetzten britische Truppen Bremen. Damit war der Zweite Weltkrieg in der Hansestadt vorbei, und die Zwänge und Verfolgungen seitens des NS-Regimes hatten ein Ende. Der Alliierte Kontrollrat verbot nicht nur umgehend alle Vereine und löste sie auf, er untersagte sogar jegliche sportliche Betätigung, die nur in Gruppen ausgeübt werden konnte.

Abbi Drewes sammelte indes bereits seine Getreuen um sich, um dem „Werder" wieder neues Leben einzuhauchen. Ganz wichtig war dabei Hansi Wolff. Denn der besaß nicht nur ein Fahrrad, mit dem er noch bis Oktober 1949 zweimal täglich die mehr als fünfzig Kilometer zwischen seinem Wohnort Drentwede und seinem Arbeitsort Bremen auf sich nahm, sondern er sprach auch Englisch. Seine Sprachkenntnisse ermöglichten es ihm, an seinem Wohnort bei einer britischen Militäreinheit als Dolmetscher zu arbeiten und in Bremen zunächst ebenfalls für die Briten und bald danach für die Amerikaner als Übersetzer zu fungieren.[53] Das öffnete ihm und damit auch dem SV Werder so manche Tür. Schließlich war es in den ersten Nachkriegswochen normalerweise nicht einmal erlaubt, sich weiter als fünf Kilometer vom Wohnort zu entfernen.

Nachdem zunächst nur die Gründungen stadtteilgebundener Sportgemeinschaften gestattet worden waren, kamen am 10. November 1945 viele Werderaner, aber auch Vertreter anderer alter Vereine zusammen, um die Sportgemeinschaft (SG) Bremen-Mitte zu gründen. In den Vorstand dieser neuen SG wurden hauptsächlich alte Werderaner gewählt: 1. Vorsitzender Albert Drewes, 2. Vorsitzender Karl Garlich (ursprünglich vom TV Vorwärts, damit der einzige Nicht-Ur-Werderaner in dieser Aufzählung), Kassenwart Heinz Fedde, Schriftführer Theodor Eggert[54], Jugendwart Richard Oßenkop und die Kassenrevisoren Werner Daugs und Joseph Credo.

Eine der ersten Zielsetzungen war, den ungeliebten Namen „SG Mitte" durch „Turn- und Sportverein ‚Werder' von 1945" zu ersetzen, eine Notlösung, da der Traditionsname zunächst verboten blieb. Die Militärregierung gab diesem Ansinnen zunächst statt, doch nicht überall stieß dies auf Gegenliebe: Auf Intervention vor allem der Arbeitersportler musste der TuS am 4. Februar 1946 (exakt 47 Jahre nach der Gründung des F.V. Werder) in „SV Grün-Weiß von 1899" umbenannt werden. Nun wiederum intervenierten die Werderaner mehrfach, bis am 25. März 1946 schließlich der Traditionsname „Sport-Verein ‚Werder' von 1899 e. V." wieder angenommen werden

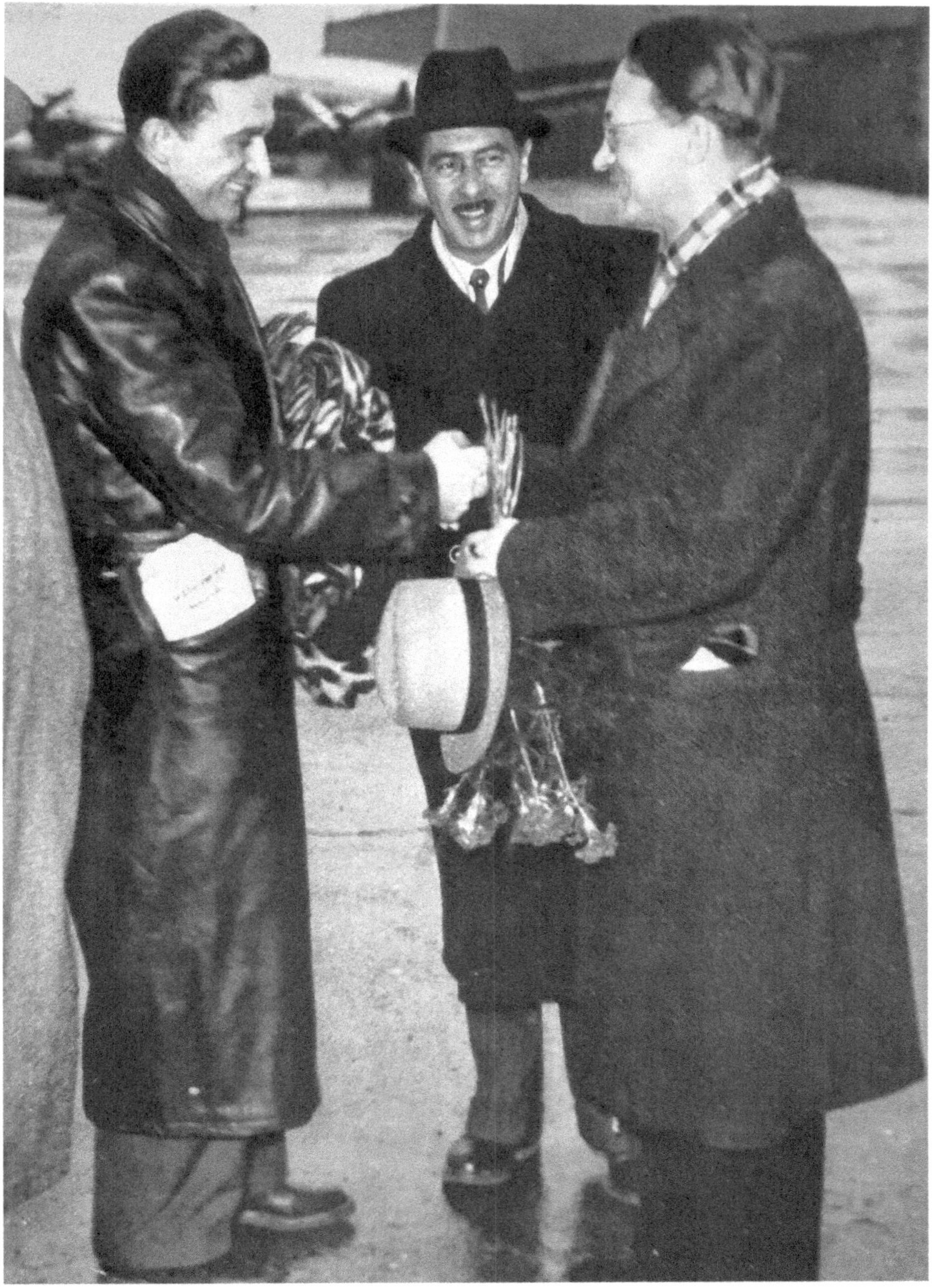

Ehre, wem Ehre gebührt: Hansi Wolff (rechts) und Präsident Alfred Ries empfangen Herbert Burdenski nach dessen Rückkehr vom ersten DFB-Nachkriegsländerspiel, das am 22. November 1950 durch ein Elfmetertor von Burdenski mit 1:0 gegen die Schweiz in Stuttgart gewonnen worden war (Quelle: Werder-Vereinsarchiv)

konnte. Die engagierten Männer erhielten jetzt die ersten neuen Mitgliedsnummern des SV Werder in dieser Reihenfolge: Albert „Abbi“ Drewes, Richard Oßenkop (nunmehr 1. Vorsitzender), Heinz Fedde, Theo Eggert, Hansi Wolff, Joseph Credo und Werner Daugs. Wolff wurde zugleich zum Geschäftsführer ernannt. Jahrelang sollte er fortan in dieser Funktion die Fäden des Klubs in seinem Büro in der Geschäftsstelle auf dem Peterswerder unweit des Weserstadions in den Händen behalten. Das zweigeschossige Eckhaus war bereits damals fest in Werder-Hand: Im Obergeschoss residierte die Geschäftsstelle, im Erdgeschoss befand sich Werders Vereinsgaststätte bei „Mutti Franzmeier“, heute als Werder-Fankneipe „Taubenschlag“ weithin bekannt.

Als Leiter der Geschäftsstelle kümmerte sich Hansi Wolff vornehmlich um die Belange der 1. Fußball-Mannschaft – und das sollte er dreißig Jahre lang tun! Während der Vorstand auch nach der willkommenen Rückkehr von Alfred Ries (dem sich in diesem Buch Sabine Pamperrien, Dirk Harms und Fabian Ettrich genauer widmen) insbesondere in den 1950er Jahren häufiger wechselte, „überlebte“ der Netzwerker Wolff alle seine Präsidenten. Rührig und einfallsreich, wie er war, hatte er so viel Macht auf sich vereinigt, dass an ihm kein Vorbeikommen war. Wer immer die Formulierung geprägt haben mag, sie beschrieb Wolffs Position im Verein ziemlich genau: „Hansi Werder vom Sport-Verein Wolff“!

Werder gehörte 1947 zu den Gründungsmitgliedern der neuen Oberliga Nord. Eine Bundesliga gab es noch nicht – es gab ja auch noch keine Bundesrepublik. In den drei Westzonen existierten die Oberligen Nord, West, Süd und Südwest, dazu gab es anfangs noch eine Oberliga für Groß-Berlin und eine Oberliga für die sogenannte Ostzone. Ursprünglich war angedacht, die jeweiligen Meister und Vizemeister – wie früher – in einer Endrunde um die gesamtdeutsche Meisterschaft spielen zu lassen, doch die Sowjets, die in ihrem Zuständigkeitsbereich den Sport völlig anders aufbauten, setzten ihr Veto dagegen. So wurden die Sportgruppen aus der sowjetischen Zone und aus dem Ostsektor Berlins zu einer Oberliga zusammengefasst. Daraus entstand später die DDR-Oberliga.

Die Grenzen zwischen allen Zonen waren aber mittlerweile (bzw. zugleich: noch) offen, und so wechselten viele Menschen von einer Zone in die andere. Das galt auch und insbesondere für Sportler. Die Westzonen hatten inzwischen das „Vertragsspielerstatut“ eingeführt, erstmals durften Spieler somit offiziell von Vereinen entlohnt werden – ohne freilich den Amateurstatus, der dem DFB seit jeher heilig war, zu verlieren. Und jeder Oberligaverein, der oben mitspielen wollte, brauchte „fantasievolle“ Leute, die imstande waren, mit allen legalen Tricks – und manchmal auch mit anderen Methoden – die mitunter noch minderjährigen Spieler für ihren jeweiligen Verein zu gewinnen. Wolffs Ziel war es, neue Zuschauer mit Fußball auf Top-Niveau ins Stadion zu locken und zu diesem Zweck neue, junge Spieler an Werder zu binden.[55] Dazu wurden bisweilen Väter bei geselligen Zusammenkünften mit alkoholischen Getränken „überzeugt“, ihre Vertragsunterschrift als Erziehungsberechtigte ihrer

Söhne zu leisten, Arbeitsstellen mussten vermittelt, wechselwillige Spieler in konspirativen Wohnungen versteckt werden, bis die Wechselfristen vorbei waren, alles oftmals in waghalsigen, mitunter auch mal leicht dubiosen Aktionen. Und Hansi Wolff – ohnehin sehr reisefreudig – war dabei besonders umtriebig.

Eine Anekdote mag das verdeutlichen. Schon die Verpflichtung des jugoslawischen Torwarts Dragomir Ilić im Frühjahr 1948 war einigermaßen abenteuerlich verlaufen. Nachdem dieser aber 1949 heimlich einen Vertrag beim 1. FC Saarbrücken unterschrieben hatte, der als Verein aus dem Saargebiet ohne Wertung in der 2. französischen Division unter „Profibedingungen" antrat, war guter Rat teuer, denn Dragan Ilic – wie er in Bremen genannt wurde[56] – war vor einem Freundschaftsspiel Werders schlicht verschwunden. Nur wohin? Ein paar Tage später erhielt Hansi Wolff von einem Bekannten aus Lübeck, ebenfalls ein Jugoslawe, eine Nachricht, dass Ilic einem Lockruf aus Saarbrücken gefolgt war. Prompt fuhr Werders Geschäftsführer gemeinsam mit besagtem Bekannten dem Abtrünnigen hinterher. Als Deutscher durfte Wolff aber nicht so einfach ins Saarland einreisen, also ließ er seine Beziehungen – unter anderem zu Fritz Walter – spielen. Wolff wurde mit einem Kontaktmann (der in Werders Geschichtsschreibung gar als „Schmugglerkönig" Eingang fand) bekannt gemacht, der für 500 Mark die beiden Reisenden heimlich über die Grenze lotsen sollte – und natürlich die dann hoffentlich drei Reisenden auch wieder zurückholen. Sie machten den Torwart tatsächlich bei dessen Zimmerwirtin ausfindig, und Ilic war nicht schlecht überrascht, als er von Wolff mit den Worten „Los! Steh auf! Wir fahren nach Hause!" aus dem Bett geholt wurde. Zunächst zierte er sich – das Salär aus einem Profivertrag war für Werder kaum auszugleichen, weder offiziell noch inoffiziell. Schließlich seufzte Wolff: „Jutta frisst nicht mehr … seitdem du abgehauen bist!" Damit hatte er ihn! Ilic folgte der Abordnung aus Norddeutschland reumütig und landete so wieder beim SV Werder. Nun war Jutta allerdings nicht etwa eine ansonsten schlemmende Freundin, der der Kummer auf den Magen geschlagen war, sondern ein Hund aus der Nachbarschaft, den der smarte Torwart in sein Herz geschlossen und der sich übrigens auch während Ilics Abwesenheit bester Gesundheit und eines famosen Appetits erfreut hatte.[57]

Solche und ähnlich spannende Geschichten gab es in den dreißig Jahren von Hansi Wolffs Zeit als Werder-Geschäftsführer zuhauf – zu viele, um sie hier aufzuführen. Wolff verkörperte einen Manager par excellence in einer Zeit, als es diesen Begriff in Deutschland noch gar nicht gab. In seine Ägide fallen unter anderem Werders erster DFB-Pokalsieg 1961 und die gelungene Qualifikation zur neuen Bundesliga 1963. Dort vor der Saison 1964/65 zu Werders Zielen in der kommenden Spielzeit befragt, äußerte sich Wolff lapidar:

„Von irgendwelchen Prognosen für die neue Saison halten wir nicht viel. Machen wir's also kurz: Wie wohl alle Bundesligavereine, so erhofft [sich] *auch Werder Bremen von der neuen Spielzeit ein besseres Abschneiden als im letzten Jahr."*[58]

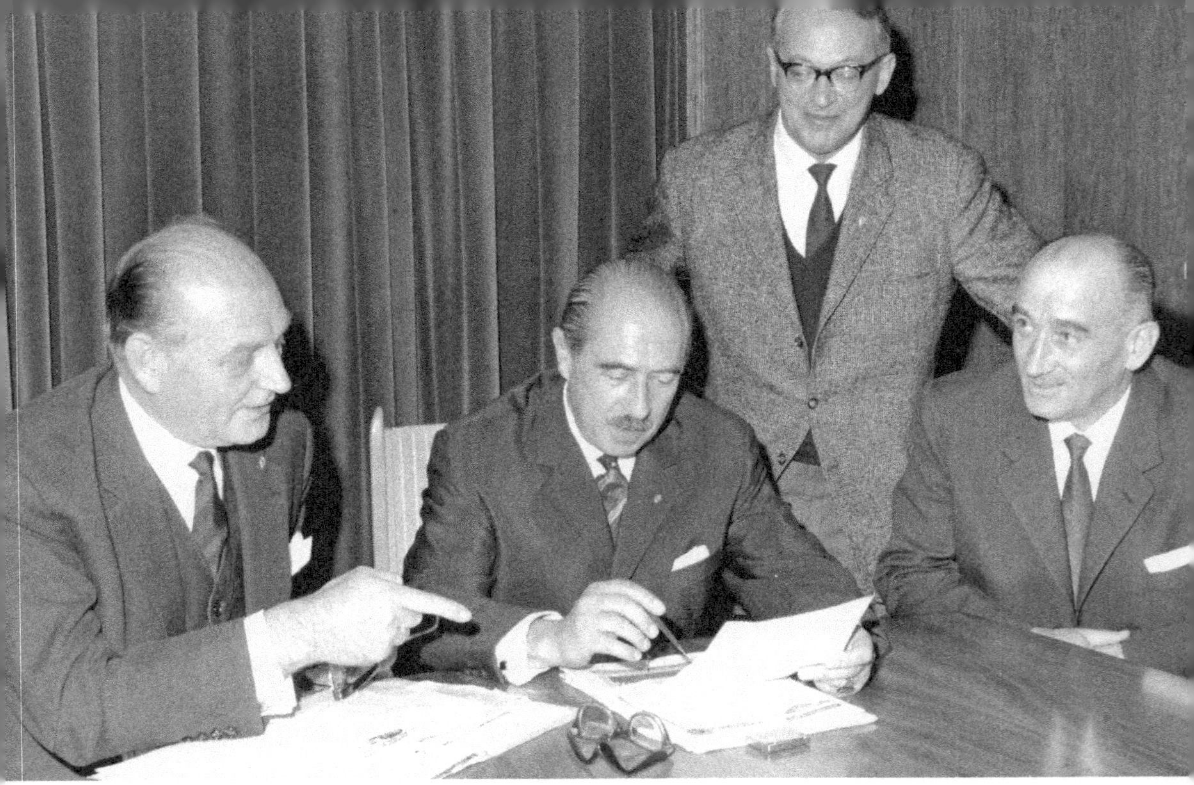

Vorstandsbesprechung von Werders Führungspersonal der 1960er Jahre: von links Schatzmeister Wilhelm Riethmöller, Präsident Alfred Ries, „Manager" Hansi Wolff und Ligaobmann Eduard „Edu" Hundt (Quelle: Werder-Vereinsarchiv)

In jenem Vorjahr, der ersten Bundesligasaison überhaupt, war Werder Tabellenzehnter geworden – am Ende der Saison 1964/65 war man erstmalig Deutscher Meister. Und Hansi Wolff wurde inoffiziell zum „besten Geschäftsführer der Bundesliga" erklärt.[59]

Und doch deuteten sich allmählich neue Zeiten an. Am 23. März 1970 wurde der bisherige Vorstand von einem neuen, nur noch dreiköpfigen Präsidium abgelöst. Präsident wurde der junge Anästhesist und bisherige Vereinsarzt Dr. Franz Böhmert, ihm zur Seite stand der gleichfalls junge, neu gewählte 3. Präsident Klaus-Dieter Fischer. Einzig Vizepräsident und Schatzmeister Wilhelm Riethmöller war noch aus dem alten Vorstand übrig geblieben.[60] Und so wehte bald ein neuer, frischer Wind in Werders Chefetage. Entscheidungen, die die Mannschaft betrafen, wurden nun in Zusammenarbeit mit dem Präsidium getroffen – das war „Hansi Werder vom Sport-Verein Wolff" nicht gewohnt, ein Vierteljahrhundert lang war ihm da nicht reingeredet worden.

Als dann der DFB bekanntgab, zur Saison 1972/73 die bis dahin gedeckelten Ablösesummen freizugeben, überzeugte Wolff sein Präsidium davon, vor der Spielzeit 1971/72 noch einmal richtig auf Einkaufstour zu gehen:

„Es ist unsere letzte Chance, eine gute Mannschaft zusammen zu bekommen! [sic!] *Nach der Freigabe der Ablösesummen werden wir uns keine solchen Könner mehr leisten können!"*[61]

Und so ging Werder „shoppen": Für insgesamt 1.015.000 Mark, damals eine wahnsinnige Summe, kamen sieben neue Spieler (Willi Neuberger und Werner Weist aus Dortmund, Peter Dietrich und Herbert Laumen aus Mönchengladbach, Jürgen Weber aus Berlin, Ex-Werderaner Carsten Baumann aus Osnabrück und als Ersatztorwart Peter Haak aus Bremerhaven). Zwar wurden gleichzeitig etliche teure Leistungsträger abgegeben, doch die Kassen waren leer, erst recht nach dieser Rundumerneuerung des Kaders. Aber auch dafür hatte Werder eine Idee: Die bremische Wirtschaft und nicht zuletzt die Stadt Bremen sprangen mit „großzügiger Unterstützung"[62] ein, dafür spielten die Werderaner nun nicht mehr im gewohnten und geliebten Grün-Weiß, sondern in rot-weiß gestreiften, der Bremer Speckflagge nachempfundenen Trikots, und statt der Werder-Raute prangte fortan der Bremer Schlüssel auf dem Trikot. Wie gut, dass die Stadt dem Verein auch die Vergnügungssteuer für die Heimspiele erließ, denn die neu zusammengestellte Mannschaft, die landauf, landab flugs den Namen „die Millionaros"[63] erhielt, enttäuschte auf ganzer Linie: Mehr als Tabellenplatz elf sprang nicht heraus. Hier soll allerdings auch noch einmal darauf hingewiesen werden, dass diese „Aufrüstung" nicht die alleinige Entscheidung Wolffs gewesen war, das Präsidium war an dem gescheiterten Versuch ebenso beteiligt.

Eine weitere Folge des anhaltenden sportlichen Misserfolgs war, dass sich die Stadt Bremen mit ihrem Weserstadion nicht als Spielort für die Fußballweltmeisterschaft 1974 in der Bundesrepublik bewarb. So blieben auch großartige Umbauten des in die Jahre gekommenen Stadions aus. Es erhielt 1973 lediglich eine neue Tartanbahn, Zäune zum Innenraum und für die Haupttribüne ein neues Dach. An vielen anderen Bundesliga-Standorten kam es hingegen zu Stadion-Neubauten oder zumindest zu umfassenden Modernisierungen.

Hansi Wolff hatte sein Leben längst dem SV Werder gewidmet. Kaum einmal war dies mit einem Acht-Stunden-Tag getan – natürlich nicht! 1972 musste er dem Stress schließlich Tribut zollen und erlitt einen Herzinfarkt, „irgendwo zwischen Sportplatz und seinem Büro", wie gemunkelt wurde.[64] Zwar erholte er sich und stand bald auch wieder auf der „Kommandobrücke", doch seine eigenmächtigen Methoden fielen nun immer mehr aus der Zeit.

So zum Beispiel am ersten Spieltag der Bundesligasaison 1975/76, als Werder 3:0 in Bochum gewonnen hatte, was Wolff zur Ausschüttung einer verdoppelten Prämie an die Spieler veranlasste – ohne dies mit dem Präsidium abzuklären. Erst aus der Mannschaft sickerte hinterher eine Information zum Vorstand durch, der daraufhin alles andere als begeistert war und den Geschäftsführer ermahnte.

Als längst darüber spekuliert wurde, dass der bisherige Mannschaftskapitän Rudi Assauer den alten Fahrensmann Wolff beerben sollte, erklärte dieser öffentlich, im Amt bleiben zu wollen, und außerdem, dass sein designierter Nachfolger „weder kaufmännisch noch menschlich die erforderlichen Qualifikationen" besäße[65]. Doch die Entscheidung gegen Wolff war gefallen. Ex-Mittelstürmer Klaus Matischak hatte

„Hansi Werder vom Sport-Verein Wolff“ – stets ein gefragter Mann, hier im Gedankenaustausch mit Trainer Fritz Langner (Quelle: IMAGO / Schumann)

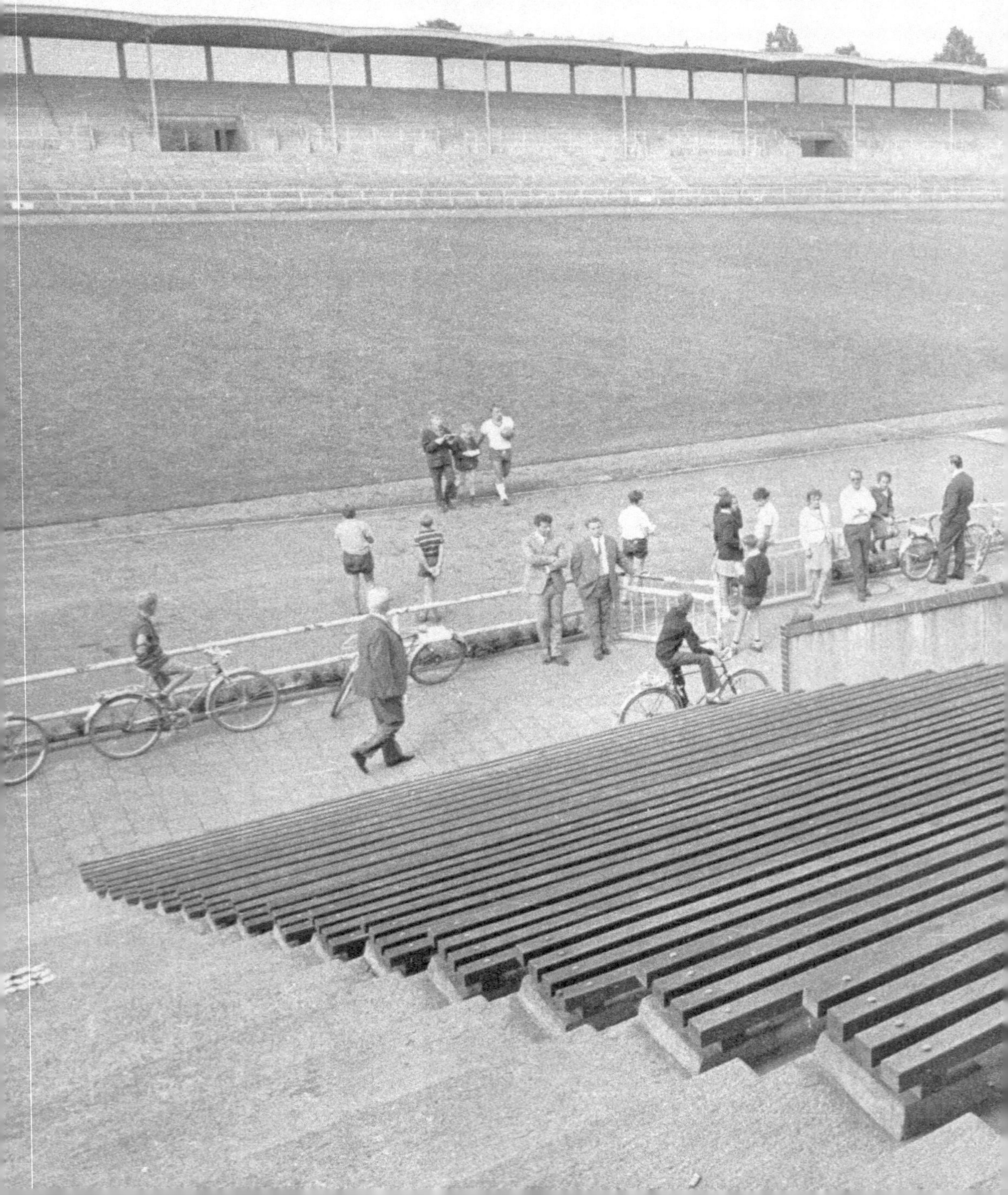

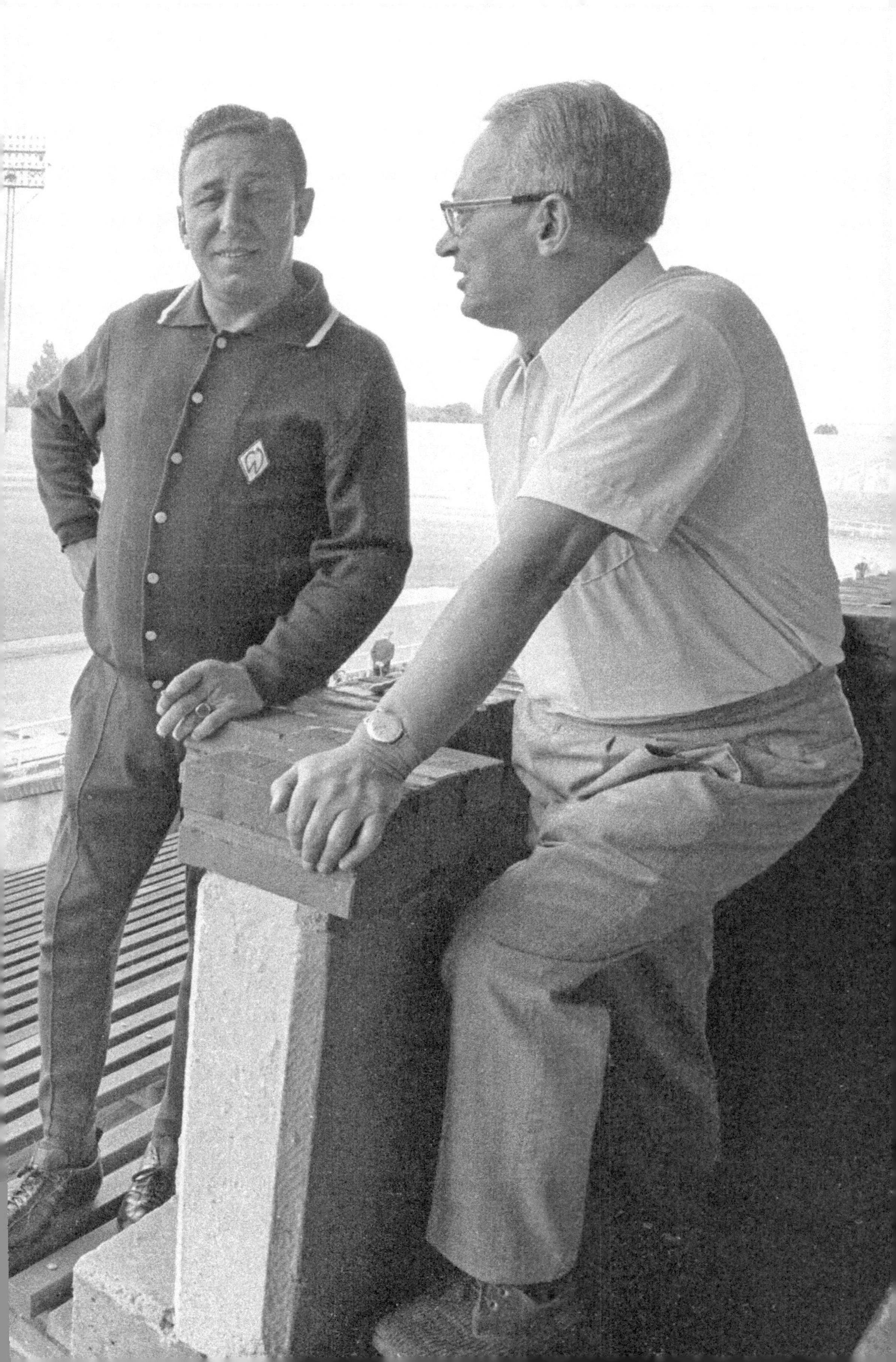

als „Lizenzspieler-Obmann“ bereits offiziell die Betreuung der Bundesligamannschaft übernommen[66], und für Wolffs Nachfolge als Geschäftsführer hätte das Präsidium gern Ex-Meisterspieler und Ex-Trainer Josef „Sepp“ Piontek gewonnen. Der wollte jedoch lieber weiter als Trainer arbeiten und heuerte in dieser Funktion schließlich auch bei Fortuna Düsseldorf an, derweil es Wolff zusätzlich verärgert hatte, dass Piontek überhaupt als „Manager“ gehandelt worden war.[67]

Ende des Jahres 1975 richtete das Präsidium für Hansi Wolff zu dessen 30-jährigem Dienstjubiläum noch eine Feier mit gut 400 Gästen aus. Zehn Tage später wurde ihm die Leitung der Geschäfte des Bundesligisten entzogen – „Hansi Werder vom Sport-Verein Wolff“ (übrigens ein Slogan, den er selbst ungern hörte) stand ohne sein Steckenpferd da. Der Vertrag wurde gelöst, der nun ehemalige Geschäftsführer – vom Verein mit 130.000 Mark abgefunden – war Pensionär und zog sich „ins Privatleben“[68] zurück.

Hans-Egon Conrad Wolff starb am 21. Juli 1982 im Alter von 69 Jahren. Er hinterließ Frau und zwei Kinder.[69] Fünf Tage später wurde er auf dem Huckelrieder Friedhof unter großer Anteilnahme beigesetzt.

In Vereinschroniken und Berichten aus der Zeit vor 1989 wird Hansi Wolffs Wirken

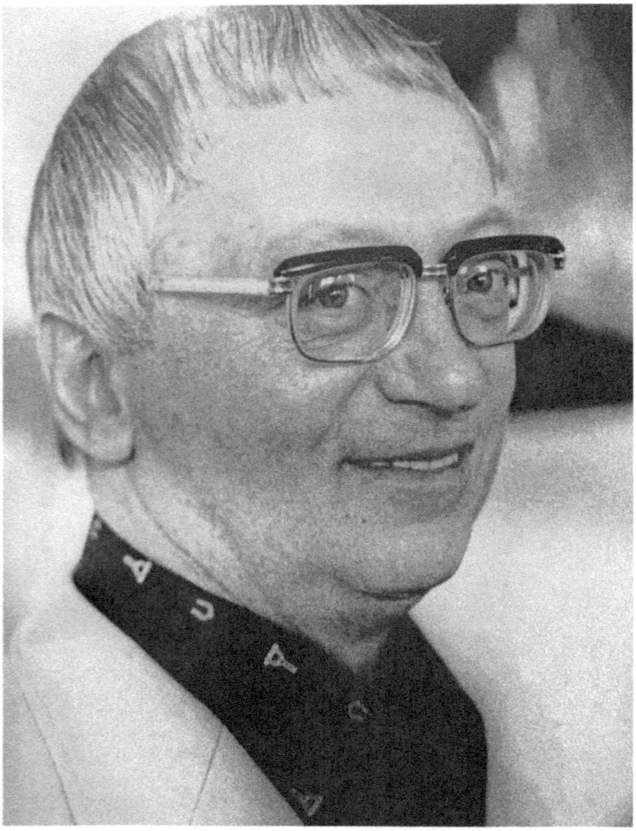

Trotz leichter Dissonanzen am Ende: Bis zur Goldenen Hochzeit war es eine glückliche Ehe zwischen Hansi Wolff und dem SV Werder (Quelle: Werder-Vereinsarchiv)

für den SV Werder für den Zeitraum bis 1970 lobend und danach bis 1975 überwiegend reserviert-kritisch beurteilt. Dass er „Halbjude“ war, findet erst ab 1989 Erwähnung. Im WUSEUM, dem Werder-Museum, gibt es eine Schautafel mit Bildern und Texten zu ihm. Der Hinweis auf Wolffs teilweise jüdische Wurzeln wird in vier Zeilen dargestellt, bei seinen Erklärungen zur Mitgliedschaft in NSDAP und SS sind es 17 Zeilen. Insgesamt widmet diese Tafel Hansi Wolff ganze drei Spalten mit insgesamt 53 Zeilen.

Hugo Grünberg

Der jüdische Werder-Schiedsrichter

von Fabian Ettrich

Über die meisten Protagonisten dieses Buches wurden spätestens seit Mitte der 1990er Jahre kurze oder längere Texte veröffentlicht. Bislang kaum Beachtung fand dabei die Vita des jüdischen Werder-Mitglieds Hugo Grünberg. Dieser Umstand ist sicherlich der schmalen Quellenlage zu Grünbergs Wirken beim SVW geschuldet. Dennoch wäre es nicht im Sinne der Autorinnen und Autoren gewesen, ihn im Rahmen dieses Buches unerwähnt zu lassen. Daher sollen, wenn auch nur kurz, im Folgenden Grünbergs Leben und Wirken dargestellt werden.

Hugo Grünberg wurde am 11. März 1896 in Bremen geboren.[1] Seine Eltern waren Adolf Abraham Isaac Grünberg, der am 8. März 1867 im ostfriesischen Weener zur Welt kam[2], und Rosa – ebenfalls eine geborene Grünberg –, die am 13. Juli 1874 in der Gemeinde Jemgum bei Leer geboren wurde.[3] Die Familie wohnte zum Zeitpunkt von Hugos Geburt in der Hohentorstraße 26[4], zog danach zweimal innerhalb der

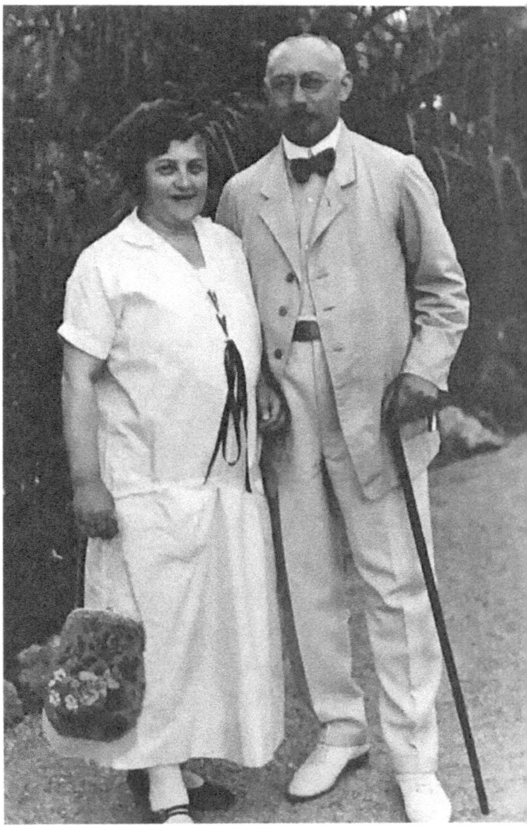

Hugos Eltern, Adolf und Rosa Grünberg, undatiert (Quelle: Elise Garibaldi)

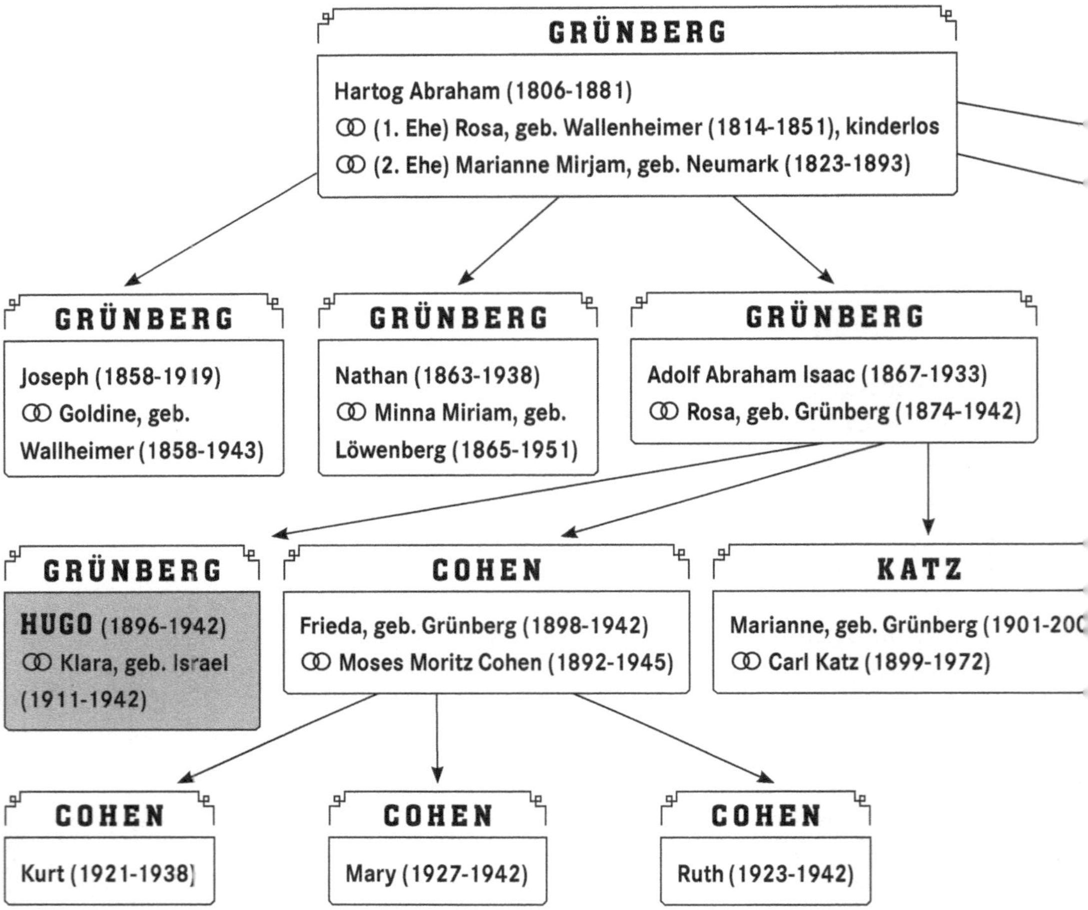

Straße um, ehe sie jeweils für ein Jahr an der Weserstraße 8/10 bzw. Friedrich-Wilhelm-Straße 20 wohnte. Zwischen 1912 und 1942 waren die Grünbergs fortwährend an der Isarstraße 33 gemeldet.[5]

Vater Adolf Grünberg engagierte sich in der Jüdischen Gemeinde Bremen, etwa als Betreuer der sogenannten „Jahrzeit[en]“ in der Synagoge, an denen der Verstorbenen der Gemeinde an deren Todestagen gedacht wurde.[6]

Hugo hatte zwei jüngere Schwestern: Frieda wurde am 1. Januar 1898 geboren und heiratete später den Viehhändler Moses Moritz Cohen.[7] Dieser stammte aus dem ostfriesischen Leer, wo er am 15. Oktober 1892 zur Welt gekommen war.[8] Die jüngste Schwester Marianne, die am 31. Oktober 1901 in Bremen das Licht der Welt erblickte[9],

Vereinfachter Stammbaum der Familie Hugo Grünbergs[10]

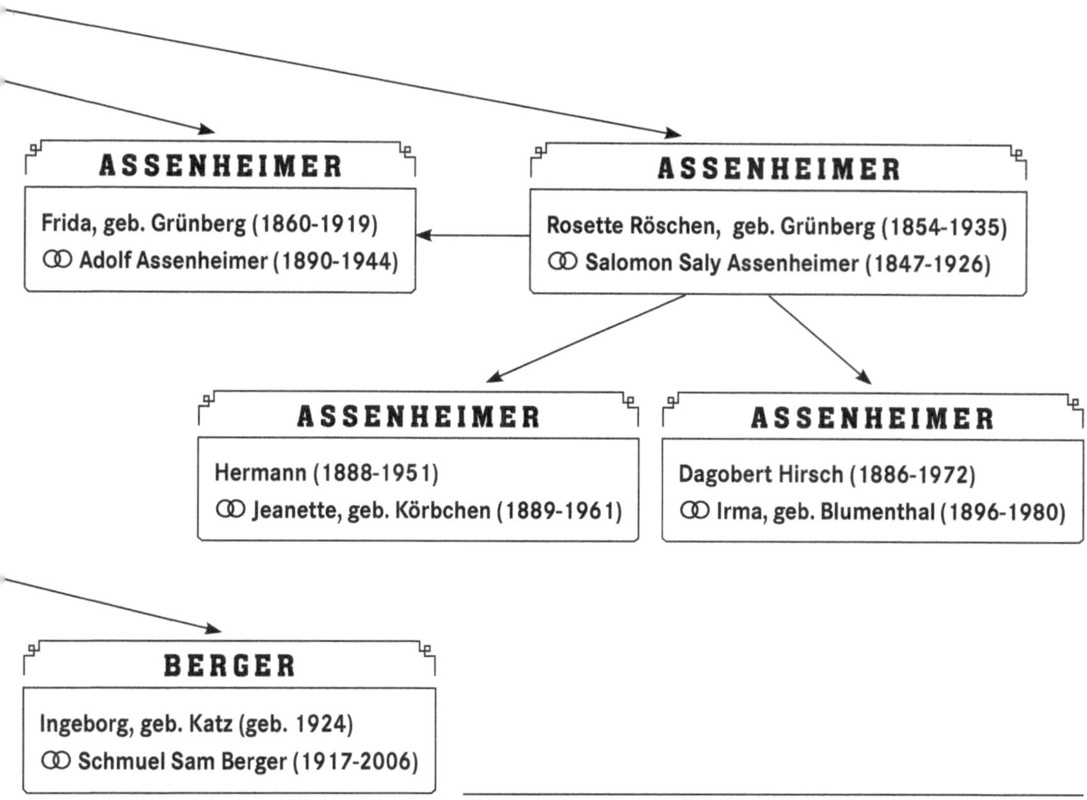

heiratete später Carl Katz[11], den langjährigen Vorsitzenden der Jüdischen Gemeinde in Bremen. Das Paar bekam mit Ingeborg eine Tochter.

Der Ehemann von Vater Adolfs Schwester Röschen Grünberg, der aus Syke bei Bremen stammende Kaufmann Salomon Saly Assenheimer[12], gründete im Jahre 1880 im Geburtshaus von Hugo Grünberg einen Produkthandel. Die Familie wohnte und arbeitete unter einem Dach. Die Brüder Nathan, der sich mehrere Jahre im Vorstand der Jüdischen Gemeinde engagierte[13], und Adolf Grünberg wurden am 19. März 1894 Teilhaber der Firma.[14] Nathan stieg 1919 aus dem Unternehmen aus und gründete ein eigenes Geschäft im Bereich Rohstoff- bzw. Baumwollhandel[15], welches sich später auf Eisenwaren spezialisierte, nach 1933 in finanzielle Schieflage geriet und 1938 ent-

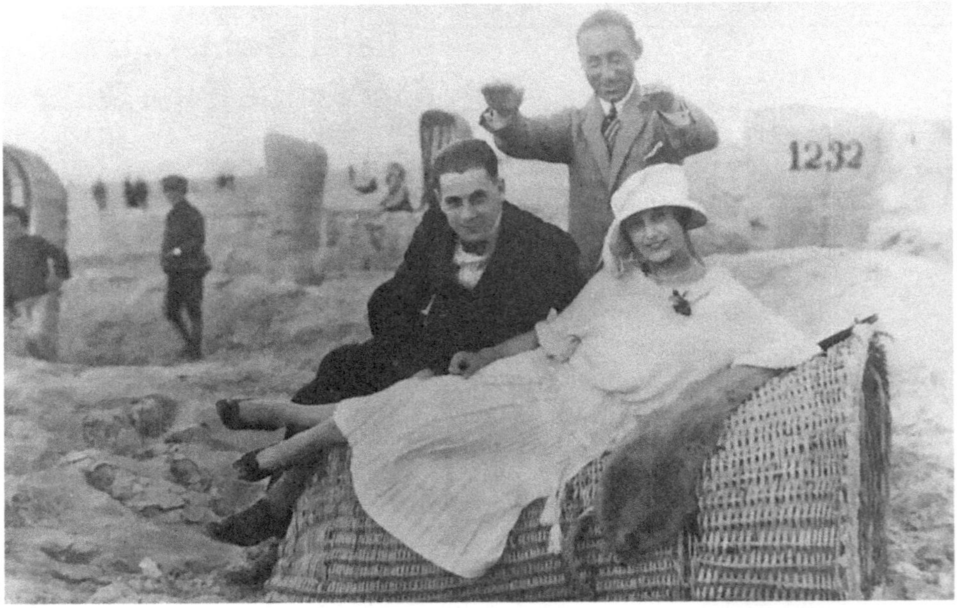

Hugo Grünberg, hier stehend und seine Schwester Marianne sowie Schwager Carl Katz „segnend“, aufgenommen 1923 im Badeurlaub auf Norderney (Quelle: Elise Garibaldi)

eignet wurde.[16] Nach dem Tod Salomon Assenheimers im Jahre 1926 wurde zunächst seine Witwe Röschen Assenheimer 1927 als Inhaberin geführt[17], anschließend leitete sein ältester Sohn Dagobert das Unternehmen gemeinsam mit dessen Onkel Adolf (Hugos Vater). Dagobert war bereits 1915 als Teilhaber in die Firma eingetreten.[18] Er spezialisierte sie auf den „Ankauf und [die] Sortierung beschädigter Jute, Baumwolle, Wolle und ähnlicher Produkte“[19]. Sein jüngerer Bruder Hermann Assenheimer war zu diesem Zeitpunkt bereits als Prokurist in das Familienunternehmen eingestiegen und wurde später Teilhaber. Dagobert war als aktives Mitglied der Jüdischen Gemeinde gesellschaftlich engagiert und gemeinsam mit Albert Rosenthal zumindest 1929 Teil des Gemeinderates.[20]

Hugo Grünberg arbeitete nach seiner Schulzeit als Assistent bzw. Handlungsgehilfe und zwischen dem 6. Januar 1920 und dem 12. März 1931 als Prokurist[21] in dem Familienunternehmen in der Hohentorstraße 73 und später Am Gaswerk 2 in Bremen.[22]

Bereits 1932 war das Unternehmen wirtschaftlich angeschlagen[23], nach der nationalsozialistischen Machtübernahme wurde es durch die Boykotte jüdischer Geschäfte weiter in Mitleidenschaft gezogen[24], woran auch die Aufteilung des Betriebes in eine Rohstoff- und eine Baumwollabfälle-Sparte nichts änderte. Nachdem im August 1933 zu allem Übel Immobilien und Inventar der Firma bei einem Großbrand teilweise vernichtet worden waren[25], starb dann auch noch Hugos Vater Adolf Grünberg am 24. Dezember 1933.[26] Seine Anteile an dem Unternehmen für Baumwollabfälle gingen auf die anderen Gesellschafter über. Daher ergab sich hieraus später auch kein Entschädigungsanspruch seiner Nachkommen auf „Boykottschäden", zumal das Unternehmen zu diesem Zeitpunkt bereits überschuldet war.[27] Hermann Assenheimer führte die beiden Unternehmen somit nur noch mit seinem Bruder Dagobert.[28]

Aufgrund der prekären wirtschaftlichen und gesellschaftlichen Situation in Deutschland verließ Dagobert Assenheimer Bremen 1934 in Richtung Antwerpen und verlegte den Firmensitz in die belgische Hafenstadt.[29] Dorthin hatte seine Firma bereits enge wirtschaftliche Kontakte.[30] Das Unternehmen hatte sich mittlerweile am Bremer Standort offenbar bereits in Liquidation befunden. Zu dieser Zeit muss auch Hugo Grünberg seine Anstellung in der Firma gänzlich verloren haben.[31] Hermann Assenheimer migrierte 1937 ebenfalls nach Antwerpen.[32] Das Geschäft ging noch im selben Jahr auf den Kaufmann Paul Badura über, der weiter den Firmennamen „S. Assenheimer" beibehielt.[33] Bis 1939 war dieser noch in den Bremer Adressbüchern zu finden, allerdings seit 1937 mit wechselnden Adressen.

Während des Krieges floh Dagobert Assenheimer von Antwerpen nach Marseille und anschließend weiter in die Schweiz. Er überlebte den Krieg und kehrte nach 1945 nach Belgien zurück. Dort wurde er wieder unternehmerisch aktiv.[34]

Spätestens mit der Verlegung des Geschäftsstandortes der Familie nach Belgien war der in Bremen gebliebene Hugo Grünberg gezwungen, sich mit Gelegenheitsarbeiten durchzuschlagen.[35] So betätigte er sich etwa als Vertreter und lieferte mit dem Fahrrad Kaffee aus.[36]

Wie die anderen Familienmitglieder war auch Hugo Grünberg Mitglied der Jüdischen Gemeinde in der Hansestadt.[37] Daneben trat er im Sommer 1920 dem SV Werder bei.[38] Er soll sich nach Angaben seiner Verwandten, die heute in den USA leben, bei Werder als Schiedsrichter engagiert haben und wurde in der Tat im Frühjahr 1932 in den *Vereinsnachrichten* als Mitglied des Ausschusses „Fußball und Schiedsrichter" genannt[39]. Nach der Machtübernahme der Nationalsozialisten habe er laut seinen Verwandten den Verein verlassen müssen.[40] Wie bei den anderen Protagonisten, die in diesem Buch behandelt werden – etwa bei Leo Weinstein –, sind offenbar keine Dokumente über einen formalen Ausschluss aus dem Verein überliefert. Gleichwohl wurden Juden zu dieser Zeit systematisch aus der Gesellschaft und den Sportvereinen ausgegrenzt – spätestens zum 29. April 1940 auch aus dem SV Werder, wie es Lukas Bracht in seinem Beitrag über Leo Weinstein darlegt.

Auch jüdische Schiedsrichter wurden ab 1933 aus den Vereinen gedrängt, ihre Leistungen gerieten in Vergessenheit bzw. wurden in Chroniken und Berichten fortan ausgespart. Dabei war es etwa mit Simon Rosenberger ein Jude gewesen, der 1918 die Münchner Schiedsrichtervereinigung mitgegründet und 1924 bei der Bildung eines dreiköpfigen DFB-Schiedsrichterausschusses mitgewirkt hatte, in den er dann auch berufen wurde. Ebenfalls Rosenberger war es, der mit dem Entwurf eines „Mantelgesetz[es]" bundesweit „einheitliche Grundlagen für das Schiedsrichterwesen in den

Landesverbänden schuf" und der zwei Jahre später die *DFB-Schiedsrichter-Zeitung* begründete, „die dann fünf Jahre parallel zu Carl Koppehels DSZ (‚Deutsche Schiedsrichter-Zeitung') erschien, bevor die beiden Publikationen nach Rosenbergers Tod vereinigt wurden"[41]. Beruflich war Rosenberger dem Sport ebenfalls eng verbunden – als Redakteur des Sportmagazins *Kicker* und rechte Hand des jüdischen DFB- und *Kicker*-Mitbegründers sowie Fußballpioniers Walther Bensemann.[42]

Während die Mehrheit der männlichen Bremer Juden in der Reichspogromnacht 1938 inhaftiert wurde, kam Hugo Grünberg offenbar ein Zufall zugute: Durch seine Tätigkeit als Kurierfahrer war er bei Wind und Wetter mit dem Fahrrad unterwegs und soll sich infolge des Bremer Novemberwetters eine Lungenentzündung zugezogen haben. Diese war wohl der Grund dafür, dass er nicht wie etliche andere Bremer Juden nach Sachsenhausen deportiert wurde.[43] Grünberg litt in der Folge auch noch an einer Tuberkulose-Erkrankung, die stationär behandelt werden musste. Im Krankenhaus lernte er die aus Marburg stammende Klara Israel kennen (geboren am 20. Mai 1911 in Marburg), die er keine zwei Jahre später – am 20. Juni 1940 – heiratete.[44] Die Ehe blieb kinderlos.

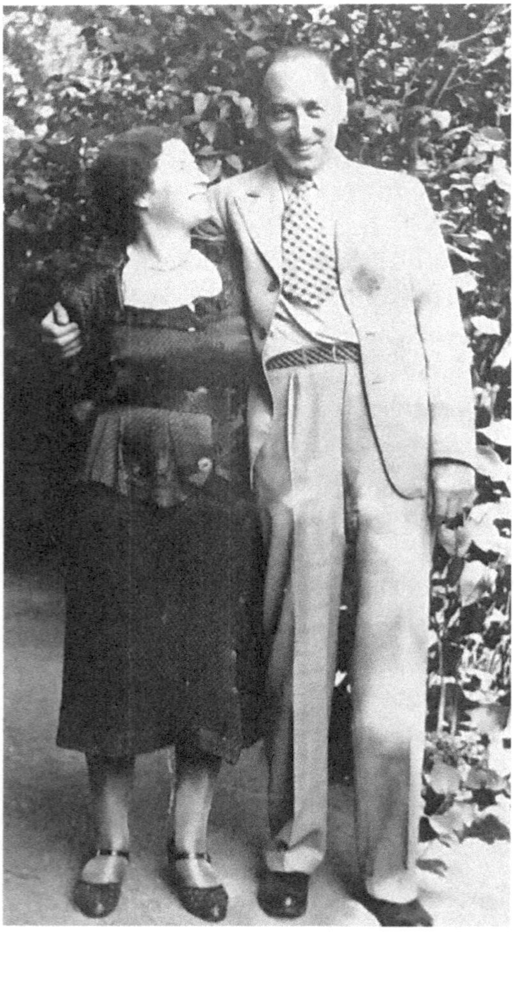

Hugo Grünberg und seine Frau Klara, wahrscheinlich 1940 oder 1941 (Quelle: Elise Garibaldi)

Bis zu seiner Deportation war Hugo Grünberg aufgrund seiner Erkrankung nicht mehr erwerbstätig.[45] Der letzte Wohnsitz des früheren Werder-Schiedsrichters war die Isarstraße 33 in der Bremer Neustadt, „ein schönes, zweistöckiges Gebäude mit weiß gestrichenen Fensterstöcken", in dem die Grünbergs über viele Jahre lebten.[46] Das Grundstück befand sich seit 1912 im Eigentum der Familie[47], bis es dem Zugriff von Hugos Mutter Rosa am 24. November 1938, parallel zum Guthaben der Familie bei der Bremer Bank, durch „Sicherungsanordnung" entzogen[48] und am 3. November 1942, nach dem Tod Rosas im Konzentrationslager Theresienstadt, formal an die Reichsfinanzverwaltung übertragen wurde.[49] Ebenso gehörte Rosa Grünberg viele Jahre lang das nur wenige Hundert Meter von der Isarstraße entfernte Grundstück in der Rüdesheimer Straße 37, wo ihre Tochter Frieda Cohen samt Ehemann Moses wohnte.[50] Diese Immobilie musste Rosa Grünberg am 14. November 1938 zwangsweise an den „Baumwoll-Klassierer Johann Friedrich Meyer in Bremen" unter Zahlung einer sogenannten „Judenvermögensabgabe" verkaufen.[51]

Die Repressionen gegen Bremer Jüdinnen und Juden nahmen derweil zu, und nur etwas mehr als ein Jahr nach ihrer Hochzeit wurden Hugo und Klara Grünberg gezwungen, den Weg gen Osten anzutreten: Am 18. November 1941 hatten sie sich mit Hunderten anderer jüdischer Menschen vor der Schule Am Barkhof in der Nähe des Bremer Hauptbahnhofes zu sammeln. Anschließend wurden sie zusammen mit Hugos Schwester Frieda Cohen, deren Mann Moses sowie deren Töchtern Mary[52] und Ruth[53] per Zug von Bremen über Hamburg nach Minsk deportiert.[54] Die Deportation organisierte der damalige Judenreferent der Bremer Gestapo, Bruno Nette.[55] Denselben Zug musste auch Hugos Vereinskollege Arthur Rosenthal nehmen, und beim Halt in Hamburg wurde mit Martin Abraham Stock aus Altona mindestens ein weiterer jüdischer Schiedsrichter in den Zug gebracht.[56]

Nach der Ankunft am Zielort waren die Deportierten aus Nordwestdeutschland neben den Entbehrungen der Inhaftierung im Ghetto Minsk einem strengen Winter ausgesetzt. Dennoch überlebten die Mitglieder der Familie Grünberg bzw. Cohen die ersten Monate, ehe am 28. Juli 1942 Hugo, Klara, Frieda und ihre Töchter – gerade 15 bzw. 19 Jahre alt – sowie auch Arthur Rosenthal ermordet wurden. An diesem und dem Folgetag hatte es im Ghetto Minsk Massenexekutionen gegeben. Der damals für den sogenannten Generalbezirk Weißruthenien – das heutige Weißrussland – zuständige Generalkommissar, SS-Mann und frühere NSDAP-Vorsitzende im Preußischen Landtag Wilhelm Kube schrieb in einem Bericht, dass „in Minsk-Stadt [...] am 28. und 29. Juli 1942 rund zehntausend Juden liquidiert" worden seien. Der Großteil sei aus Russland gekommen. „‚Der Rest bestand aus nicht einsatzfähigen Juden, die überwiegend aus Wien, Brünn, Bremen und Berlin im November vorigen Jahres nach Minsk auf Befehl des Führers geschickt worden sind.‘"[57]

Offiziell für tot erklärt wurden Hugo und Klara Grünberg sowie Frieda, Mary und Ruth Cohen am 8. September 1948.[58] Nur Moses Moritz Cohen überlebte das Jahr 1942.

Er wurde erst am 15. März 1945 umgebracht.[59] Die Lage für die Menschen im Ghetto Minsk war insgesamt nahezu aussichtslos: In dem sogenannten Arbeitslager kamen fast alle 440 Bremer Jüdinnen und Juden, die dorthin deportiert worden waren, ums Leben.[60]

Hugos in Deutschland verbliebene Mutter Rosa zog nach der Deportation ihres Sohnes und ihrer Tochter Frieda zu der Familie ihrer Tochter Marianne in die Parkstraße 1, damals Legion-Condor-Straße 1, in Bremen.[61] Obgleich Mariannes Mann Carl Katz als Vorsitzender der Jüdischen Gemeinde zwangsweise bei der Zusammenstellung der Listen zur Deportation von Bremer Jüdinnen und Juden mitwirken musste[62], entging auch seine eigene Familie nicht der Deportation, auch wenn es sie

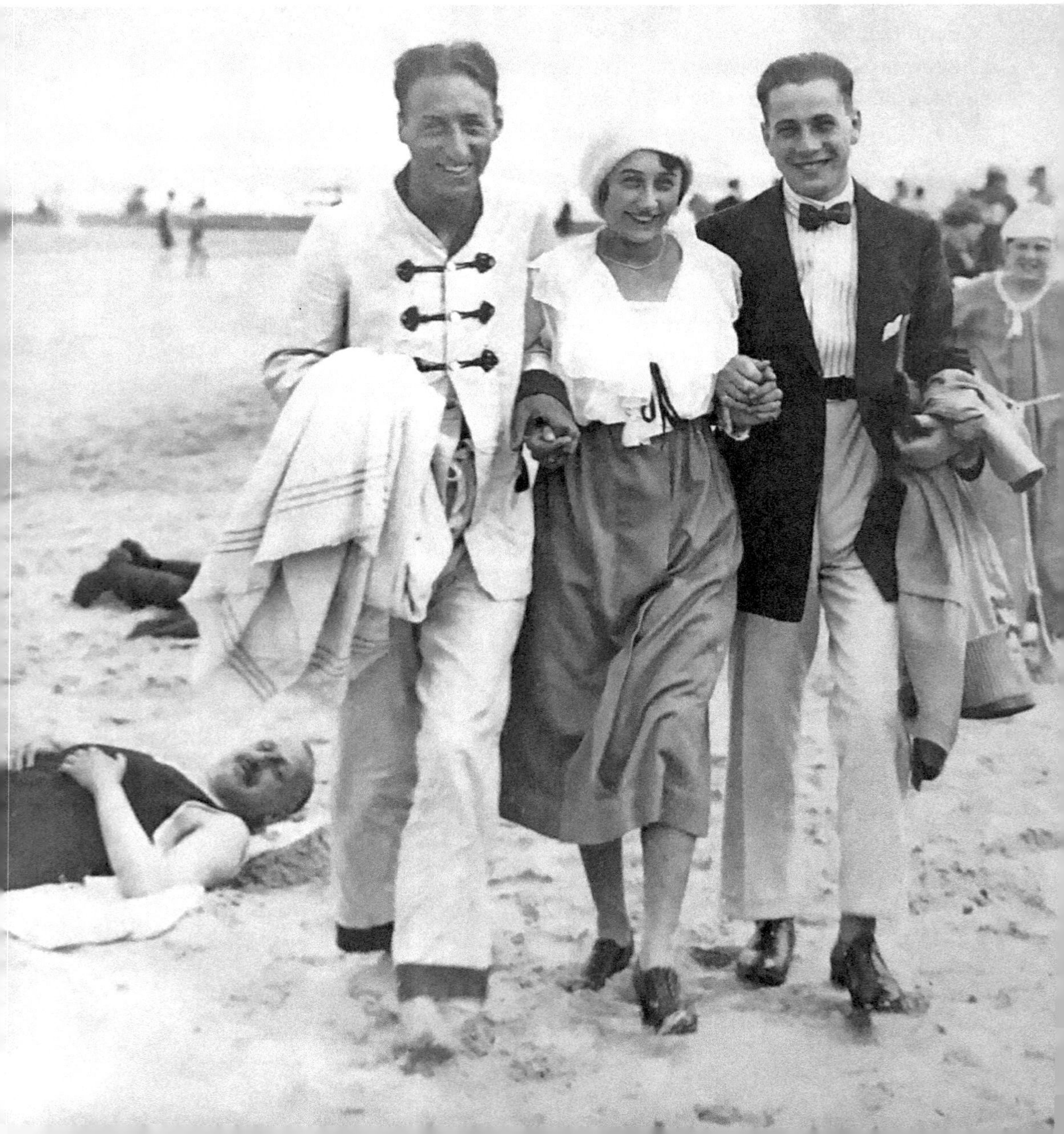

erst im Jahr 1942 traf. Eigentlich war vorgesehen gewesen, sie mit den anderen Familienmitgliedern bereits 1941 nach Minsk zu bringen.[63] Dann aber wurden Hugos Schwester Marianne, ihr Mann Carl Katz, ihre Mutter Rosa und ihre Tochter Ingeborg, genannt Inge, gemeinsam mit vielen anderen Bremer Jüdinnen und Juden, darunter Albert und Carolina Rosenthal sowie die Eltern des ehemaligen Werder-Präsidenten Alfred Ries, Eduard und Rosa, am 23. Juli 1942 nach Theresienstadt deportiert.[64] Ihr Eigentum mussten sie zurücklassen.[65] Den Transport begleitete bis Hannover der Gestapo-Beamte Friedrich Linnemann, einer der umstrittenen Zeugen im späteren Wiedergutmachungsverfahren von Alfred Ries.[66]

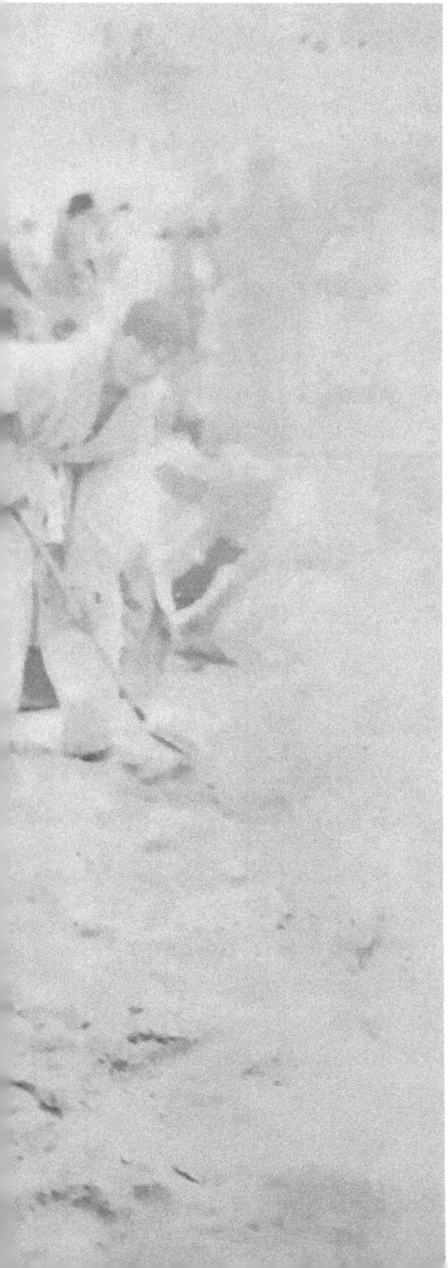

Ein Bild aus glücklichen Tagen: Hugo Grünberg mit Schwester und Schwager 1923 auf Norderney. Während Hugo dem NS-Rassenwahn zum Opfer fiel, überlebten Marianne und Carl Katz die Shoah. (Quelle: Elise Garibaldi)

Marianne, Ingeborg und Carl Katz, dem innerhalb des Lagers als Leiter der „Kavalierkaserne“ eine gewisse Sonderstellung eingeräumt wurde[67], überlebten die Internierung, ebenso die Witwe des Werderaners Albert Rosenthal, Carolina. Sie erhielten nach der Befreiung des Lagers durch die Rote Armee in den ersten Mai-Tagen des Jahres 1945 eine notdürftige Versorgung durch das Rote Kreuz und konnten einige Wochen später nach Bremen zurückkehren.[68] Hugos Mutter Rosa hingegen, die bereits bei der Ankunft in Theresienstadt unter akuten Herzproblemen litt, war am 2. August 1942, also nach nur kurzer Zeit im dortigen Ghetto, den Strapazen der Lagerhaft erlegen.[69] Auch viele weitere Inhaftierte verhungerten oder starben an Erkrankungen.[70]

Nach dem Krieg und der Rückkehr in ihre Heimatstadt Bremen versuchte Familie Katz, ihre nach Minsk deportierten Verwandten ausfindig zu machen. Dies galt insbesondere für Inge Katz, die bis zur Deportation eine sehr enge Beziehung zu ihrer Cousine Ruth Cohen, die sie nur „Ruthie“ nannte, aufgebaut hatte.[71] Die Hoffnung, sie und die anderen lebendig wiederzusehen, musste Familie Katz nach Jahren der Unsicherheit über den Verbleib ihrer Verwandten jedoch aufgeben.[72]

Für ihren ermordeten Bruder Hugo machte Marianne Katz 1957, also ein Jahr nach dem Inkrafttreten des Bundesentschädigungsgesetzes, ebenso wie für ihre Mutter Rosa und ihre Schwester Frieda[73] als Alleinerbin Entschädigung beim Bremer Landesamt für Wiedergutmachung geltend.[74] Sie erhielt für Schäden an Eigentum und Vermögen ihrer Mutter und Geschwister, so wie es auch gutachterlich empfohlen wurde[75], knapp 40.000 DM ausbezahlt.[76] Außerdem erhielt sie „wegen Schadens im beruflichen Fortkommen“ ihres Bruders Hugo Grünberg über 13.000 DM Kapitalentschädigung zugesprochen[77]. Nach der Änderung des Bundesentschädigungsgesetzes von 1965 erhielt sie auf Antrag im November des Jahres weitere 2.600 DM ausbezahlt.[78]

Da die Firma S. Assenheimer bereits vor dem Tod ihres Vaters Adolf Grünberg überschuldet gewesen war, wurde der demnach aussichtslose Antrag auf Entschädigung für Schäden durch Boykotte von Marianne Katz zurückgezogen.[79] Das Grundstück in der Isarstraße 33 erhielt sie 1950 zurück. Für das darauf befindliche, im Krieg „zum großen Teil“[80] zerstörte Geburtshaus ihres Bruders Hugo konnte sie dabei „Kriegssachschadensanspruch“ geltend machen.[81] Auch das Wohnhaus von Frieda und Moses Cohen in der Rüdesheimer Straße 37 erhielt Marianne Katz nach einem Vergleich vom 22. September 1950 mit dem Käufer von 1938, Johann Friedrich Meyer, zurück. Auf die Erstattung der vor 1945 von jüdischen Immobilieneigentümern gegenüber dem Deutschen Reich zu leistenden Sonderabgaben auf Haus- und Grundbesitz in Höhe von in diesem Falle etwas mehr als 5.000 Reichsmark verzichtete sie im Gegenzug zugunsten Meyers, der zudem für die abgeschlossene Rückgabe des Areals etwas mehr als 1.000 DM erhielt.[82] Hingegen bekam sie die den Juden vor dem Krieg auferlegte Sonderabgabe auf Immobilienveräußerung für den Verkauf des Grundstücks an der Rüdesheimer Straße erstattet, die sie im Rahmen der Grundstücksrückgabe ebenfalls an Meyer übertrug.[83] Dieser Betrag belief sich – umgerechnet von Reichs- in D-Mark – auf etwas mehr als 500 DM.[84]

An Frieda, Moses, Mary und Ruth Cohen erinnern heute in der Rüdesheimer Straße in Bremen vier Stolpersteine. Für den einstigen Werder-Schiedsrichter Hugo Grünberg, seine Frau Klara und seine Mutter Rosa existieren bislang keine in den Bürgersteig eingelassenen Gedenksteine, die in der Isarstraße 33 an ihr Schicksal erinnern würden.

„Agent“ Alfred Ries

Ein unbekanntes Kapitel des Widerstands in Bremen

von Sabine Pamperrien

„Der Begriff ‚Widerstand‘ wird meist auf Aktionen beschränkt, die auf die Beseitigung des Naziregimes gerichtet waren. Aber auch die Rettung der Juden war aktiver und dazu oft erfolgreicher Widerstand. Deshalb ist es wichtig, über die fast unbekannten, unbesungenen Helden des deutschen Rettungswiderstandes zu forschen und zu berichten.“[1]

Das sagte der jüdische Historiker Arno Lustiger (1924–2014) am 27. Januar 2005 anlässlich des Tags des Gedenkens an die Opfer des Nationalsozialismus im Deutschen Bundestag.

„Rettungswiderstand“ ist auch der Begriff, der die Umstände am besten umschreibt, unter denen Alfred Ries das Überleben in Jugoslawien ermöglicht wurde. Damit wirft Alfred Ries‘ Flüchtlingsschicksal ein Schlaglicht auf ein bis heute von der Geschichtsforschung übersehenes Kapitel der Bremer Geschichte im Nationalsozialismus. Denn Werders ehemaliger Präsident hätte ohne die Hilfe von Bremer Freunden, die ihn in Kontakt mit dem Geheimdienst der deutschen Wehrmacht (der „Abwehr“) brachten, nicht überlebt. Die bis heute völlig falsche und von böswilligen Unterstellungen verzerrte Einordnung dieser Tatsache bedarf einer dringenden Korrektur.

Die Beschäftigung mit dem Fall Ries führte inzwischen zu einer groß angelegten Studie, deren erste Ergebnisse hier vorgestellt werden können. Als Quellen stehen die im britischen Nationalarchiv zugänglichen Verhörprotokolle ehemaliger Abwehrangehöriger durch den britischen Auslandsgeheimdienst SIS, der aus mehr als 200 Akten bestehende Bestand der ehemaligen Bremer Abwehrnebenstelle im Bundesarchiv, zahlreiche Landesarchive, insbesondere aber die im Bremer Staatsarchiv vorhandenen Akten zur Verfügung.[2]

Als Fazit schon der ersten, noch überblickshaften Auswertung dieses Materials lässt sich feststellen, dass Angehörige der von Bremen aus agierenden Einheiten des militärischen Geheimdienstes nicht nur anti-nationalsozialistisch eingestellt waren, sondern sogar Mitverschwörer des militärischen Widerstands gegen Hitler bei Putschplänen im September 1938 und im Juli 1944. Sie betätigten sich zudem im Rettungswiderstand und ermöglichten zahlreichen aus „rassischen“ Gründen verfolgten Menschen das Überleben. Für deren Rettung nutzten sie die besonderen Spielräume und Freiheiten, die das „Amt Ausland“. Teil dieser Geschichte sind die vonseiten der Gestapo und des Reichssicherheitshauptamts immer erbitterter geführten Kompetenzstreitigkeiten mit der Abwehr, die parallel zum Wachsen des Einflusses der SS zu einem schleichenden Verlust von Befugnissen aufseiten des militärischen Geheimdienstes führten. Sie mündeten in der Entlarvung eines Großteils des oppositionellen Netzwerks innerhalb der Abwehr nach dem Staatsstreichversuch vom 20. Juli 1944 und deren darauffolgender Zerschlagung und Neuordnung.

Unter dem Generalverdacht der Kollaboration

Seit einem misstrauischen Sachbearbeiter des Bremer Amts für Wiedergutmachung im Zuge seiner Ermittlungen auffiel, dass vom Polizeiamt für Alfred Ries zwischen 1935 und 1944 auf Antrag der Gestapo und mit der Begründung „Die Ausstellung der Legitimationskarte ist im Reichsinteresse erforderlich“ mehrere Gewerbelegitimationskarten ausgestellt worden waren, steht der Verdacht im Raum, Alfred Ries habe sein Leben der Kollaboration mit den Nazis zu verdanken gehabt. Als Ermittlungsansatz der Bremer Wiedergutmachungsbehörde könnte man in diesem Fall etwas überspitzt die Arbeitsthese unterstellen, wonach grundsätzlich etwas nicht mit rechten Dingen zugegangen sein könne, wenn ein Jude die Verfolgung überlebt hat.

Die Hilfeleistung für Verfolgte durch den Bremer Abwehrmitarbeiter Walter Frischmuth war erstmals für diese Publikation Gegenstand umfassender Forschung. Dabei befand sich das Schlüsseldokument dazu bereits seit 1952 in der Akte Ries. Nur ist zuvor niemand den dort enthaltenen Hinweisen gefolgt.

Dass unmittelbar nach dem Krieg und teils noch lange danach ehemalige Helfer es bevorzugten, ihre Aktivitäten zu beschweigen, um im vorherrschenden Klima der Verdrängung nicht als „Nestbeschmutzer“ zu gelten, führte zudem dazu, dass dieser Bereich des Widerstands erst seit etwa 20 Jahren von der Forschung aufgearbeitet wird. Auch deshalb findet diese Hilfe als Form des *aktiven* Widerstands nur langsam Eingang in das kollektive Bewusstsein. Alle Bremerinnen und Bremer sollte das, was nun zutage tritt, nicht bloß nachdenklich machen. Es sollte sie auch mit Stolz erfüllen.

Wiedergutmachung und Entnazifizierung – eine Erfolgsgeschichte?

Das allgemeine Misstrauen gegen die zurückkehrenden Überlebenden und deren materielle Ansprüche traf nicht nur Alfred Ries, und es fand sich auch nicht nur im Behördenapparat, sondern zeigte eine Grundgestimmtheit der damaligen deutschen Bevölkerung. Die meisten der unter den schweren Kriegsfolgen extreme Not leidenden und sich selbst als Opfer empfindenden Menschen hatten wenig Verständnis für die materiellen Leistungen an Verfolgte des NS-Regimes.

Dies hatte sicher auch damit zu tun, dass Wiedergutmachung und Entnazifizierung den Deutschen von den Siegermächten aufgezwungen wurden. Von sich aus kam die Idee, die Verfolgten des NS-Regimes zu entschädigen, deutschen Politikern nach 1945 nicht in den Sinn. Vielmehr handelte es sich um eine Forderung der Besatzungsmächte.

Der ursprüngliche Grundgedanke der Wiedergutmachung bestand in einem „Zeichen der Anerkennung von Schuld und Verbrechen" sowie dem „moralischen Appell, um die Selbstbezogenheit und Teilnahmslosigkeit des überwiegenden Teils der deutschen Bevölkerung zu überwinden. Dabei schwang die Idee einer deutschen Selbstreinigung mit, die Bundespräsident Heuss später auf die Formel brachte: Es gelte nicht zuletzt, ‚sich selber wieder gut zu machen'."[3]

Wiedergutmachung und Entnazifizierung gehörten in dem angestrebten Prozess der Selbstreinigung zusammen. 1949 hatten auch die „Väter des Grundgesetzes" es im Einklang mit den Alliierten für eine wesentliche Voraussetzung des zukünftigen demokratischen Staatswesens gehalten, die vormaligen Funktionseliten der NS-Zeit auszuschalten.

In den Jahren, in denen sich der Fall Ries abspielte, wurde der hochmoralische Aspekt der notwendigen Selbstreinigung jedoch immer weiter in den Hintergrund gedrängt. Die Restauration der alten Strukturen und insbesondere alter obrigkeitlicher Denkmuster verlief nahezu parallel mit der versagenden Entnazifizierung. Diese versagte nicht nur, weil die Strukturen, in denen sie vollzogen werden sollte, nahezu ungeeignet waren. Sie versagte auch, weil der formale Ansatz die tatsächliche Durchdringung des Denkens der deutschen Bevölkerung mit der totalitären Propaganda gar nicht erfassen konnte.

Eine groß angelegte Studie des Historikers Hans Hesse über die Entnazifizierung in Bremen und Bremerhaven kommt zu dem Schluss, dass über „Konstruktionen der Unschuld" nahezu das Gegenteil dessen erreicht wurde, was eigentlich beabsichtigt war. Statt der Einsicht in die eigene politische und moralische Verantwortung habe sich in der damaligen Bremer Bevölkerung der Eindruck verfestigt, dass fast alle Deutsche NS-Opfer gewesen seien. Der Stadtstaat sei dabei aber kein Sonderfall innerhalb der Bundesrepublik gewesen, sondern ein Beispiel für den Regelfall.[4]

Die Entnazifizierung war offiziell 1953 abgeschlossen. Zu diesem Zeitpunkt waren die meisten Täter längst wieder in Amt und Würden und ihre freiwilligen Helfer von jeder Selbstreflexion über ihre Mitschuld an den Verbrechen der Nationalsozialisten entbunden. Es wurde bezeichnend für die Frühgeschichte der Bundesrepublik, dass schon vier Jahre vor dem Gesetz, das den Opfern zu ihrem Recht verhelfen sollte, die ursprünglich von allen öffentlichen Ämtern ausgeschlossenen Täter qua Gesetz durch den 1951 dem jungen Grundgesetz hinzugefügten Artikel 131 wieder ihre Arbeitsplätze in Ämtern und Behörden einnehmen durften.

1954 wurden die beiden deutschen Politiker, die in den Verhandlungen mit der israelischen Regierung und der Jewish Claims Conference über den Inhalt des Entschädigungsgesetzes den ursprünglich moralischen Ansatz vertraten[5], ihrer Posten enthoben, unter anderem, weil einer von ihnen sich in einem Brief sarkastisch über die Wiedereinsetzung ehemaliger Nazis geäußert hatte. Sie wurden durch den ehemals führenden NS-Juristen Ernst Féaux de la Croix ersetzt.[6] Zugleich wurde das Amt für Wiedergutmachung gegen den offenen Protest der „Moralisten" statt dem Innenministerium dem Finanzministerium zugeordnet. Damit ging es aus einem für die politische Bildung zuständigen Ministerium über an die Finanzverwaltung, deren oberste Maxime war, die Kosten für den Staat möglichst gering zu halten.

Als 1986 die Bundesregierung dem Bundestag auf dessen Anforderung hin Bericht über die Wiedergutmachung erstattete, bezeichnete sie diese als „insgesamt gesehen [...] historisch einzigartige Leistung [...], die auch die Anerkennung der Verfolgtenverbände im In- und Ausland gefunden hat"[7]. Unterfüttert war dieser Bericht mit Einschätzungen von ebenjenem NS-Karrierejuristen, der von 1953 bis 1971 das Amt für Wiedergutmachung im Bonner Finanzministerium geleitet hatte und sich nun auch noch selbst beste Arbeit bescheinigen durfte.

1988 indes gab das Hamburger Institut für Sozialforschung eine Studie des Medizinhistorikers Christian Pross zur Wiedergutmachung heraus, die zu einem völlig anderen Ergebnis kommt. Pross resümiert in seiner Bestandsaufnahme, dass „die Bundesrepublik nicht aus moralischer Verantwortung, sondern vor allem aus politischem Kalkül" zahlte:

„Das Gegenstück zur Reinstallation der NS-Elite durch die Adenauer-Regierung, mit Billigung der USA, war die Wiedergutmachung: Die Bundesregierung erkaufte sich die Marshall-Plan-Hilfe und die Integration in das westliche Bündnis mit der Wiedergutmachung."[8]

Bürokratischer Kleinkrieg

Die wissenschaftlichen Untersuchungen zur Wiedergutmachung fassen zudem letztlich nahezu unisono zusammen, dass sich nun häufig Täter und Opfer wieder gegenübersaßen. Christian Pross gab seiner Studie auch deshalb den Untertitel „Kleinkrieg gegen die Opfer".

Die Mentalität, auf die nach Entschädigung strebende Überlebende der NS-Gräuel dabei in der Gründungsphase der Bundesrepublik stießen, glich weit überwiegend derjenigen der alten Bürokratie. Mit der Angliederung an die Finanzbehörden änderte sich der Fokus der Mitarbeiter des Amtes für Wiedergutmachung dann auch noch darauf, die Staatskasse zu schonen, und nicht etwa, für Gerechtigkeit zu sorgen. Wiedergutmachungsanträge wurden mit kriminalistischer Akribie überprüft und Antragsteller damit beschäftigt, ihre Unschuld beweisen zu müssen.

Nur etwa ein Drittel der Anträge wurde positiv entschieden. Vielfach wurden nach entnervend langwierigen Verfahren den Antragstellern Vergleiche aufgenötigt, die diese nur eingingen, um sich aus der „zweiten Verfolgung" zu befreien, wie Kritiker die Vorgehensweise der Behörden später nannten.

An Alfred Ries‘ Beispiel lässt sich zeigen, wie diese alles andere als opferfreundliche Haltung dazu führte, dass bei der Untersuchung seiner Angaben und der Klärung vermeintlicher Widersprüche und Lücken Vorurteile, mangelndes Einfühlungsvermögen und Desinteresse an den wahren Zusammenhängen zu sich bis heute haltenden böswilligen Unterstellungen führten.

Es lässt sich zudem etwas zeigen, das ebenfalls in der Gründungsphase der Bundesrepublik einer gesellschaftlichen Grundstimmung entsprach: Menschen, die Verfolgte gerettet oder zumindest Versuche dazu unternommen hatten, wurden – wie die Hitler-Attentäter – noch lange nach dem Untergang des Dritten Reichs nicht etwa als Vorbilder, sondern als Verräter wahrgenommen.

Auch dafür hat die Wissenschaft eine Begründung gefunden: Jeder Retter und jeder Gerettete führte allen untätig gebliebenen Mitläufern die unbequeme Wahrheit vor Augen, dass es eben doch Möglichkeiten gegeben hatte, Menschen zu retten oder dies wenigstens zu versuchen. Damit wurde das Standardargument widerlegt, mit dem das Gros der Deutschen die eigene Untätigkeit entschuldigen wollte. Das lautete: „Man konnte ja nichts tun.“ Einer der wenigen Forscher, die sich bisher mit dem Rettungswiderstand befassten, bringt mit einem Satz auf den Punkt, warum das Thema so wenig Beachtung fand: „Das mutige Handeln der Wenigen bringt das Versagen der Mehrheit erst richtig ins Bewusstsein.“[9]

Die wichtigste Zeugenaussage

Aus der den Opfern gegenüber von vornherein negativen Haltung lassen sich viele der heute als zutiefst ungerecht und unfair empfundenen Verfahren erklären. So zeigt im vorliegenden Buch Dirk Harms in seinem Aufsatz präzise auf, welche juristischen Fehler im Wiedergutmachungsverfahren und auch bei der damaligen strafrechtlichen Beurteilung der Aussagen von Alfred Ries gemacht wurden. Fabian Ettrich beschreibt am Wiedergutmachungsverfahren der überlebenden Mitglieder der Familie Rosenthal Ähnliches, ebenso Markus Meyer über Theodor Eggert.

Der hier vorliegende Beitrag zeichnet anhand der bislang völlig unzureichenden Würdigung der Aussage von Walter Frischmuth nach, wie das Gerücht über eine NS-Kollaboration von Alfred Ries entstand. Zugleich wird nachgeholt, was bei objektiver Würdigung der Informationen damals schon hätte festgestellt werden können – und erst recht von den beiden Journalisten, die sich in jüngster Zeit mit dem Fall beschäftigt haben: Der Sporthistoriker Arthur Heinrich legte im Jahr 2017 unter Heranziehung der Wiedergutmachungsakte in *SportZeiten* nahe, Alfred Ries sei kein Opfer des Nationalsozialismus gewesen.[10] Der Fernsehjournalist Rainer Kahrs schloss sich dieser Wertung 2020 in einem Beitrag für Radio Bremen an und ergänzte sie um vermeintliche neue Erkenntnisse über Ries‘ „Agentenführer“ Frischmuth aus den Beständen des britischen Geheimdienstes.[11]

Beide müssen sich nun unangenehme Fragen nach ihrer Objektivität stellen lassen, denn ihnen fiel offenbar nicht auf, dass die wichtige Aussage des Zeugen Walter Frischmuth vom damaligen Sachbearbeiter völlig falsch bewertet wurde. In Kenntnis der damals weitverbreiteten opferfeindlichen Haltung hätte bei der späteren Aufarbeitung des Falls zuallererst die Vorgehensweise der Behördenvertreter kritisch hinterfragt werden müssen. Insbesondere wurde versäumt, die Angaben mithilfe der von Frischmuth benannten Gewährsleute auf ihren Wahrheitsgehalt hin zu überprüfen. Zudem wurde versäumt, die militärische Organisation, aus der heraus Alfred Ries geholfen wurde, näher zu betrachten.

Walter Frischmuth sagte am 18. Dezember 1952 in Bremen vor dem örtlichen Landesamt für Wiedergutmachung aus. Er war von den ermittelnden Beamten in Kenntnis gesetzt worden, dass er als Zeuge in einer Ermittlung gehört wurde, bei der es darum ging zu überprüfen, ob anhand der für Alfred Ries von der Gestapo beantragten Gewerbe-Legitimationskarten auf dessen konspirative Tätigkeit für die Gestapo geschlossen werden könne. Eine solche Tätigkeit hätte nach den gesetzlichen Bestimmungen über Wiedergutmachung und Entschädigung jeden Anspruch ausgeschlossen.

Der Zeuge Frischmuth gab sich in seiner Aussage als ehemaliger Mitarbeiter der Abwehr zu erkennen und erläuterte ausführlich die Umstände seiner Unterstützung für Alfred Ries:

„Ich war in den Jahren vor 1933 bremischer Polizeibeamter und hatte in dieser Zeit bereits die Bekanntschaft mit Herrn Ries gemacht. 1933 wurde ich vom Oberkommando der Wehrmacht, Abwehrabteilung, übernommen und mit der Errichtung einer Abwehrstelle des Heeres in Bremen beauftragt. In dieser meiner Eigenschaft lernte ich auch Herrn Dr. Lörner, den damaligen Leiter der Außenhandelsstelle Bremen, kennen. Herr Dr. Lörner trat mit mir in Verbindung, um für Herrn Ries gefälligkeitshalber eine Gewerbe-Legitimationskarte zu erbitten. Mir war bekannt, dass Herr Ries sich nicht mehr in Bremen befand, sondern nach meiner Erinnerung sich damals schon in Jugoslawien befand. Herr Dr. Lörner hatte von sich aus nicht den Kontakt mit den für die Erteilung der Legitimationskarten in Betracht kommenden Stellen, so dass er diese Bitte an mich heranbrachte. Um Herrn Ries in dieser Weise gefällig zu sein, setzte ich mich mit dem damaligen Sachbearbeiter der Gestapostelle in Bremen in Verbindung, um diese zur Stellung der erforderlichen Anträge und Erklärungen zu veranlassen. Ich nehme an, dass ich seinerzeit auch von Herrn Dr. Lörner das erforderliche Passbild des Herrn Ries bekommen habe, obwohl ich mich an alle Einzelheiten infolge der ständigen Verbindung zwischen Herrn Dr. Lörner und mir – ich hatte die Führung eines umfangreichen Agentennetzes – nicht mehr erinnern kann. Ich möchte ausdrücklich betonen, dass es für mich vollkommen klar war in diesem Falle, dass es sich nicht um Ausstellung eines echten Agentenausweises handelte, sondern nur um eine Bescheinigung, die es dem Antragsteller ermöglichen sollte, unbehelligt im Ausland verweilen zu können. Ich bemerke hierzu, dass es sich bei dem Antragsteller Ries nicht um den einzigen Fall dieser Art handelte, dass Nicht- oder Halbariern solche Ausweise ausgestellt wurden. Ob es der

Gestapostelle ebenfalls bekannt war, dass es sich nicht um einen echten Agenten handelte, kann ich nicht sagen. Wenn ich mich mit solchen Ersuchen an die Gestapostelle wandte, wurde meine diesbezügliche Bitte erfüllt, zumal ich die betreffenden Herren persönlich kannte und diesen bekannt war, dass ich ursprünglich aus der Polizei stammte. Es war eine Abmachung getroffen worden zwischen Reichssicherheitshauptamt, der Abwehrabteilung Admiral Canaris und dem Leiter der hiesigen Gestapostelle, Oberregierungs- und Kriminalrat Schulz, dass ich befugt war, jederzeit für Abwehrbelange erforderliche Ausweise und Papiere zur Ausrüstung für Agenten und V-Leute zu erlangen."[12]

Diesen Ausführungen wurde seitens der Behörde schlichtweg nicht geglaubt. Lange Zeit schien sogar nicht einmal ganz geklärt, wer dieser Zeuge überhaupt war. Bei Radio Bremen wurde er noch im Sommer 2020 in massiver Übertreibung als „Geheimdienstchef von Bremen" vorgestellt und der Eindruck vermittelt, es gebe kaum Spuren von ihm. Zudem wurde suggeriert, Gestapo und Abwehr seien Teile desselben Systems von Bespitzelung, Drangsalierung und Kontrolle gewesen, mit dem das totalitäre Nazi-Regime gegenüber den Bürgern seine Macht zementierte. Gestapo und Abwehr waren jedoch zwei unterschiedliche Organisationen, und einen „Geheimdienstchef von Bremen" kann es schon deshalb nicht gegeben haben, weil – wie heute – mehrere Geheimdienste nebeneinander existierten. Die Abwehr als militärischer Geheimdienst etwa war der Vorläufer des heutigen Bundesnachrichtendienstes. Die Gestapo hingegen diente bekanntermaßen als Machtinstrument der NSDAP.

Ein Blick auf die Geschichte der Abwehr zeigt, dass diese seit der Machtübernahme der Nationalsozialisten von Kompetenzstreitigkeiten zwischen den die Gleichschaltung aller Geheimdienste für den Parteiapparat betreibenden Kräften um Reinhard Heydrich und den die Unabhängigkeit des militärischen Geheimdienstes verteidigenden Kräften innerhalb der Wehrmacht um Admiral Wilhelm Canaris geprägt war. Canaris blieb hier trotz zahlreicher Umgestaltungen und Veränderungen der Zuständigkeiten seiner Behörde lange Zeit quasi der Sieger, denn er konnte erreichen, dass die Gestapo keinen Zugriff auf die Abwehr erhielt. Ein wichtiger Punkt war zudem, dass in bestimmten Belangen der Abwehr Canaris' Leute gegenüber der Gestapo weisungsbefugt blieben.

Bekannt ist, dass in der Abwehr unter Canaris eine gut vernetzte oppositionelle Gruppierung aktiv war. Bereits 1938 wurden von hier aus Attentats- und Staatsstreichpläne geschmiedet, schon zu diesem Zeitpunkt ausdrücklich gegen das verbrecherische Wesen der nationalsozialistischen Herrschaft gerichtet. Bekannt ist durch zahlreiche Publikationen zudem, dass aus diesem Netzwerk heraus sowohl politisch als auch „rassisch" Verfolgten geholfen wurde.[13]

Und tatsächlich lässt sich aus den vorhandenen Akten auch gut rekonstruieren, wer Walter Frischmuth war, welche Funktion er in der Abwehr hatte und mit welchen Kompetenzen er ausgestattet war. Insbesondere lässt sich nachprüfen, ob und inwieweit er in subversive Aktivitäten der Abwehr um Admiral Canaris eingebunden war.

Festzuhalten ist dabei schon hier: Frischmuths Darstellung seiner Befugnis, Alfred Ries auf dem von ihm beschriebenen Weg über die Gestapo für den Aufenthalt in Jugoslawien legitimierende Papiere zu beschaffen, entspricht exakt seinen tatsächlichen Kompetenzen gegenüber der Gestapo als Angehöriger der für den geheimen Meldedienst zuständigen Abteilung der Abwehr.[14]

Die Gestapo war aus formalen Gründen die ausführende Stelle und eben nicht der Initiator. Diese Zuständigkeiten waren auch keine Bremer Besonderheit, sondern galten für das gesamte Deutsche Reich. In der Fachliteratur ist auch längst bekannt, dass auf diesem Wege zahlreichen Verfolgten mit manipulierten Papieren geholfen wurde. Mittel zum Zweck war dabei unter anderem, gegenüber der Gestapo glaubhaft zu machen, dass all jene, die mit Legitimationen versehen werden sollten, als Agenten oder V-Leute der Abwehr den Interessen des Deutschen Reichs dienten. So wurde dieser Personenkreis dem Zugriff der Gestapo entzogen, die in diesem Kontext von Anfang an als Gegenspieler der Abwehr, nicht als Komplize verstanden werden muss.

Es ist eine besondere Perfidie in der Bewertung der Zeugenaussagen im Fall Ries, dass den Darstellungen zweier einstiger Gestapo-Mitarbeiter[15] mehr Glauben geschenkt wurde als Alfred Ries selbst und dem Mitarbeiter der Abwehr, der Ries' Version bestätigte. Denn die ganze Konstruktion der Hilfen war ja eben darauf angelegt, der Gestapo entgegen den Tatsachen glaubhaft zu machen, dass all die Verfolgten, die mit Papieren versehen wurden, „im Interesse des Reichs" wichtige Aufgaben für die Abwehr wahrnahmen. Diese Praxis der Abwehr weckte bei den NS-Behörden dann auch Verdacht. Der Leiter des berüchtigten „Judenreferats" im Reichssicherheitshauptamt, Adolf Eichmann, beschwerte sich 1942 brieflich bei seinen Vorgesetzten, dass es ja wohl irgendwie seltsam sei, wie viele jüdische Agenten für das Reich unterwegs seien.

Seit Beginn der Vernichtung intensivierte das Reichssicherheitshauptamt die Jagd auf die noch in Deutschland und den besetzten Gebieten verbliebenen als jüdisch klassifizierten Menschen und machte auch nicht mehr vor den Bereichen halt, die bisher in andere Zuständigkeiten gefallen waren. Der wachsende Druck sowohl auf Verfolgte als auch auf als Helfer Verdächtigte führte 1943 nach der Enttarnung einer Rettungsaktion der Abwehrmitarbeiter Hans von Dohnanyi und Hans Oster zur Suspendierung von Admiral Canaris. Dieser konnte zwar das verloren gegangene Vertrauen in seine nachrichtendienstliche Kompetenz wiedergewinnen, doch seine Möglichkeiten zur Rettung von Menschen wurden mehr und mehr beschnitten.[16]

Im Juli 1943 erging schließlich an alle Abwehrstellen ein Erlass Hitlers, in dem angeordnet wurde, dass keine Juden mehr für den Abwehrdienst geworben werden dürften und die vorhandenen jüdischen Mitarbeiter zu entlassen seien. Die letztere Anordnung wurde auf „Volljuden im Abwehrdienst" präzisiert[17] und peinlich genau umgesetzt. Mitte Dezember 1943 fand in Budapest eine Konferenz über die Abwehrarbeit in Südosteuropa statt, auf der Canaris selbst die Hintergründe erläuterte. Der für Jugoslawien zuständige Abwehr-Mitarbeiter, ein glühender Nationalsozialist, reiste anschließend umgehend nach Belgrad und Zagreb, um Maßnahmen zu treffen, „die Abwehr von Juden zu reinigen“, wie es in den überlieferten Dokumenten heißt.[18] Alfred Ries lebte zu dieser Zeit bereits seit zwei Jahren illegal in Jugoslawien im Untergrund, wie Fabian Ettrich in seinem Beitrag in diesem Buch zeigt.

Ein-Mann-Betrieb mit besten Kontakten in Wirtschaft und Widerstand

Doch wer genau war nun Ries‘ Helfer und Entlastungszeuge, dessen Aussagen im Wiedergutmachungsverfahren kein Glauben geschenkt wurde? Geboren wurde Walter Frischmuth am 31. Mai 1904 in Essen an der Ruhr.[19] Sein Vater Hermann war Kammerdiener beim Großindustriellen Alfred Krupp, in dessen Werk Frischmuth zunächst eine Lehre als Maschinist machte.[20] 1926 zog er als Polizeischüler nach Bremen, wo er im Rang eines Hilfswachtmeisters eine Polizei-Karriere begann.[21]

Bei der Bremer Polizei durchlief er die übliche Laufbahn. Seit 1929 war er für die Abteilung Politische Polizei tätig.[22] Diese nachrichtendienstlich ausgerichtete Einheit der Kriminalpolizei diente dem Kampf gegen die Zerstörung der demokratischen Ordnung der Weimarer Republik durch radikale politische Kräfte von links und rechts und war vor 1933 insbesondere von rechts heftigen Attacken ausgesetzt. Nach der Machtübernahme durch die Nationalsozialisten wurde die Kriminalpolizei in die Geheime Staatspolizei überführt. Politisch missliebige Beamte wurden versetzt oder aus dem Dienst entfernt.

Eine Niederlassung der Abwehr existierte in Bremen zu dieser Zeit noch nicht. Schon vor der Machtübernahme Hitlers hatte es jedoch verdeckte Bestrebungen gegeben, die Abwehr-

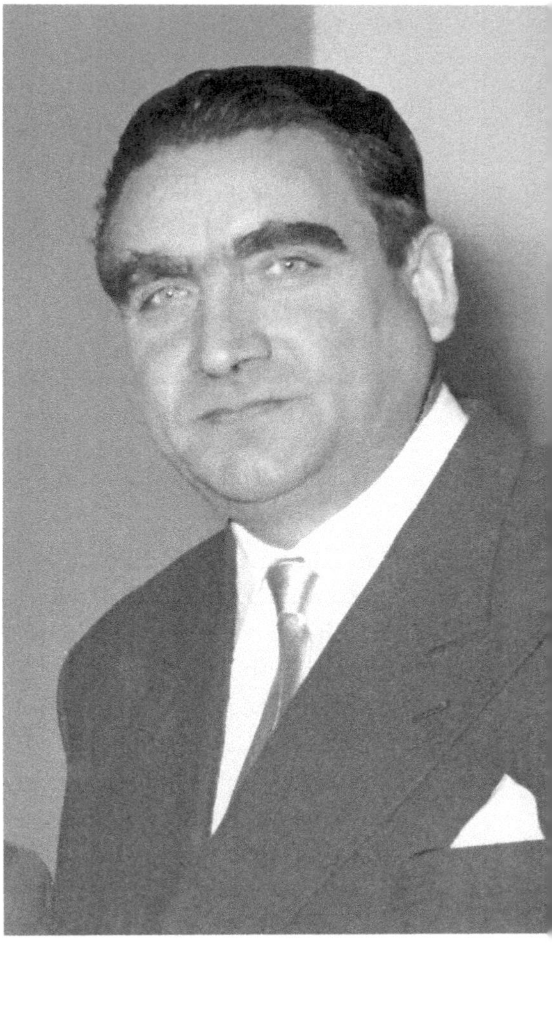

Ein seltenes Bilddokument: Walter Frischmuth, hier auf einem Foto aus dem Jahr 1955 (Quelle: Walter Richleske, Archiv Peter Kurze, Bremen)

abteilung auszudehnen.[23] Walter Frischmuths Kollege Fritz Schmidt, mit dem er bei der Politischen Polizei zusammengearbeitet hatte, sagte nach dem Krieg bei Verhören durch den britischen SIS aus, er habe die Idee gehabt, die internationalen Kontakte des Außenhandelskontors Weser-Ems unter dessen Leiter Dr. Alfred Lörner für eine Dependance des wirtschaftlichen Nachrichtendienstes der Abwehr in Bremen zu nutzen.[24]

Walter Frischmuth wurde dann aufgrund seiner nachrichtendienstlichen Spezialausbildung 1933 von der Wehrmacht in deren Abteilung Abwehr aufgenommen.[25] Er erhielt den Auftrag, von Bremen aus ein Agenten- und V-Leute-Netz zur Beschaffung von Nachrichten aus dem Bereich Wirtschaft aufzubauen. Hierbei arbeitete er aktiv mit Lörner zusammen, der eine nachrichtendienstliche Zusatzausbildung erhielt und später als Abwehrmitarbeiter in ein Konsulat in Rumänien wechselte.

Frischmuth arbeitete mit seiner Frau und einem Assistenten von seiner Wohnung in der Mathildenstraße 72 aus.[26] Dabei agierte er unabhängig von der eigentlich für die Region zuständigen Abwehrstelle Hamburg und unterstand direkt der Abteilungsleitung für den Bereich Wirtschaft in Berlin.

Im Zuge des Ausbaus der Abwehr und der Umstrukturierungen nach 1933 übernahm Anfang 1935 Admiral Canaris die Leitung der Abwehr. Frischmuths direkter Vorgesetzter als Leiter der Abteilung Wirtschaftsspionage wurde Dr. Ernst Bloch.[27] Bloch war in der rassistischen Vorstellungswelt der Nationalsozialisten „Halbjude", erhielt aber durch Vermittlung seines Förderers Canaris von Hitler eine sogenannte „Deutschblütigkeitserklärung".

1935 wurde in Bremen mit dem Aufbau einer Kriegsmarinenachrichtenstelle unter dem Kommando der Abwehrstelle Hamburg begonnen. Von hier aus wurden insbesondere Schiffsbewegungen, Frachten, Hafen- und Schiffsbau usw. für die Marine ausspioniert. Diese Abwehrnebenstelle Bremen wurde bis 1940 von Fregattenkapitän Dr. Erich Pheiffer geleitet. Auch Pheiffer war Gegner der Nationalsozialisten und Vertrauter des oppositionellen Kreises um Canaris. Einige Jahre lang existierte „Stelle Frischmuth" neben dieser Abwehrnebenstelle, teilweise in Konkurrenz.

Bloch, der schon vor 1933 in antinazistischen Kreisen verkehrt hatte, kam mehrmals im Jahr zu Dienstbesprechungen mit Walter Frischmuth nach Bremen.[28] Anlässlich dieser Besuche lud Frischmuth ihn zwei- bis dreimal im Jahr zu Essen ein, an denen Bloch mit Vertretern der Bremer Wirtschaft zusammenkam und gelegentlich auch Admiral Canaris teilnahm.[29]

Ebenso wie lange Zeit Canaris gelang es Bloch, gegenüber den Machthabern den Eindruck zu erwecken, er sei ihnen treu ergeben. Tatsächlich lief er aber wie etliche andere aus seinem unmittelbaren Umfeld zweigleisig und zählte wie Frischmuth und Pheiffer zum engeren Kreis von dem Nationalsozialismus kritisch gegenüberstehenden Mitarbeitern von Admiral Canaris.

So wurde Bloch unter anderem 1939 von Canaris damit beauftragt, die Rettung des bedeutenden jüdisch-orthodoxen Gelehrten Rabbi Schneersohn und dessen Familie aus

Polen zu organisieren, was letztlich auf abenteuerlichen Wegen gelang.[30] Anerkennung dafür erfuhren die beiden Helfer erst postum im Jahr 2009, als sie wegen dieser Rettungsaktion für eine Auszeichnung als „Gerechte unter den Völkern" vorgeschlagen wurden.

In seiner Aussage am 18. Dezember 1952 gab Walter Frischmuth in diesem Kontext zu Protokoll:

„Ich füge außerdem hinzu, dass ich seinerzeit meinem Vorgesetzten, dem Admiral Canaris, meine Handlungsweise gemeldet habe und von ihm auch ermächtigt worden bin, so zu handeln. Ich habe darüber hinaus von Admiral Canaris den Auftrag erhalten, bestimmte, von ihm bezeichnete Juden über die Grenze zu bringen und sie so dem Zugriff der Gestapo zu entziehen. Unter anderem befanden sich unter diesen auf diese Weise geretteten Juden zwei bekannte Juden mit Namen Cahn und Löwenstein, die sich um die deutsche Industrie verdient gemacht hatten. Der deutsche Offizier, der diesen Transport durchführte, war Major Bernett Schulze ..."[31]

Und tatsächlich war ein Major Walter Schulze-Bernett im Jahr 1941 am sogenannten „Unternehmen Aquilar" beteiligt, bei dem etwa 200 Verfolgte über Holland, Belgien, Frankreich, Spanien und Portugal nach Südamerika und in die Vereinigten Staaten ausreisen konnten. Begründet wurde die Zusammenstellung jüdischer Emigrantentransporte von Amsterdam nach Portugal vor den beteiligten deutschen Behörden damit, dass hierbei als Flüchtlinge getarnte Agenten der Abwehr in die Zielländer eingeschleust würden.[32]

Benannt wurden diese (vorgeblichen oder vielleicht auch tatsächlichen – siehe unten) Agenten von den für die jeweiligen Zielländer zuständigen Abwehrstellen. Schulze-Bernett hatte die Aufgabe, die Ausgewählten in den Transporten unterzubringen, die Abwehr in Bremen war zuständigkeitshalber[33] mit der Rekrutierung der Teilnehmer für das „Unternehmen Aquilar" betraut. Aus den unvollständig überlieferten Unterlagen der Abwehrnebenstelle Bremen, die mit über 200 Akten in den Beständen des Bundesarchivs den umfassendsten zusammenhängenden Bestand zu deutschen Abwehrstellen überhaupt bilden, sind Briefeingangsnotizen, in denen das „Unternehmen Aquilar" erwähnt wird, erhalten.

Die Bedingungen dieser Aktion, die in den 1950er Jahren von Schulze-Bernett als humanitär motivierte Rettungsaktion deklariert wurde, sind umstritten. Inzwischen konnte rekonstruiert werden, dass viele der Flüchtenden hohe Summen aufzubringen hatten, um sich und ihre Angehörigen in Sicherheit bringen zu können, alternativ mussten im Ausland befindliche Vermögenswerte oder Kunstgegenstände übertragen werden. Demnach ist davon auszugehen, dass es sich bei diesen Transporten letzten Endes tatsächlich um genau das handelte, als das sie ursprünglich ausgewiesen waren: Die durch Lösegelderpressungen zu ihren Ausreisegenehmigungen gekommenen Flüchtlinge dienten als Tarnung für die Einschleusung von Agenten.[34]

Interessant mit Blick auf die Glaubwürdigkeit von Frischmuths Aussage sind nun die beiden von ihm angegebenen Personen, die ihre Teilnahme an Aquilar Canaris verdankt haben sollen. Kahn? Löwenstein? Vielfach vorkommende Namen, die man einfach so dahinsagt, mag sich der argwöhnische Sachbearbeiter im Bremer Wiedergutmachungsamt gedacht haben. Und in der Tat finden sich auf den Namenslisten des Reisebüros, das beim „Unternehmen Aquilar" die Überquerung der spanisch-französischen Grenze organisierte, mehrere Kahns und Löwensteins, darunter drei Familien aus Berlin.[35] Es brauchte einige Recherchen, um die richtigen zu verifizieren.

Unter den ausreisenden Familien Kahn befand sich etwa die des bekannten Heilbronner Zigarrenfabrikanten Anselm Kahn. Aber würde man ihn als jemanden bezeichnen, der sich „um die deutsche Industrie verdient gemacht" hatte, wie Frischmuth in seiner Aussage anmerkte? Die jeweils dreiköpfigen Familien Kahn und Löwenstein auf der Liste aus Berlin erbrachten dann den Nachweis: Bei „Löwenstein" handelte es sich um den ehemaligen Syndikus von Daimler und späteren Generaldirektor der Automobilhersteller Auto Union, Horch und Citroën, Dr. Arthur Jakob Löwenstein, bei „Cahn" um den aus Mannheim stammenden Bankier Dr. Richard Kahn.

Für beide lässt sich aus Erinnerungsschriften und den Aussagen in Wiedergutmachungsprozessen nachzeichnen, wie sie zu ihren Ausreisegenehmigungen kamen. So findet sich im Anhang der unveröffentlichten Memoiren des bei der Flucht 15-jährigen Ernst Albrecht Löwenstein eine Schilderung seiner Mutter, in der sie genau dies beschreibt:

„Eines Tages in Holland klingelt es an der Tür. Es fragt in einer sehr zivilisierten deutschen Stimme, ob mein Ehemann Arthur Löwenstein da ist. Ich verneine. Den nächsten Tag kommt er morgens wieder zurück, in voller Wehrmachtsuniform, es ist Major Steffens. Er überbringt die Ausreisegenehmigung für meinen Mann und seine Familie. Er sagt, sie stammen von Freunden meines Mannes. Mein Mann fragt, wer ihn geschickt hat, er sagt nichts, außer dass er und unsere Freunde irgendwann mal Hilfe vom Ausland gebrauchen könnten."[36]

„Steffens" oder „Steffen" waren nachweisbar Decknamen von Walter Frischmuth.[37] Mit der überlieferten Antwort auf die Frage, wer ihn geschickt habe, hätte er sich durchaus in Lebensgefahr bringen können.

Für Richard Kahn wiederum setzte sich Albrecht Fischer von der Robert Bosch GmbH ein, der mit dem ebenfalls für Bosch tätigen Carl Goerdeler zum inneren Kreis des deutschen Widerstands zählte. Die Familien Löwenstein und Kahn konnten im selben Transport ausreisen und siedelten sich in den Vereinigten Staaten an. Im Entschädigungsverfahren vor den deutschen Behörden stellte Arthur Löwenstein seinem Duzfreund Richard Kahn Kopien von Belegen über die Ausreise aus den Niederlanden zur Verfügung und sagte für ihn aus.

Einen weiteren Beleg für Frischmuths Aktivitäten im Zusammenhang mit dem „Unternehmen Aquilar" in den Niederlanden liefern Akten aus Essen, wo sich ein Briefwechsel erhalten hat über die Absicht der Bremer Abwehrstelle, die Düsseldorfer Familie Strauss als „Agenten" mittels „Aquilar" außer Landes zu bringen: Als Kontaktperson aus Bremen wird „Hauptmann Steffen“ genannt. Die Rettung der Familie Strauss scheiterte, weil sich Adolf Eichmann einschaltete. Eichmann war wegen der vielen jüdischen Agenten der Abwehr misstrauisch geworden und sabotierte fortan erfolgreich die Bemühungen, was letztlich im Jahr 1943 zum generellen Verbot des Einsatzes von jüdischen Agenten führte und damit zugleich zum Ende der Rettungsaktionen.[38]

Und noch für eine weitere Aussage, die seitens der im Fall Ries ermittelnden Behördenmitarbeiter für unglaubwürdig gehalten wurde, gibt es eine schlüssige Erklärung. Frischmuth trug vor, Alfred Ries 1941 zunächst aus dem Lager Lipik und kurz darauf aus der Gestapo-Haft in Belgrad befreit zu haben. Die Bremer Sachbearbeiter glaubten ihm dies jedoch nicht – ausgerechnet Frischmuth, der doch nie Soldat gewesen war! So taten sie findig seinen Vortrag als (scheinbar) weitere offensichtliche Lüge zur Unterstützung seines Freundes Ries ab.

Allerdings: 1941 rückten beim Einmarsch der Deutschen in Jugoslawien im Gefolge der Wehrmacht tatsächlich Abwehrmitarbeiter mit ein, um in den besetzten Gebieten nachrichtendienstlich relevantes Material zu sichern – und Frischmuth hatte sich durch seine nachrichtendienstliche Bearbeitung Jugoslawiens für diesen Einsatz empfohlen. Er kannte sich vor Ort aus, denn er hatte in seiner Funktion als Agentenführer das Land bereits zuvor besucht. So lässt sich aus kroatischen Quellen belegen, dass er im Jahr 1940 bei einem Besuch von einem jugoslawischen Doppelagenten verraten und zeitweise in jugoslawische Haft genommen worden war.[39] Frischmuth hatte also sehr wohl allen Grund, auch als Nicht-Soldat vor Ort zu sein, und kann somit ohne Weiteres für die von ihm zu Protokoll gegebene „Doppel-Befreiung“ von Alfred Ries gesorgt haben.

Verhörprotokolle und ihr Informationswert

Die im Sommer 2020 von einem Radio-Bremen-Mitarbeiter reißerisch als „neuer Fund, der ein neues Licht auf den Fall Ries“ werfe, angekündigte Akte aus den National Archives in London erzählt über den Agentenführer Frischmuth bei genauerer Betrachtung dann auch eine ganz andere Geschichte als die in dem RB-Beitrag von Rainer Kahrs behauptete.

Kahrs entnahm all seine Informationen über Walter Frischmuth dem SIS-Verhör des Abwehrmitarbeiters Manfred Sellier. Dessen Aussage, Frischmuth habe zum Kreis der Verschwörer vom 20. Juli 1944 gezählt, ließ Kahrs dabei erstaunlicherweise ebenso weg wie die Tatsache, dass Frischmuth nicht Mitglied der NSDAP war. Die für jeden Interessierten online verfügbare SIS-Akte über Frischmuth[40] erwähnt nirgends Alfred Ries, dessen Name auch in keinem anderen britischen Verhörprotokoll auftaucht, obwohl es bei den Verhören insbesondere um die Namen der Agenten ging.

Aus der Akte ergeben sich allerdings sehr wohl mehrere Hinweise auf andere jüdische Bremer, die Frischmuth unter den Schutzschirm der Abwehr brachte, um ihnen zu helfen. Darunter befindet sich zum Beispiel der damals stellvertretende Direktor der Bremer Baumwollbörse, Ernst Rodenberg, der wegen seiner jüdischen Mutter als

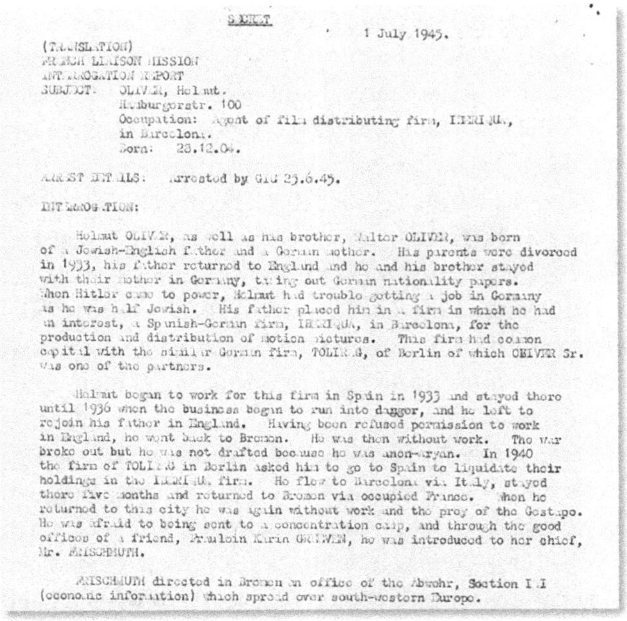
SECRET

1 July 1945.

(TRANSLATION)
FRENCH LIAISON MISSION
INTERROGATION REPORT
SUBJECT: OLIVER, Helmut.
Hamburgerstr. 100
Occupation: Agent of film distributing firm, [illegible], in Barcelona.
Born: 28.12.04.

ARREST DETAILS: Arrested by GIC 25.6.45.

INTERROGATION:

Helmut OLIVER, as well as his brother, Walter OLIVER, was born of a Jewish-English father and a German mother. His parents were divorced in 1933, his father returned to England and he and his brother stayed with their mother in Germany, taking out German nationality papers. When Hitler came to power, Helmut had trouble getting a job in Germany as he was half Jewish. His father placed him in a firm in which he had an interest, a Spanish-German firm, [illegible], in Barcelona, for the production and distribution of motion pictures. This firm had common capital with the similar German firm, [illegible], of Berlin of which OLIVER Sr. was one of the partners.

Helmut began to work for this firm in Spain in 1933 and stayed there until 1936 when the business began to run into danger, and he left to rejoin his father in England. Having been refused permission to work in England, he went back to Bremen. He was then without work. The war broke out but he was not drafted because he was a non-aryan. In 1940 the firm of [illegible] in Berlin asked him to go to Spain to liquidate their holdings in the [illegible] firm. He flew to Barcelona via Italy, stayed there five months and returned to Bremen via occupied France. When he returned to this city he was again without work and the prey of the Gestapo. He was afraid to being sent to a concentration camp, and through the good offices of a friend, Fraulein Karin [illegible], he was introduced to her chief, Mr. FRISCHMUTH.

FRISCHMUTH directed in Bremen an office of the Abwehr, Section I.I (economic information) which spread over south-western Europe.

Ausschnitt aus der „Geheimakte Frischmuth“, hier eine Seite des Verhörprotokolls von Helmut Oliver, später Verwaltungsdirektor von Radio Bremen (Quelle: National Archives UK, Ref. KV 2/1964; Screenshot: S. Pamperrien)

„jüdischer Mischling 1. Grades“ heftigsten Attacken der NSDAP ausgesetzt war. Das wiederum lässt sich im Bremer Staatsarchiv recherchieren, wo in der Akte Rodenberg auch zahlreiche Informationen über Walter Frischmuth zu finden sind.[41]

Bei Radio Bremen hätte es auch bei einem anderen Namen klingeln können – oder eher müssen. Feierte man nicht soeben 75-jähriges Jubiläum? Und befanden sich unter Frischmuths Schützlingen nicht auch die Brüder Helmut und Walter Oliver aus der Hamburger Straße 100, Söhne des jüdischen UFA-Mitbegründers David Oliver, der zu Beginn des 20. Jahrhunderts sein Kino-Imperium von Bremen aus aufbaute? Schon das ist eine Geschichte, die eigentlich unbedingt erzählt werden müsste – mal abgesehen davon, dass Helmut Oliver der erste Verwaltungsdirektor von Radio Bremen wurde. Er wäre es ohne Walter Frischmuth vermutlich nicht geworden, denn der verhalf ihm zu einem Agentenposten in Paris, als die Gestapo ihn deportieren wollte.

Alfred Ries, Hermann Rosenthal, die Brüder Oliver, Ernst Rodenberg oder Bremens berühmtester Kinderarzt Professor Rudolf Hess sind nur einige von denen, die durch die Vermittlung Walter Frischmuths unter dem Schutzschirm der Abwehr überlebten. Und wie Alfred Ries mussten sich nach 1945 auch Walter Oliver und Ernst Rodenberg für den Schutz durch die Abwehr vor deutschen Behörden rechtfertigen. Die Betonung liegt dabei auf „deutschen Behörden“. Denn nur die hielten die Verbindung zur Abwehr für ein sicheres Indiz für aktive Unterstützung des Nationalsozialismus im Sinne des Artikels 1 des Gesetzes zur Befreiung vom Nationalsozialismus.

Ernst Rodenberg und Walter Oliver mussten sich genau wie Alfred Ries teilweise jahrelang gegen den Vorwurf wehren, ihre Verbindung zur Abwehr habe sie zu Kollaborateuren gemacht. Wegen seiner Tätigkeit in Frischmuths Büro sollte Walter Oliver sogar eine Entschädigung für seine 1933 abrupt unterbrochene Juristenkarriere zunächst verwehrt werden. Erst eine lebensnahe Einschätzung der US-Militäradministration führte dazu, dass die Vorwürfe der Bremer Behörde zurückgezogen wurden:

„Eine Investigation bei der Special Branch hat die Frage der Abwehr insofern geklärt, dass der Betroffene nicht aus dem Grunde, den Nationalsozialismus zu fördern, als V-Mann tätig war, sondern aus eigennützigen Motiven, das heißt zu seinem persönlichen Schutz. [...] *ist es im Grunde genommen völlig gleichgültig, ob eine mutmaßliche Belastung vorhanden ist oder nicht. Die angeführten Motive für diese Tätigkeit bei der Abwehr lassen den Betroffenen mit dem Resultat ausgehen ‚vom Gesetz nicht betroffen'."*[42]

Selbst wenn Alfred Ries also „Agent" gewesen wäre, hätte er sich keinerlei moralischer Verfehlung schuldig gemacht. Er war aber weder V-Mann noch Agent noch überhaupt Mitarbeiter von Walter Frischmuth, sondern ein Verfolgter, dem schlicht und einfach mit den zur Verfügung stehenden Mitteln geholfen wurde. Die Gründe, warum dies unmittelbar nach dem Krieg so vehement bezweifelt wurde, sind oben dargelegt. Es war ein Schutzreflex all der „Mittäter durch Unterlassen".

Alfred Ries hätte allerbeste Gründe gehabt, seiner Heimatstadt nach den Anwürfen, die er aushalten musste, wütend den Rücken zu kehren. Stattdessen war sein Blick immer auf Vermittlung gerichtet. Hinzu kam, dass er die seltene Fähigkeit besaß, Menschen in diesem Sinn zusammenzuführen. Und das hatten auch die, die ihn unterstützt und gefördert haben, erkannt.

Vielleicht wird gerade daran, dass er die hinter all den Anwürfen gegen ihn erkennbare und auch nach dem Ende des Nationalsozialismus damals noch unverändert weitverbreitete innere Einstellung vieler Deutscher nicht nur aushielt, sondern ihr seine Bereitschaft zur Versöhnung entgegensetzte, die Größe von Alfred Ries' Persönlichkeit noch einmal besonders deutlich. Er konnte sich zudem auf das sichere Wissen stützen, dass es Helfer in der Not gegeben hatte.

Nicht nur Alfred Ries sollte endlich der ihm angemessene Ort im Gedächtnis Bremens zukommen, sondern auch seinen Unterstützern in Uniform – ebenso wie all den anderen Helfern, von denen so wenig die Rede ist.

Deshalb soll der eingangs zitierte Arno Lustiger nun auch das Schlusswort haben:

„Ich werfe nun eine Frage auf, die ich mir oft gestellt habe und auf die ich keine Antwort weiß: Werden die deutschen Retter angemessen geehrt? Leider hatten die deutschen Judenretter keine Fürsprecher, auch nicht in Jerusalem. Nur 400 Deutsche von insgesamt 20.000 wurden als ‚Gerechte' von Yad Vashem geehrt. Wenn man bedenkt, dass Tausende Deutsche zwischen 1941 und 1945 vielen Juden geholfen und sie gerettet haben, so muss man sich über diese Unterlassung wundern. Ich schlage vor, dass in Jerusalem noch drei Bäume gepflanzt werden, je ein Baum kollektiv: für die deutschen Judenretter, für die tapferen Frauen von der Rosenstraße und für die Retter in Uniform."[43]

Das „Schicksal der *dritten* Verfolgung des Alfred L. Ries“

(zugleich eine Erwiderung auf den Aufsatz von Arthur Heinrich: „Alfred L. Ries und sein ‚Schicksal der Verfolgung‘“[1])

von Dirk Harms

Statt eines Vorwortes

Kohn und Roubitschek treffen sich auf der Straße. „Kohn, du warst doch am Sonntag mit deiner Frau bei uns zum Essen eingeladen. Hinterher habe ich entdeckt, dass zwei silberne Kuchenbestecke fehlen“, sagt Roubitschek. „Na, hör mal!“ antwortet Kohn. „Warum verdächtigst du uns alte Freunde – und zudem noch mich, einen ehrbaren jüdischen Kaufmann?!“ „Nun beruhige dich doch“, antwortet Roubitschek, „ich habe die Bestecke ja einen Tag später hinten in unserer Schublade entdeckt; dorthin waren sie unbemerkt gerutscht. Aber du musst zugeben: Der Schatten eines Verdachts bleibt.“

Einführung

Der Bonner Politikwissenschaftler Arthur Heinrich hat im Jahr 2017 in der Zeitschrift *SportZeiten* eine Abhandlung über Alfred Ries veröffentlicht. Darin sucht Heinrich dem früheren jüdischen Präsidenten des SV Werder Bremen dessen Schicksal als NS-Verfolgter abzusprechen, ihn dem (hier im Folgenden ausgeräumten) Verdacht eines Spitzeltums für das NS-Regime auszusetzen und ihn schließlich noch geradezu als Straftäter anzuprangern, indem ihm subtil Geldgier als Motiv für seine Wiedergutmachungs- bzw. Entschädigungsanträge unterstellt wird, was diese zumindest unterschwellig in den Dunstkreis des Versuchs der Leistungserschleichung rückt.[2] Dies setzt

Heinrich mit unbewiesenen Behauptungen, mithilfe unkritisch rezitierter Dokumente, in Unkenntnis oder falscher Würdigung bereits feststehender historischer Fakten und unter Nichtberücksichtigung neuerer Forschungsergebnisse ins Werk. Vor allem aber tut er es unter Verwendung von „Zeugen"-Aussagen zweier bereits seit Langem als hochbelastete Gestapo-Beamte bzw. ehemalige „Judenreferenten" entlarvter Personen, wobei er gleichzeitig glaubwürdige Entlastungsaussagen wie die eines aus der Bremer Polizeidirektion stammenden Mitarbeiters der „Abwehr", dem Geheimdienst der deutschen Wehrmacht unter Leitung von Admiral Wilhelm Canaris, missachtet.

Förmlich verheerend ist, wie durchweg unkritisch und einseitig Heinrich seiner Einschätzung allein die Aktenlage des Bremer Wiedergutmachungsamtes zugrunde legt und deren seitens der Behörde vorgenommene rechtliche Einordnung übernimmt, die er mit unzureichenden Recherchen zu stützen sucht. Damit transportiert er – als Nichtjurist – die schon zur Zeit des Entschädigungsverfahrens mangelhafte Handhabung des Wiedergutmachungsrechts durch das Ries gegenüber fast feindselig erscheinende Entschädigungsamt und die fehlerhafte Rechtsanwendung der wenigstens voreingenommen auftretenden Bremer Staatsanwaltschaft bis in die heutige Zeit weiter. Dabei sollte eigentlich mittlerweile bekannt sein, dass der damaligen Handhabung der Entschädigungsverfahren jüdischer NS-Verfolgter durch deutsche Verwaltungsbeamte mit besonders großer Vorsicht zu begegnen ist.[3]

So aber bedient Heinrich die insbesondere in „kritischen" Bremer Kreisen bis heute umlaufenden Gerüchte über Ries, teilweise sogar mit ehrverletzendem Charakter, denn die in seinem Text wiederholt verwendeten latent abfälligen Formulierungen in dessen Richtung sind für einen wissenschaftlichen Beitrag schlichtweg nicht hinnehmbar. Beispielhaft genannt sei etwa der angeblich „wohlwollende Vergleich" am Ende des Wiedergutmachungsverfahrens aufgrund von Ries' (angeblicher) Zugehörigkeit zur Bremer „Hautevolee"[4], womit Ries (abermals indirekt, abermals zu Unrecht) unterstellt wird, aus dem Verfahren bzw. insgesamt aus seinem Status als NS-Verfolgter ungerechtfertigte Vorteile gezogen zu haben.

Bereits in Heinrichs „Vorbemerkung" fallen einige wenigstens irritierende Beurteilungen und Formulierungen auf. Da wird mit eigentümlichem Unterton aufgezählt, Ries sei als „Jude, verfolgt, emigriert, interniert, zurückgekehrt" ein „Mann mit politisch makelloser Biografie" gewesen, so als habe Ries dies alles aus freien Stücken auf sich genommen, um irgendwann einmal mit einer imposanten Vita punkten zu können. Auch der Zusatz, er sei „noch dazu ganz ohne Ressentiments gegen die Deutschen" geblieben, lässt angesichts des Umstands, dass dem gebürtigen Bremer Ries damit indirekt dessen Deutschtum abgesprochen wird, die Augenbrauen hochzucken, mehr aber noch Heinrichs resümierende Behauptung: „Nach dem Krieg standen ihm im Sport alle Türen offen."[5]

Die Wirklichkeit sah nämlich anders aus, denn der auch in Bremen tief sitzende Antisemitismus der bürgerlichen Gesellschaft war mit dem 8. Mai 1945 natürlich nicht schlagartig verschwunden, und den vormals Verfolgten, die schuldig gewordenen Tätern wie untätig gebliebenen Mitläufern deren moralisches Versagen quasi als menschliche Mahnmale beständig vor Augen führten, wurde nun keineswegs allenthalben mit plötzlicher Herzlichkeit begegnet. Der erlauchte Kreis der damaligen deutschen Sportführergrößen wie Carl Diem, Dr. Walter Wülfing, Carl von Opel oder DFB-Präsident Peco Bauwens, die sich wie noch viele andere mehr nun gern auf die Qualitätsarbeit und Loyalität von Ries verließen, war ebenfalls durchweg NS-belastet.

Auch insofern bleibt es rätselhaft, warum der ansonsten stets als Kritiker der unrühmlichen NS-Vergangenheit nicht nur des DFB hervorgetretene Heinrich ausgerechnet bei der Beurteilung der Person von Alfred Ries und dessen Verhalten im Dritten Reich relativ unkritisch die Perspektive der nichtjüdischen deutschen Täterseite einnimmt und an keiner Stelle die grundlegend einzigartige Opfer-Situation der Shoa-Überlebenden auch nur halbwegs angemessen berücksichtigt. Dabei ist allein schon die Tatsache, dass im Titel und in der Vorbemerkung des Aufsatzes von Heinrich die Worte „Schicksal der Verfolgung“ in Anführungsstriche gesetzt sind, nichts weniger als eine Anmaßung gegenüber einem Menschen, dessen Eltern durch die Nazis umgebracht wurden.

Wer war Alfred Ries wirklich?

Welche Bedeutung und welche großen Verdienste Alfred Ries nun vor und nach der NS-Zeit für den SV Werder Bremen sowie nach 1945 auch für den bundesdeutschen Sport insgesamt gehabt bzw. sich erworben hat, ist dem gemeinschaftlich vorbereiteten Beitrag von Fabian Ettrich in diesem Buch zu entnehmen, auf den hier für eine Darstellung der wesentlichen Fakten verwiesen wird. Gleiches gilt für die Leistung von Ries beim Wiederaufbau Bremens sowie schließlich im diplomatischen Dienst der jungen Bundesrepublik vor allem in Westafrika.

Aus den aufgezeigten Einzelheiten zu seinem Leben sind seine zahlreichen Talente und sein beruflicher Erfolg schon zu Zeiten der Weimarer Republik klar erkennbar. Insbesondere aber wird aus der Darstellung der NS-Verfolgung, der Umstände seines Überlebens als Jude im Europa der 1930er und 1940er Jahre und des Schicksals seiner Eltern als Shoa-Opfer ersichtlich, welch moralisch wertvolles Geschenk Alfred Ries mit seinem Mut zur Rückkehr, seiner Kraft zum großzügigen Hinwegsehen und seiner Bereitschaft zur Versöhnung mit der ihm untreu gewordenen Heimat hinterlassen hat.

Kein anderer war besser zum unbelasteten Botschafter eines neuen, demokratisch verfassten Deutschlands ohne kolonialen Hochmut oder rassistische Überheblichkeit geeignet als er. Sein Einsatz als Diplomat und Sportfunktionär machte sich besonders in der einst kolonialen Welt in Asien und Afrika bezahlt, wie sein letztlich erfolgreiches persönliches Vorsprechen bei den ausschlaggebenden IOC-Vertretern Subsahara-Afrikas für die Wahl Münchens als Austragungsort der Olympischen Spiele 1972 zeigt. Von diesem großartigen Lebenswerk zeugt öffentlichkeitswirksam auch die im August 2017 publizierte, historisch sorgfältig recherchierte Broschüre der Antidiskriminierungs-AG im Fanprojekt Bremen zum Leben und zur Person von Alfred Ries.[6]

Zur Kritik an Heinrichs Darstellung im Einzelnen

Dies vorausgeschickt, soll es im Folgenden nun darum gehen, einen detaillierten und (zwar womöglich mitunter etwas fachspezifischen, die Sachlage aber gerade dadurch besonders erhellenden) dezidiert aus juristischer Perspektive vorgenommenen Blick auf den Aufsatz von Arthur Heinrich zu werfen. Dabei werden die dort vorgebrachten – bzw. wiederaufgewärmten – Anschuldigungen und Unterstellungen gegenüber Alfred Ries vor dem Hintergrund der historischen wie rechtlichen Fakten sowohl in Bezug auf Ries‘ Leben in den 1920er bis 1940er Jahren als auch auf das Wiedergutmachungsverfahren nach dem Zweiten Weltkrieg beleuchtet und korrekt eingeordnet. Es wird sich zeigen, dass Heinrichs Vorwürfe jeglicher Grundlage entbehren und es somit an der Zeit ist, Alfred Ries ein weiteres, diesmal hoffentlich endgültiges Mal Gerechtigkeit widerfahren zu lassen.

Die Anwendung des maßgeblichen Wiedergutmachungsrechts

Heinrich stützt sich in seinem Beitrag im Wesentlichen auf den Inhalt von Ries‘ Wiedergutmachungsakten. Eine solche Auswertung muss aber zwingend immer das zur betreffenden Zeit jeweils geltende Wiedergutmachungsrecht beachten, das wegen seiner vom Gesetzgeber bewusst gewollten Fortentwicklung stetig im Fluss war. Auch muss bei heutiger Nachbeurteilung zugleich unbedingt der aktuelle historische Kenntnisstand berücksichtigt werden. Und schließlich sollte eine solche Rückbetrachtung auf jeden Fall den nicht nur in Ries‘ Akten oft erkennbaren Unwillen bzw. eine mögliche Voreingenommenheit der seinerzeit beteiligten Beamten in Rechnung ziehen. An alldem lässt es Heinrich im Wesentlichen fehlen.

Alfred Ries hatte am 17. April 1949 seinen Haftentschädigungsantrag gestellt[7] und daraufhin eine erste Entschädigungspauschale erhalten, am 30. Juni 1950 seinen allgemeinen Entschädigungsantrag angebracht[8] und nach einem mit dem Bremer Wiedergutmachungsamt getroffenen Vergleich schließlich am 8. Januar 1954 auf weitere Entschädigung verzichtet[9]. Auf diesen Verfahrensabschnitt war nach dem als Bundesgesetz übernommenen ersten Entschädigungsgesetz vom 16. August 1949 das inzwischen in

Kraft getretene Bundesergänzungsgesetz vom 18. September 1953 (BErgG 1953) anzuwenden.[10] Dieses BErgG 1953 bestimmte den Kreis der entschädigungsberechtigten NS-Verfolgten, schuf die rechtlichen Anspruchsgrundlagen für den Ausgleich von Freiheitsentziehungen, Gesundheitsschäden und wirtschaftlichen Einbußen auf Grund der Verfolgung, bezifferte die Höhe der Leistungen, umschrieb aber auch die Gründe für den Ausschluss von Entschädigungen etwa wegen Kollaboration mit den Nationalsozialisten. Zugleich wurden dort die anzuwendenden Verfahrensgrundsätze festgelegt.[11]

Als Ries aus berechtigtem Grund (dazu später mehr) unter dem 15. Januar 1965 einen zweiten Entschädigungsantrag stellte, galt zwar bereits das neue Bundesentschädigungsgesetz vom 29. Juni 1956 (BEG 1956) mit seinen Erweiterungen.[12] Wegen der Rücknahme des Zweitantrages durch Ries am 8. Dezember 1966[13] ergab sich für ihn aber letztlich keine entscheidende Veränderung mehr: Das neu begonnene Verfahren wurde in diesem Zeitraum sachlich nicht gefördert, zumal das Wiedergutmachungsamt bei seiner (allerdings schon vorher falschen) Ansicht eines seitens Ries‘ nicht gegebenen Anspruchs blieb. Das die Wiedergutmachungsgesetzgebung vollendende BEG-Schlussgesetz vom 18. September 1965 schließlich war für Ries nicht mehr einschlägig.

Die Rechtsentwicklung war also stetig im Fluss, in jedem anhängigen Verfahren musste der Stand der Dinge daher dem jeweiligen Kenntnisstand und der hierzu gerade maßgeblichen Rechtslage angepasst werden. All dies hat Heinrich jedoch nicht beachtet, und auch wenn schon damals selbst das Amt dies nachhaltig versäumte, hätte er wenigstens als Nachbetrachter doch unbedingt zwei bedeutende Verfahrensgrundsätze des Wiedergutmachungsrechts berücksichtigen müssen, die dort überall greifen:

1. Bei der Feststellung der entscheidungserheblichen Tatsachen kommt dem sogenannten Amtsermittlungsprinzip besonderes Gewicht zugunsten von Ries zu:
   „Die Entschädigungsorgane haben von Amts wegen alle für die Entscheidung erheblichen Tatsachen zu ermitteln und alle erforderlichen Beweise zu erheben.“[14]
2. Ebenso wichtig war für die Auswertung der erhobenen Tatsachen das gesetzliche Beweiserleichterungsgebot zugunsten der Ansuchenden, weil die Beschaffung von die Ansprüche stützenden Beweisen in den Nachkriegswirren für Privatleute nur schwer möglich war und die Quellen zudem noch meistens im kaum zu erreichenden „feindlichen“ Ausland lagen:
   „Kann der Beweis für eine Tatsache lediglich infolge der Lage, in die der Berechtigte durch nationalsozialistische Verfolgungsmaßnahmen geraten ist, nicht vollständig erbracht werden, so können die Entschädigungsorgane diese Tatsache unter Würdigung aller Umstände zu Gunsten des Berechtigten für festgestellt erachten. Dies gilt insbesondere, wenn Urkunden verloren gegangen, Zeugen gestorben oder unauffindbar sind oder wenn die Vernehmung des Berechtigten oder eines Zeugen mit Schwierigkeiten verbunden ist, die in keinem Verhältnis zur Bedeutung der Aussage stehen.“[15]

Die Überprüfung der festgestellten Tatsachen, deren konkrete Rechtsfolgen und die moralischen Schlussfolgerungen zu den Verfahrensbeteiligten und zu deren Kritikern führen auf dieser Grundlage nun zu folgendem Ergebnis: *Alfred Ries war ein Verfolgter des NS-Regimes.*

Heinrich bezweifelt indes schon von Anfang an Ries‘ Fortgang aus Bremen sowie anschließend aus München über Marienbad nach Zagreb als Folge nationalsozialistischen Verfolgungsdrucks. Damit bestreitet er tatsächlich *jegliche* Wiedergutmachungsansprüche von Ries wegen verfolgungsbedingter Freiheits- und wirtschaftlicher Schäden während der Zeit in Jugoslawien gemäß § 1 BErgG. Dies geschieht aber zu Unrecht.

Verfolgungsbedingte Flucht aus Bremen

Schon Heinrichs Mutmaßung, Ries‘ Fortgang aus Bremen im Januar 1933 sei wohl eher im Zuge einer „normalen beruflichen Versetzung“ erfolgt und nicht etwa Ausdruck einer Vertreibung durch vorausgegangene Angriffe seitens der NS-Kampfpresse gewesen[16], ist in ihrer Herleitung fragwürdig. Denn mit der Spekulation, bei seinem Arbeitgeber Ludwig Roselius „wäre er [Ries, Anm. d. Verf.] möglicherweise auf gewisse antisemitische Vorurteile gestoßen“[17], was Heinrich offensichtlich als einzigen Grund für einen unfreiwilligen Abschied von Ries aus Bremen sowie später auch aus München für vorstellbar hält, werden nicht nur einerseits der Charakter und die tatsächliche Haltung von Roselius verkannt, sondern zudem andererseits die zu Beginn der 1930er Jahre in Bremen bereits zahlreich existierenden nationalsozialistischen Kampfschriften komplett außer Acht gelassen.[18]

Ludwig Roselius war zwar in den 1920er Jahren und zu Beginn der 1930er ein zunächst glühender, vor allem jedoch auch schwärmerischer Nationalsozialist mit oft diffusen nordisch-niederdeutschen Rasse-, Volks- und Kulturvorstellungen – aber kein überzeugter Antisemit. Dementsprechend gibt es nicht ein einziges schriftliches Dokument von Roselius mit persönlichen antisemitischen Äußerungen, und es sind auch keinerlei Aussagen Dritter bekannt, wonach Roselius sich selbst antisemitisch geäußert oder auf antisemitische Ausfälle anderer entsprechend bestätigend reagiert hätte.

Roselius hat den ihm als Juden bekannten Alfred Ries wegen dessen kaufmännischer und organisatorischer Begabung für wichtige Aufgaben z. B. als Vertriebs- und Werbeleiter in seinem durch den entkoffeinierten Kaffee HAG bekannt gewordenen Imperium eingesetzt, beruflich gefördert und mit an Sicherheit grenzender Wahrscheinlichkeit auch persönlich geschätzt. Er hätte andernfalls niemals Ries die Konzeptentwicklung und Umsetzung für die „Werkschau-AG“ seiner Böttcherstraßen-GmbH mit der außenwirksamen Verschmelzung von Kommerz und Kunst anvertraut. Der Ries'sche Erfolg, der sich bis heute in der Böttcherstraße als Touristenmagnet und Wirtschaftsfaktor für die Hansestadt Bremen auswirkt, hat Roselius übrigens recht gegeben.

Und Roselius hat Ries schließlich selbst noch nach dem Machtantritt der Nationalsozialisten so gut wie möglich geschützt und unterstützt, beispielsweise bei der Organisierung von Ries‘ Flucht aus München nach Marienbad im Oktober 1933.[19]

Unterstützung ließ Roselius trotz seiner Nähe zum Nationalsozialismus auch anderen Gegnern des Nazi-Regimes zukommen, darunter z. B. dem prominenten Bremer Sozialisten Alfred Faust.[20] Obwohl USPD-Mitglied Faust 1918 ein Mitkämpfer für die Bremer Räterepublik und Mitglied des Bremer Rats der Volksbeauftragten gewesen war, schützte Roselius, der noch 1919 persönlich in Berlin eine schnelle Liquidierung der Bremer Räterepublik gefordert hatte, ihn nach der NS-Machtübernahme vor den Nachstellungen von SA und Gestapo. So ließ er ihn ab 1933 sowohl zunächst in Bremen als auch anschließend in Berlin bis 1944 in seinem „Angelsachsen-Verlag“ unterschlüpfen und bewahrte ihn so wie mehrere andere in seinen Betrieben angestellt bleibende NS-Gegner vor der sonst sicheren Verfolgung.[21]

Und nicht zu vergessen: Die anfangs noch als NS-naher „völkischer Expressionismus“ eingeordnete Böttcherstraßen-Kultur wurde auf dem Nürnberger Reichsparteitag am 9. September 1936 von „Kunstexperte“ Hitler persönlich als Gestaltungsform

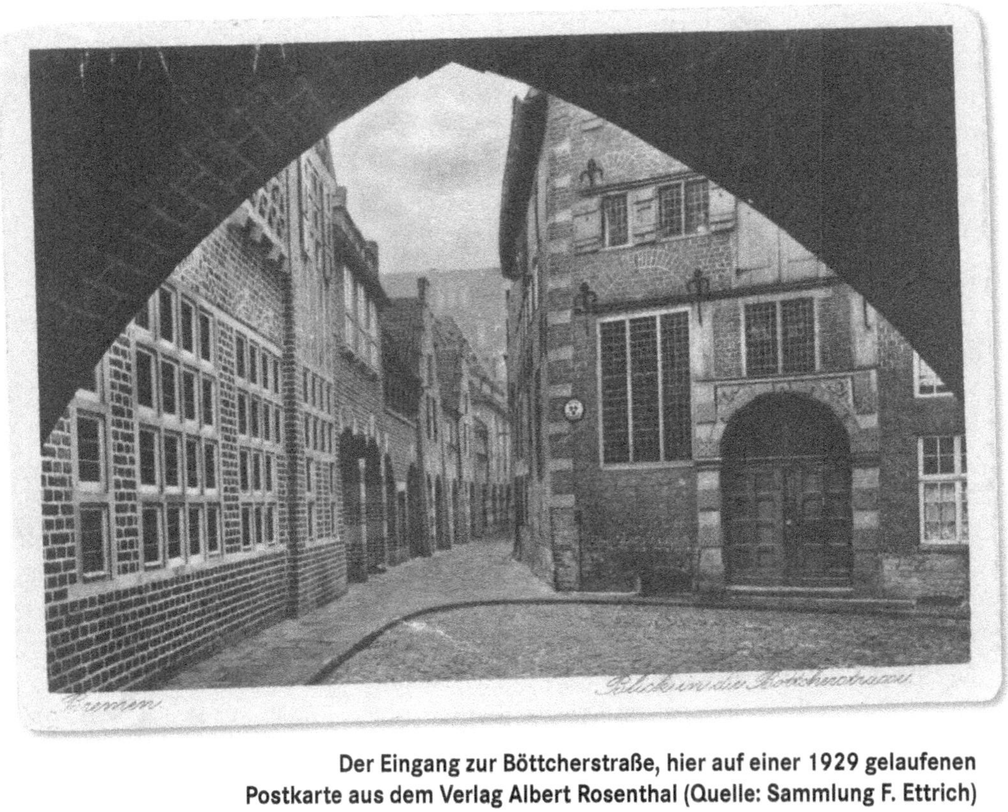

Der Eingang zur Böttcherstraße, hier auf einer 1929 gelaufenen Postkarte aus dem Verlag Albert Rosenthal (Quelle: Sammlung F. Ettrich)

von „mystisch veranlagten okkulten Jenseitsforschern" abgewertet.[22] Dementsprechend wurde das Ensemble der Böttcherstraße schließlich als „entartete Kunst" sogar unter Denkmalschutz gestellt und blieb ironischerweise so letztlich entgegen allen Angriffen von innen wie außen für die Nachwelt erhalten. Roselius ließen die Nationalsozialisten trotz alledem nicht fallen, da er als beherrschender Anteilseigner des Focke-Wulf-Flugzeugkonzerns (von 1925 bis zu seinem Tod im Frühjahr 1943) für die reichsdeutsche Rüstungsproduktion kriegswichtig war.[23]

Es mag Heinrich so erscheinen, dass Bremer Pressemeldungen über Ries' Fortgang nach München „eher nach einer normalen beruflichen Versetzung klangen" und sein Abschied noch vor Hitlers Machtübernahme kein Resultat öffentlicher „Angriffe der Nazipresse" gewesen sei.[24] Viel plausibler ist jedoch, dass der in Bremen so überaus erfolgreiche Jude Alfred Ries eben aufgrund dieses Erfolgs ins Visier der bereits Anfang der 1930er Jahre aus dem Boden schießenden örtlichen Nationalsozialisten geriet und aus Sorge um Beeinträchtigungen und kommende Repressalien aus dem übersichtlichen Bremer Umfeld in das anonyme Großstadtleben Münchens verschwand. Heinrich übergeht nämlich komplett, dass es im Bremer Raum schon vor Januar 1933 mehrere lokale bzw. regionale Zeitungen der NS-Kampfpresse gab[25], über die es entweder keine Unterlagen mehr gibt oder die Heinrich offenbar nicht überprüft hat. Die medialen Angriffe gegen die Böttcherstraße sind jedenfalls hinreichend dokumentiert.[26] Und Roselius als schwärmerischer Nationalsozialist hätte wohl auch kaum in einem offiziellen Protokoll vermerken lassen, dass sein leitender Angestellter Ries wegen öffentlicher antisemitischer NS-Angriffe Bremen verlasse bzw. um Versetzung in eine andere Stadt gebeten habe. Unauffälliger und „eleganter" als durch offizielle Ehrungen und Danksagungen hätte man den tatsächlichen Charakter von Ries' Fortgang als Flucht bzw. eben Vertreibung kaum verbergen können.

Verfolgungsbedingte Flucht aus München

Auch dass der Grund für Ries' Flucht aus München im Oktober 1933, die ihn am Ende bis nach Zagreb führen sollte, in Angriffen durch die NS-Presse gelegen hat, wird von Heinrich in Abrede gestellt. Dabei geht er zu Unrecht davon aus, Julius Streicher habe als Herausgeber des NS-Hetzblattes *Der Stürmer* keinen Einfluss gehabt, Ries aus der „Hauptstadt der Bewegung" zu vertreiben, weil Streicher „lediglich" Gauleiter im entfernten Franken gewesen sei.[27] Diese Marginalisierung ist jedoch unzulässig: Streicher war als einer der Hauptbeteiligten des Putschversuchs am 8./9. November 1923 in der ersten Reihe neben Hitler beim Marsch auf die Feldherrnhalle dabei. Fotos zeigen ihn zudem nach der Machtübernahme 1933 auf NS-Demonstrationen in München in vorderster Front selbst noch vor oder doch neben Hitler.

Und vor allem sein reichsweites, gerade auch in München umtriebiges „Zentralkomitee zur Abwehr der jüdischen Gräuel- und Boykottpropaganda“, das Streicher ab März 1933 selbst leitete[28], agitierte bereits vor 1933 gegen Juden in öffentlichen Ämtern, so auch im Sportbereich.

Wie Heinrich Himmler war Streicher als scharfer Kritiker der olympischen Idee bekannt, musste aber wegen der von Hitler und Goebbels angestrebten Werbewirksamkeit der Olympischen Spiele 1936 in Berlin diese Attacken wieder einstellen.[29] Zugleich hatte er den reichsdeutschen Fußball im Blickfeld, prangerte beispielsweise in seinem NS-Gau Franken bereits im August 1932 an, dass der traditionsreiche 1. FC Nürnberg den jüdischen Cheftrainer Jenö Konrád einsetzte, und verlangte (letztlich erfolgreich) dessen alsbaldige Ablösung mit den fürchterlichen Worten: „Ein Jude ist auch als Sportsmann nicht denkbar. Er ist dazu nicht gebaut mit seiner abnormen und missratenen Gestalt. Klub! Gib deinem Trainer eine Fahrkarte nach Jerusalem, werde wieder deutsch, dann wirst du auch gesund. Oder du gehst am Juden zugrunde.“[30] Auch andere

Julius Streicher (ganz vorn, 3. v. l.) am 9. November 1934 eine Reihe vor Hitler und Göring auf einem Marsch durch München anlässlich des 11. Jahrestags des Hitlerputschs von 1923 (Quelle: United States Holocaust Memorial Museum Photo Archives #81490. Courtesy of Richard Freimark. Copyright of United States Holocaust Memorial Museum, www.ushmm.org)

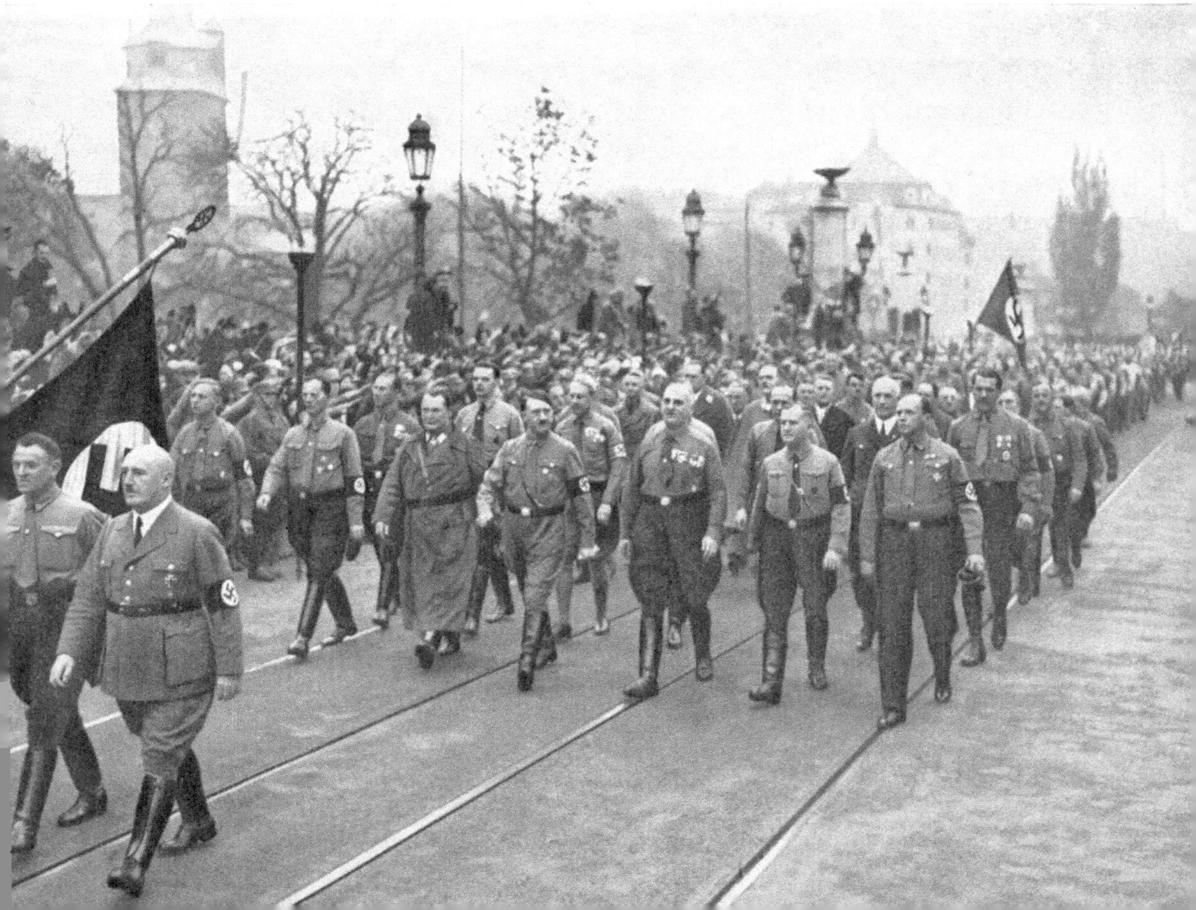

jüdische Fußballgrößen wie Kurt Landauer (FC Bayern München), Julius Hirsch (Karlsruher FV) oder Walther Bensemann, einer der wichtigsten Pioniere des Fußballs in Deutschland, Begründer mehrerer Fußballvereine und 1920 auch der Fachzeitschrift *Kicker*, waren nicht erst nach der Machtübernahme der Nazis unter antisemitischen medialen Beschuss genommen worden, wie aber Heinrich völlig zu verkennen scheint.

Und schließlich ist noch zu bedenken, dass Ries damals für die Firmen von Roselius nicht nur in München, sondern auch im von Streicher politisch beherrschten fränkischen Bereich tätig, dessen Einflussnahme also sehr wohl unmittelbar ausgesetzt war. Warum Heinrich aber vor allem das Schreiben von Kaffee HAG vom 4. September 1952 unberücksichtigt lässt, wonach „wir [Kaffee HAG, Anm. d. Verf.] bekanntlicherweise gezwungen waren, Herrn Ries auf Verlangen der politischen Gauleitung in Bayern zum 1.10.1933 zu entlassen“[31], bleibt vollends unerfindlich.

Wiedergutmachung wegen in Jugoslawien erlittener Verfolgung

Eine genaue Überprüfung insbesondere neuerer Historiker-Erkenntnisse stützt die Angaben von Alfred Ries, er sei sowohl noch im damaligen Königreich Jugoslawien als auch seit 1941 im nun Nazi-beherrschten Kroatien als jüdischer Flüchtling aus Reichsdeutschland in seiner Existenz bedroht und durch Freiheitsentziehungen verfolgt worden.

Jugoslawische Internierung *vor* dem deutschen Einmarsch 1941

Heinrich bestreitet in seinem Aufsatz durchgehend zu Unrecht, dass Alfred Ries bereits seit Ende der 1930er Jahre als ausländischer Jude im königlich-jugoslawischen Staat diskriminiert, dann in seinem wirtschaftlichen Fortkommen geschädigt und schließlich auch seiner Freiheit beraubt worden ist. Dieser Zwangslage waren die deutsch-jüdischen Flüchtlinge dort aber tatsächlich so ausgesetzt.[32]

Schon seit Ende der 1930er Jahre, also bereits deutlich *vor* dem Einmarsch deutscher und italienischer Truppen im April 1941 und der anschließenden Besetzung, hatte sich das bisherige Zufluchtsland Jugoslawien für ausländische Juden wie etwa Ries in Feindesland verwandelt. So waren von der damals noch gesamtjugoslawischen Regierung und deren Administration ab 1938/39 antisemitische Gesetze zur Verfolgung und späteren Vertreibung vor allem der ausländischen Juden erlassen und dann auch durchgesetzt worden.[33] Dies galt insbesondere in Kroatien, wo die faschistische Ustascha-Bewegung immer mehr erstarkte.

Heinrich erwähnt zwar selbst, dass bereits weit vor 1941 „Juden ohne jugoslawischen Pass [also deutsche Juden wie Alfred Ries, Anm. d. Verf.] binnen sechs Monaten auszureisen hätten; die Ausweisungen würden individuell durchgeführt“[34]. Er übergeht dabei aber den maßgebenden Umstand, dass Reichsdeutschland den deutschen Juden seit dem Inkrafttreten des Reichsbürgergesetzes von 1935 nur noch eine relative, den Vollschutz versagende Staatsbürgerschaft zubilligte.[35] Dies führte für die Betroffenen in der Folge nicht allein zu existenzbedrohenden Maßnahmen im reichsdeutschen Inland, sondern auch zur gefährlichen Schutzlosigkeit im Ausland, und das noch weit bevor allen dort aufhaltsamen Juden im November 1941 die reichsdeutsche Staatsbürgerschaft endgültig entzogen wurde.[36]

Gerade hier ist nun der erhalten gebliebenen Korrespondenz der beiden Nürnberger Freunde Erich Schwed und Fritz Dittmann Beweiswert beizumessen.[37] Schwed – nach Belgrad geflohen – beschreibt dem nach New York entkommenen Dittmann in einem Brief vom 27. Juni 1938 die deprimierende Situation der jüdischen Emigranten in Jugoslawien, also sogar auch im serbischen Landesteil: Mit einer Vorwarnung von lediglich 24 Stunden könnten sie ausgewiesen werden, wobei ältere sowie schon länger vor Ort ansässige Menschen ebenfalls von dieser Regelung betroffen seien. Zudem bekäme man als Emigrant keine Arbeitserlaubnis und müsse bei Zuwiderhandlung mit der unverzüglichen Ausweisung rechnen. Schweds bittere Erkenntnis lautete daher: „Es ist für deutsche Juden kein Platz mehr in Jugoslawien und, wie mir scheint, auch nirgendwo mehr in Europa!“[38] – und das bereits rund drei Jahre (!) vor dem deutsch-italienischen Einmarsch im April 1941.

Etwaige Zweifel daran, dass Ries verfolgungsbedingt in jugoslawischen Internierungslagern festgehalten worden war, hätte schon damals das Wiedergutmachungsamt entschädigungsrechtlich zurückstellen müssen. Ries hatte nämlich die von ihm genannten Haftzeiten und orte durch die drei jugoslawischen Zeugen Eduard Mlinarić, Rozina Šavora und Ivan Alinger in ihrer eidesstattlichen Erklärung vom 22. August 1949[39] sowie durch die deutschen Zeugen Walter Frischmuth[40] und Albert Drewes[41] ausreichend glaubhaft gemacht. Deshalb hätte das oben erwähnte Beweiserleichterungsgebot des zu jener Zeit geltenden § 83 Abs. 2 BErgG 1953 schon damals zwingend zur Anerkennung der von Ries geltend gemachten Haftzeiten durch das Amt führen müssen.

Inzwischen ist durch jüngere Forschungsergebnisse sicher erwiesen, dass es die hier in Rede stehenden kroatischen Lager in Donja Stubica und in Lipik tatsächlich gegeben hat.[42] Soweit kolportiert wird, diese seien insbesondere in der Zeit vor der Besatzung mit den deutschen Konzentrationslagern und den dort herrschenden fürchterlichen Zuständen nicht vergleichbar gewesen und dürften deshalb auch nicht als solche bezeichnet werden, würde das für die damalige Lebenssituation von Ries letztlich nichts ändern: In jedem Fall wurde er auf Veranlassung Hitler-Deutschlands bereits vor dem Einmarsch durch dessen kroatische Vollstrecker seiner Freiheit beraubt – als Vorstufe zur vorgesehenen Deportation und späteren Vernichtung, wie man heute weiß.[43] Genau dies hatte gerade auch der Zeuge Frischmuth in seiner Aussage vom 18. Dezember 1952 dem Wiedergutmachungsamt verdeutlicht.[44]

Deshalb bemängelt Heinrich zu Unrecht, Ries habe sich „außer Stande [gezeigt], die Existenz der Lager Stubica und Lipik […] nachzuweisen".[45] Das hätte Ries ja auch gar nicht tun müssen! Vielmehr wäre es die Aufgabe der Wiedergutmachungsbehörde gewesen, dies in aller Sorgfalt bis zum Verfahrensabschluss selbst herauszufinden – eben aufgrund der oben genannten Amtsermittlungspflicht und der bereits vorliegenden Zeugenaussagen. Das ist aber einfach unterlassen worden, obwohl die Arolsen Archives zur Dokumentation von NS-Verfolgung gerade dies damals angeraten hatten.[46] Warum Heinrich nun die falsche Verfahrensweise des Bremer Amtes für Wiedergutmachung nicht thematisiert und stattdessen unbeirrbar die nachweisliche Fehlauffassung weitertransportiert, die von Ries genannten jugoslawischen bzw. kroatischen Lager habe es nicht gegeben und Ries insoweit strafbare Falschangaben gemacht[47], verschließt sich dem verständigen Betrachter.

Hilde Ries, hier bei einem diplomatischen Empfang an der Seite Ihres Ehemanns zu dessen Zeit als Botschafter in Liberia (Quelle: Nachlass Hilde Ries)

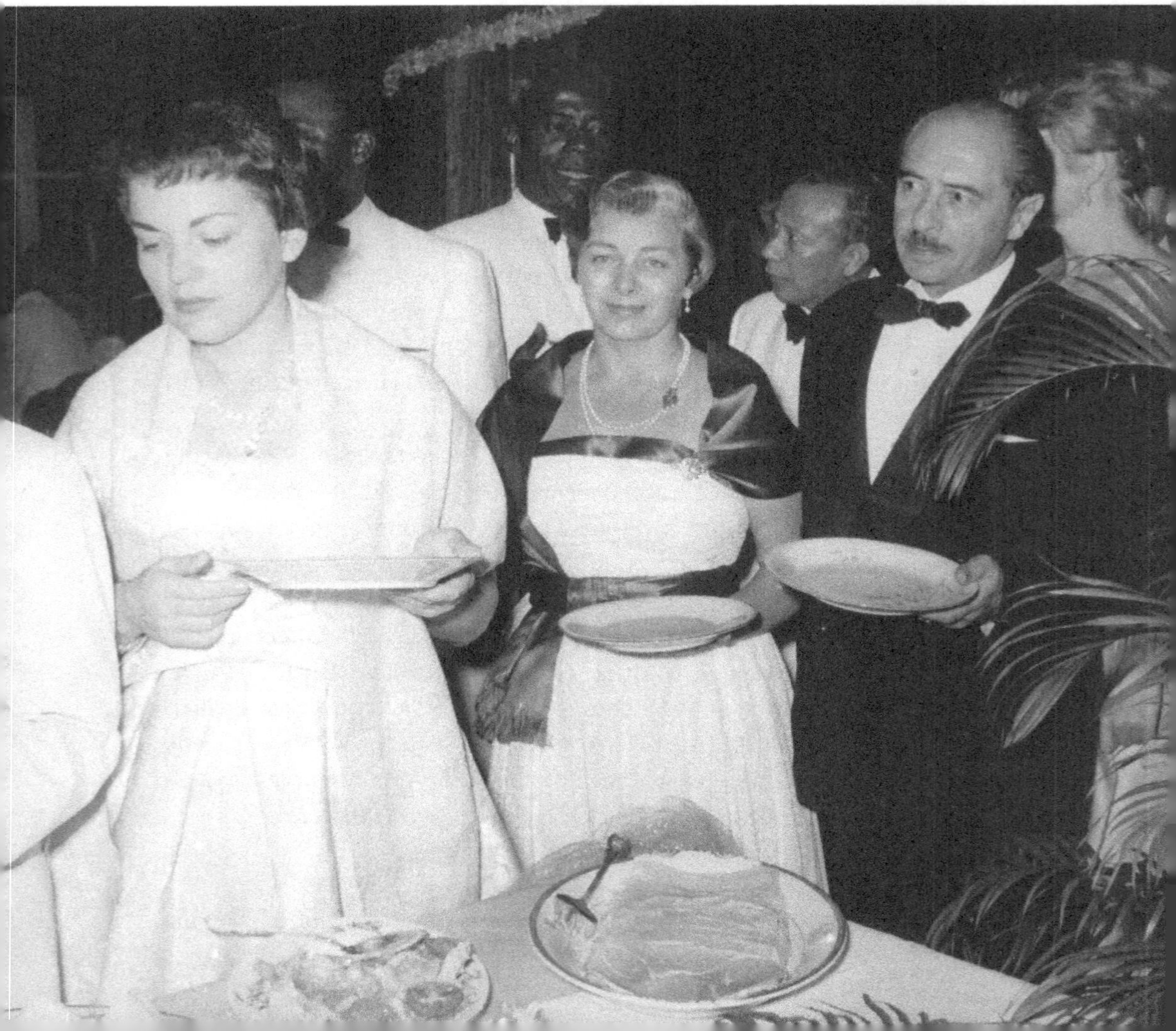

Gestapo-Haft in Belgrad *nach* dem deutsch-italienischen Einmarsch 1941

Auch die von Ries geltend gemachte Gestapo-Haft in Belgrad vom 2. Juni bis 15. September 1941 ist von den zuvor genannten drei jugoslawischen und zwei deutschen Zeugen, davon durch einen an Eides statt, bestätigt worden. Sie hat damit ebenfalls als ausreichend glaubhaft gemacht zu gelten und hätte entsprechend der wiedergutmachungsrechtlichen Beweiserleichterungsregelung ebenfalls als entschädigungspflichtig anerkannt werden müssen. Dies verkennt Heinrich gleichermaßen.

Der Zahlenlapsus von Ries zur Dauer bzw. zum Ende der Gestapo-Haft („15. September *1942*“ statt korrekt: „*1941*“) in seinem Haftentschädigungsantrag vom 17. April 1949[48] war für jedermann sofort erkennbar, schließlich standen die korrekten Haftdaten bereits im Antrag auf Ausstellung eines Verfolgtenausweises vom 12. Januar 1947[49]. Ries hatte den Irrtum zudem in seiner notariellen eidesstattlichen Versicherung am 4. Juli 1949 alsbald berichtigt[50], noch bevor die drei jugoslawischen Zeugen unter dem 22. August 1949 diese Haftzeiten gleichermaßen bekräftigten[51]. Dies hat sogar die Entschädigungsbehörde richtig bewertet[52], nicht aber Heinrich.

Unterlagen aus dem unzweifelhaft existent gewesenen „Gestapo Gefängnis [sic] Belgrad“ gibt es heute keine mehr.[53] Die zweite Ehefrau von Alfred Ries, Hilde (*2.2.1922 † 11.12.2020), die er während seiner Zeit in Jugoslawien kennengelernt und 1949 schließlich geheiratet hatte, hielt sich jedoch damals ebenfalls in Zagreb bzw. Kroatien auf und hat dem Verfasser dieses Textes als Zeitzeugin in mehreren persönlichen Gesprächen[54] glaubhaft berichtet, dass Alfred Ries sich wiederholt in den an der Adria gelegenen jugoslawischen Landesteilen Montenegro, Dalmatien und Kroatien verborgen gehalten habe (was sich mit Ries‘ nach dem Krieg gemachten Angaben deckt). Einmal sei er nach längerer Abwesenheit völlig abgemagert und erschöpft wieder bei ihr in Zagreb aufgetaucht und habe überzeugend von einer im Untergrund, ohne ausreichende Verpflegung und mit langen Fußmärschen durch das nächtliche Dalmatien erfolgten Rückkehr aus Belgrad berichtet. Ihrer Erinnerung nach habe sich dies mit großer Wahrscheinlichkeit im September 1941 zugetragen, was zum Ende der von Ries geltend gemachten Gestapo-Haft in Belgrad passt.

Hilde Ries konnte dem Verfasser ferner glaubhaft davon berichten, wie Ries sich mehrfach vor Polizei- bzw. Ustascha-Razzien unter den Toten in der Zagreber Universitäts-Pathologie verstecken musste, was ihm ein dort arbeitender befreundeter Pathologe – wohl der Zeuge Ivan Alinger[55] – ermöglicht habe. Auch hob sie den lange übergangenen, inzwischen fachhistorisch aber erwiesenen Umstand hervor, dass der damalige katholische Erzbischof von Zagreb, Alojzije (Alois) Stepinac, trotz seiner grundsätzlich faschistischen Einstellung nicht ohne Weiteres antisemitisch gehandelt, sondern durchaus Juden – so auch Alfred Ries – vor den Verfolgungsmaßnahmen der kroatischen Ustascha[56] geschützt habe (dazu später mehr).

Der frühere Polizeibeamte und ab 1933 für die „Abwehr“ der Wehrmacht tätige Walter Frischmuth, der im Zuge des Einmarschs in Jugoslawien am 6. April 1941 in

Belgrad eingetroffen war, nachdem er sich zuvor schon mindestens ab 1940 wiederholt in Jugoslawien aufgehalten hatte, hat in seiner eidesstattlichen Versicherung vom 18. Dezember 1952 ebenfalls zugunsten von Alfred Ries ausgesagt.[57] Er habe Ries 1941 aus dem Lager Lipik „herausgeholt", wusste zudem – historisch korrekt – zu berichten, dass alle anderen dort inhaftierten Juden später ermordet worden seien, berichtete des Weiteren, Ries dann auch in Belgrad aus der Haft befreit zu haben, und versah seine Aussage im Fall, dass sich Einzelheiten darin über Verhaftungen von Ries nach Zeit und Ort mit dessen Angaben nicht vollinhaltlich deckten, mit der wichtigen Einschränkung: „soweit ich erinnere". Da Frischmuth als Abwehrmann wie erwähnt mehrfach sowohl vor als auch nach dem Einmarsch der Wehrmacht auf dem Balkan unterwegs war, kann er ohne Weiteres Ries aus Lipik und später sicherlich auch aus den Fängen des Sicherheitshauptamtes im Gestapo-Gefängnis Belgrad befreit haben. Kleinere Irrtümer über Details wären angesichts seines äußerst ereignisreichen Agentenlebens und zudem immerhin über zehn Jahre nach dem fraglichen Geschehen gewiss lässlich.

Von nachvollziehbaren Schwierigkeiten NS-verfolgter Antragsteller, sich teils viele Jahre nach ihrer Befreiung noch an Einzelheiten, Zahlen und Daten zu erinnern, musste immerhin auch die Bremer Wiedergutmachungsbehörde ausgegangen sein, als sie die Ries am 4. Juli 1949 vorerst gewährte Haftentschädigung für die Ingewahrsamnahme in Belgrad als Abschlag unter Vorbehalt bewilligt und von weiterer Nachprüfung abhängig gemacht hatte. Ansonsten hätte sie das Verfahren insoweit ja schon damals abschließen können, was aber eben nicht geschah, denn es war schließlich auch noch der unter dem 28. Juni 1950 beantragte Ausgleich für verfolgungsbedingte berufliche bzw. wirtschaftliche Schäden bei Ries offen.[58] Schon durch diesen verfahrensrechtlichen Vorbehalt war Ries angehalten, ihm später auffallende etwaige Irrtümer über die Dauer seiner einzelnen Haft- und Fluchtzeiten aus seinem Erstantrag zu melden und entsprechende Korrekturen vorzunehmen, und er hat dies nach Einschätzung des Verfassers auch rechtzeitig, nämlich noch vor Abschluss des laufenden Wiedergutmachungsverfahrens getan. Deshalb ist der Vorwurf von Heinrich nicht haltbar, Ries habe vorsätzlich, nämlich in genauer Kenntnis der wahren Umstände, die Auszahlung der ausgerechnet anhand des einmalig falsch deklarierten Haftendes (15. September „1942" statt „1941") um 2.595 DM zu hoch berechneten Entschädigungssumme akzeptiert und „keine Veranlassung [gesehen], die Wiedergutmachungsbehörde zu korrigieren"[59] – hier kann allenfalls von Fahrlässigkeit, nicht jedoch von Vorsatz die Rede sein (mehr dazu später).

Wiedergutmachungsansprüche wegen verfolgungsbedingter Haft

Die Anwendung des weiter vorn in Grundzügen bereits aufgezeigten Wiedergutmachungsrechts auf die eigentlich schon damals bewiesenen beiden Haftzeiten von Ries einmal *vor* und einmal *nach* dem Einmarsch der Wehrmacht in Jugoslawien bedeutet in seinem Fall konkret Folgendes:

Zunächst einmal dürfte in allen Abschnitten des Wiedergutmachungsverfahrens vollends unstreitig sein, dass die von NS-Beamten veranlasste und vollzogene Haft 1941 im NS-deutschen Gestapo-Gefängnis Belgrad entschädigungspflichtig gewesen ist.[60] Aber bereits im ersten Verfahrensabschnitt in Sachen Ries – vom Haftentschädigungsantrag vom 17. April 1949 bzw. 29. Juni 1950[61] bis zur „Verzichtserklärung“ vom 8. Januar 1954[62] – hätte auch die *vor* dem Wehrmachtseinmarsch von Ries erlittene königlich-jugoslawische Internierung in Stubica und Lipik entschädigt werden müssen. Hierfür nämlich galt schon während des ersten Verfahrensabschnittes nach § 16 Abs. 1 BErgG 1953 folgende Regelung:

„Der Verfolgte hat Anspruch auf Entschädigung für Freiheitsentziehung, gleichgültig, ob diese innerhalb oder außerhalb des Geltungsbereichs dieses Gesetzes stattgefunden hat.“[63]

Der Bundesgerichtshof (BGH) entschied in ständiger Rechtsprechung während der Geltung des BErgG 1953 allein danach, ob diese Freiheitsentziehung in einem adäquaten Kausalzusammenhang zur nationalsozialistischen Verfolgung gestanden habe, und sprach so z. B. einem aus Deutschland in die Niederlande geflohenen Juden einen Entschädigungsanspruch zu, weil der Kläger dort als illegaler Einwanderer interniert worden war.[64]

Gemäß Art. 20 Abs. 3 des Grundgesetzes (zur Gesetzmäßigkeit der Verwaltung) ist das Handeln der Verwaltung an Gesetz und Recht gebunden. Deshalb war für die Wiedergutmachungsbehörde zum Entscheidungszeitpunkt auch *die jeweils geltende höchstrichterliche Rechtsprechung verbindlich.* Das Bestehen einer ständigen Rechtsprechung des zuständigen obersten Gerichts verpflichtete so auch damals das betreffende Amt zu gleichen Verwaltungsakten in allen anderen Verfahren mit ähnlicher Sachlage.[65] Deshalb war die Auffassung des „Vertreters des Landesinteresses beim bayerischen Landesentschädigungsamt“[66] vom 20. November 1952, Ries stehe jedenfalls wegen der jugoslawischen Inhaftierung *vor* dem deutschen Einmarsch *keine* Entschädigung zu, rechtlich falsch. Ebenso falsch verhielt sich das Bremer Amt, indem es sich die eingeholte bayerische Auskunft am 25. November 1952 ohne Weiteres zu eigen machte.[67] Zu der korrekten Rechtsauffassung und -anwendung hatte es das Wiedergutmachungsamt aber durch seine letztlich ungerechtfertigten Zweifel, ob Ries überhaupt zwischen 1935 und 1945 tatsächlich in Jugoslawien inhaftiert gewesen sei, dann auch gar nicht erst mehr kommen lassen.

Doch auch im zweiten Verfahrensabschnitt hätte Alfred Ries aufgrund seines neuen Antrags vom 15. Dezember 1965[68] für Haftzeiten in königlich-jugoslawischen Internierungslagern wie im Gestapo-Gefängnis gemäß dem ab 1956 geltenden § 43 Abs. 1 des Bundesentschädigungsgesetzes (BEG) eine Haftentschädigung zugestanden. Der Gesetzestext von 1956 lautet:

„Der Verfolgte hat Anspruch auf Entschädigung, wenn ihm in der Zeit vom 30. Januar 1933 bis zum 8. Mai 1945 die Freiheit entzogen worden ist. Das gilt auch dann, wenn ein ausländischer Staat unter Missachtung rechtsstaatlicher Grundsätze die Freiheit entzogen hat und

1. die Freiheitsentziehung dadurch ermöglicht worden ist, dass der Verfolgte die deutsche Staatsangehörigkeit oder den Schutz des Deutschen Reiches verloren hat, oder
2. die Regierung des ausländischen Staates von der nationalsozialistischen deutschen Regierung zu der Freiheitsziehung veranlasst worden ist."[69]

Zwar hatte der BGH unter Missachtung grundlegender Gesetzesauslegungsregeln und entgegen dem großzügigeren Willen des Gesetzgebers sowie gegen die heftige Kritik des Fachschrifttums[70] zwischenzeitlich in allen Fällen zusätzlich verlangt, dass die Inhaftierung im Ausland auch noch unter Missachtung rechtsstaatlicher Grundsätze erfolgt sein müsse, obwohl das Gesetz eindeutig von *zwei* Alternativtatbeständen spricht.[71] Der Verfasser meint hier nun allerdings im strikten Widerspruch zu Heinrich, dass Alfred Ries jedenfalls nach heutigem Wissensstand auch im zweiten Verfahrensabschnitt selbst nach der zwischenzeitlich restriktiven Gesetzesauslegung durch den BGH für seinen erlittenen Freiheitsentzug vor dem 6. April 1941 hätte entschädigt werden müssen. Denn die Freiheitsentziehung durch den ausländischen Staat – gerade hier durch Jugoslawien – erfolgte sehr wohl auf nachdrückliche deutsche Veranlassung und unter Missachtung rechtsstaatlicher Grundsätze. Schon in der (mittlerweile historisch immer umfassender erforschten) Vorkriegssituation zwischen 1937 und 1941 stand das königliche Jugoslawien tatsächlich unter sich ständig verschärfendem politischem Druck durch Hitler-Deutschland. Dieser zeigte sich bei zugleich wachsender Radikalisierung und Abkehr der deutschstämmigen Donauschwaben in der Vojvodina von Jugoslawien in vielfältiger Weise: So gab es fortlaufend spürbare Aktionen des Gestapo-Auslandsgeheimdienstes gerade im kroatischen Landesteil, manchmal gemeinsam mit der dort erstarkenden faschistischen Ustascha, aber auch verdeckte Aktivitäten der reichsdeutschen Abwehr, ferner wirtschaftliche Pressionen durch die Kreditmaßnahmen der dort beherrschend tätigen deutschen und österreichischen Großbanken und ständige diplomatische Drohungen aus Berlin.

Der Druck wuchs auch aus den faschistischen Nachbarländern Jugoslawiens, die im Bündnis mit Hitler-Deutschland standen. Er schwoll immer stärker an nach dem „Anschluss" Österreichs im März/April 1938, dann nach der durch das Münchner Abkommen Ende September 1938 erzwungenen Abtretung des Sudetenlandes an das Deutsche Reich und noch einmal gesteigert infolge der Besetzung der Rest-Tschechoslowakei am 15. März 1939. Nach dem Abschluss des deutsch-sowjetischen Nichtangriffsvertrags („Hitler-Stalin-Pakt") am 23./24. August 1939 und dem damit ermöglichten Überfall NS-Deutschlands auf Polen am 1. September 1939 war das Schicksal des zudem unter faschistischen Begehrlichkeiten Italiens leidenden Königreichs Jugoslawien letztlich bereits besiegelt, selbst wenn Belgrad dies durch die rechtswidrige Diskriminierung bzw. Inhaftierung der ausländischen Juden noch abzuwenden suchte.[72]

Schließlich darf auch angenommen werden, dass die sich seit etwa 1969/70 weiterentwickelnde höchstrichterliche Rechtsprechung, die nun dem Prinzip der Gerechtigkeit gegenüber NS-Verfolgten allerhöchste Priorität einräumen sollte, dem Anliegen Ries' wenigstens nach dessen Tod erfolgreich Rechnung getragen hätte.[73]

Wiedergutmachungsanspruch wegen Schadens im wirtschaftlichen Fortkommen

Heinrich ist insoweit zuzustimmen, dass das Verhalten von Alfred Ries bei seiner Anspruchstellung wegen Schadensminderung von verfolgungsbedingten Nachteilen im wirtschaftlichen Fortkommen Anlass zu Zweifeln geben konnte.[74] Dies galt allerdings nur anfänglich, und auch hinsichtlich der wirtschaftlichen Verfolgungsschäden in concreto ist es geboten, genauer hinzusehen.

Alfred Ries hat seinen Entschädigungsantrag am 29. Juni 1950[75] mit Eingangsstempel des Amtes vom 30. September 1950 gestellt, also mehr als zehn Jahre nach Beginn der jugoslawischen Verfolgungsmaßnahmen, was nicht zuletzt im Hinblick auf das menschliche Erinnerungsvermögen relevant ist. Festzuhalten ist hierbei nun zunächst, dass die Angaben von Ries, in Jugoslawien über keine (so seine ursprüngliche Angabe) bzw. kaum nennenswerte (so die im Verlauf des Verfahrens revidierte spätere Angabe) geschäftliche Einkünfte verfügt und nur von gelegentlichen Zuwendungen der Jüdischen Gemeinde Zagrebs, seiner Brüder in den USA bzw. Palästina sowie von Freunden gelebt zu haben, jedenfalls für die Zeit ab November 1934 bis zur Befreiung 1945 nach heutigem Kenntnisstand[76] einleuchtend klingen und faktisch unwiderlegt sind. Weiter als bis zum Oktober 1934 reicht nämlich die Gehaltsauskunft seitens der HAG-AG Bremen vom 4. September 1952 an das Wiedergutmachungsamt nicht[77], und die von Ries später unter anderem in einem selbst verfassten Lebenslauf für die Personalakte des Auswärtigen Amtes genannten „Gelegenheitsgeschäfte“, die es ihm erlaubt hätten, sich „mit deutschen und internationalen Vertretungen über Wasser [zu] halten“[78], hätte er ohne vorhandene Belege jedenfalls kaum spezifizieren können; sie hätten also allenfalls im Wege der Schätzung und nur in geringfügigem Umfang in Abzug gebracht werden können.

Deshalb waren diese wirtschaftlichen Einbußen für den genannten Zeitraum dem Grunde nach entschädigungspflichtig, denn gerade zur Kompensation solcher verfolgungsbedingter Einkommenseinbußen war das Wiedergutmachungsrecht angelegt. Und wenn Alfred Ries angegeben hat, dass er als deutscher Jude schon weit vor dem 6. April 1941 angesichts seiner nicht vorhandenen oder zumindest bis zur Marginalität schwindenden Einkünfte als Vertreter in Jugoslawien nicht mehr unbeeinträchtigt habe leben können und schon zu dieser Zeit auf materielle Unterstützung von außen angewiesen gewesen sei, so ist dies glaubhaft, zumal es dem heutigen Forschungsstand entspricht.

Laut Auskunft seiner Frau Hilde konnte Ries zudem (wie oben bereits angeklungen) selbst als ausländischer Jude in Zagreb auf den Schutz und die Hilfe des katholischen Erzbischofs Alojzije Stepinac bauen. Auch diese Option hat Heinrich nicht angemessen berücksichtigt, ebenso wie einst das Wiedergutmachungsamt in der wenigstens indirekten Unterstellung, Ries habe verschwiegene geschäftliche Einkünfte gehabt, da es nicht glaubwürdig sei, dass er seinen Lebensunterhalt allein mittels externer Zuwendungen bestritten habe. Dabei kann gerade Stepinac ohne Weiteres eine hilfreiche Quelle für materielle wie finanzielle Unterstützung von Ries gewesen sein. Obwohl nämlich der Kirchenvertreter zwar überzeugter Anhänger und teilweise Unterstützer des Faschismus war[79], war er kein fanatischer Antisemit. Vielmehr ließ Stepinac, wie historisch inzwischen erwiesen ist, zum Unmut der Ustascha die jüdische Bevölkerung schützen, in seinen Gemeinden betreuen sowie auch finanziell unterstützen.[80] Dem entspricht eine Aussage von Louis B. Breier, seinerzeit Vorsitzender der Jüdischen Gemeinde in den Vereinigten Staaten, vom Oktober 1946: „Er war immer ein echter Freund der Juden, die in diesen Jahren unter der Verfolgung Hitlers und dessen Anhänger zu leiden hatten. […] Nach seiner Heiligkeit, Papst Pius XII., war der Erzbischof Stepinac der größte Verteidiger der verfolgten Juden in Europa."[81]

Darüber hinaus hat auch die Jüdische Gemeinde von Zagreb erwiesenermaßen jahrelang, sogar noch nach dem Einmarsch der Wehrmacht 1941, aus Hitlers Machtbereich nach Kroatien geflohene Juden materiell und ideell unterstützt, solange es ihr selbst möglich war.[82] Genau dies hat Ries betreffs seines eigenen Schicksals angegeben, und zwar auch im Zusammenhang mit den von ihm geltend gemachten Einkommenseinbußen in Jugoslawien vor 1941. Und dies hat auch Zeitzeugin Hilde Ries in den Gesprächen mit dem Verfasser von sich aus mehrfach überzeugend betont, ohne dabei selbst die neuere Geschichtsforschung zu diesem Thema kennen zu können.

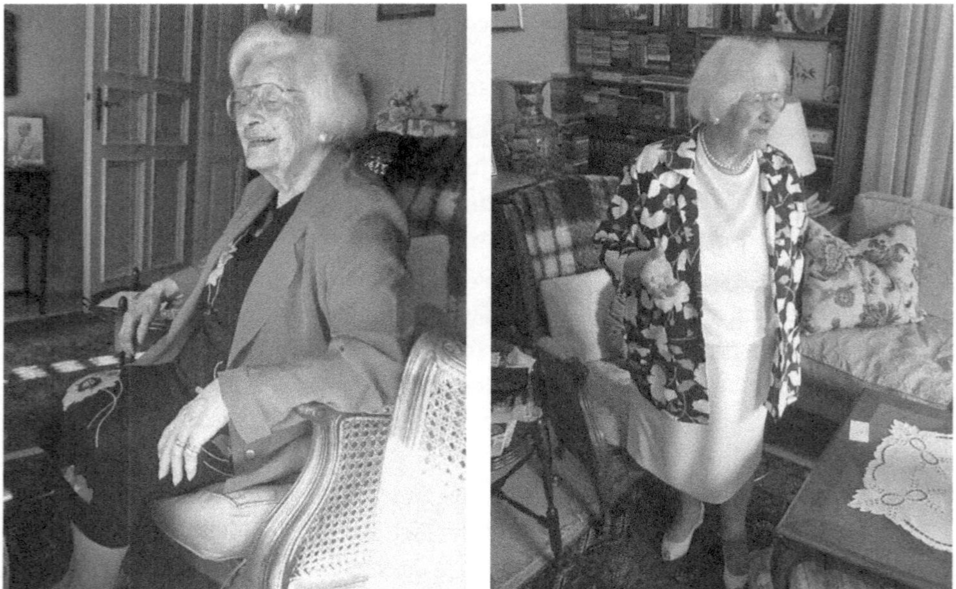

Hilde Ries in ihrer Wiesbadener Wohnung im Sommer 2016 (Quelle: Privatbesitz Dirk Harms)

Mithin bleibt festzuhalten, dass für den größten Zeitraum im jugoslawischen Exil die Angaben von Alfred Ries inklusive einer eidesstattlichen Versicherung[83] bezüglich damals nicht vorhandener geschäftlicher Einkünfte glaubwürdig bzw. jedenfalls nicht erwiesenermaßen falsch waren und deshalb zu einer fairen Schätzung seiner Einbußen hätten führen müssen.

Was nun mögliche Gehaltszahlungen des Roselius-Konzerns für die kurze Zeit in Marienbad oder die ersten Monate in Zagreb angeht, so bleiben nach wie vor zu viele Fragen offen, um Alfred Ries in diesem Kontext moralisch verurteilen zu dürfen. Ob etwaige von Kaffee HAG nach Oktober 1934 geleistete Zahlungen Ries tatsächlich in vollem Umfang im innerstaatlichen Bereich oder im betreffenden Ausland erreicht haben, ist mangels entsprechender Auszahlungsbelege oder Empfangsbestätigungen nicht mehr nachzuweisen. Warum und unter welchen Umständen Alfred Ries in seinen ersten Wiedergutmachungsanträgen solche Zahlungen und andere geringfügige geschäftliche Einkünfte nicht aufgeführt hat, kann ebenfalls nicht mehr verlässlich aufgeklärt werden: Die hierfür erforderlichen Ermittlungsakten der Staatsanwaltschaft Bremen, in denen Ries sich zur Sache erklärt hatte und womöglich exkulpieren konnte, sind vernichtet worden. Deshalb muss nach wie vor zu seinen Gunsten davon ausgegangen werden, dass er sich auch in Sachen „Schaden im wirtschaftlichen Fortkommen" rechtens auf die weiter vorn bereits erwähnte gesetzliche Beweiserleichterungsregelung gemäß § 83 Abs. 2 BErgG 1953 bzw. § 176 Abs. 2 BEG 1956 hätte berufen können.

Keine wiedergutmachungswidrige NS-Kollaboration

Heinrich macht sich – sogar entgegen der heute eindeutigen Beweislage – des Weiteren kritiklos die Einschätzung des Wiedergutmachungsamtes zu eigen, das Alfred Ries (unberechtigt) in den Ruch einer Zusammenarbeit mit der Gestapo oder einer Spionagetätigkeit für die NS-befehligte Wehrmacht rückte.[84] Eine solche Kollaboration mit dem NS-Regime hätte den Ausschluss jeglicher Wiedergutmachungsleistungen nach § 41 BErgG wegen „Entschädigungsunwürdigkeit" bedeutet. Auch der Anspruch von Ries auf Wiedergutmachung seines verfolgungsbedingten wirtschaftlichen Schadens wäre damit juristisch beanstandungslos verwirkt gewesen. So aber war es gerade nicht.

Die (angeblich) ominösen Gewerbelegitimationskarten

Heinrich stützt – wie einst das Amt – seine (unzutreffende) Verdächtigung auf vier Gewerbelegitimationskarten für Ries, die von der Gestapo Bremen zwischen 1935 und 1944 mit dem Vermerk, die Ausstellung sei „im Reichsinteresse erforderlich" angefordert und vom Bremer Polizeipräsidenten ausgefertigt wurden.[85] Wer im Ausland für ein Unternehmen mit Sitz in Deutschland geschäftlich tätig werden wollte, benötigte damals (ebenso wie heute) zum Nachweis seiner Berechtigung und seiner dazugehörigen Identität grundsätzlich ein solches Dokument. Damit legt Heinrich dem uneingeweihten Leser zum einen nahe, Ries habe die gesamte Zeit seines Aufenthalts in Jugoslawien mit diesen Ausweisen von selbst erzielten Gewerbeeinkünften statt von den Zuwendungen externer Unterstützer gelebt – von dem zum anderen damit gleichzeitig geschürten Verdacht auf weitere Einkünfte in Form von Spitzellöhnen von der Gestapo einmal abgesehen.

Aus den Aussagen der beiden Zeugen Polizeikommissar Burkhardt vom 10. November 1952[86] und Walter Frischmuth vom 18. Dezember 1952[87] geht jedoch unzweifelhaft hervor, dass die Ausstellung der vier Gewerbelegitimationskarten allein aus Gefälligkeit und zur Rettung bzw. Erleichterung der Situation eines guten Bekannten, aber nicht zur Ausstattung eines NS-Agenten erfolgte. Sie wurde von Dr. Alfred Lörner von der Bremer „Außenhandelsstelle Weser“ erbeten, der in dieser Funktion wegen der ausländischen Handels- und Schifffahrtsbeziehungen Bremens damals auch verdeckt mit der Wehrmachtsabwehr (unter dem insgeheim dem Widerstand gegen Hitler nahestehenden Admiral Canaris) und deren Auslandsspionage zusammenarbeitete. Dr. Lörner und Alfred Ries kannten einander gut seit gemeinsamen Zeiten als Kollegen im Firmenimperium Roselius und waren zudem durch ihre Mitgliedschaft im Bremer Rotary Club verbunden. Der Zeuge Frischmuth wiederum war als wichtiger Mitarbeiter der Wehrmachtsabwehr (Nebenstelle Bremen bzw. Abwehrstelle „Roland“) aktiv. Er verfügte über weitreichende Kontakte bis in die damaligen „Feindstaaten“ hinein, hatte sich vor und nach dem Einmarsch 1941 selbst in Jugoslawien aufgehalten und kannte Ries ebenfalls schon aus früheren Zeiten.

Ob Ries nun allerdings diese jedes Jahr neu auszustellenden Dokumente in Jugoslawien überhaupt erhalten hat, kann heute nicht mehr festgestellt werden. Allenfalls eine der vier Karten – nämlich die von 1935 und nicht die in den Bremer Polizeiakten erhalten gebliebene von 1936[88], wie er selbst irrigerweise annahm[89] – könnte ihm tatsächlich ohne größere Umstände zugegangen sein, nämlich bei einer nochmaligen kurzen Rückkehr nach Bremen zu einem Pfingstbesuch 1935, über den auch die *Vereinsnachrichten* des SV Werder berichteten, ebenso wie gleichzeitig über seinen endgültigen Abschied nach Jugoslawien.[90] Walter Frischmuth jedenfalls schloss in seiner eidesstattlichen Versicherung gegenüber dem Wiedergutmachungsamt eine mit den Karten verbundene oder auch sonstige reale Agententätigkeit von Ries für die Gestapo oder für andere deutsche Dienststellen – also auch für die Wehrmachtsabwehr – kategorisch aus.[91]

Die Ermittlungsergebnisse des britischen Geheimdienstes und die Durchsicht der umfangreichen militärischen Aktenbestände aus der Abwehrstelle „Roland“ über die Rolle Frischmuths als führender Mann der Bremer Abwehr bestätigen dabei dessen Zeugenaussage in der Wiedergutmachungssache Ries.[92] Und dass die Wehrmachtsabwehr unter Admiral Canaris tatsächlich verschiedene konspirative Aktionen zur Rettung von Juden orchestriert hat (darunter mindestens einmal auch konkret die Abwehrnebenstelle „Roland“), was einer der Gründe war, weshalb Canaris letztlich abgesetzt, inhaftiert und noch kurz vor Kriegende im April 1945 im KZ ermordet wurde, ist ebenfalls historisch gesichert[93], scheint Heinrich jedoch nicht bekannt zu sein.

Zwei schwer belastete NS-Täter als falsche Belastungszeugen

Gänzlich ungewöhnlich ist zudem Heinrichs Vorgehen, Alfred Ries mithilfe zweier mit schweren NS-Verbrechen belasteter ehemaliger Gestapo-Beamter noch weiter in die Nähe eines (vermeintlichen) Spitzeltums zu rücken.[94] Er bedient sich dabei ungeprüft einer zeitweiligen Einschätzung des damaligen Sachbearbeiters im Wiedergutmachungsverfahren, der diesen Vorwurf notierte – ihn aber zugleich als unbelegt beschrieb und später davon Abstand nahm.[95] Heinrich jedoch stützt den Verdacht weiterhin auf die Angaben und das Verhalten der früheren Bremer Gestapo-Beamten Bruno Nette und Friedrich Linnemann, die in ihren Aussagen gegenüber dem Wiedergutmachungsamt auch durch ominöse Hinweise auf angebliche Sonderakten der Wehrmachtsabwehr, Koffer mit geheimen Dokumenten, versteckte Verabredungen und Treffen mit Agenten eine Zusammenarbeit von Ries mit NS-Dienststellen nahelegen wollen.[96]

Solche bloßen Mutmaßungen sind belanglos, denn die behaupteten Umstände, ohnehin nur aus zweiter Hand stammend, können nicht mehr überprüft werden, da die Originalakten laut Auskunft des Staatsarchivs Bremen vom 8. Januar 2018 bereits vor langer Zeit bei der Polizei bzw. Staatsanwaltschaft vernichtet worden sind. Und selbst wenn es eine solche „Sonderakte Ries“ gegeben haben sollte, könnte sie angesichts der erwähnten Gesamtaussage von Walter Frischmuth bezüglich einer „Tarnanstellung“ von Ries bei der Abwehr eben sehr wohl nur zum Schein, beispielsweise zur Verschleierung der ansonsten ja unberechtigten Beschaffung amtlicher Dokumente wie der Gewerbelegitimationskarten angelegt worden sein und lediglich unverfängliches „Spielmaterial“ enthalten haben.

Zudem gibt es keinerlei Erkenntnisse, geschweige denn Beweise, dass Entlastungszeuge Frischmuth unglaubwürdig bzw. womöglich selbst NS-belastet gewesen sein oder sich gar schwerer NS- oder Kriegsverbrechen schuldig gemacht haben könnte[97] – anders als die Belastungszeugen Nette und Linnemann. Warum Heinrich nun bei der Berufung auf ausgerechnet diese beiden „Zeugen“, die in Wirklichkeit Mittäter der Ries'schen NS-Verfolgung waren, die seit Längerem bekannten Erkenntnisse des Rechtshistorikers Prof. Dr. Christian Schminck-Gustavus über Linnemann[98] und das Enthüllungsbuch von Bernhard Nette über seinen Großvater Bruno Nette[99] ignoriert, ist völlig unverständlich. So war etwa Linnemann nicht nur als Gestapo-Beamter und Bremer „Judenreferent“ zunächst für die Deportation von 440 Bremer Juden am 18. November 1941 nach Minsk persönlich zuständig und damit an ihrer schlussendlichen dortigen Ermordung mitschuldig, sondern 1943 als SS-Untersturmführer (genannt der „Judenschlächter von Griechenland“) auch an der Deportation und Ermordung der griechischen Juden maßgeblich beteiligt – und eben nicht, wie er in seiner Aussage vor der Wiedergutmachungsbehörde behauptete und wie von Heinrich nicht weiter hinterfragt wird, „von 1942 bis 1945 in der Spionageabwehr [...] überwiegend in Griechenland“[100] tätig.

Der (angeblich) ominöse Reisepass

Auch ein sich im Kontext der Kollaborationsvorwürfe vermeintlich stellendes Rätsel lässt sich letztlich leicht bzw. plausibel lösen. Heinrich wirft in seinem Text die Frage auf, wie Ries im Besitz eines auf sich ausgestellten reichsdeutschen Reisepasses sein konnte, auf dem bereits der rote Großbuchstabe „J" für „Jude" aufgestempelt war.[101] Dies müsse bedeuten, dass Ries noch nach der Einführung dieser Kennzeichnung (die auf Grundlage der Reichsverordnung über Reisepässe von Juden vom 5. Oktober 1938 erfolgte[102]) „Kontakt zu innerdeutschen Behörden oder zu Auslandsvertretungen des Reichs unterhalten" habe.[103]

Nun hätte Ries zwar tatsächlich irgendwann nach dem genannten Datum mit seinem bis dahin noch ungestempelten Reisepass ins Deutsche Reich eingereist sein, dort den Stempel erhalten haben und anschließend (womöglich als NS-protegierter Spitzel?) wieder unbehelligt ausgereist sein können. Nach seiner ursprünglichen, von seinem breiten und vielschichtigen persönlichen Umfeld ebenso wie von den NS-Behörden selbst ja aber nicht unbemerkt gebliebenen Flucht ins Ausland wäre eine solche Aktion indes durchaus dazu angetan gewesen, für Aufmerksamkeit zu sorgen, was ein Spitzel und seine Dienstbehörde doch wohl tunlichst zu vermeiden gesucht hätten. Und spätestens nach der sogenannten Reichspogromnacht des 9. November 1938 wäre eine Einreise nach Deutschland mit einem den Inhaber gegenüber jedem noch so niedrigen NS-Beamten auf einen Blick als Jude ausweisenden Personaldokument auch viel zu gefährlich gewesen, von einer unkomplizierten Ausreise ganz zu schweigen, etwaige Protektion hin oder her. Wäre Ries also tatsächlich als Konfident der Nationalsozialisten tätig und noch dazu grenzüberschreitend unterwegs gewesen, so hätte man ihn sicherlich mit unverfänglicheren falschen Legitimationspapieren ausgestattet als ausgerechnet mit einem Reisepass mit dem diskriminierenden Stempel.

Ries musste also irgendwann nach besagtem Datum einmal seinen Reisepass einer reichsdeutschen Behörde vorgelegt haben, damit es zu dem Zusatz hatte kommen können – und dies geschah laut glaubwürdiger Schilderung seiner Ehefrau Hilde gegenüber dem Verfasser dieses Aufsatzes offenbar ganz einfach kurz nach dem Einmarsch der Wehrmacht in Jugoslawien in der reichsdeutschen Botschaft in Belgrad, wo Ries dann ja auch in Gestapohaft geriet, wie sogar das Bremer Wiedergutmachungsamt mit seinem Entschädigungsbescheid anerkannt hat.

Der Wiedergutmachungsverzicht und dessen Gründe

Durch seine Erklärung vom 8. Januar 1954 hatte Alfred Ries mit dem Bremer Wiedergutmachungsamt einen Vergleich dahingehend geschlossen, dass alle von ihm bisher erhaltenen Leistungen – sprich: die gezahlte Entschädigungspauschale zu Verfahrensbeginn – mit noch offenen Wiedergutmachungsansprüchen aufzurechnen seien, also für beide Seiten nun alles abgegolten sein solle.[104] Damit war das Verfahren zunächst beendet. Welche nachvollziehbaren Gründe Ries für diesen Schritt hatte, das interessiert Heinrich offenbar nicht, sodass nach dem Eindruck des Verfassers lediglich ein angebliches Indiz für Ries‘ vermeintliches stillschweigendes Eingeständnis der Unrechtmäßigkeit seiner Ansprüche übrig bleiben soll, wenn Heinrich zugleich keine anderen Deutungsversuche liefert.[105]

Die tatsächliche Veranlassung für Ries hingegen war laut Aussage seiner Frau Hilde gegenüber dem Verfasser wohl seine inzwischen (1953) erfolgte Übernahme in den diplomatischen Dienst der jungen Bundesrepublik, worin er eine Anerkennung und einen gewissen Schadensausgleich für das an ihm begangene verfolgungsbedingte Unrecht sah. Auch war damit nun sein Lebensunterhalt endgültig wieder gesichert, dessen Grundlage ihm die NS-Verfolgung zunächst komplett geraubt und somit dessen Wiederaufbau nach dem Krieg umso mehr erschwert hatte.

Mit womöglich (prozess-)ökonomischen Gründen ging aber noch ein weiteres Motiv für ein solches Verfahrensende einher: Alfred Ries war die langjährigen Auseinandersetzungen um die ihm zustehende Rehabilitation durch Wiedergutmachung und Schadensersatz schlichtweg leid. Auch dies hat Hilde Ries dem Verfasser gegenüber mehrfach erwähnt. Für eine solche Resignation hätte wohl wenigstens jeder auf Verfolgtenseite auch nur einmal mit der Wiedergutmachungspraxis Befasste und erst recht jeder mit dieser Rechtsmaterie Vertraute vollstes Verständnis.

Keine Strafbarkeit (angeblich) falscher eidesstattlicher Versicherungen

Heinrich lässt mehrfach glauben, Ries habe sich durch falsche eidesstattliche Versicherungen bezüglich NS-Verfolgungszeiten und (angeblich nicht eingetretener) wirtschaftlicher Schäden strafbar gemacht.[106] Er irrt jedoch auch hier nachhaltig. Um den juristischen Laien nicht zu verwirren, soll die strafrechtliche Wertung in Sachen Ries im Folgenden nur so knapp wie möglich dargestellt werden. Das Ergebnis ist aber aus jeder Perspektive eindeutig: *Alfred Ries hat sich in seinem Wiedergutmachungsverfahren unter keinem Gesichtspunkt strafbar gemacht.*

Heinrichs Beschreibung und Wertung des letztlich wegen Geringfügigkeit eingestellten staatsanwaltschaftlichen Ermittlungsverfahrens gegen Ries[107] zeigt, dass ihm offenbar die strafrechtlichen Grundlagen eines solchen Verfahrens nicht geläufig sind. Strafrechtliche Ermittlungsverfahren werden gemeinhin durch die Staatsanwaltschaft eingeleitet, wenn ein bloßer „Anfangsverdacht“ einer Straftat besteht – schon dies ist ein sehr weitgehender Begriff. Im Ermittlungsverfahren und im Zwischenverfahren bis zur Zulassung der Anklage bzw. Eröffnung des Hauptverfahren oder dessen Ablehnung durch das angerufene Gericht ist nun allein die Staatsanwaltschaft die „Herrin des Verfahrens", wie Strafjuristen gern zu sagen pflegen. Die Staatsanwaltschaft kann deshalb nach eigenem Ermessen – manchmal ist es leider auch Gutdünken – das Verfahren aus rechtlichen, tatsächlichen (Beweis-)Gründen oder Verhältnismäßigkeitserwägungen einstellen, wenn sie keine Anklage bei Gericht erhebt. Gegen die Begründung einer solchen Einstellung, die es „wegen erwiesener Unschuld" strafprozessual seit Langem nicht mehr gibt (weshalb das von Heinrich monierte Fehlen ebendieser Begründung im Fall Ries allenfalls seine juristische Unkenntnis beweist, nicht aber einen an Ries vermeintlich haften bleibenden Makel darstellt), kann der Beschuldigte nicht mehr vorgehen, weil er davon nicht unmittelbar beeinträchtigt („beschwert") wäre.

Zu einem objektiven gerichtlichen Verfahren mit unabhängigen Richtern, die nicht zuletzt auch das Verhalten von Wiedergutmachungsbehörde und Staatsanwaltschaft unvoreingenommen überprüft (und Alfred Ries dann gewiss rehabilitiert) hätten, ist es durch die – zudem rechtlich falsch begründete – Einstellung des Verfahrens gegen Ries also nie gekommen. Aber gerade eine neutrale Staatsanwaltschaft hätte für die einzig korrekt fundierte Sachentscheidung sorgen müssen: Wegen des jahrelangen Zeitablaufs zwischen Verfolgung und Entschädigungsverfahren und naturgemäß fehlender Unterlagen hätten Alfred Ries allenfalls *fahrlässig* unrichtige Angaben über die tatsächlichen Verfolgungstatsachen vorgehalten werden können. Deshalb scheidet eine Strafbarkeit wegen einer *vorsätzlichen* Tat – etwa wegen Betrugs gemäß § 263 des Strafgesetzbuches (StGB), vorsätzlich falscher eidesstattlicher Versicherung gemäß § 156 StGB o. Ä. – schon von vornherein aus. Das hat auch die Staatsanwaltschaft letzten Endes zu Recht so gesehen.[108]

Folglich kann bei dem – doch an sich für jedermann sofort erkennbaren – Zahlenirrtum von Ries im Haftentschädigungsantrag vom 17. April 1949[109] und bei den fehlerhaften eidesstattlichen Erklärungen vom 2. Dezember 1950[110] und vom 21. Dezember 1951[111] betreffend verfolgungsbedingt eingetretener Einkommensnachteile allenfalls *Fahrlässigkeit* („in gutem Glauben abgegeben") vorgelegen haben. Diese Irrtümer, soweit ihm überhaupt faktisch unrichtige Angaben hätten nachgewiesen werden können, hat Ries aber noch *vor* Abschluss des Wiedergutmachungsverfahrens rechtzeitig und nachhaltig berichtigt. Damit ist gemäß § 163 Abs. 2 StGB a.F.[112] auch jegliche Strafbarkeit entfallen, was in jeder Hinsicht *zwingend* zu einer Verfahrenseinstellung gemäß § 170 Abs. II Strafprozessordnung (StPO) mangels hinreichenden Tatverdachts hätte führen müssen.[113]

Und da Ries schließlich – wie bereits hinreichend dargelegt – weder für die Wehrmachtsabwehr noch für irgendeine andere NS-Dienststelle tatsächlich als Spitzel tätig gewesen war, entfällt also auch in dieser Hinsicht jeglicher Verdacht auf eine begangene Straftat etwa durch Verschweigen einer Kollaboration mit den Nazis, was dann eine Wiedergutmachung generell und juristisch einwandfrei ausgeschlossen hätte.

Warum die Staatsanwaltschaft das Verfahren gegen Ries nun nicht korrekt gemäß den genannten §§ 163 StGB bzw. 170 StPO beendet hat, bleibt auch heute noch unerfindlich. Es ist eigentlich nur durch Voreingenommenheit der handelnden Beamten erklärlich – vielleicht wegen eines allgemeinen Verständnisses für die im NS-Regime Verstrickten oder aus naheliegender Nachsicht etwa wegen eigener Belastung. Dass Heinrich zwar ganz ausführlich die Gesetzesvorschriften zum Straffreiheitsgesetz vom 31. Dezember 1949 zitiert[114], aber den hier tatsächlich entscheidenden Absatz 2 von StGB-§ 163 (alte Fassung) bzw. 161 (neue Fassung) einfach auslässt, verschleiert weiterhin die wahre Rechtslage und irritiert deshalb doch sehr.

Besonders bitter erscheint es zudem nicht nur für Ries, sondern für jeden verständigen Nachbetrachter, dass die Staatsanwaltschaft ihre Verfahrenseinstellung eben nicht auf § 170 Abs. II StPO (fehlender Tatverdacht), sondern lediglich und ausgerechnet auf § 3 des Straffreiheitsgesetzes (Strafverzicht bei nur geringer Schuld) gestützt hat. Denn dieses Gesetz der seinerzeit jungen Bundesrepublik sollte in seinem Grundgedanken nicht etwa NS-Verfolgten zugutekommen, vielmehr bezweckte es durch eine Amnestie kleinerer und mittlerer Straftaten vor allem die gesellschaftliche Wiedereingliederung von vormaligen NSDAP-Mitgliedern und NS-Straftätern. Dabei wurde das Gesetz, das zugleich die Aufnahme NS-Belasteter in die neu oder wieder entstandenen politischen Parteien ermöglichte, gerade auch von prominenten Nazi-Gegnern unterstützt und begrüßt, so z. B. von Sozialdemokraten wie in Bremen unter anderem Bürgermeister Wilhelm Kaisen.[115] Dies war sozusagen der deutsche Eigenbeitrag zur Diskreditierung der „Entnazifizierung“ zu Beginn des Kalten Krieges.

Der Verteidiger von Alfred Ries, der selbst NS-verfolgte frühere Senator für Befreiung Dr. Alexander Lifschütz, stimmte letztlich einer derartigen Verfahrensbeendigung der Staatsanwaltschaft zu. Als verantwortungsvoller Anwalt empfahl er seinem Mandanten diesen Verfahrensabschluss wohl aus prozesstaktischen Gründen, um ein für allemal jegliche weitere Nachstellung durch voreingenommene Strafverfolger zu unterbinden.

Darüber, wie das Entnazifizierungsverfahren gegen die ehemaligen Gestapo-Beamten Nette und Linnemann ausgegangen ist – nämlich ohne jegliche fühlbare Sanktionen! – sollte man besser peinlich berührt schweigen. Hierüber wäre eine gesonderte Darstellung durchaus angebracht. Auch eine etwaige Befangenheit der damals ermittelnden Bremer Staatsanwälte soll jedenfalls hier nicht genauer untersucht werden – von gesteigertem Interesse wäre etwa die Betrachtung der NS-Belastung des just für NS-Strafsachen in Bremen zuständigen Ersten Staatsanwalts Dr. Höffler.[116]

Berechtigte Neuaufnahme des Wiedergutmachungsverfahrens

Auch die nach der Verzichtserklärung von 1954 zum 15. Januar 1965 erfolgte neuerliche Antragstellung von Alfred Ries auf Wiedergutmachung wird von Heinrich beanstandet. Dabei lässt er zumindest zwischen den Zeilen anklingen, Ries sei besonders hartnäckig, ja geradezu gierig gewesen, indem er, um einer (angeblich bevorstehenden) Strafverfolgung zu entgehen, zunächst einen Verzichtsvergleich abgeschlossen und diesen nach Einstellung des Ermittlungsverfahrens dann wieder aufgekündigt habe, um (angeblich unberechtigte) Entschädigungsforderungen doch noch durchzusetzen.[117] Diese Auffassung verkennt jedoch maßgeblich die Gesetzgebungsdynamik des Wiedergutmachungsrechts: Die Beantragung eines (aussichtsreichen) Zweitbescheides war vollkommen rechtens und nach dem vorläufigen Regelungscharakter des BErG von 1953, der deshalb ja das spätere BEG von 1956 erforderlich machte[118], für die Betroffenen sogar sinnvoll und notwendig.[119] Dementsprechend konnte und durfte Ries selbst als er am 8. Dezember 1966 den neuen Antrag zurückzog[120], sehr wohl weiterhin noch auf eine spätere Härtefallregelung oder eine für ihn günstigere Entschädigungspraxis hoffen, wie das Wiedergutmachungsamt selbst in den Akten niedergelegt hat[121].

Nachdem zunächst solche späteren Anträge auf Abhilfe eines bereits früher ergangenen negativen Bescheids wegen veränderter Sachlage – in dem im selben Jahr in Kraft getretenen BEG 1956 gesetzlich nicht vorgesehen – von der bundesgerichtlichen Rechtsprechung nicht für zulässig erachtet worden waren[122], änderte der Bundesgerichtshof später seine Rechtsprechung aufgrund einer verbindlichen wegweisenden Entscheidung des Bundesverfassungsgerichts vom April 1970 signifikant[123]: Er ließ nun die Beantragung von Zweitbescheiden zu, durch die letztlich vielfach doch noch eine Anerkennung berechtigter Ansprüche erreicht werden konnte. Alfred Ries hatte davon allerdings nichts mehr – er war bereits am 25. August 1967 verstorben.

Die Leitsätze der beiden grundlegenden Entscheidungen des Bundesverfassungsgerichts und des Bundesgerichtshofs seien hier unbedingt zitiert, eben weil in ihnen verdeutlicht wird, worum es damals bei der Wiedergutmachung ging und auch heute noch geht.

Zunächst das BVerfG:

„Das Wiedergutmachungsrecht wird von dem aus dem Rechtsstaatsprinzip abzuleitenden Gedanken beherrscht, daß es geboten ist, einen Ausgleich für ein zugefügtes Staatsunrecht in Gestalt von gezielter, die Freiheit, die wirtschaftliche Existenz, die Gesundheit oder das Leben zerstörender Massenverfolgung zu schaffen. Daraus folgt nicht nur ein besonderes Bedürfnis für die Zulassung des Zweitbescheides, sondern insbesondere auch (...) die Pflicht der behördlichen Praxis, zwischen dem Gebot der Rechtssicherheit und

der aus dem Gedanken der materiellen Gerechtigkeit entspringenden Forderung nach voller gesetzlicher Leistung abzuwägen. Dabei kommt im Wiedergutmachungsrecht dem Prinzip der materiellen Gerechtigkeit größeres Gewicht zu.“[124]

Und der BGH:

„Rechtskraftwirkungen, die außerhalb des Entschädigungsrechtsstreits eine erneute Prüfung eines Anspruchs verhindern würden, müssen den Belangen der Gerechtigkeit weichen (…). Deswegen ist das Gericht im Abhilfeverfahren an ein früheres rechtskräftiges Urteil (…) nicht gebunden.“[125]

Diese Grundsätze sind den Shoa-Opfern leider in vielen Fällen nicht zugutegehalten bzw. nicht zum Ausgleich ihrer erlittenen Nachteile angewendet worden. So war es auch im Falle von Alfred Ries.

Keine faire Auswertung der Personalakte Ries im Auswärtigen Amt

An Heinrichs Text zu bemängeln ist schließlich auch die Darstellung und Beurteilung von Ries‘ Personalakte im Auswärtigen Amt[126], da die hierbei verwendeten Formulierungen auffällig tendenziös und wertend erscheinen, etwa wenn zu den Qualifikationen und Leistungen von Alfred Ries bedeutet wird, sein berufliches Fortkommen sei eigentlich nur einer wiederholten Hervorhebung seines NS-Verfolgtenschicksals durch ihn selbst zu verdanken gewesen. Wer aber hätte wohl besser für den Wiederaufbau und die Reputation Bremens und der noch jungen Bundesrepublik geeignet sein und überzeugender auftreten können als Ries, der erfahrene und tüchtige Kaufmann und Manager, zudem noch rassistisch verfolgtes NS-Opfer?

Der Verfasser kürzt hier seine insoweit fortgeltende Kritik ab und verweist auf die gemeinsam recherchierte Darstellung von Mitautor Fabian Ettrich zu diesem Lebensabschnitt von Alfred Ries. Nur noch so viel: Über die politischen Bindungen und persönlichen Bekanntschaften des 1965 immerhin als FDP-Bundestagskandidat in Bremen kandidierenden Ries zu führenden Liberalen in Deutschland sowohl vor als auch nach der Zeit der Verfolgung hat abermals Hilde Ries in mehreren Gesprächen detailliert berichtet. Alfred Ries war bereits in der Weimarer Republik Parteimitglied in der DDP/DStP gewesen, auch der spätere Bundespräsident Theodor Heuss kannte ihn schon damals. Ein „Ausnutzen“ seines Schicksals als NS-Verfolgter mit dem Ziel des Vorantreibens der eigenen Karriere wäre daher zu keiner Zeit jemals nötig gewesen.

Heinrichs zweifelhafte „Bilanz“

Zuletzt fällt auch Arthur Heinrichs obendrein latent abfällig formulierte „Bilanz“[127] einseitig und wertend aus. Anders als es bei ihm geschieht, verdienen beispielsweise die Beamten der Bremer Wiedergutmachungsbehörde im Verfahren Ries keine explizit positive Anerkennung. Sie legten zwar tatsächlich einen besonderen Eifer an den Tag, jedoch vor allem in ihren überwiegend einseitigen Recherchen mit dem Ziel, Ries‘ Angaben zu widerlegen, wobei sie hierin mitunter deutlich über ein berechtigtes Beamtenethos und die Beachtung beamtenrechtlicher Haftungsfragen hinausgingen, was ihre Zwischenberichte in der Wiedergutmachungsakte für jeden nachlesbar dokumentieren. So wurde Ries vom Wiedergutmachungsamt eine Zeit lang sogar verdächtigt, Mitglied der NSDAP gewesen zu sein[128] – und das als „Volljude“ … Auch die Bremer Staatsanwaltschaft hat sich – wie wir weiter vorn gesehen haben – in Sachen Alfred Ries nicht als so neutral erwiesen, wie sie es für sich gern in Anspruch nimmt.

Besonders augenfällig für die vielen subtilen Abwertungen des Alfred Ries in Heinrichs Text ist der letzte Halbsatz: „… zumal deren Ergebnis *aufgrund der Zugehörigkeit von Ries zur gut vernetzten politischen Hautevolee der Hansestadt* schwer vorherzusehen war [Hervorhebung v. Verf.].“[129] Wen meint Arthur Heinrich mit dieser „Hautevolee“? Kennt er sich so gut mit der Bremer Gesellschaft aus, zumal jener der damaligen Zeit? Meint er – in seinem Stil überspitzt zurückgefragt – vielleicht die örtliche Gemeinschaft früherer Parteigänger des Nationalsozialismus oder die im gemeinschaftlichen Stillschweigen unterlassene Verfolgung von schuldigen Gestapo-Akteuren wie Linnemann und Nette durch die Bremer Strafjustiz?

Übersieht er die damalige sozialdemokratische Regierungsmehrheit, in der selbst einstmals verfolgte, verhaftete oder im Exil gewesene Nazi-Gegner einschließlich Bürgermeister Kaisen noch vor dem Ausbruch des Kalten Krieges einer Amnestie für ehemalige NSDAP-Mitglieder das Wort redeten[130] und sich sogar für bereits verurteilte, schwer belastete NS-Täter wie Polizei- und SS-Einsatzgruppenführer höchsten Ranges einsetzten?[131]

Hebt er auf die zu nicht unerheblichem Teil NS-belastete Spitze der Bremer Kaufmannschaft ab, zum Beispiel Getreidegroßhändler Kurt A. Becher[132] oder Textilhändler Walther C. Többens, den „Anti-Schindler“ aus dem Warschauer Ghetto[133]? Sicherlich meint er nicht die dezimierte Gemeinschaft unbescholtener jüdischer Geschäftsleute wie etwa den aus Theresienstadt zurückgekehrten Carl Katz, der als fleißiger und erfolgreicher „Lumpen-, Knoken- und Old-Isen-Händler“, wie die Bremer zu einer solchen Recycling-Geschäftstätigkeit damals zu sagen pflegten, schon *vor* der Verfolgung zu einem gewissen Wohlstand gekommen war.

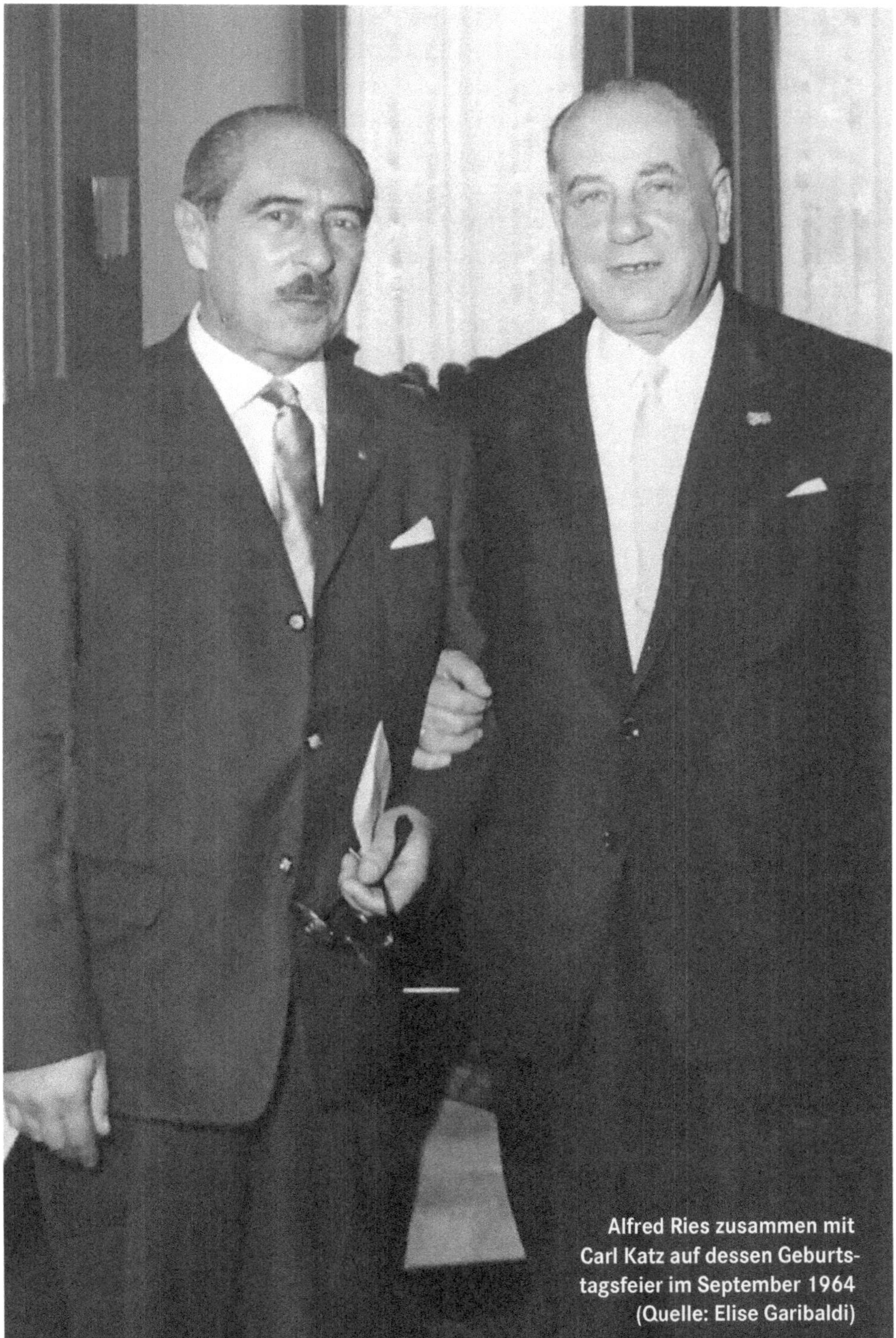

Alfred Ries zusammen mit Carl Katz auf dessen Geburtstagsfeier im September 1964 (Quelle: Elise Garibaldi)

Sollte also Ries etwa durch die Betonung seiner NS-Verfolgung ein Heinrichs Andeutungen zufolge in der Bremer Gesellschaft der Nachkriegszeit offenbar überall bestehendes schlechtes Gewissen ob der allgegenwärtigen NS-Verstrickung ausgenutzt und sich die Hochachtung und Gunst jener eben teilweise schwer belasteten „Hautevolee" der Hansestadt erschlichen haben?

Nein, die Wahrheit ist vielmehr: Ein ehemals NS-verfolgter Jude konnte sich noch bis tief in die Nachkriegszeit hinein in der Bremer Gesellschaft letztlich allein unter seinesgleichen, also im Kreis der nur noch als Torso vorhandenen, erst allmählich mit Zugezogenen aus aller Welt neu gebildeten Bremer Jüdischen Gemeinde unter Carl Katz vollkommen sicher fühlen und bedenkenlos bewegen. Dies haben nicht nur Hilde Ries und mehrere Zeitzeugen aus der damaligen Jüdischen Gemeinde Bremens dem Verfasser gegenüber bestätigt, es entspricht auch eigenen dort seit 1969 gemachten Beobachtungen.

Das seinerzeit einsetzende Bemühen des Bremer Senats und der Bremer Bürgerschaft um das Wohlbefinden der bremischen Juden vermochte daran zunächst noch wenig zu ändern. Mehr bewirkten da schon einige Mitglieder der Bekennenden Kirche in der „Gesellschaft für christlich-jüdische Zusammenarbeit (‚Brüderlichkeit')" unter der evangelischen Leitung der einst selbst im christlichen Widerstand gewesenen Elisabeth Forck. Als eine weitere rühmliche Ausnahme, und das auch schon in der NS-Zeit, darf zudem der Bremer Rotary Club gelten, dem Alfred Ries bereits vor 1933 angehört hatte, den er nach dem Krieg zusammen mit anderen wiedergründete und dessen Aktivitäten er als „Clubmaster" maßgeblich weiter mitbestimmte.[134]

Auch in seinem Herzensverein SV Werder Bremen gab es während der Zeit des Nationalsozialismus Sportfreunde wie etwa den bereits erwähnten Alfred „Abbi" Drewes (von 1943 bis 1946 und dann noch einmal nach der ersten Ries-Amtszeit nach dem Krieg 1952/53 Werder-Vorsitzender), die ihrem „guten alten" Präsidenten stets die Treue gehalten hatten.[135] Zwar war Werder bereits unter seinem ersten „Vereinsführer" Willy Stöver und der Mithilfe entsprechend vieler Unterstützer ab 1933 zu einem der vier „NS-Vorzeigevereine" neben dem VfB Stuttgart, dem TSV 1860 München und Schalke 04 umgebaut worden, mit dem Weserstadion nunmehr als „Bremer Kampfbahn".[136] Und auch die grün-weißen Täter und Mitläufer waren nach 1945 ja nicht einfach verschwunden, sondern traten dem unerwartet (und für manchen wohl auch: unerwünscht) zurückgekehrten Alfred Ries nun ganz unschuldig tuend entgegen.[137] Zu Ehren des SV Werder darf andererseits aber nicht unerwähnt bleiben, dass die Nationalsozialisten bei ihrer „Gleichschaltung" des Vereins teils erheblichen und hartnäckigen Widerstand von nicht wenigen in dunkler Zeit anständig gebliebenen Mitgliedern zu überwinden hatten.[138]

Was abschließend noch einmal besonders betont werden soll: Vor allem die Behauptung Arthur Heinrichs, dass „die vorhandenen Quellen eine Fülle von Hinweisen, die Zweifel aufkommen lassen, dass Ries den Opferstatus berechtigterweise für sich reklamierte"[139], hervorgebracht hätten, stimmt einfach nicht. Heinrich reklamiert vielmehr umgekehrt einen Täterstatus für Ries, worin sich ein anschauliches Beispiel der Schuldprojektion und geradezu „klandestinen“, im Verborgenen geschehenden deutschen Schuldumkehr zwischen Opfer und Täter offenbart. Dieses Phänomen, das inzwischen anscheinend auch in der dritten Generation seinen festen Platz eingenommen hat, beschreibt der Journalist Daniel Killy in Anlehnung an Ralph Giordano sehr eindrucksvoll als unsere „dritte Schuld“.[140]

Fazit des Verfassers

Nach der Lektüre der Wiedergutmachungs- und Personalakten von Alfred Ries sowie der kritischen Prüfung des Aufsatzes von Arthur Heinrich ergibt sich folgendes Fazit:

Es gab und gibt keinen strafrechtlich begründeten Verdacht gegen Alfred Ries.

Es gibt keinerlei belastende Dokumente oder konkrete Beweise gegen Ries.

Der Autor Heinrich hat primär Vermutungen angestellt, unkritisch aus der Wiedergutmachungsakte zitiert, Zeugenaussagen von ehemaligen Gestapo-Akteuren aufgewertet und zugleich Entlastungszeugen herabgesetzt, soweit er sie überhaupt berücksichtigt hat. Als Nichtjurist verkennt Heinrich zudem die fehlerhafte Rechtsanwendung des Wiedergutmachungsamtes und der damaligen Bremer Staatsanwaltschaft. Bei sorgfältiger Beschäftigung mit dem heutigen Forschungsstand und dessen angemessener Würdigung hätte man allerdings auch als Laie zu dieser Erkenntnis kommen können – vor allem jedoch bei Unvoreingenommenheit und halbwegs gutem Willen. Heinrich hingegen sorgt durch seine von vornherein tendenziöse Darstellung dafür, dass sich beim Leser sogleich ein Verdacht gegen Alfred Ries einnistet und an diesem haften bleibt. Damit bedient bzw. verstärkt Heinrich – ob gewollt oder ungewollt – die immer wieder auftauchenden Gerüchte bezüglich Ries in selbst ernannten „kritischen“ Gesellschaftskreisen gerade auch im Bremer Umfeld. Solche Gerüchte entbehren aber jeglicher Grundlage.

Für den Verfasser jedenfalls steht fest: Gegen Alfred L. Ries bleibt kein „Schatten eines Verdachts“!

Epilog

Dass Gerüchte um Alfred Ries immer wieder durch falsche Einzelinformationen neu genährt werden, zeigte sich erneut im Sommer 2020, als der Journalist Rainer Kahrs einen gut zwölfminütigen Beitrag mit dem Titel „Die mysteriöse Vergangenheit von

Werders Ex-Präsident Ries" verfasste, der am 21. Juli im vorabendlichen halbstündigen Regionalfernsehprogramm „buten un binnen" von Radio Bremen ausgestrahlt wurde. Darin wiederholt Kahrs in unkritischer Verwendung des ohnehin äußerst problematischen Inhalts der Wiedergutmachungsakten Behauptungen, bloße Verdächtigungen und tendenziöse Schlussfolgerungen über eine angebliche (jedoch – wie auch in diesem Buch aufgezeigt – tatsächlich nicht existierende) Spionagetätigkeit von Ries.

Er tut dies ohne letztlich tragfähige Beweise vorzulegen und obwohl ihm zuvor vonseiten unseres Autorenkreises sowie des jetzigen Werder-Präsidenten Hubertus Hess-Grunewald Gespräche zur Vermittlung von Hintergrundinformationen angeboten worden waren, die seinem tendenziösen Bericht die Grundlage entzogen hätten. Diese Informationsmöglichkeiten hat Kahrs jedoch nicht wahrgenommen. Sein Video war noch über ein Jahr lang in der ARD-Mediathek zu sehen und wird auch auf Wikipedia weiterhin als Sachnachweis zu Ries aufgeführt, selbst wenn der Link inzwischen ins Leere führt. Da das Internet jedoch bekanntlich nichts vergisst und der Beitrag also wohl nicht endgültig aus der Welt sein wird, sei hier ausdrücklich nochmals auf die beiden Beiträge von Fabian Ettrich und Sabine Pamperrien hingewiesen, um die Sache wieder zurechtzurücken.

Hilde Ries eingerahmt vom Verfasser (links) und von Mitautor Thomas Hafke im Sommer 2016 in Wiesbaden (Quelle: Privatbesitz Dirk Harms)

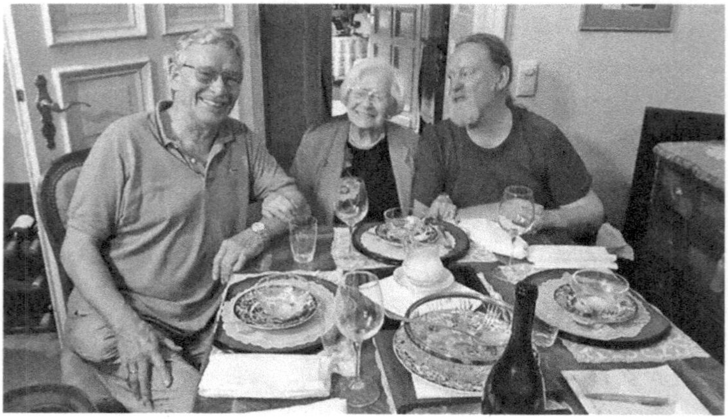

Nachwort

von Thomas Hafke

Der zunächst reine Fußball- und dann spätere Sportverein „Werder" von 1899 hat in seinen über 120 Jahren Geschichte sehr viel erlebt: die Industrialisierung und Modernisierung der Gesellschaft, das damit verbundene aufstrebende Bürgertum und die Arbeiterbewegung, zwei Weltkriege, die nationalsozialistische Diktatur, die Nachkriegszeit und die Demokratie in insgesamt vier unterschiedlichen deutschen Staaten. Eine bedeutende Rolle dabei spielte ein Mann, der den Verein über Jahrzehnte durch schwieriges Fahrwasser lenkte und Werder zu einem modernen Sportklub formte: Alfred Ries.

Eine Gruppe von Werder-Fans ist deshalb schon vor einiger Zeit der Biografie von Alfred Ries intensiver auf den Grund gegangen und hat eine Broschüre über ihn herausgegeben. Die Resonanz darauf machte der Gruppe bald klar, dass auch der gesamte Umbau des Vereins im Sinne der NS-Ideologie und die Biografien weiterer Werderaner mit jüdischem Hintergrund den Werder-Anhängern bekannter gemacht werden sollten, und das in einer bisher nicht dagewesenen Breite und unter Berücksichtigung neuer Literatur und weiterer Quellen.

Albert Rosenthal und seine Söhne Arthur, Herbert und Hermann, Leo Weinstein, Hugo Grünberg sowie die sogenannten „Halbjuden" Theo Eggert und Hans Wolff – sie alle spielten eine wichtige Rolle für den Klub, und sie alle wurden in der einen oder anderen Form Opfer des Nationalsozialismus: Albert Rosenthal verlor sein Leben in Theresienstadt, Hermann emigrierte in die USA, Herbert floh nach Ecuador und Arthur starb im Ghetto Minsk. Theo Eggert wurde unter prekären Bedingungen als Zwangsarbeiter eingesetzt. Leo Weinstein flüchtete in die USA, wo er Professor für französische Literatur wurde und den europäischen Fußball populär machte. Hugo Grünberg, der Schiedsrichter bei Werder war, wurde von den Nazis ermordet. Hans Wolff musste Drangsalierungen und berufliche Nachteile erdulden.

Die Überlebenden Theo Eggert und Alfred Ries, die verfolgt wurden, nur weil sie jüdisch waren, kehrten nach dem Zweiten Weltkrieg zu Werder zurück und halfen dabei, den zerstörten Verein wiederaufzubauen. Hans Wolff konnte sich sogar noch während des Krieges und insbesondere danach für seinen SVW engagieren. Sie alle wussten, wer im Klub zwischenzeitlich das Ruder übernommen hatte: angepasste Mitläufer und Opportunisten, vielleicht sogar manch stiller Regimegegner, aber eben auch überzeugte Nationalsozialisten. Einige NS-treue Vorstandsmitglieder aus der Zeit des Dritten Reichs, darunter „Vereinsführer" und „Dietwarte", waren jedenfalls nicht verschwunden, sie waren noch immer bei Werder tätig, als Alfred Ries wieder Präsident wurde.

Wie er, der seine Eltern in Theresienstadt verloren hatte und lange Zeit auf der Flucht leben musste, es schaffte, damit persönlich fertig zu werden, ist bis heute ein Rätsel. Er war allerdings der Überzeugung, dass Versöhnung der richtige Weg ist. Unbeirrt führte er Werder erfolgreich in die Bundesliga und zur ersten Bundesligameisterschaft. Trotzdem kennen Alfred Ries und seine Arbeit bis heute deutlich weniger Bremer, als es wünschenswert wäre. Denn nach seinem Tod wurde Ries – ebenso wie alle anderen jüdischen Werderaner und ihre Geschichten – mehr oder weniger vergessen.

Erst in den späten 1980ern gab es Bemühungen des Klubs und einiger Historiker, seiner ehemaligen jüdischen Mitglieder, Spieler und Funktionäre gewahr zu werden. Dies geschah aber nicht umfassend genug – ein Umstand, der gerade deshalb bedauerlich war, da ausgerechnet Ries latent unter dem Verdacht stand, mit den Nationalsozialisten kooperiert zu haben. Niemand machte sich in der gebotenen Tiefe auf zu fragen: Wer waren diese Werderaner, und was haben sie geleistet, aber auch: Was haben sie durchgemacht? Und auf der anderen Seite: Wie nationalsozialistisch war dieser SV Werder eigentlich – und was war dran an den Behauptungen über Ries? Nicht einmal die zu dieser Zeit noch lebenden Zeitzeugen wurden systematisch befragt, nur kürzere Texte über Ries und die übrigen jüdischen Werderaner publiziert.

Im Sommer 2018 änderte sich dann doch einiges. Mit der Broschüre von 2017 und der Entscheidung des Beirats „Östliche Vorstadt", dem neu entstandenen Platz vor der Westkurve des Weserstadions auf Initiative der Werder-Fans den Namen „Alfred-Ries-Platz" zu geben, gedachten der Verein und sein damals noch recht neuer Präsident ihres so wichtigen einstigen Mitglieds nun auch öffentlich.

Damit könnte die Geschichte eigentlich zu einem glücklichen Ende gekommen sein. Doch es gibt nach wie vor Menschen, die das Gerücht verbreiten, Alfred Ries habe mit den Nationalsozialisten kooperiert. In diesem Buch wurden die Vorwürfe erstmals umfassend aufgegriffen und strukturiert überprüft – anhand bisher nicht verfügbarer oder nicht berücksichtigter Quellen und Literatur. Aufgrund der vorliegenden Erkenntnisse – nicht zuletzt der von Sabine Pamperrien für ihr Projekt zum Rettungswiderstand in der Abwehr recherchierten und hier dankenswerterweise als Auszug zur Verfügung gestellten Fakten über die Verbindung von Alfred Ries zum Abwehrmitarbeiter Walter Frischmuth – lässt sich nunmehr plausibel rekonstruieren, wie es zu den Vorwürfen gegen Ries kam und warum diese mit an Sicherheit grenzender Wahrscheinlichkeit unzutreffend sind. Und selbst wenn sie gestimmt hätten, wäre vor irgendwelchen Schuldzuweisungen und moralischen Verurteilungen zuallererst die Frage zu stellen gewesen, ob Ries nicht vielleicht einfach nichts anderes übriggeblieben war, um zu überleben – wie es seinerzeit so vielen anderen jüdischen Menschen auch ergangen ist.

Es bleibt zu hoffen, dass Werder und seine Fans Alfred Ries‘ noch lange gedenken und dass auch die Rosenthals, Weinstein, Eggert, Wolff und Grünberg niemals vergessen werden.

Nicht zuletzt sollten wir uns auch an Hilde Ries erinnern, die Frau von Alfred, die erst kürzlich in Wiesbaden verstorben ist. Sie hatte unter den Gerüchten über ihren Mann am meisten gelitten. Und sie hat viel zu dessen Vermächtnis beigetragen. Viele der im vorliegenden Buch zu sehenden Fotos stammen aus ihrem Privatbesitz.

Zur Stärkung der Erinnerung soll mit diesem Buch ein weiterer Beitrag geleistet werden. Nun ist es an Werder und seinen Fans, daraus etwas zu machen. Das von der Jüdischen Gemeinde wiederhergerichtete Grab von Alfred Ries wäre dafür ein guter Ort – die Werder-Fans haben damals bereits dafür gesorgt, dass dieses Grab eine Gedenktafel erhalten hat. Noch gibt es aber keine Stolpersteine für Hugo Grünberg und seine Frau – und die vom Verein spätestens 1940 mit Umsetzung der NSRL-Einheitssatzung ausgeschlossenen jüdischen Mitglieder könnten zumindest posthum wieder aufgenommen werden. Oder wie wäre es eigentlich mit einer Skulptur zum Gedenken an die verfolgten Werderaner am oder im Weserstadion?

Bremen, im Januar 2022
Thomas Hafke

Autorinnen und Autoren

Lukas Bracht

ist Historiker mit einem Masterabschluss in Geschichte und Volkswirtschaftslehre der Universität Mannheim. Er hat bereits im Rahmen seiner Abschlussarbeiten zur Vereinsgeschichte von Werder geforscht, auch hier mit Fokus auf der Zeit des Nationalsozialismus.

Fabian Ettrich

Der studierte Historiker und Politikwissenschaftler lebt in Osnabrück und arbeitet im Bereich Öffentlichkeitsarbeit für eine Wirtschaftsorganisation. Er hat bereits an der Broschüre des Fanprojekts im Jahr 2017 über Alfred Ries mitgearbeitet und ist Gründungsmitglied und Schatzmeister des Werder-Fanclubs „Ahoi-Crew 05" in Osnabrück.

Dr. Marcus Meyer

Als ebenfalls studierter Historiker ist er wissenschaftlicher Mitarbeiter der Landeszentrale für politische Bildung in Bremen und wissenschaftlicher Leiter der Bremer Gedenkstätte „Denkort Bunker Valentin", dazu Vorstandsmitglied des Vereins „Erinnern für die Zukunft e. V.". Veröffentlichungen zur Geschichte des Bremer Bürgertums, zur Zwangsarbeit im Nationalsozialismus und zur Erinnerungskultur.

Carina Knapp-Kluge

ist seit etwa 1978 fest in der Werder-Fanszene verankert und seit Gründung des Dachverbands Bremer Fanclubs (DEVAU) lange Jahre in dessen Leitungsgremium. Mitglied in den Werder-Fanclubs „Vahraonen 83" und „Green Hotspots". Außerdem seit 1980 Fan von Celtic Glasgow. Mitarbeit in diversen Werder-Fanzines, Veröffentlichungen für das Fanprojekt Bremen und an verschiedenen anderen Orten. Aktiv bei QFF Europe, Internetbloggerin.

Dr. Sabine Pamperrien

Die gebürtige Bremerin studierte Geschichte sowie Rechts- und Literaturwissenschaft. Sie ist als freie Journalistin und Autorin tätig, u. a. des *Spiegel*-Bestsellers „Helmut Schmidt und der Scheißkrieg". Der Beitrag in diesem Band ist ein Auszug aus ihrem aktuellen Buchprojekt über den Rettungswiderstand.

Dirk Harms

Der ehemalige Richter am Landgericht Bremen war Gründungsmitglied der Deutsch-Israelischen Gesellschaft Bremen und ist Mitglied der Deutsch-Israelischen Juristenvereinigung. Er hat ebenfalls an der Broschüre zu Alfred Ries mitgewirkt und arbeitet seit einiger Zeit über die NS-Justiz in Bremen und Prag sowie die stalinistische Justiz im früheren Ostblock.

Thomas Hafke

Der Diplom-Sozialwissenschaftler lebte nie weiter als tausend Schritte vom Weserstadion entfernt. Von 1988 bis 2017 für das Fanprojekt Bremen tätig, wo er gemeinsam mit Werder-Fans für den Erhalt der Stehplätze sorgte und Räumlichkeiten für Fans in der Ostkurve durchsetzte. Organisierte einen langjährigen Fanaustausch mit Fußballfans aus Israel. War Lehrbeauftragter an der Uni Bremen, der Hochschule Bremen im Studiengang Sozialwesen und Soziale Arbeit sowie bei der Bremer Hochschule für öffentliche Verwaltung. Zurzeit ist er Dozent an der IU Bremen. Mitglied der Deutsch-Israelischen Gesellschaft. Er hat die Broschüre über Alfred Ries „Unvergessen vergessen" herausgegeben und auch für das vorliegende Buch als Initiator und Koordinator gewirkt.

Dank

Als Autorinnen und Autoren des vorliegenden Buches haben wir vielfältige Unterstützung erfahren. Ein herzlicher Dank geht an …

Jürgen Anders, Ruth Bahar, Doris Flom, Günter Garbrecht, Elise Garibaldi, Vera Harms, Cynthia L. Haven, Barbara Johr, Inge Katz, Harald Klingebiel, Lorenz Knieriem, Peter Kurze, Christoph Lemke, Derek Liecty, Lorenz Peiffer, Oliver Rau, Hilde Ries, Lars Schmidt, Heiko Suhr, Stellan Teply, Hans-Joachim Wallenhorst und den inzwischen leider verstorbenen Christian Weber.

Unser Dank geht auch an zahlreiche Institutionen und Vereine, die uns geholfen haben: Deutsch-Israelische Gesellschaft (Jan-Christoph Kranefeld, Hermann Kuhn, Till Schmidt), Militärarchiv Freiburg (Michael Noth), Rotary Club Bremen (Heinz-Otto Peiken, Anita Veen, Karsten D. Wick), Stanford University (David Kiefer), Verlag Die Werkstatt (Christoph Schottes, Dietrich Schulze-Marmeling), SV Werder Bremen (Marco Bode, Marika Diesing, Henrik Gieschen, Hubertus Hess-Grunewald, Willi Lemke) und die SV Werder Bremen Stiftung, Vereinsarchiv Rot-Weiss Essen (Georg Schrepper), Politisches Archiv des Auswärtiges Amtes, AvanCarte GmbH, Bundesarchiv, DFB-Archiv, DFB-Kulturstiftung (Olliver Tietz), Archiv des Liberalismus/ Friedrich-Naumann-Stiftung für die Freiheit, Stasi-Unterlagen-Archiv, Böttcherstraße GmbH, Gedenkstätte Sachsenhausen und Museum, Handelskammer Bremen, Hauptstaatsarchiv Stuttgart, ITS Bad Arolsen, Landesarchiv Baden-Württemberg, Staatsarchiv Bremen, Yad Vashem, Jüdische Gemeinde Bremen (Elvira Noa, Grigori Pantijelew, Netanel Teitelbaum), Archiv des *Weser-Kuriers*, Archiv der *Bremer Nachrichten*, Initiative !Nie Wieder (Eberhard Schulz).

Ein besonderer Dank geht an den SV Werder Bremen und den Rotary Club Bremen für die Finanzierung des Buches, ganz besonders an Hubertus Hess-Grunewald für seine Unterstützung.

Anhang

Endnoten

Hinweis: Endnoten sind abschnittsweise aufgeführt.
Wenn in Zitaten eine Schreibweise vorkam, die nicht der heute geltenden Rechtschreibung entspricht, wurde auf Hinzufügung eines „[sic!]"-Hinweises verzichtet. Dieser erfolgt nur, wenn bereits die damalige Schreibweise fehlerhaft war.

Der SV Werder von der Gründung bis 1945 – Ein Abriss der Vereinsgeschichte mit Augenmerk auf der Zeit ab 1933

1 *VN*, April 1933, S. 2.

2 Nils Havemann: *Fußball unterm Hakenkreuz. Der DFB zwischen Sport, Politik und Kommerz*, Frankfurt/New York 2005, S. 213.

3 Hans-Joachim Wallenhorst / Harald Klingebiel: *Neunzig Jahre SV „Werder" 1899 – 1989*, Bremen 1988.

4 Harald Klingebiel: „SV ‚Werder' – ein Verein, der nicht erst heute Geschichte macht", in: Norbert Kuntze: *Werder Bremen. Eine Karriere im kühlen Norden*, Göttingen 1994, S. 223–282; Harald Klingebiel: „Jüdische Sportler bei Werder Bremen", in: Arnd Krüger / Bernd Wedemeyer-Kolwe (Hg.): *Vergessen, verdrängt, abgelehnt. Zur Geschichte der Ausgrenzung im Sport*, Berlin 2009, S. 50–71.

5 In diesem Zusammenhang sind die folgenden Arbeiten des Autors zu nennen: „Der Sport-Verein ‚Werder' im ‚Dritten Reich'" (Bachelorarbeit, am 18. Juli 2017 der Philosophischen Fakultät der Universität Mannheim, Historisches Institut, vorgelegt), „Sport in der Weimarer Republik" (Hausarbeit, am 23. März 2020 der Philosophischen Fakultät der Universität Mannheim, Historisches Institut, vorgelegt) sowie „Die Vereinsgeschichte des Sport-Verein ‚Werder' e. V. Eine Analyse der ‚Vereins-Nachrichten' von 1911 bis 1945" (Masterarbeit, am 15. April 2021 der Philosophischen Fakultät der Universität Mannheim, Historisches Institut, vorgelegt).

6 Vgl. Erik Eggers: *Fußball in der Weimarer Republik*, Kellinghusen 2018, S. 10.

7 So z. B. bei Wallenhorst/Klingebiel: *Neunzig Jahre*, S. 9. Die Eintragung in das Vereinsregister der Stadt Bremen erfolgte in jedem Fall erst am 2. Oktober 1912.

8 Vgl. Willy Stöver: *Vierzig Jahre Sport-Verein „Werder" v. 1899 e. V.*, Bremen 1939, S. 5.

9 *VN*, März 1929, S. 7.

10 Vgl. Stöver: *Vierzig Jahre*, S. 6.

11 Dies hat eine Auswertung der Adressen der Werder-Mitglieder basierend auf der in den *Vereinsnachrichten* veröffentlichen Mitgliederbewegung in der oben genannten Masterarbeit des Autors ergeben.

12 Vgl. *VN*, September 1913, S. 2.

13 *VN*, Februar 1912, S. 2.

14 Norddeutscher Fußball-Verband (Hg.): *Fünfzig Jahre Norddeutscher Fußball-Verband 1905–1955*, bearb. u. zusammengest. v. W. A. Cordua, Hamburg 1955, S. 201.

15 Vgl. Stöver: *Vierzig Jahre*, S. 7.

16 Vgl. *VN*, August 1934, S. 6.

17 Vgl. z. B. *VN*, Oktober/Dezember 1915, S. 38.

18 Auf den Effekt zurückkehrender Kriegsgefangener auf die Verbreitung von Sportarten nach dem Ersten Weltkrieg machen z. B. Tauber (vgl. Peter Tauber: *Vom Schützengraben auf den grünen Rasen. Der Erste Weltkrieg und die Entwicklung des Sports in Deutschland*, Berlin 2008, S. 290–295) und Scharenberg (vgl. Swantje Scharenberg: *Die Konstruktion des öffentlichen Sports und seiner Helden in der Tagespresse der Weimarer Republik*, Paderborn 2012, S. 224) aufmerksam.

19 Satzung F.V. Werder von 1899, § 5, in: AGB, VR173, Nr. 4.

20 *VN*, März 1929, S. 7.

21 *VN*, April 1912, S. 5.

22 Vgl. Kasper Maase: *Grenzenloses Vergnügen. Der Aufstieg der Massenkultur 1850–1970*, 4. Aufl., Frankfurt/M. 2007, S. 85.

23 *VN*, Januar 1920, S. 5.

24 Vgl. *VN*, April/Mai 1919, S. 4 (Kegeln/Schach); *VN*, März 1920, S. 11 (Billard); *VN*, April/Mai 1920, S. 22 (Cricket); *VN*, Dezember 1924 / Januar 1925, S. 8 (Rugby); Klingebiel: „SV ‚Werder'", S. 247 (Handball, Faustball, Schlagball).

25 Vgl. S.V. „Werder" an Amtsgericht vom 21. Januar 1920, in: VAWB, D1920009, S. 1. Der vereinsinterne Beschluss zur Umbenennung war dabei bereits Ende 1919 erfolgt, und auch in der Satzung von 1932 wird das Jahr der Umbenennung mit „1919" angegeben.

26 Vgl. Erik Eggers: „Profifußball im Amateurverband: Der deutsche Sonderweg", in: Christian Koller / Fabian Brändle (Hg.): *Fussball zwischen den Kriegen. Europa 1918–1939*, Berlin/Zürich 2010, S. 221–243.

27 Vgl. *VN*, April 1921, S. 11.

28 Rund 5.000 Zuschauer waren es z. B. beim Heimspiel gegen den Bremer SV am 7. November 1920 (vgl. *VN*, Dezember 1920, S. 4).

29 Vgl. *VN*, Februar 1930, S. 1. Das Stadion war Eigentum des Vereins Weser-Stadion e. V., in dessen Besitz es übergegangen war, nachdem der ursprüngliche Auftraggeber, der ABTS (Allgemeiner Bremer Turn- und Sport-Verein), Zahlungsunfähigkeit angemeldet hatte (vgl. Mitteilung des Senats vom 2.11.1928, in: Staatsarchiv Bremen [StAB], 3-2.V. Nr. 2191).

30 Satzung des S.V. „Werder" vom 29. Februar 1932, § 2c, in: AGB, VR173 Nr. 132.

31 Vgl. *VN*, Januar/März 1919, S. 12. Zum langjährigen jüdischen Werder-Mitglied Arthur Rosenthal und seiner Familie siehe den Beitrag von Fabian Ettrich in diesem Buch.

32 Vgl. *VN*, April/Mai 1919, S. 5.

33 Der Verband bremischer Bürgervereine war die öffentliche Interessenvertretung der bürgerlichen Vereine Bremens. Er beschäftigte sich laut Jahresbericht von 1920 in seinen Versammlungen mit Fragen des allgemeinen Zusammenlebens in Bremen, so u. a. der Beleuchtungs- und Kohlenfrage, der Stadtwehr und der polizeilichen Bewachung sowie der Nahrungsmittelsituation. In dem Bericht aufgeführte Gastredner bei Versammlungen und Gesprächen über Verbandsmitglieder auf der DDP-Liste zur Bremer Bürgerschaftswahl deuten auf eine politisch liberale Ausrichtung hin. Auf der Versammlung am 20. Mai 1920 wurde indes die politische Neutralität des Verbands beschlossen (vgl. StAB 7, 1009/10013).

34 Eine Übersicht aller Ergebnisse sowie die finalen Tabellen der Gauliga VIII finden sich bei Bernd Jankowski u. a. (Hg.): *Fußball im Norden. 100 Jahre Norddeutscher Fußball-Verband*, Bremen 2005, S. 298–300.

35 Vgl. *VN*, Oktober/November 1933, S. 5.

36 Zur Auflösung der Deutschen Jugendkraft, dem katholischen Sportverband, vgl. Heinz-Egon Rösch: *Sport um der Menschen willen. 75 Jahre DJK-Sportverband ‚Deutsche Jugendkraft' 1920–1995*, Aachen 1995, S. 23–29.

37 In den deutschen Turn- und Sportvereinen sanken die Mitgliederzahlen seinerzeit von insgesamt 5 Mio. (1933/34) auf 2 Mio. (1937/38); vgl. Christiane Eisenberg: *„English Sports" und deutsche Bürger. Eine Gesellschaftsgeschichte 1800–1939*, Paderborn u. a. 1999, S. 398.

38 Zu möglichen Motiven für eine Anpassung der Sportvereine und -verbände siehe Dieter Steinhöfer: *Hans von Tschammer und Osten. Reichssportführer im Dritten Reich*, Berlin 1973, S. 27.

39 Vgl. Satzung des S.V. „Werder" vom 09. Oktober 1933, § 8, in: AGB, VR173 Nr. 174.

40 Klaus Vieweg: „Gleichschaltung und Führerprinzip – Zum rechtlichen Instrumentarium der Organisation des Sports im Dritten Reich", in: Peter Salje (Hg.): *Recht und Unrecht im Nationalsozialismus*, Münster 1985, S. 244–271, hier: S. 254.

41 Ebd.

42 Vgl. *VN*, Mai 1933, S. 1.

43 *VN*, Mai 1933, S. 1.

44 So Stakes Selbstauskunft in seiner Entnazifizierungsakte, einsehbar unter StAB, 4,66 – I – 10716.

45 Ebd. Anzumerken ist, dass es zwischen April 1933 und Mai 1939 einen Aufnahmestopp in der NSDAP gab, um Opportunisten (die sogenannten „Märzgefallenen" oder „Konjunkturritter") nach der „Machtergreifung" von der Partei fernzuhalten. Entscheidend gelockert wurde die Maßnahme indes bereits im April 1937, als alle, die in angeschlossenen Verbänden Mitglied waren, in die NSDAP eintreten durften.

46 Ebd.

47 Protokoll vom 09. Oktober 1933, S. 2, in: AGB, VR173 Nr. 170.

48 Vgl. die entsprechende Bestimmung in § 26, Abs. 1 des Wehrgesetzes vom 21. Mai 1935: „Die Zugehörigkeit zur NSDAP oder einer ihrer Gliederungen oder zu einem der ihr angeschlossenen Verbände ruht für die Dauer des aktiven Wehrdienstes" (zit. nach: *Reichsgesetzblatt*, Jahrgang 1935, Teil I, S. 609–614, hier: S. 613).

49 Vgl. „Vorstellungsgesuch" vom 15. November 1945, in: Entnazifizierungsakte Willy Stöver, StAB, 4,66 – I – 10927.

50 Aussage Herbert Weber vom 6. November 1945, in: ebd.

51 Aussage August Heyer vom 2. November 1945, in: ebd.

52 Aussage Hermann Werries vom 1. November 1945, in: ebd.

53 Selbstauskunft Stöver, in: ebd.

54 *VN*, Oktober/November 1933, S. 2.

55 *VN*, Januar 1934, S. 3.

56 Ebd.

57 Vgl. *Bremer Nachrichten* vom 20. Dezember 1951, in: StAB, 4,63/2 – 410.

58 *VN*, Juni 1937, S. 3.

59 Vgl. *VN*, September 1937, S. 3.

60 Vgl. Satzung des S.V. „Werder" vom 26. Februar 1935, § 9, in: AGB, VR173 Nr. 188.

61 Vgl. „Werder" an Amtsgericht (29.06.1937), in: AGB, VR173 Nr. 200.

62 *VN*, September 1937, S. 3.

63 Diese und weitere Aussagen sowie die im Text vorausgehenden und folgenden Angaben über Adolf Hecht und sein Entnazifizierungsverfahren lassen sich nachlesen in: StAB 4,66 – I – 4200.

64 Vgl. ebd.

65 Arthur Heinrich: *Der Deutsche Fußballbund. Eine politische Geschichte*, Köln 2000, S. 128.

66 Stöver: *Vierzig Jahre*, S. 19

67 „Bericht zur Generalversammlung vom 14. Mai 1933", in: *VN*, Mai 1933, S. 1 f.

68 Vgl. Protokoll vom 09. Oktober 1933, S. 2, in: AGB, VR173 Nr. 170.

69 Protokoll der Generalversammlung vom 26. Februar 1935, S. 2, in: AGB, VR173 Nr. 186.

70 Vgl. Protokoll vom 09. Oktober 1933, S. 3, in: AGB, VR173 Nr. 170.

71 Vgl. z. B. *VN*, Oktober/November 1933, S. 8.

72 Ebd.

73 Ebd.

74 Ebd., S. 1

75 *VN*, August 1934, S. 7.

76 Brief des Kreis-Propagandaleiters Hoffmann an Präsidialrat Hochmuth vom 07.03.1934, in: Vereinsakte „Weserstadion e. V.", StAB, 3-V.2., Nr. 447.

77 In der Vereinschronik zum 40-jährigen Bestehen wird die Devise „Deutsch die Saar immerdar!" genannt, vgl. Stöver: *Vierzig Jahre*, S. 19.

78 Vgl. „Oster-Programm 1934", in: Vereinsakte „Weserstadion e. V.", StAB, 3-V.2., Nr. 447.

79 Vgl. Brief von Stöver an Bürgermeister Markert, in: ebd. Diese Auffassung wird auch vertreten in Wallenhorst/Klingebiel: *Neunzig Jahre*, S. 165.

80 *VN*, März/April 1935, S. 8.

81 Werner von Wienczkowski: „Rundschau", in: *VN*, Mai 1933, S. 2.

82 Vgl. ebd., S. 1 f.

83 „Die Zeit der Querulanten und Stänker ist vorbei, ich werde mit eiserner Energie dafür sorgen, daß die Geister, die den inneren Frieden zerstören, für immer verschwinden" (*VN*, Oktober/November 1933, S. 4).

84 *VN*, Juni/Juli 1933, S. 7.

85 Ebd.

86 Heinrich: *Deutscher Fußballbund*, S. 146.

87 Dr. R. Strempel: „Die Leibesübungen im neuen Staate", in: *Leibesübungen und körperliche Erziehung*, 21 (1933), S. 475.

88 *VN*, April 1933, S. 2.

89 *VN*, Mai 1933, S. 1.

90 Ebd., S. 9.

91 Bereits 1934 berichtete der Verein, dass HJ und andere politische Organisationen „den Junioren so viel Zeit [nehmen], daß es uns nur schwerlich möglich ist, sie zu Wettspielen heranzuziehen, geschweige denn zum Training zu bekommen" (*VN*, April 1934, S. 9).

92 Vgl. Hardy Grüne: *100 Jahre Deutsche Meisterschaft. Die Geschichte des Fußballs in Deutschland*, Göttingen 2003, S. 212; vgl. Steinhöfer: *Tschammer und Osten*, S. 50. Beim SV Werder beispielsweise wurden im Januar 1937 immerhin 25 Jugendliche dem „Jungvolk" übergeben (vgl. *VN*, Januar 1937, S. 14).

93 Vgl. *VN*, Dezember 1933, S. 18, und *VN*, Januar 1934, S. 10.

94 Vgl. ebd., S. 11.

95 Horst Weder: „Vor 50 Jahren – Deutscher Reichsbund für Leibesübungen (DRL) als ein Ergebnis der hitlerfaschistischen ‚Gleichschaltung' des Sports", in: *Theorie und Praxis der deutschen Körperkultur*, 33 (1984), S. 837–841, hier: S. 838.

96 Vieweg: „Gleichschaltung und Führerprinzip", S. 247; vgl. auch Matthias Schachtschneider: „Das Dietwesen – Anspruch und Wirklichkeit. Eine Studie am Beispiel Oldenburg", in: Niedersächsisches Institut für Sportgeschichte (NISH) (Hg.): *NISH-Jahrbuch 1998*, Hannover 1998, S. 57–73.

97 Vgl. Wallenhorst/Klingebiel: *Neunzig Jahre*, S. 171.

98 Vgl. Satzung des S.V. „Werder" vom 26. Februar 1935, § 11, in: AGB, VR173 Nr. 188-190.

99 Vgl. *VN*, Mai 1933, S. 2.

100 Vgl. *Der Kicker*, Nr. 16, 19.4.1933, S. 8, zit. nach Markwart Herzog: „Die drei ‚Arierparagrafen' des FC Bayern München. Opportunismus und Antisemitismus in den Satzungen des bayrischen Traditionsvereins", in: ders. (Hg.): *Die „Gleichschaltung" des Fußballsports im nationalsozialistischen Deutschland*, Stuttgart 2016, S. 75–114, hier: S. 77.

101 Vgl. Herzog: „Die drei ‚Arierparagrafen', S. 94 ff.

102 Satzung des S.V. „Werder" vom 29. April 1940, § 4 Abs. 6, in: AGB, VR173 Nr. 231.

103 Vgl. Anmeldeformular für Mitglieder, in: *VN*, August 1939, S. 8.

104 Vgl. Herzog: „Die drei ‚Arierparagrafen'", S. 77.

105 Vgl. *CV-Zeitung*, 13 (1927), S. 168 (online unter https://sammlungen.ub.uni-frankfurt.de/download/pdf/2277742?name=13 %20141927; letzter Abruf: 11. Januar 2022).

106 Albert seit 1906 (vgl. Matthias Hörstmann: *Verlorene Helden. Von Gottfried Fuchs bis Walther Bensemann. Die Vertreibung der Juden aus dem deutschen Fußball nach 1933*, Berlin 2016, S. 29), Arthur seit Juli 1914 (vgl. *VN*, August 1914, S. 3), Herbert seit Dezember 1913 (vgl. *VN*, Dezember 1913, S. 2), Hermann seit Januar 1918 (vgl. *VN*, Januar/März 1918, S. 3).

107 Vgl. *VN*, Juli 1935, S. 11.

108 Vgl. Alfred Ries / Willy Stöver: *50 Jahre Sport-Verein „Werder" von 1899 e. V.*, Bremen 1949, S. 33.

109 Vgl. Klingebiel: „Jüdische Sportler", S. 61.

110 Vgl. den Beitrag von Carina Knapp-Kluge in diesem Buch.

111 Wilhelm Lührs, Inge Marßolek, Erich Müller (Hg.): *„Reichskristallnacht" in Bremen. Vorgeschichte, Hergang und gerichtliche Bewältigung des Pogroms vom 9./10. Nov. 1938*, Bremen 1988, S. 68, zit. nach Klingebiel: „Jüdische Sportler", S. 63.

112 Vgl. *VN*, Juni/Juli 1920, S. 2.

113 Lorenz Peiffer / Henry Wahlig: *Juden im Sport während des Nationalsozialismus. Ein historisches Handbuch für Niedersachsen und Bremen*, Göttingen 2012, S. 32.

114 Vgl. ebd., S. 35.

115 Vgl. Jankowski: *Fußball im Norden*, S. 74 f.

116 Vgl. Herzog: „Die drei ‚Arierparagrafen'".

117 Vgl. *VN*, April 1933, S. 2.

118 Ebd.

119 Havemann: *Fußball unterm Hakenkreuz*, S. 213.

120 Vgl. Schierloh an Amtsgericht (22. März 1946), in: AGB, VR173 Nr. 238.

121 Vgl. Albert Drewes an Oberregierungsrat Jahn vom 10. November 1945, in: Akte des Amts für Leibesübungen, Wiederzulassung von Sportvereinen, StAB, 4, 122-13, Nr. 24.

122 Vgl. „Werder" an Amtsgericht (01. April 1946), in: AGB, VR173 Nr. 239.

123 Vgl. ebd.

124 Satzung des SV Werder Bremen vom April 1946, in: Akte des Amts für Leibesübungen, Wiederzulassung von Sportvereinen, StAB, 4, 122-13.

125 Vgl. Protokoll der außerordentlichen Generalversammlung vom 3. Oktober 1947, S. 4, in: AGB, VR173 Nr. 257.

126 Vgl. ebd. sowie „Werder" an Amtsgericht (12. Januar 1948), in: AGB, VR173 Nr. 269.

127 Vgl. Wallenhorst/Klingebiel: *Neunzig Jahre*, S. 230.

128 Aussage August Heyer vom 2. November 1945, in: Entnazifizierungsakte Willy Stöver.

Lebenslang grün-weiß – Das bewegte Leben des Alfred Ries

1 Vgl. Alfred Ries / Willy Stöver: *50 Jahre Sport-Verein „Werder" von 1899 e. V.*, Bremen 1949, S. 7, S. 33 f.; vgl. Martin Lange: „Ehrengalerie im Wuseum erweitert" (https://www.werder.de/de/aktuell/news/sonstiges/erweiterung-der-ehrengalerie-16032018, letzter Abruf: 17.1.2022). Auf der Werder-Website wird Alfred Ries in den Rubriken „Ehrenmitglieder" (https://www.werder.de/de/der-svw/struktur/sport-verein-werder/ehrenmitglieder; letzter Abruf: 20.1.2022) sowie „Ehrenpräsident" (https://www.werder.de/de/der-svw/struktur/sport-verein-werder/ehrenpraesident; letzter Abruf: 20.1.2022) allerdings nach wie vor nicht geführt.

2 Vgl. Harald Klingebiel: „Jüdische Sportler bei Werder Bremen", in: Arnd Krüger / Bernd Wedemeyer-Kolwe (Hg.): *Vergessen, verdrängt, abgelehnt. Zur Geschichte der Ausgrenzung im Sport*, Berlin 2009, S. 50–71; Hans-Joachim Wallenhorst / Harald Klingebiel: *Neunzig Jahre SV „Werder" 1899 – 1989*, Bremen 1988; Lorenz Peiffer / Henry Wahlig: *Juden im Sport während des Nationalsozialismus. Ein historisches Handbuch für Niedersachsen und Bremen*, Göttingen 2012; Projekt „Stolpersteine Bremen" (http://www.stolpersteine-bremen.de; letzter Abruf: 16.12.2021).

3 Vgl. Gemeinschaftlicher Erbschein vom 19. November 1957, in: Wiedergutmachungsakte (WGA) Eduard Ries, Staatsarchiv Bremen (StAB) 4,54 – E 10576, Bl. 40; vgl. Geburtsurkunde Alfred Ries vom 3. Juli 1953, in: Personalakten Alfred Louis Ries, Politisches Archiv des Auswärtigen Amtes Berlin (PolAAA) 55.830, Bl. 3.

4 Vgl. Auszug aus der Globalanmeldung vom 29. Oktober 1956, in: WGA Eduard Ries, Bl. 5; vgl. Sterbeurkunde Eduard Ries, ausgestellt vom Sonderstandesamt Arolsen am 1. November 1954, in: WGA Ehemann Rosa Ries, StAB 4,54 – E 9390, in: WGA Eduard Ries, Bl. 21.

5 Vgl. Sterbeurkunde Rosa Ries, ausgestellt vom Sonderstandesamtes Arolsen am 1. November 1954, in: ebd., Bl. 17; vgl. Günther Rohdenburg / Karl-Ludwig Sommer: *Erinnerungsbuch für die als Juden verfolgten Einwohner Bremens*, Bremen 2006, S. 213 f.; vgl. Monika Felsing: „Die letzte Adresse vor Theresienstadt", in: *Weser-Kurier*, 6. Oktober 2010 (https://www.weser-kurier.de/bremen_artikel,-Die-letzte-Adresse-vor-Theresienstadt-_arid,299201.html; letzter Abruf: 16.12.2021); vgl. Beschluss des Aufgebotsverfahrens zum Zwecke der Todeserklärung der Frau Helene Abbenthern und Andere

vom 8. September 1948, in: WGA Rosa Ries, StAB 4,54 – E 9391, in: WGA Eberhard Ries, StAB 4,54 – E 10577, Bl. 7.

6 Vgl. Ancestry.com: „Walter Dagobert Ries", in: Bremer Militärlisten 1712–1914: Ersatzkommission, Stammlisten und Militärstammrollen Staatsarchiv Bremen; vgl. Bearbeitungsstand der Akte E 4786/2, in: WGA Walter Ries, StAB 4,54 – E 4786, unpaginiert; vgl. Ancestry.com: Familienstammbaum Rosa Frieda Stern (https://www.ancestry.com/genealogy/records/rosa-frieda-stern-24-bdxdtz; letzter Abruf: 16.12.2021); vgl. FindAGrave.com: „Rowland A. Ries" (https://de.findagrave.com/memorial/22555407/rowland-a_-ries; letzter Abruf: 16.12.2021); vgl. Ancestry.com: „Walter Dagobert Ries", in: Bremer Militärlisten 1712–1914: Ersatzkommission, Stammlisten und Militärstammrollen Staatsarchiv Bremen; vgl. Antrag zur Entschädigung für Opfer der nationalsozialistischen Verfolgung vom 19. Oktober 1956 (Posteingang), in: WGA Eduard Ries, Bl. 1.

7 Vgl. N.N.: „Alfred Ries 55 Jahre alt", in: *Bremer Nachrichten*, Nr. 281, 5. November 1952; vgl. Antrag auf Ausstellung eines Ausweises für politisch, rassisch und religiös durch den Nazismus Verfolgte vom 12. Januar 1947, in: WGA Alfred Ries, StAB, 4,54 – E 998, unpaginiert; vgl. Hans-Joachim Wallenhorst: „Das zweite Jahrzehnt", in: Klingebiel/Wallenhorst: *Neunzig Jahre*, S. 47–97, hier: S. 65.

8 Vgl. Werner Balhauff: *SV Werder Bremen – Von Tradition und Herzblut für den Fußball*, Mönchengladbach 2014, S. 4 f.

9 Vgl. Ernst Schlender: „Aufbau der Jugendabteilung von 1909 bis 1914", in: Ries/Stöver: *50 Jahre*, S. 27.

10 Vgl. N.N.: „Alfred Ries 55 Jahre alt".

11 Vgl. Harald Klingebiel: „SV ‚Werder' – ein Verein, der nicht erst heute Geschichte macht", in: Norbert Kuntze: *Werder Bremen. Eine Karriere im kühlen Norden*, Göttingen 1994, S. 223–282, hier: S. 238.

12 Vgl. Peiffer/Wahlig: *Juden im Sport*, S. 385.

13 Vgl. N.N.: „Alfred Ries 55 Jahre alt"; vgl. *Vereinsnachrichten* (*VN*), August 1916, S. 3.

14 Vgl. Schreiben des Rechtsanwalts R.I. Levin an das Landesamt für Wiedergutmachung Bremen vom 7. März 1953, in: WGA Eduard Ries, Bl. 51.

15 Schreiben von Anton Köhler an das Landesamt für Wiedergutmachung Bremen vom 18. Oktober 1962, in: ebd., Bl. 57; vgl. Internes Schreiben an die Amtsleitung des Landesamtes für Wiedergutmachung Bremen vom 13. Dezember 1962, in: ebd., Bl. 60.

16 Vgl. Schreiben von Alfred Ries vom 9. März 1958, zitiert nach: Schreiben des Rechtsanwalts R. I. Levin an das Landesamt für Wiedergutmachung Bremen vom 7. März 1953, in: ebd., Bl. 51.

17 Vgl. Personalbogen vom 6. April 1954, in: PolAAA, 55.830, Bl. 1a; vgl. Peiffer/Wahlig: *Juden im Sport*, S. 385.

18 Vgl. Lebenslauf Alfred Ries, undatiert, in: PolAAA, 55.830, Bl. 5.

19 Vgl. Willy Stöver: *Vierzig Jahre Sport-Verein „Werder" v. 1899 e. V.*, Bremen 1939, S. 7.

20 Vgl. Personalbogen vom 6. April 1954, in: PolAAA, 55.830, Bl. 1a; vgl. Aufenthaltsbescheinigung des Stadt- und Polizeiamtes Bremen vom 22. August 1953, in: WGA Alfred Ries, unpaginiert; vgl. *VN*, August 1916, S. 2.

21 Vgl. *VN*, Januar 1920, S. 2.

22 Vgl. Hans Jaburg: „Das 2. Jahrzehnt des FV. ‚Werder'", in: Ries/Stöver: *50 Jahre*, S. 26.

23 Vgl. Personalbogen vom 6. April 1954, in: PolAAA, 55.830, Bl. 1 f.; vgl. Lebenslauf Alfred Ries vom Oktober 1957, in: ebd., unpaginiert.

24 Vgl. Lebenslauf Alfred Ries, undatiert, in: ebd., Bl. 5; vgl. Personalbogen vom 6. April 1954, in: ebd., Bl. 1a; vgl. Lebenslauf Alfred Ries vom Oktober 1957, in: ebd., unpaginiert.

25 Vgl. Klingebiel: „Jüdische Sportler“ S. 58.

26 Vgl. C. A. Curdua-Hamburg: „Möchte echter Werder-Geist weiter gedeihen“, in: Ries/Stöver: *50 Jahre*, S. 5.

27 Vgl. *VN*, Oktober/Dezember 1918; vgl. ebd., September/Oktober 1920.

28 Vgl. ebd., Februar 1920, S. 5.

29 ebd., Januar 1920, S. 14.

30 Vgl. Harald Klingebiel: „Die Texas-Elf. Werder Bremens erstes Team und die Vermarktung des Fußballs“, in: Roman Horak / Wolfgang Reiter (Hg.): *Die Kanten des runden Leders. Beiträge zur europäischen Fußballkultur*, Wien 1991, S. 221.

31 Vgl. Heiratsurkunde Alfred Ries, in: PolAAA, 55.830, unpaginiert.

32 Vgl. *VN*, Januar/April 1926, S. 2.

33 Vgl. Klingebiel: „SV ‚Werder‘“, S. 246 ff.; vgl. Stöver: *Vierzig Jahre*, S. 16.

34 Vgl. ebd., S. 17 ff.

35 Vgl. Kuntze: *Werder Bremen*, S. 284.

36 *VN*, Dezember 1926, S. 1.

37 Ebd., Januar/April 1926, S 4.

38 Ebd., August/September 1926, S. 10 f.

39 Vgl. Heinz Wilhelm: *Immer dabei … SV Werder Bremen*, Taunusstein 1978, S. 129; vgl. Klingebiel: „SV ‚Werder‘“, S. 257 f.; vgl. Harald Klingebiel: *Mythos Weserstadion*, Göttingen 2006, S. 42 ff.

40 Vgl. Stöver: *Vierzig Jahre*, S. 5 ff.; vgl. Ries/Stöver: *50 Jahre*, S. 61 ff.

41 Vgl. Ries: „Vom Fußballverein zum Großverein 1919–1932“, in: ebd., S. 31 f.

42 Vgl. Nicola Vetter: *Ludwig Roselius. Ein Pionier der deutschen Öffentlichkeitsarbeit*, Bremen 2002, S. 105; vgl. Peiffer/Wahlig: *Juden im Sport*, S. 386; vgl. „Verdienste um den Sport und seine Vaterstadt“, in: *Weser-Kurier*, 28. August 1967; vgl. Arbeitszeugnis Kaffee HAG, zitiert nach: Personalbogen Alfred Ries vom 5. Februar 1950, in: PolAAA, 55.830, unpaginiert; vgl. Ries: „Vom Fußballverein“, S. 31 f.

43 Vgl. Zeugnis der Kaffee HAG Aktiengesellschaft für Alfred Ries vom 10. Oktober 1933, in: PolAAA, 55.830, Bl. 7 f.; vgl. Lebenslauf Alfred Ries, undatiert, in: ebd., Bl. 5; vgl. Peiffer/Wahlig: *Juden im Sport*, S. 386; vgl. Personalbogen vom 6. April 1954, in: PolAAA, 55.830, Bl. 1a.

44 Vgl. Zeugnis der Kaffee HAG Aktiengesellschaft für Alfred Ries vom 10. Oktober 1933, in: ebd., Bl. 7.

45 Erklärung Alfred Ries vom 21. Dezember 1948, in: Entnazifizierungsakte Dr. Alfred Lörner, StAB 4,66-I.-6682, S. 56.

46 Lebenslauf Dr. Alfred Lörner, in: Personalakte Dr. Alfred Lörner, PolAAA, 9163, S. 3.

47 Vgl. Lebenslauf Alfred Ries, undatiert, in: PolAAA, 55.830, Bl. 5.

48 Vgl. Bernd Jankowski, Harald Pistorius, Jens R. Prüss: *Fußball im Norden. 100 Jahre Norddeutscher Fußballverband*, Kassel 2004, S. 62.

49 Vgl. Ries: „Vom Fußballverein“, S. 32.

50 Vgl. Hans-Joachim Wallenhorst: „Das dritte Jahrzehnt", in: Klingebiel/Wallenhorst: *Neunzig Jahre*, S. 99–146, hier: S. 135; vgl. Klingebiel: „SV ‚Werder'", S. 252.

51 Vgl. Auswärtiges Amt (Hg.): Biographisches Handbuch des deutschen Auswärtigen Dienstes 1871–1945, Band 3, Paderborn u. a. 2000, S. 113 f.; vgl. Schreiben des Auswärtigen Amtes vom 1. Dezember 1922 und 17. März 1924, in: Personalakte Dr. Alfred Lörner, PolAAA, 9162, S. 3, S. 16.

52 Herbert Abel: *Fünfzig Jahre Rotary Club Bremen*, Bremen 1981, S. 6.

53 Vgl. ebd., S. 7.

54 Vgl. Rüdiger Hoffmann (Red.): *Der Club zu Bremen 1783–2008. 225 Jahre in vier Jahrhunderten*, Bremen 2009, S. 250, S. 262; vgl. Der Club zu Bremen (CzB) (Hg.): *Eröffnungs-Festschrift und Jahrbuch des Club zu Bremen 1930–1931*, Bremen 1931, S. 133, S. 141; vgl. CzB: *Jahrbuch des Club zu Bremen 1931–1932*, Bremen 1932, S. 69, S. 77.

55 Vgl. Bremer Gesellschaft (Hg.): *Mitgliederliste der Bremer Gesellschaft von 1914 e. V.*, Bremen 1924.

56 Vgl. CzB: *Jahrbuch 1931–1932*, S. 79.

57 Vgl. Hoffmann: *225 Jahre*, S. 237 ff.; vgl. CzB: *Jahrbuch des Club zu Bremen 1933–1934*, Bremen 1934, S. 4; vgl. CzB: *Jahrbuch des Club zu Bremen 1934–1935*, Bremen 1935, S. 4.

58 Vgl. CzB: *Jahrbuch 1930–1931*, S. 105; vgl. CzB: *Jahrbuch 1931–1932*, S. 36 f.; vgl. CzB: *Jahrbuch 1932–1933*, S. 82; vgl. CzB: *Jahrbuch des Club zu Bremen 1936–1937*, Bremen 1937, S. 3; vgl. CzB: *Jahrbuch des Club zu Bremen 1937–1938*, Bremen 1938, S. 45.

59 Vgl. CzB: *Jahrbuch 1932–1933*, S. 13; vgl. CzB: *Jahrbuch 1931–1932*, S. 37.

60 Vgl. Zeugnis der Kaffee HAG Aktiengesellschaft für Alfred Ries vom 10. Oktober 1933, in: PolAAA, 55.830, unpaginiert; vgl. Lebenslauf Alfred Ries, undatiert, in: ebd., Bl. 5; vgl. Personalbogen vom 6. April 1954, in: ebd., Bl. 1a.

61 Vgl. Nordische Rundfunk AG: „Die Böttcherstraße in Bremen. Eine Straße der Wandlungen im Mikrophon", 16. Juni 1932, in: Deutsches Rundfunkarchiv / Radio Bremen (Hg.): *Die Böttcherstraße in Bremen. Eine historische Rundfunkaufnahme von 1932*, Audio-CD, Bremen 2001.

62 Karl Schneider: *Auswärts eingesetzt. Bremer Polizeibataillone und der Holocaust*, Essen 2011, S. 690.

63 Vgl. Vetter: *Roselius*, S. 111; vgl. Rainer Stamm: „Kaffee Hag und die Kunst", in: Kraft Foods Deutschland (Hg.): *100 Jahre Kaffee HAG – Die Geschichte einer Marke*, Bremen 2006, S. 161 f.

64 Alfred Ries: „Die Böttcherstraße", in: *Revue des Monats*, Heft 6, Berlin 1932, S. 49.

65 Vgl. Vetter: *Roselius*, S. 98.

66 Vgl. Ingo Kerls: *Die Böttcherstraße in Bremen*, Osnabrück 1987, S. 65, S. 145 ff.; vgl. Vetter: *Roselius*, S. 142.

67 Vgl. Lars Oldenbüttel: „Ludwig Roselius", in: Kraft: *100 Jahre HAG*, S. 27; vgl. Schneider: *Auswärts eingesetzt*, S. 691; vgl. Karl-Ludwig Sommer: *Wilhelm Kaisen. Eine politische Biographie*, Bonn 2000, S. 133 f.

68 Vgl. Hoffmann: *225 Jahre*, S. 235; vgl. Bernhard Nette: *„Vergesst ja Nette nicht!" Der Bremer Polizist und Judenreferent Bruno Nette*, Hamburg 2017, S. 15, S. 19. Mehr zu Nolting-Hauff berichtet im vorliegenden Buch Marcus Meyer in seinem Beitrag zum Werderaner Theo Eggert.

69 Vgl. Antrag auf Ausstellung eines Ausweises für politisch, rassisch und religiös durch den Nazismus Verfolgte vom 12. Januar 1947, in: WGA Alfred Ries, unpaginiert; vgl. Fragebogen vom 21. März 1947, in: PolAAA, 55.830, unpaginiert.

70 Vgl. Ludwig Leidig: *Bombshell. An unknown true story unearthed from World War II documents*, Houston 2013, S. 15 ff.; vgl. Oldenbüttel: „Roselius", S. 23; vgl. Vetter: *Roselius*, S. 123.

71 Vgl. Dieter Pfliegensdörfer: *Vom Handelszentrum zur Rüstungsschmiede. Wirtschaft, Staat und Arbeiterklasse in Bremen von 1929 bis 1945*, Bremen 1986, S. 457; vgl. Abel: *Fünfzig Jahre Rotary*, S. 6 f.

72 Kerls: *Die Böttcherstraße*, S. 64.

73 Vgl. Bericht über den derzeitigen Sachstand der Wiedergutmachungsangelegenheit Alfred Ries vom 4. April 1952, in: WGA Alfred Ries, Bl. 54.

74 Zeugnis der Kaffee HAG Aktiengesellschaft für Alfred Ries vom 10. Oktober 1933, in: PolAAA, 55.830, Bl. 7; vgl. Lebenslauf Alfred Ries, undatiert, in: ebd., Bl. 5; vgl. Lebenslauf vom 8. April 1954, in: ebd., Bl. 2a.

75 Vgl. *Weser-Zeitung*, Nr. 645, Abendausgabe, 29. November 1932, zitiert nach: ebd., unpaginiert.

76 Vgl. *VN*, April 1932, S. 2.

77 *VN*, Dezember 1932, S. 3 f. Ähnlich äußert sich Willy Stöver, Werders „Vereinsführer" Mitte der 1930er Jahre, in der Festschrift zum 50-jährigen Vereinsjubiläum im Jahre 1949 (vgl. Stöver: „Von 1932 bis 1939", S. 33).

78 Vgl. Willy Stöver: „Von 1932 bis zum Jahre 1939", in: Ries/Stöver: *50 Jahre*, S. 33–39, hier: S. 33 f.

79 Vgl. ebd., S. 33 f.; vgl. Antrag auf Wiedergutmachung auf Grund des Gesetzes zur Wiedergutmachung nationalsozialistischen Unrechts vom 28. Juni 1950, in: WGA Alfred Ries, Bl. 3. Im Namen des Bremer Senats hielt der unter anderem für „Leibesübungen und Jugendpflege" zuständige SPD-Senator Wilhelm Kleemann zum Abschied eine Laudatio auf Ries (vgl. Stöver: „Von 1932 bis 1939", S. 34). Nur zwei Monate später musste Kleemann auf Druck der Nationalsozialisten von seinem Posten zurücktreten.

80 Vgl. Antrag auf Ausstellung eines Ausweises für politisch, rassisch und religiös durch den Nazismus Verfolgte vom 12. Januar 1947, in: WGA Alfred Ries, unpaginiert.

81 Vgl. Schriftliche Erklärung von Alfred Ries vom 16. September 1947, in: Entnazifizierungsakte Bernhard Stake, StAB 4,66 - 10716, unpaginiert.

82 Vgl. Lebenslauf vom 8. April 1954, in: PolAAA, 55.830, Bl. 2a; vgl. Bremer Werkschau GmbH: Schreiben vom 12. Dezember 1950, in: WGA Alfred Ries, Bl. 3. Die Polarisierung setzte sich auch nach Ries' Weggang im Januar 1933 fort: Die SS-Zeitung *Das Schwarze Korps* bezeichnete die Bauwerke des Böttcherstraßen-Architekten Bernhard Hoetger 1935 als „artfremd" (*Das Schwarze Korps* vom 26. Juni und 24. Oktober 1935, zitiert nach: Uwe Puschner / Clemens Vollnhals [Hg.]: *Die völkisch-religiöse Bewegung im Nationalsozialismus*, Göttingen 2012, S. 12). Auch die NSDAP-Kreisleitung bezog in jenem Jahr deutlich Stellung gegen die Böttcherstraße. Schließlich war es am 9. September 1936 Adolf Hitler selbst, der die „Böttcher-Straßen-Kultur" in einer Rede auf der Kulturtagung des NSDAP-Reichsparteitages in Nürnberg „schärfstens" ablehnte (zitiert nach: Robert Eikmeyer [Hg.]: Adolf Hitler. Reden zur Kunst- und Kulturpolitik 1933–1939, Frankfurt am Main 2004, S. 99–115; hier: S. 114) und sie als „abschreckendes Beispiel" für Kultur vor der Ära der Nationalsozialisten bezeichnete (vgl. Vetter: Roselius, S. 34). Paradoxerweise wurde die Straße daraufhin als just solch ein Beispiel unter Denkmalschutz gestellt, was sie letztlich aber nicht davor bewahrte, dass große Teile von ihr bei einem Bombenangriff im Oktober 1944 zerstört wurden. Immerhin konnten ausgewählte Gebäude nach Kriegsende rekonstruiert werden.

83 Vgl. CzB: *Jahrbuch 1932–1933*, S. 127.

84 Vgl. Abel: *Fünfzig Jahre Rotary*, S. 11.

85 Vgl. ebd., S. 24 ff. Das Verhältnis der Nationalsozialisten zur rotarischen Bewegung war zwiegespalten. Einerseits versuchten sie, die Strukturen der Bewegung für ihre gesellschaftliche Durchdringung und Propaganda zu nutzen. Zudem gab es auch Rotarier, die offen mit den Nationalsozialisten und ihren Zielen sympathisierten. Andererseits standen die internationale Ausrichtung

der Bewegung und die Mitgliedervielfalt mit Kaufleuten, Freimaurern, Sozialdemokraten, Juden, Künstlern und anderen Gruppen der NS-Ideologie diametral entgegen.

86 Vgl. Ernennung Dr. Lörners zum Konsul II. Klasse in Galatz vom 8. Januar 1938, in: Personalakte Dr. Alfred Lörner, PolAAA, 9161. S. 2; vgl. Abschrift der Ernennung vom 1. Februar 1938, in: PolAAA, 9163. S. 18.

87 Vgl. Antrag auf Entschädigung für Opfer der nationalsozialistischen Verfolgung vom 10. Mai 1954, in: WGA Rosa Ries, in: WGA Eberhard Ries, Bl. 1.

88 N.N.: „Alter Theatermann – neue Pläne. Eine Wiederbegegnung mit Direktor Walter Ries", in: *Bremer Nachrichten*, 31. Dezember 1950.

89 Vgl. Schreiben des Landesamtes für Wiedergutmachung Bremen an das Versorgungsamt Bremen vom 28. Mai 1951, in: WGA Walter Ries, Bl. 5; vgl. Antrag auf Entschädigung für Opfer der nationalsozialistischen Verfolgung vom 10. Mai 1954, in: WGA Rosa Ries, in: WGA Eberhard Ries, Bl. 1.

90 N. N.: „Alter Theatermann".

91 Vgl. Felsing: „Die letzte Adresse".

92 Vgl. Ancestry.com: „Adolf Ries, 1899, Bremen", in: National Archives at Chicago; Chicago, Illinois; ARC Title: *Petitions for Naturalization, 1906–1991*; Record Group Title: *Records of District Courts of the United States, 1685–2009*; Record Group Number: RG 21.

93 Vgl. *Gemeindeblatt der Israelitischen Gemeinde Bremens*, 2. Jahrgang/Ausgabe 15, 15. August 1930, S. 7.

94 Vgl. Ancestry.com: „Adolf Ries, 1899, Bremen", in: National Archives at Chicago; Chicago, Illinois; ARC Title: *Petitions for Naturalization, 1906–1991*; Record Group Title: *Records of District Courts of the United States, 1685–2009*; Record Group Number: RG 21.

95 Vgl. Ancestry.com: „Adolf Ries, 1899, Bremen", in: *Passenger Lists of Vessels Arriving at New York, New York, 1820–1957*. Microfilm Publication M237, 675 rolls. NAI: 6256867. Records of the U.S. Customs Service, Record Group 36. National Archives at Washington, D.C.

96 Vgl. Familysearch.org: „Adolf Ries, 1899, Bremen", in: List or manifest of alien passengers for the United. S.S. „Manhattan". Passengers sailing from Hamburg, Germany, March 9th 1938, in: New York, New York Passenger and Crew Lists, 1989, 1925–1957.

97 Vgl. Ancestry.com: „Adolf Ries, 1899, Bremen", in: *Passenger Lists of Vessels Arriving at New York, New York, 1820–1897*. Microfilm Publication M237, 675 rolls. NAI: 6256867. Records of the U.S. Customs Service, Record Group 36. National Archives at Washington, D.C.

98 Vgl. *Gemeindeblatt*, 2. Jahrgang/Ausgabe 2, 1. Februar 1930, S. 7.

99 Vgl. Rohdenburg/Sommer: *Erinnerungsbuch*, S. 213 f.

100 Vgl. Protokollierte Aussage von Alfred Ries, zitiert nach: Verfügung der Oberstaatsanwaltschaft beim Landgericht Bremen vom 21. August 1954, in: WGA Alfred Ries, Bl. 100–108, hier: Bl.107.

101 Vgl. Abschrift der Strafliste von Rosa Ries in der Personalakte der Polizeidirektion Bremen, in: WGA Eberhard Ries, Bl. 13.

102 Vgl. Inhaftierungsbescheinigung des International Tracing Service über Rosa Ries vom 18. November 1954, in: WGA Rosa Ries, in: WGA Eberhard Ries, Bl. 16.

103 Vgl. Yad Vashem: „Eduard Ries", in: Zentrale Datenbank der Namen der Holocaustopfer (https://yvng.yadvashem.org/nameDetails.html?language=de&itemId=12614347&ind=2; letzter Abruf: 16.12.2021); vgl. „Rosa Ries", in: ebd. (https://yvng.yadvashem.org/nameDetails.html?language=de&itemId=11613041&ind=1; letzter Abruf: 16.12.2021); vgl. Günther Rohdenburg (Bearb.): *„Judendeportationen" von Bremerinnen und Bremern während der Zeit der nationalsozialistischen*

Gewaltherrschaft, Bremen 2006, S. 240; vgl. Max Markreich: *Geschichte der Juden in Bremen und Umgebung*, Bremen 2009, S. 234 f.; vgl. Auszug aus der Globalanmeldung vom 29. Oktober 1956, in: WGA Eduard Ries, Bl. 5.

104 Vgl. Inhaftierungsbescheinigung des International Tracing Service über Rosa Ries vom 18. November 1954, in: WGA Rosa Ries, in: WGA Eberhard Ries, Bl. 16.

105 Vgl. Schreiben des Landesamtes für Wiedergutmachung Bremen an Rechtsanwalt R. I. Levin vom 6. September 1957, in: WGA Eduard Ries, Bl. 28.

106 Vgl. Gerichtliche Bescheinigung über das Samtgut der Eheleute Ries vom 26. November 1957, in: ebd., Bl. 39; vgl. Sterbeurkunden Eduard und Rosa Ries vom 6. August 1957, in: ebd., Bl. 52 f.

107 Vgl. *Bremer Adressbuch 1933*, S. 296 (https://brema.suub.uni-bremen.de/periodical/pageview/648470; letzter Abruf: 17.12.2021).

108 Vgl. *Bremer Adressbuch 1932*, S. 290 (https://brema.suub.uni-bremen.de/periodical/pageview/655059; letzter Abruf: 17.12.2021).

109 Vgl. Antrag auf Grund des Gesetzes zur Wiedergutmachung nationalsozialistischen Unrechts, in: WGA Alfred Ries, Bl. 3; vgl. *Bremer Nachrichten*: „Alfred Ries zum Abschied", 13. Januar 1933, zitiert nach: PolAAA, 55.830, unpaginiert; vgl. Auszug aus der Personenstandsakte der Polizeidirektion Bremen des Alfred Ries vom 7. Januar 1933, in: WGA Alfred Ries, Bl. 33.

110 Zeugnis Kaffee-HAG-Aktiengesellschaft vom 10. Oktober 1933 als Anlage zum Personalbogen vom 5. April 1959, in: PolAAA, 55.830, Bl. 7 f.; vgl. Schreiben von Kaffee HAG an das Landesamt für Wiedergutmachung Bremen vom 4. September 1952, in: WGA Alfred Ries, Bl. 34.

111 Für den Gau München-Oberbayern war Adolf Wagner zuständig, kommissarischer Innenminister und Mitinitiator des Konzentrationslagers Dachau.

112 Vgl. Lebenslauf vom 8. April 1954, in: PolAAA, 55.830, Bl. 2a; vgl. Lebenslauf Alfred Ries, undatiert, in: ebd., Bl. 5; vgl. Bericht über den derzeitigen Sachstand der Wiedergutmachungsangelegenheit Alfred Ries vom 4. November 1952, in: WGA Alfred Ries, Bl. 54.

113 Schreiben der HAG A.G. Bremen an das Landesamt für Wiedergutmachung vom 4. September 1952, in: ebd., Bl. 34.

114 Vgl. Eidesstattliche Versicherungen der Zeugen Karl Alexander Meyer und Alfred Faust vom 26. September 1950, in: ebd., Bl. 25.

115 Vgl. Till Schmidt: „Ein Leben für Werder", in: *Jüdische Allgemeine*, 1. März 2018, S. 11; vgl. Abschrift Vernehmung Alfred Ries 3. August 1953, in: WGA Alfred Ries, Bl. 86; vgl. Schreiben von Kaffee HAG an das Landesamt für Wiedergutmachung Bremen vom 4. September 1952, in: ebd., Bl. 34; vgl. Lebenslauf Alfred Ries, undatiert, in: PolAAA, 55.830, Bl. 5.

116 Lebenslauf Alfred Ries vom Oktober 1957, in: ebd., unpaginiert.

117 Vgl. Schreiben von Kaffee HAG an das Landesamt für Wiedergutmachung Bremen vom 4. September 1952, in: WGA Alfred Ries, Bl. 34. Albert Drewes, in den 1950er Jahren Nachfolger von Alfred Ries als Werder-Präsident, erinnerte sich, dass nach der Station in Marienbad anstelle der Ausreise nach Jugoslawien eine kurze Beschäftigung bei HAG in den Niederlanden erfolgt sein soll (vgl. Niederschrift über die Vernehmung des Zeugen Albert Drewes vom 12. September 1952, in: ebd., Bl. 35). Dafür finden sich in den Unterlagen allerdings keine Anhaltspunkte.

118 Vgl. Bericht über den derzeitigen Sachstand der Wiedergutmachungsangelegenheit Alfred Ries vom 4. November 1952, in: ebd., Bl. 54; vgl. Lebenslauf Alfred Ries, undatiert, in: PolAAA, 55.830, Bl. 5. Die Angaben in einem – wohl vom Auswärtigen Amt für das Bundeskabinett angefertigten – Lebenslauf von 1959 und einem darauf aufbauenden Artikel des *Tagesspiegels* über eine Beschäftigung von Ries bei HAG in Zagreb bis 1940 (vgl. Vorschlag zur Besetzung der Botschaft der Bundesrepublik Deutschland in Monrovia: Kurzer Lebenslauf von Alfred Ries vom 4. Mai 1959, in:

PolAAA, 55.830, unpaginiert; vgl. *Der Tagesspiegel*: „Sportler und Diplomat", 23. August 1959, zitiert nach: ebd., unpaginiert) stehen im Gegensatz zu dieser Darstellung.

119 Vgl. Stamm: „Kaffee Hag", S. 82 ff.

120 Vgl. Auszug aus der Globalanmeldung der Israelitischen Gemeinde vom 30. März 1950, in: WGA Alfred Ries, Bl. 29; vgl Aufenthaltsbescheinigung des Stadt- und Polizeiamtes Bremen vom 22. August 1952, S. 5, in: ebd., unpaginiert.

121 Vgl. Lebenslauf Alfred Ries, undatiert, in: PolAAA, 55.830, Bl. 5.

122 Schreiben des Stadt- und Polizeiamtes Bremen an das Landesamt für Wiedergutmachung vom 10. November 1952, in: WGA Alfred Ries, Bl. 60.

123 Vgl. „Mitgliederbewegung Juni/Juli 1935", in: *VN*, Juli 1935, S. 11. Ob es formale Beschlüsse über den Ausschluss jüdischer Mitglieder bei Werder gab, ist nicht überliefert. Die strukturellen Veränderungen in Werders Satzung und Organisation zur Zeit des Dritten Reiches stellt Lukas Bracht in seinem Einführungsbeitrag zu diesem Buch dar.

124 Außer zur Firma Gehe blieben Nachforschungen zur Existenz und zum Fortbestand der genannten Unternehmen ohne Ergebnis. Die Firma GEHE Pharma Handel GmbH als Nachfolgeunternehmen der Gehe & Co. AG hat dem Autor am 28. Februar 2017 mitgeteilt, zur Beschäftigung von Alfred Ries keine Angaben zu machen.

125 Vgl. Lebenslauf Alfred Ries, undatiert, in: PolAAA, 55.830, Bl. 6; vgl. Personalbogen Alfred Ries vom 5. Februar 1950, in: ebd., unpaginiert.

126 Vgl. Lebenslauf vom 8. April 1954, in: ebd., Bl. 2b; vgl. Lebenslauf Alfred Ries vom Oktober 1957, in: ebd., unpaginiert.

127 Vgl. Verfügung der Oberstaatsanwaltschaft beim Landgericht Bremen vom 21. August 1954, in: WGA Alfred Ries, Bl. 100–108, hier v. a.: Bl. 102; vgl. Antrag auf Anmeldung von Ansprüchen gemäß des Gesetzes zur Wiedergutmachung nationalsozialistischen Unrechts (Schaden im wirtschaftlichen Fortkommen) vom 29. Juni 1950, in: ebd., Bl. 1; vgl. Schreiben des Landesamtes Bremen an das Polizeipräsidium Zagreb vom 3. November 1952, in: ebd., Bl. 53; vgl. Bericht über den derzeitigen Sachstand der Wiedergutmachungsangelegenheit Alfred Ries vom 4. November 1952, in: ebd., Bl. 54; vgl. Schreiben des Leiters des Landesamts für Wiedergutmachung Bremen an den Oberstaatsanwalt beim Landgericht Bremen vom 20. Oktober 1953, in: ebd., Bl. 93; vgl. Eidesstattliche Versicherung von Alfred Ries vom 21. Dezember 1951, in: ebd., Bl. 6.

128 Vgl. Aktenvermerk des Landesamtes für Wiedergutmachung Bremen vom 25. November 1952, in: ebd., Bl. 65 f.

129 Vgl. Abschrift Vernehmung Alfred Ries vom 3. August 1953, in: ebd., Bl. 86; vgl. Verfügung der Oberstaatsanwaltschaft beim Landgericht Bremen vom 21. August 1954, in: ebd., Bl. 102 ff.

130 Vgl. Auskünfte von Kaffee HAG vom 2. Dezember 1950 und der Bremer Werkschau vom 12. Dezember 1950, in: ebd., Bl. 2 f.

131 Vgl. Tvrtko P. Sojčić: *Die „Lösung" der kroatischen Frage zwischen 1939 und 1945*, Stuttgart 2008, S. 239, S. 254 ff.

132 Vgl. Abschrift Vernehmung Alfred Ries vom 3. August 1953, in: WGA Alfred Ries, Bl. 86 f.; vgl. Überblick über den Stand des Wiedergutmachungs- und Ermittlungsverfahrens Alfred Ries vom 10. Oktober 1953, in: ebd., Bl. 91.

133 Vgl. ebd., Bl. 92.

134 Schreiben des Landesamts für Wiedergutmachung Bremen an den Oberstaatsanwalt beim Landgericht Bremen vom 5. Januar 1953, in: ebd., Bl. 96.

135 Vgl. Verfügung der Oberstaatsanwaltschaft beim Landgericht Bremen vom 21. August 1954, in: ebd., Bl. 105.

136 Vgl. Überblick über den Stand des Wiedergutmachungs- und Ermittlungsverfahrens Alfred Ries vom 10. Oktober 1953, in: ebd., Bl. 92.

137 Vgl. Verfügung der Oberstaatsanwaltschaft beim Landgericht Bremen vom 21. August 1954, in: ebd., Bl. 108.

138 Vgl. Antrag auf Ausstellung eines Ausweises für politisch, rassisch und religiös durch den Nazismus Verfolgte vom 12. Januar 1947, in: ebd., Bl. 1; vgl. Antrag auf Haftentschädigung vom 13. April 1949, in: ebd., Bl. 11; vgl. Eidesstattliche Versicherung von Alfred Ries vom 4. Juli 1949, in: ebd., Bl. 14.

139 Vgl. Alexander Korb: *Im Schatten des Weltkriegs. Massengewalt der Ustaša gegen Serben, Juden und Roma in Kroatien 1941–1945*, Hamburg 2013, S. 156.

140 Vgl. K. W. Böhme: „Die deutschen Kriegsgefangenen in Jugoslawien 1941–1949“, in: Erich Maschke (Hg.): *Zur Geschichte der deutschen Kriegsgefangenen des Zweiten Weltkrieges*, München 1962, S. 138 f.; vgl. Schreiben des Allgemeinen Vertreters des Landesinteresses im Bayerischen Landesentschädigungsamt an das Landesamt für Wiedergutmachung Bremen vom 20. November 1952, in: WGA Alfred Ries, Bl. 63.

141 Vgl. Aktenvermerk „Widersprüche und sonstige Merkwürdigkeiten“ des Landesamtes für Wiedergutmachung Bremen vom 5. Januar 1953, in: ebd., Bl. 78.

142 Vgl. Arthur Heinrich: „Alfred L. Ries und sein ‚Schicksal der Verfolgung‘“, in: *SportZeiten 17*, Göttingen 2017, S. 23–41, hier: S. 26.

143 Vgl. Anna Maria Grünfelder: *Von der Shoa eingeholt. Ausländische jüdische Flüchtlinge im ehemaligen Jugoslawien 1933–1945*, Köln 2013, S. 82 f., S. 111 f.; vgl. Marija Vulesica: „Kroatien“, in: Wolfgang Benz / Barbara Distel (Hg.): *Der Ort des Terrors. Geschichte der nationalsozialistischen Konzentrationslager, Band 9*, München 2009, S. 317.

144 Vgl. Grünfelder: *Von der Shoa*, S. 89.

145 Vgl. ebd., S. 82 f.

146 Vgl. Korb: *Im Schatten*, S. 55, S. 128, S. 137 f., S. 142, S. 152 f., S. 155, S. 161, S. 238; vgl. Sojčić: *Die „Lösung“*, S. 257 ff., S. 271 f.

147 Vgl. Korb: *Im Schatten*, S. 225.

148 Vgl. ebd., S. 93.

149 Vgl. Walter Manoschek: *„Serbien ist judenfrei“. Militärische Besatzungspolitik und Judenvernichtung in Serbien 1941/42*, München 1993, S. 35 f.

150 Vgl. ebd., S. 9, S. 36 ff., S. 88 ff., S. 107, S. 187; vgl. Martin Broszat / Ladislaus Hory: „Der kroatische Ustascha-Staat 1941–1945“, in: *Schriftenreihe der Vierteljahresschrift für Zeitgeschichte*, Stuttgart 1964, S. 91 f.

151 Vgl. Verfügung des Ministeriums des Innern des Föderativen Kroatiens vom 20. November 1945, in: PolAAA, 55.830, unpaginiert.

152 Aktenvermerk des Landesamtes für Wiedergutmachung Bremen vom 25. November 1952, in: WGA Alfred Ries, Bl. 65.

153 Vgl. Lebenslauf Alfred Ries, undatiert, in: PolAAA, 55.830, Bl. 6; vgl. Eidesstattliche Erklärung von Walter Frischmuth vom 18. Dezember 1952, in: WGA Alfred Ries, Bl. 74.

154 Vgl. Bericht über den derzeitigen Sachstand der Wiedergutmachungsangelegenheit Alfred Ries vom 4. November 1952, in: ebd., Bl. 56; vgl. Lebenslauf Alfred Ries, undatiert, in: PolAAA, 55.830,

Bl. 5; zur Existenz von Lagern in Belgrad vgl. Böhme: „Die deutschen Kriegsgefangenen“, S. 138 f., S. 144, S. 163.

155 Vgl. Antrag auf Wiedergutmachung auf Grund des Gesetzes zur Wiedergutmachung nationalsozialistischen Unrechts vom 28. Juni 1950, in: WGA Alfred Ries, Bl. 4; vgl. Antrag auf Ausstellung eines Ausweises für politisch, rassisch und religiös durch den Nazismus Verfolgte vom 12. Januar 1947, in: ebd., unpaginiert.

156 Vgl. Antrag auf Haftentschädigung vom 13. April 1949, in: ebd., Bl. 11.

157 Vgl. Aktenvermerk des Landesamtes für Wiedergutmachung Bremen vom 25. November 1952, in: ebd., Bl. 64.

158 Vgl. Eidesstattliche Versicherung von Alfred Ries vom 4. Juli 1949, in: ebd., Bl. 14.

159 Vgl. Schreiben des Landesamtes für Wiedergutmachung Bremen an Alfred Ries vom 6. Juli 1949, in: ebd., Bl. 17.

160 Vgl. Auszahlungsanordnung des Landesamtes für Wiedergutmachung Bremen vom 28. Juli 1949, in: ebd., Bl. 19; vgl. Bericht über den derzeitigen Sachstand der Wiedergutmachungsangelegenheit Alfred Ries vom 4. November 1952, in: ebd., Bl. 56.

161 Vgl. ebd.; vgl. Aktenvermerk „Widersprüche und sonstige Merkwürdigkeiten“ des Landesamtes für Wiedergutmachung Bremen vom 5. Januar 1953, in: ebd., Bl. 78; vgl. Überblick über den Stand des Wiedergutmachungs- und Ermittlungsverfahrens Alfred Ries vom 10. Oktober 1953, in: ebd., Bl. 91.

162 Vgl. Verfügung der Oberstaatsanwaltschaft beim Landgericht Bremen vom 21. August 1954, in: ebd., Bl. 101. Der Anspruch auf Haftentschädigung wurde 1952 nach Rücksprache mit Ries zunächst auf 520 DM gekürzt. Die Differenz sollte Ries an das Landesamt für Wiedergutmachung Bremen zurückzahlen (vgl. Aktenvermerk des Landesamtes für Wiedergutmachung Bremen vom 25. November 1952, in: ebd., Bl. 65; vgl. Verfügung der Oberstaatsanwaltschaft beim Landgericht Bremen vom 21. August 1954, in: ebd., Bl. 108). Im Gespräch mit dem Senat kam es später allerdings zu einem Vergleich, bei dem Ries Unterstützung im beruflichen Fortkommen als Kompensation zugesichert wurde (vgl. Aktenvermerk zur Wiedergutmachungsangelegenheit Alfred Ries vom 5. Januar 1954, in: ebd., Bl. 95; vgl. Schreiben des Landesamts für Wiedergutmachung Bremen an den Oberstaatsanwalt beim Landgericht Bremen vom 5. Januar 1953, in: ebd., Bl. 96; vgl. Verzichtserklärung vom 8. Januar 1954, in: ebd., Bl. 97). Daher machte er weitere Ansprüche im Gegenzug nicht geltend, und die Rückzahlung musste auch nicht mehr erfolgen (vgl. Schreiben des Landesamtes für Wiedergutmachung Bremen vom 1. Dezember 1954, in: ebd., Bl. 109). Erst aufgrund der Novelle des Bundesentschädigungsgesetzes (BEG) zum BEG-Schlussgesetz machte Alfred Ries 1965 – inzwischen pensioniert – zwei Jahre vor seinem Tod noch einmal Ansprüche auf Entschädigung im wirtschaftlichen und beruflichen Fortkommen geltend (vgl. Schreiben von Alfred Ries an das Landesamt für Wiedergutmachung Bremen vom 15. Dezember 1965, in: ebd., Bl. 112), die er jedoch nach einem Gespräch im Landesamt für Wiedergutmachung zurückzog, da die rechtlichen Möglichkeiten zur Wiederaufnahme des Verfahrens als gering eingeschätzt wurden (vgl. Aktennotiz des Landesamtes für Wiedergutmachung Bremen vom 8. Dezember 1965, in: ebd., Bl. 113 f.). Für Näheres zu diesen Vorgängen siehe den Beitrag von Dirk Harms in diesem Buch.

163 Vgl. Lebenslauf Alfred Ries, undatiert, in: PolAAA, 55.830, Bl. 6; vgl. Antrag auf Ausstellung eines Ausweises für politisch, rassisch und religiös durch den Nazismus Verfolgte vom 12. Januar 1947, in: WGA Alfred Ries, unpaginiert; vgl. Handschriftlicher Zusatz auf dem Antrag auf Haftentschädigung vom 13. April 1949, in: ebd., Bl. 11.

164 Vgl. Verfügung des Ministeriums des Innern des Föderativen Kroatiens vom 20. November 1945, in: PolAAA, 55.830, unpaginiert.

165 Vgl. Korb: *Im Schatten*, S. 122 f., S. 422 f.; vgl. Sojčić: *Die „Lösung“*, S. 272.

166 Vgl. ebd., S. 239, S. 272.

167 Vgl. Donauschwäbische Kulturstiftung (Hg.): *Verbrechen an den Deutschen 1944–1948. Die Stationen eines Völkermords*, München 1998, S. 82, S. 339; vgl. Sojčić: *Die „Lösung"*, S. 363.

168 Vgl. Antrag auf Ausstellung eines Ausweises für politisch, rassisch und religiös durch den Nazismus Verfolgte vom 12. Januar 1947, in: WGA Alfred Ries, unpaginiert; vgl. Antrag auf Haftentschädigung vom 13. April 1949, in: ebd., Bl. 11; vgl. Eidesstattliche Versicherung von Alfred Ries vom 4. Juli 1949, in: ebd., Bl. 14.

169 Vgl. Schreiben von Alfred Ries an das Landesamt für Wiedergutmachung Bremen vom 30. September 1950, in: ebd., Bl. 24.

170 Vgl. Lebenslauf Alfred Ries, undatiert, in: PolAAA, 55.830, Bl. 6.

171 Verfügung des Ministeriums des Innern des Föderativen Kroatiens vom 20. November 1945, in: PolAAA, 55.830, unpaginiert.

172 Vgl. Vulesica: „Kroatien", S. 317; vgl. Böhme: „Die deutschen Kriegsgefangenen, S. 140 f., S. 146, S. 161, S. 183, S. 277; vgl. Antrag auf Ausstellung eines Ausweises für politisch, rassisch und religiös durch den Nazismus Verfolgte vom 12. Januar 1947, in: WGA Alfred Ries, unpaginiert; vgl. Antrag auf Haftentschädigung vom 13. April 1949, in: ebd., Bl. 11.

173 Vgl. Übersetzung der eidesstattlichen Erklärungen der Zeugen Eduard Mlinarić, Rozina Šavora und Ivan Alinger vom 22. August 1949, in: ebd., Bl. 20 / 20 Rs.

174 Vgl. Verfügung des Kroatischen Ministeriums des Innern vom 20. November 1945, in: PolAAA, 55.830, unpaginiert; vgl. Lebenslauf Alfred Ries, undatiert, in: ebd., Bl. 6.

175 Vgl. Antrag auf Wiedergutmachung auf Grund des Gesetzes zur Wiedergutmachung nationalsozialistischen Unrechts vom 28. Juni 1950, in: WGA Alfred Ries, Bl. 3; vgl. Niederschrift über die Vernehmung des Zeugen Albert Drewes vom 12. September 1952, in: ebd., Bl. 35.

176 Vgl. Aufenthaltsbescheinigung des Stadt- und Polizeiamtes Bremen vom 22. August 1953, in: ebd., unpaginiert; vgl. Meldebestätigung des Bremer Polizeipräsidenten vom 26. Februar 1948, in: ebd., unpaginiert; vgl. Schreiben des Wohnungsamtes Bremen an das Amt für Wiedergutmachung vom 19. April 1949, in: ebd., Bl. 9.

177 Vgl. Antrag auf Entschädigung für Opfer der nationalsozialistischen Verfolgung vom 29. Oktober 1956, in: WGA Rosa Ries, in: WGA Eberhard Ries, Bl. 23; vgl. Schreiben des Rechtsanwalts Dr. Dr. Zschauer an das Landesamt für Wiedergutmachung Bremen vom 19. Dezember 1955, in: WGA Ehemann Rosa Ries, in: WGA Eduard Ries, Bl. 23; vgl. N. N.: „Alter Theatermann".

178 Vgl. *Bremer Adressbuch 1951*, S. 366 (https://brema.suub.uni-bremen.de/periodical/pageview/737124; letzter Abruf: 17.12.2021); vgl. Schreiben des Landesamtes für Wiedergutmachung Bremen an das Versorgungsamt Bremen vom 28. Mai 1951, in: WGA Walter Ries, Bl. 5; vgl. *Bremer Adressbuch 1954*, S. 395 (https://brema.suub.uni-bremen.de/periodical/pageview/739612; letzter Abruf: 17.12.2021); vgl. *Bremer Adressbuch 1956*, S. 425 (https://brema.suub.uni-bremen.de/periodical/pageview/764425; letzter Abruf: 17.12.2021).

179 Vgl. Schreiben des Rechtsanwalts Dr. Dr. Zschauer an das Landesamt für Wiedergutmachung Bremen vom 19. Dezember 1955, in: WGA Ehemann Rosa Ries, in: WGA Eduard Ries, Bl. 23.

180 Vgl. ebd., Bl. 25; vgl. Schreiben des Statistischen Landesamtes Nordrhein-Westfalen an die Entschädigungsbehörden Stuttgart, München und Bremen vom 21. Mai 1957, in: ebd., Bl. 37; vgl. Schreiben des Rechtsanwalts R. I. Levin an das Landesamt für Wiedergutmachung Bremen vom 11. Mai 1957, in: WGA Eduard Ries, Bl. 20.

181 Vgl. Antrag auf Entschädigung für Opfer der nationalsozialistischen Verfolgung vom 10. Mai 1954, in: WGA Rosa Ries, in: WGA Eberhard Ries, Bl. 2.

182 Vgl. Schreiben des Statistischen Landesamtes Nordrhein-Westfalen an die Entschädigungsbehörden Stuttgart, München und Bremen vom 21. Mai 1957, in: WGA Ehemann Rosa Ries, in: WGA Eduard Ries, Bl. 37.

183 Vgl. Schreiben des Suchdienstes des Zentralkomitees der befreiten Juden in Bayern an Rowland A. Ries vom 11. November 1945, in: ebd., Bl. 3.

184 Vgl. Ancestry.com: „Adolf Ries, 1899, Bremen", in: National Archives at Chicago; Chicago, Illinois; ARC Title: *Petitions for Naturalization, 1906–1991*; Record Group Title: *Records of District Courts of the United States, 1685–2009*; Record Group Number: RG 21. Hier ist vom Geburtsjahr 1908 die Rede. Plausibler ist indes das auf dem Grabstein angegebene Geburtsjahr 1899 (vgl. nächste Fußnote).

185 Vgl. Findagrave.com: „Rowland A. Ries" (https://de.findagrave.com/memorial/22555407/rowland-a_-ries; letzter Abruf: 17.12.2021); vgl. Sullivan County Genealogy Committee: Greencastle Cemetery (https://sullivan.mogenweb.org/cemeteries/greencastle.html; letzter Abruf: 17.12.2021).

186 Vgl. Ancestry.com: „Adolf Ries, 1899, Bremen", in: Boston, Massachusetts. *Passenger Lists of Vessels Arriving at Boston, Massachusetts, 1891–1957.* Micropublication T843. RG085. 454 rolls. National Archives, Washington, D.C. Es handelt sich dabei nicht um seine geschiedene erste Ehefrau Anna, da das Alter von Annamaria und Anna erheblich voneinander abweichen.

187 Vgl. Antrag zur Entschädigung für Opfer der nationalsozialistischen Verfolgung vom 19. Oktober 1956 (Posteingang), in: WGA Eduard Ries, Bl. 1.

188 Vgl. Ancestry.com: „Adolf Ries, 1899, Bremen", in: New York State Department of Health. *Genealogical Research Death Index.* Albany, New York.

189 Vgl. Bescheid des Landesamtes für Wiedergutmachung Bremen vom 21. Februar 1958, in: WGA Eduard Ries, Bl. 43; vgl. Bescheid des Landesamtes für Wiedergutmachung Bremen vom 21. Februar 1958, in: WGA Eberhard Ries, Bl. 13.

190 Vgl. Bescheid des Landesamtes für Wiedergutmachung Bremen vom 7. März 1963, in: WGA Eduard Ries, Bl. 62 ff.

191 Vgl. Günther Rohdenburg: „Deportationen nach Theresienstadt zwischen 1942 und 1945", in: Staatsarchiv Bremen (Hg.): *„ … sind Sie für den geschlossenen Arbeitseinsatz vorgesehen …". „Judendeportationen" von Bremerinnen und Bremern während der Zeit der nationalsozialistischen Gewaltherrschaft*, Bremen 2006, S. 131–144, hier: S. 135.

192 Aktennotiz des Landesamtes für Wiedergutmachung Bremen vom 13. Oktober 1952, in: WGA Alfred Ries, Bl. 49.

193 Jaromir Balcar: *Raub von Amts wegen. Zur Rolle der Verwaltung, Wirtschaft und Öffentlichkeit bei der Enteignung und Entschädigung der Juden in Bremen*, Bremen 2014, S. 189 f.

194 Vgl. Abschrift des Schreibens von Alfred Ries an das Landesamt für Wiedergutmachung Bremen vom 7. April 1951, in: WGA Alfred Ries, Bl. 50; vgl. Bericht über den derzeitigen Sachstand der Wiedergutmachungsangelegenheit Alfred Ries vom 4. November 1952, in: ebd., Bl. 56; vgl. Aktenvermerk „Widersprüche und sonstige Merkwürdigkeiten" des Landesamtes für Wiedergutmachung Bremen vom 5. Januar 1953, in: ebd., Bl. 78.

195 Vgl. Verfügung der Oberstaatsanwaltschaft beim Landgericht Bremen vom 21. August 1954, in: ebd., Bl. 105 ff.

196 Dr. Rudolf Wedemeyer leitete viele Jahre die Gewerbeabteilung der Polizeidirektion Bremen (vgl. Schneider: *Auswärts eingesetzt*, S. 43, S. 739).

197 Schreiben des Stadt- und Polizeiamtes Bremen an das Landesamt für Wiedergutmachung vom 10. November 1952, in: WGA Alfred Ries, Bl. 60.

198 Abschrift aus der Akte der Geschäftsanmeldestelle des Polizei- und Stadtamtes Bremen vom 23. Oktober 1942 und 31. Juli 1944, in: ebd., Bl. 44 f.

199 Vgl. Schreiben des Stadt- und Polizeiamtes Bremen an das Landesamt für Wiedergutmachung vom 10. November 1952, in: ebd., Bl. 60; vgl. Auszug aus der Personenstandsakte der Polizeidirektion Bremen des Alfred Ries vom 26. Oktober 1942, in: ebd., Bl. 33; vgl. Aktenauswertung aus der Akte der Geschäftsanmeldestelle des Polizei- und Stadtamtes Bremen vom 6. Oktober 1952, in: ebd., Bl. 41; vgl. Bericht über den derzeitigen Sachstand der Wiedergutmachungsangelegenheit Alfred Ries vom 4. November 1952, in: ebd., Bl. 55. Die Beantragung der Gewerbelegitimationskarte von 1944 scheint am 31. Juli plausibler als am 30. April, da das spätere Datum aus den Originaldokumenten stammt, das frühere aus einer Aktennotiz von 1952.

200 Abschrift aus der Akte der Geschäftsanmeldestelle des Polizei- und Stadtamtes Bremen vom 6. Oktober 1952, in: ebd., Bl. 43.

201 Ebd.

202 Vgl. Aktenauswertung aus der Akte der Geschäftsanmeldestelle des Polizei- und Stadtamtes Bremen vom 6. Oktober 1952, in: ebd., Bl. 41; vgl. Abschrift des Schreibens der Geheimen Staatspolizei Bremen an den Polizeipräsidenten vom 21. Oktober 1942, Bl. 43, in: ebd.; vgl. Abschrift aus der Akte der Geschäftsanmeldestelle des Polizei- und Stadtamtes Bremen vom 23. Oktober 1942 und 31. Juli 1944, in: ebd., Bl. 44; vgl. Bericht über den derzeitigen Sachstand der Wiedergutmachungsangelegenheit Alfred Ries vom 4. November 1952, in: ebd., Bl. 55.

203 Vgl. Schreiben des Stadt- und Polizeiamtes Bremen an das Landesamt für Wiedergutmachung vom 10. November 1952, in: ebd., Bl. 60.

204 Vgl. Aktenvermerk des Landesamtes für Wiedergutmachung Bremen vom 25. November 1952, in: ebd., Bl. 66; vgl. Aktenvermerk „Widersprüche und sonstige Merkwürdigkeiten“ des Landesamtes für Wiedergutmachung Bremen vom 5. Januar 1953, in: ebd., Bl. 77.

205 Vgl. Gewerbelegitimationskarte Nr. 3625 für Alfred Louis Ries vom 18. Juni 1936, in: ebd., Bl. 42.

206 Vgl. Überblick über den Stand des Wiedergutmachungs- und Ermittlungsverfahrens Alfred Ries vom 10. Oktober 1953, in: ebd., Bl. 89.

207 Vgl. *Bremer Adressbuch 1936*, S. 295 (https://brema.suub.uni-bremen.de/periodical/pageview/651183; letzter Abruf: 17.12.2021). Die Hausnummern bei den Wohnsitzmeldungen in der Manteuffelstraße wichen wiederholt voneinander ab.

208 Vgl. „Mitgliederbewegung Juni/Juli 1935“ / „Aus dem Vereinsleben“, in: *VN*, Juli 1935, S. 11, S. 14.

209 Aktenvermerk des Landesamtes für Wiedergutmachung Bremen vom 25. November 1952, in: WGA Alfred Ries, Bl. 66.

210 Vgl. Entnazifizierungsakte Dr. Alfred Lörner, S. 4 ff., S. 10 ff., S. 56. Der Bremer Wirtschaftssenator und ehemalige NSDAP-Kreisleiter Otto Bernhard, übrigens auch Rotarier (vgl. Georg Bartel: *75 Jahre Rotary Club Bremen 1932–2007*, Bremen 2007, S. 59) und an der Gründung der Focke-Wulf Flugzeugbau AG beteiligt, attestierte Lörner hingegen in einem Empfehlungsschreiben für die Stelle in Galatz am 28. März 1938 eine „Gesinnung“, die „wir sicherlich in der vordersten Front am besten gebrauchen“ (Empfehlungsschreiben des Senators für Wirtschaft vom 28. März 1938, in: PolAAA, 9163, S. 119 f.). Lörner berichtete 1938 selbst von seiner „sehr frühe[n] Verbindung zur Bewegung“ (Schreiben Dr. Alfred Lörner an die Personalabteilung des Auswärtigen Amtes vom 28. März 1938, in: ebd., S. 31).

211 Vgl. Barbara Hutzelmann, Mariana Hausleitner, Souzana Hazan: „Slowakei, Rumänien und Bulgarien“, in: Institut für Zeitgeschichte (Hg.): *Die Verfolgung und Ermordung der europäischen Juden durch das nationalsozialistische Deutschland 1933–1945, Band 13*, Berlin 2018, S. 348, Fußnote 2; vgl. Interrogation Report Fritz Schmidt, 23. Juni 1945, in: National Archives UK (NA-UK), Ref. KV

2/1964 (https://discovery.nationalarchives.gov.uk/details/r/C11249246; letzter Abruf: 17.01.2022), Bl. 85 ff.; vgl. Auswärtiges Amt: *Biographisches Handbuch*, S. 113 f.; vgl. Lebenslauf Dr. Alfred Lörner vom 10. September 1957, in: PolAAA, 9163, S. 6.

212 Vgl. Lebenslauf Dr. Alfred Lörner, in: ebd., S. 3.

213 Vgl. Interim Report of the Case of Erich Pheiffer, Appendix XXI, in: NA-UK, Ref. KV 2/267-4 (http://discovery.nationalarchives.gov.uk/details/r/C10907208; letzter Abruf: 17.12.2021), Bl. 80.

214 Vgl. Lebenslauf Dr. Alfred Lörner vom 10. September 1957, in: PolAAA, 9163, S. 6.

215 Vgl. Schreiben Dr. Alfred Lörner über Familienzuschläge für Auslandsbeamte an das Auswärtige Amt vom 17. März 1941, in: ebd., S. 122; vgl. Schreiben Dr. Alfred Lörner an das Auswärtige Amt vom 20. Februar 1942, in: ebd., S. 131.

216 Vgl. Erklärung Alfred Ries vom 21. Dezember 1948, in: Entnazifizierungsakte Dr. Alfred Lörner, S. 56.

217 Vgl. 2nd Interrogation Report Manfred Sellier, 2. April 1946, in: NA-UK, Ref. KV 2/1964, Bl. 19a; vgl. Letter from J. Chenhalls to the American Embassy in London, 19. Oktober 1948, in: ebd., Bl. 22a; vgl. Secret Note about Wilhelm or Walter Frischmuth, 6. März 1946, in: ebd., unpaginiert; vgl. Extract Final Interrogation Report Otto Rodenberg, 1. August 1945, in: ebd., Bl. 5; vgl. Note from R. Cameron to Counter Intelligence War Room London, 30. November 1946, in: ebd., Bl. 9a; vgl. Liquidation Report Nr. 206a – Aussenstelle Bremen, Counter Intelligence War Room London, in: NSRIC: German Intelligence Service WWII, Bl. 1 ff.; vgl. Interim Report of the Case of Erich Pheiffer, Appendix XXI, in: NA-UK, Ref. KV 2/267-4, Bl. 68.

218 Heinz Höhne: *Canaris. Patriot im Zwielicht*, München 1978, S. 195.

219 Vgl. Interim Report of the Case of Erich Pheiffer, Appendix XXI, in: NA-UK, Ref. KV 2/267-4, Bl. 68; vgl. Interrogation Report Fritz Schmidt, 23. Juni 1945, in: NA-UK, Ref. KV 2/1964, Bl. 86.

220 Eidesstattliche Erklärung von Walter Frischmuth vom 18. Dezember 1952, in: WGA Alfred Ries, Bl. 72.

221 Vgl. Liquidation Report Nr. 206a – Aussenstelle Bremen, Counter Intelligence War Room London, in: NSRIC: German Intelligence Service WWII, Bl. 1 ff.; vgl. Memorandum about Walter Frischmuth, 8. Februar 1946, in: NA-UK, Ref. KV 2/1964, Bl. 37.

222 Interrogation Report Fritz Schmidt, 23. Juni 1945, in: ebd., Bl. 85.

223 Vgl. Liquidation Report Nr. 206a – Aussenstelle Bremen, Counter Intelligence War Room London, in: NSRIC: German Intelligence Service WWII, Bl. 1; vgl. Interim Report of the Case of Erich Pheiffer, Appendix XXI, in: NA-UK, Ref. KV 2/267-1, Bl. 10; vgl. ebd., Ref. KV 2/267-2, Bl. 37; vgl. Interrogation Report Fritz Schmidt, 23. Juni 1945, in: NA-UK, Ref. KV 2/1964, Bl. 88.

224 Vgl. Addendum to Interrogation Report Joseph Hermkes, 2. bis 5. Juni 1945, in: ebd., Bl. 110.

225 Vgl. Julius Mader: *Hitlers Spionage-Generale sagen aus*, Berlin 1977, S. 218, S. 236.

226 Vgl. Winfried Meyer: *Unternehmen Sieben. Eine Rettungsaktion*, Frankfurt/M. 1993, S. 189.

227 Vgl. Eidesstattliche Erklärung von Walter Frischmuth vom 18. Dezember 1952, in: WGA Alfred Ries, Bl. 73; vgl. Interim Report of the Case of Erich Pheiffer, Appendix XXI, in: NA-UK, Ref. KV 2/267-4, Bl. 68.

228 Vgl. Eidesstattliche Erklärung von Walter Frischmuth vom 18. Dezember 1952, in: WGA Alfred Ries, Bl. 72.

229 Vgl. ebd., Bl. 72 f.

230 Vgl. Interrogation Report Fritz Schmidt, 23. Juni 1945, in: NA-UK, Ref. KV 2/1964, Bl. 87.

231 Vgl. Eidesstattliche Erklärung von Walter Frischmuth vom 18. Dezember 1952, in: WGA Alfred Ries, Bl. 72 f.

232 Vgl. Gert Buchheit: *Der deutsche Geheimdienst. Geschichte der militärischen Abwehr*, München 1966, S. 72 f., S. 419; vgl. Höhne: *Canaris*, S. 444 f., S. 484, S. 490; vgl. Meyer: *Unternehmen Sieben*, S. 69, S. 107 f., S. 110, S. 112 f., S. 125, S. 134, S. 141 ff., S. 195, S. 236, S. 452.

233 Vgl. Bericht über den derzeitigen Sachstand der Wiedergutmachungsangelegenheit Alfred Ries vom 4. November 1952, in: WGA Alfred Ries, Bl. 55.

234 Vgl. Meyer: *Unternehmen Sieben*, S. 234.

235 Vgl. Richard Bassett: *Hitlers Meisterspion. Das Rätsel Wilhelm Canaris*, Wien u. a., S. 108.

236 Vgl. Meyer: *Unternehmen Sieben*, S. 230 f.

237 Vgl. ebd., S. 175 f.

238 Vgl. ebd., S. 140; vgl. Annex of Extract about Interrogation Report Helmut Oliver, 20. September 1945, in: NA-UK, Ref. KV 2/1964, Bl. 98; vgl. Extract Final Interrogation Report Otto Rodenberg, 1. August 1945, in: ebd., Bl. 5, Bl. 7; vgl. Interrogation Report Helmut Oliver, 1. Juli 1945, in: ebd., Bl. 96.

239 Vgl. Meyer: *Unternehmen Sieben*, S. 235, S. 345.

240 Vgl. Höhne: *Canaris*. S. 191.

241 Vgl. Eidesstattliche Erklärung von Walter Frischmuth vom 18. Dezember 1952, in: WGA Alfred Ries, Bl. 74.

242 Vgl. Interrogation Report Fritz Schmidt, 23. Juni 1945, in: NA-UK, Ref. KV 2/1964, Bl. 87; vgl. Interrogation Report Helmut Oliver, Annex III, 1. Juli 1945, in: ebd., Bl. 100.

243 Vgl. Überblick über den Stand des Wiedergutmachungs- und Ermittlungsverfahrens Alfred Ries vom 10. Oktober 1953, in: WGA Alfred Ries, Bl. 89 f.

244 Vgl. Note from Intelligence Bureau Bad Oeynhausen to War Room London, 15. Februar 1946, in: NA-UK, Ref. KV 2/1964, Bl. 43; vgl. Interrogation Report Fritz Schmidt, 23. Juni 1945, in: ebd., Bl. 87.

245 Vgl. 2nd Interrogation Report Manfred Sellier, 2. April 1946, in: ebd., Bl. 31.

246 Vgl. N.N.: *Deutscher Geheimdienst II. Deutscher Geheimdienst im alten Jugoslawien*, Belgrad 1955, S. 363, S. 365, S. 516; vgl. 2nd Interrogation Report Manfred Sellier, 2. April 1946, in: NA-UK, Ref. KV 2/1964, Bl. 31.

247 Vgl. Extract Interrogation Report Hans Rudolf Christian Zuhlsdorff, 18. September 1945, in: ebd, Bl. 62.

248 Aktenvermerk des Landesamtes für Wiedergutmachung Bremen vom 25. November 1952, in: WGA Alfred Ries, Bl. 66.

249 Vgl. Aktenvermerk des Landesamtes für Wiedergutmachung Bremen vom 12. Januar 1952, in: ebd., Bl. 66a.

250 Vgl. Finanzamt München: Liste ehemals in München wohnhafter Juden, in: Archiv International Tracing Service Bad Arolsen, Signatur 2.1.1.1/70119262, 30. August 1952, S. 108.

251 Vgl. Schreiben des Stadt- und Polizeiamtes Bremen an das Landesamt für Wiedergutmachung vom 10. November 1952, in: WGA Alfred Ries, Bl. 60; vgl. Auszug aus der Personenstandsakte der Polizeidirektion Bremen des Alfred Ries vom 26. Oktober 1942, in: ebd., Bl. 33.

252 Vgl. Aktenvermerk „Widersprüche und sonstige Merkwürdigkeiten" des Landesamtes für Wiedergutmachung Bremen vom 5. Januar 1953, in: ebd., Bl. 77.

253 Vgl. ebd., Bl. 77 f.

254 Vgl. Eidesstattliche Erklärung von Walter Frischmuth vom 18. Dezember 1952, in: ebd., Bl. 73.

255 Vgl. Meyer: *Unternehmen Sieben*, S. 234, S. 279, S. 415 f., S. 417 ff.; vgl. Eidesstattliche Erklärung von Walter Frischmuth vom 18. Dezember 1952, in: WGA Alfred Ries, Bl. 73.

256 Vgl. Meyer, *Unternehmen Sieben*, S. 241, S. 418, S. 419, S. 423.

257 Vgl. Schreiben des Stadt- und Polizeiamtes Bremen an das Landesamt für Wiedergutmachung vom 10. November 1952, in: WGA Alfred Ries, Bl. 60.

258 Vgl. Bericht über den derzeitigen Sachstand der Wiedergutmachungsangelegenheit Alfred Ries vom 4. November 1952, in: ebd., Bl. 55; vgl. Überblick über den Stand des Wiedergutmachungs- und Ermittlungsverfahrens Alfred Ries vom 10. Oktober 1953, in: ebd., Bl. 89 f.

259 Vgl. ebd., Bl. 90.

260 Vgl. Aktenvermerk „Widersprüche und sonstige Merkwürdigkeiten" des Landesamtes für Wiedergutmachung Bremen vom 5. Januar 1953, in: ebd., Bl. 78.

261 Vgl. Christoph U. Schminck-Gustavus: *Winter in Griechenland. Krieg – Besatzung – Shoa*, Göttingen 2010, S. 281 ff.; vgl. Nette: *„Vergesst ja Nette nicht!"*, S. 115, S. 163, S. 174, S. 296, S. 304.

262 Vgl. ebd., S. 88; vgl. Aktennotiz vom 1. Dezember 1952, in: WGA Alfred Ries., Bl. 67. Nette hatte ab 1932 zeitweise bei seiner Freundin in der Manteuffelstraße 31 und damit ausweislich Ries' Gewerbelegitimationskarte von 1936 (das Pendant von 1942 weist die Hausnummer 25 aus, das *Bremer Adressbuch* von 1936 die Hausnummer 37) und der Anträge zur Ausstellung von Karten in den Jahren 1942 und 1944 im selben Haus wie Alfred Ries in der sogenannten AfA -Siedlung gewohnt, also in Wohnungen der Gewerkschaft „Allgemeiner freier Angestelltenbund" in der östlichen Vorstadt (vgl. Schreiben der Geheimen Staatspolizei Bremen an den Polizeipräsidenten vom 21. Oktober 1942, Abschrift aus der Akte der Geschäftsanmeldestelle des Polizei- und Stadtamtes Bremen vom 6. Oktober 1952, in: WGA Alfred Ries, Bl. 43; vgl. *Bremer Adressbuch 1936*, S. 295 [https://brema.suub.uni-bremen.de/periodical/pageview/651183; letzter Abruf: 17.12.2021]; vgl. Nette: *„Vergesst ja Nette nicht!"*, S. 32; vgl. Abschrift aus der Akte der Geschäftsanmeldestelle des Polizei- und Stadtamtes Bremen vom 23. Oktober 1942 und 31. Juli 1944, in: WGA Alfred Ries, Bl. 44 f.).

263 Hans Hesse: *Konstruktionen der Unschuld. Die Entnazifizierung am Beispiel von Bremen und Bremerhaven 1945–1953*, Bremen 2005, S. 367.

264 Vgl. Nette: *„Vergesst ja Nette nicht!"*, S. 9, S. 246.

265 Vgl. ebd., S. 137 f., S. 174 ff., S. 304.

266 Vgl. Hesse: *Konstruktionen*, S. 185, S. 191, S. 367, S. 369; vgl. Nette: *„Vergesst ja Nette nicht!"*, S. 272, S. 280.

267 Vgl. ebd., S. 136 ff., S. 177, S. 247.

268 Vgl. Schneider: *Auswärts eingesetzt*, S. 331.

269 Vgl. Heinrich: „Alfred L. Ries", S. 31.

270 Aktennotiz vom 1. Dezember 1952, in: WGA Alfred Ries, Bl. 67. Gemeint ist die örtliche Nebenstelle der Abwehr.

271 Vgl. Schreiben des Landesamtes für Wiedergutmachung Bremen an das Document-Center der US-Army vom 6. Oktober 1952, in: ebd., Bl. 46.

272 Vgl. Abwehrnebenstelle (Marinenebenstelle) Bremen: Personalbögen von V-Männern und R-Männern (Kopie), in: Bundesarchiv (BArch), RW 5 (OKW/Amt Ausland/Abwehr)/304 u. RW5/305, hier v. a. S. 321, S. 329.

273 Vgl. Interrogation Report Helmut Oliver, Annex III, 1. Juli 1945, in: NA-UK, Ref. KV 2/1964, Bl. 100 ff.

274 Vgl. Aktennotiz des Landesamtes für Wiedergutmachung Bremen vom 1. Oktober 1952, in: WGA Alfred Ries, Bl. 48.

275 Vgl. Meyer: *Unternehmen Sieben*, S. 141, S. 177 f.

276 Vgl. *Bremer Adressbuch 1938*, S. 306 (https://brema.suub.uni-bremen.de/periodical/pageview/792480; letzter Abruf: 17.12.2021).

277 Vgl. Verfügung der Oberstaatsanwaltschaft beim Landgericht Bremen vom 21. August 1954, in: WGA Alfred Ries, Bl. 107.

278 Vgl. Verfügung des Ministeriums des Innern des Föderativen Kroatiens vom 20. November 1945, in: PolAAA, 55.830, unpaginiert.

279 Abschrift aus der Akte der Geschäftsanmeldestelle des Polizei- und Stadtamtes Bremen vom 23. Oktober 1942 und 31. Juli 1944, in: WGA Alfred Ries, Bl. 44.

280 Ebd., Bl. 45.

281 Vgl. Lebenslauf Alfred Ries, undatiert, in: PolAAA, 55.830, Bl. 6; vgl. Personalbogen Alfred Ries vom 5. Februar 1950, in: ebd., unpaginiert.

282 Vgl. Eidesstattliche Erklärung von Walter Frischmuth vom 18. Dezember 1952, in: WGA Alfred Ries, Bl. 73.

283 Abschrift des Schreibens der Geheimen Staatspolizei Bremen an den Polizeipräsidenten vom 21. Oktober 1942, in: ebd., Bl. 43.

284 Überblick über den Stand des Wiedergutmachungs- und Ermittlungsverfahrens Alfred Ries vom 10. Oktober 1953, in: ebd., Bl. 90.

285 Meyer: *Unternehmen Sieben*, S. 178.

286 Eidesstattliche Erklärung von Walter Frischmuth vom 18. Dezember 1952, in: WGA Alfred Ries, Bl. 73.

287 Ebd., Bl. 74.

288 Vgl. ebd.

289 Ebd.; vgl. Überblick über den Stand des Wiedergutmachungs- und Ermittlungsverfahrens Alfred Ries vom 10. Oktober 1953, in: ebd., Bl. 90.

290 Vgl. Interim Report of the Case of Erich Pheiffer, Appendix XXI, in: NA-UK, Ref. KV 2/267-2, Bl. 80; vgl. Interrogation Report Helmut Oliver, Annex III, 1. Juli 1945, in: NA-UK, Ref. KV 2/1964, Bl. 100.

291 Vgl. Oscar Reile: *Geheime Ostfront. Die deutsche Abwehr im Osten 1921–1945*, München/Wels 1963, S. 176 f.; vgl. Meyer: *Unternehmen Sieben*, S. 261 f.

292 Vgl. Reile: *Ostfront*, S. 334.

293 Bestätigung des Senators für politische Befreiung Bremen vom 26. Februar 1948, in: WGA Alfred Ries, unpaginiert.

294 Vgl. Eidesstattliche Erklärung von Walter Frischmuth vom 18. Dezember 1952, in: ebd., Bl. 74 f.

295 Vgl. Bericht über den derzeitigen Sachstand der Wiedergutmachungsangelegenheit Alfred Ries vom 4. November 1952, in: ebd., Bl. 55; vgl. Überblick über den Stand des Wiedergutmachungs- und Ermittlungsverfahrens Alfred Ries vom 10. Oktober 1953, in: ebd., Bl. 91.

296 Vgl. Verfügung des Ministeriums des Innern des Föderativen Kroatiens vom 20. November 1945, in: PolAAA, 55.830, unpaginiert; vgl. Auskunft des Berlin Document Center vom 15. Oktober 1952, in: WGA Alfred Ries, Bl. 59.

297 Vgl. Aktenvermerk zur Wiedergutmachungsangelegenheit Alfred Ries vom 5. Januar 1954, in: ebd., Bl. 95; vgl. Schreiben des Landesamtes für Wiedergutmachung Bremen vom 1. Dezember 1954, in: ebd., Bl. 109.

298 Vgl. Hesse: *Konstruktionen*, S. 99 f.; vgl. Schneider: *Auswärts eingesetzt*, S. 324.

299 Vgl. Verfügung der Oberstaatsanwaltschaft beim Landgericht Bremen vom 21. August 1954, in: WGA Alfred Ries, Bl. 108.

300 Peiffer/Wahlig: *Juden im Sport*, S. 388.

301 Vgl. Personalbogen vom 6. April 1954, in: PolAAA, 55.830, Bl. 1a.

302 Vgl. Zeugnis von Generalkonsul und Senator a. D. G. W. Harmssen für Alfred Ries vom 5. Oktober 1954, in: ebd., unpaginiert.

303 Vgl. Ernennungsurkunde des Bremer Senats vom 16. April 1951, in: ebd., Bl. 38.

304 So wurde der gemeinsame Verwaltungs- und Wirtschaftsraum der britischen und amerikanischen Besatzungsmächte in Deutschland zwischen 1947 und 1948 bzw. 1949 genannt.

305 Vgl. Lebenslauf Alfred Ries vom 8. April 1954, in: PolAAA, 55.830, Bl. 2b; vgl. Lebenslauf Alfred Ries vom Oktober 1957, in: ebd., unpaginiert; vgl. Zeugnis von Generalkonsul und Senator a. D. G. W. Harmssen für Alfred Ries vom 5. Oktober 1954, in: ebd., unpaginiert.

306 Vgl. Personalbogen Alfred Ries vom 5. Februar 1950, in: ebd., unpaginiert; vgl. Schreiben des Senatspräsidenten vom 16. April 1951, in: PolAAA, 55.830, unpaginiert; vgl. Bestätigung des Senators für politische Befreiung Bremen vom 26. Februar 1948, in: WGA Alfred Ries, unpaginiert.

307 Vgl. Deutsch-schwedische Handelskammer (Hg.): *Unsere Geschichte* (https://www.handelskammer.se/de/ueber-uns/geschichte; letzter Abruf: 18.12.2021).

308 Vgl. Staatliches Außenhandelskontor Bremen (Hg.): *Bremer Export-Import-Handbuch*, Bremen 1953; vgl. Zeugnis von Generalkonsul und Senator a. D. G. W. Harmssen für Alfred Ries vom 5. Oktober 1954, in: PolAAA, 55.830, unpaginiert.

309 Vgl. Schreiben Schlotterhose & Co. Maschinenfabrik an den Senator für Wirtschaftsforschung und Außenhandel vom 10. November 1952, in: PolAAA, 55.831, Bl. 64.

310 Vgl. Alfred Lörner: *Bremen im Welthandel*, Bremen 1927; vgl. Lebenslauf Dr. Alfred Lörner vom 10. September 1957, in: PolAAA, 9163, S. 6.

311 Lebenslauf Alfred Ries vom Oktober 1957, in: PolAAA, 55.830, unpaginiert.

312 Vgl. Bescheinigung der Eheschließung vom 1. August 1949, in: ebd., Bl. 4.

313 Vgl. Personalbogen vom 6. April 1954, in: ebd., Bl. 1; vgl. Geburtsurkunde Anka Vlajcic vom 30. Juni 1953, in: ebd., Bl. 2a;

314 Schreiben von Alfred Ries an den Senator für Wirtschaftsforschung und Außenhandel vom 9. August 1951, in: ebd., Bl. 49.

315 Vgl. Schreiben des Verwaltungsgerichts Ansbach an das Auswärtige Amt vom 15. September 1956, in: ebd., unpaginiert.

316 Vgl. Deutscher Fußball-Bund (DFB) (Hg.): *Geschichte des deutschen Fußballsports*, Frankfurt/M. 1954, S. 219.

317 Vgl. Werner Daugs: „Wiederaufbau 1945“, in: Ries/Stöver: *50 Jahre*, S. 46–48, hier: S. 48; vgl. Harald Klingebiel: „Sportlicher Wiederaufbau“, in: Klingebiel/Wallenhorst: *Neunzig Jahre*, S. 229.

318 Vgl. Daugs: „Wiederaufbau", S. 47.

319 Vgl. Hans-Joachim Wallenhorst: „Das vierte Jahrzehnt", in: Klingebiel/Wallenhorst: *Neunzig Jahre*, S. 147–217, hier: S. 209.

320 Vgl. Oscar Drees: „Drei Wörter – ein Begriff. Sportverein ‚Werder' Bremen", in: Ries/Stöver: *50 Jahre*, S. 4; vgl. Daugs: „Wiederaufbau", S. 48.

321 Vgl. Klingebiel: „Sportlicher Wiederaufbau", S. 229.

322 Vgl. Anhang zum Fragebogen, undatiert, in: Entnazifizierungsakte Willy Stöver, StAB 4,66 I 10927, unpaginiert.

323 Vgl. Wallenhorst: „Das vierte Jahrzehnt", S. 155 ff.; vgl. Willy Stöver: „1933–1934", in: *VN*, Januar 1934, S. 2 f.

324 Vgl. ebd.

325 Vgl. „Unsere Generalversammlung am 13. April 1926", in: *VN*, Januar/April 1926, S. 4 f.

326 Vgl. Erklärung von August Heyer vom 2. November 1945, in: Entnazifizierungsakte Willy Stöver, S. 21.

327 Stöver: „Von 1932 bis 1939", S. 34.

328 Vgl. C. A. Curdua-Hamburg: „Möchte echter Werder-Geist", S. 5.

329 DFB: *Fußballsport*, S. 223.

330 Vgl. „Alfred Ries: Werbe- und Presseausschuss", in: DFB (Hg.): *Jahresbericht 1950–51*, Frankfurt/M. 1951, S. 53 ff.; vgl. „Alfred Ries: Presse und Werbung", in: DFB (Hg.): *Jahresbericht 1952–53*, Frankfurt/M. 1953, S. 50 ff.; vgl. „Beschlussniederschrift über die Sitzung des Bundesvorstands am 30. und 31. August 1952 in Heidelberg", S. 3; vgl. „Protokoll der Bundesvorstandssitzung am 14. November 1952 in München", S. 4; vgl. „Beschlussniederschrift über die Sitzung des Bundesvorstands am 21. Februar 1953 in Mainz", S. 6; vgl. „Verhandlungsniederschrift der Tagung der Presse-Obleute am 14. Februar 1953 in Koblenz", S. 2, S. 4; vgl. „Niederschrift über die Sitzung des Bundesvorstands am 11. April 1953 in Frankfurt am Main", S. 9, alles in: ebd.

331 Vgl. Bartel: *75 Jahre Rotary*, S. 60.

332 Vgl. Personalbogen vom 6. April 1954, in: PolAAA, 55.830, Bl. 1; vgl. Lebenslauf vom 8. April 1954, in: ebd., Bl. 2b; vgl. Zeugnis von Generalkonsul und Senator a. D. G. W. Harmssen für Alfred Ries vom 5. Oktober 1954, in: ebd., unpaginiert.

333 Vgl. Peiffer/Wahlig: *Juden im Sport*, S. 388. Erster Vizepräsident des DSB wurde Oscar Drees, der Vorsitzende des Bremer Sportbundes. Drees war als Sozialdemokrat 1933 gemeinsam mit dem Ries-Vertrauten Alfred Faust verhaftet und im Konzentrationslager Mißler in Findorff misshandelt worden.

334 Vgl. N.N.: „Alfred Ries 55 Jahre alt".

335 Bei dem Treffen in Oberwesel (Rheinland-Pfalz) hatte das Präsidium des Deutschen Sportbundes aufgrund der angeblichen Befragung seiner Athleten nach politischen Flüchtlingen bei Einreisen in die DDR die Einstellung aller gemeinsamen Sportveranstaltungen beschlossen. Grund für diese Maßnahme der DDR wiederum war die Unterzeichnung des Beitrittsvertrages zur Europäischen Verteidigungsgemeinschaft durch die BRD.

336 Vgl. Giselher Spitzer, Martina Müller, Sigrid Zische: *Die Gründerjahre des Deutschen Sportbundes. Wege aus der Not zur Einheit, Band 1*, Frankfurt/M. 1990, S. 62.

337 Vgl. DFB: „Niederschrift 11. April 1953", S. 5.

338 Vgl. Ralf Debar: „Rot-Weiss Essens Pokalhistorie: Gänsehaut und 13 Grad Minus", in: *Media-Sportservice West*, 2. März 2021 (https://www.media-sportservice.de/2021/03/02/rwe-pokalhistorie-gaensehaut-und-13-grad-minus/; letzter Abruf: 18.12.2021).

339 Vgl. Schreiben von Bremer Senator Harmssen an Staatsrat Dr. Wilhelm Haas vom 24. Februar 1951, in: PolAAA, 55.830, unpaginiert; vgl. Schreiben von Alfred Ries an die Dienststelle für Auswärtige Angelegenheiten im Bundeskanzleramt vom 14. März 1951, in: ebd., unpaginiert; vgl. Lebenslauf vom 8. April 1954, in: ebd., Bl. 2b; vgl. Zeugnis von Generalkonsul und Senator a. D. G. W. Harmssen für Alfred Ries vom 5. Oktober 1954, in: ebd., unpaginiert.

340 Vgl. Schreiben von Alfred Ries an Ministerialdirektor Dr. Pfeiffer vom Auswärtigen Amt vom 20. März 1953, in: ebd., unpaginiert; vgl. Schreiben der Senatskommission an das Auswärtige Amt vom 15. Juli 1953, in: ebd., Bl. 2.

341 Vgl. Schreiben von Alfred Ries an den Senator für Wirtschaftsförderung und Außenhandel vom 18. Mai 1953, in: ebd., Bl. 58; vgl. Lebenslauf vom 8. April 1954, in: ebd., unpaginiert.

342 Vgl. Zeugnis von Generalkonsul und Senator a. D. G. W. Harmssen für Alfred Ries vom 5. Oktober 1954, in: ebd., unpaginiert.

343 Vgl. Lange: „Ehrengalerie erweitert" (wie Fußnote 1).

344 Vgl. CzB: *Jahrbuch des Club zu Bremen 1953*, Bremen 1953, S. 77; vgl. CzB: *Jahrbuch des Club zu Bremen 1954/55*, Bremen 1955, S. 51.

345 Vgl. Lebenslauf vom 8. April 1954, in: PolAAA, 55.830, Bl. 2b; vgl. Schreiben der Deutschen Botschaft in Belgrad an das Auswärtige Amt Bonn vom 10. September 1953, in: ebd., unpaginiert.

346 Vgl. Schreiben der Senatskommission für das Personalwesen an das Auswärtige Amt vom 25. Januar 1955, in: StAB, Senatsregistratur Bremen, 3-B.5.b.2.b.Nr.1.24, unpaginiert.

347 Vgl. Schreiben von Dr. Heinrich Barth an Senator Dr. Helmken vom 26. Juli 1955, in: ebd., unpaginiert.

348 Ebd.

349 Vgl. ebd.

350 Schreiben der Vertretung der Freien Hansestadt Bremen beim Bund an Senator L. Helmken vom 26. Juli 1955, in: ebd., unpaginiert.

351 Schreiben des Leitenden Regierungsdirektors Dr. Maas an Staatsrat Dr. Arendt vom 8. November 1955, in: ebd, unpaginiert.

352 Vgl. Beschluss des Bundespersonalausschusses U-I-55/57 vom 13. September 1955, in: PolAAA, 55.830, Bl. 77.

353 Vgl. Schreiben von Alfred Ries an Bürgermeister Wilhelm Kaisen vom 13. Dezember 1955, in: StAB, 3-B.5.b.2.b.Nr.1.24, unpaginiert; vgl. Beglaubigte Abschrift der Ernennung in das Bundesbeamtenverhältnis durch Bundespräsident Theodor Heuss vom 3. November 1955, in: ebd., Bl. 86.

354 Vgl. Schreiben von Alfred Ries an das Auswärtige Amt vom 4. März 1955, in: ebd., Bl. 57.

355 Vgl. N.N.: „Auszeichnung für Alfred Ries", in: *Weser-Kurier*, Nr. 26 vom 31. Januar 1958; zitiert nach: ebd., unpaginiert.

356 Vgl. Schreiben des Auswärtigen Amts an die Botschaft der BRD in New-Delhi vom 9. Dezember 1957, in: PolAAA, 55.830, unpaginiert; vgl. Peiffer/Wahlig: *Juden im Sport*, S. 389.

357 Vgl. Aufzeichnung von Abteilung 3 des Auswärtigen Amts für Abteilung 1 vom 15. Mai 1959, in: PolAAA, 55.830, unpaginiert.

358 Vgl. Kabinettsprotokolle des Bundeskanzleramtes, in: BArch, B136 Kanzleramt/1838, Bd. 3; vgl. Schreiben Botschafter Dr. Wilhelm Melchers an Ministerialdirigent Alexander Hopmann am 5. Dezember 1958, in: PolAAA, 55.830, unpaginiert.

359 Zu sehen beispielsweise in der Fotoausstellung der Antidiskriminierungs-AG des Fanprojekts Bremen über Alfred Ries im Dezember 2016 im Ostkurvensaal des Bremer Weserstadions sowie in: Fanprojekt Bremen (Hg.): *Unvergessen vergessen. Alfred Ries*, Bremen 2017, S. 20 (https://www.fanprojektbremen.de/app/download/13917656535/alfred+_ries.pdf?t=1553147296; letzter Abruf: 18.12.2021).

360 Vgl. Brief von Alfred Ries an Thomas Dehler vom 18. September 1961, in: Archiv des Liberalismus, Bestand Thomas Dehler, N1-1796, S. 56; vgl. Brief von Thomas Dehler an Alfred Ries vom 26. September 1961, in: ebd., S. 57.

361 Vgl. N.N.: „Verdienste um den Sport und seine Vaterstadt", in: *Weser-Kurier*, 28. August 1967.

362 N.N.: „Ein Hoch auf den künftigen Meister", in: *Bremer Nachrichten*, Nr. 108, 10. Mai 1965, S. 9.

363 Vgl. N.N.: „Orkan der Begeisterung empfängt Werder / Konfettiregen in den Straßen", in: *Bremer Nachrichten*, Nr. 115, 18. Mai 1965, S. 3.

364 Zit. nach: N.N.: „Kaisen: ‚Bannig stolz auf diese Elf'", in: *Bremer Nachrichten*, Nr. 115, 18. Mai 1965, S. 4.

365 Vgl. „Bannig stolz". Mevissens Vater Wilhelm Schmidt war zur NS-Zeit wie der Werderaner Theo Eggert im Arbeitserziehungslager Farge interniert gewesen.

366 Vgl. N.N.: „Stadion-Ausbau als Dank an Werder", in: *Bremer Nachrichten*, Nr. 116, 19. Juni 1965, S. 4; vgl. Balhauff: *SV Werder Bremen*, S. 56.

367 Vgl. z. B. *Bremer Nachrichten* vom 10., 17., 18. und 19. Mai 1965.

368 Vgl. z. B. N.N.: „Bannig stolz", S. 4.

369 Vgl. N.N.: „Ruf nach Bundeskultusministerium", in: *Bremer Nachrichten*, Nr. 120, 24. Mai 1965, S. 5.

370 Vgl. N.N.: „Scheel: Entwicklungshilfe wichtig", in: *Bremer Nachrichten*, Nr. 212, 11. September 1965, S. 6.

371 N.N.: „Ries für stärkere Ostkontakte", in: *Bremer Nachrichten*, Nr. 215, 15. September 1965, S. 6.

372 N.N.: „Bremer Bundestagskandidaten stellen sich vor", in: *Bremer Nachrichten*, Nr. 197, 25. August 1965.

373 Vgl. ebd.; vgl. N.N.: „Die Parteien haben das Schlusswort", in: *Bremer Nachrichten*, Nr. 217, 17. September 1965, S. 4.

374 Die Deutsche Amateurmeisterschaft wurde – in unterschiedlichen Modi: mal im K.-o.-System, mal über Gruppenphasen – noch bis 1998 ausgespielt.

375 Vgl. Justus Meyer: *Politische Spiele – Die deutsch-deutschen Auseinandersetzungen auf dem Weg zu den XX. Olympischen Sommerspielen 1972 und bei den Spielen in München*, Hamburg 2010, S. 201.

376 Vgl. N.N.: „Afrikanische Sportler steigern sich", in: *Weser-Kurier*, 27. Juli 1965.

377 Vgl. Giselher Spitzer: *Sicherungsvorgang Sport. Das Ministerium für Staatssicherheit und der DDR-Spitzensport*, Bonn 2005, S. 246.

378 Vgl. *Bremer Adressbuch 1967*, S. 510 (https://brema.suub.uni-bremen.de/periodical/pageview/824737; letzter Abruf: 18.12.2021).

379 Vgl. *Bremer Adressbuch 1979*, S. 544 (https://brema.suub.uni-bremen.de/periodical/pageview/606021; letzter Abruf: 18.12.2021).

380 Vgl. Kuntze: *Werder Bremen*, S. 284.

381 Vgl. Zeugnis Kaffee-HAG-Aktiengesellschaft vom 10. Oktober 1933 als Anlage zum Personalbogen vom 5. April 1959, in: PolAAA, 55.830, S. 7 f.

382 Felsing: „Die letzte Adresse".

Theodor Eggert – Zwischen den Stühlen

1 Vgl. Antrag auf Ausstellung eines Ausweises für politisch, rassisch und religiös durch den Nazismus Verfolgte, Lebenslauf Theodor Eggert, 4.12.1946, in: Staatsarchiv Bremen (StAB), 4, 54, E 1130/1, Bl. 3.

2 Vgl. Eggert, Theodor, Lebenslauf zur Bewerbung als Vorsitzer einer Spruchkammer, 4.11.1947, in: StAB, 4, 66/3, Nr. 864.

3 Vgl. Harald Klingebiel: „Jüdische Sportler bei Werder Bremen", in: Arnd Krüger / Bernd Wedemeyer-Kolwe (Hg.): *Vergessen, verdrängt, abgelehnt. Zur Geschichte der Ausgrenzung im Sport*, Berlin 2009, S. 50–71, hier: S. 68.

4 Mehr hierzu im Beitrag von Lukas Bracht zu Werders Vereinshistorie vor 1945.

5 Vgl. Lorenz Peiffer / Henry Wahlig: *Juden im Sport während des Nationalsozialismus. Ein historisches Handbuch für Niedersachsen und Bremen*, Göttingen 2012, S. 103.

6 Auch hierzu mehr im Beitrag von Lukas Bracht zu Werders Vereinshistorie vor 1945.

7 Vgl. Peiffer/Wahlig, *Juden im Sport*, S. 104, S. 113.

8 Vgl. Wolf Gruner: „Die NS-Führung und die Zwangsarbeit für sogenannte jüdische Mischlinge. Ein Einblick in die Planung und Praxis antijüdischer Politik in den Jahren 1942 bis 1944", in: Manfred Weißbecker / Reinhard Kühnl: *Rassismus, Faschismus, Antifaschismus*, Köln 2000, S. 63–79, hier S. 64.

9 Vgl. Beate Meyer: „Zwischen Regel und Ausnahme – ‚Jüdische Mischlinge' unter Sonderrecht", in: Magnus Brechtken, Hans-Christian Jasch, Christoph Kreutzmüller, Niels Weise (Hg.): *Die Nürnberger Gesetze – 80 Jahre danach: Vorgeschichte, Entstehung, Auswirkungen*, Göttingen 2017, S. 205–222, hier S. 206.

10 Vgl. Wilhelm Nolting-Hauff: *IMI'S. Chronik einer Verbannung*, Bremen 1946, S. 3.

11 Vgl. Meyer: „Zwischen Regel und Ausnahme", S. 218.

12 Vgl. Peiffer/Wahlig: *Juden im Sport*, S. 105.

13 Vgl. Meyer: „Zwischen Regel und Ausnahme", S. 203, S. 219.

14 Vgl. ebd., S. 210.

15 Vgl. ebd., S. 219.

16 Vgl. ebd., S. 208.

17 Vgl. ebd., S. 219.

18 Vgl. ebd., S. 209.

19 Vgl. Gruner: „Zwangsarbeit", S. 66.

20 Vgl. ebd., S. 66 f.

21 Vgl. Meyer: „Zwischen Regel und Ausnahme", S. 211.

22 Vgl. Antrag auf Ausstellung eines Ausweises für politisch, rassisch und religiös durch den Nazismus Verfolgte, 4.12.1946, in: StAB, 4, 54, E 1130/1, Bl. 4.

23 Vgl. Meyer: „Zwischen Regel und Ausnahme", S. 210.

24 Vgl. Bescheinigung der Handelskammer Bremen, 19.1.1946, in: StAB. 4, 66/3, Nr. 864.

25 Vgl. Antrag auf Ausstellung eines Ausweises für politisch, rassisch und religiös durch den Nazismus Verfolgte, 4.12.1946, in: StAB, 4, 54, E 1130/1, Bl. 4.

26 Vgl. Bestätigung über die Tätigkeit für die Norddeutschen Dornier-Werke G.m.b.H. Werk Lübeck, 4.3.1944, in: ebd., unpaginiert.

27 Vgl. Schreiben Arbeitsamt Bremen an Theodor Eggert, 25.4.1944, in: ebd., Bl. 22.

28 Arbeitsamt Bremen, Verpflichtungsbescheid aufgrund der Verordnung zur Sicherstellung des Kräftebedarfs für Aufgaben besonderer Staatspolitischer Bedeutung vom 13. Februar 1939, 4.5.1944, Abschrift, in: ebd., Bl. 65.

29 Vgl. Arbeitsamt Bremen an Theodor Eggert, 5.6.1944, in: ebd., Bl. 66.

30 Vgl. Aktennotiz für Friedrich Bohne, streng vertraulich, 4.10.1944, Abschrift, in: ebd., Bl. 67.

31 Vgl. Landesamt für Wiedergutmachung, Vernehmung vom 31.7.1951, 2.8.1951, in: ebd., Bl. 60–61.

32 Vgl. Aktennotiz für Friedrich Bohne, streng vertraulich, 4.10.1944, Abschrift, in: ebd., Bl. 67.

33 Schreiben Arbeitsamt Bremen an Reichsministerium für Rüstung und Kriegsproduktion, 26.9.1944, Abschrift, in: ebd., Bl. 24.

34 Vgl. ebd.

35 Vgl. Landesamt für Wiedergutmachung, Vernehmung vom 31.7.1951, 2.8.1951, in: ebd., Bl. 60.

36 Vgl. Dieter Maier: *Arbeitseinsatz und Deportation. Die Mitwirkung der Arbeitsverwaltung bei der nationalsozialistischen Judenverfolgung in den Jahren 1938–1945*, Berlin 1994, S. 217.

37 Vgl. Schreiben Arbeitsamt Bremen an Theodor Eggert, 25.4.1944, Abschrift, in: StAB, 4, 54, E 1130/1, Bl. 22.

38 Vgl. Gruner: „Zwangsarbeit", S. 71.

39 Vgl. ebd., S. 70–74.

40 Schreiben des Vertrauensmannes der Bremer Reichsvereinigung der Juden in Deutschland, Karl Bruck, 26.10.1944, Abschrift, in: StAB, 4, 54, E 1130/1, Bl. 69.

41 Vgl. Meyer: „Zwischen Regel und Ausnahme", S. 220.

42 Nolting-Hauff: *IMI'S*, S. 5.

43 Vgl. Marc Buggeln: *Der Bunker Valentin. Zwangsarbeit, Marinerüstung und Erinnerung*, Bremen 2010, S. 108–142.

44 Vgl. Landesamt für Wiedergutmachung, Vernehmung vom 31.7.1951, 2.8.1951, in: StAB, 4, 54, E 1130/1, Bl. 60–61.

45 Vgl. Schreiben Gestapo Bremen an Senator für Innere Verwaltung, Wachpersonal für das Arbeitserziehungslager Farge, 18.5.1943, in: StAB, 4,13/1 P.a.A Nr. 28 Bd.4, unpaginiert.

46 Vgl. zu den Arbeitserziehungslagern allgemein: Gabriele Lofti: *KZ der Gestapo. Arbeitserziehungslager im Dritten Reich*, Stuttgart 2000; Andrea Tech: *Arbeitserziehungslager in Nordwestdeutschland 1940–1945*, Göttingen 2003.

47 Vgl. Blitz-Fernschreiben der Gestapo Bremen an Befehlshaber Schutzpolizei Den Haag, btr. Überstellung niederländischer Arbeitskräfte nach dem Reich, 8.6.1944, in: StAB, 5,4 Nr. 39, Bl. 9.

48 Nolting-Hauff: *IMI'S*, S. 15.

49 Vgl. Ursula Büttner: *Die Not der Juden teilen. Christlich-jüdische Familien im Dritten Reich*, Hamburg 1988, S. 67.

50 Vgl. Schreiben Sicherheitsdienst des Reichsführers SS, Abschnitt Bremen, an Leiter der Deutschen Eisenbahnbetriebsgesellschaft A.G. Bahnverwaltung Duingen, 26.1.1945, Abschrift, in: StAB, 4, 54, E 1130/1, Bl. 70.

51 Vgl. Gruner: „Zwangsarbeit", S. 72.

52 Vgl. Bericht 8 Corps Return Light Workshops, Garages and Specialists, 13.6.1945, in: StAB, 4, 54, E 1130/1, Bl. 26.

53 Vgl. Gemeinde Timmendorfer Strand, Vernehmung Willi Lange, 10.6.1952, in: StAB, 4, 54, E 1130/1, Bl. 114.

54 Vgl. Fragebogen zur Bewerbung als Vorsitzer einer Spruchkammer, 4.11.1947, in: StAB, 4, 66/3, Nr. 864.

55 Vgl. Personalabteilung des Senators für politische Befreiung, Zeugnis, 3.6.1949, in: ebd.

56 Vgl. Mitteilung über die Auflösung ehrenamtlicher Spruchkammern, 5.5.1948, in: ebd.

57 Vgl. Schreiben Senator für politische Befreiung an Theodor Eggert, 13.11.1948, in: ebd.

58 Vgl. hierzu Hans-Gerhard Schmidt: *Umgang mit der Vergangenheit als Regulierung der Gegenwart. Die Individualentschädigung der NS-Verfolgten in Bremen (1949–1970)*, Univ. Diss. Bremen 2020, unveröffentlichtes Manuskript, S. 9–10.

59 Vgl. ebd., S. 40 ff.

60 Vgl. ebd., S. 52.

61 Vgl. Antrag auf Wiedergutmachung Theodor Eggert, 7.1.1946, in: StAB, 4, 54, E 1130/1, Bl. 2.

62 Vgl. Antrag auf Ausstellung eines Ausweises für politisch, rassisch und religiös durch den Nazismus Verfolgte, 4.7.1946, in: ebd., Bl. 3.

63 Vgl. Schmidt: *Umgang mit der Vergangenheit*, S. 49.

64 Vgl. Schreiben Kriminalpolizei Bremen an K.L.-Betreuungsstelle, 27.10.1947, in: StAB, 4, 54, E 1130/1, Bl. 11.

65 Vgl. Schmidt: *Umgang mit der Vergangenheit*, S. 47.

66 Vgl. ebd., S. 53.

67 Antrag auf Ausstellung eines Ausweises für politisch, rassisch und religiös durch den Nazismus Verfolgte, 4.7.1946, handschriftlicher Vermerk v. 28.10.1947, in: StAB, 4, 54, E 1130/1, Bl. 3.

68 Vgl. Schreiben der Israelitischen Gemeinde Bremen, Carl Katz, an die Hilfsstelle für K.L.-Entlassene, 5.3.1947, in: ebd., Bl. 7.

69 Vgl. Schmidt: *Umgang mit der Vergangenheit*, S. 56.

70 Vgl. Landesamt für Wiedergutmachung, Bescheid, 15.3.1951, in: StAB, 4, 54, E 1130/1, Bl. 45.

71 Vgl. Landesamt für Wiedergutmachung, Ergänzung zur Vernehmung vom 31.7.1951, in: ebd., Bl. 61.

72 Senator für Finanzen an Landesamt für Wiedergutmachung, 17.3.1951, in: ebd., Bl. 46.

73 Ebd.

74 Vgl. Schreiben Theodor Eggert an Senator Wilhelm Nolting-Hauff, 12.9.1951, in: ebd., Bl. 80; vgl. dazu auch Schmidt: *Umgang mit der Vergangenheit*, Kapitel 7.3.

75 Vgl. Schreiben Landesamt für Wiedergutmachung an Senator Nolting-Hauff, 2.8.1951, in: ebd., Bl. 62.

76 Vgl. Schreiben Wilhelm Nolting-Hauff an Theodor Eggert, 18.9.1951, in: StAB, 4, 54, E 1130/4, Bl. 964.

77 Vgl. Schreiben Theodor Eggert an Landesamt für Wiedergutmachung, 9.10.1951, in: StAB, 4, 54, E 1130/1, Bl. 89; vgl. Eidesstattliche Erklärung, undatiert, in: ebd., Bl. 93.

78 Vgl. Schreiben Landesamt für Wiedergutmachung an Theodor Eggert, 9.1.1952, in: ebd., Bl. 100.

79 Vgl. Antrag auf Ausstellung eines Ausweises für politisch, rassisch und religiös durch den Nazismus Verfolgte, 4.12.1946, in: ebd., Bl. 3.

80 Vgl. Antrag auf Haftentschädigung, 18.11.1949, in: ebd., Bl. 19.

81 Vgl. Landesamt für Wiedergutmachung, Anerkennung im Wiedergutmachungsverfahren, 2.2.1952, in: ebd., Bl. 108.

82 Vgl. Schreiben Landesamt für Wiedergutmachung an Theodor Eggert, 22.8.1952, in: ebd., Bl. 121.

83 Vgl. Beschluß der Entschädigungskammer beim Landgericht Bremen, 22.10.1954, in: StAB, 4, 54, E 1130/2, Bl. 206.

84 Vgl. Senator für Finanzen an Landesamt für Wiedergutmachung, 5.3.1951, in: StAB, 4, 54, E 1130/1, Bl. 106.

85 Vgl. Landesamt für Wiedergutmachung, Teilbescheid, 3.6.1959, in: StAB, 4, 54, E 1130/3, Bl. 47

86 Vgl. Schreiben TEVAK-Büro Bremen an Senator für Inneres, 16.11.1948, in: StAB, 4, 54, E 1130/1, Bl. 14.

87 Vgl. Gutachten des Hauptgesundheitsamts Bremen, 9.7.1952, in: StAB, 4, 54, E 1130/3, Bl. 8.

88 Vgl. Gutachten des Universitätskrankenhauses Eppendorf über den Ernährungszustand von Zwangsarbeitern, darunter AEL-Insassen und KZ-Häftlinge, Bremen-Farge, 4.3.1944, in: Archiv KZ-Gedenkstätte Neuengamme, 5.5.14.5; vgl. allgemein Götz Aly: „Die Menschenversuche des Doktor Heinrich Berning", in: Karl-Heinz Roth / Angelika Ebbinghaus: *Heilen und Vernichten im Mustergau Hamburg. Bevölkerungs- und Gesundheitspolitik im Dritten Reich*, Hamburg 1984, S. 184–187.

89 Schreiben Eggert an Landesamt für Wiedergutmachung, 25. Mai 1954, in: StAB, 4, 54, E 1130/2, Bl. 194.

90 Vgl. ebd.

91 Vgl. Schreiben Landesamt für Wiedergutmachung an Theodor Eggert, betr. Antrag auf Entschädigung für Schaden an Körper und Gesundheit, 5.4.1954, in: StAB, 4, 54, E 1130/3, Bl. 40.

92 Vgl. Schreiben Landesamt für Wiedergutmachung an Nachlassverwalter Gerhard Heinrich, 29.3.1960, in: StAB, 4, 54, E 1130/2, Bl. 253.

93 Vgl. Klingebiel: „Jüdische Sportler", S. 68 f.

94 Vgl. Fragebogen zur Bewerbung als Vorsitzer einer Spruchkammer, 4.11.1947, in: StAB, 4, 66/3, Nr. 864.

95 Vgl. Klingebiel: „Jüdische Sportler", S. 68 f.

96 Vgl. Meyer: „Zwischen Regel und Ausnahme", S. 211, S. 222.

97 Schreiben Theodor Eggert an Landesamt für Wiedergutmachung, 9.7.1958, in: StAB, 4, 54, E 1130/2, Bl. 225.

98 Vgl. Schreiben Hauptgesundheitsamt Bremen an Landesamt für Wiedergutmachung, 9.7.1952, in: StAB, 4, 54, E 1130/3, Bl. 8.

Leo Weinstein – Vom ausgeschlossenen Werderaner zum Fußballpionier und Universitätsprofessor

1 „Leo Weinstein was many things – scholar, author, linguist, and bon vivant. He was worldly, a master of four languages, and a lover of classical music. But above almost all else, Weinstein was a soccer fanatic who left a considerable imprint on the game by helping popularize it in the United States" (David Kiefer: „Stanford Soccer's Renaissance Man: Leo Weinstein, 1921-2009"; https://gostanford.com/sports/2009/5/12/208089827; letzter Abruf: 28.11.2021).

2 Leo Weinstein: *The Decoy. How World War II was won by confusing the German Code Breakers. An Autobiography by Leo Weinstein,* Lafayette 2008 (unveröffentlicht).

3 Für Näheres zum Leben von Hugo Grünberg sei auf den Beitrag von Fabian Ettrich in diesem Buch verwiesen.

4 Vgl. Werbeanzeigen von Weinstein z. B. in: *Gemeindeblatt der Israelitischen Gemeinde Bremens,* 1. Jahrgang/Ausgabe 5 (1/5), 1. Juni 1929, S. 1.

5 Vgl. Wiedergutmachungsakte (WGA) Hermann Weinstein, Staatsarchiv Bremen (StAB), 4,54 E11287, Bl. 13.

6 Vgl. Rückerstattungsakte (REA) Hermann Weinstein, StAB, 4,54 Rü 5465, Bl. 6.

7 Vgl. Weinstein: *The Decoy*, Kap. 2.

8 Vgl. ebd.

9 Vgl. *Gemeindeblatt der Israelitischen Gemeinde Bremens*, 4/14, 15. Oktober 1932, S. 2.

10 Vgl. ebd., 6/4, 27. April 1934, S. 7.

11 Vgl. Weinstein: *The Decoy*, Kap. 2.

12 Vgl. Cynthia Haven: „French professor, author and world soccer expert dies at 87" (https://news.stanford.edu/news/2009/may13/weinstein-051309.html; letzter Abruf: 28.11.2021); vgl. Weinstein: *The Decoy*, Kap. 2.

13 Für weitere Informationen über Arthur Rosenthal siehe den Beitrag von Fabian Ettrich zur Familie Rosenthal in diesem Buch.

14 Vgl. *Vereinsnachrichten* (*VN*), Januar/April 1919, S. 8–9.

15 Vgl. *Weser-Kurier* Nr. 182/1987 vom 8.8.1987, S. 15.

16 Vgl. Weinstein: *The Decoy*, Kap. 2.

17 „But those unexpected changes came upon my life like a tidal wave. On January 30, 1933, the National Socialist German Workers' Party (NSDAP) won the election and that peaceful Germany I had known turned into a savage monster" (ebd.).

18 „Like in a horror movie, my schoolmates and friends became transformed into ugly, hostile soldiers, coming to class in military uniform" (ebd.).

19 Vgl. ebd.

20 Vgl. WGA Hermann Weinstein, Bl. 64.

21 Vgl. *Bremer Adressbuch 1933*, S. 389 (https://brema.suub.uni-bremen.de/periodical/pageview/648563; letzter Abruf: 28.11.2021).

22 „Had somebody put a potion into their drinking water that had suddenly turned them into Frankensteins?" (Weinstein: *The Decoy*, Kap. 2).

23 „I have experienced and witnessed terrible scenes since then, but this will always remain the saddest day of my life" (ebd.).

24 Bezüglich des Ausschlussdatums und Leos Alter widersprechen sich die gesichteten Quellen: Lührs et al. sprechen von „Anfang 1934", ohne das Alter zu nennen (vgl. Wilhelm Lührs, Inge Marßolek, Erich Müller [Hg.]: *„Reichskristallnacht" in Bremen. Vorgeschichte, Hergang und gerichtliche Bewältigung des Pogroms vom 9./10. Nov. 1938*, Bremen 1988, S. 69). In einem Bericht zu Weinsteins Besuch in Bremen wird indes das Jahr 1935 genannt (vgl. *Weser-Kurier* Nr. 182/1987 vom 8.8.1987, S. 15), ebenso in Leos Memoiren. Und im Nachruf der Universität Stanford auf Leo Weinstein wird dessen Alter beim Ausschluss aus dem Verein mit 14 Jahren angegeben (vgl. Kiefer: „Stanford Soccer's Renaissance Man").

25 Lührs/Marßolek/Müller: *„Reichskristallnacht"*, S. 69. Leo Weinstein hat diese Geschichte auch Willi Lemke und dessen Sohn Christoph bei seinem ersten Besuch nach dem Krieg in Bremen (1987) erzählt. Welcher Trainer Leo Weinstein aus dem Verein ausgeschlossen hat, ist nicht bekannt.

26 Siehe dazu auch den Abschnitt zum Ausschluss jüdischer Mitglieder im Beitrag „Der SV Werder von der Gründung bis 1945" in diesem Buch.

27 Vgl. Weinstein: *The Decoy*, Kap. 2.

28 „The soccer field was the only place left where I could still enjoy a sense of freedom and companionship" (ebd.).

29 Vgl. Weinstein: *The Decoy*, Kap. 2.

30 Vgl. *Weser-Kurier* Nr. 182/1987 vom 8.8.1987, S. 15.

31 Vgl. *Gemeindeblatt der Israelitischen Gemeinde Bremens*, 7/5, 15. Mai 1935, S. 4.

32 Vgl. Weinstein: *The Decoy*, Kap. 3.

33 Vgl. WGA Leo Weinstein, StAB, 4,54 E11322, Bl. 4.

34 Vgl. Weinstein: *The Decoy*, Kap. 2.

35 Vgl. WGA Hermann Weinstein, Bl. 64.

36 Vgl. Günther Rohdenburg: „Die frühen Deportationen 1938", in: Staatsarchiv Bremen (Hg.): *„ ... sind Sie für den geschlossenen Arbeitseinsatz vorgesehen ...". „Judendeportationen" von Bremerinnen und Bremern während der Zeit der nationalsozialistischen Gewaltherrschaft*, Bremen 2006, S. 11–24, hier: S. 17. Aus Bremen wurden gemäß unterschiedlichen Schätzungen 80 bis 200 polnische Juden deportiert (vgl. ebd., S. 16).

37 Der von seinem Sohn Rudolf gestellte Antrag auf Wiedergutmachung wegen Schadens an Hermann Weinsteins beruflichem Weiterkommen gibt an, dass Hermann die Erlaubnis zur Rückkehr nach Bremen erhielt, „um seine Angelegenheiten regeln zu können" (WGA Hermann Weinstein, Bl. 64). Rohdenburg schreibt, dass die polnische Regierung diese Ausnahmeregelung für die deportierten polnischen Juden mit dem Deutschen Reich ausgehandelt habe (vgl. Rohdenburg: „Die frühen Deportationen", S. 15).

38 Vgl. Sterbeurkunde von Hermann Weinstein, in: WGA Hermann Weinstein, Bl. 25.

39 Vgl. ebd., Bl. 64.

40 Vgl. ebd., Bl. 25. Leo Weinstein selbst gibt allerdings an, dass der 7. April 1941 auf der Karteikarte seines Vaters in Buchenwald gestanden habe (vgl. Weinstein: *The Decoy*, Kap. 9).

41 Vgl. Weinstein: *The Decoy*, Kap. 9.

42 Vgl. Projekt Stolpersteine Bremen (http://www.stolpersteine-bremen.de/index.php; letzter Abruf: 19.1.2022).

43 Vgl. Ancestry.com: „Nathan Greisman", in: New York, bundesstaatliche Volkszählung, 1925.

44 „We rejoiced and danced all around the house. New York, New York, skyscrapers, jazz, Broadway – and freedom!" (Weinstein: *The Decoy*, Kap. 3).

45 Vgl. ebd.

46 Vgl. Herbert A. Strauss u. a. (Hg.): *The arts, sciences, and literature* (= *Biographisches Handbuch der deutschsprachigen Emigration nach 1933, Bd. 2/2*), München 1983, S. 1225. Die HIAS ist eine amerikanisch-jüdische gemeinnützige Organisation, die in jener Zeit Anwälte in deutschen Städten einsetzte und diese beauftragte, Einreiseanträge von Juden nach Amerika zu bearbeiten.

47 Vgl. Ancestry.com: „Leo Weinstein", in: New York, Passagier- und Besatzungslisten (einschließlich Castle Garden und Ellis Island), 1820–1957.

48 Vgl. ebd.

49 Vgl. ebd.

50 Vgl. Ancestry.com: „Mollie Leff", in: US-Volkszählung 1930, Manhattan, New York, S. 9B.

51 Vgl. Ancestry.com: „Leo Weinstein", in: Sixteenth Census of the United States: 1940.

52 Vgl. Ancestry.com: „Mollie Leff", in: US-Volkszählung 1930, Manhattan, New York, S. 9B.

53 Informationen über Leo Weinsteins Schul- und Studienzeit in den USA sind entnommen aus seinem Antrag auf Entschädigung für Schaden am beruflichen Fortkommen, in: WGA Leo Weinstein, Bl. 4–5.

54 Vgl. Ancestry.com: US-amerikanische Einzugsregistrierungskarten 2. Weltkrieg, 1942.

55 Vgl. Ancestry.com: „Leo Weinstein", in: New York, bundesstaatliche und föderale Einbürgerungsregister, 1794–1943.

56 Vgl. Strauss u. a.: *The arts, sciences, and literature*, S. 1225.

57 Vgl. Weinstein: *The Decoy*, Kap. 8.

58 Angaben über Weinsteins Militärzeit sind entnommen aus Haven: „French professor, author and world soccer expert dies at 87".

59 Zit. n. *Weser-Kurier* Nr. 182/1987 vom 8.8.1987, S. 15.

60 Dieses Phänomen der Änderung bzw. Anpassung („Amerikanisierung") von Namen sehen wir beispielsweise auch bei Alfred Ries' Bruder Adolf, der später Rowland A. Ries hieß, bei den Werder-Mitgliedern Herbert und Hermann Rosenthal, die in den USA den Nachnamen Reeves trugen, und bei Nathan Greisman, dem Bruder von Leo Weinsteins Mutter Anna Greissmann.

61 Vgl. Rückerstattungsverfahren Hermann Weinstein, in: StAB, 4,54 Rü 5465, Bl. 2.

62 Vgl. Ancestry.com: „Leo Weinstein", in: USA, Sterbeindex der Sozialversicherung, 1935–2014.

63 Vgl. Weinstein: *The Decoy*, Kap. 10.

64 „It is a day I still celebrate every year" (ebd.).

65 Seine Abfahrt von New York nach Le Havre ist am 19.10.1949 dokumentiert (vgl. Ancestry.com: „Leo Weinstein", in: USA, Listen abreisender Passagiere und Mannschaften, 1914–1966). Seine Rückkehr erfolgte am 17.8.1950 (vgl. Ancestry.com: „Leo Weinstein", in: New York, Passagier- und Besatzungslisten [einschließlich Castle Garden und Ellis Island] 1820–1957).

66 Vgl. Weinstein: *The Decoy*, Kap. 12.

67 Zu Weinsteins akademischer Laufbahn an der Universität Stanford vgl. Strauss u. a.: *The arts, sciences, and literature*, S. 1225.

68 Vgl. Weinstein: *The Decoy*, Kap. 12.

69 Vgl. Kiefer: „Stanford Soccer's Renaissance Man".

70 Vgl. Weinstein: *The Decoy*, Kap. 14.

71 Vgl. Kiefer: „Stanford Soccer's Renaissance Man".

72 „He would literally hold classes in the press box" (Dennis J. Seese: *The Rebirth of Professional Soccer in America: The Strange Days of the United Soccer Association*, Lanham u. a. 2015, S. 171).

73 Auskunft von Derek Liecty in der persönlichen Korrespondenz mit dem Autor.

74 Zu Weinsteins publizistischen Tätigkeiten vgl. Strauss u. a.: *The arts, sciences, and literature*, S. 1225.

75 Vgl. Weinstein: *The Decoy*, Kap. 15.

76 Vgl. ebd., Kap. 13.

77 Vgl. ebd.

78 Diese Information stammt aus einem Gespräch von Thomas Hafke und Carina Knapp-Kluge mit Willi und Christoph Lemke im Jahr 2018.

79 Vgl. *Weser-Kurier* Nr. 151/1988 vom 4.7.1988, S. 21.

80 Vgl. *Weser-Kurier* Nr. 135/1995 vom 13.6.1995, S. 15.

81 Vgl. WGA Leo Weinstein, Bl. 42.

82 Vgl. Ancestry.com: „Leo Weinstein", in: Index des US-Staatsarchivs, 1950–1993, Bd. 2.

83 Vgl. Ancestry.com: „Leo Weinstein", in: USA, Sterbeindex der Sozialversicherung, 1935–2014.

84 Vgl. Weinstein: *The Decoy*, Kap. 17.

85 Vgl. Ancestry.com: „Leo Weinstein", in: US-Veteranenfriedhöfe, ca. 1775–2019.

86 Weinstein: *The Decoy*, Kap. 17.

Die Rosenthals – Die jüdische Werder-Familie vom Osterdeich

1 Vgl. Günther Rohdenburg / Karl-Ludwig Sommer: *Erinnerungsbuch für die als Juden verfolgten Einwohner Bremens*, Bremen 2006, S. 221; vgl. Antrag vom 21. Februar 1958, in: Wiedergutmachungsakte (WGA) Albert Rosenthal, Staatsarchiv Bremen (StAB), 4,54 – E 11155, Bl. 1; vgl. Inhaftierungsbescheinigung des Int. Roten Kreuzes vom 17. Februar 1959, in: ebd., Bl. 16.

2 Vgl. ebd.

3 Vgl. Vermerk des Landesamtes für Wiedergutmachung vom 5. Oktober 1961, in: ebd., Bl. 34.

4 Vgl. *Bremer Adressbuch 1891*, S. 616 (https://brema.suub.uni-bremen.de/periodical/pageview/502637; letzter Abruf: 14.1.2022).

5 Vgl. ebd., S. 288 (https://brema.suub.uni-bremen.de/periodical/pageview/502226; letzter Abruf: 14.1.2022).

6 Vgl. *Bremer Adressbuch 1892*, S. 239 (https://brema.suub.uni-bremen.de/periodical/pageview/503222; letzter Abruf: 14.1.2022).

7 Vgl. Rohdenburg/Sommer: *Erinnerungsbuch*, S. 221.

8 Vgl. *Bremer Adressbuch 1893*, S. 251 (https://brema.suub.uni-bremen.de/periodical/pageview/504152; letzter Abruf: 14.1.2022).

9 Vgl. Antrag vom 21. Februar 1958, in: WGA Albert Rosenthal, Bl. 3.

10 Vgl. Rohdenburg/Sommer: *Erinnerungsbuch*, S. 221.

11 Vgl. Bescheid des Landesamtes für Wiedergutmachung vom 27. November 1961, in: WGA Albert Rosenthal, Bl. 43; vgl. Beglaubigte Abschrift der Geburtsurkunde Herbert Rosenthals vom 18. September 1950, in: WGA Herbert Rosenthal (1), StAB, 4,54 E – 4463/1, Bl. 10.

12 Vgl. *Bremer Adressbuch 1897,* S. 285 (https://brema.suub.uni-bremen.de/periodical/pageview/657665; letzter Abruf: 14.1.2022).

13 Vgl. *Bremer Adressbuch 1900,* S. 316 (https://brema.suub.uni-bremen.de/periodical/pageview/922671; letzter Abruf: 14.1.2022).

14 Vgl. Bescheid des Landesamtes für Wiedergutmachung vom 27. November 1961, in: WGA Albert Rosenthal, Bl. 43.

15 Vgl. Regina Bruss: *Die Bremer Juden unter dem Nationalsozialismus*, Bremen 1983, S. 239; vgl. Anmeldung eines Rückerstattungsanspruches aufgrund des Gesetzes Nr. 59 vom 17. Dezember 1948, in: WGA Caroline Rosenthal (1), StAB, 4,54 RA – 435/1, Bl. 1.

16 Vgl. ebd., Bl. 2.

17 Einschätzung der Marktsituation ab 1914 durch Günter Garbrecht, ehemaliger Gesellschafter der AvanCarte GmbH, einem Nachfolgeunternehmen der Firma Rosenthal, vom 20. April 2020 gegenüber dem Autor.

18 Vgl. *Bremer Adressbuch 1918,* S. 494 (https://brema.suub.uni-bremen.de/periodical/pageview/505315; letzter Abruf: 14.1.2022).

19 Vgl. Anmeldung eines Rückerstattungsanspruches aufgrund des Gesetzes Nr. 59 vom 17. Dezember 1948, in: WGA Caroline Rosenthal (1), Bl. 2; vgl. ebd. Band 2 (2), 4,54 RA – 435/2, Bl. 4; vgl. Schreiben von Sophie Torges an die Wiedergutmachungsstelle Bremen vom 23. November 1949, in: ebd., Bl. 35.

20 Eidesstattliche Versicherung von Wilhelm Koch vom 18. Dezember 1959, in: WGA Albert Rosenthal, Bl. 30.

21 Ebd.

22 Vgl. *Vereinsnachrichten des F.V. Werder Bremen* (*VN*), April/Mai 1919, S. 3 f.

23 Vgl. Lorenz Peiffer / Henry Wahlig: *Juden im Sport während des Nationalsozialismus. Ein historisches Handbuch für Niedersachsen und Bremen*, Göttingen 2012, S. 103; vgl. Harald Klingebiel: „Jüdische Sportler bei Werder Bremen", in: Arnd Krüger / Bernd Wedemeyer-Kolwe (Hg.): *Vergessen, verdrängt, abgelehnt – zur Geschichte der Ausgrenzung im Sport*, Berlin 2009, S. 50–71, hier: S. 52.

24 Vgl. Peiffer/Wahlig: *Juden im Sport*, S. 103.

25 Vgl. *VN*, Januar/März 1919, S. 5.

26 Vgl. *VN*, November 1919, S. 19.

27 *Gemeindeblatt der Israelitischen Gemeinde Bremens*, 1. Jahrgang/Ausgabe 1 (= 1/1), 1. April 1929, S. 9.

28 Ebd., 2/10, 1. Juni 1930, S. 9; ebd., 4/1, 1. Januar 1932, S. 3.

29 Vgl. ebd., 3/21, 1. November 1931, S. 3.

30 Vgl. ebd., 6/5, 18. Mai 1934, S. 4.

31 Ebd., 3/12, 15. Juni 1931.

32 Vgl. ebd., 2/11, 18. Juni 1930, S. 7; vgl. ebd., 3/11, 1. Juni 1931, S. 3, S. 5; vgl. ebd., 4/9, 12. Mai 1932, S. 5; vgl. ebd., 4/10, 9. Juni 1932, S. 4; vgl. ebd., 5/1, 1. Mai 1933, S. 6; vgl. ebd., 6/4, 27. April 1934, S. 7; vgl. ebd., 6/5, 18. Mai 1934, S. 2.

33 Vgl. Schreiben von Rechtsanwalt Walter Oliver an das Landesamt für Wiedergutmachung vom 14. Juni 1963, in: WGA Arthur Rosenthal, StAB, 4,54 – 11156, Bl. 41.

34 Vgl. Peiffer/Wahlig: *Juden im Sport*, S. 104.

35 Vgl. Schreiben von Rechtsanwalt Walter Oliver an das Landesamt für Wiedergutmachung vom 17. April 1963, in: WGA Arthur Rosenthal, Bl. 30.

36 Vgl. Jörn Brinkhus: „Das Freikorps Caspari, die Eroberung Bremens am 4. Februar 1919 und das städtische Bürgertum", in: Bremische Bürgerschaft/Staatsarchiv Bremen (Hg.): *Novemberrevolution und Räterepublik 1918/19. Bremen und Nordwestdeutschland zwischen Kriegsende und Neuanfang*, Bremen 2018, S. 126–139, hier: S. 132; vgl. Schreiben von Rechtsanwalt Walter Oliver an das Landesamt für Wiedergutmachung vom 17. April 1963, in: WGA Arthur Rosenthal, Bl. 30; vgl. *VN*, August/September 1916, S. 26.

37 Vgl. ebd., S. 8.

38 Vgl. ebd., Januar/März 1919, S. 2.

39 Vgl. Ulrich Schröder: „Arbeiter- und Soldatenräte im Raum Bremen – ein Vergleich", in: Bremische Bürgerschaft/Staatsarchiv Bremen (Hg.): *Novemberrevolution und Räterepublik 1918/19. Bremen und Nordwestdeutschland zwischen Kriegsende und Neuanfang*, Bremen 2018, S. 64–77, hier: S. 65.

40 Vgl. Peter Kuckuck (Hg.): *Revolution und Räterepublik in Bremen*, Bremen 1986, S. 10.

41 Vgl. Schröder: „Arbeiter- und Soldatenräte", S. 73 f.; vgl. Hans Rudolf Wahl: „Politik und Öffentlichkeit 1918/19 in Bremen. Revolution, Räterepublik und Demokratiegründung", in: Bremische Bürgerschaft/Staatsarchiv Bremen (Hg.): *Novemberrevolution und Räterepublik 1918/19. Bremen und Nordwestdeutschland zwischen Kriegsende und Neuanfang*, Bremen 2018, S. 78–101, hier: S. 79 f.

42 Vgl. Schröder: „Arbeiter- und Soldatenräte", S. 67.

43 Vgl. Kuckuck: *Räterepublik*, S. 15.

44 Vgl. ebd., S. 15 ff.

45 Vgl. Wahl: „Politik", S. 95.

46 Vgl. Kuckuck: *Räterepublik*, S. 20; vgl. Wahl: „Politik", S. 79 f., S. 92 f.

47 Kuckuck: *Räterepublik*, S. 24 f.; Wahl: „Politik", S. 93.

48 Vgl. Rebecka Schlecht: „Die Debatte um das Frauenwahlrecht in Bremen 1918/19", in: Bremische Bürgerschaft/Staatsarchiv Bremen (Hg.): *Novemberrevolution und Räterepublik 1918/19. Bremen und Nordwestdeutschland zwischen Kriegsende und Neuanfang*, Bremen 2018, S. 102–115, hier: S. 112.

49 Vgl. *VN*, Januar 1920, S. 2; vgl. Harald Klingebiel: „SV ‚Werder' – ein Verein, der nicht erst heute Geschichte macht", in: Norbert Kuntze: *Werder Bremen. Eine Karriere im kühlen Norden*, Göttingen 1994, S. 223–282, hier: S. 246.

50 Vgl. Kuckuck: *Räterepublik*, S. 28 f.

51 Vgl. Brinkhus: „Freikorps Caspari", S. 132.

52 Vgl. Kuckuck: *Räterepublik*, S. 30 f.

53 *VN*, Januar/März 1919, S. 12.

54 Vgl. Karl Schneider: *Auswärts eingesetzt. Bremer Polizeibataillone und der Holocaust*, Essen 2011, S. 567.

55 Vgl. ebd., S. 32 ff.

56 Vgl. Elias Angele: „‚Demokratische' Staatsgewalt? Die Stadtwehr in Bremen 1919-1921", in: Bremische Bürgerschaft/Staatsarchiv Bremen (Hg.): *Novemberrevolution und Räterepublik 1918/19. Bremen und Nordwestdeutschland zwischen Kriegsende und Neuanfang*, Bremen 2018, S. 154–165, hier: S. 156.

57 Zum Wortlaut des Aufrufs vgl. den Beitrag von Lukas Bracht zu Werders Vereinsgeschichte. Caspari leitete später die Schutz- und Ordnungspolizei in Bremen, ehe er im Mai 1933 aufgrund von Meinungsverschiedenheiten mit der NSDAP, der er im April beigetreten war, seinen Posten räumte (vgl. Brinkhus: „Freikorps Caspari“, S. 136; vgl. Schneider: *Auswärts*, S. 568).

58 Eidesstattliche Versicherung von Lina Schröder vom 11. April 1963, in: WGA Arthur Rosenthal, Bl. 31.

59 Vgl. *VN*, Januar/März 1919, S. 4.

60 Vgl. ebd., S. 11 f.; vgl. Klingebiel: „SV ‚Werder‘“, S. 250.

61 *VN*, Januar/März 1919, S. 12.

62 Ebd., S. 3.

63 Vgl. ebd., April/Mai 1919, S. 2 f.

64 Vgl. ebd., November 1919, S. 20 f.

65 Vgl. ebd., Februar 1920, S. 5.

66 Ebd., März 1920, S. 11 f.

67 Vgl. ebd., November 1919, S. 15, S. 20.

68 Vgl. ebd., April/Mai 1919, S. 3 f.

69 Ebd., Januar 1920, S. 2.

70 Vgl. ebd., April/Mai 1920, S. 2.

71 Alfred Ries: „Vom Fußballverein zum Großverein 1919-1932“, in: Alfred Ries / Willy Stöver: *50 Jahre Sport-Verein „Werder“ von 1899 e.V.*, Bremen 1949, S. 29.

72 Vgl. Schreiben von Arthur Rosenthal an Hofrat Julius Otto vom 28. Oktober 1919, in: Korrespondenz des Bremer Stadttheaters mit Künstlern, Agenturen, Verlagen, Theatern, Firmen und Privatpersonen in der Spielzeit 1919/1920, StAB – 7.2012-180, unpaginiert.

73 Vgl. Eidesstattliche Versicherung von Lina Schröder vom 11. April 1963, in: WGA Arthur Rosenthal, Bl. 31; vgl. Schreiben des Rechtsanwaltes Walter Oliver an das Landesamt für Wiedergutmachung vom 31. Oktober 1963, in: ebd., Bl. 58.

74 *VN*, Juni/Juli 1920, S. 7.

75 Vgl. Aktenvermerke des Landesamtes für Wiedergutmachung Bremen vom 14. August 1963, in: WGA Arthur Rosenthal, Bl. 44 f.

76 Eidesstattliche Versicherung von Lina Schröder vom 11. April 1963, in: ebd., Bl. 31.

77 Schreiben der Firma Geffken Buchdruckerei und Verlag an das Landesamt für Wiedergutmachung vom 3. September 1963, in: ebd., Bl. 47.

78 Antrag nach dem Bundesentschädigungsgesetz vom 21. Februar 1958, in: ebd., Bl. 1.

79 Schreiben von Werder-Geschäftsführer Hans Wolff an das Landesamt für Wiedergutmachung vom 2. Mai 1963, in: ebd., Bl. 38.

80 Vgl. Klingebiel: „Jüdische Sportler“, S. 55.

81 Schreiben von Werder-Geschäftsführer Hans Wolff an das Landesamt für Wiedergutmachung vom 2. Mai 1963, in: WGA Arthur Rosenthal, Bl. 38.

82 Vgl. Eidesstattliche Versicherung von Lina Schröder vom 11. April 1963, in: ebd., Bl. 31.

83 Vgl. *VN*, Dezember 1913, S. 2.

84 Ärztliches Gutachten von Dr. Paul G. Prausnitz vom 21. Juli 1957, in: WGA Herbert Rosenthal (B), 4,54 E – 4463/B, Bl. 37 ff.

85 Vgl. Brinkhus: „Freikorps Caspari", S. 132; vgl. Schreiben von Rechtsanwalt Walter Oliver an das Landesamt für Wiedergutmachung vom 17. April 1963, in: WGA Arthur Rosenthal, Bl. 30.

86 *VN*, Februar 1920, S. 5.

87 Vgl. ebd., April/Mai 1920, S. 2; vgl. ebd. Mai 1922, S. 2.

88 Vgl. Peiffer/Wahlig: *Juden im Sport*, S. 104.

89 Vgl. *Bremer Adressbuch 1937*, S. 307 (https://brema.suub.uni-bremen.de/periodical/pageview/791519; letzter Abruf: 14.1.2022).

90 Vgl. *Bremer Adressbuch 1924*, S. 619 (https://brema.suub.uni-bremen.de/periodical/pageview/723857; letzter Abruf: 14.1.2022); vgl. *Bremer Adressbuch 1933*, S. 302 (https://brema.suub.uni-bremen.de/periodical/pageview/648476; letzter Abruf: 14.1.2022).

91 Vgl. ebd.

92 Vgl. Klingebiel: „Jüdische Sportler", S. 56.

93 Vgl. *VN*, Januar/März 1919, S. 8.

94 Vgl. ebd., S. 9.

95 Vgl. Klingebiel: „Jüdische Sportler", S. 57.

96 Vgl. Vertrauensärztliches Gutachten von Kurt Hirschfeld vom 26. Juli 1960, in: WGA Hermann Rosenthal (R), StAB, 4,54 E – 4464/R, Bl. 17.

97 Vgl. Aktenvermerk des Landesamtes für Wiedergutmachung Bremen zur Zeugenaussage von Lina Schröder vom 19. Februar 1957, in: WGA Herbert Rosenthal (1), Bl. 39.

98 Vgl. Schreiben von Liesel Lauterborn an das Landesamt für Wiedergutmachung Bremen vom 11. März 1957, in: ebd., Bl. 41.

99 Max Markreich: *Geschichte der Juden in Bremen und Umgebung*, Bremen 2003, S. 155.

100 Vgl. ebd., S. 167, S. 173.

101 Vgl. Anne Dünzelmann: *Juden in Hastedt. Zur Geschichte jüdischen Lebens in Bremen seit 1782*, Bremen 1995, S. 109.

102 Vgl. ebd., S. 110.

103 Vgl. ebd.

104 Vgl. ebd., S. 112.

105 Brief von Lina Schröder vom 7. November 1961, in: WGA Albert Rosenthal, Bl. 37.

106 Vgl. Schreiben von Rechtsanwalt Georg Lemke an die Staatsanwaltschaft Bremen vom 27. August 1949, in: WGA Caroline Rosenthal (2), Bl. 20 f.; vgl. Schreiben von Sophie Torges an die Wiedergutmachungsstelle Bremen vom 23. November 1949, in: ebd., Bl. 36.

107 Vgl. Anmeldung eines Rückerstattungsanspruches aufgrund des Gesetzes Nr. 59 vom 17. Dezember 1948, in: ebd. (1), Bl. 3; vgl. Grundbuchauszug, in: ebd. (2), Bl. 4.

108 Vgl. *Bremer Adressbuch 1939*, S. 215 (https://brema.suub.uni-bremen.de/periodical/pageview/903745; letzter Abruf: 14.1.2022).

109 Schreiben der Inneren Verwaltung Bremens an die Gauwirtschaftskammer sowie die Industrie- und Handelskammer Bremen vom 14. Januar 1939, in: Senatsregistratur, StAB, 3-J.5., Nr. 239, unpaginiert.

110 Vgl. Dünzelmann: *Juden in Hastedt*, S. 110.

111 Vgl. *Bremer Adressbuch 1925*, S. 256 (https://brema.suub.uni-bremen.de/periodical/pageview/725592; letzter Abruf: 14.1.2022).

112 Vgl. Anmeldung eines Rückerstattungsanspruches aufgrund des Gesetzes Nr. 59 vom 17. Dezember 1948, in: WGA Caroline Rosenthal (1), Bl. 3.; vgl. Bescheid des Landesamtes für Wiedergutmachung vom 27. November 1961, in: WGA Albert Rosenthal, Bl. 44.

113 Vgl. Rohdenburg/Sommer: *Erinnerungsbuch*, S. 221.

114 Markreich: *Geschichte der Juden*, S. 219.

115 Vgl. ebd., S. 218; vgl. Dünzelmann: *Juden in Hastedt*, S. 119 f.

116 Vgl. ebd., S. 118 f.

117 Schreiben des Roten Kreuzes vom 6. März 1963 an das Landesamt für Wiedergutmachung Bremen, in: WGA Albert Rosenthal, Bl. 59.

118 Vgl. ebd.; vgl. TD738665, Korrespondenzakte der Arolsen Archives, Aktenbestände 6.3.3.2/105205328 und 6.3.3.2/105205332, ITS Digital Archive, Arolsen Archives.

119 Vgl. Anmeldung eines Rückerstattungsanspruches aufgrund des Gesetzes Nr. 59 vom 17. Dezember 1948, in: WGA Caroline Rosenthal (1), Bl. 2 f.; vgl. Eidesstattliche Versicherung von Lina Schröder vom 25. September 1961, in: WGA Albert Rosenthal, Bl. 32; vgl. Schreiben der Inneren Verwaltung Bremens an alle beteiligten Institutionen vom 20. Januar 1939, in: Senatsregistratur, unpaginiert.

120 Vgl. Schreiben der Inneren Verwaltung Bremens an die Gauwirtschaftskammer sowie die Industrie- und Handelskammer Bremen vom 14. Januar 1939 / Bestätigung von Albert Rosenthal vom 18. Januar 1939, in: Senatsregistratur, unpaginiert.

121 Ebd.

122 Hans-Werner Niemann: „Die IHK Osnabrück-Emsland-Grafschaft Bentheim im Wandel der Zeit", in: Christoph Rass / Hans-Werner Niemann (Hg.): *Wir. Unternehmen. Gemeinsam. Die IHK Osnabrück-Emsland-Grafschaft Bentheim 1866 bis 2016*, Osnabrück 2016, S. 20–47, hier: S. 35.

123 Vgl. Vermerk vom 5. Oktober 1961, in: WGA Albert Rosenthal, Bl. 34.

124 Schreiben von Diedrich Röper an Assessor Fiehusen von der Inneren Verwaltung Bremens vom 10. Januar 1939, in: Senatsregistratur, unpaginiert.

125 Vgl. Niemann: „Die IHK", S. 35.

126 Schreiben der Inneren Verwaltung Bremens an den Polizeipräsidenten Bremen vom 14. Januar 1939, in: Senatsregistratur, unpaginiert.

127 Vgl. Schreiben Industrie- und Handelskammer Bremen an die Innere Verwaltung vom 17. Januar 1939, in: ebd.

128 Vgl. Schreiben des Gauwirtschaftsberaters der NSDAP an die Innere Verwaltung Bremens vom 11. Januar 1939, in: ebd.

129 Handschriftliche Notiz des Bremer Polizeipräsidenten an die Innere Verwaltung Bremens vom 14. Januar 1939, in: ebd.

130 Vgl. Genehmigungsvermerk der Inneren Verwaltung Bremens vom 20. Januar 1939, in: ebd.

131 Vgl. Brief von Lina Schröder vom 7. November 1961, in: WGA Albert Rosenthal, Bl. 37.; vgl. Vermerk vom 5. Oktober 1961, in: ebd. Bl. 34.

132 Schreiben der Inneren Verwaltung Bremens an alle beteiligten Institutionen vom 20. Januar 1939, in: Senatsregistratur, unpaginiert.

133 Vgl. Schreiben der Industrie- und Handelskammer Bremen an die Innere Verwaltung Bremens vom 20. März 1939, in: ebd.

134 Vgl. Bericht des Landesamtes für Wiedergutmachung Bremen vom 11. September 1950, in: WGA Herbert Rosenthal (2), 4,54 E – 4463/2, Bl. 21.

135 Vgl. Eidesstattliche Versicherung von Lina Schröder vom 11. April 1963, in: WGA Arthur Rosenthal, Bl. 31.

136 Kaufvertrag zwischen Albert Rosenthal und Diedrich Röper vom 10. Januar 1939, in: Senatsregistratur, unpaginiert.

137 Gemeint ist wahrscheinlich der Übernachtungs- und Restaurantbetrieb „Hotel zum Falken" von Arthur Wolf und seiner Frau, vgl. *Gemeindeblatt*, 8/3, 18. März 1936, S. 8.

138 Vgl. Eidesstattliche Versicherung von Lina Schröder vom 11. April 1963, in: WGA Arthur Rosenthal, Bl. 31 f.

139 Vgl. *Bremer Adressbuch 1935*, S. 31 (https://brema.suub.uni-bremen.de/periodical/pageview/649990; letzter Abruf: 14.1.2022).

140 Vgl. Schreiben des Landesamtes für Wiedergutmachung Bremen an Rechtsanwalt Dr. Peter Bote (Bürogemeinschaft mit Georg Lemke) vom 24. September 1956, in: WGA Herbert Rosenthal (1), Bl. 28 f.; vgl. Namentliches Verzeichnis von Schutzhäftlingen im Zuchthaus Bremen-Oslebhausen (Deutsche Aktionsjuden), Aktenbestand 1.2.2.1/11405712, Arolsen Archives.

141 Vgl. Vermerk vom 5. Oktober 1961, in: WGA Albert Rosenthal, Bl. 34.

142 Information von Günter Garbrecht (vgl. Fußnote 17) gegenüber dem Autor.

143 Vgl. Vertrauensärztliches Gutachten von Dr. Adolf Land vom 7. Juni 1957, in: WGA Herbert Rosenthal (B), Bl. 44; vgl. Veränderungsmeldungen des Konzentrationslagers Sachsenhausen, Aktenbestand 1.1.38.1/4093930, Arolsen Archives; vgl. Rohdenburg/Sommer: *Erinnerungsbuch* S. 222; vgl. Antrag auf Grund des Gesetzes zur Wiedergutmachung nationalsozialistischen Unrechts vom 31. August 1950, in: WGA Herbert Rosenthal (1), Bl. 3; vgl. Anerkennungsbescheid des Landesamtes für Wiedergutmachung Bremen vom 28. April 1953, in: ebd., Bl. 22; vgl. Auszug aus der Globalanmeldung vom 20.09.1953, in: ebd., Bl. 23. In den Wiedergutmachungsakten ist wiederholt vom „KZ Oranienburg" die Rede. Dieses wurde allerdings 1934 aufgelöst. Gemeint ist das Konzentrationslager Sachsenhausen in der Stadt Oranienburg.

144 Vgl. Rohdenburg/Sommer: *Erinnerungsbuch*, S. 222; vgl. Antrag auf Grund des Gesetzes zur Wiedergutmachung nationalsozialistischen Unrechts vom 25. September 1950 / Aufenthaltsbescheinigung der Polizei Bremen vom 11. Oktober 1950, in: WGA Hermann Rosenthal, 4,54 E – 4464, Bl. 2 f., Bl. 17; vgl. Vertrauensärztliches Gutachten von Kurt Hirschfeld vom 26. Juli 1960, in: ebd. (R), Bl. 17.

145 Vgl. Zeugenaussage Walter Frischmuth vom 18. Dezember 1952, in: WGA Alfred Ries, StAB, 4,54 – E 998, S. 74.

146 Vgl. Inge Marßolek: „Vom Leben der Juden in Bremen nach 1938 und im Krieg", in: Der Senator für Justiz und Verfassung der Freien Hansestadt Bremen (Hg.): *„Reichskristallnacht" in Bremen*, Bremen 1988, S. 60–68, hier: S. 60 f.

147 Vgl. Aktenvermerk des Landesamtes für Wiedergutmachung Bremen zur Zeugenaussage von Lina Schröder vom 19. Februar 1957, in: WGA Herbert Rosenthal (1), Bl. 39.

148 Vgl. Anweisung der politischen Abteilung des Konzentrationslagers Sachsenhausen / Veränderungsmeldung, Russisches Staatliches Militärarchiv Moskau, 1367/1/22, Bl. 727 und 1367/1/20, Bl. 099; vgl. Meldungen über Überführungen und Entlassungen im Konzentrationslager Sachsenhausen, Aktenbestand 1.1.38.1/4091984, Arolsen Archives. Vom 12. anstelle des 5. Dezembers ist

die Rede im Antrag nach dem Bundesentschädigungsgesetz (Schaden an Freiheit) vom 21. Februar 1958, in: WGA Arthur Rosenthal, Bl. 3; vgl. auch Fußnote 255.

149 Vgl. Dünzelmann: *Juden in Hastedt*, S. 121 f.

150 WGA Albert Rosenthal, Bl. 3; vgl. Dünzelmann: *Juden in Hastedt*, S. 123.

151 Vgl. Markreich: *Geschichte der Juden*, S. 221; vgl. Dünzelmann: *Juden in Hastedt*, S. 125; vgl. Rohdenburg/Sommer: *Erinnerungsbuch*, S. 221; vgl. Auszug aus der Globalanmeldung, in: WGA Arthur Rosenthal, Bl. 7.

152 Vgl. Bernhard Nette: *„Vergesst ja Nette nicht!" Der Bremer Polizist und Judenreferent Bruno Nette*, Hamburg 2017, S. 9, S. 177 ff.

153 Vgl. Jürgen Weidemann: „‚Hunger, Krankheit und Tod waren allgegenwärtig'. Vom Leben in Minsk und danach", in: Staatsarchiv Bremen (Hg.): *„ … sind Sie für den geschlossenen Arbeitseinsatz vorgesehen …". „Judendeportationen" von Bremerinnen und Bremern während der Zeit der nationalsozialistischen Gewaltherrschaft*, Bremen 2006, S. 47–63, hier: S. 57 f.

154 Vgl. Schreiben des Landesamtes für Wiedergutmachung vom 21. November 1963, in: WGA Arthur Rosenthal, Bl. 59.

155 Vgl. Teilbescheid des Landesamtes für Wiedergutmachung vom 16. März 1959, in: ebd., Bl. 19.

156 Vgl. Rohdenburg/Sommer: *Erinnerungsbuch*, S. 221; vgl. Auskunft des Roten Kreuzes/International Tracing Service vom 17. Februar 1959, in: WGA Arthur Rosenthal, Bl. 17.

157 Vgl. Dünzelmann: *Juden in Hastedt*, S. 125 f.

158 Vgl. Anmeldung eines Rückerstattungsanspruches nach Gesetz Nr. 59 vom 17. Dezember 1948, in: WGA Caroline Rosenthal (3), 4,54 RA – 435/3, Bl. 5.

159 Vgl. *Bremer Adressbuch 1942*, S. 56 (https://brema.suub.uni-bremen.de/periodical/pageview/491929; letzter Abruf: 14.1.2022).

160 Schreiben der Industrie- und Handelskammer Bremen an die Innere Verwaltung Bremens vom 20. März 1939, in: Senatsregistratur, unpaginiert.

161 Ebd.

162 Vgl. Christoph Rass: „Die IHK im ‚Dritten Reich'. Indienstnahme, Anpassung, Mittäterschaft", in: Christoph Rass / Hans-Werner Niemann (Hg.): *Wir. Unternehmen. Gemeinsam. Die IHK Osnabrück-Emsland-Grafschaft Bentheim 1866 bis 2016*, Osnabrück 2016, S. 94–119, hier: S. 105.

163 Vgl. Hanno Balz: *Die „Arisierung" von jüdischem Haus- und Grundbesitz in Bremen*, Bremen 2004, S. 50 f.

164 Vgl. Inhaftierungsbescheinigung des Int. Roten Kreuzes vom 17. Februar 1959, in: WGA Albert Rosenthal, Bl. 16; vgl. Transport VIII/1: Zugangsliste Theresienstadt – Deportation aus Bremen-Varel, Aktenbestand 1.2.1.1/11199364, Arolsen Archives; vgl. Teilbescheid des Amtes für Wiedergutmachung Bremen vom 17. März 1959, in: WGA Albert Rosenthal, Bl. 20; vgl. Markreich: *Geschichte der Juden*, S. 234 f.

165 Vgl. Rohdenburg/Sommer: *Erinnerungsbuch*, S. 339.

166 Vgl. Schreiben von Rechtsanwalt Georg Lemke an das Landesamt für Wiedergutmachung vom 25. April 1951, in: WGA Caroline Rosenthal (4), 4,54 RA – 435/4, Bl. 7 f.

167 Vgl. Eidesstattliche Versicherung von Lina Schröder / Nummer 206 der Urkundenrolle von 1951, in: ebd., Bl. 24.

168 Vgl. Rohdenburg/Sommer: *Erinnerungsbuch* S. 221; vgl. WGA Albert Rosenthal, Bl. 6; vgl. Inhaftierungsbescheinigung des Int. Roten Kreuzes vom 17. Februar 1959, in: ebd., Bl. 16; vgl. Sterbeurkunde vom 25. Februar 1959, in: ebd., Bl. 28.

169 Vgl. Wolfgang Benz: „Theresienstadt", in: Wolfgang Benz / Barbara Distel (Hg.): *Der Ort des Terrors. Geschichte der nationalsozialistischen Konzentrationslager*, Band 9, München 2009, S. 449–496, hier: S. 479.

170 Vgl. Vertrauensärztliches Gutachten von Kurt Hirschfeld vom 26. Juli 1960, in: WGA Hermann Rosenthal (R), Bl. 17.

171 Vgl. Ancestry.de: „Hermann Reeves", in: Einzugsregistrierung der US-Armee vom 11. November 1940 in Michigan; vgl. Gutachten Dr. Paul Prausnitz vom 8. Mai 1957, in: WGA Hermann Rosenthal (B), Bl. 13.

172 Vgl. Schreiben von Herman [sic!] Reeves an das Landesamt für Wiedergutmachung Bremen vom 1. Juni 1955, in: ebd., Bl. 2; vgl. Vertrauensärztliches Gutachten von Kurt Hirschfeld vom 26. Juli 1960, in: ebd. (R), Bl. 17.

173 Vgl. Vertrauensärztliches Gutachten von Dr. Adolf Land vom 7. Juni 1957, in: WGA Herbert Rosenthal (B), Bl. 44.

174 Vgl. Markreich: *Geschichte der Juden*, S. 223.

175 Vgl. WGA Albert Rosenthal, Bl. 4.

176 Vgl. *Bremer Adressbuch 1939*, S. 45 (https://brema.suub.uni-bremen.de/periodical/pageview/903573; letzter Abruf: 14.1.2022).

177 Vgl. Schreiben von Lina Schröder an die Wiedergutmachungsbehörde vom 20. Februar 1950, in: WGA Caroline Rosenthal (3), Bl. 19; vgl. Antrag auf Grund des Gesetzes zur Wiedergutmachung nationalsozialistischen Unrechts vom 31. August 1950, in: WGA Herbert Rosenthal (1), Bl. 3; vgl. Anerkennungsbescheid des Landesamtes für Wiedergutmachung Bremen vom 28. April 1953, in: ebd., Bl. 22.

178 Vgl. Schreiben von Rechtsanwalt Walter Oliver an das Landesamt für Wiedergutmachung Bremen vom 18. September 1950, in: ebd. (2), Bl. 31.

179 Information von Günter Garbrecht (vgl. Fußnote 17) gegenüber dem Autor.

180 Vgl. Bericht des Landesamtes für Wiedergutmachung Bremen vom 11. September 1950, in: WGA Herbert Rosenthal (2), Bl. 21.

181 Vgl. Anmeldung eines Rückerstattungsanspruches aufgrund des Gesetzes Nr. 59 vom 17. Dezember 1948, in: WGA Caroline Rosenthal (1), Bl. 2 ff.

182 Vgl. Ancestry.de: Einzugsregistrierung der US-Armee vom 11. November 1940 in Michigan.

183 Vgl. Notiz der Geschäftsstelle des Amtsgerichtes Bremen vom 20. Januar 1949, in: WGA Caroline Rosenthal (1), Bl. 5.

184 Vgl. Schreiben des Landesamtes für Wiedergutmachung an den Bremer Senator für die Finanzen vom 22. Juni 1949, in: ebd., Bl. 12.

185 Vgl. Schreiben von Rechtsanwalt Georg Lemke an das Landesamt für Wiedergutmachung Bremen vom 16. Februar 1950 / Beglaubigte Abschrift der Erbbescheinigung vom 13. Februar 1950, in: ebd., Bl. 26 ff.

186 Vgl. Güteverhandlungsergebnis vom 27. Oktober 1949, in: ebd., Bl. 22.

187 Vgl. Beschluss des Landesamtes für Wiedergutmachung Bremen vom 24. Februar 1950, in: ebd., Bl. 36; vgl. Vermerk Referat 2 des Landesamtes für Wiedergutmachung Bremen vom 24. Juli 1950, in: WGA Herbert Rosenthal (2), Bl. 15.

188 Vgl. Bericht des Landesamtes für Wiedergutmachung Bremen vom 11. September 1950, in: ebd., Bl. 20.

189 Vgl. Beschlussfassung des Kreditausschusses vom 9. September 1950, in: ebd. (B), Bl. 5.

190 Vgl. Schätzung des Sachverständigen Georg Noffke vom 15. Juni 1951, in: WGA Caroline Rosenthal (4), Bl. 25.

191 Vgl. Schreiben des Senators für Finanzen an das Landesamt für Wiedergutmachung Bremen vom 26. November 1951, in: ebd., Bl. 40.

192 Vgl. Beschluss des Landesamtes für Wiedergutmachung vom 28. November 1951, in: ebd., Bl. 44 ff.

193 Vgl. Schreiben des Postscheckamts Hamburg an das Landesamt für Wiedergutmachung vom 9. Mai 1951, in: ebd., Bl. 14.

194 Vgl. Schreiben von Rechtsanwalt Georg Lemke an das Landesamt für Wiedergutmachung vom 6. November 1951, in: ebd., Bl. 36.

195 Vgl. Beschluss des Landesamtes für Wiedergutmachung vom 28. November 1951, in: ebd., Bl. 41 ff.

196 Vgl. Schreiben von Rechtsanwalt Georg Lemke an das Landesamt für Wiedergutmachung vom 8. August 1950, in: ebd. (2), Bl. 82.

197 Vgl. Schreiben von Elsbeth Röper an das Landesamt für Wiedergutmachung Bremen vom 19. September 1949, in: ebd. (3), Bl. 10.

198 Vgl. Niederschrift der Güteverhandlung vom 29. März 1950, in: ebd., Bl. 29.

199 Vgl. Protokoll über das verbindliche Vergleichsangebot vom 22. September 1950, in: ebd., Bl. 36.

200 Vgl. Beglaubigte Abschrift aus dem Handelsregister (Abteilung A), in: ebd., Bl. 9.

201 Vgl. Protokoll über das verbindliche Vergleichsangebot vom 22. September 1950, in: ebd., Bl. 36; vgl. Anerkennungsbescheid des Landesamtes für Wiedergutmachung Bremen vom 28. April 1953, in: WGA Herbert Rosenthal (1), Bl. 22.

202 Vermerk Referat 2 des Landesamtes für Wiedergutmachung Bremen vom 24. Juli 1950, in: ebd. (2), Bl. 15.

203 Vgl. Schreiben von Rechtsanwalt Walter Oliver an das Landesamt für Wiedergutmachung Bremen vom 12. September 1950, in: ebd., Bl. 25.

204 Vgl. Schreiben von Rechtsanwalt Walter Oliver an das Landesamt für Wiedergutmachung Bremen vom 18. September 1950, in: ebd., Bl. 33.

205 Vgl. Gewährung eines Weihnachtsdarlehens durch das Landesamt für Wiedergutmachung Bremen vom 21. Dezember 1950, in: ebd., Bl. 43.

206 Vgl. Bilanzen der Firma Rosenthal von 1951/52, in: ebd., Bl. 55 f.

207 Vgl. Schreiben von Rechtsanwalt Georg Lemke an das Landesamt für Wiedergutmachung Bremen vom 29. Mai 1953, in: ebd., Bl. 78.

208 Vgl. Schreiben des US-Justizministeriums an das amerikanische Konsulat in Bremen vom 5. September 1956, in: ebd. (1), Bl. 32.

209 Vgl. Vermerk des Landesamtes für Wiedergutmachung Bremen vom 5. Oktober 1961, in: WGA Albert Rosenthal, Bl. 34.

210 Informationen von Günter Garbrecht (vgl. Fußnote 17) gegenüber dem Autor; vgl. Notiz über Auskünfte des Einwohnermeldeamtes vom 20. September 1956, in: WGA Herbert Rosenthal (1), Bl. 24; vgl. Genehmigungsbescheid der Landeszentralbank Bremen an das Landesamt für Wiedergutmachung Bremen vom 10. September 1954, in: ebd. (2), Bl. 150.

211 Vgl. Bürgschaftserklärung vom 15. Mai 1954, in: ebd., Bl. 103.

212 Vgl. Schreiben des Landesamtes für Wiedergutmachung Bremen an das Ausgleichsamt Bremen vom 14. Januar 1954, in: ebd., Bl. 90.

213 Vgl. Schreiben von Lina Schröder an das Landesamt für Wiedergutmachung Bremen vom 31. Juli 1954, in: ebd., Bl. 108.

214 Vgl. Schreiben von Lina Schröder an das Landesamt für Wiedergutmachung Bremen vom 7. Dezember 1955, in: ebd., Bl. 162.

215 Vgl. Schreiben des Landesamtes für Wiedergutmachung Bremen an Rechtsanwalt Georg Lemke vom 26. April 1954, in: ebd., Bl. 100.

216 Information von Günter Garbrecht (vgl. Fußnote 17) gegenüber dem Autor.

217 Vgl. *Bremer Adressbuch 1961*, S. 484 (https://brema.suub.uni-bremen.de/periodical/pageview/837736; letzter Abruf: 14.1.2022).

218 Vgl. Niederschrift der Eidesstattlichen Versicherung von Lina Schröder vom 21. April 1959, in: WGA Herbert Rosenthal (B), Bl. 81.

219 Vgl. *Bremer Adressbuch 1961*, S. 113 (https://brema.suub.uni-bremen.de/periodical/pageview/838029; letzter Abruf: 14.1.2022).

220 Vgl. Vermerk vom 5. Oktober 1961, in: WGA Albert Rosenthal, Bl. 34.

221 Vgl. *Bremer Adressbuch 1962*, S. 480 (https://brema.suub.uni-bremen.de/periodical/pageview/821954; letzter Abruf: 14.1.2022); vgl. *Bremer Adressbuch 1967*, S. 521 (https://brema.suub.uni-bremen.de/periodical/pageview/824748; letzter Abruf: 14.1.2022).

222 Vgl. *Bremer Adressbuch 1974*, S. 553 (https://brema.suub.uni-bremen.de/periodical/pageview/813623; letzter Abruf: 14.1.2022).

223 Vgl. *Bremer Adressbuch 1975*, S. 552 (https://brema.suub.uni-bremen.de/periodical/pageview/842727; letzter Abruf: 14.1.2022).

224 Vgl. ebd.; vgl. Information von Günter Garbrecht (vgl. Fußnote 17) gegenüber dem Autor.

225 Vgl. Schreiben der Geschäftsstelle des Amtsgerichtes Bremen an den Oberfinanzpräsidenten vom 30. Dezember 1948, in: WGA Caroline Rosenthal (2), Bl. 3 f.

226 Vgl. Anmeldung eines Rückerstattungsanspruches aufgrund des Gesetzes Nr. 59 vom 17. Dezember 1948, in: ebd. (1), Bl. 4; vgl. Schreiben der Geschäftsstelle des Amtsgerichtes Bremen an den Oberfinanzpräsidenten vom 30. Dezember 1948, in: ebd. (2), Bl. 3.

227 Vgl. Schreiben der Wiedergutmachungsbehörde an Sophie Torges vom 22. Juni 1949, in: ebd., Bl. 8.

228 Vgl. Schreiben von Sophie Torges an das Wiedergutmachungsamt vom 2. Juli 1949, in: ebd., Bl. 10.

229 Vgl. Schreiben der Wiedergutmachungsbehörde am 11. Juli 1949 an Sophie Torges, in: ebd., Bl. 11.

230 Vgl. Schreiben von Sophie Torges an das Wiedergutmachungsamt vom 11. Juli und 14. August 1949, in: ebd. Bl. 12 f.

231 Vgl. Schreiben von Sophie Torges an das Wiedergutmachungsamt vom 1. August 1949, in: ebd., Bl. 14 f.

232 Vgl. Schreiben der Staatsanwaltschaft Bremen an das Landesamt für Wiedergutmachung vom 19. September 1949, in: ebd., Bl. 23.

233 Vgl. Schreiben von Rechtsanwalt Georg Lemke an die Staatsanwaltschaft Bremen vom 29. Oktober 1949, in: ebd., Bl. 28.

234 Vgl. Schreiben von Sophie Torges an die Wiedergutmachungsstelle Bremen vom 23. November 1949, in: ebd., Bl. 31 ff.

235 Heinz Georg Torges, geboren am 2. Juli 1925 in Amsterdam, wurde am 27. Februar 1950 durch Beschluss des Amtsgerichtes Bremen für tot erklärt. Als Todesdatum wurde der 21. April 1945

festgesetzt (vgl. Schreiben des Amtsgerichtes Bremen an das Landesamt für Wiedergutmachung Bremen vom 11. August 1950, in: ebd., Bl. 83).

236 Vgl. Auskunft der ehemaligen Besitzerin des Osterdeiches 107b, Meta Schipp-Reinking, an Sophie Torges vom 22. Januar 1949, in: ebd., Bl. 42.

237 Vgl. Schreiben von Sophie Torges an die Wiedergutmachungsstelle Bremen vom 23. November 1949, in: ebd., Bl. 31 ff.

238 Vgl. Auskunft der ehemaligen Besitzerin des Osterdeiches 107b, Meta Schipp-Reinking, an Sophie Torges vom 22. Januar 1949, in: ebd., Bl. 42.

239 Ebd.

240 Vgl. Schreiben von Sophie Torges an die Wiedergutmachungsstelle Bremen vom 23. November 1949, in: ebd., Bl. 31 ff.

241 Vgl. Ladung des Landesamtes für Wiedergutmachung Bremen vom 3. April 1950, in: ebd., Bl. 64.

242 Vgl. Protokoll über die Güteverhandlung vom 4. Mai 1950, in: ebd., Bl. 73; vgl. Schreiben des Landesamtes für Wiedergutmachung Bremen an Verfahrensbeteiligten Landrat a. D. Firnhaber vom 5. Mai 1950, in: ebd., Bl. 77; vgl. Schreiben Sophie Torges an das Landesamt für Wiedergutmachung Bremen vom 31. Juli 1950, in: ebd., Bl. 79.

243 Vgl. Schreiben von Rechtsanwalt Georg Lemke an das Landesamt für Wiedergutmachung vom 8. August 1950, in: ebd., Bl. 82.

244 Vgl. Schreiben des Landesamtes für Wiedergutmachung an die Rechtsanwaltskanzlei Dres. Heymann, Schotte und Lemke vom 16. August 1950, in: ebd., Bl. 85.

245 Vgl. Schreiben des Amtsgerichts Bremen an das Landesamt für Wiedergutmachung vom 4. Juni 1951 (Posteingang), in: ebd., Bl. 115.

246 Vgl. *Bremer Adressbuch 1963*, S. 389 (https://brema.suub.uni-bremen.de/periodical/pageview/802785; letzter Abruf: 14.1.2022).

247 Vgl. Teilbescheid des Amtes für Wiedergutmachung Bremen vom 17. März 1959, in: WGA Albert Rosenthal, Bl. 20; vgl. Rohdenburg/Sommer: *Erinnerungsbuch*, S. 221.

248 Vgl. *Bremer Adressbuch 1956*, S. 435 (https://brema.suub.uni-bremen.de/periodical/pageview/764435; letzter Abruf: 14.1.2022); vgl. Güteverhandlungsergebnis vom 27. Oktober 1949, in: WGA Caroline Rosenthal (1), Bl. 22; vgl. Abschrift des Schreibens von Rechtsanwalt Georg Lemke an das Landesamt für Wiedergutmachung Bremen vom 30. März 1950, in: WGA Herbert Rosenthal (1), Bl. 2.

249 Vgl. Antrag vom 21. Februar 1958, in: WGA Albert Rosenthal, Bl. 1 ff.

250 Vgl. Teilbescheid des Amtes für Wiedergutmachung Bremen vom 17. März 1959, in: ebd., Bl. 19 ff.

251 Vgl. Schreiben von Rechtsanwalt Georg Lemke an das Landesamt für Wiedergutmachung Bremen vom 11. Dezember 1956, in: ebd., Bl. 29 f.

252 Vgl. Teilbescheid des Amtes für Wiedergutmachung Bremen vom 17. März 1959, in: ebd., Bl. 19; vgl. Schreiben von Rechtsanwalt Georg Lemke an das Landesamt für Wiedergutmachung Bremen vom 11. Dezember 1956, in: WGA Herbert Rosenthal (1), Bl. 29.

253 Vgl. Teilbescheid des Amtes für Wiedergutmachung Bremen vom 17. März 1959, in: WGA Albert Rosenthal, Bl. 19; vgl. Schreiben des Landesamtes für Wiedergutmachung Bremen an Rechtsanwalt Walter Oliver vom 5. Mai 1958, in: WGA Hermann Rosenthal (B), Bl. 28 f.

254 Vgl. Antrag nach dem Bundesentschädigungsgesetz vom 21. Februar 1958, in: WGA Arthur Rosenthal, Bl. 1 ff.

255 Tatsächlicher Entlassungstag war der 5. Dezember 1938; vgl. auch Fußnote 148.

256 Vgl. Anweisung der politischen Abteilung des Konzentrationslagers Sachsenhausen / Veränderungsmeldung, Russisches Staatliches Militärarchiv Moskau, 1367/1/15, Bl. 059 und 1367/1/20, Bl. 127. Von seiner Entlassung im Dezember ist die Rede in der Eidesstattlichen Versicherung von Herbert Rosenthal vom 4. Januar 1953, in: WGA Herbert Rosenthal (1), Bl. 31; vgl. auch Fußnote 292.

257 Vgl. Teilbescheid des Amtes für Wiedergutmachung Bremen vom 16. März 1959, in: WGA Arthur Rosenthal, Bl. 19 ff.

258 Vgl. Auskunft des Roten Kreuzes / International Tracing Service vom 6. März 1963, in: ebd., Bl. 28. Mit „KL" ist „Konzentrationslager" gemeint.

259 Vgl. Namentliches Verzeichnis von Schutzhäftlingen im Zuchthaus Bremen-Oslebshausen (Deutsche Aktionsjuden), Aktenbestand 1.2.2.1/11405718, Arolsen Archives.

260 Vgl. Schreiben des Landesamtes für Wiedergutmachung vom 21. November 1963, in: WGA Arthur Rosenthal, Bl. 59 ff.

261 Vgl. Schreiben von Rechtsanwalt Walter Oliver an das Landesamt für Wiedergutmachung vom 17. April 1963, in: ebd., Bl. 30 f.

262 Tatsächliches Entlassungsdatum war der 23. November 1938, vgl. S. 143. Von „Mitte Dezember" ist die Rede in folgenden Dokumenten: Antrag auf Grund des Gesetzes zur Wiedergutmachung nationalsozialistischen Unrechts vom 31. August 1950, in: WGA Herbert Rosenthal (1), Bl. 5; Eidesstattliche Versicherungen von Lina Schröder und Heinz Mönnich vom 29. August 1950, in: ebd., Bl. 11 f.; Anerkennungsbescheid des Landesamtes für Wiedergutmachung Bremen vom 28. April 1953, in: ebd., Bl. 22.

263 Vgl. Anerkennungsbescheid des Landesamtes für Wiedergutmachung Bremen vom 28. April 1953, in: ebd., Bl. 22; vgl. Ergebnis der amtsärztlichen Untersuchung durch das Hauptgesundheitsamt Bremen vom 29. August 1950, in: ebd. (B), Bl. 4.

264 Vgl. Hals-Nasen-Ohrenfachärztliches Gutachten von Hans Hirschfeld vom 29. Juni 1957, in: ebd., Bl. 49 ff.

265 Ärztliches Gutachten von Dr. Paul G. Prausnitz vom 21. Juli 1957, in: ebd., Bl. 41.

266 Vgl. Abschrift der Eidesstattlichen Versicherung von Herbert Rosenthal vom 20. Juli 1958, in: ebd., Bl. 68.

267 Schreiben von Lina Schröder an das Landesamt für Wiedergutmachung Bremen vom 10. September 1954, in: ebd. (2), Bl. 112.

268 Vgl. Einschätzung von Herbert Rosenthals Arzt Oscar Nussbaum vom 15. Mai 1950, in: ebd. (B), Bl. 3; vgl. Aktennotiz von Regierungsrat Hennings vom 12. Januar 1957, in: ebd., Bl. 21; vgl. Anweisung der politischen Abteilung des Konzentrationslagers Sachsenhausen / Veränderungsmeldung, Russisches Staatliches Militärarchiv Moskau, 1367/1/22, Bl. 715, und 1367/1/20, Bl. 105.

269 Vgl. Anmeldung von Ansprüchen für Schaden an Körper und Gesundheit beim Landesamt für Wiedergutmachung Bremen vom 20. Juli 1950, in: WGA Herbert Rosenthal (B), Bl. 1 f.

270 Vgl. Ärztliches Gutachten von Dr. Paul G. Prausnitz vom 21. Juli 1957, in: ebd., Bl. 38.

271 Vgl. Behandlungsplan für Zahnersatz / Niederschrift der Fünferausschusssitzung / Zahnarztrechnung 12. Februar 1951, in: ebd., Bl. 11 ff.

272 Vgl. Vertrauensärztliches Gutachten von Dr. Adolf Land vom 7. Juni 1957, in: ebd., Bl. 44.

273 Ärztliches Gutachten von Dr. Paul G. Prausnitz vom 21. Juli 1957, in: ebd., Bl. 38; vgl. ebd., Bl. 37.

274 Vgl. ebd., Bl. 42.

275 Vgl. Schreiben des Hauptgesundheitsamtes Bremen an das Landesamt für Wiedergutmachung Bremen vom 11. Oktober 1957, in: ebd., Bl. 26.

276 Vgl. Schreiben des Landesamtes für Wiedergutmachung Bremen an Rechtsanwalt Dr. Peter Bote vom 2. Mai 1958, in: ebd., Bl. 57 f.

277 Vgl. ebd., Bl. 58.

278 Vgl. Abschrift der Eidesstattlichen Versicherung von Herbert Rosenthal vom 20. Juli 1958, in: ebd., Bl. 68 f.

279 Vgl. Schreiben des Landesamtes für Wiedergutmachung Bremen an das Deutsche Generalkonsulat in New York vom 5. November 1958, in: ebd., Bl. 72.

280 Vgl. Schreiben von Dr. Paul G. Prausnitz an das Landesamt für Wiedergutmachung Bremen vom 6. Dezember 1958, in: ebd., Bl. 75 f.

281 Vgl. Schreiben des Hauptgesundheitsamtes Bremen an das Landesamt für Wiedergutmachung Bremen vom 6. März 1959, in: ebd., Bl. 78.

282 Vgl. Bescheid des Landesamtes für Wiedergutmachung Bremen vom 22. Mai 1959, in: ebd., Bl. 86 ff.

283 Vgl. Anerkennungsbescheid des Landesamtes für Wiedergutmachung Bremen vom 28. April 1953, in: ebd. (1), Bl. 22.

284 Vgl. Beschluss des Kreditausschusses vom 20. September 1950, in: ebd. (2), Bl. 34; vgl. Darlehensvertrag vom 25. September 1950, in: ebd., Bl. 37 f.; vgl. Aktennotiz des Landesamtes für Wiedergutmachung Bremen vom 26. Oktober 1951, in: ebd., Bl. 44; vgl. Schreiben des Landesamtes für Wiedergutmachung Bremen an die Firma Albert Rosenthal vom 24. August / 6. September 1954, in: ebd., Bl. 110 f.; vgl. Schreiben von Lina Schröder an das Landesamt für Wiedergutmachung Bremen vom 10. Juli 1956 / Einzahlungsbelege, in: ebd., Bl. 179 ff.

285 Vgl. Schreiben des Landesamtes für Wiedergutmachung Bremen an Rechtsanwalt Dr. Peter Bote vom 2. Mai 1958, in: ebd. (B), Bl. 58; vgl. Schreiben des Landesamtes für Wiedergutmachung Bremen an Rechtsanwalt Georg Lemke vom 26. April 1954, in: ebd. (2), Bl. 100; vgl. Bürgschaftserklärung vom 15. Mai 1954, in: ebd., Bl. 103.

286 Vgl. Schreiben des Landesamtes für Wiedergutmachung Bremen an Rechtsanwalt Dr. Peter Bote (Bürogemeinschaft mit Georg Lemke) vom 4. Juni 1957, in: ebd. (1), Bl. 42; vgl. Bescheid des Landesamtes für Wiedergutmachung Bremen vom 3. Mai 1957, in: ebd., Bl. 44 ff.

287 Vgl. Schreiben des Landesamtes für Wiedergutmachung Bremen an Rechtsanwalt Dr. Peter Bote (Bürogemeinschaft mit Georg Lemke) vom 24. Mai 1957, in: ebd., Bl. 50.

288 Vgl. Schreiben von Rechtsanwalt Walter Oliver an das Landesamt für Wiedergutmachung Bremen vom 19. Januar 1960, in: ebd., Bl. 60; vgl. Vertrauensärztliches Gutachten von Kurt Hirschfeld vom 26. Juli 1960, in: WGA Hermann Rosenthal (R), Bl. 17 f.

289 Vgl. Vollmacht von Melba Reeves an Rechtsanwalt Walter Oliver vom 18. Dezember 1961, in: ebd., Bl. 64.

290 Vgl. Ärztliches Gutachten von Dr. Paul G. Prausnitz vom 21. Juli 1957, in: ebd. (B), Bl. 37.

291 Vgl. Schreiben von Rechtsanwalt Walter Oliver an das Landesamt für Wiedergutmachung Bremen vom 3. Dezember 1962, in: ebd., Bl. 66.

292 Vgl. Auskunft des Roten Kreuzes / International Tracing Service vom 29. Februar 1963, in: ebd. (1), Bl. 67; vgl. auch Fußnote 256.

293 Vgl. Schreiben von Rechtsanwalt Georg Lemke an das Landesamt für Wiedergutmachung Bremen vom 11. Dezember 1956, in: ebd., Bl. 39; vgl. Antrag auf Erstattung für Schaden an Freiheit vom 25. September 1950, in: WGA Hermann Rosenthal, Bl. 4; vgl. Schreiben von Rechtsanwalt Georg

Lemke an das Landesamt für Wiedergutmachung Bremen vom 11. Dezember 1956, in: WGA Herbert Rosenthal (1), Bl. 39; vgl. Eidesstattliche Versicherung von Hermann Reeves vom 20. August 1953, in: WGA Hermann Rosenthal, Bl. 23.

294 Vgl. Anweisung der politischen Abteilung des Konzentrationslagers Sachsenhausen / Veränderungsmeldung, Russisches Staatliches Militärarchiv Moskau, 1367/1/22, Bl. 495, und 1367/1/24, Bl. 456; vgl. Meldungen über Überführungen und Entlassungen im Konzentrationslager Sachsenhausen, Aktenbestand 1.1.38.1/4092202 und 1.1.38.1/4094121, Arolsen Archives.

295 Vgl. Schreiben des Landesamtes für Wiedergutmachung Bremen an das Hauptgesundheitsamt Bremen vom 21. Juli 1958, in: WGA Herbert Rosenthal (B), Bl. 59; vgl. Schreiben von Herbert Reeves an das Landesamt für Wiedergutmachung Bremen vom 1. Juni 1955 / Ärztliche Behandlungsergebnisse, in: WGA Hermann Rosenthal (B), Bl. 2 ff.

296 Vgl. Schreiben des Landesamtes für Wiedergutmachung Bremen an das Hauptgesundheitsamt Bremen vom 5. Mai 1958, in: ebd., Bl. 27 f.

297 Vgl. Schreiben von Rechtsanwalt Walter Oliver an das Landesamt für Wiedergutmachung Bremen vom 9. Juli und 16. Oktober 1958 / Anlagen, in: ebd., Bl. 32 ff.

298 Vgl. Schreiben des Hauptgesundheitsamtes Bremen an das Landesamt für Wiedergutmachung Bremen vom 24. November 1958, in: ebd., Bl. 58 f.

299 Vgl. Bescheid des Landesamtes für Wiedergutmachung Bremen vom 5. August 1959, in: ebd., Bl. 67 ff.; Vgl. Einreichung der Klage von Rechtsanwalt Walter Oliver an das Landgericht Bremen vom 21. Januar 1960, in: ebd. (R), Bl. 6 f.; vgl. Vergleichsergebnis vom 18. November 1960, in: ebd., Bl. 27.

300 Vgl. Aktenvermerk des Landesamtes für Wiedergutmachung Bremen zur Zeugenaussage von Lina Schröder vom 19. Februar 1957, in: WGA Herbert Rosenthal (1), Bl. 39.

301 Vgl. Bescheid des Landesamtes für Wiedergutmachung Bremen vom 8. Mai 1957, in: WGA Hermann Rosenthal, Bl. 31 f.

302 Vgl. Schreiben von Rechtsanwalt Walter Oliver an das Landesamt für Wiedergutmachung vom 3. Dezember 1962, in: ebd., Bl. 46.

303 Vgl. Antrag auf Wiedergutmachung für Schaden im wirtschaftlichen Fortkommen vom September 1950, in: ebd. (E), 4,54 E – 4464/E, Bl. 1.

304 Vgl. Beschluss des Landesamtes für Wiedergutmachung Bremen vom 16. September 1962, in: ebd., Bl. 11 ff.

305 Vgl. Schreiben des Rechtsanwaltes Walter Oliver an das Landesamt für Wiedergutmachung vom 2. August 1961, in: WGA Albert Rosenthal, Bl. 29; vgl. Bescheid des Landesamtes für Wiedergutmachung vom 27. November 1961, in: ebd., Bl. 43.

306 Vgl. Schreiben des Rechtsanwaltes Walter Oliver an das Landesamt für Wiedergutmachung vom 2. August 1961, in: ebd., Bl. 29 ff.

307 Vgl. Eidesstattliche Versicherung von Wilhelm Koch vom 18. Dezember 1959, in: ebd., Bl. 30.

308 Ebd.

309 Vgl. Schreiben des Sachbearbeiters an die Amtsleitung vom 20. November 1961, in: ebd., Bl. 40 ff.

310 Vgl. Schreiben des Landesamtes für Wiedergutmachung vom 27. November 1961, in: ebd., Bl. 43 f.

311 Schreiben des Landesamtes für Wiedergutmachung an Rechtsanwalt Walter Oliver vom 4. Dezember 1961, in: ebd., Bl. 49.

312 Schreiben von Rechtsanwalt Walter Oliver an das Landesamt für Wiedergutmachung vom 3. Januar 1962, in: ebd., Bl. 50.

313 Vgl. Aktenvermerk des Landesamtes für Wiedergutmachung vom 8. Januar 1962, in: ebd., Bl. 52.

314 Vergleichsschreiben der Prüfstelle an die Amtsleitung vom 11. Januar 1962 / Schreiben der Fachabteilung an die Amtsleitung vom 22. März 1962, in: ebd., Bl. 53 ff.

315 Vgl. Schreiben der Fachabteilung an die Amtsleitung des Landesamtes für Wiedergutmachung vom 28. Mai 1962, in: ebd., Bl. 56.

316 Vgl. Schreiben des Landesamtes für Wiedergutmachung Bremen an Rechtsanwalt Dr. Peter Bote vom 15. Juni 1956, in: WGA Herbert Rosenthal (2), Bl. 193 f.

317 Vgl. Übersicht der Entschädigungsleistungen für Hermann Rosenthal, in: WGA Hermann Rosenthal (B), unpaginiert.

318 Vgl. Vergleich des Landesamtes für Wiedergutmachung Bremen mit den Erben vom 16. November 1962, in: WGA Herbert Rosenthal (2), Bl. 241 f.

319 Vgl. Schreiben des Landesamtes für Wiedergutmachung an den Verband der Lebensversicherungsunternehmen vom 15. November 1962, in: WGA Albert Rosenthal, Bl. 57.

320 Vgl. Schreiben des Landesamtes für Wiedergutmachung Bremen an Rechtsanwalt Walter Oliver vom 2. April 1964, in: ebd., Bl. 62.

321 Vgl. Bescheid des Landesamtes für Wiedergutmachung Bremen vom 28. September 1964, in: ebd., Bl. 64.

322 Vgl. Deckblatt, in: ebd.

323 Vgl. Schreiben des Rechtsanwalts Georg Lemke an das Landesamt für Wiedergutmachung Bremen vom 15. September 1956, in: WGA Herbert Rosenthal (1), Bl. 25; vgl. Schreiben des Landesamtes für Wiedergutmachung Bremen an Rechtsanwalt Dr. Peter Bote (Bürogemeinschaft mit Georg Lemke) vom 24. September 1956, in: ebd., Bl. 27; vgl. Schreiben von Rechtsanwalt Georg Lemke an das Landesamt für Wiedergutmachung Bremen vom 11. Dezember 1956, in: ebd., Bl. 39; vgl. Schreiben des Landesamtes für Wiedergutmachung Bremen an Rechtsanwalt Dr. Peter Bote vom 24. September 1956, in: WGA Hermann Rosenthal, Bl. 19; vgl. Vertrauensärztliches Gutachten von Kurt Hirschfeld vom 26. Juli 1960, in: ebd. (R), Bl. 18.

324 Vgl. Schreiben der Bundesversicherungsanstalt für Angestellte an das Landesamt für Wiedergutmachung vom 27. September 1974, in: WGA Arthur Rosenthal, Bl. 71 ff.

325 Vgl. Ancestry.de: „Melba Reeves“, in: Sozialversicherungsindex USA 1937–2007.

326 Vgl. Schreiben des Rechtsanwaltes Walter Oliver an das Landesamt für Wiedergutmachung vom 2. August 1961, in: WGA Albert Rosenthal, Bl. 29; vgl. Bescheid des Landesamtes für Wiedergutmachung vom 27. November 1961, in: ebd., Bl. 43.

327 Vgl. Schreiben der Bundesversicherungsanstalt für Angestellte an das Landesamt für Wiedergutmachung Bremen, in: WGA Herbert Rosenthal (1), Bl. 68.

328 Vgl. Ancestry.de: „Melba Reeves“, in: Sozialversicherungsindex USA 1937–2007.

329 Vgl. Ancestry.de: „E. Reeves“, in: USA – Sterbeindex der Sozialversicherung USA 1935–2014.

„Hansi Werder vom Sport-Verein Wolff“ – Erst beruflich ausgebremst, dann der große Macher

1 Die Vorfreude bezog sich auf die seinerzeit bevorstehende Saison, die zweite nach dem Wiederaufstieg 1981, die gleichzeitig Werders Rückkehr in den Europapokal nach sechzehn Jahren bedeutete.

2 *Werder-Revue Nr. 55*, August 1982, S. 3.

3 Ebd., S. 12.

4 Vgl. Antrag auf Anerkennung der Voraussetzungen als politisch, rassisch oder religiös durch den Nationalsozialismus Verfolgter vom 30. September 1950, in: Wiedergutmachungsakte (WGA) Hans Wolff, Staatsarchiv Bremen (StAB), 4,54 – E 4746, Bl. 1 f.; vgl. Günther Rohdenburg / Karl-Ludwig Sommer: *Erinnerungsbuch für die als Juden verfolgten Einwohner Bremens*, Bremen 2006, S. 279.

5 Vgl. Aufenthaltsbescheinigung der Bremer Polizei vom 16. November 1950, in: WGA Hans Wolff, unpaginiert.

6 Vgl. Rohdenburg/Sommer: *Erinnerungsbuch*, S. 279.

7 Vgl. Antrag auf Anerkennung der Voraussetzungen als politisch, rassisch oder religiös durch den Nationalsozialismus Verfolgter vom 30. September 1950, in: WGA Hans Wolff, Bl. 2; vgl. Harald Klingebiel: „Jüdische Sportler bei Werder Bremen", in: Arnd Krüger / Bernd Wedemeyer-Kolwe (Hg.): *Vergessen, verdrängt, abgelehnt. Zur Geschichte der Ausgrenzung im Sport*, Berlin 2009, S. 50–71, hier: S. 65.

8 Vgl. Klingebiel: „Jüdische Sportler", S. 66.

9 Vgl. Antrag auf Anerkennung der Voraussetzungen als politisch, rassisch oder religiös durch den Nationalsozialismus Verfolgter vom 30. September 1950, in: WGA Hans Wolff, Bl. 2.

10 Vgl. Hans-Joachim Wallenhorst / Harald Klingebiel: *Neunzig Jahre SV „Werder" 1899 - 1989*, Bremen 1988, S. 183.

11 Vgl. Antrag auf Anerkennung der Voraussetzungen als politisch, rassisch oder religiös durch den Nationalsozialismus Verfolgter vom 30. September 1950, in: WGA Hans Wolff, Bl. 2.

12 Vgl. ebd.

13 Ausfuehrungen von Hans Wolff „Betr.: Mitgliedschaft NSDAP und SS" zum Antrag E 4746/1927, undatiert, in: ebd., Bl. 8.

14 Vgl. ebd.

15 Vgl. Antrag auf Grund des Gesetzes zur Wiedergutmachung nationalsozialistischen Unrechts vom 30. September 1950, in: ebd., Bl. 4; vgl. Aufenthaltsbescheinigung der Bremer Polizei vom 16. November 1950, in: ebd., unpaginiert.

16 Ausfuehrungen von Hans Wolff „Betr.: Mitgliedschaft NSDAP und SS" zum Antrag E 4746/1927, undatiert, in: ebd., Bl. 8.

17 Vgl. ebd.

18 Schreiben der Firma Willi Pleuss an Hans Wolff vom 27. Januar 1936, in: ebd., Bl. 9.

19 Vgl. Ausfuehrungen von Hans Wolff „Betr.: Mitgliedschaft NSDAP und SS" zum Antrag E 4746/1927, undatiert, in: ebd., Bl. 8.

20 Vgl. ebd. „DM" ist ein Versehen Wolffs, gemeint sind sicherlich „RM", also Reichsmark. Zum Vergleich: Eine Statistik zu Löhnen und Gehältern weist für 1935 einen Wochenreallohn von durchschnittlich 93 Reichsmark aus, also monatlich 372 Reichsmark (vgl. Statista GmbH [Hg.]: „Indexierte Entwicklung der Stunden- und Wochenlöhne im Deutschen Reich in den Jahren 1929 bis 1939", https://de.statista.com/statistik/daten/studie/249961/umfrage/lohnentwicklung-im-deutschen-reich/; letzter Abruf: 18.1.2022).

21 Vgl. Antrag auf Anmeldung von Ansprüchen gemäß Gesetz zur Wiedergutmachung nationalsozialistischen Unrechts – Schaden im wirtschaftlichen Fortkommen vom 30. September 1950, in: WGA Hans Wolff, Bl. 1 Rs.

22 Vgl. Antrag auf Grund des Gesetzes zur Wiedergutmachung nationalsozialistischen Unrechts vom 30. September 1950, in: ebd., Bl. 5 Rs.

23 Vgl. Antrag auf Anerkennung der Voraussetzungen als politisch, rassisch oder religiös durch den Nationalsozialismus Verfolgter vom 30. September 1950, in: ebd., Bl. 1.

24 Sic! Ob Wolff hier meinte, er sei „körperlich, nicht aber seelisch" oder „körperlich nicht, aber seelisch" misshandelt worden, bleibt unklar. Wahrscheinlicher ist wohl Variante 2, doch aufgrund des leider nicht gesetzten Kommas bleibt dies spekulativ.

25 Vgl. Antrag auf Anerkennung der Voraussetzungen als politisch, rassisch oder religiös durch den Nationalsozialismus Verfolgter vom 30. September 1950, in: WGA Hans Wolff, Bl. 1 Rs.

26 Rohdenburg/Sommer: *Erinnerungsbuch*, S. 279.

27 Vgl. Antrag auf Anerkennung der Voraussetzungen als politisch, rassisch oder religiös durch den Nationalsozialismus Verfolgter vom 30. September 1950, in: WGA Hans Wolff, Bl. 1 Rs.

28 Ebd.

29 Vgl. ebd.

30 Vgl. ebd., Bl. 1 f.

31 Handschriftliche Erklärung zum Antrag auf Anerkennung der Voraussetzungen als politisch, rassisch oder religiös durch den Nationalsozialismus Verfolgter vom 30. September 1950, in: ebd., Bl. 2 Rs.

32 Vgl. Aufenthaltsbescheinigung der Bremer Polizei vom 16. November 1950, in: ebd., unpaginiert.

33 Vgl. Klingebiel: „Jüdische Sportler", S. 66.

34 Vgl. Aufenthaltsbescheinigung der Bremer Polizei vom 16. November 1950, in: WGA Hans Wolff, unpaginiert.

35 Schreiben von Hans Wolff an das Landesamt für Wiedergutmachung Bremen vom 29. September 1951, in: ebd., Bl. 11; vgl. Klingebiel: „Jüdische Sportler", S. 66.

36 Vgl. Klingebiel: „SV ‚Werder' – ein Verein, der nicht erst heute Geschichte macht", in: Norbert Kuntze: *Werder Bremen. Eine Karriere im kühlen Norden*. Göttingen 1994, S. 223–282, hier: S. 263; vgl. Klingebiel: „Jüdische Sportler", S. 66.

37 Vgl. Antrag auf Anerkennung der Voraussetzungen als politisch, rassisch oder religiös durch den Nationalsozialismus Verfolgter vom 30. September 1950, in: WGA Hans Wolff, Bl. 2.

38 Wahrscheinlich ist der kulturelle „Verein für das Deutschtum im Ausland, Schulverein e. V." (VDA) gemeint.

39 Gemeint ist die Bremer Turngemeinde, ein Vorläuferverein der Bremer Turn- und Sportgemeinde Neustadt von 1859 e. V.

40 Vgl. Handschriftliche Erklärung zum Antrag auf Anerkennung der Voraussetzungen als politisch, rassisch oder religiös durch den Nationalsozialismus Verfolgter vom 30. September 1950, in: WGA Hans Wolff, Bl. 2 Rs.

41 Ausfuehrungen von Hans Wolff „Betr.: Mitgliedschaft NSDAP und SS" zum Antrag E 4746/1927, undatiert, in: ebd., Bl. 8; vgl. Antrag auf Grund des Gesetzes zur Wiedergutmachung nationalsozialistischen Unrechts vom 30. September 1950, in: ebd., Bl. 4.

42 Vgl. Schreiben des Landesamtes für Wiedergutmachung Bremen an das Document Center vom 10. März 1958, in: ebd., Bl. 14 f.

43 Auskunft des Berlin Document Center vom 20. März 1958, in: ebd., Bl. 16.

44 Vgl. *VN*, Mai/Juli 1916, S. 4.

45 Vgl. Antrag auf Anerkennung der Voraussetzungen als politisch, rassisch oder religiös durch den Nationalsozialismus Verfolgter vom 30. September 1950, in: WGA Hans Wolff, Bl. 2.

46 Eidesstattliche Versicherung von Hans Wolff vom 15. März 1946, in: Entnazifizierungsakte Adolf Hecht, StAB, 4,66 – I – 4200, unpaginiert.

47 Vgl. Interner Vermerk vom 15. Februar 1962 an die Amtsleitung / Bescheid des Landesamtes für Wiedergutmachung Bremen vom 13. Februar 1962, in: WGA Hans Wolff, Bl. 4 ff.

48 Vgl. Schreiben des Landesamtes für Wiedergutmachung Bremen an Hans Wolff vom 22. Februar 1962, in: ebd., Bl. 7.

49 Schreiben von Hans Wolff an das Landesamt für Wiedergutmachung Bremen vom 13. September 1962, in: ebd., Bl. 9.

50 Vgl. Bescheid des Landesamtes für Wiedergutmachung Bremen vom 8. Oktober 1962, in: ebd., Bl. 11.

51 Vgl. Notiz auf dem Auslagenverzeichnis Wolff, in: ebd., unpaginiert.

52 Andere Quellen sprechen von Dezember 1944.

53 Vgl. Klingebiel: „Jüdische Sportler", S. 66.

54 Für die Biografie des ebenfalls als sogenannter „Halbjude" verfolgten Theo Eggert siehe den Beitrag von Dr. Marcus Meyer in diesem Buch.

55 Vgl. Julia Friedrichs: *Gebrauchsanweisung für Werder Bremen*, München 2018, S. 20.

56 Vgl. Klaus-Dieter Fischer / Heinz Fricke: *„Du bist Werder Bremen". Bekannte und unbekannte Geschichten aus einem halben Werder-Jahrhundert erzählt vom „Vize"*, Bremen 2015, S. 137.

57 Vgl. Hans-Otto Busche / Heinz Fricke: *Das große Werderbuch. Fußball-Geschichte und Geschichten*, Bremen 1983, S. 79.

58 Zit. nach Ben Harder: *Die deutsche Bundesliga 1964*, Lengerich/W. 1964, S. 66.

59 Vgl. Busche/Fricke: *Das große Werderbuch*, S. 130.

60 Vgl. Fischer/Fricke: *„Du bist Werder Bremen"*, S. 137.

61 Zit. nach Busche/Fricke, *Das große Werderbuch*, S. 111.

62 Ebd.

63 Ebd.

64 Vgl. Klingebiel: „Jüdische Sportler", S. 67.

65 Vgl. Fischer/Fricke: *„Du bist Werder Bremen"*, S. 121.

66 Vgl. ebd., S. 121, S. 123.

67 Vgl. Busche/Fricke: *Das große Werderbuch*, S. 133.

68 *Werder-Revue Nr. 55*, August 1982, S. 12.

69 Vgl. Antrag auf Anerkennung der Voraussetzungen als politisch, rassisch oder religiös durch den Nationalsozialismus Verfolgter vom 30. September 1950, in: WGA Hans Wolff, Bl. 1.

Hugo Grünberg – Der jüdische Werder-Schiedsrichter

1 Vgl. Antrag von Marianne Katz (geborene Grünberg) gemäß Bundesentschädigungsgesetz vom 14. März 1957, in: Wiedergutmachungsakte (WGA) Hugo Grünberg, Staatsarchiv Bremen (StAB), 4,54 E – 10791, Bl. 1.

2 Vgl. Günther Rohdenburg / Karl-Ludwig Sommer: *Erinnerungsbuch für die als Juden verfolgten Einwohner Bremens*, Bremen 2006, S. 91.

3 Vgl. Antrag auf Grund des Gesetzes zur Wiedergutmachung nationalsozialistischen Unrechts vom 22. September 1950, in: WGA Rosa Grünberg, StAB, 4,54 E – 4545, Bl. 1.

4 Vgl. *Bremer Adressbuch 1896*, S. 9 (https://brema.suub.uni-bremen.de/periodical/pageview/669114; letzter Abruf: 16.1.2022).

5 Vgl. *Bremer Adressbuch 1912*, S. 184 (https://brema.suub.uni-bremen.de/periodical/pageview/709461; letzter Abruf: 16.1.2022).

6 Vgl. *Gemeindeblatt der Israelitischen Gemeinde Bremens*, 2. Jahrgang/Ausgabe 11 (2/11), 15. November 1930, S. 5; vgl. ebd., 3/22, 15. November 1931, S. 3; vgl. ebd., 4/1, 1. Januar 1932, S. 3; vgl. ebd., 4/2, 15. Januar 1932, S. 2; vgl. ebd., 4/16, 8. Dezember 1932, S. 3; vgl. ebd., 5/2, 15. Februar 1932, S. 4.

7 Vgl. Rohdenburg/Sommer: *Erinnerungsbuch*, S. 51; vgl. Abschrift des Erbscheins von Frieda Cohen, geborene Grünberg, vom 13. Januar 1950, in: WGA Marianne Grünberg (1), StAB, 4,54 – Ra 623/1, Bl. 26.

8 Yad Vashem: „Moses Moritz Cohen", in: Zentrale Datenbank der Namen der Holocaustopfer (https://yvng.yadvashem.org/nameDetails.html?language=de&itemId=12614347&ind=2; letzter Abruf: 16.1.2022).

9 Vgl. Antrag von Marianne Katz (geborene Grünberg) gemäß Bundesentschädigungsgesetz vom 14. März 1957, in: WGA Hugo Grünberg, Bl. 1.

10 Eigene Darstellung auf Basis der Datenbank der Bremer Stolpersteine, der Wiedergutmachungsakten der Familie Grünberg, der zentralen Datenbank der Holocaustopfer der Gedenkstätte Yad Vashem, der Datenbanken der Gesellschaft für Familienforschung e. V. Bremen und der Daten der Seiten Ancestry.com und Geni.com.

11 Vgl. Erbschein Hugo Grünbergs vom 11. Januar 1950, in: ebd., Bl. 5.

12 Vgl. Rohdenburg/Sommer: *Erinnerungsbuch*, S. 24; Auskunft von Inge Katz, weitergegeben durch ihre Tochter Ruth Bahar an den Autor am 15. Oktober 2020.

13 Vgl. *Gemeindeblatt der Israelitischen Gemeinde Bremens*, 4/1, 1. Januar 1932, S. 3; vgl. ebd., 6/4, 27. April 1934, S. 6.

14 Vgl. Handschriftlicher Vermerk des Sachbearbeiters Ruthke vom 13. Oktober 1961 auf dem Schreiben Dagobert Assenheimers vom 12. Juli 1961 an das Landesamt für Wiedergutmachung Bremen, in: WGA Hugo Grünberg, Bl. 33.

15 Vgl. *Bremer Adressbuch 1920*, S. 16 (https://brema.suub.uni-bremen.de/periodical/pageview/718826; letzter Abruf: 16.1.2022); vgl. ebd., S. 217 (https://brema.suub.uni-bremen.de/periodical/pageview/719027; letzter Abruf: 16.1.2022).

16 Hanno Balz: *Die „Arisierung" von jüdischem Haus- und Grundbesitz in Bremen*, Bremen 2004, S. 48 f.

17 Vgl. *Bremer Adressbuch 1927*, S. 20 (https://brema.suub.uni-bremen.de/periodical/pageview/657803; letzter Abruf: 16.1.2022).

18 Vgl. Rohdenburg/Sommer: *Erinnerungsbuch*, S. 23 f.; vgl. *Bremer Adressbuch 1915*, S. 14 (https://brema.suub.uni-bremen.de/periodical/pageview/713659; letzter Abruf: 16.1.2022); vgl. *Bremer Adressbuch 1928*, S. 20 (https://brema.suub.uni-bremen.de/periodical/pageview/513637; letzter Abruf: 16.1.2022).

19 Max Markreich: *Geschichte der Juden in Bremen und Umgebung*, Bremen 2003, S. 110.

20 Vgl. *Gemeindeblatt der Israelitischen Gemeinde Bremens*, 1/1, 1. April 1929, S. 6.

21 Vgl. Aktenvermerk zum Handelsregistereintrag vom 8. Juni 1961, in: WGA Hugo Grünberg, Bl. 21; vgl. *Bremer Adressbuch 1928*, S. 20 (https://brema.suub.uni-bremen.de/periodical/pageview/513637; letzter Abruf: 16.1.2022).

22 Vgl. Rohdenburg/Sommer: *Erinnerungsbuch*, S. 92.

23 Vgl. Handschriftlicher Vermerk des Sachbearbeiters Förch vom 31. März 1965 auf dem Schreiben des Landesamtes für Wiedergutmachung Bremen an Rechtsanwalt Dr. Mahlstedt vom 23. Dezember 1964, in: WGA Rosa Grünberg (D), StAB, 4,54 E – 4545/D, Bl. 74.

24 Vgl. Schreiben des Rechtsanwalts Dr. Herbert Lampe an das Landesamt für Wiedergutmachung Bremen vom 27. September 1954, in: ebd., Bl. 11.

25 Vgl. *Bremer Nationalsozialistische Zeitung*, Nr. 204, 2. August 1933, S. 1.

26 Vgl. *Gemeindeblatt der Israelitischen Gemeinde Bremens*, 6/1, 22. Januar 1934, S. 3; vgl. Schreiben des Rechtsanwalts Dr. Herbert Lampe an das Landesamt für Wiedergutmachung Bremen vom 27. September 1954, in: WGA Rosa Grünberg (D), Bl. 11.

27 Vgl. Schreiben des Landesamtes für Wiedergutmachung Bremen an Rechtsanwalt Dr. Mahlstedt vom 23. März 1964, in: ebd., Bl. 27; vgl. Briefwechsel zwischen Rechtsanwalt Dr. Mahlstedt und dem Landesamt für Wiedergutmachung Bremen vom 7. April und 15. April 1965, in: ebd., Bl. 77 f.

28 Vgl. *Bremer Adressbuch 1935*, S. 9 (https://brema.suub.uni-bremen.de/periodical/pageview/649966; letzter Abruf: 16.1.2022); vgl. Schreiben Dagobert Assenheimers vom 12. Juli 1961 an das Landesamt für Wiedergutmachung Bremen, in: WGA Hugo Grünberg, Bl. 33.

29 Vgl. Schreiben von Rechtsanwalt Dr. A. Mahlstedt an das Landesamt für Wiedergutmachung Bremen vom 20. Dezember 1960, in: ebd., Bl. 10; vgl. Schreiben Dagobert Assenheimers an das Landesamt für Wiedergutmachung Bremen vom 30. Januar 1961, in: ebd., Bl. 16.

30 Markreich: *Geschichte der Juden*, S. 110.

31 Vgl. Schreiben von Rechtsanwalt Dr. A. Mahlstedt an das Landesamt für Wiedergutmachung Bremen vom 20. Dezember 1960, in: WGA Hugo Grünberg, Bl. 10 f.; vgl. Schreiben Dagobert Assenheimers an das Landesamt für Wiedergutmachung Bremen vom 30. Januar 1961, in: ebd., Bl. 16; vgl. Bescheid des Landesamtes für Wiedergutmachung Bremen vom 31. Oktober 1961, in: ebd., Bl. 53.

32 Vgl. Schreiben von Rechtsanwalt Dr. A. Mahlstedt an das Landesamt für Wiedergutmachung Bremen vom 20. Dezember 1960, in: ebd., Bl. 10; vgl. Schreiben Dagobert Assenheimers an das Landesamt für Wiedergutmachung Bremen vom 30. Januar 1961, in: ebd., Bl. 16.

33 Vgl. Handschriftlicher Vermerk des Sachbearbeiters Ruthke vom 13. Oktober 1961 auf dem Schreiben Dagobert Assenheimers vom 12. Juli 1961 an das Landesamt für Wiedergutmachung Bremen, in: ebd., Bl. 33; vgl. Auszug aus der Firmenakte Paul Badura vom 20. Februar 1964, in: WGA Rosa Grünberg (D), Bl. 22.

34 Markreich: *Geschichte der Juden*, S. 230.

35 Vgl. Bescheid des Landesamtes für Wiedergutmachung Bremen vom 31. Oktober 1961, in: WGA Hugo Grünberg, Bl. 53.

36 Auskunft von Inge Katz, weitergegeben durch ihre Tochter Ruth Bahar an den Autor am 15. Oktober 2020; vgl. „Hugo Grünberg“, in: Die Maus – Gesellschaft für Familienforschung e. V. (Hg.): *Jüdische Familien im Bremer Raum* (https://die-maus-bremen.info/fileadmin/db_query/juedische_fam/ausgabe/09/ofb1k2037.html; letzter Abruf: 9.12.2021).

37 Auskunft von Inge Katz, weitergegeben durch ihre Tochter Ruth Bahar an den Autor am 15. Oktober 2020.

38 Vgl. *Vereinsnachrichten des S.V. Werder* (*VN*), Ausgabe Juni/Juli 1920, S. 2.

39 Vgl. *VN*, April 1932, S. 2.

40 Auskunft von Inge Katz, weitergegeben durch ihre Tochter Ruth Bahar an den Autor am 15. Oktober 2020.

41 Petra Tabarelli: „Simon Rosenberger – der vergessene Pionier", in: *DFB-Schiedsrichter-Zeitung*, Ausgabe 06/2019, S. 28 ff. (https://fussballkreis-tecklenburg.de/fileadmin/content/medienarchiv/1_NEWS/Schiedsrichter/2019/SRZ-6-2019.pdf; letzter Abruf: 16.1.2022).

42 Ebd., S. 29.

43 Auskunft von Inge Katz, weitergegeben durch ihre Tochter Ruth Bahar an den Autor am 15. Oktober 2020.

44 Vgl. Rohdenburg/Sommer: *Erinnerungsbuch*, S. 93; Auskunft von Inge Katz, weitergegeben durch ihre Tochter Ruth Bahar an den Autor am 15. Oktober 2020; vgl. Ancestry.de: „Hugo Grünberg", in: Europa, Registrierung von Ausländern und verfolgten Deutschen 1939–1947.

45 Vgl. Bescheid des Landesamtes für Wiedergutmachung Bremen vom 31. Oktober 1961, in: WGA Hugo Grünberg, Bl. 53.

46 Vgl. Elise Garibaldi: *Rosen in einem verbotenen Garten*, Leipzig 2019, S. 13.

47 Vgl. Undatierte Vermögensaufstellung Rosa Grünberg durch das Landesamt für Wiedergutmachung Bremen, in: WGA Rosa Grünberg (D), Bl. 50; Auskunft von Inge Katz, weitergegeben durch ihre Tochter Ruth Bahar an den Autor am 15. Oktober 2020; vgl. Anmeldung von Ansprüchen durch Marianne Katz gegenüber dem Zentralmeldeamt Bad Nauheim vom 27. Dezember 1948, in: WGA Marianne Grünberg (1), Bl. 3; vgl. Garibaldi: *Rosen*, S. 13.

48 Vgl. Aktenvermerk Sachbearbeiter Förch vom 29. Mai 1964, in: WGA Rosa Grünberg (D), Bl. 38.

49 Vgl. Abschrift aus dem Grundbuch im Bezirk Vorstadt L 14 vom 27. Oktober 1949, in: WGA Marianne Grünberg (1), Bl. 18.

50 Vgl. Schreiben der Bremer Bank an das Landesamt für Wiedergutmachung Bremen vom 23. Januar 1950, in: WGA Rosa Grünberg (D), Bl. 43.

51 Vgl. Schreiben des Rechtsanwalts Dr. Herbert Lampe an das Landesamt für Wiedergutmachung Bremen vom 18. August 1950 / Abtretungserklärung vom 9. April 1951, in: ebd., Bl. 3 / Bl. 7.

52 Yad Vashem: „Mary Cohen", in: Zentrale Datenbank der Namen der Holocaustopfer (https://yvng.yadvashem.org/nameDetails.html?language=de&itemId=12614350&ind=2; letzter Abruf: 16.1.2022)

53 Yad Vashem: „Ruth Cohen", in: Zentrale Datenbank der Namen der Holocaustopfer (https://yvng.yadvashem.org/nameDetails.html?language=de&itemId=11484442&ind=1; letzter Abruf: 16.1.2022)

54 Vgl. Rohdenburg/Sommer: *Erinnerungsbuch*, S. 92 f.; vgl. Antrag von Marianne Katz (geborene Grünberg) gemäß Bundesentschädigungsgesetz vom 14. März 1957, in: WGA Hugo Grünberg, Bl. 6; vgl. Bescheid des Landesamtes für Wiedergutmachung Bremen vom 31. Oktober 1961, in: ebd., Bl. 53; vgl. Garibaldi: *Rosen*, S. 57, S. 62.

55 Vgl. Bernhard Nette: *„Vergesst ja Nette nicht!" Der Bremer Polizist und Judenreferent Bruno Nette*, Hamburg 2017, S. 9, S. 177 ff.

56 Vgl. Arthur Heinrich: „Martin Abraham Stock – ein jüdischer Fußballfunktionär in Deutschland vor und nach der Schoa", in: *Jüdische Allgemeine Zeitung* vom 17. Juni 2014 (https://www.juedische-allgemeine.de/kultur/am-rand-des-spielfelds/; letzter Abruf: 16.1.2022).

57 Markreich: *Geschichte der Juden*, S. 230.

58 Vgl. Rohdenburg/Sommer: *Erinnerungsbuch*, S. 92.

59 Yad Vashem: „Moses Moritz Cohen“, in: Zentrale Datenbank der Namen der Holocaustopfer (https://yvng.yadvashem.org/nameDetails.html?language=de&itemId=11484392&ind=1; letzter Abruf: 16.1.2022).

60 Anne Dünzelmann: *Juden in Hastedt. Zur Geschichte jüdischen Lebens in Bremen seit 1782*, Bremen 1995, S. 125 f.

61 Vgl. Beschluss des Amtsgerichtes Bremen vom 10. Oktober 1949, in: WGA Rosa Grünberg, Bl. 9; vgl. Garibaldi: *Rosen*, S. 60.

62 Vgl. Nette: *„Vergesst ja Nette nicht!“*, S. 177 ff.

63 Vgl. Garibaldi: *Rosen*, S. 55.

64 Vgl. Schreiben des Landesamtes für Wiedergutmachung Bremen an das Tschechoslowakische Rote Kreuz vom 19. August 1952, in: WGA Rosa Grünberg, Bl. 4.

65 Vgl. Eidesstattliche Versicherung des Kaufmanns Fritz Harf vom 24. Januar 1950, in: WGA Marianne Grünberg (1), Bl. 29 f.

66 Vgl. Garibaldi: *Rosen*, S. 69.

67 Vgl. ebd., S. 85; vgl. Nette: *„Vergesst ja Nette nicht!“*, S. 292.

68 Vgl. Garibaldi: *Rosen*, S. 151 ff.; vgl. Wolfgang Benz: „Theresienstadt“, in: Wolfgang Benz / Barbara Distel (Hg.): *Der Ort des Terrors. Geschichte der nationalsozialistischen Konzentrationslager*, Band 9, München 2009, S. 449–496, hier: S. 479.

69 Vgl. Rohdenburg/Sommer: *Erinnerungsbuch*, S. 339; vgl. Markreich: *Geschichte der Juden*, S. 234; vgl. Antrag auf Grund des Gesetzes zur Wiedergutmachung nationalsozialistischen Unrechts vom 22. September 1950, in: WGA Rosa Grünberg, Bl. 1; vgl. Eidesstattliche Versicherungen von Ella Soltau und Anna Lau vom 20. November und 6. Dezember 1952, in: ebd., Bl. 13 f.; vgl. Garibaldi: *Rosen*, S. 72, S. 81 f.

70 Vgl. Markreich: *Geschichte der Juden*, S. 232.

71 Vgl. Garibaldi: *Rosen*, S. 12 ff.

72 Vgl. ebd., S. 198 f.

73 Vgl. Schreiben des Landesamtes für Wiedergutmachung Bremen an die Oberfinanzdirektion Bremen vom 6. Januar 1959, in: WGA Hugo Grünberg, Bl. 9.

74 Vgl. Antrag von Marianne Katz (geborene Grünberg) gemäß Bundesentschädigungsgesetz vom 14. März 1957, in: ebd., Bl. 1, Bl. 3 ff.

75 Vgl. Gutachten von Prof. Dr. D. Schäfer vom 5. Juni 1950, in: WGA Marianne Grünberg (1), Bl. 38 f.

76 Vgl. Aktenvermerk des Landesamtes für Wiedergutmachung Bremen vom 6. Juli 1961, in: WGA Hugo Grünberg, Bl. 28; vgl. Beschluss des Landesamtes für Wiedergutmachung Bremen vom 23. September 1950, in: WGA Marianne Grünberg (1), Bl. 70 f.

77 Vgl. Bescheid des Landesamtes für Wiedergutmachung Bremen vom 31. Oktober 1961, in: WGA Hugo Grünberg, Bl. 52 ff.

78 Vgl. Bescheid des Landesamtes für Wiedergutmachung Bremen vom 29. November 1965, in: ebd., Bl. 68 f.

79 Vgl. Briefwechsel zwischen Rechtsanwalt Dr. Mahlstedt und dem Landesamt für Wiedergutmachung Bremen vom 7. April und 15. April 1965, in: WGA Rosa Grünberg (D), Bl. 77 f.

80 Vgl. Schreiben des Oberfinanzpräsidenten an den Senator für die Finanzen vom 24. Juni 1950, in: WGA Marianne Grünberg (1), Bl. 51; Vgl. Garibaldi: *Rosen*, S. 189.

81 Vgl. Niederschrift der Güteverhandlung vom 5. Oktober 1950, in: WGA Marianne Grünberg (1), Bl. 75.

82 Vgl. Niederschrift der Güteverhandlung vom 22. September 1950, in: WGA Marianne Grünberg (2), StAB, 4,54 – Ra 623/2, Bl. 60.

83 Vgl. Schreiben des Rechtsanwalts Dr. A. Mahlstedt an das Landesamt für Wiedergutmachung Bremen vom 29. Oktober 1964, in: WGA Rosa Grünberg (D), Bl. 58.

84 Vgl. Bescheid des Landesamtes für Wiedergutmachung Bremen vom 20. Oktober 1964, in: ebd., Bl. 52 f.

„Agent" Alfred Ries – Ein unbekanntes Kapitel des Widerstands in Bremen

1 Deutsche Bundesregierung (Hg.): „27. Januar – Tag des Gedenkens an die Opfer des Nationalsozialismus. Gedenkstunde des Deutschen Bundestages. Ansprache des Überlebenden verschiedener Konzentrationslager und Mitbegründers der jüdischen Gemeinde in Frankfurt/Main, Prof. Dr. h.c. Arno Lustiger", in: *Bulletin der Bundesregierung Nr. 07-2 vom 27. Januar 2005*, S. 1–13, hier S. 6 (https://www.bundesregierung.de/resource/blob/975954/764470/28477c1712940ca0b0343eda4667cdae/07-2-lustiger-data.pdf; letzter Abruf: 7.12.2021).

2 Die Protokolle im britischen Nationalarchiv sind online unter https://discovery.nationalarchives.gov.uk/ abrufbar. Der Aktenbestand der Abwehrnebenstelle Bremen mit der Bezeichnung RW49 ist vom Bundesarchiv seit Mitte August 2020 Stück für Stück online gestellt worden und kann unter https://invenio.bundesarchiv.de/invenio/login.xhtml eingesehen werden.

3 Hans Günter Hockerts: „Wiedergutmachung in Deutschland 1945–1990. Ein Überblick", in: *Aus Politik und Zeitgeschichte (APUZ)*, 25-26/2013 (https://www.bpb.de/apuz/162883/wiedergutmachung-in-deutschland-19451990-ein-ueberblick; letzter Abruf: 7.12.2021).

4 Vgl. Hans Hesse: *Konstruktionen der Unschuld. Die Entnazifizierung am Beispiel von Bremen und Bremerhaven 1945–1953*, Veröffentlichungen aus dem Staatsarchiv der Freien Hansestadt Bremen, Bd. 67, Hg. Adolf E. Hofmeister, Dissertation an der FU Berlin, Bremen 2005.

5 Otto Küster und Franz Böhm; einen kurzen Überblick zum Hintergrund des „Falles Küster" mit weiteren Verweisen liefert https://www.freiburger-rundbrief.de/de/item_1001.html (letzter Abruf: 13.1.2022).

6 Ausführlich über Féaux de la Croix sowie den Konflikt zwischen den Auffassungen Küsters und Böhms mit denen von Féaux berichtet Jürgen Lillteicher: *Raub, Recht und Restitution. Die Rückerstattung jüdischen Eigentums in der frühen Bundesrepublik*, Göttingen 2007, S. 166 f. und passim.

7 Deutscher Bundestag (Hg.): „Bericht der Bundesregierung über Wiedergutmachung und Entschädigung für nationalsozialistisches Unrecht sowie über die Lage der Sinti, Roma und verwandter Gruppen", in: *Drucksache 10/6287*, 31.10.1986, S. 11 (https://dserver.bundestag.de/btd/10/062/1006287.pdf; letzter Abruf: 7.12.2021).

8 Christian Pross: *Wiedergutmachung. Der Kleinkrieg gegen die Opfer*, Frankfurt/M. 1988 (zit. nach: Marianne Regensburger: „Die Legende von der Wiedergutmachung", in: *taz. die tageszeitung*, 20.7.1990, https://taz.de/!1759102/; letzter Abruf: 7.12.2021).

9 Frank Friedhelm Homberg: *Retterwiderstand in Wuppertal während des Nationalsozialismus.* Inauguraldissertation zur Erlangung des Grades eines Doktors der Philosophie in der Philosophischen Fakultät (Fach Geschichte) der Heinrich-Heine-Universität Düsseldorf, Düsseldorf 2008, S. 8.

10 Arthur Heinrich: „Alfred L. Ries und sein ‚Schicksal der Verfolgung'", in: *SportZeiten 17*, Göttingen 2017, S. 23–41. Eine ausführliche Stellungnahme hierzu liefert der Beitrag von Dirk Harms in diesem Buch.

11 Rainer Kahrs: „Die mysteriöse Vergangenheit von Werders Ex-Präsident Ries", gesendet bei „buten un binnen" (Radio Bremen) am 21.7.2020. Online nicht mehr verfügbar. Zu Inhalt und Kritik vgl. http://www.ahoi-crew.de/?p=2517 (letzter Abruf: 13.1.2022) sowie in diesem Buch die Beiträge von Dirk Harms und Fabian Ettrich zu Alfred Ries.

12 Wiedergutmachungsakte (WGA) Alfred Ries, Staatsarchiv Bremen (StAB), 4,54 – E 998, Bl. 72 f.

13 Vgl. z. B. Winfried Meyer: *Unternehmen Sieben. Eine Rettungsaktion*, Frankfurt/M. 1993; Brian Mark Rigg: *Rabbi Schneersohn und Major Bloch. Eine unglaubliche Geschichte aus dem ersten Jahr des Krieges*, München 2006. Am Rande sei bemerkt, dass es ein weiteres dunkles Kapitel darstellt und viel über die Grundgestimmtheit in der frühen Bundesrepublik aussagt, dass deren militärischer Geheimdienst BND aus einer Gruppierung innerhalb der Abwehr hervorging, die aus loyalen Hitler-Anhängern bestand und gerade nicht aus den Regimegegnern.

14 Vgl. Thomas Menzel: „Organisationsgeschichte des Amtes Ausland/Abwehr im Spiegel der Aktenüberlieferung im Bundesarchiv-Militärarchiv, Freiburg i. Br.", in: *Militärgeschichtliche Zeitschrift*, 67 (2008), S. 117.

15 Bruno Nette und Friedrich Linnemann; siehe hierzu umfassend die Beiträge von Fabian Ettrich und Dirk Harms in diesem Buch.

16 Vgl. Meyer: *Unternehmen Sieben*, S. 415 ff.

17 Ebd., S. 417 ff.

18 Vgl. Winfried Meyer: *Klatt. Hitlers jüdischer Meisteragent gegen Stalin: Überlebenskunst in Holocaust und Geheimdienstkrieg*, Berlin 2015, S. 467 f.

19 Vgl. Meldebogen v. 6.4.1953, in: Spruchkammerakte (SKA) Walter Frischmuth, Landesarchiv Baden-Württemberg, Staatsarchiv Freiburg, Akte D 180/2 Nr. 230783.

20 Vgl. Interrogation Report Fritz Schmidt v. 23.6.1945, S. 3, in: National Archives UK (NA-UK), Ref. KV 2/1964. Laut Auskunft des Historischen Archivs Krupp vom 6. Mai 2021 war Hermann Frischmuth (1870–1949) von 1894 bis 1943 in der Villa Hügel tätig, zuletzt als Silberverwalter.

21 Vgl. Meldebogen v. 6.4.1953, in: SKA Walter Frischmuth.

22 Vgl. Interrogation Report Fritz Schmidt v. 23.6.1945, S. 1, in: NA-UK, Ref. KV 2/1964.

23 Vgl. Menzel: „Organisationsgeschichte", S. 114.

24 Vgl. Interrogation Report Fritz Schmidt v. 23.6.1945, S. 1, in: NA-UK, Ref. KV 2/1964. Dem Dolmetscher/Übersetzer unterlief hier ein wesentlicher Fehler bei der Übertragung der Aussage, als er „Nachrichtenstelle" als Tätigkeitsfeld innerhalb der Politischen Polizei vor 1933 mit „Gestapo" übersetzte.

25 Vgl. ebd.

26 Vgl. Interim Report of the Case of Erich Pheiffer, Appendix XXI, Rundnummer 127, in: NA-UK, Ref. KV 2/267-4.

27 Vgl. Stellungnahme von Ernst Rodenberg v. 7.12.1947, S. 2 f., in: SKA Ernst Rodenberg, StAB, 4,66 – I, 9064.

28 Vgl. ebd.

29 Vgl. ebd., S. 3.

30 Vgl. Rigg: *Rabbi Schneersohn*.

31 WGA Alfred Ries, Bl. 74.

32 Vgl. Meyer: *Unternehmen Sieben*, S. 211 und passim.

33 Vgl. ebd., S. 213 ff. Die Nebenstelle Bremen war für die Nachrichtenbeschaffung in den Amerikas zuständig.

34 Die Geschichte des „Unternehmen Aquilar" ist Thema einer in Arbeit befindlichen wissenschaftlichen Publikation von Sabine Pamperrien und Heiko Suhr mit dem Titel „Fake History".

35 Die Namenslisten befinden sich im niederländischen Nationaal Archiv in Den Haag und wurden der Autorin für diese Arbeit freundlicherweise von Miriam Keesing, einer Nachfahrin der damals mit einem der Transporte ausgereisten niederländischen Verleger-Familie Keesing, überlassen.

36 Jacob Rader Marcus Center of the American Jewish Archives, Cincinnati/OH, SC-14445: Ernest Albert Lynton: *From Berlin to Brookline*, unveröffentlichtes Manuskript, ohne Ort, ohne Datum, Blatt 82. Ich verdanke den Hinweis auf diese Quelle meinem Kollegen Heiko Suhr.

37 Vgl. Consolidated 031 Interrogation Report Dr. Carl Hermann Nikolaus Bensmann, Appendix D, Blatt 64, in: NA-UK, Ref. KV 2/1328-1.

38 Vgl. hierzu ausführlich Meyer: *Unternehmen Sieben*, S. 236 ff.

39 NEMAČKA OBAVEŠTAJNA SLUŽBA II, Beograd 1955, S. 363, S. 365, S. 516 (Dank an Fabian Ettrich für den Hinweis). Der Name Alfred Ries taucht in dem fast 1.000 Seiten langen kroatischen Report über die deutschen geheimdienstlichen Aktivitäten im ehemaligen Jugoslawien übrigens genauso wenig auf wie im sonstigen einschlägigen Aktenmaterial.

40 Erhältlich unter https://discovery.nationalarchives.gov.uk/details/r/C11249246 (letzter Abruf: 13.1.2022), Download während Corona nach Anmeldung kostenfrei.

41 Vgl. SKA Ernst Rodenberg, StAB, 4,66 – I, 9064.

42 Stellungnahme des Office of Military Government Bremen v. 6.8.1948, in: WGA Walter Oliver, StAB, 4,54 E – 3255, Bl. 41 (Abschrift aus der Spruchkammerakte).

43 Deutsche Bundesregierung: „27. Januar – Tag des Gedenkens", S. 7.

Das „Schicksal der *dritten* Verfolgung des Alfred L. Ries" – Eine Replik

1 Vgl. Arthur Heinrich: „Alfred L. Ries und sein ‚Schicksal der Verfolgung'", in: *SportZeiten 17*, Göttingen 2017, S. 23–41. Der vorliegende Beitrag ist eine gekürzte Version einer umfassenden Stellungnahme des Verfassers zu besagtem Artikel mitsamt ausführlichen Nachweisen. Die vollständige, gleichwohl nicht redigierte Version kann bei Interesse als Text-Datei beim Verfasser unter dirk.harms@icloud.com bezogen werden.

2 Alle besonders zu beanstandenden Formulierungen aus Heinrichs Text sind der vollständigen Textversion als Anhang zur Dokumentation hinzugefügt.

3 Vgl. z. B. Arnold Lehmann-Richter: *Auf der Suche nach den Grenzen der Wiedergutmachung. Die Rechtsprechung zur Entschädigung für Opfer der nationalsozialistischen Verfolgung*, Berlin 2007; Peter Derleder: „Die Wiedergutmachung. Rechtsanwendung an den Rändern der Unmenschlichkeit", in: Rainer Eisfeld / Ingo Müller (Hg.): *Gegen Barbarei. Essays M. W. Kempner zu Ehren*, Frankfurt/M. 1989, S. 281–302; Milton Kestenberger: „Diskriminierende Aspekte der deutschen Entschädigungspraxis: Eine Fortsetzung der Verfolgung", in: Martin S. Bergmann, Milton E. Jucovy, Judith S. Kestenberg (Hg.): *Kinder der Opfer, Kinder der Täter. Psychoanalyse und Holocaust*, Frankfurt/M. 1995, S. 74–102.

4 Heinrich: „Alfred L. Ries", S. 39.

5 ebd., S. 23.

6 Vgl. Fanprojekt Bremen e. V. (Hg.): *Unvergessen vergessen. Alfred Ries*, Bremen 2017 (https://www.fanprojektbremen.de/app/download/13917656535/alfred+_ries.pdf?t=1553147296; letzter Abruf: 2.1.2022).

7 Vgl. Wiedergutmachungsakte (WGA) Alfred Ries, Staatsarchiv Bremen (StAB), 4,54 – E 998, Bl. 11.

8 Vgl. ebd., Bl. 3–4 Rs.

9 Vgl. ebd., Bl. 97.

10 Vgl. zur historischen Entwicklung der Entschädigungsgesetzgebung und zur zeitlichen Abfolge der jeweils gültigen Gesetze z. B. Bundesministerium der Finanzen (BMF) (Hg.): *Wiedergutmachung. Regelungen zur Entschädigung von NS-Unrecht*, Berlin 2021, S. 5 ff.

11 Vgl. „Bundesergänzungsgesetz zur Entschädigung für Opfer der nationalsozialistischen Verfolgung", in: Bundesministerium der Justiz (BMJ) (Hg.): *Bundesgesetzblatt (BGBl.) Teil I*, 1953, Nr. 62 vom 21. September 1953, S. 1387–1408 (online unter http://www.bgbl.de/xaver/bgbl/start.xav?startbk=Bundesanzeiger_BGBl&jumpTo=bgbl153s1387.pdf; letzter Abruf: 5.1.2022).

12 Vgl. „Drittes Gesetz zur Änderung des Bundesergänzungsgesetzes zur Entschädigung für Opfer der nationalsozialistischen Verfolgung", in: *BGBl. I*, 1956, Nr. 31 vom 29. Juni 1956, S. 559–596 (online unter http://www.bgbl.de/xaver/bgbl/start.xav?startbk=Bundesanzeiger_BGBl&jumpTo=bgbl156s0559.pdf; letzter Abruf: 5.1.2022).

13 Vgl. WGA Alfred Ries, Bl. 113 f.

14 § 83 Abs. 1 BErgG 1953 (gleichlautend später § 176 Abs. 2 BEG 1956), in: *BGBl. I*, 1953, Nr. 62, S. 1404.

15 § 83 Abs. 2 BErgG 1953 (identisch mit § 176 Abs. 2 BEG 1956), in: ebd.

16 Vgl. Heinrich: „Alfred L. Ries", S. 24.

17 ebd.

18 Für eine Medienanalyse der Bremer Presse im entsprechenden Zeitraum (Januar 1932 bis Januar 1933) bedarf es noch eingehender Recherchen, die bisher zurückgestellt werden mussten.

19 Vgl. hierzu z. B. den Beitrag von Fabian Ettrich in diesem Buch.

20 Unter anderem lobte Faust selbst, dass Roselius auch mit politisch Andersdenkenden sowie Juden Umgang habe, vgl. A. Faust: „Mein Freund Ludwig", in: *Bremer Volkszeitung* vom 5. Juni 1924; vgl. auch Ludwig Leidig: *Bombshell. An unknown true story unearthed from World War II documents*, Houston 2013, S. 23 f.

21 Vgl. Nicola Vetter: *Ludwig Roselius. Ein Pionier der deutschen Öffentlichkeitsarbeit*, Bremen 2002, S. 111; vgl. Ingo Kerls: „Die Werkstätten ‚Zu den Sieben Faulen'", in: Hans Tallasch (Hg.): *Projekt Böttcherstraße*, Delmenhorst 2002, S. 313–325, hier v. a. S. 313 ff., S. 319 f. vgl. Karen E. Hammer: „Vogeler – Roselius – Hoetger. Ein Dreigestirn zwischen Freundschaft und künstlerischer Akzeptanz", in: *Heimat-Rundblick*, Nr. 102, 3/2012, S. 12–14.

22 Vgl. Arie Hartog: „Gedanken-Nebelmeer. Einige Beobachtungen zu Bernhard Hoetger und Ludwig Roselius", in: Tallasch: *Projekt Böttcherstraße*, S. 83–99, hier: S. 95 f.; vgl. ders.: „Eine bloße Fortsetzung der Politik mit anderen Mitteln? Zur Ideengeschichte der Böttcherstraße bis 1945", in: ebd., S. 341–357, hier: S. 342 f., S. 344 u. FN 24; vgl. Arn Strohmeyer: „Die Idee Atlantis und Väterkunde", in: ebd., S. 327–339, hier: S. 332–335.

23 Vgl. Jan-Paul Koopmann: „Mäzen und Kriegstreiber", in: *taz Nord/Bremen* vom 29. Dezember 2014 (https://taz.de/Veroeffentlichung-ueber-Bremer-Nationalsozialisten/!5025189/; letzter Abruf: 2.1.2022); vgl. Leidig: *Bombshell*, S. 15 ff.

24 Vgl. Heinrich: „Alfred L. Ries", S. 24.

25 Vgl. Wikipedia.org: „Bremer Zeitungswesen" (https://de.wikipedia.org/wiki/Bremer_Zeitungswesen#20._Jahrhundert_bis_1945; letzter Abruf: 2.1.2022).

26 Vgl. Uwe Puschner / Clemens Vollnhals: *Die völkisch-religiöse Bewegung im Nationalsozialismus*, Göttingen 2012, S. 12.; vgl. Ingo Kerls: *Die Böttcherstraße in Bremen*, Osnabrück 1987, S. 69 f.

27 Vgl. Heinrich: „Alfred L. Ries", S. 24.

28 Vgl. Burkhard Asmuss: „Der ‚Geschäftsboykott' am 1. April 1933", in: *LeMO – Lebendiges Museum Online* (https://www.dhm.de/lemo/kapitel/ns-regime/ausgrenzung-und-verfolgung/geschaeftsboykott-1933.html; letzter Abruf: 2.1.2022); vgl. N.N.: „Kurzbiografie Julius Streicher (1885–1946)", in: *Spiegel Online* (https://www.spiegel.de/sptv/reportage/a-101879.html; letzter Abruf: 2.1.2022); vgl. Robert Grüneberger: „Die Verbannung aus dem öffentlichen Leben: Aufrufe zum Boykott. Der judenfeindliche Aktionismus Anfang 1933", in: HaGalil.com (Hg.): *antisemitismus.net* (http://www.antisemitismus.net/shoah/boykott.htm; letzter Abruf: 2.1.2022).

29 Vgl. Peter Filzmaier: „Olympische Spiele und Medien", in: *Medienimpulse*, 62/2007, S. 18–24, hier: S. 20; vgl. Alois Schwarzmüller: „Behandlung jüdischer Sportsleute in Deutschland – Die Boykottbewegung", in: *1936 – Anmerkungen zu den Olympischen Winterspielen in Garmisch-Partenkirchen* (https://www.gapgeschichte.de/ns_zeit_1936_olympiade_text/02_juden_chronik.htm; letzter Abruf: 2.1.2022).

30 Zit. nach N.N.: „Jenö Konrad – Ein Trainer auf der Flucht", in: *!Nie wieder – Initiative Erinnerungstag im deutschen Fußball* (https://www.niewieder.info/informieren/pages/Biografien.htm; letzter Abruf: 2.1.2022).

31 WGA Alfred Ries, Bl. 34.

32 Am eindrucksvollsten ist diesbezüglich die umfassende Darstellung von Anna Maria Grünfelder (*Von der Shoa eingeholt. Ausländische jüdische Flüchtlinge im ehemaligen Jugoslawien 1933–1945*, Wien u. a. 2013), in der sich das tatsächliche Schicksal von Alfred Ries deutlich spiegelt.

33 Vgl. Milan Ristović: „‚Unsere' und ‚fremde' Juden: Zum Problem der jüdischen Flüchtlinge in Jugoslawien 1938–1941", in: Dittmar Dahlmann / Anke Hilbrenner (Hg.): *Zwischen großen Erwartungen und bösem Erwachen. Juden, Politik und Antisemitismus in Ost- und Südosteuropa 1918–1945*, Paderborn 2007, S. 191–215; vgl. eingehend auch Grünfelder: *Von der Shoa*, S. 45 ff.

34 Heinrich: „Alfred L. Ries", S. 26 f.

35 Vgl. § 1 Abs. 1 („Staatsangehöriger ist, wer dem Schutzverband des Deutschen Reiches angehört und ihm dafür besonders verpflichtet ist), § 2 Abs. 1 („Reichsbürger ist nur der Staatsangehörige deutschen oder artverwandten Blutes […]") und § 2 Abs. 3 („Der Reichsbürger ist der einzige Träger der vollen politischen Rechte nach Maßgabe der Gesetze") des Reichsbürgergesetzes vom 15. September 1935 (zit. nach Österreichische Nationalbibliothek [Hg.]: *ALEX – Historische Rechts- und Gesetzestexte Online*, https://alex.onb.ac.at/cgi-content/alex?aid=dra&datum=1935&page=1288&size=45; letzter Abruf: 3.1.2022).

36 Vgl. § 1 („Ein Jude, der seinen gewöhnlichen Aufenthalt im Ausland hat, kann nicht deutscher Staatsangehöriger sein […]") und § 2a („Ein Jude verliert die deutsche Staatsangehörigkeit[,] wenn er beim Inkrafttreten dieser Verordnung seinen gewöhnlichen Aufenthalt im Ausland hat […]") der 11. Verordnung zum Reichsbürgergesetz vom 25. November 1941 (zit. nach Verfassungen.de [Hg.]: http://www.verfassungen.de/de33-45/reichsbuerger35-v11.htm; letzter Abruf: 3.1.2022).

37 Vgl. N.N.: „Ausweisung binnen 24 Stunden. Die Situation ist prekär für jüdische Immigranten in Jugoslawien", in: Leo Baeck Institute New York/Berlin (Hg.): *1938Projekt – Posts from the Past*, Sammlung Gerda Dittmann, AR 10484 (https://www.lbi.org/1938projekt/de/detail/ausweisung-binnen-24-stunden/; letzter Abruf: 3.1.2022).

38 ebd.

39 Vgl. Übersetzung der eidesstattlichen Erklärungen der Zeugen Eduard Mlinarić, Rozina Šavora und Ivan Alinger vom 22. August 1949, in: WGA Alfred Ries, Bl. 20 / 20 Rs.

40 Vgl. Eidesstattliche Versicherung vom 18. Dezember 1952, in: ebd., Bl. 72–75.

41 Vgl. Niederschrift über die Vernehmung des Zeugen Albert Drewes vom 12. September 1952, in: ebd., Bl. 35 / 35 Rs.

42 Vgl. Marija Vulesica: „Jugoslawische antijüdische Gesetze (1940)", in: Wolfgang Benz (Hg.): *Handbuch des Antisemitismus. Judenfeindschaft in Geschichte und Gegenwart, Band 4: Ereignisse, Dekrete, Kontroversen*, Berlin/Boston 2011, S. 212 f.; vgl. dies.: „Überlegungen zu einer Jüdischen Geschichte oder zur Geschichte der Juden in Südosteuropa", in: *Südosteuropäische Hefte*, 1 (2012), S. 115–119; vgl. Grünfelder: *Von der Shoa*, S. 82, S. 85; vgl. zudem Carl Bethke: *(K)eine gemeinsame Sprache? Aspekte deutsch-jüdischer Beziehungsgeschichte in Slawonien, 1900–1945*, Münster 2013, hier v. a.: S. 119 ff., S. 180 ff., S. 223 ff., S. 231, S. 238 ff.; vgl. Katrin Völkl: „Zur Judenfeindlichkeit in Kroatien: Wieweit gab es Antisemitismus bis 1941?", in: *Südosteuropa*, 42. Jhrg., 1/1993, S. 59–77.

43 Vgl. hierzu erneut nicht zuletzt Grünfelder: *Von der Shoa*.

44 Vgl. WGA Alfred Ries, Bl. 72 ff.

45 Vgl. Heinrich: „Alfred L. Ries", S. 26.

46 Vgl. WGA Alfred Ries., Bl. 37.

47 Vgl. Heinrich: „Alfred L. Ries", S. 23 ff., hier v. a. S. 25 f.

48 Vgl. WGA Alfred Ries, Bl. 11.

49 Vgl. ebd, Bl. 1.

50 Vgl. ebd., Bl. 14.

51 Vgl. ebd., Bl. 20 / 20 Rs.

52 Vgl. ebd., Bl. 64 f.

53 Ebd., Bl. 1. Im Entlassungsbericht über Ries wurde von offizieller kroatischer Seite dessen Gestapohaft in Belgrad und Inhaftierung schon vor April 1941 bestätigt, vgl. Verfügung des Ministeriums des Innern des Föderativen Kroatiens vom 20. November 1945, in: PolAAA, 55.830, unpaginiert.

54 So am 15./16. August 2016 und am 17./18. Juni 2017, außerdem im Rahmen regelmäßiger, etwa alle drei Monate stattgefundener ausgiebiger Telefonate, so etwa am 25. September 2017, am 5. Februar 2018, am 16. September 2018 und am 2. Februar 2019. Hilde Ries verfügte noch bis kurz vor ihrem Tod über volle Geisteskraft und ein bemerkenswertes Gedächtnis. Ihre Schilderungen gegenüber dem Verfasser ergänzen bzw. ändern die heutige Perspektive auf Alfred Ries, selbst wenn sie aufgrund der persönlichen Nähe – ebenso wie die Aussagen anderer Zeitzeugen auch – mit Bedacht eingeordnet werden müssen.

55 Vgl. WGA Alfred Ries, Bl. 20.

56 Wozu die Ustascha im Hitler-hörigen „Unabhängigen Staat Kroatien" gegenüber von ihr gefassten Juden fähig war, fasst die Historikerin Anna Maria Grünfelder unter der erschreckenden Überschrift „Die ‚Lösung der Judenfrage' durch die Ustascha" zusammen, vgl. Grünfelder: *Von der Shoa*, S. 123 ff.

57 Vgl. WGA Alfred Ries, Bl. 72–75.

58 vgl. WGA Alfred Ries, Bl. 3 f.

59 Heinrich: „Alfred L. Ries", S. 25.

60 Der Fall im abschlägig ausgefallenen BGH-Urteil vom 21. Dezember 1955 (Az.: IV ZR 248/55, online unter https://www.prinz.law/urteile/bgh/IV_ZR_248-55; letzter Abruf: 4.1.2022) lag inso-

fern anders, als dort der Verfolgte beim deutsch-italienischen Einmarsch in Jugoslawien im April 1941 von den jedenfalls bis 1943 von NS-Deutschland unabhängigen Italienern verhaftet und nach Italien in ein dortiges Lager deportiert worden war, nicht wie hier Ries von jugoslawischen Behörden in ein kroatisches oder deutsches Lager bzw. Gefängnis.

61 Vgl. WGA Alfred Ries, Bl. 11 bzw. Bl. 3–4 Rs.

62 Vgl. ebd., Bl. 97.

63 *BGBl. I*, 1953, Nr. 62, S. 1392.

64 Vgl. BGH-Urteil vom 2. Mai 1956, in: *Rechtsprechung zum Wiedergutmachungsrecht* (*RzW*), Jhrg. 1956, S. 216; siehe hierzu wiederum Grünfelder: *Von der Shoa*, S. 45 ff. und explizit S. 81 ff.

65 Vgl. hierzu grundsätzlich Fritz Ossenbühl: „Die Bindung der Verwaltung an die höchstrichterliche Rechtsprechung", in: *Archiv des öffentlichen Rechts*, Ausg. 92, 4 (1967), S. 478–495; vgl. auch Otto Ernst Krasney: „Die Bedeutung höchstrichterlicher Urteile für die ärztliche Begutachtung", in: *Praktische Arbeitsmedizin*, 11 (2008), S. 6–7; vgl. weiter Christoph Maisack: „Welche Auswirkungen haben Gerichtsurteile auf andere Verfahren in ähnlicher Sache?", in: Landestierschutzbeauftragte Hessen (Hg.): *Service & Wissenswertes. Juristische Ausarbeitungen von Dr. Christoph Maisack* (https://tierschutz.hessen.de/welche-auswirkungen-haben-gerichtsurteile-auf-andere-verfahren-ähnlicher-sache; letzter Abruf: 3.1.2022).

66 WGA Alfred Ries, Bl. 63.

67 Vgl. ebd., Bl. 65.

68 Vgl. ebd., Bl. 112.

69 *BGBl. I*, 1956, S. 569.

70 Vgl. z. B. Lehmann-Richter: *Auf der Suche*, S. 201 ff., hier v. a. S. 203 f.; Derleder: „Die Wiedergutmachung", S. 281 ff., hier v. a. S. 297; Kestenberger: „Diskriminierende Aspekte", S. 74 ff.

71 Vgl. BGH-Urteil vom 1. Dezember 1956, in: *RzW*, 1957, S. 87/88. Die Einschätzung des BGH, eine zwei Jahre lange Internierung eines illegal in die Schweiz geflüchteten deutschen Juden sei keine Missachtung rechtsstaatlicher Grundsätze, lässt nur mit dem Kopf schütteln.

72 Vgl. Grünfelder: *Von der Shoa*, S. 45 ff.; vgl. Arnold Suppan: *Hitler – Beneš – Tito. Konflikt, Krieg und Völkermord in Ostmittel- und Südosteuropa*, 2., überarb. Aufl., Wien 2017, S. 537 ff.

73 Vgl. Lehmann-Richter: *Auf der Suche*, S. 195 ff.; vgl. grundlegend BVerfG-Entscheidung vom 17. Dezember 1969, in: *RzW*, 1970, S. 160/161., sowie BGH-Urteile vom 13. Juli 1972, in: *RzW*, 1972, S. 341 und S. 344/345.

74 Vgl. Heinrich: „Alfred L. Ries", S. 37 ff.

75 Vgl. WGA Alfred Ries, Bl. 1 ff.

76 Vgl. z. B. Grünfelder: *Von der Shoa*; vgl. Katrin Völkl: „Die jüdische Kultusgemeinde in Zagreb bis 1941", in: *Wissenschaftliche Arbeiten aus dem Burgenland*, Heft 92, 1993, S. 159–195; vgl. dies.: „Zur Judenfeindlichkeit"; vgl. Claudia Stahl: *Alojzije Stepinac. Die Biografie*, Paderborn 2017.

77 Vgl. Heinrich: „Alfred L. Ries", S. 28 mit den dortigen Fußnoten 17 und 18.

78 Vgl. Lebenslauf Alfred Ries, undatiert, in: PolAAA 55.830, Bl. 2a; vgl. Schreiben von Alfred Ries an Ministerialdirektor Dr. Pfeiffer vom Auswärtigen Amt vom 20. März 1953, in: ebd., unpaginiert.

79 Vgl. etwa die (allerdings sehr polemische) Darstellung von Leonidas Arborius: „Kardinal Stepinac – Faschist oder Märtyrer? Leben und Werk eines seligen Kollaborateurs" (online unter: https://www.atheisten-info.at/downloads/stepinac.pdf; letzter Abruf: 3.1.2022), oder Stepinacs Eintrag in der Online-Ausgabe des Ökumenischen Heiligenlexikons inklusive zweier Leserkommentare, in diesen

enthalten allerdings auch die zumindest fragwürdige Behauptung, Stepinac habe stets ein „Glas mit den Augen serbischer Mädchen" auf seinem Schreibtisch gehabt (https://www.heiligenlexikon.de/BiographienA/Alois_Stepinac.html; letzter Abruf: 3.1.2022).

80 Vgl. Stahl: *Alojzije Stepinac*, hier v. a. S. 216, S. 234–236, S. 251, S. 568; vgl. Grünfelder: *Von der Shoa*, S. 63 f.

81 Zit. n. Dom Antoine-Marie OSB: „Der selige Alois Stepinac", in: *Vision2000*, Nr. 3-4/2021, S. 18–20, hier: S. 19 (online unter: http://www.vision2000.at/upload/pdf/vision202103.pdf; letzter Abruf: 3.1.2022); vgl. Stahl: *Alojzije Stepinac*, S. 356; vgl. Völkl: „Die jüdische Kultusgemeinde"; vgl. dies.: „Zur Judenfeindlichkeit". Merkwürdigerweise erwähnt Völkl in ihrer Darstellung der Jüdischen Gemeinde in Zagreb mit keinem Wort die judenfreundliche Haltung der dortigen Katholiken bzw. ihres Erzbischofs Stepinac.

82 Vgl. Völkl: „Die jüdische Kultusgemeinde".

83 Vgl. Eidesstattliche Versicherung von Alfred Ries vom 21. Dezember 1951, in: WGA Alfred Ries., Bl. 6.

84 Vgl. Heinrich: „Alfred L. Ries", S. 29–33 sowie S. 33 f.

85 Vgl. WGA Alfred Ries, Bl. 42–45.

86 Vgl. ebd., Bl. 60.

87 Vgl. ebd., Bl. 72–75.

88 Vgl. ebd., Bl. 42.

89 Vgl. ebd., Bl. 66 und Bl. 77.

90 Vgl. *Vereinsnachrichten*, Juli 1935, S. 11, S. 14.

91 Vgl. ebd., Bl. 72 ff.

92 Hierzu und zu weiteren Erkenntnissen aus den englischen und deutschen Militärarchiven bezüglich des Komplexes Frischmuth/Ries sei auf die Beiträge von Fabian Ettrich sowie vor allem von Sabine Pamperrien in diesem Buch verwiesen.

93 Vgl. z. B. Winfried Meyer: *Unternehmen Sieben. Eine Rettungsaktion*, Frankfurt/M. 1993, darin zur Nebenstelle Bremen v. a. S. 231 ff., S. 239 ff., S. 419 ff.

94 Vgl. Heinrich: „Alfred L. Ries", S. 33 ff.

95 Vgl. WGA Alfred Ries, Bl. 77 ff. und Bl. 89 ff.

96 Vgl. ebd., Bl. 67 und Bl. 78.

97 Siehe dazu weiter vorn in diesem Text sowie erneut vor allem auch die Beiträge von Fabian Ettrich und von Sabine Pamperrien.

98 Christoph U. Schminck-Gustavus: *Winter in Griechenland. Krieg – Besatzung – Shoa*, Göttingen 2010; vgl. Detlef Scheil: „Warum Nazi-Täter ungestraft blieben", in: *Weser-Kurier (Stadtteilkurier Mitte)* vom 22. Juni 2009 (online unter http://www.geibev.de/presse/articles/ermittlungen-zur-shoah-ein-bremer-justizskandal-1964-1970.183.html; letzter Abruf: 4.1.2022); vgl. Renate Schwanebeck: „Zweifel an Unschuldsbehauptung", in: *Weser-Kurier* vom 7. Februar 2013 (https://www.weser-kurier.de/bremen/zweifel-an-unschuldsbehauptung-doc7e39mccqs45h6vdz5pi; letzter Abruf: 4.1.2022).

99 Bernhard Nette: *„Vergesst ja Nette nicht!" Der Bremer Polizist und Judenreferent Bruno Nette*, Hamburg 2017.

100 WGA Alfred Ries, Bl. 67.

101 Vgl. Heinrich: „Alfred L. Ries", S. 30 f.

102 Vgl. *Deutsches Reichsgesetzblatt*, Band 1938, Teil I, Nr. 159, S. 1342 (online unter https://www.lagis-hessen.de/de/imagepopup/s3/sn/edb/id/3843-Q-10; letzter Abruf: 3.1.2022).

103 Vgl. Heinrich: „Alfred L. Ries", S. 31.

104 Vgl. WGA Alfred Ries, Bl. 97.

105 Vgl. Heinrich: „Alfred L. Ries", S. 35 f.

106 Vgl. ebd., S. 26, S. 34 f.

107 Vgl. Verfügung der Oberstaatsanwaltschaft beim Landgericht Bremen vom 21. August 1954, in: WGA Alfred Ries, Bl. 108.

108 Vgl. ebd., Bl. 100 ff.

109 Vgl. ebd., Bl. 11.

110 Vgl. WGA Alfred Ries (Beiakte Vermögensschaden), StAB, 4,54 – E 998/E, Bl. 1/1 Rs.

111 Vgl ebd., Bl. 6.

112 Alte Fassung, seit dem 5. November 2008 in neuer Fassung als § 161 StGB wortgleich lautend: „(1) Wenn eine der in den §§ 154 bis 156 [Meineid, Eidesgleiche Bekräftigungen und Falsche Versicherung an Eides Statt, Anm. d. Verf.] bezeichneten Handlungen aus Fahrlässigkeit begangen worden ist, so tritt Freiheitsstrafe bis zu einem Jahr oder Geldstrafe ein. (2) Straflosigkeit tritt ein, wenn der Täter die falsche Angabe rechtzeitig berichtigt. Die Vorschriften des § 158 Abs. 2 und 3 gelten entsprechend" (zit. nach https://dejure.org/gesetze/StGB/161.html; letzter Abruf: 3.1.2022). Die beiden erfassten Absätze beziehen sich auf eine verspätete Berichtigung bzw. bezeichnen die Stelle, wo die Berichtigung erfolgen kann, und betreffen den hiesigen Sachverhalt nicht.

113 Vgl. § 170 StPO: „Entscheidung über eine Anklageerhebung": „(1) Bieten die Ermittlungen genügenden Anlaß zur Erhebung der öffentlichen Klage, so erhebt die Staatsanwaltschaft sie durch Einreichung einer Anklageschrift bei dem zuständigen Gericht. (2) Andernfalls stellt die Staatsanwaltschaft das Verfahren ein. […]" (zit. nach https://dejure.org/gesetze/StPO/170.html; letzter Abruf: 8.1.2022).

114 Vgl. Heinrich: „Alfred L. Ries", S. 35, Fußnote 36. Zum Text des Gesetzes vgl. *Bundesgesetzblatt 1949*, Nr. 9 vom 31. Dezember 1949, S. 37 f. (http://www.bgbl.de/xaver/bgbl/start.xav?startbk=Bundesanzeiger_BGBl&jumpTo=bgbl149s0037b.pdf; letzter Abruf: 3.1.2022).

115 Vgl. Karl-Ludwig Sommer: *Wilhelm Kaisen. Eine politische Biographie*, Bonn 2000, S. 189 ff. Über die Bremer Situation hinaus für die bundesdeutsche SPD insgesamt vgl. Kristina Meyer: *Die SPD und die NS-Vergangenheit 1945–1990*, Göttingen 2016 (2. Aufl.), hier v. a. S. 114 ff.

116 Siegfried Höffler war einst Staatsanwalt bei einem Sondergericht im besetzten polnischen Rzeszów bei Krakau gewesen, „das die zweitgrößte Zahl an verhängten Todesurteilen vorzuweisen hatte", vgl. Ingo Kramer: „Justiz in Bremen – vom Nationalsozialismus in die Nachkriegszeit", in: *NordÖR – Zeitschrift für öffentliches Recht in Norddeutschland*, 22. Jhrg., 5/2019, S. 209–260, hier v. a. S. 211 f. Vgl. auch Eiken Bruhn: „Streit um NS-Staatsanwalt", in: *taz Nord/Bremen* vom 28. Juni 2009 (https://taz.de/Justiz/!5160685/; letzter Abruf: 3.1.2022); vgl. Schwanebeck: „Zweifel an Unschuldsbehauptung"; vgl. Schminck-Gustavus: *Winter in Griechenland*, S. 259 ff., S. 298 ff., S. 305 ff. In diesem Zusammenhang ebenfalls aufschlussreich, obgleich sich vorrangig mit dem polizeilichen Bremer „Zigeuner"-Verfolger Wilhelm Mündtrath beschäftigend: Hans Hesse: „Der zweite Himmler", in: *Weser-Kurier* vom 17. April 2021 (http://wkgeschichte.weser-kurier.de/der-zweite-himmler/; letzter Abruf: 3.1.2022), sowie K. W.: „Bremer Kripo gegen ‚Zigeunerplage'", in: *taz Nord/Bremen* vom 15. Dezember 1993 (https://taz.de/!1586374/; letzter Abruf: 3.1.2022).

117 Vgl. Heinrich: „Alfred L. Ries", S. 35 f.

118 Vgl. z. B. BMF: *Wiedergutmachung*, S. 5–8.

119 Vgl. hierzu Lehmann-Richter: *Auf der Suche*, S. 238 ff.

120 Vgl. WGA Alfred Ries, Bl. 114.

121 Vgl. ebd., Bl. 114 a.E.

122 So zuerst im BGH-Urteil vom 16. März 1960, in: *RzW*, 1960, S. 185/186; vgl. auch BGH-Urteil vom 21. Juni 1965, in: *RzW*, 1965, S. 139.

123 Vgl. BVerfG-Entscheidung vom 17. Dezember 1969, in: *RzW*, 1970, S. 160/161; vgl. grundlegend auch die BGH-Urteile vom 13. Juli 1972, in: *RzW*, 1972, S. 341 sowie S. 344/345.

124 *RzW*, 1970, S. 160/161, zit. n. Lehmann-Richter: *Auf der Suche*, S. 240.

125 *RzW*, 1972, S. 344/345, zit. n. ebd., S. 239.

126 Vgl. Heinrich: „Alfred L. Ries", S. 36–38.

127 Vgl. ebd., S. 38 f. Eine Aufstellung diverser konkret zu beanstandender Formulierungen und Passagen findet sich im Anhang der ungekürzten Version dieses Beitrags, die beim Verfasser unter dirk.harms@icloud.com bezogen werden kann.

128 Vgl. Schreiben des Landesamtes für Wiedergutmachung Bremen an das Document-Center der US-Army vom 6. Oktober 1952: „Berechtigte Annahmen lassen darauf schließen, daß R. entgegen seiner [sic!] Angaben Mitglied der NSDAP ab 1933 war", in: WGA Alfred Ries, Bl. 46.

129 Heinrich: „Alfred L. Ries", S. 39.

130 Vgl. Sommer: *Wilhelm Kaisen*, S. 189 ff.; vgl. Meyer: *Die SPD*, S. 114 ff.

131 So z. B. für den im Nürnberger Einsatzgruppenprozess 1948 zu langer Haft verurteilten SS-Brigadeführer Polizeigeneralmajor Erwin Schulz, zeitweise Leiter des Einsatzkommandos 5 der im Reichskommissariat Ukraine wütenden und unter anderem für das Massaker von Babyn Jar verantwortlichen Einsatzgruppe C. Aufgrund erfolgreicher sozialdemokratischer Fürsprache nicht zuletzt durch Bürgermeister Kaisen, Innensenator Adolf Ehlers und Senats-Pressechef Alfred Faust für „unseren Staatspolizeimajor" kam Schulz bereits 1954 wieder frei (vgl. Hans Wrobel: „‚Auf bremisches Ersuchen begnadigt'. Der Senat Kaisen IV und die Begnadigung des SS-Brigadeführers Generalmajor Erwin Schulz", in: Staatsarchiv Bremen (Hg.): *Bremisches Jahrbuch*, Band 97, 2018, S. 205–235, hier: S. 14).

132 Vgl. Karla Müller-Tupath: *Reichsführers gehorsamster Becher. Eine deutsche Karriere*, Berlin 1999.

133 Sönke Ehmen: „Der Anti-Schindler", in: *Weser-Kurier* vom 23. November 2014 (https://wkgeschichte.weser-kurier.de/der-anti-schindler/; letzter Abruf: 4.1.2022); vgl. auch Günther Schwarberg: *Das Getto. Geburtstagsspaziergang in die Hölle*, Göttingen 1989.

134 Vgl. z. B. Timo Thalmann: „Erinnerung an einen Präsidenten", in: *Weser-Kurier* vom 20. August 2018 (https://www.weser-kurier.de/bremen/erinnerung-an-einen-praesidenten-doc7e3zr5atoqw1dposm7v0; letzter Abruf: 4.1.2022). Zur zwiespältigen Situation des Rotary Clubs insgesamt und zum Verhalten seiner Mitglieder in der NS-Zeit vgl. allerdings Hermann Schäfer, Peter Diepold, Carl-Hans Hauptmeyer, Kurt-Jürgen Maaß (Hg.): *Rotary unter dem Nationalsozialismus. Lehren aus der Geschichte – für die Zukunft*, Stuttgart 2019.

135 Vgl. Niederschrift über die Vernehmung des Zeugen Albert Drewes vom 12. September 1952, in: WGA Alfred Ries, Bl. 35 / 35 Rs.

136 Vgl. Nils Havemann: *Fußball unterm Hakenkreuz. Der DFB zwischen Sport, Politik und Kommerz*, Frankfurt/New York 2005, S. 213–215; vgl. Sven Goldmann: „Vereinsfarbe: braun-weiß", in: *11Freunde* vom 6. Oktober 2007 (https://11freunde.de/artikel/vereinsfarbe-braun-weiß/360969; letzter Abruf: 4.1.2022); vgl. Spurensuche-Bremen.de: „Werder und das Weserstadion" (https://www.spurensuche-bremen.de/spur/werder-und-das-weserstadion/; letzter Abruf: 4.1.2022); vgl. Gareth

Joswig: „Der fast vergessene Präsident“, in: *taz Nord/Bremen* vom 29. Dezember 2017 (https://taz.de/Erinnerung-an-Alfred-Ries-in-Bremen/!5468744/; letzter Abruf: 4.1.2022).

137 Dies hat die Zeitzeugin Hilde Ries dem Verfasser gegenüber mehrfach erwähnt, mit aller aufzubringenden Zurückhaltung, aber doch merklicher Resignation.

138 Vgl. Havemann: *Fußball unterm Hakenkreuz*, S. 214 f. Bemerkenswerterweise ist von den Werder-Präsidenten der NS-Zeit neben Drewes auch der regimetreue Stöver Alfred Ries zugetan geblieben, und Ries war nach seiner Rückkehr mit beiden befreundet.

139 Heinrich: „Alfred L. Ries“, S. 39.

140 Vgl. Daniel Killy: *„Die Dritte Schuld – Wie die Täterkinder die Deutungshoheit über die Shoa beanspruchen“, Replik auf Wolfgang Benz: „Spezifika einer deutschen Antisemitismusforschung ohne Juden“*, Rede bei einem Seminar in der Gerd-von-Vollmer-Akademie in Kochel am See, 23.8.2016 (Text beim Verfasser unter dirk.harms@icloud.com erhältlich); vgl. auch ders.: „Die dritte Schuld – Wie Auschwitz immer noch das Land spaltet“, in: *Redaktionsnetzwerk Deutschland* vom 23. Januar 2020 (https://www.rnd.de/kultur/die-dritte-schuld-wie-auschwitz-immer-noch-das-land-spaltet-PXQIWAV6A5FKZP6RPMDGYPBOCA.html; letzter Abruf: 4.1.2022).